KB034187

20세기 상하이영화 : 역사와 해제

20세기 상하이영화 : 역사와 해제

임대근 | 곽수경 엮고 씀
김정욱 | 노정은 | 유경철 | 임춘성 | 조병환 함께 씀

산지니

차례

■ ■ ■

상하이라는 이름이 지금 같은 아우라를 갖게 된 데에 영화의 역할이 절대적이었음을 부인할 수는 없다. 이 도시는 유구한 역사를 자랑하는 중국의 숱한 다른 도시에 견줘 고작 150년밖에 안 되는 짧은 세월 속에서 고속 성장을 거듭하면서 중국 최고라는 지위를 확보했다. 그것은 당초부터 그들과는 겨뤄봐야 소용없는 전통이나 역사를 내세우지 않는, 다른 전략적 선택 덕분이었을 것이다. 그 전략적 선택이란, 도시의 이름 그대로 '바다로 나아가기', 즉 해외 문물을 적극적으로 받아들여 이전과는 완연히 다른 새로운 도시를 만들어가는 것이었다. 상하이라는 도시는 운명적으로 개항 혹은 개방과 친연성을 가지고 있다. 개항 이전의 상하이, 혹은 개방 이전의 상하이가 그다지 볼품없는 공간이었다는 점은 그런 운명의 한 측면을 잘 보여준다.

영화는 그렇게 개항과 개방을 선택한 상하이의 아이콘이다. 중국 영화사 논의의 핵심에 상하이가 있다는 사실을 부정하는 학자는 아마 없을 것이다. 특히 20세기 이후 본격적인 근대의 물결이 몰아닥친 1920~40년대 상하이 영화는 말 그대로 '황금의 시기'를 구가했다. 수천 편에 이르는 영화들, 시내 중심가를 장식한 화려한 영화관들, 흥미로운 소식을 전하는 데 여념이 없었던 영화 잡지들, 그리고 스크린 위의 스타와 그들을 뒤쫓던 마니아들이 동시대를 구성하고 있었다. 상하이 영화가 어떻게 중국 영화의 중심에 설 수 있었고, 한 시대의 중국 영화를 이끌어 왔는지, 또 그 내면을 구성하는 여러 갈래의 이데올로기적 문제들을 살펴보는 작업은 물론 간단한 일이 아니다.

예컨대 우리는 상하이 영화 연구를 통해서 근대와 전통의 충돌과 협력, 신흥 도시 형성의 주체와 객체, 서양과 동양의 상호 시선과 욕망, 도시 내부 오락과 교육의 계층과 권력 등 영화와 그를 둘러싼 다양한 영역의 현상들을 도시연구와 문화연구의 층위에서 해명할 수 있을 것이다. 영화 현상에 좀 더 집중하더라도 제작과 유통, 제도와 검열, 매체로서의 영화를 다시 매개하는 출판 매체의 역할, 대중문화 운동으로서의 '좌익영화', 스타의 형성과 근대적 팬덤, 근대 영화 비평과 이론의 출현 등과 같은 주제들을 다루면서 더욱 총체적인 상하이 영화 연구의 큰 그림을 그려볼 수도 있다.

우리의 이 작업은 상하이 영화와 상하이인의 정체성을 탐구하고자 하는 연구 프로젝트로 기획해온 결과의 일부다. 프로젝트는 옛 한국학술진흥재단의 지원을 받아 2004년 9월부터 2006년 8월까지 목포대학교 아시아문화연구소를 기지로 삼아 진행됐다. 연구팀은 중국현대문학, 대중문화, 영화, 도시, 문화인류학 등을 연구 주제로 삼아온 연구자들의 모임이다. 우리는 각자의 연구 주제를 충분히 이행하면서도 집약된 공동 관심사로서 상하이와 영화를 새로운 중국 현대문화 연구의 아젠다로 제시할 수 있었다.

실제로 당시는 상하이를 새로운 학술적 의제로 삼고자 하는 매우 활발한 노력이 경주되고 있을 때였다. 무엇보다 경이로운 경제 발전의 성과에 힘입어 문화적·학술적 주도권을 회복하려는 기획들이 여러 학자들을 상하이 연구에 주목하게 했다. 상하이의 가장 화려했던 시절을 그리워하는 노스탤지어들이 기획의 구체적 결과물로 등장했다. 이른바 '올드상하이'에 관한 장르적 연구들이 대거 쏟아졌다. 조계였던 상하이 전반에 대한 기술부터 역사, 인구, 계층, 여성, 직업, 시민, 혁명, 건축, 도로, 신문, 잡지, 만화 등에 이르기까지 줄을 이은 성과가 쌓이기 시작했다. 이런 성과에 발맞추어 국내에서도 역사학계와 사회학계 등을 중심으로 상하이 연구가 진행됐다. 우리는 이런 성과와 함께 공동의 보조를 취하면서도 새로운 문화적 영역으로서 상하이의 중심 테마인 영화를 집중 연구 대상으로 삼은 것이었다. 이를 통해 상하이 영화 연구는 국내에서도 이제 중국 영화 현상뿐 아니라 근대 중국의 성격을 규명하는 데 핵심적인 요소 중의 하나임을 확인해주었고, 더불어 이후 관련 연구의 새로운 지평을 열었다는 의미를 갖게 됐다고 자부한다.

이런 연구의 과정에서 가장 기본적인 작업은 역시 상하이 영화의 텍스트들을 섭렵하는 것이었다. 앞서 상하이와 영화 연구에 대한 다양한 기제를 언급했지만, 그러나 언제나 영화와 그 연구의 핵심이 작품 자체임을 잊어서는 안 될 것이다. 영화의 제작이나 유통, 제도와 매체, 스타와 비평 등은 모두 작품, 즉 텍스트를 중심으로 하는 방계 현상이기 때문이다. 텍스트가 없다면 이런 영화 현상들은 그 존재 의의를 상실하고 말 것이다. 영화 연구에서 텍스트를 재삼 강조해도 지나치지 않을 이유이다.

우리는 영화 텍스트들을 데이터베이스화하기 위해 우선 중국 영화사에서 주요하게 거론되는 작품의 목록을 검토했다. 수천 편에 이르는 목록 속에서 다시 상하이와 관련된 영화, 그러니까 직접적으로 상하이의 문제를 다루었거나, 상하이를 중심 배경으로 하는 영화들이 중점적인 대상이었다. 물론 상하이와 관련됐다 함은 상하이에서 제작한 영화 또는 상영된 영화도 모두 대상이 될 수 있으나 그럴 경우 특히 1920~40년대에는 영화 선별에 있어 변별력을 상실할 수도 있었던지라 고심을 거듭했다. 그리고 상하이 영화와 상하이인의 정체성을 규명하려는 연구의 목적에 가장 부합할 만한 영화를 간추렸다. 여기에 소개하는 모두 288편의 영화는 그 선별의 결과물이다.

영화에 대한 정보는 크게 제목과 연도, 상영시간 등 제작 관련 기본 정보와 시놉시스, 단평, 특기사항, 국내 상영 정보 등으로 이뤄져 있다. 영화의 기본 정보에 대해서는 우선 중문, 영문, 한국어 제목 등을 제시했다. 중문 제목은 영화의 가장 기본이 되는 정보이지만, 특히 초기 영화들 중에는 별칭을 갖고 있는 경우도 적지 않아 이럴 경우에는 그 모두를 수록하는 것으로 했다. 영문 제목은 실제 영상과 참고문헌에 제시한 관련 사전류들을 통해 수집했다. 한국어 제목은 우리에게 이미 소개되어 대중적으로 익히 친숙한 경우는 그 제목을 그대로 따랐으나, 그렇지 않은 경우는 원제의 어감을 훼손하지 않는 차원에서 연구자들이 번역을 했다. 그러나 여전히 한국어 제목에 대해서는 논란의 여지가 있을 수 있다. 해석과 대중적 인지도에 따라서 저마다 중점을 두는 어감이 달라질 수 있기 때문이다. 그러나 오히려 이러한 논란의 과정이 상하이 영화 한 편 한 편을 더 잘 이해할 수 있는 길로 우리를 이끌어 주리라고 믿는다. 출품연도나 장르, 상영시간의 문제도 모두 딱 부러지는 것은 아니다. 연도의 경우자료마다 제작과 출품, 상영 등을 기준으로 내세우고 있어 통일되지 않은 경우가 허다하여 가능한 한 '출품'을 기준으로 제시하고자 했다. 장르역시 학술적으로나 관습적으로 논란의 여지가 많은 경우이기 때문에 우리는 해당 영화에 대한 정보 작성자의 의견을 존중하면서 이 문제를 풀어가고자 했다. 상영 시간은 실제 영화를 볼 수 있는 경우에는 해당 영화의 시간을 기록했으며, 그렇지 못한 경우에는 자료에 의하여 추산하기도 했다. 이 또한 필름이 유일무이한 형태로 존재하는 것만은 아니기 때문에 절대적 사실이라고 억지를 부릴 일은 아닐 것이다. 감독과 제작사, 주요 스탭, 출연진 정보들도 가능한 대로 수집하여 수록하고자 했다. 특히 원작 정보는 기존의 다른 문예 장르, 문학이나 연극 등을 선행 창작으로 하는 경우를 수록하여 연구에 도움이 되고자 했다. 시놉시스는 작성자가 직접 영화를 본 경우 그에 따라 정리하였고, 그렇지 못한 경우는 관련 자료를 인용하여 정리했다. 데이터베이스의 백미라 할 수 있는 단평은 해당 영화에 대해서 기존 연구자들의 관점과 견해를 광범위하게 인용하거나 비판하면서 작성자의 새로운 관점을 더해 향후 연구에 도움을 주고자 했다. 특기사항의 경우, 해당 영화의 흥미로운 정보들, 예컨대 수상이라든가 영화사상 유의미한 내용을 수록하고자 했다. 핵심어는 영화를 이해하고 파악하는 데 중요하다고 여겨지는 어휘들을 수록하여 향후 검색 시스템 등에서 활용할 수 있도록 배려했다. 국내 상영 정보는 한국에서 상업적으로 개봉되거나 각종 영화제를 통해 소개된 내용을 수록하고자 했으나 안타깝게도 더욱 알찬 정보는 후일을 기약해야 할 것 같다. 이 부분은 특히 한·중 영화 교류사의 재구성이라는 차원에서 매우 중요하다고 판단된다. 각 데이터베이스 자료에는 정보 수집과 처리를 담당한 연구자를 밝힘으로써 책임 집필의 신뢰도를 높이고자 했다.

데이터베이스 작업이란 무릇 언제나 현재 진행형으로써 시간이 갈수록 더욱 완벽한 자료를 향하여 수정, 보완되어야 신뢰도를 배가할 수 있을 것이다. 그렇기에 최근 나날이 발전하고 있는 인터넷 자료 구축 시스템은 이러한 작업의 결과물을 선보이기에는 최적의 공간이라 할 수 있다. 그럼에도 불구하고 우리가 이 결과물을 우선 이렇게 인쇄물 형태의 도서로 출간하는 까닭은 2년이 훨씬 넘는 시간 동안 작은 연구 공동체로서 상하이와 영화에 대해 쏟아 부은 우리 여덟 사람의 학문적 희비와 낭만적 연대, 그리고 현실적 고민 등을 모두 엮어서 아날로그적 질감의 연구 결과를 선보이고 싶었기 때문이다.

마침 올해 초 연구팀의 주제를 제목으로 하는 단행본, 『상하이영화와 상하이인의 정체성』(산지니)이 출간된 바 있기에 이번 '해제와 역사'의 출간은 그에 벗하는 또 하나의 중요한 성과다. 그런 탓에 이 두 권의 단행본이 앞으로 국내외를 막론하고 상하이와 상하이 영화, 그리고 상하이인의 정체성을 규명하는 연구자들에게 자그마한 도움이라도 될 수 있기를 바라는 마음 간절하다. 물론 우리 또한 각자의 영역에서 더욱 분발하여 뒤를 잇는 연구에 매진할 것이다.

함께 모여 영화를 보고, 상하이를 토론했던 그 시간들이 그립다. 우리는 참 열심히 읽고, 보고, 듣고, 말하고, 또 싸웠다. 그때 그 열정으로 목포와 서울, 상하이를 오갔던 시간이 오늘 우리의 어떤 지점들을 구성하는 큰 자양분이 됐을 것임은 분명하다. 그리고 모두들 행복하게도 저마다의 분복을 가지고 또 새로운 연구에 임하고 있다. 상하이 영화를 토론하기 위해 몸을 실었던 목포행 열차에서 누렸던 그 설렘을 언제 또다시 느낄 수 있을까. 아쉽게도 공식적인 연구 기간이 끝난 뒤에는 삶의 게으름을 떨치지 못해 그 바닷가를 다시 가보지 못했다. 올해 가을에도 분명 전어는 고소한 냄새를 흩피우고 있지 않겠는가.

2010년 8월
임대근

'상하이영화' 약사(略史)

임 대 근

　'상하이영화' 라는 명명이 가능한지, 만약 가능하다면 어떤 층위에서 어떻게 쓰일 수 있는지에 대해서는 다른 글에서 이미 살펴본 바 있다.(임대근 2006) '상하이영화' 라는 명명이 다양한 층위에서 논의될 수밖에 없으며 그것의 쓰임을 적극적으로 주장하는 경우에도 특정한 맥락이 전제되어 있음에 대해서 여전히 부정할 수는 없다. 하지만 이 글이 독자들을 그런 엄밀한 논쟁 속으로 끌어들이기 위한 것은 아니다. 그래서 적어도 이 글에서만큼은 '상하이영화' 라는 명명이 그런 논쟁의 층위를 벗어날 수 있도록 하고자 한다. 그것이 '상하이영화' 라는 쓰임이 갖고 있는 다양한 의도를 직시해야 할 필요가 있다는 비판을 되물리지 않으면서도 이런 글을 효과적으로 쓰기 위한 방편이 될 것이라고 생각하기 때문이다. 굳이 덧붙이자면, 이 글에서 쓰는 '상하이영화' 는 상하이라는 도시 공간에서 벌어졌던 영화와 관련된 일들에 관한 이야기가 될 것이다. 그러나 여러 한계 때문에 이 글이 그와 관련된 범주 전체를 조밀하게 다룰 수는 없을 것이다.

1. 중국영화의 기원(1895~1909)

상하이를 중국영화의 기원으로 삼고 싶어 하는 이들은 세계 최초로 영화가 발명된 1895년의 이듬해, 즉 1896년에 중국에 유입된 영화가 가장 먼저 상하이에서 상영됐다는 사실을 언급한다. 이른바 '서양 그림자극(西洋影戲)'이라는 이름으로 상하이의 '다원(茶園)'에서 영화가 상영됐다는 것이다. 그러나 상영의 구체적인 전후 상황에 관해서는 여러 가지 설이 있어 누구도 이의를 제기할 수 없는 완벽한 고증이 이뤄지지는 않았다. 예컨대 청지화(程季華 1963, 8쪽)나 중다펑·수샤오밍(鐘大豊·舒曉鳴 1995, 6쪽)은 1896년(光緒 22년) 8월 11일, 즉 중추절에 상하이의 부상(富商)이었던 쉬(徐)씨의 개인 정원인 서원(西園)에서 프랑스 영화가 상영된 것을 중국 최초의 영화 상영으로 보고 있다. 중국 최초의 영화 상영에 대한 중국 내 학자들의 여러 논란에 대해서는 리다오신(李道新 2005, 16쪽)이 자세히 소개한 바 있다. 다만 그 이후에 제기된 양진푸(楊金福 2006, 2~3쪽)의 관점은 또 새로운 주장을 더하는 것이어서 따로 소개하면 다음과 같다. 양진푸는 1891년 1월 14일에 이미 상하이 『신보(申報)』에 영화 상영에 관한 광고가 실렸으며, 이는 세계 영화가 발명되는 과정 중에 이미 중국에서 영화 상영이 이뤄졌다는 방증이라고 주장한다. 그러나 이에 대해서는 세계 영화가 발명됐다고 공식 인정받는 1895년 이전의 일이므로 아마도 다른 의미의 영상물을 지칭할 가능성이 크기 때문에 그 자신도 분명한 확증을 내보이지 못하고 있으며, 오히려 그는 늦어도 1897년 7월 이전에 상하이 톈화다원(天華茶園)에서 영화가 상영됐을 것이라 추측한다.

이러한 논쟁들은 영화사가들의 더욱 정밀한 고증을 기다려야 하는 바이지만, 서로 다른 주장을 펴고 있는 논자들도 중국 최초의 영화 상영이 상하이에서 이뤄졌음에 대해서는 대체로 의견의 일치를 보이고 있다. 이런 사실을 인정한다면 상하이는 중국에서 영화를 가장 먼저 받아들인 도시라는 역사적 기원으로서의 자격을 확보하게 되는 셈이다. 하지만 중국 영화의 생산이라는 측면으로 눈을 돌리면 상하이는 베이징보다 한발 늦은 도시로 기록되고 있다. 역시 논란이 없는 바는 아니지만(임대근·노정은 2009, 97~101쪽), 관습적으로 최초의 중국영화는 1905년, 베이징 펑타이사진관(豊泰照相館)에서 만들어진 〈딩쥔산定軍山〉(1905)으로 받아들여지고 있기 때문이다. 하지만 일본에서 사진술을 배우고 돌아와 사진관을 운영했던 런칭타이(任慶泰)가 베이징에서 주도한 초기 중국영화 제작은 약 4년 만에 막을 내리고 말았다. 펑타이사진관은 1908년까지 8편의 영화를 제작한 것으로 기록되고 있으나(張駿祥·程季華 1995, 252쪽) 1909년 화재로 인해 더 이상 영화 제작을 계속할 수 없었다. 초기 중국 영화사의 중요한 사료인 8편의 영화 필름들은 아마도 당시 화재로 인해 모두 소실됐을 것이다. 그렇게 중국 영화의 초기 역사를 구성해오던 베이징의 영화 제작은 일단락을 맺게 된다. 그리고 상하이는 곧이어 중국 영화의 주도권을 넘겨받는다.

2. 상하이의 초기 영화들(1909~1921)

1909년 상하이에 아세아영화사(亞細亞影戲公司)가 설립된다. 베이징의 펑타이사진관이 비록 영화를 제작하기는 했지만 '사진관'이라는 이름을 달고 있었던 점을 생각하면, 아세아영화사는 중국 최초의 영화 제작사라고 말해도 손색이 없을 것이다. 러시아계 미국인 벤자민 브로드스키(Benjamin Brodsky)가 설립한 이 영화사는 1909년 한 해 동안 단편 극영화 4편을 제작했다. 그러나 1908년 광서황제와 자희태후가 사망하는 등 청조의 정세가 불안한 상황에서 이 영화들은 별다른 주목을 받지 못했고 영화사는 경영난에 부딪치게 된다. 1912년 브로드스키는 당시 상하이 남양생명보험사(南洋人壽保險公司)의 사장인 아이서(Isher)와 또 다른 미국인 서퍼트(T. H. Suffert)에게 영화사를 매각한다. 아이서는 당시 미화양행(美化洋行) 광고부에서 일을 하고 있던 장스촨(張石川)을 영입했고, 그는 정정추(鄭正秋), 두쥔추(杜俊初), 징잉싼(經營三) 등과 신민사(新民公司)를 창립하여 아세아영화사의 시나리오, 감독 등을 맡아 영화를 도급, 제작했다. 초기 상하이영화의 제작은 이와 같이 외국 자본에 의해 싹을 틔우기 시작했다.

장스촨은 이후 초기 중국영화 제작을 주도하는 중요한 감독으로 자리매김한다. 아세아영화사는 장스촨의 활약에 힘입어 1913년 한 해 동안 중국 최초의 장편 극영화로 평가받는 〈못 말리는 결혼難夫難妻〉(1913) 등 14편에 이르는 영화를 제작한다. 이 영화는 정정추의 고향인 광둥(廣東)의 차오저우(潮州)에서 벌어지는 전통 매매혼 풍습을 다루고 있다. 필름이 전하지 않아 영화의 구체적인 면모를 알 수는 없지만, 문헌 기록에 따르면 매파를 화자로 내세워 서로 잘 모르는 남녀를 결국에는 결혼에 이르게 하는 내용을 담고 있다고 한다. 연극계에서 활동해왔던 정정추는 당시 유행하던 문명극(文明戲)의 형식을 빌려 와 연극의 장막을 나누는 방식으로 영화를 모두 다섯 부분으로 나누어 구조화했다. 특히 그는 연극이 사회를 개혁하고 대중을 계몽하는 도구라는 인식을 갖고 있었는데, 그러한 그의 관점이 이 영화에도 잘 드러난 것으로 평가받고 있다.(李多鈺 2005, 13~15쪽) 그러나 아세아영화사는 영화의 사회적 의미를 강조하던 정정추와 오락의 중요성을 주장하던 장스촨의 갈등, 경제적 문제 등이 원인이 되어 1914년 부도를 맞게 되고 이들의 노력은 잠시 소강상태에 접어들게 된다.

이후 장스촨은 최초의 중국 자본으로 투자한 영화사로 평가되는 환선영화사(幻仙影片公司)를 설립하여 활동하면서 역시 당시 상하이에서 유행하던 문명극을 전환한 〈아편잡이의 원혼黑籍冤魂〉(1916)을 제작한다. 영화는 아편으로 인해 파국을 맞는 전통 부호의 이야기를 통해 당시 아편의 폐해를 고발한다. 영화가 발표되면서 큰 반향을 불러 일으켰으나,

환선영화사는 고질적인 경영난으로 제작을 계속할 수 없었고, 영화 한 편을 찍고 문을 닫을 수밖에 없었다.

펑타이사진관과 아세아영화사, 환선영화사 등 초기 중국영화 제작사들의 노력이 모두 시대적 상황과 경영난으로 인해 연속적인 성과를 거두지 못했던 것이다. 오히려 1910년대 후반, 중국 영화사의 단절을 보완해 주고 있는 제작사는 상무인서관 활동사진부(商務印書館活動影戲部)였다. 상무인서관은 1897년 설립된 민간 출판사였으나 1917년 영화업을 시작하면서 1920년대 중반까지 중국영화의 일익을 담당했다. 상무인서관 활동사진부는 주로 기록영화, 보도영화, 교육영화, 풍경영화 등 계몽적인 정신에 입각한 영화를 제작하다가 1923년 이후 장편 극영화를 제작하기 시작한다. 그러나 이러한 두 가지 경향이 내부 갈등을 일으키면서 1926년에는 국광영화사(國光影片公司)가 분리, 독립하기에 이른다.

상무인서관 활동사진부는 1910년대에서 1920년대 중반까지 중국의 영화 제작을 담당하면서 초보적인 수준의 영화 제작이 본격적인 단계로 나아갈 수 있도록 하는 과도 단계의 역할을 담당했다고 할 수 있다.

3. 상하이영화의 도약(1921~1931)

(1) 1920년대 상하이의 주요 영화사

1920년대는 상하이영화가 본격적인 궤도에 오르게 된 시기라고 할 수 있다. 이러한 상황을 주도한 요인으로는 역시 밍싱영화사(明星影片公司)의 등장을 들어야 할 것이다. 밍싱영화사는 1922년 장스촨과 정정추 등이 설립한 제작사로 초기에는 〈희극대왕 중국 유람기滑稽大王游華記〉(1922) 등의 희극 단편을 주로 제작했으나 1923년 이른바 '윤리도덕영화', 〈고아가 할아버지를 구하다孤兒救祖記〉(1923)가 상하이에서 대성공을 거두면서 사회성이 강한 영화들을 제작하기 시작했다. 〈고아가 할아버지를 구하다〉는 아버지의 사고로 유복자로 태어난 데다 주변의 모함으로 어머니마저 할아버지에게 내쫓긴 위푸(余璞)가 자라서 할아버지의 재산을 탈취해 가려는 이들을 물리친다는 이야기를 그리고 있다. 이 영화의 성공은 당시 상하이 영화계에 활력을 불어넣었다. 영화 제작업에 대한 가능성을 확인한 다양한 영화 주체들은 영화에 대한 열정과 사업 경영에 대한 희망을 갖기 시작했으며 소규모 자본의 투자도 활발하게 이뤄지기 시작했다. 이런 상황은 영화사 설립에도 영향을 미쳐 1926년 말 기준 통계에 따르면 중국 전역의 179개 영화사 중 상하이에만 142개가 포진해 있었다. 또한 영화 제작편수도 해를 거듭하면서 급증하여 1923년 연간 5편에 불과하던 것이 1924년 16편, 1925년 51편, 1926년에는 101편 등으로 늘어났다.(楊金福 2006, 19쪽)

1920년대 초·중반에 활발히 활동한 영화사로는 밍싱영화사와 더불어 상하이영화사(上海影戲公司), 창청영화사(長城畵片公司) 등을 꼽을 수 있다.

예의 밍싱영화사는 〈고아가 할아버지를 구하다〉의 성공에 힘입어 이른바 '올바른 주의(正當之主義)'를 내세우면서 사회성이 강한 영화를 주로 제작했으나 비슷한 내용이 반복되면서 1926년 이후에는 관객의 외면을 받기에 이른다. 이에 흥미 위주의 소재를 발굴하던 중 1928년 무협영화 〈불타는 홍련사火燒紅蓮寺〉(1928)를 통해 재기한다. 이후 일본의 상하이 침공이 자행된 1932년 1·28 사건이 발발할 때까지 지속적인 성장을 거듭한다. 창청영화사는 1921년 미국 화교인 리시쉰(黎錫勳) 등이 뉴욕에 설립했던 창청영화제작사(長城製造畵片公司)의 후신이다. 중국 최초의 만화영화인 〈시끌벅적한 화실大鬧畵室〉(1926) 등 여러 극영화와 다큐멘터리를 제작하지만 경제적 문제로 1930년에 사업을 중단한다.

1920년대 중·후반에 이르면 더 많은 영화 제작사들이 활약한다. 그 가운데 주목할 만한 곳으로는 다중화바이허영화사(大中華百合影片公司)와 톈이영화사(天一影片公司), 롄화영화사(聯華影業公司) 등을 손꼽을 수 있다.

다중화바이허영화사는 1920년대 중반에 활동했던 바이허영화사와 다중화영화사가 합병하여 설립됐는데, 영화적 스타일이나 이데올로기 등의 측면에서 서유럽적 양식을 추종하는 영화를 주로 제작했다. 이 영화사는 1930년 다시 뤄밍유(羅明佑)의 화베이영화사(華北電影有限公司)와 리민웨이(黎民偉)의 민신영화사(民新影片公司) 등과 합병하여 롄화영화사를 만들게 된다. 롄화영화사 또한 다중화바이허영화사의 영향으로 주로 서유럽적 스타일의 영화 제작을 이어갔다. 이러한 경향은 당시 밍싱영화사와 자주 비교가 됐기 때문에 이들은 당시 관객들에게 '신파'와 '구파'로 불리곤 했다.(王光祖·黃會林·李亦中 1992, 340~341쪽)

톈이영화사는 1925년 사오(邵)씨 형제들이 설립한 제작사다. 이들은 "옛 도덕과 옛 윤리를 중시하고 중화의 문명을 발양하며 유럽화를 배척한다"는 종지를 내세웠다. 이러한 종지에 따라 주로 민담이나 전통소설 등을 새롭게 전환한 영화를 만들었으며, 아울러 국산 영화의 부흥을 주도했다. 이러한 영화들은 동남아시아 화교들에게도 인기가 높아 상하이영화의 새로운 시장을 개척하는 데도 도움을 주었다. 그러나 전통을 '봉건'이라고만 여기는 이들에게 이들의 영화는 당시 군벌 통치에 봉사하는 반동적인 영화로 인식되기도 했다.(程季華 1963, 83~84쪽)

이와 같이 1920년대 상하이의 영화사들은 단발적으로 이어져오던 영화 제작업을 계승하여 1930년대의 영화 제작을 선도하는 역할을 담당했다. 소수 영화사들의 모색기를 거쳐 본격적인 중국 자본에 의한 영화 제작업의 형성, 그리고 1925년을 전후한 폭발적인 제작량의 증가로 이어지면서 본격적인 상하이영화의 황금기를 예고하고 있었다.

(2) 상업영화와 장르영화의 탄생

청말 개항과 더불어 서양의 조계지로 급격히 도시화되기 시작한 상하이는 새로운 도시 건설의 주체들로 전국 각지에서 모여든 이민 대중을 위해 통속문화와 소비문화가 발달할 수 있는 조건들을 갖추고 있었다. 1920년대 중반 이후 영화 제작업이 활성화되면서 대중의 기호에 맞는 일련의 영화들이 등장했는데 이들은 오늘날 개념으로 말하면, 중국 영화사 초기의 '장르영화'들이었다고 할 수 있다.

옛날식 분장을 한 영화라는 뜻의 '옛복식영화(古裝片)'나 당시 이미 널리 유행하고 있던 무협소설을 극화한 '무협영화' 등의 장르가 크게 유행하기 시작했다. 이들은 모두 영화의 상업성을 강화하기 위한 전략들이었다. 그것은 영화에 대한 관객의 요구가 단지 '볼거리'를 넘어서고 있었고, 수많은 영화사가 등장함에 따라 상영업자들이 이익 분배 방식을 바꾸어 제작사에 위험 요인을 전가했으며, 동남아시아 시장이 확대되면서 당시 주요 관객이었던 '노동자(勞工)' 화교들의 수요가 단순히 고향에 대한 그리움을 달랠 수 있는 영화로부터 오락적인 영화에 대한 수요로 전이됐기 때문으로 해석된다.(楊金福 2006, 60쪽)

이른바 '옛복식영화'의 역사물은 주로 전통적으로 전해 내려오는 옛이야기, 즉 전설이나 민담, 고전 소설 등을 영화화한 것들이 대부분이다. 이들은 대부분 관객들이 잘 알고 있는 스토리이지만, 영상화를 통해 관객의 새로운 욕구에 부응했다. 양산백과 축영대의 슬픈 사랑 이야기를 그린 〈양축통사梁祝痛史〉(1926)를 필두로 〈진주탑珍珠塔〉(1926), 〈백사전白蛇傳〈(1926), 〈맹강녀孟姜女〉(1926), 〈추향을 점찍은 당백호唐伯虎點秋香〉(1926), 〈서상기西廂記〉(1927), 〈미인계美人計〉(1927), 〈양귀비楊貴妃〉(1927) 등과 같은 대표작이 제작됐다. 그러나 당시 이 영화들이 보수적인 전통 사상과 도덕을 옹호한다는 비판적인 의견도 없지 않았다.(楊金福 2006, 61쪽)

반드시 이러한 비판 때문이라고 할 수는 없겠지만, 1927년부터는 오늘날까지도 중국영화의 아이콘으로 자리 잡고 있는 무협영화가 제작되기 시작한다. 〈대협비모퇴大俠飛毛腿〉, 〈아녀영웅兒女英雄〉(1927), 〈왕씨사협王氏四俠〉(1927), 〈일전구一箭仇〉(1927) 등이 그 예이다. 그러나 무엇보다도 무협영화의 선구로는 밍싱영화사의 〈불타는 홍련사〉를 들어야 할 것이다. 〈불타는 홍련사〉는 당시 유명세를 떨치고 있던 무협소설 『강호기협전(江湖奇俠傳)』을 영화화한 것으로 부모를 여읜 루샤오칭(陸小青)이라는 젊은이가 출가하여 홍련사라는 절에서 머무르게 되면서 겪게 되는 악인과의 대결을 그리고 있다. 비록 지금 그 필름이 남아 전하고 있지는 않지만, 이 영화는 당시 대중의 인기를 한 몸에 얻고 있던 무협소설을 영화화했다는 점, 그리고 중국인들이 평소에 늘 즐겨 듣던 선악 대결 구도를 통한 무술 대결과 결국 권선징악으로 마무리되는 서사 등에 힘입어 성공할 수 있었던 것으로 보인다. 〈불타는 홍련사〉는 이러한 인기에 힘입어 이후 1931년까지 18편이 연속 제작됐고 당시 상하이 영화사들은 경쟁적으로 무협영화 제작에 뛰어들었다. 40여 곳이 넘는 제작사가 227편에 이르는 무협영화를 만들었다는 통계가 있을 정도다.(楊金福 2006, 61쪽) 그러나 이러한 무협영화에 대한 대중의 열광을 심각하게 받아들인 당시 중국 국민당 정부는 1932년 돌연 무협영화 제작 금지령을 내린다. 그리하여 1930년대 초반까지 상하이의 무협영화는 외부적 요인과 강제로 인해 불가피하게 제작이 중지된다.

이 밖에도 1920년대 후반에는 애니메이션이 선을 보이기도 했다. 1926년에는 실사영화의 일부 장면에 애니메이션을 넣은 〈시끌벅적한 화실大鬧畵室〉(1926)이 제작됐다. 이후 상하이에서 애니메이션이 본격적으로 활약한 것은 서유럽식 제재로부터 탈피하여 독자적이고 민족적인 내용과 형식을 강조하기 시작한 1930년대 초반의 일이지만, 이미 이 시기에 그 씨앗이 뿌려졌음은 부인할 수 없을 것이다.

(3) 국산영화 부흥운동

앞서 말한 바와 같이 1930년 설립된 롄화영화사는 뤄밍유의 화베이영화사, 리민웨이의 민신영화사, 그리고 다중화바이허영화사 등이 합병된 것이다. 이 과정에서 주도적인 역할을 한 뤄밍유는 회사가 설립되기 전에 「〈고도춘몽〉 시나리오 선언(編劇〈故都春夢〉宣言)」과 「국산영화 부흥 문제를 위해 업계에 드리는 글(爲國片復興問題敬告同業文)」이라는 글을 발표하여 '국산영화 부흥'이라는 문제를 의제화한다. 그리고 영화사가 설립된 이후에는 더욱 본격적으로 이러한 주장을 펼쳐 나간다. 그것은 상하이에 영화가 유입된 이래 영화 시장의 절대 다수를 외국영화가 주도하고 있었기 때문이다. 예컨대 중국의 영화사가인 왕차오광(汪潮光 2003, 31쪽)은 왕융팡(王永芳)과 장훙타오(江洪濤)의 「중국에서 배급된 외국 영화목록:1896~1924(在華發行外國影片目錄:1896~1924)」을 인용하면서 다음과 같이 말한다. "청말 시기 상하이에서 상영된 영화는 모두 서양영화였다. 불완전한 통계에 의하면 1896년부터 1924년까지 중국에서 상영된 659편의 외국영화 가운데 미국영화로 확인된 영화는 138편이다. 상하이는 중국 내 영화 시장에서 중요한 지위를 차지하고 있었기 때문에 이들 영화의 절대다수가 상하이에서 상영됐던 것이다." 따라서 뤄밍유의 이러한 주장은 당시로서는 반향을 일으킬 수밖에 없는 구조였다. 이 같은 뤄밍유의 주장은 당시 영화계를 이끌던 젊은 인재들, 즉 쑨위(孫瑜), 차이추성(蔡楚生), 페이무(費穆), 주스린(朱石麟) 같은 감독들과 톈한(田漢) 같은 시나리오 작가, 롼링위(阮玲玉)나 진옌(金焰) 같은 배우들의 노력에 힘입어 성과를 얻게 된다. 〈길가의 들꽃 野草閑花〉(1930), 〈연애와 의무 戀愛與義務〉(1931), 〈여인의 비통한 사랑 桃花泣血記〉(1931), 〈남국의 봄 南國之春〉(1932) 등과 같은 뛰어난 영화들이 이 운동의 성과를 증명했던 것이다.

(4) 영화 기술의 발전

1920년대 말부터 1930년대 초에 이르는 동안에는 세계적으로 영화 기술의 획기적인 진보가 이루어지기 시작했다. 상하이 영화계도 예외가 아니어서 이러한 진보 기술을 받아들이는 데 주저하지 않았다.

무엇보다 가장 큰 변화는 유성영화의 등장이었다. 세계 최초의 유성영화는 1927년 미국 워너브러더스사가 만든 〈재즈싱어The Jazz Singer〉(1927)로 기록되고 있다. 유성영화는 사실 영화의 본질을 파괴한다는 논쟁을 불러일으키기도 했지만, 급속도로 보편화되면서 대중의 눈과 귀를 사로잡고 있었다. 상하이에서는 1931년 밍싱영화사와 프랑스 회사였던 빠떼레코드사(百代唱片公司)가 합작하여 민중영화사(民衆影片公司)라는 이름으로 상하이는 물론 중국 영화사 최초의 유성영화인 〈여가수 홍모란歌女紅牡丹(1931)을 제작했다. 필름이 남아 있지 않아 이 영화의 구체적인 형태를 확인할 수는 없지만, 당시 이 영화가 오늘날처럼 소리가 필름에 삽입, 녹음된 형태는 아니었던 것이 확실하다. 즉 상하이영화 역시 발성영화에서 유성영화로 발전해갔다. 이러한 발전이 가능한 데에는 일본과 미국 등의 선진 기술 수입이 직접적인 도움이 됐다. 필름에 소리가 들어간다는 것은 단지 대사를 들을 수 있게 됐음을 넘어서서 배경음악이 삽입될 수 있음을 의미했다. 이는 영화를 보는 관객들의 정서를 자극할 수 있는 새로운 기제가 작동하기 시작했음을 의미하는 것이기도 했다. 때문에 이런 변화들은 매우 신속하게 이뤄졌고, 관객들도 이런 변화에 큰 만족을 나타내면서 유성영화는 급속도로 정착됐다.

　영화 기술의 발전은 카메라나 상영기의 발전 등과도 맥을 같이했다. 특히 1930년대 초반에는 다큐멘터리 촬영에 능했던 유니버설 카메라나 간편한 방식의 러셀(Russel) 카메라 등에 이어 아클리(Akeley) 카메라가 등장하기도 했다. 아클리 카메라는 1917년 처음 제작됐으나 서유럽에서도 실제 사용은 여러 해 뒤에 이루어졌다. 그러나 1930년대 상하이에서 이 카메라는 최신형으로 인식됐다. 긴 손잡이가 달려 있어서 패닝 쇼트에 매우 유리했을 뿐 아니라 트래킹 쇼트도 가능했고, 더불어 휴대가 간편하다는 장점도 있었다.(민병록 2001, 88~91쪽) 더불어 다양한 형태의 카메라가 실제 영화 제작에 활용됐고, 이와 같은 영화 기술의 진보는 당시 상하이영화의 발전에 직접적인 밑거름이 되었다.

(5) 다양한 영화 주체의 등장

1920년대는 영화 제작업의 발전과 더불어 다양한 영화 주체들이 등장한 시기이기도 했다. 영화 제작업의 발전이란 당연히 그것이 유통되는 과정에서 만나게 되는 여러 주체와 기제가 없이는 불가능한 것이기 때문이다.

급속한 근대화에 처해 있던 상하이는 프랑스와 공공(영국·미국) 조계를 통해 서양 문물이 물밀듯 들어오는 중국의 최첨단 도시로 성장하고 있었다. 이렇다 할 전통이라고는 갖춰져 있지 않았던 상하이의 도시화는 그것을 담당할 인적 자원을 필요로 했다. 서양인과 중국인이 혼재하며 거주했던 '화양잡거(華洋雜居)'는 당시 상하이를 상징하는 대표적인 표현으로 자리 잡았다. '잡거'의 한 측면을 구성한 중국인들은 장쑤(江蘇)와 저장(浙江) 등을 비롯해 전국 각지에서 모여든 이민자들이었다. 전통적인 유희나 오락으로는 수요를 감당할 수 없었던 도시 생활 속에 영화는 이들에게 매우 유용한 오락거리로서 기능하기 시작했다. 이런 구조 속에서 상하이영화의 관객 주체가 탄생하고 성장할 수 있었다.

제작업의 발전과 더불어 배급업과 상영업도 크게 발전하기 시작했다. 1920년대 중반 이전까지 상하이영화의 배급 및 상영업은 대체로 외국 자본에 장악돼 있었지만, 이후 밍싱영화사를 필두로 이에 대한 중요성을 인식하면서 상하이뿐 아니라 중국 전역의 주요 도시에 배급 및 상영 구조가 체계적으로 자리 잡을 수 있는 기반이 마련됐다. 특히 1926년에는 밍싱영화사의 배급 업무를 맡고 있던 저우젠윈(周劍雲)의 주도로 밍싱영화사와 상하이영화사, 선저우영화사(神州影片公司), 다중화바이허영화사, 민신영화사 등이 연대하여 배급을 전담하는 류허영화영업사(六合影戱營業公司)를 세우자, 뒤이어 여러 영화사들이 여기에 참여하면서 상하이영화의 배급 구조가 일신된다. 류허영화사는 당시 미국영화가 다수를 점하고 있던 상하이 영화계에서 이른바 '국산영화'의 활로를 모색하는

데 크게 공헌했다는 평가를 받고 있다.(張駿祥·程季華, 608쪽) 톈이영화사 또한 배급에 뛰어들면서 1920년대 후반부터는 둘 사이에 경쟁 구도가 펼쳐지게 됐고, 특히 톈이영화사는 동남아시아 시장 개척에 힘을 쏟았다. 이런 경쟁 구도는 1929년 류허영화사가 내부 갈등으로 해체되면서 일단락됐으나 이는 오히려 상하이영화의 배급 시장을 혼란스럽게 하는 요인이 됐다. 그러나 이들의 노력은 당시 상하이 영화계에 배급업의 중요성을 일깨우는 계기가 됐고, 이에 따라 이들 외에도 소규모 배급사들이 속속 배급망 구축을 위해 노력했다.

배급업의 발전과 더불어 영화관도 새로 세워졌다. 오늘날까지도 상하이의 중심가를 장식하고 있는 당시 영화관들을 보면 1920년대 상하이라는 도시의 규모가 어떠했는지를 가히 짐작할 수 있을 정도다. 특히 밍싱영화사는 1926년 이후 여러 국내외 기업의 투자를 받아 중앙영화사(中央影戲公司)를 세워 7개 직속 영화관을 거느리게 됐다. 중앙대극장(中央大戲院)은 중앙영화사의 리더 격인 영화관으로 1925년 세워진 뒤 '국산영화의 본산(國片之宮)'이라는 칭호를 얻을 정도였다. 이를 통해 '국산영화', 즉 상하이영화들의 상영을 촉진했다. 상하이의 영화관은 미국식 대규모 시스템을 따라 1,600여 석이 넘는 규모를 자랑하기도 했다.(楊金福 2006, 55~56쪽)

1920년대에는 새로운 스타가 발굴되는 시기이기도 했다. 그중에서도 특히 롼링위와 진옌의 등장은 상하이영화에 활력을 불어넣었다. 이들은 당대 최고의 스타로 성장하면서 대중을 스크린으로 몰고 오는 힘을 발휘했고, 상하이영화는 이들에 힘입어 성장을 거듭할 수 있었다. 롼링위는 이후 1930년대 상하이를 대표하는 여배우로서 청순하고 소박한 이미지로 천부적인 연기력을 발휘했다. 30여 편의 흑백영화에서 열연한 롼링위는 특히 〈신녀神女〉(1934)에서 억압된 여인과 자식을 위한 헌신적인 어머니 형상을 잘 소화해냄으로써 연기의 절정을 선보였다. 조선의 독립운동가 가문에서 태어난 진옌은 집안의 몰락으로 인해 자수성가하여 상하이 영화계에 정착한 당대 최고의 배우였다. 대중으로부터 '영화 황제'라는 칭호까지 수여받을 정도로 당시 상하이인들은 진옌에 열광했다. 훤칠한 외모와 사실적이고 소박한 연기가 그의 장점이었다. 일본의 침략에 맞서 도로 건설을 통해 근대화를 이뤄야 한다는 메시지를 담은 〈대로大路〉(1934)에서 그는 연기를 통해 자신의 스타일을 잘 보여주었다.

더불어 1920년대는 영화 이론에 관한 논의가 활성화되고 다양한 영화 관련 잡지가 등장하면서 영화의 대중화에 기여하기도 했다. 1921년 『영희총보(影戱叢報)』를 필두로 한 영화잡지들이 창간되어 영화에 대한 평론과 연구, 영화사의 작품 선전, 영화 관련 흥밋거리 보도 등을(酈蘇元·胡菊彬 1996, 179쪽) 주로 다뤘다. 특히 1920년대 상하이에서 펼쳐진 영화이론에 관한 논의는 영화에 대한 인식론, 연출론, 시나리오 창작론, 감상론, 사회적 기능론, 미학론 등 다양한 범주를 아우르고 있었다.(임대근 2002, 104쪽)

이와 같이 1920년대는 상하이영화가 활황기에 접어들면서 산업적 기반을 확보한 시기라고 평가할 수 있겠다.

4. 전쟁과 상하이영화(1931~1949)

1930년대는 흔히 중국영화의 '황금기'라고 불리곤 한다. '황금기'의 중심은 역시 상하이였다. 1910년대 이래로 착실한 준비를 쌓아온 상하이 영화계는 1930년대에 들어서면서 화려한 꽃을 피웠다. 그러나 한편으로는 1930년대 몰아친 일본의 중국 침략으로 인해 자신의 정체성 확립을 위한 고뇌의 시간을 겪지 않을 수 없었다.

(1) 좌익영화운동(1931~1937)

1931년 만주를 침략하고 이듬해 만주국을 세운 일본은 그와 동시에

1932년 1월 28일 상하이를 침공한다. 일본 제국주의의 침략 야욕이 노골화하면서 조계지였던 상하이는 더욱 복잡한 국제 정세 속에 직면하게 된다. 1·28 사건은 상하이를 중심으로 한 중국인들에게 반일 민족 정서를 강화하는 결과를 낳았다. 1930년대 들어서 황금의 시기를 준비하고 있던 상하이에도 이러한 정서가 반영되기 시작했다.

특히 1930년에는 이미 중국 공산당의 지도에 따른 좌익작가연맹이 상하이에 창립돼 있었고, 뒤이어 1933년 창립된 중국영화문화협회(中國電影文化協會)는 '항일 애국'의 기치를 내세우며 민족적 정서를 환기하면서 당시 영화계 주요 인사를 모두 결집하는 효과를 발휘했다. 이로부터 상하이영화는 '민족'의 현실을 직시하여 이를 반영, 비판하는 경향을 보이기 시작했다. 영화사에서는 이러한 일련의 운동을 가리켜 '좌익영화운동', '신흥영화운동', '민족영화운동', '리얼리즘영화운동' 등 다양한 명칭으로 부르고 있다.

이와 같은 운동은 영화 제작자들이 좌익 문학예술인의 도움을 받아 급진적인 영화를 촬영하거나, 좌익 예술인들 자신이 이른바 당의 요구를 수행하겠다는 계획으로 영화계로 들어가는 형태로 나타나기도 했다. 1932년에는 밍싱영화사가 좌익작가들을 초청하여 영화를 제작하기로 결정한다. 샤옌(夏衍)이나 첸싱춘(錢杏邨), 정보치(鄭伯奇) 등의 극작가와 문학인들이 밍싱영화사의 시나리오 고문을 맡게 된다. 한편 톈한은 롄화영화사에서 시나리오를 맡게 되고 양한성(陽翰笙)은 이화영화사(藝華影業公司)에 합류하게 된다.(楊金福, 96쪽) 이러한 인적 결합과 더불어 앞서 말한 중국영화문화협회의 창립이 성과를 내면서 1933년에는 일련의 영화들이 쏟아져 나오게 된다. 〈세 명의 모던 여성三個摩登女性〉(1933), 〈광류狂流〉(1933), 〈도시의 밤城市之夜〉(1933), 〈도시의 새벽都會的早晨〉(1933), 〈지분시장脂粉市場〉(1933), 〈모성의 빛母性之光〉(1933), 〈압박壓迫〉(1933), 〈몸부림掙扎〉(1933), 〈봄누에春蠶〉(1933), 〈향초미인香草美人〉(1933), 〈나쁜 이웃惡隣〉(1933), 〈상하이 24시上海二十四小時〉

(1933), 〈자매姊妹花〉(1933), 〈장난감小玩意〉(1933) 등 중국 영화사의 뛰어난 걸작들 중 다수가 이 해에 만들어졌다. 그리하여 1933년은 '중국영화의 해(中國電影年)'로까지 불리게 된다.

그러나 한편 당시 상하이는 좌 · 우익 간의 대립이 격심해지고 있는 상황이었다. 국민당 정부는 1930년 '영화검사법(電影檢査法)'을 공포한데 이어 1931년 1월에는 그 '시행세칙(實施細則)'과 '영화검사위원회조직장정(電影檢査委員會組織章程)'을 공포, 시행하는 등 영화에 대한 검열을 더욱 강화해 나갔다. 이러한 조치에 따라 1934년 하반기에 이르면 위에서 말한 좌익 예술가들의 영화 활동이 중단되고 이어 중국영화문화협회 또한 해체에 이르게 된다. 그럼에도 불구하고 일련의 좌익영화 제작은 지속적으로 이뤄졌다. 예컨대 1934년부터 1935년까지 〈중국해의 성난 물결中國海的怒潮〉(1934), 〈여인女人〉(1934), 〈신녀神女〉(1934), 〈대로大路〉(1935), 〈신여성新女性〉(1934), 〈향수鄕愁〉(1935), 〈어부의 노래漁光曲〉(1934), 〈고난 속의 아이들風雲兒女〉(1935), 〈도시 풍광都市風光〉(1935) 등 내로라하는 영화들이 제작되고 관객의 호응 또한 뜨거웠다. 1936년에는 '국방영화'라는 의제가 제기됐다. '국방영화'는 당시 일본의 중국 침략이 코앞에 다가온 시점에서 저우양(周揚) 등이 공산당의 항일민족통일전선 조직에 부응하여 제기한 구호로 "민족 전선에 서 있는 모든 작가는 적에 대항하여 나라를 구하는 예술작품을 창조하자"는 주장에 따라 제기된 '국방문학'이라는 구호를 영화계에서 그대로 받아들인 것이었다.(張駿祥 · 程季華 1995, 323쪽) 이런 주장에 따라 〈낭산첩혈기狼山喋血記〉(1936), 〈큰 뜻을 품고壯志凌雲〉(1936) 등의 국방영화가 제작됐다. 그 밖에도 〈길 잃은 어린 양迷途的羔羊〉(1936), 〈교차로十字街頭〉(1936), 〈세뱃돈壓歲錢〉(1937), 〈거리의 천사馬路天使〉(1937) 등의 영화가 주목을 끌었다.

이와 같은 좌익영화운동은 1937년 중국과 일본 사이에 전면전이 발발하면서 일단락을 맺을 때까지 지속됐다.

(2) 항일 전쟁과 '고도(孤島)' 영화(1937~1945)

1937년 7월 중·일 간에 전면전이 시작된 지 한 달 남짓 만에 일본군은 상하이를 침공하기 시작했다. 전쟁은 상하이 영화계에 크나큰 타격을 주었다. 국민당 정부는 우한(武漢), 충칭(重慶) 등지로 임시 수도를 옮기면서 국영 영화사로 하여금 관변영화 제작 등을 독려했다. 상하이의 주요 영화사들도 불가피한 상황 변화를 맞이하고 있었다. 밍싱영화사가 일본인들에게 불타는가 하면 롄화영화사는 해체되고 톈이영화사는 홍콩으로 건너가게 된다. 중소 규모의 영화사들은 더 말할 것도 없이 해체의 위기를 맞이하게 된다. 상하이에 대한 일본의 침략이 더욱 거세지면서 상하이 영화인들은 내륙행, 홍콩행, 상하이 잔류 등을 선택하지 않을 수 없었다. 이는 결국 1937년 이후 중국 사회의 전모를 파악하는 유용한 방법론인 정치 지형에 따른 구분법과도 대체로 일치하는 것이다. 즉 '상하이영화'는 국민당 통치지역으로서의 '대후방', 일본 점령 지구, 공산당 통치지역으로서의 이른바 '해방구', 그리고 조계지로서의 '고도'인 상하이라는 지역적 분화 현상을 맞게 되는 것이다. 1937년 이후 상하이영화는 이와 같은 열악한 상황 속에서도 생존을 위한 노력을 거듭하고 있었다.

실제 일본은 상하이를 침공했음에도 불구하고 프랑스와 영국, 미국의 조계 지역까지 군사 작전을 펼칠 수는 없었다. 이에 1937년 이후 상하이영화는 조계지였던 이른바 '고도' 지역을 중심으로 펼쳐지게 된다. 이 시기 상하이영화는 전통적인 제작사였던 밍싱, 롄화, 톈이 등이 시대적 상황에 따라 물러나면서, 신화영화사(新華影業公司), 이화영화사, 진싱영화사(金星影業公司), 민화영화사(民華影業公司) 등이 주축이 되어 제작을 이어나갔다. 그런데 이들 영화사가 내놓은 많은 작품은 '옛복식영화'였다. 통계에 따르면 '고도' 시기에 각 영화사들이 제작한 '옛복식영화'는 약 80여 편으로, 이는 당시 전체 영화의 3분의 1가량을 차지하는 수치였다.(楊金福 2006, 135쪽) 물론 현대물이 없었던 것은 아니지만 '옛복식

영화' 제작이 다시 활기를 띠게 된 까닭으로 양진푸(楊金福 2006, 135쪽)는 다음과 같은 세 가지 이유를 들고 있다.

첫째, 시장의 요구. 당시 '고도'에는 기존의 시민들뿐 아니라 전쟁을 피해 몰려든 지주와 상인, 여성들로 북적였다. 이들은 특정한 직업이 없이 시간을 보내야 했기에 영화와 같은 오락물에 대한 소비 성향을 강하게 드러냈다. 더불어 전쟁으로 인해 외국영화 수입이 줄어들면서 '국산영화'에 대한 수요가 더욱 커졌다는 것이다. 둘째, 조계의 독립적이고 안정적인 환경. 중일전쟁이 직접적으로 영향을 끼치지 못했던 조계 지역의 특성상 영화에 대한 투자와 산업이 발전할 수 있는 환경이 조성돼 있었던 것이다. 다만, 일본이 영화를 검열해야 한다는 압력을 조계 당국에 행사함으로써 '고도' 영화는 일본을 직접 비판하는 항일 주제를 다루기 어려웠고, 이는 상하이 영화인들에게 고전을 통해 현실을 비유하는 방식을 활용하도록 했던 것이다. 셋째, 많은 영화인이 내륙이나 홍콩으로 건너갔지만, '고도'에도 여전히 뛰어난 영화인들이 남아 있었다. 거기에 자본의 투자가 적절히 이뤄지면서 전쟁 중에도 상하이영화의 명맥을 유지할 수 있었던 것이다.

당시 이름난 영화로는 〈명말 유한明末遺恨〉(1936), 〈목란 종군木蘭從軍〉(1939), 〈무측천武則天〉(1938), 〈호랑이를 찌른 비정아費貞娥刺虎〉(1939), 〈왕보천王寶釧〉(1939), 〈악비의 진충보국岳飛盡忠報國〉(1940), 〈이향군李香君〉(1940), 〈서시西施〉(1940), 〈양치는 소무蘇武牧羊〉(1940), 〈홍선교洪宣嬌〉(1941), 〈공부자孔夫子〉(1940), 〈눈 오는 밤 적을 무찌른 임충 이야기林冲雪夜殲敵記〉(1939), 〈초패왕楚霸王〉(1939) 등을 꼽을 수 있다. 그중에서도 〈목란 종군〉은 연극 활동을 했던 어우양위첸(歐陽予倩)이 시나리오를 쓰고 부완창(卜萬蒼)이 감독을 맡은 영화로 영향력이 가장 컸던 작품이었다. 위진남북조 시대의 서사시로 잘 알려진 목란의 이야기를 통해 형식은 역사물을 빌려 왔지만 그 내용은 당대 중국의 현실을 빗대어 표현하는 방식으로 대중의 공감을 불러일으켰다. 이런 방식은 당시 상하이영화에서 하나의 모델로 자리 잡을 만큼 의미 있는 시도였다.

그러나 1941년 태평양전쟁의 발발과 함께 조계지조차도 일본의 수중에 넘어가면서 상하이영화계는 일본군과 난징에 정부를 세웠던 친일 왕징웨이(汪精衛) 정권에게 '접수' 당한다. 류나어우(劉吶鷗)나 무스잉(穆時英) 같은 자유주의자들은 이른바 '연성영화(軟性電影)'를 주장했고, 왕징웨이 정권은 기존의 여러 영화사를 합병하여 제작과 배급, 상영을 일체화한 중화영화연합주식회사(中華電影聯合股份有限公司)를 설립하여(중일전쟁 종식 이후 국민당 중앙선전부 등으로 승계된다) 만저우영화사 또는 일본 영화인들과 협력하여 〈만세유방萬歲流芳〉(1943), 〈춘강유한春江遺恨〉(1944) 등과 같은 상업 영화를 주로 제작한다.

(3) 국공내전 시기 상하이영화(1945~1949)

1945년 일본의 항복으로 중일전쟁이 끝나자 상하이는 다시 중국영화의 중심이라는 지위를 회복했다. 국공내전이 이어졌지만, 그런 상황에서도 상하이에는 영화에 대한 민간 투자가 지속되어 새로운 민영 영화사들이 세워지고 이를 통해 활력을 얻었다. 쿤룬영화사(昆侖影業公司), 원화영화사(文華影業公司), 궈타이영화사(國泰影業公司), 다퉁영화사(大同影業公司) 등이 이 시기에 활약을 펼친 민간 영화사로 손꼽을 수 있겠다.

이러한 영화사들과 더불어 1930년대부터 상하이에서 활동해오던 감독들, 예컨대 차이추성(蔡楚生), 페이무(費穆), 스둥산(史東山), 쌍후(桑弧), 선푸(沈浮) 등과 새로운 배우들이 등장하여 〈팔천 리 길의 구름과 달八千里路雲和月〉(1947), 〈봄 강물은 동쪽으로 흐른다—江春水向東流〉(1947), 〈끝나지 않은 사랑不了情〉(1947), 〈가짜 봉황假鳳虛凰〉(1947), 〈부인 만세太太萬歲〉(1947), 〈야점夜店〉(1947), 〈염양천艶陽天〉(1948), 〈집들의 등萬家燈火〉(1948), 〈작은 마을의 봄小城之春〉(1948), 〈까마귀와 참새烏

鴉與麻雀〉(1949) 등 일련의 상하이 영화사에 있어 뛰어난 영화들을 선보였다. 전쟁 중임에도 불구하고 이러한 영화가 나올 수 있었던 것은 1920년대 이래로 축적된 상하이영화의 경험이 농축되어 발휘됐기 때문일 것이다. 특히 〈봄 강물은 동쪽으로 흐른다〉는 서사시적 특징을 잘 소화했고, 〈집들의 등〉은 윤리도덕적인 측면을 강조했으며, 〈까마귀와 참새〉는 희극적 스타일을 선보임으로써 저마다의 특징적인 작품들을 만들어낼 수 있었다. 이들 영화는 하나같이 오늘날까지도 상하이뿐 아니라 중국영화를 대표하는 작품들로 높이 평가받고 있다.

한편, 국민당 정부는 각 지역의 영화사를 합병하는 형식으로 중앙영화기업주식회사(中央電影企業股份有限公司)를 설립하기도 했다. 중앙영화사가 만든 영화는 대부분 국민당의 이데올로기를 강조하는 선전영화나 상업적 장르영화가 대부분이었다. 〈충의지가忠義之家〉(1946), 〈머나먼 사랑遙遠的愛〉(1947), 〈천당춘몽天堂春夢〉(1947), 〈귀향일기還鄕日記〉(1947), 〈종신대사終身大事〉(1947), 〈삼인행三人行〉(1948) 등을 대표작으로 들 수 있다.

5. 사회주의의 도래와 상하이영화의 침체(1949~1978)

(1) '17년' 시기의 상하이영화(1949~1966)

중국 현대사에서는 1949년 사회주의 중국 수립 이후 본격적인 문화대혁명이 발발하는 1966년까지를 보통 '17년' 시기라 부른다. 사회주의 중국 수립은 단지 정치사적 사건만은 아니었기 때문에 상하이영화에도 큰 변화를 가져왔다. 특히 마오쩌둥(毛澤東)이 1942년 공산당 통치 지역, 즉 이른바 '해방구'였던 옌안(延安)에서 행했던 연설, 「옌안 문예좌담회에서의 연설(在延安文藝座談會上的講話)」은 본격 사회주의 국가 수립 이후 여전히 문학예술 창작 및 비평의 중요한 기준 원리가 됐다.

1949년 5월 공산당은 상하이를 점령하자 샤옌 등 좌익 예술인들의 주도하에 기존의 영화 관련 기구를 접수한 뒤, 그해 11월 상하이영화제작소(上海電影製片廠)를 설립한다. 이후 상하이영화제작소는 둥베이영화제작소, 베이징영화제작소 등과 더불어 사회주의 중국영화 제작의 골간으로 자리 잡는다. 1950년대 초, 상하이영화제작소는 주로 1920~30년대 지난했던 혁명과 전쟁에 관한 승리의 기록을 묘사하거나 노동자, 농민, 병사 등의 인물형상을 내세워 새로운 중국에 대한 기대감을 나타내는 영화를 주로 제작한다. 〈농가의 즐거움農家樂〉(1950), 〈대지중광大地重光〉(1950), 〈내일을 위해 단결하리라團結起來到明天〉(1951), 〈다시 맞는 승리勝利重逢〉(1950), 〈푸른 언덕의 붉은 기翠崗紅旗〉(1950) 등이 이 시기의 대표작들이다.

물론 그때까지는 민간 영화사들도 여전히 영화를 제작하고 있었다. 〈무훈전武訓傳〉(1950), 〈내 한 평생我這一輩子〉(1950), 〈부식腐蝕〉(1950), 〈우리 부부 사이我們夫婦之間〉(1951) 등은 당시 민간 영화사의 대표적인 영화들이다. 그러나 민간 영화사들은 1950년 초부터 1953년에 이르기까지 차례로 국영화되어갔다. 이는 상하이영화가 완전히 당과 정부의 '지도'에 장악되기 시작했음을 의미하는 것이었다.

한편, 1951년에는 영화 〈무훈전〉에 대한 비판이 거세게 일어나기 시작했다. 마오쩌둥까지 나서서 이 문제에 대한 관심을 보이자 〈무훈전〉이 지나치게 봉건주의 문화를 고취하면서 '반동' 자본가계급 사상을 대표하고 있다는 비판이 일어나기 시작한 것이다. 이에 쑨위나 샤옌 등과 같이 일찍부터 상하이영화를 이끌어왔던 영화계 인사들이 수난을 당했고, 이후 영화에 대한 정치적 논란을 두려워한 영화인들은 적극적으로 영화 제작에 나서기가 어렵게 되고 말았다. 정치적 요인으로 말미암아 상하이 영화계는 점차로 위축되어가고 있었다. 이후 중국영화는 대부분 당 중앙이 자리 잡고 있던 베이징의 정치 지도자들에 의해 제작 방향이 설정되는 운명을 맞게 된다. 물론, 1953년 이후에도 상하이영화제작소가 영화 제작을 전면 중단한 것은 아니었고, 오히려 극영화나 무대예술영화, 다큐멘터리, 애니메이션 등으로 제작 범위를 넓혀갔다. 이 시기에는 〈양산백과 축영대梁山伯與祝英台〉(1953), 〈도강정찰기渡江偵察記〉(1954), 〈집家〉(1956), 〈철도유격대鐵道遊擊隊〉(1956), 〈이시진李時珍〉(1956), 〈십오관十五貫〉(1956) 등 이름난 영화도 다수 창작됐다. 특히 이 시기 경극, 월극(越劇), 황매극(黃梅戲), 곤곡(崑曲) 등 전통 지방극을 바탕으로 한 연극영화의 발전은 특기할 만한 것이었다.

1957년 상하이영화제작소는 상하이영화사(上海電影製片公司)로 조직을 개편했다. 1953년 이미 설립된 상하이과학교육영화제작소(上海科學敎育電影製片廠) 이외에도 상하이미술영화제작소(上海美術電影製片廠), 상하이영화번역제작소(上海電影譯製片廠), 상하이영화기술제공소(上海電影技術供應廠) 등이 새롭게 설립됐다. 조직으로 보면 상하이영화가 당의 주도 아래 사회주의가 요구하는 영화를 제작할 수 있는 체계가 구축된 것이었다. 그러나 이후에도 영화가 정치적 오류로 인해 비판받지 않을까 하는 심리는 제작자들의 촬영 의욕을 급격히 감퇴케 하였다. 이 시기 영화는 대부분 혁명 역사 소재, 사회주의 수립 과정의 역정, 농촌 제재 영화들이 주를 이뤘다.(楊金福, 217쪽) 물론 〈여자 농구 5호女籃五號〉(1957) 같은 스포츠를 다룬 영화나 〈교만한 장군驕傲的將軍〉(1956) 같은 특징적인 애니메이션이 등장한 것도 빼놓을 수는 없을 것이다.

그러나 이 해는 당에서 제기된 '쌍백방침'(1956)이 거둬들여지고, 이른바 반우파투쟁이 시작된 해이기도 했다. 다수의 영화가 '독초'로 분류되고, 일부 영화인들이 '우파'로 낙인찍히는 사건이 발생했다. 뒤이어 전개된 대약진운동(1958)의 영향과 당 지도부의 의도에 따라 정치적 성향만을 앞세운 채 예술성을 소홀히 한 이른바 '약진영화(躍進電影)' 또는 '위성영화(衛星電影)'가 제작되면서 상하이영화는 추락을 거듭하고 있었다. 1958년 이후 이런 경향에 대한 일부 시정 조치가 이뤄지면서 〈린쩌쉬林則徐〉

(1958)나 〈음악가 네얼聶耳〉(1959) 같은 역사적 인물을 다룬 영화나 〈홍색 낭자군紅色娘子軍〉(1960), 〈리솽솽李雙雙〉(1962) 같은 특징적인 영화들이 나오고, 특히 상하이미술영화제작소의 활약에 힘입어 〈똑똑한 오리聰明的鴨子〉(1960, 전지애니메이션), 〈엄마 찾는 올챙이小蝌蚪找媽媽〉(1960, 수묵애니메이션), 〈신필神筆〉(1955, 목우애니메이션), 〈천궁을 뒤흔들다大鬧天宮〉(1961 · 1964) 등과 같은 애니메이션들이 등장하는 성과를 내기도 했다. 그러나 전체적으로 보아 상하이영화는 정치 논리에 지배당하기 시작했고, '문화대혁명'의 암운을 향해 달려가고 있었다.

(2) 문화대혁명 시기 상하이영화(1966~1976)

주지하다시피 문화대혁명은 중국 현대사의 암흑과도 같은 '극좌파'의 준동 시기였다. 1966년 장칭(江靑) 등의 주도로 시작된 문화대혁명은 이름에 걸맞게 1949년 사회주의 수립 이후 중국의 예술 전체를 '흑선(黑線)'이라고 완전 부정하면서 새로운 예술, 즉 '홍선(紅線)'을 새롭게 만들어내야 한다고 역설했다. 〈남정북전南征北戰〉(1952), 〈지뢰전地雷戰〉(1962) 등 극히 일부 작품을 제외하고는 사회주의 수립 이후 만들어진 영화들도 상영이 금지됐다. 장칭은 이러한 자신의 주장을 이론적으로 뒷받침하기 위해 이른바 '문예흑선독재론(文藝黑線專政論)', '근본과업론(根本課業論)', '삼돌출원칙(三突出原則)' 등을 내세웠다. 상하이 영화계에 대한 억압도 거세져서 수십 명에 달하는 영화인들이 사망하는 등 재난이 잇달았고, 이런 사정을 고스란히 반영이라도 하듯 1966년부터 1972년까지 상하이영화사는 단 한 편의 영화도 촬영하지 못했다.

장칭은 자신의 이론을 실천적으로 증명하기 위해 이른바 '모범극영화(樣板戲電影)'를 내세웠다. '모범극영화'란 '삼돌출 원칙'을 바탕으로 자신이 직접 창작을 지도한 모범이 되는 연극을 그대로 영화화한 것을 일컫는다. 모두 10편의 모범극영화 중 상하이영화사는 한 편을 단독으로 제작하고[〈흰 머리 소녀白毛女〉(1972)〕, 다른 한 편을 베이징영화제작소와 공동 제작[〈항구海港〉(1972)〉]하는 데 그쳤다.(임대근 2007)

1972년 이후 당의 다른 지도자들, 즉 마오쩌둥과 저우언라이(周恩來)가 영화계에 대한 염려를 표현한 뒤 상황은 조금 나아져서 이후 1973년부터 1976년까지 상하이영화사는 극영화 15편과 연극영화 7편을 찍었다. 그러나 이들 영화 역시 '삼돌출 원칙'에서 자유로울 수는 없었으며 계급투쟁과 노선투쟁을 중심으로 천편일률적인 이야기에 머물렀다. 〈잊을 수 없는 전투難忘的戰鬪〉 정도가 사회주의 초기 중국 인민군의 식량구입 부대 이야기를 그림으로써 일말의 평가를 받고 있다. 1975년에는 장칭을 위시한 '사인방' 권력이 '반우파번안풍(反右派飜案風: 우경화 풍조에 대한 반격)'을 일으키자 영화계에도 이러한 공격이 시작되어 '반주자파(反走資派) 영화'를 색출하여 공격하기 시작했다. 상하이영화사의 1975년 작 〈봄 싹春苗〉(1975)은 첫 번째 '주자파 영화'로 지목되어 덩샤오핑(鄧小平)을 공격하는 데 활용됐다. 이후 덩샤오핑을 직접 비판하는 영화(〈환호하는 샤오량강歡騰的小凉河〉)가 촬영되었고 군대 내부의 '주자파'를 색출하는 영화(〈천년의 일千秋業〉)와 '사인방'을 칭송하는 영화(〈성대한 축제盛大的節日〉) 등은 촬영 중이었으나, 영화가 미처 완성되기 전에 마오쩌둥의 사망과 더불어 '사인방'이 실각하면서 문화대혁명은 막을 내렸다.(楊金福 2006, 248쪽)

6. 개혁개방과 노스탤지어: 상하이영화의 부흥(1978~)

1978년 공식적으로 개혁개방이 선포된 이후 중국 사회는 급격한 변화를 겪어왔다. 상하이영화 역시 이러한 시대적 흐름에 발맞추어 일련의 '개혁'과 '개방'에 관한 조치를 이어오고 있는 중이다. 그럼에도 불구하고 사회주의 중국 수립 이후 베이징에 주도권을 넘겨준 상하이 영화계가 아직 1920~30년대의 영화(榮華)를 완전히 되찾은 것 같지는 않다.

개혁개방 이후 상하이영화는 크게 1980년대 중반까지의 회복기, 이후 1990년대 초반까지의 침체기, 그리고 덩샤오핑의 '남순강화'(1993년) 이후 21세기 진입 시기까지의 새로운 도약기로 나눠볼 수 있다.

1970년대 말부터 1980년대 상하이영화는 문화대혁명의 혼란 속에서 어지러웠던 영화계를 새롭게 정비하고, 영화 제작에 관한 체계를 복원하는 일에 중점을 두었다. 사인방의 억압으로 세상을 떠난 영화인들에 대한 복권과 상영 금지 해제, 홍콩영화와 외화 상영 등의 조치가 이어졌다. 우이궁(吳貽弓)의 〈파산야우巴山夜雨〉(1980), 〈성남의 옛이야기城南舊事〉(1982), 셰진(謝晋)의 〈아, 요람啊, 搖籃〉(1979), 〈톈윈산 전기天雲山傳奇〉(1980), 〈말 키우는 사람牧馬人〉(1982), 〈추진秋瑾〉(1983), 〈부용진芙蓉鎭〉(1986), 황수친(黃蜀芹)의 〈사람·귀신·사랑人·鬼·情〉(1987) 등이 쏟아져 나오고 갑자기 맞이한 자유로운 분위기에서 영화화할 수 있는 시나리오가 부족했던 상황에서 중국 현대문학 작품의 영화화가 한 경향을 이루면서〔〈아큐정전啊Q正傳〉(1981), 〈일출日出〉(1985) 등〕 상하이 영화계에 활력을 더했다. 중국적 전통의 연극영화와 애니메이션도 지속적으로 제작되면서 상하이영화의 다원화에 기여했다.

그러나 1980년대 중·후반에 들어서서 텔레비전과 노래방 문화 등이 활성화되면서 중국 사회에 다양한 오락거리가 등장함으로써 영화 시장은 급격하게 위축된다. 예컨대 1979년, 연간 전국 영화 관객 수가 293억 명이었는데 10년 뒤인 1989년에는 이 수치가 168억 5천만 명으로 급감한다. 상하이영화 시장도 예외는 아니어서 영화 제작은 큰 어려움에 직면하게 된다.(楊金福, 282쪽) 이에 오락영화의 창작을 주창하는 '오락영화 주체론(娛樂片主體論)'이나 '주선율론(主旋律論)' 등이 정부 당국에 의해 제기된다. 특히 '주선율'에 관한 구호는 1987년 등장한 이후 오늘날까지도 중국영화의 중요한 한 축으로서 기능하고 있다. 그러나 상하이영화의 새로운 활력은 천안문 사태로 인해 개혁개방의 둔화된 속도를 다시 가속화하기 위한 덩샤오핑의 '남순강화'(1993) 이후 본격적으로 찾아오게 된다.

1993년 이후 상하이 영화계는 관습적으로 시행되어오던 고용제도, 인사제도, 분배제도 등에 대한 일대 개혁 조치를 단행하면서 시대의 흐름에 따라 제작과 배급, 상영을 체계화하기 시작한다. 또한 상하이국제영화제 개최를 통해 영화의 대중 접근성과 홍보, 국제적 교류 등을 강화하기 시작한다. 이러한 노력과 더불어 장젠야(張建亞)의 〈싼마오의 종군기三毛從軍記〉(1992), 장이머우의 〈상하이 트라이어드搖啊搖, 搖到外婆橋〉(1995), 저우샤오원(周曉文)의 〈얼모二嬤〉(1994), 천이페이(陳逸飛)의 〈인약황혼人約黃昏〉(1995), 펑샤오닝(馮小寧)의 〈붉은 강의 계곡紅河谷〉(1996) 등 주목을 끄는 영화들이 제작되면서 새롭게 활력을 되찾기 시작한다.

21세기에 들어서면서 상하이는 그동안 베이징에 내주었던 중국영화의 주도권을 다시 찾아오려는 기획을 시작한다. 그것은 상하이시가 나서서 추진했던 '노스탤지어' 정책과도 맥을 같이하고 있었다. 중국에서 가장 선진적이고 개방적이며 문화적인 도시의 위상을 되찾고 싶었던 것이다. 이른바 '신세대' 감독이 대거 등장하면서 상하이는 새로운 영화 생산의 중심으로 부상하기 시작한다. 후쉐양(胡雪楊)의 〈침몰된 청춘湮沒的青春〉(1994)이나 러우예(婁燁)의 〈주말 연인週末情人〉(1995), 〈수쥬蘇州河〉(2000), 리홍(李虹)의 〈너와 함께 높이 날다伴你高飛〉(1998), 펑샤오롄(彭小蓮)의 〈상하이 기사上海記事〉(1998), 〈아름다운 상하이美麗上海〉(2003) 등 수많은 젊은 감독들의 새로운 영화가 등장하기 시작한지 오래다. 그런 인적 자원의 수혈과 더불어 상하이영화사는 이미 상하이영화그룹(上海電影集團)으로 변모했고, 국내외 기업이 투자한 영화관이 속속 지어지고 있으며, 매년 6월에는 국제영화제가 열리고 있다. 이제 상하이는 1920~30년대 동아시아와 미국, 유럽을 넘나드는 그 화려했던 영화의 도시로 다시 비상할 준비를 하고 있는 것이다.

■ ■ ■

상하이영화를 읽는 몇 가지 방법

임 춘 성 · 곽 수 경

1. 모던 상하이

근현대 도시 상하이시(市)는 전통 도시 베이징성(城)[1]과 자주 대비되곤 했고 많은 사람들이 경파(京派)와 해파(海派)의 논쟁 구도에서 두 도시에 대해 언급했다. 루쉰(魯迅)과 린위탕(林語堂), 저우쭤런(周作人)이 대표적이고, 최근 작가 왕안이(王安憶), 이중톈(易中天), 룽잉타이(龍應臺) 등도 두 도시의 우열을 논했다. 『도시 계절풍』의 저자 양둥핑(楊東平)[2]은 베이징성과 상하이시의 문화정신을 비교하면서 '근대', '혁명', '사람', '시장경제'를 키워드로 삼아 역사적 고찰을 진행했다. 그에 의하면, 아편전쟁 이후 불어 닥쳤던 서세동점이 첫 번째 계절풍이었고, 쑨원(孫文)이 이끌었던 국민혁명과 마오쩌둥(毛澤東)이 지도했던 신민주주의

---

1) 중국어에서 도시를 의미하는 '성시(城市)'는 '성벽'과 '도시'라는 사전적 의미를 가지고 있지만, 원래 '성'과 '시'는 다른 개념이었다. '시'와 변별되는 '성'은 '성곽'의 성으로, '내성외곽(內城外郭)'의 준말이다. 서울로 보면, 사대문을 연결한 것이 내성이라면 남한산성은 외곽 또는 외성이 될 것이다. '성'과 구별되는 '시'는 '시장'을 가리키는데, 이는 사람이 가장 많이 모이는 곳이다. '성'은 전통적 도시 형태를, '시'는 근현대적 도시 형태를 지칭한다.

2) 楊東平(1994), 『城市季風-北京和上海的文化精神』(東方出版社. 修訂本: 新星出版社, 2006). 이 책은 2008년 『중국의 두 얼굴』이라는 제목으로 번역되었다.

혁명이 두 번째 계절풍이었으며, 개혁개방 이후 대륙을 휩쓴 전지구적 자본주의가 세 번째 계절풍이라는 것이다. 그는 전지구화에 직면한 베이징성과 상하이시의 변화를 기술하면서 그 속에 사는 사람을 놓치지 않았다. '사람'은 도시의 영혼이자 도시문화의 주역이다. 호방하고 정치를 좋아하며 유머를 즐기는 베이징인과 실용적이고 개방적이며 규칙을 잘 지키는 상하이인이라는 대조는, '일반화의 오류'를 경계한다면, 적용 가능한 특성이라 할 수 있다. 대부분의 근현대적 대도시가 그렇듯이 베이징성과 상하이시에도 전국 각지에서 수많은 이민이 몰려들었다. 그러나 두 도시에 온 이민들의 정향(定向)은 각기 달랐다. 이전의 과거(科擧) 응시로 대변되던 입신양명(立身揚名)을 추구한 사람들이 베이징으로 몰렸다면, 상하이 이민들은 돈을 벌기 위해 몰려왔다. 베이징의 경우, 수많은 베이징 토박이(老北京)가 존재했기에 새로 온 이민이 기존의 베이징문화에 동화된 측면이 강했다면, 신천지 상하이는 '온갖 하천이 바다로 모여(海納百川)' 새로운 근현대적 도시문화를 형성해갔다. 올림픽을 계기로 베이징은 자신의 외관을 일신했으며 상하이 엑스포는 연일 수십만의 관객을 동원하면서 자신의 주가를 올리고 있다. 이제 두 도시는 중국 내적 비교를 넘어 전지구적 차원으로 나아가 뉴욕, 파리 등의 글로벌 시티와 어깨를 겨루면서, 중국의 부흥을 선도하는 주자로 나서고 있다.

1840년 아편전쟁이 일어나고 1842년 난징(南京)조약이 체결된 다음 해 상하이는 개항을 맞이하면서 중국의 새로운 중심으로 부상했다. 1843년 개항 이전부터 상하이는 인근 도시의 기능을 흡수[3]하고 있었고, 그보다 훨씬 이전인 1685년 청 강희제가 개방했던 네 곳의 항구 가운데 하나인 강해관(江海關)이 상하이 인근인 쑹장(松江)에 자리하고 있었다. 그리고 명나라 정화(鄭和)의 대항해(大航海)도 이곳에서 시작했다. 이렇듯 상하

---

3) 상하이는 개항 이전부터 난징(南京), 양저우(揚州), 닝보(寧波), 항저우(杭州), 쑤저우(蘇州) 등 인근 도시들의 기능을 서서히 수용하면서 1930년대에 국제적인 도시 '대(大)상하이'가 되었고 1950년대 이후 공화국의 장자(長子)가 되었다.

이의 지정학적 가치는 일찌감치 주목을 받았고 1843년에 이루어진 개항을 계기로 집약적인 발전을 하게 된 것이다. 난징조약 직후 개항된 상하이에 가장 먼저 온 사람들은 서양인들[4]과 무역에 종사했던 광둥인이었고, 뒤를 이어 오랜 도시 경영의 경험을 가지고 있던 인근의 닝보(寧波)인들이 몰려왔다. 전자가 상하이의 대외무역을 주도했다면 후자는 주로 금융업에 뛰어들었다. 모던 상하이는 광둥 무역과 닝보 금융의 경험을 받아들인 기초 위에 '몸소 서양을 시험(以身試西)' 해 자신의 독특한 정체성을 창안했다. 1949년 중화인민공화국 건국 이후 이들 상하이 금융인들의 상당수는 대륙을 떠나 제3의 지역인 홍콩을 선택했다. 이들은 서유럽식 금융업과 상업 실무를 습득한 최초의 중국인으로, 서양의 규칙에 따라 국제적인 금융게임에 참가했다. 그리고 금융산업이 세계경제를 주도하기 시작한 1960년대부터 형성된 전세계 화교들의 국경 없는 네트워크 형성에 주도적인 역할을 했고 1980년대 개혁개방에 지대한 공헌을 했다.

외국인 조계와 국내외 이주를 통해 중국의 새로운 중심으로 부상한 모던 상하이는 1930~40년대 이미 세계적인 국제도시의 이름을 날렸다. 그러나 1949년 공산화된 이후, 그 영광을 홍콩에게 넘겨주었다. 식민지였으면서도 20세기 자본주의 정점의 하나를 구축했던 홍콩의 발전은 상하이의 후견 아래 이루어졌던 셈이다. 1930년대 서양인들에게 '동양의 파리' 또는 '모험가들의 낙원' 으로 일컬어졌던 상하이가 왕년의 영광 회복

---

4) 경제지리학자 후자오량(胡兆量)은 서양인들의 이주에 대해 다음과 같이 묘사했다; 1843년 개항 이래로 상하이에는 세계 각지에서 오는 이민의 행렬이 끊이지 않았다. 나라 안팎에서 전쟁의 포화가 그치지 않는 가운데, 상하이는 정치적 이민의 '세외도원(世外桃園)' 이 되었다. 1917년 러시아 10월 혁명이 발발하자, 수만 명의 러시아 귀족과 부르주아들이 상하이로 이민했고, 제2차 세계 대전 기간에 히틀러가 유대인을 박해하자 상하이는 유대인들의 피풍항이 되어, 유럽을 탈출한 1만 8,000명에 달하는 유대인들이 대거 상하이로 이주해 들어왔다. 이들이 기존의 5,000여 유대인들과 합류하면서 상하이는 세계적인 유대인 집결지 가운데 하나가 되었다. 당시 상하이 이민자의 수는 10만 명에 달했다. (…) 상하이는 '전세계 모험가들의 낙원' 이라는 명성을 얻게 되었다. 때문에 외국 상인들의 상하이 쇄도가 상하이 상공업 발달을 크게 촉진했다는 객관적인 평가도 가능하다. 후자오량 지음, 김태성 옮김(2005), 『중국의 문화지리를 읽는다』, 489~490, 휴머니스트, 서울

을 선언하고 나선 것은 1990년대 들어와서였다. 푸둥(浦東)지구 개발로 뒤늦게 개혁개방을 실시한 상하이는 10여 년 만에 중국 최고 수준의 발전을 이루는 저력을 과시하고 있다. 상하이는 중국 근현대사의 진행과정을 압축적으로 구현하고 있다. 따라서 상하이와 상하이인의 정체성을 파악하는 것은 근현대 중국의 핵심을 이해하는 것이기도 하다.

2. '상하이영화' 와 '영화 상하이'

중국영화는 오래된 제왕의 도시 베이징에서 탄생했지만 결국 조계시대의 상하이를 자신의 성장지로 선택했다. 영화 성장에 적합한 토지였던 상하이는 중국영화의 발상지가 되었다. 모두 알다시피 중국영화에서 '상하이영화' 의 비중은 매우 크다. 상하이영화 발전에 몇 개의 전환점을 찾아볼 수 있는데, 조계, 최초의 영화 상영, 항전, 신중국, 개혁개방 등이 그 주요한 지점이다. 중화인민공화국 건국 이전까지 중국영화사는 상하이영화사라 해도 과언이 아니었다. 중국영화는 상하이영화와 '원주가 비슷한 동심원' 이었던 셈이다. 근현대도시, 이민도시, 국제도시, 상공업도시, 소비도시 등의 표현은 영화산업 발전의 요건을 설명해주는 명칭이기도 하다. 영화와 자본주의 시장의 긴밀한 관계를 고려하면, 영화는 상하이로 인해 입지를 확보하고 영역을 넓힐 수 있었고, 상하이는 영화로 인해 근현대화를 가속화할 수 있었다. 그러므로 상하이의 영화산업은 상하이, 나아가 중국 근현대화의 핵심이라 할 수 있다. 특히 영화의 유통과 소비는 상하이의 경제와 문화의 중요한 부분을 차지했다.

왕더웨이(王德威)는 "소설이 중국 현대화 역정을 기록" 한다는 의미와 "역사와 정치 논술 속의 중국에 비해 소설이 반영한 중국이 더 진실하고 실재적일 수도 있다"[5]는 맥락에서 '소설 중국' 이라는 개념을 제출했다. 자오시팡(趙稀方)도 이에 근거해 '소설 홍콩'[6]이라는 용어를 사용했다.

또한 천쓰허(陳思和)도 왕안이(王安憶)의『장한가』를 분석하면서 '문학 상하이' [7]라는 표현을 사용하고 있다. 이들과 불모이합(不謀而合)으로 필자도 일찍이 "중국의 근현대소설은 중국 근현대사를 이해하는 데에 있어서 가장 풍부하고도 재미있는 사료적 성격을 가진다"는 점에 착안해 '지안문(地安門)을 통해 보는 천안문(天安門)'으로 유비한 바 있다.[8]

'영화 상하이'는 이상의 맥락과 궤를 같이 한다. 이는 '영화 속의 도시'를 읽는 것으로 '상하이를 재현한 영화'를 통해 상하이를 해석하는 것이다. 이는 영화를 통해 상하이를 읽는 것이고, 영화 연구와 도시 연구를 유기적으로 결합시키는 것이며, 텍스트와 콘텍스트의 상호작용을 고찰하는 것이기도 하다. 그러면 상하이영화를 읽는 몇 가지 방법을 살펴보자.

3. 상하이영화와 상하이인의 정체성

근현대 중국을 대표하는 상하이라는 도시에 대한 관심과 그 도시 문화의 핵심을 구성한다고 판단되는 영상문화를 탐구하려는 시도는 전통과 근현대 혹은 중국과 서양이 혼성 교차하면서 오늘날 가장 근현대적임과 동시에 가장 중국적인 문화를 형성해온 상하이와 상하이인의 정체성 고찰로 귀결된다. 이는 도시 연구와 영화 연구를 유기적으로 결합시켜 상하이와 상하이인의 정체성의 지도를 그리는 것으로, '상하이 영상문화와 도시 정체성'과 '상하이인의 정체성'이라는 두 영역을 설정할 수 있다. 전자는 다시 '상하이의 영상문화'와 '상하이의 도시 정체성'으로, 후자는 '이주민 정체성', '성별 정체성', '문화적 정체성' 등의 모두 다섯 가지 세부주제로 나눌 수 있다. 그 외에도 미적 정체성, 좌익영화, 상하이인의 시민문화 등을 연구 지평에 놓을 수 있다.

정체성과 관련된 구체적 연구로는『상하이영화와 상하이인의 정체성』

(2010)을 들 수 있다. 이 책은 3부로 나뉘어 있다. 제1부 '상하이영화와 영화 상하이'에서는 먼저 중국영화에 재현된 상하이와 상하이인의 정체성을 살펴보고, 상하이와 영화 연구를 위해 도시와 영화의 관계, 상하이영화의 명명 등에 관한 개념 규정을 명확히 했다. 아울러 상하이영화의 형성이 어떻게 중국영화의 형성과 길항(拮抗) 관계를 맺고 있는지 그 내부의 복잡한 논리들을 고찰했으며 20세기 상하이영화 가운데 상하이를 배경으로 하고 있는 영화 141편을 대상으로 당시 영화제작사의 경향성과 영화와 시대, 사회와의 관계 및 영화의 역할과 위상 등을 고찰했다.

제2부 '상하이영화와 재현의 정치학'에서는 먼저 중국영화가 상하이를 어떻게 그려내고 있고 있는가, 나아가 어떻게 해석하고 표현해내고 있는가에 초점을 맞추어, 1930년대 상하이 재현과 상하이영화의 장르적 특징인 '멜로 드라마적 이야기 방식'에 주목했다. 또한 1930년대 중국 좌익계열 영화에 대해 영화의 형식과 미학적 특징에 대한 분석을 통해서 이데올로기, 미학, 산업 등 영화를 둘러싼 다양한 기제들이 영화의 형식 구성에 어떻게 개입하는지를 살펴보았다. 이어서 1930년대 올드 상하이를 배경으로 제작된 영화의 영상 서사 미학을 분석함으로써 올드 상하이영화의 정체성을 판별했다. 아울러 '기억'과 '역사들'을 키워드로 삼아 상하이인의 정체성 고찰의 일환으로 펑샤오롄(彭小蓮) 감독의 '상하이 삼부곡'을 분석했다. 그리고 페미니즘적 관점에서 상하이영화의 남성텍스트적 혐의와 여성형상에 나타난 동화와 할리우드의 영향을 고찰했다.

제3부 '이민도시 상하이의 도시문화'에서는 급변하는 전지구적 변환이라는 광범위한 문화적 과정에서 상하이와 상하이인의 정체성의 지속과 변화를 상하이 도시문화 및 시민문화의 형성과 변화라는 측면에서 다루었고, 근현대도시 상하이의 핵심을 이민으로 파악하고 이민 정체성을 국족 정체성의 구체적 표현으로 설정해 상하이와 상하이인의 정체성을 고찰했다. 또한 1930년대 상하이인의 도시경험과 영화경험의 관계에 대한 고찰을 통해 상하이인의 식민 근대에 대한 대응방식과 근대적 자아정

체성 형성에 어떠한 역할을 했는지를 고찰했다.

4. 영화를 통해 보는 상하이의 풍경들

우리는 상하이영화를 통해 정체성과 같은 큰 주제를 고찰할 수 있는 동시에 상하이와 상하이인의 여러 가지 풍경들을 통해 상하이의 모습과 더불어 그 속에서 생활하는 상하이인들의 가치관이나 사고, 생활방식 등을 다양하게 발견할 수 있다. 여기에서는 조계지와 화계지의 풍경, 경제적 상황, 남녀 관계 등에 초점을 맞춰 살펴보겠다.

1) 조계지의 풍경

1930~40년대 영화에서, 그리고 그 시기를 배경으로 한 1980년대 이후의 영화에서도 댄스클럽과 파티 장면은 매우 빈번하게 출현하고 있다. 집 안에서 열리는 파티뿐만 아니라 댄스클럽이나 자선모임은 당시 상류사회의 사교 장소로 역할을 하였다고 한다. 또한 영화에서 와이탄의 화려한 모습이나 유람선, 외제자동차, 서양식 레스토랑, 교회당, 성당, 법정, 호텔연회실, 도박장, 클럽, 보석상, 감옥 등의 모습을 다양하게 볼 수 있다. 이런 상하이의 모습을 볼 수 있는 영화로는 〈체육황후〉(1934), 〈마이부인〉(1934), 〈시대의 영웅〉(1935), 〈이처럼 화려한〉(1937), 〈봄 강물은 동쪽으로 흐른다〉(1947), 〈싼마오의 유랑기〉(1949), 〈배웅의 총소리〉(1982), 〈암살계획명 페르시아고양이〉(1986), 〈신출귀몰하는 도둑〉(1989), 〈상하이 무희〉(1989), 〈인약황혼〉(1995), 〈상하이 트라이어드〉(1995) 등을 들 수 있다. 이 중에서도 특히 〈봄 강물은 동쪽으로 흐른다〉나 〈싼마오의 유랑기〉에서 그려지고 있는 파티 장면은 그 규모가 만만치 않다. 집 안에서 여러 차례 큰 파티가 열려 부자들의 대저택 규모도 엿볼

수 있다. 〈암살계획명 페르시아고양이〉에서는 화려한 상하이 야간 풍경과 기차, 모터사이클, 댄스클럽, 레스토랑 등을 볼 수 있는데, 레스토랑한 벽면 전체를 차지하는 크기의 여성 나체사진이 배경으로 사용되어 파격적인 인상을 준다. 그리고 〈상하이 트라이어드〉는 영화의 도입부에서부터 화려한 댄스클럽이 등장하며 아슬아슬한 옷을 입고 캉캉춤을 추는 무희들이 출현한다.

2) 화계지의 풍경

리룽(里弄)은 서민주택이 빽빽이 들어서 있는 골목을 말하고, 팅쯔젠(亭子間)은 스쿠먼(石庫門) 주택에서 1층에서 2층으로 올라가는 좁은 공간을 방으로 만든 곳이다. 일반적으로 바로 아래가 부엌이기 때문에 음식 냄새가 나고 환기가 잘 되지 않는다. 빈민촌을 가리키는 펑후취(棚戶區)는 좁고 허름한 가옥이 밀집되어 있고 임시로 만들어 거의 천막을 쳐놓은 수준의 집도 많다. 상하이의 특징적인 주택인 스쿠먼의 구조상 여러 가구가 함께 생활하면서 타인에게 생활이 노출되는데, 보다 넓게는 상하이가 여울(灘)이라는 지형적 특성과 더불어 이러한 가옥구조가 상하이인의 개방적인 성향을 형성하는 데 일조했다고 볼 수 있다. 이들 거주공간과 더불어 1930년대 주요한 산업이었던 비단공장의 모습을 통해 상하이 서민들의 생활상을 엿볼 수 있다. 이런 모습들은 〈날 밝을 무렵〉(1933), 〈내일을 위해 단결하리라〉(1951), 〈삼 년〉(1954), 〈솜 잣는 노래〉(1953), 〈까마귀와 참새〉(1937), 〈역광〉(1982), 〈배웅의 총소리〉, 〈수쥬〉(1999) 등을 통해 잘 볼 수 있다. 이 중에서 〈까마귀와 참새〉은 한 집안에 세 들어 사는 주인공들을 중심으로 이야기가 전개되는데 세입자 중에서 중학교 교사인 화제즈(華潔之)가 팅쯔젠에서 산다. 〈역광〉은 빈민촌을 배경으로 하고 있고 〈배웅의 총소리〉의 여주인공은 리룽에서 살고 있어 해당 지역의 모습을 엿볼 수 있다. 또한 〈수쥬〉는 쑤저우허를 중심으로 이야기가 전개되어 1990년대의 불결한 상하이 뒷골목의 모습이 잘 그려지고 있다. 한편 펑샤오롄 감독의 상하이 삼부곡은 상하이의 주택공간을 재현하고 있다. 1990년대를 배경으로 삼아 모녀 삼대의 이혼과 주택에 관한 이야기를 그린 〈상하이 여성들〉, 화원양방(花園洋房)을 배경으로 캉(康)씨 부인과 그 자녀(2남 2녀)의 고난과 대단원을 그린 〈아름다운 상하이〉, 그리고 1940년대 말 상하이의 영화(〈까마귀와 참새〉) 제작 과정과 상하이 영화인들의 삶과 사랑을 그린 〈상하이 룸바〉 등이 있다. 이 세 작품은 상하이의 전형적인 주거공간인 스쿠먼(石庫門), 화원양방 그리고 서민아파트를 배경으로 삼아 상하이의 모습을 그리고 있다.

3) 서민의 경제적 상황

1930년대 상하이는 세계적인 도시로 화려한 모습을 자랑하고 있었기 때문에 상하이의 경제가 매우 순조로웠던 것으로 이해하기 쉽다. 하지만 영화에는 실업이나 물가가 폭등하는 상황이나 여성들의 경우에는 많은 경우가 기녀나 무희로 전락하거나 생활고를 견디지 못하고 자살을 하는 장면이 많이 묘사되고 있다. 또한 경제적으로 극한 상황에 몰려 절도를 하다가 실수로 상대를 죽이게 되는 인물들에 대한 묘사도 많다. 하지만 막상 1980년대 이후에 제작된 영화에서는 이런 현실이 거의 나타나 있지 않다. 물론 그 원인은 1980년대 이후의 영화들이 당시 상하이의 모습을 반영하기보다는 특무나 첩자, 킬러들이 활동하거나 사랑을 속삭이는 일종의 장치나 배경으로 상하이를 이용하고 있기 때문이라고 할 수 있다. 이상의 내용들이 잘 그려지고 있는 영화로 〈황금의 길〉(1930), 〈상하이

5) 王德威(2001), 『小說中國-晩晴到當代的中文小說』, 麥田出版, 臺北:3刷

6) 趙稀方(2003), 『小說香港』, 三聯書店, 香港

7) 陳思和(2003), 『中國現當代文學名篇十五講』, 北京大學出版社, 北京

8) 임춘성(1995), 『소설로 보는 현대중국』, 종로서적, 서울

24시〉(1933), 〈자매〉(1933), 〈제자의 범행〉(1934), 〈신녀〉(1934), 〈신여성〉(1934), 〈황푸강변〉(1936), 〈교차로〉(1937), 〈어지러운 시대의 풍경〉(1941), 〈봄 강물은 동쪽으로 흐른다〉 등을 들 수 있다. 이 중에서 〈황금의 길〉의 여주인공은 약혼자에게 유학자금을 보내주기 위해 무희로 전락하고, 〈신여성〉의 여주인공 역시 딸의 치료를 마련하기 위해 기녀가 되려고 한다. 〈신녀〉에서는 여주인공이 기녀생활을 접고 공장에 취직을 하기 위해 공장을 찾아가지만 공장은 모두 파산하여 공장 굴뚝에는 연기가 나지 않는다. 인력시장에도 일거리를 구하려는 사람들로 가득하여 다시 기녀생활을 할 수밖에 없는 상황이 묘사되고 있다. 〈자매〉의 다바오는 남편의 치료비를 위해 금목걸이를 훔치다가 실수로 주인집 여동생을 죽게 만들고 〈제자의 범행〉의 남자주인공 역시 실업 상태에서 병든 아내를 구하기 위해 공장에서 돈을 훔치다가 실수로 그를 체포하러 온 경찰을 죽게 만든다. 〈교차로〉에서는 실업으로 절망하는 젊은이의 모습이 잘 그려지고 있다.

4) 경제 기구의 풍경

증권거래소의 모습이나 등장인물이 주식 투자에 실패하여 자살을 하는 장면을 통해 당시 상하이 경제계의 단면을 엿볼 수 있다. 여러 영화에서 1930년대 은행의 경우 담보물이 있거나 권력의 힘을 빌 경우 쉽게 아무라도 은행장이 되는 상황이 그려지고 있어 당시의 은행은 개인 사업과 비슷한 형태로 이루어졌다는 것을 알 수 있다. 대표적인 영화로 〈시대의 영웅〉, 〈어지러운 시대의 풍경〉, 〈새벽이 오는 깊은 밤〉(1981), 〈잔혹한 욕망〉(1988), 〈증권거래소의 로망스〉(1993) 등을 들 수 있다. 이 중에서 〈새벽이 오는 깊은 밤〉이나 〈증권거래소의 로망스〉는 증권거래소를 배경으로 하고 있으며, 〈시대의 영웅〉, 〈어지러운 시대의 풍경〉에서는 등장인물이 개인적인 복수를 갚고자 현금을 담보로 은행장이 되거나 재력가인 여성에게 빌붙어 지내면서 권력에 아첨하여 은행장이 되기도 한다.

5) 남녀 관계

상하이에서 남성과 여성의 관계는 도시와 농촌의 관계로 유비된다. 대부분 주인공이 전쟁으로 인해 피폐해진 농촌을 떠나 상하이로 이주해 왔다가 상하이에서 힘든 과정을 겪은 뒤 다시 상하이를 떠나는 구조로 이루어져 있다. 특이한 것은 대부분의 농촌이 익명으로 처리된다는 점이다. 농촌의 쇠락과 상하이라는 도시에 대한 환상을 통한 이주, 그 과정에서 보이는 아름다운 상하이의 외양을 통해 주인공의 꿈을 묘사한다. 그러나 상하이 이면에는 복잡한 인간관계와 폭행 등이 도사리고 있다. 이주자는 대도시 곳곳에 숨어 있는 함정을 깨닫고 다시 상하이로부터 '탈주'를 시작한다. 상하이 도시문화의 중요한 코드 중 하나인 댄서라는 직업이 등장하고 도시적 직업이라 할 수 있는 의사라는 코드가 등장한다.

상하이영화에는 수많은 남녀가 등장한다. 상하이는 전체적으로 여성적이지만 그 내부에서 여성은 대개 무희로, 남성은 의사, 이사장 등으로 묘사되고 남성은 여성을 억압한다. 초기 영화에서도 부적절한 남녀 관계가 과감하게 표현되거나 성 관념이 약하다는 느낌을 받을 수 있다. 이는 1980년대 이후 영화에서 여성을 대상화하고 상품화하는 것과는 달리, 당시 서양의 영향과 더불어 많은 부분 중국 전통의식-여성은 돈으로 살 수 있다거나 첩을 들일 수 있다는 등의 관념이 강했던 사회의 모습을 그대로 반영한 것으로 여겨진다. 또한 여성의 경우뿐만 아니라, 남자가 쉽게 돈 많은 여성에게 기생하는 장면도 많이 볼 수 있다. 반면 화류계의 꽃이나 첩이라는 신분을 가진 여인들은 숨어 사는 존재가 아니라 사회적으로 돈과 권력을 거머쥔 존재로 묘사되고 있다. 가령 〈자매〉에서 얼바오는 군벌의 첩으로, 호화로운 생활을 누린다. 〈민족생존〉(1934), 〈사악한 미녀〉(1935), 〈봄 강물은 동쪽으로 흐른다〉에서는 여성의 노예가 되는 남성들의 모습이 그려지고 있으며, 특히 〈봄 강물은 동쪽으로 흐른다〉의 남자 주인공은 아내의 행방은 아랑곳없이 화류계의 여인에게 빌붙어 살면서 그녀의 사촌언니이자 유부녀인 여성과도 부적절한 관계를 가진다.

6) 기타 풍경

영화에서 자살하는 인물이 많이 등장하는데, 초기 영화에서 볼 수 있는 자살의 의미는 당시 기층민들의 힘겨운 삶이나 상류층의 나약함을 나타낸다고 할 수 있다. 반면 1980년대 이후의 영화에서는 관객을 자극하려는 의도에서 묘사되고 있는 면이 많다. 〈세 명의 모던 여성〉(1933), 〈어지러운 시대의 풍경〉, 〈봄 강물은 동쪽으로 흐른다〉, 〈미인행〉(1949)에서와 같이 강에 투신자살하거나 〈잔혹한 욕망〉에서처럼 주식 손해로 건물에서 투신하기도 한다.

1930년대 상하이를 재현함에 있어 담배광고가 붙어 있는 장면도 많이 등장하고 모델은 반드시 여성이어서 마치 담배가 모던 걸의 상징인 듯한 느낌을 준다. 〈고난 속의 아이들〉(1935)에서는 여성 연기자가 '엘리제를 위하여'를 피아노로 연주하기도 하며 키스 장면을 정면에서 촬영하여 다소 과감한 모습도 볼 수 있다. 또한 1980년대 이후 영화에는 타이완을 자유롭게 오가는 상황 등이 표현되어 있다. 〈마지막 귀족〉(1989)과 〈달은 사람을 따라 돌아오고〉(1990)에서 주인공들은 타이완을 왕래한다.

그 외에도 상하이영화를 통해 여러 가지 풍경을 발견할 수 있다.

상하이영화 목록

연도	영화명	원제	감독	쪽수
1913	성황묘의 헤프닝	二百五白相城隍廟	張石川	61
1921	옌루이성	閻瑞生	任彭年	62
1922	노동자의 사랑	勞工之愛情	張石川	63
1922	희극대왕 상하이 유람기	滑稽大王游滬記	張石川	65
1923	연꽃 지다	蓮花落	任彭年	66
1924	사람의 마음	人心	顧肯夫·陣壽蔭	67
1925	상하이 부인	上海一婦人	張石川	70
1925	옛정	前情	朱瘦菊	71
1925	사랑의 재난	情天劫(又名《杜鵑血淚》)	任彭年	73
1926	다정한 여배우	多情的女伶	張石川	74
1926	결혼의 자유	逃婚	夏赤鳳	77
1926	운 좋은 바보	呆中福	朱瘦菊	78
1926	상하이 세 여자	上海三女子	任矜苹	79
1926	상하이의 밤	上海之夜	鄭益滋	80
1926	상하이의 꽃	上海花	任彭年	82
1926	투명한 상하이	透明的上海	陸潔	84
1927	무대 위의 사랑	歌唱奇緣	汪福庄	85
1927	바다의 손님	海上客	錢雪凡	87
1927	호숫가의 춘몽	湖邊春夢	卜萬蒼	88
1928	마전화	麻振華	朱瘦菊	90
1928	상하이-무희	上海-舞女	王賜龍	91
1928	작살 협객	漁叉怪俠	孫瑜	93
1930	길가의 들꽃	野草閑花	孫瑜	95
1930	황금의 길	黃金之路	程步高	97
1931	여인의 비통한 사랑	桃花泣血記	卜萬蒼	98
1932	들장미	野玫瑰	孫瑜	100
1933	민족 생존	民族生存	田漢	102
1933	세 명의 모던 여성	三個摩登女性	卜萬蒼	104
1933	상하이 24시	上海二十四時	沈西笭	105
1933	장난감	小玩意	孫瑜	106

연도	영화명	원제	감독	쪽수
1933	시대의 자식	時代的兒女	李萍倩	109
1933	자매	姊妹花	鄭正秋	110
1933	지분시장	脂粉市場	張石川	112
1933	날 밝을 무렵	天明	孫瑜	114
1933	향초미인	香草美人	陳鏗然	115
1933	혈로	血路	錢雪凡	118
1934	제자의 범행	桃李劫	應云衛	119
1934	마이 부인	麥夫人	張石川	121
1934	신녀	神女	吳永剛	122
1934	신여성	新女性	蔡楚生	124
1934	어부의 노래	漁光曲	蔡楚生	125
1934	여아경	女兒經	張石川	127
1934	안녕, 상하이	再會吧, 上海	鄭云波	130
1934	체육황후	體育皇后	孫瑜	132
1935	국풍	國風	羅明佑	134
1935	대로	大路	孫瑜	136
1935	사악한 미녀	蛇蝎美人	楊小仲	138
1935	시대의 영웅	時勢英雄	應雲衛	139
1935	삶의 시작	人之初	史東山	141
1935	자유의 신	自由神	司徒慧敏	143
1935	버림받은 여자	秋扇明燈	譚友六	144
1935	폭풍우	暴風雨	袁叢美	145
1935	고난 속의 아이들	風雲兒女	許幸之	147
1935	향수	鄕愁	沈西苓	148
1935	형제행	兄弟行	程步高	149
1936	길 잃은 어린 양	迷途的羔羊	蔡楚生	151
1936	신구 상하이	新舊上海	程步高	153
1936	황푸강변	黃浦江邊	邵醉翁	155
1937	거리의 천사	馬路天使	袁牧之	156
1937	교차로	十字街頭	沈西苓	158

52

연도	영화명	원제	감독	쪽수
1990	피 묻은 다이아몬드	滴血鑽石	沈耀庭	376
1991	천지개벽	開天闢地	李歇浦	377
1991	쓸 데 없는 참견	多管閑事	張剛	379
1991	못생겼지만 마음은 곱답니다	我很醜, 可是我很溫柔	莊紅勝	380
1991	연인들	有情人	包起成	380
1991	깊은 정	義重情深	孫天相	381
1991	하루가 백 년	一夕是百年	陳鷹	382
1991	난푸 대교	情灑浦江	賀國甫	384
1991	꿈을 찾아 나선 천 리길	千里尋夢	楊延晋	384
1991	촛불 속의 미소	燭光裏的微笑	吳天忍	386
1991	당신에게 시집가겠어	就要嫁給你	徐曉星	388
1992	교회당으로의 피신	教堂脫險	鮑芝芳	388
1992	마굴 속의 사랑	魔窟生死戀	宋榮	390
1992	꿈의 술집의 저녁 풍경	夢酒家之夜	達式彪	391
1992	두 번째 밀월	蜜月再來	包起成	392
1992	싼마오의 종군기	三毛從軍紀	張建亞	393
1992	상하이의 휴가기간	上海假期	許鞍華	395
1992	경찰과 소매치기	神警奇偸	石曉華	396
1992	영웅의 눈물	英雄地英雄淚	李建生	397
1992	잠입	臥底	沈耀庭	398
1992	자링강의 유혈	喋血嘉陵江	薛産東	399
1992	미션 없는 행동	無使命行動	喬克吉	401
1993	증권거래소의 로망스	股市婚戀	宋榮	402
1993	증권 열풍	股瘋	李國立	403
1993	상하이탄의 실전	奪命驚魂上海灘	江海洋	403
1993	섹스스캔들	桃色新聞	達式彪	404
1993	도시의 로망스	都市情話	徐紀宏	406
1993	동방제일 자객	東方第一刺客	趙文析	407
1993	꿈 아닌 꿈	夢非夢	岑苑	409
1993	화가 류하이쑤 전기	叛逆大師海粟的故事	姚壽康	410

연도	영화명	원제	감독	쪽수
1998	용감히 상하이탄에 뛰어들다	義俠勇闖上海灘	杜韋達	449
1998	상하이 기사	上海紀事	彭小蓮	450
1998	홍색 연인	紅色戀人	葉纓	452
1998	네 가지 기쁨	四喜臨門	王鳳奎	454
1998	사랑하는 사람	滄海有情人	李駿	455
1999	아름다운 신세계	美麗新世界	施潤玖	456
1999	공화국의 깃발	共和國之旗	王冀邢	457
1999	녹색의 사랑	綠色柔情	石曉華	458
2000	커커의 마술 우산	可可的魔傘	彭小蓮	459
2000	2000년에 만나요	相約2000年	錢永强	459
2000	수쥬	蘇州河	婁燁	460
2000	유리는 투명한 것	玻璃是透明的	夏剛	462
2001	상하이 여인들	假裝沒感覺	彭小蓮	465
2002	상하이 패닉	我們害怕	陳裕蘇	467
2003	아름다운 상하이	美麗上海	彭小蓮	468
2003	자줏빛 나비	紫蝴蝶	婁燁	470
2006	자스민 여인들	茉莉花開	侯咏	471
2006	상하이 룸바	上海倫巴	彭小蓮	472

상하이영화 해제

성황묘의 해프닝 二百五白相城隍廟(THE SILLY IN TOWN GOD`S TEMPLE)

_ 출품년도 : 1913년

_ 장르 : 코미디 극영화

_ 감독 : 장스촨(張石川)

_ 제작사 : 아세아그림자극공사(亞細亞影戲公司)

_ 주요 출연진 : 농민 二百五(丁楚鶴)

_ 시놉시스 : 얼바이우(二百五)라고 불리는 농민이 처음으로 상하이에 유람을 갔다가 대도시 상하이의 '규범'을 잘 몰라서 많은 웃음거리를 만들어낸다.

_ 단평 : 중국 초창기 단편 영화는 대부분 코미디를 내용으로 하여 과장된 동작으로 이루어진 익살 단편이다. 비록 당시의 영상 자료를 볼 수는 없지만 관련된 문자 기록을 보면 이 영화도 같은 유형의 영화였던 것으로 추정해볼 수 있다. 이 익살 단편 영화는 기본적으로 단순히 즐거움을 주고 웃음보가 터지도록 하는 중국 민간의 우스갯소리(笑話)에 가깝다. 동시에 서양의 슬랩스틱 코미디의 직접적인 영향을 받기도 했다. 이로써 중국 초기 코미디 영화라고 할 수 있는 익살 영화는 항간의 우스갯소리와 민간 전설 등에 눈을 돌려 민족 민간 오락 문화 중에서 소재를 얻고 영감을 획득했던 것 같다. 1905년 중국 최초의 경극 기록 영화 〈딩쥔산(定軍山)〉 이후 몇 년간은 모두 경극 영화 일색이었다. 그러다 이 영화가 제작되었던 1913년에는 단편 익살 영화가 대량으로 출품되었다. 대표적인 단편 익살 영화로는 〈活無常〉(1913) 〈五福臨門〉(1913) 〈一夜不安〉(1913) 〈店伙失票〉(1913) 〈打城隍〉(1913) 〈老少易妻〉(1913) 〈賭徒裝死〉(1913) 〈死好賭〉(1921) 〈得頭彩〉(1921) 〈淸虛夢〉(1923) 등이 있다. (饒曙光, 2005)

_ 특기사항 : 흑백무성영화

_ 핵심어 : 농민, 대도시

_ 작성자 : 김정욱

옌루이성 閻瑞生(YAN RUISHENG)

_ **출품년도** : 1921년

_ **장르** : 사회극

_ **상영시간** : 100분 추정

_ **감독** : 런펑녠(任彭年)

_ **제작사** : 中國影戲硏究社

_ **주요스탭** : 시나리오(楊小仲) 촬영(廖恩壽)

_ **주요출연진** : 閻瑞生(陳壽芝) 吳春芳(邵鵬) 王蓮英(王彩云)

_ **시놉시스** : 양행매판인 옌루이성은 빌린 다이아몬드반지를 담보로 마권을 사지만 맞추지 못해 돈을 모두 날리게 되자 근심이 이만저만이 아니다. 그러던 중 친구 주라오우(朱老五)의 집에 갔다가 기녀 왕롄잉(王蓮英)을 알게 되는데 그녀가 비싼 폐물로 치장하고 있는 것을 보고는 그녀를 죽이고 그것들을 뺏으려는 생각을 하게 된다. 그리하여 옌루이성은 몰래 마취제와 밧줄을 준비한 후 주라오우에게 차를 빌려 드라이브를 가자고 왕롄잉을 꾀어낸다. 왕롄잉은 아무것도 모른 채 그의 제안에 응하고 옌루이성은 차를 몰아 교외로 간다. 밤늦게까지 다니다가 베이신징(北新涇)에 차를 세운다. 미리 기다리고 있던 친구 우춘팡(吳春芳)의 도움을 받아 마취제를 묻힌 약솜으로 왕롄잉을 마취시킨 후 목을 졸라 죽이고 폐물을 훔친 후 시체를 보리밭에 숨긴다. 그 후 옌루이성은 타지로 도망을 가지만 바오(包) 탐정이 쑹장(松江), 칭다오(靑島), 하이저우(海州) 등지를 추적하여 결국 쉬저우(徐州)역에서 그들을 체포하고, 상하이 조계 경찰서의 조사를 거쳐 우춘팡과 함께 사형에 처한다.

_ **단평** : 이 영화는 중국의 매판, 건달, 상인들이 영화를 통해서 투기매판을 했던 전형적인 예라고 할 수 있으며 중국영화계의 투기 기풍을 열었다. 사회의 추악한 면을 제재로 취함으로써 사회에 부정적인 영향을 끼쳤으며 예술적 수준이나 연기자의 연기도 저급하다는 등의 이유로 영화사적으로 악평을 받는 영화이다.(程季華, 45쪽)

_ **특기사항** : 무성 흑백 극영화. 1920년~1921년 사이에 상하이에서 처음으

로 장편 극영화가 제작되기 시작했는데 이 영화는 상하이영화사(上海影
戱公司)의 〈바다의 맹세(海誓)〉, 신야영화사(新亞影片公司)의 〈화장한
해골(紅紛骷髏)〉과 더불어 초기 3대 장편 극영화이다. 1920년 상하이에
서 실제로 발생했던 사건을 모태로 만들어진 문명극이 6개월간의 장기
공연에도 불구하고 그 인기가 사그라지지 않는 것을 보고 당시 양행매판
이었던 천서우즈(陳壽芝), 사오펑(邵鵬), 스빈위안(施彬元) 등이 그것을
영화로 만들어 돈을 벌고자 했다. 그리하여 그들은 상하이 난징(南京)로
시짱(西藏)로 골목어귀에 '중국영희연구사(中國影戱硏究社)' 라는 간판
을 내걸고 '상우(商務)' 의 양샤오중(楊小仲)에게 시나리오와 자막을 담
당하게 하고 런펑녠에게 감독을, 그리고 자신들이 직접 연기하여 이 영
화를 만들었다. 당시 주인공 옌루이성을 연기했던 펀서우즈는 그 자신이
양행매판이었던 데다가 옌루이성과 친구였으며 생김새도 매우 비슷하
여 전체적으로는 연기가 저급했지만 일부 옌루이성의 정신세계를 매우
잘 표현한 부분도 있었다고 한다. 촬영은 임대 형식으로 '상우' 영화부
서(商務影片部)에 위탁하여 이루어졌다. 소시민 관객들의 저급한 기호
에 영합함으로써 흥행에는 크게 성공하여 매판, 건달, 상인이 영화에 투
기하는 효시가 되었다. 영화는 곧 관방으로부터 금지를 당했지만 흥행에
성공함으로써 초기 영화인들이 장편 극영화를 찍는 데 대한 믿음을 주는
계기가 되기도 했다. 1921년 7월 1일 올림픽극장에서 상영했는데, 이는
중국영화가 단독으로 호화영화관에서 처음 공개 상영한 것이었다.(陸弘
石, 14)

_ **핵심어**   : 양행매판 기녀 살인사건 장편극영화 중국영희연구사(中國影戱
   硏究社)

_ **작성자**   : 곽수경

노동자의 사랑 勞工之愛情(鄭果緣)(LABOURER'S LOVE)

_ **출품년도** : 1922년
_ **장르**   : 생활 극영화
_ **상영시간** : 20분

_ **감독**　　　: 장스촨(張石川)

_ **제작사**　　: 明星影業公司

_ **주요스탭**　: 시나리오(鄭正秋) 촬영(張偉濤)

_ **주요출연진** : 정목수(鄭鷗鵠) 주의사(鄭正秋) 주의사의 딸(徐瑛)

_ **시놉시스**　: 1920년대 초 상하이. 그다지 번화하지 않은 작은 길거리를 사이에 두고 양쪽에 구식 민간 주택이 들어서 있다. 정(鄭)목수와 주(祝)의사는 길을 사이에 두고 서로 마주보는 집에서 살고 있다. 두 사람은 욕심 부리지 않고 생활한다. 하지만 정국 불안과 경기 침체로 그들의 사업은 나날이 기울어 생계가 막막한 지경에 이른다. 영리한 정목수는 사회의 변화를 파악하고 재빨리 '목수' 일을 때려치우고 과일 장사를 한다. 반면 주의사는 과피(瓜皮) 모자를 쓰고 금테 안경에 무늬 있는 저고리에 점잖고 고상한 자태를 버리지 못하고 장사하는 것을 부끄럽게 여겨 자기 본업을 지킨다. 정목수의 과일 가게는 나날이 번창하고 주의사의 병원은 몰락해간다. 주의사의 딸은 정목수의 과일 가게에서 많은 시간을 보내면서 정목수와 사이가 좋아진다. 어느 날 그녀는 '물 끓이는 집'에 가다가 불량배를 만나 곤경에 빠지는데 정목수가 그녀를 구해주어 두 사람은 사랑에 빠진다. 주의사는 병원을 일으켜 세우면 두 사람의 결혼을 허락하겠다고 제안한다. 정목수는 자기 집 계단에 '장치'를 해서 도박을 하려고 이층을 오르내리는 사람들이 부상을 당하도록 하여 병원으로 몰려들게 한다. 주의사는 식언(食言)하지 않고 두 사람은 화촉을 밝힌다.

_ **단평**　　　: 이 영화는 무성영화로, 잘 짜인 스토리, 적당한 과장, 생동감 있고 우스운 인물 형상이 돋보인다. 이 영화에서 감독은 동작성을 강조했으며, 각 동작을 간결하면서도 그 의미 전달이 분명하게 설계하여 초창기 무성영화의 특징에 잘 부합된다. 영화의 표현 수법 및 그 처리도 비교적 좋으며, 장면 전환도 말끔하고 인물 관계도 간단명료하다. 이 영화는 모두 6개 장면으로 나뉘어 있고 188개의 쇼트와 49단락의 자막으로 꾸며졌다. 비록 초기 영화에서 보이는 무대화의 흔적은 남아 있지만 미장센 부분을 보면 연극무대적 사유에서 벗어나려고 시도했다는 점을 알 수 있다. 또 풀 쇼트에서 클로즈업까지 다양한 슈팅 스케일을 통한 영상 서사

적 모색이 시도된다. 그리고 비교적 일찍 더블 프린팅, 크로스 몽타주, 레피드 모션 슈팅, 포인트 오브뷰 등 영상 기법을 써서 인물의 회상과 상상을 표현하는 등 훌륭한 영상 효과를 보여준다. 당시 영화 제작에서 흔히 사용되던 연극의 막표제(幕表制) 방식이 아니라 시나리오가 있는 영화였다. 이런 흔적은 이후 각 쇼트마다 분리해서 제작한 슈팅 스케일의 초보적 방식을 사용한 것으로서 일정한 영상미학적 성과를 내고 있다.

_ **특기사항**　: 흑백 무성영화

　　　　　　: 가장 오래된 중국 극영화

_ **핵심어**　　: 노동자 연극 무대화 흔적

_ **작성자**　　: 김정욱

희극대왕 상하이 유람기 滑稽大王游滬記 (KING OF COMEDY VISITS CHINA)

_ **출품년도**　: 1922년

_ **장르**　　　: 극영화

_ **감독**　　　: 장스촨(張石川)

_ **제작사**　　: 明星影片公司

_ **주요스탭**　: 시나리오(鄭正秋) 촬영(郭達亞)

_ **주요출연진** : 희극대왕(李却倍爾) 신사(鄭公) 그 딸(余瑗) 밍싱회사 사장(鄭鷓鴣) 회계(李梅先) 촬영사(阮羽佳) 체육교사(周昌彪)

_ **시놉시스**　: 밍싱(明星)회사 사장은 신문에 희극대왕이 곧 배를 타고 상하이에 유람을 온다는 기사를 읽고 부두로 마중 나간다. 하지만 희극대왕이 부두에 도착하자 서로 맞이하고자 많은 회사들이 쟁탈전을 벌인다. 난처해진 희극대왕은 모든 회사 차들을 일렬로 정렬시킨 후 눈을 가린 다음 자신의 손에 닿는 회사의 차를 타고 간다는 기발한 방법을 생각해낸다. 희극대왕은 밍싱회사의 자동차를 선택하게 되고, 사장은 무척이나 기뻐하며 그를 정중하게 모신다. 도중에 희극대왕이 익살스러운 표정을 짓자 사장은 즐거워한다. 하지만 시골 근처를 여행하던 도중 갑자기 차가 고장 나서 걸어가게 되는데 희극대왕은 갖가지 웃지 못할 사고를 일으킨다. 마을 사람들은 희극대왕이 일부러 소란을 피우는 걸로 생각을 하고

그와 싸우지만 다행히 마을 간부가 사태를 수습한다. 희극대왕이 사라지자 그를 찾기 위해 밍싱회사는 신문에 광고를 낸다. 그런데 좡유칭(莊幼青)이라는 사람이 포상금에 눈이 어두워 희극대왕처럼 분장한 후 자기 아내와 함께 가서 포상금을 타려고 한다. 사장은 그 사실을 알지 못한 채 돈을 주려고 하는데 마을 간부가 진짜 희극대왕을 데리고 온다. 진짜 희극대왕과 가짜 희극대왕이 한바탕 말다툼을 벌인 후 희극대왕은 같은 배를 타고 온 젊은 여자와 함께 유유히 떠난다.

_ **단편**   : 밍싱(明星)영화사 최초의 단편으로 채플린이 중국에 와서 겪게 되는 해프닝을 표현했다. 밍싱영화사에서 출품한 장스촨의 〈勞工之愛情〉〈大鬧怪劇場〉〈張欣生〉 또한 이전 장스촨이 亞細亞影戲公社에서 찍었던 〈二百五白相城隍廟〉〈脚踏車闖禍〉와 같은 극영화에 속하는 것이다.(程季華, 58-59)

1920년 당시 할리우드 영화는 미적 규범들을 만들어냈는데 채플린, 버스터 키튼, 헤럴드 로이드 같은 훌륭한 희극배우들이 성공을 거두고 있었다. 비록 당시의 중국 영화가 미국 영화와 밀접한 관련을 맺고 있기는 했지만 이런 영화들에는 고유한 문화적 특성이나 사물에 대한 중국적 시각이 어느 정도 배어 있었으며, 하나의 장르로서 중국 영화가 지속적으로 발전하는 계기가 되었다.

_ **특기사항**   : 흑백 무성영화
             : 1922년 10월 5일 상하이 올림픽영화관에서 개봉
_ **핵심어**   : 희극대왕 유람 밍싱영회사 소란 포상금
_ **작성자**   : 조병환

연꽃 지다 蓮花落(A LOTUS RHYME)

_ **출품년도**   : 1923년
_ **장르**   : 멜로
_ **감독**   : 런펑녠(任彭年)
_ **제작사**   : 商務印書館活動影片部
_ **주요스탭**   : 시나리오(陳春生) 촬영(廖恩壽)

_ **주요출연진**   : 鄭元和(張慧冲) 樂道德(梁君) 李亞仙(張惜娟) 기생 어미(汪福慶)
_ **원작**   : 고전 희곡 『鄭元和落難唱道情』
_ **시놉시스**   : 청년 정위안허(鄭元和)는 고향 친구 러다오더(樂道德)와 함께
공부를 위해 상하이에 온다. 하지만 대세계오락장(大世界游藝場)에서 기
녀 리야셴(李亞仙)을 보자마자 사랑에 빠진다. 여러 차례 러다오더의 충
고에도 불구하고 정위안허는 기녀원에서 살다시피 한다. 오래지 않아 돈
이 떨어지자, 기녀원에서 쫓겨나 길거리를 전전하게 된다. 러다오더의
편지를 받고 실상을 알게 된 그의 아버지가 아들을 찾아 상하이로 오게
되고, 거리에서 걸식을 하는 아들을 찾아낸다. 위안허의 아버지는 머리
끝까지 화가 나 아들을 마구 때리고, 아들은 기절을 한다. 아버지는 아들
이 죽은 것으로 오해를 하고 외진 곳에 버린다.

다행히 위안허는 걸인 장싼(張三)에게 구조되어 그에게 '연꽃 지다(蓮
花落)' 라는 노래를 배워 노래를 팔아 연명한다. 한편 정위안허가 쫓겨난
뒤 손님을 받지 않던 리야셴은 모아둔 돈을 주고 기녀원에서 벗어난 후
양어머니 자오(趙)의 집에 기거하며 위안허의 행방을 수소문한다. 리야
셴의 하녀가 걸식하던 위안허를 발견한다. 리야셴의 도움으로 위안허는
과거를 뉘우치고 다시 공부에 매진한다.
_ **특기사항**   : 흑백 무성 영화
: 고전 희곡 『정위안허가 곤경에 빠져 노래를 부르다(鄭元和落難
唱道情)』를 현대적으로 각색, 영화로 만든 작품이다.
_ **핵심어**   : 고전극 개편 서생 기생 기녀원
_ **작성자**   : 유경철

사람의 마음 人心 (A POOR HEART)

_ **출품년도**   : 1924년
_ **장르**   : 사회멜로
_ **감독**   : 구컨푸(顧肯夫) 천서우인(陳壽蔭)
_ **제작사**   : 大中華影片公司
_ **주요스탭**   : 시나리오(陸潔) 촬영(卜萬蒼)

_ **주요출연진** : 余自新(王元龍) 張麗英(張織雲) 余月筠(徐素娥)

_ **시놉시스** : 상하이 교외 모처에 젊은 부부가 살고 있었다. 남편 위쯔신(余自新)과 아내 장리잉(張麗英) 사이에는 샤오신(小新)이라는 딸이 있다. 여러 해 전 쯔신은 친구에게서 리잉을 소개받고 서로 사랑하게 되었다. 그러나 쯔신은 자유연애에 대해 완고한 생각을 갖고 있던 아버지 때문에 이 사실을 알리지 못한 채 리잉과 교외에서 결혼식을 올린다. 3년이 지나고 샤오신이 돌이 되었을 무렵 쯔신의 아버지는 아들을 위해 혼처를 마련한다. 쯔신과 리잉은 대책을 상의하지만 뾰족한 수가 없자 아버지에게 사실을 알린다. 그의 아버지는 대노하여 쯔신을 집 안에 가두고 쯔신은 자신의 처지를 여동생 웨쥔(月筠)에게 알린다. 웨쥔은 두 사람을 위해 친척에게 부탁해서 아버지가 결혼을 허락하도록 권고하게 하고 손녀 샤오신을 보여준다. 리잉은 애타게 쯔신과 웨쥔의 소식을 기다리지만 쯔신의 아버지는 끝내 그들의 결혼을 인정하지 않는다. 그로 인해 리잉은 사회적 비난을 받게 되고 고향을 떠나 저우쑤쥔(周素君)으로 이름을 바꾸고 교사가 된다. 리잉은 그리운 딸의 모습 때문에 실수를 연발하게 되고 리잉의 소식을 알 길 없는 쯔신은 몰래 집을 나오지만 리잉을 찾을 길이 없다. 리잉의 학교까지 찾아가지만 이름을 바꾼 터라 소식을 얻지 못하고 결국 기차를 타고 상하이로 돌아온다. 리잉은 그 사실을 알고 서둘러 기차역으로 나오지만 이미 기차는 떠나고 있었다. 리잉은 깊은 밤 학교로 돌아오다 건달을 만나게 되고 황빙위(黃丙禹)라는 젊은이의 도움으로 위험에서 벗어나게 된다. 이를 계기로 두 사람은 교제를 시작하고 황빙위는 리잉에게 청혼을 하지만 리잉은 사실을 털어놓지 못한다. 쯔신은 한 상업기관에 취직하여 혼자 살면서 리잉을 그리워한다. 샤오신은 엄마를 그리워하면서도 무럭무럭 자라난다. 쯔신의 아버지는 공장을 열어 수천 명의 노동자를 고용하지만 낮은 임금 때문에 항의를 받게 된다. 이들의 항의를 단호히 거절하자 파업이 일어나고 공장은 순식간에 아수라장이 된다. 경찰들도 어찌할 수 없는 상황에서 헌병들이 사건을 처리한다. 웨쥔은 장교가 함께 데려온 여인이 리잉임을 알아보고 쯔신의 아버지도 그녀가 바로 자신이 인정하지 않았던 며느리임을 알게 된다. 그러나 리잉

은 이미 황빙위와 결혼을 한 뒤였으며 상하이로 돌아와 노동자들의 파업 사태를 목격하고 헌병대에 신고한 것이다. 리잉은 쯔신의 소식을 묻지만, 이미 집을 나간 지 2년 여가 되었다는 대답을 들을 무렵 쯔신도 노동자들의 파업사태로 아버지를 찾아오고 모두 한자리에 모이게 된다. 이튿날 황빙위가 리잉을 찾으러 오자 리잉은 모두에게 그를 소개한다. 그제야 쯔신의 아버지는 크게 깨닫고 넓은 마음으로 노동자들의 임금을 올려주고 노동절 행사에서 연설을 하여 노동자들의 환영을 받는다. 리잉과 샤오신도 노동자가족에게 과자를 선물한다. 군중 뒤편에서 웨쿤과 황빙위가 이야기를 나눈다.

_단평   : 1924년 다중화바이허영화사가 설립된 뒤 처음으로 제작한 영화로, 당시 상하이 노동자 계급의 생활상, 결혼 문화 등을 보여주는 작품. 1923년 제작된 〈고아가 할아버지를 구하다(孤兒求祖記)〉 이래 중국 영화 제작 편수가 본격적으로 증가하고 중국 영화가 사회적 관심을 받기 시작한 시점에 등장한 영화이다. 청지화는 "작가는 부르주아계급 젊은이를 미화하고 노동자를 추하게 그림으로써 부르주아계급 가정의 결혼문제로 인해 발생한 갈등을 선전"하고 있으며 따라서 "부르주아계급의 이익과 그 입장이 분명한 영화"(程季華, 76)라고 평했다. 리쑤위안 등은 당시 『영화잡지』에 칭민(靑民)이라는 필명의 필자가 쓴 기사 「「사람의 마음(人心)」에 대한 술평(對于「人心」的述評)」이라는 글이 이 영화를 두고 "노동의 신성한 희생과 성공"을 보여주었다고 평한 기록과 또 개작자인 루제(陸潔)가 쓴 「각색 후의 '사람의 마음'(改編後之人心)」이라는 글을 인용한 뒤 이 영화가 "중국 영화 중 노동자의 파업과 폭동을 최초로 묘사"하였으며 "자본가 군대가 노동자를 진압하는 죄행을 폭로하였다"고 평가하였다.(酈蘇元・胡菊彬, 145-146) 이렇듯 이 영화는 중국 영화사상 거의 최초로 사회적 계급으로서의 노동자의 문제를 다룬 작품으로 여겨지고 있다. 이는 현재 우리가 볼 수 있는 가장 오래된 중국 영화인 〈노동자의 사랑(勞工之愛情:1922)〉이 이른바 '노동자'라는 제목을 달고서도 일상의 소극(笑劇)을 중심으로 플롯을 전개했던 점을 생각해보면 더욱 확실하게 대비된다. 〈사람의 마음〉은 현재 남아 있지 않아 그에 대한 평

가는 위와 같이 문헌을 통해서만 유추할 수밖에 없는데, 황셴원이 "주제가 진지하고 예술적 감동도 어느 정도 갖추고 있어 당시에 꽤 괜찮은 영화로 평가되었다"(黃獻文, 15)고 말하고 있는 것으로 보아 당시 관객의 반향이 그다지 나쁘지 않았음을 짐작할 수 있다.

_ **특기사항**   : 흑백 무성 영화

                   : 다중화바이허영화사의 첫 번째 작품

                   : 중국영화사상 최초로 자막에 '감독(導演)' 이라는 표현이 등장

                   : 1924년 9월 완성되어 10월 10일 상하이 카얼덩영화관(卡爾登影 戲院)에서 개봉

_ **핵심어**   : 자유연애 자유결혼 노동자 파업 계급 사회극

_ **작성자**   : 임대근

상하이 부인 上海一夫人(A SHANGHAI WOMAN)

_ **출품년도**   : 1925년

_ **장르**   : 사회/멜로

_ **감독**   : 장스촨(張石川)

_ **제작사**   : 明星影片公司

_ **주요스탭**   : 시나리오(鄭正秋) 촬영(董克毅) 미술(馬徐維邦)

_ **주요출연진**   : 吳愛寶 花淡如(宣景琳) 吳雲生(程宮園) 趙貴全(馬徐維邦) 林씨 阿全(黃筠貞) 林福根(嚴仲英) 李叔香(王吉亭) 劉芝田(邵庄林) 楊小青(文姬)

_ **시놉시스**   : 상하이에서 200리 떨어진 한 마을의 우아이바오(吳愛寶)와 자오구이취안(趙貴全)은 어렸을 때 약혼한 사이다. 자오구이취안은 성실하고 인정이 많지만 사내임에도 용기가 없고 나약해서 다른 사람들의 놀림을 자주 받는다. 어느 날 우연히 아이바오는 구이취안의 양모 린(林)씨를 만나는데 아이바오의 아버지는 린씨가 부유하다는 사실을 알고 린씨에게 아이바오를 상하이로 데려가 달라고 부탁한다. 그렇지만 린씨는 아무도 몰래 상하이에서 기원을 하고 있었다. 아이바오가 떠난 후 구이취안은 아이바오를 찾아 상하이로 가려고 하지만 부모의 만류로 가지 못하다가 얼마 후 어머니가 병으로 죽자 상하이로 떠난다. 아이바오는 이미 이름을

화단루(花淡如)로 고치고 화류계에서 유명한 여인이 되어 있었다. 지방유지 리수샹(李叔香)은 그녀에게 온갖 것을 쏟아 붓고 매일 그녀와 음주향락을 즐긴다. 아이바오는 절세의 미녀라는 칭호를 얻는다. 그리고 리수샹은 이만 원을 주고 그녀를 기원에서 빼내 결혼한 후 아내로 맞이하고, 절대 첩을 들이거나 외유도 하지 않을 것이며 그녀 앞으로 팔십만 원을 입금하겠다고 약속한다. 결혼식 당일 구이취안은 아이바오를 발견하고 그녀가 탄 차를 뒤쫓아 가다가 차에 치여 병원으로 실려 간다. 아이바오는 구이취안을 위해 병원비와 집세 등을 부담하고 아내까지 얻어준다. 그 후 아이바오는 리수샹이 약속을 지키지 않자 이혼하고 다시 이름을 화단루로 바꾸어 예전 일을 시작한다. 어느 날 구이취안은 아이바오에게 자신의 아내가 두 남자와 간통을 했는데 두 남자는 싸우다가 모두 죽고 아내까지 중상을 입고 죽었다는 사실을 말한다. 아이바오는 구이취안의 뜻에 따라서 그에게 땅을 사주고 그를 고향으로 돌려보낸다. 아이바오는 그 후에도 린씨가 시골에서 소녀를 데려와 기원에서 일을 시키려고 하자 소녀를 빼내 여자 직업학교에 보내고 모든 경비를 대며 도와준다.

_단평   : 감독은 비인간적인 생활을 하는 기녀를 동정하고 있으며 기녀의 선량한 덕행을 칭송하면서 "기녀가 어찌 기녀를 하기 위해 태어났겠는가, 사회가 그것을 조성한 것이다"라고 명확하게 제기했다. 하지만 감독이 기녀문제를 해결한 방법은 대가를 지불한 후 직업학교에 들어가 공부를 하게 하는 것이기 때문에 여전히 부르주아 계급의 개량주의적 사상의 범주를 벗어나지 못한다.(程季華, 66)

_핵심어   : 약혼 기원 화류계 지방유지 여성 도시

_작성자   : 조병환

옛정 前情 (THE LOVERS IS NOT A FORMER ONE)

_출품년도   : 1925년

_장르   : 생활 극영화

_감독   : 주서우쥐(朱瘦菊)

_제작사   : 백합영화공사(百合影片公司)

_ **주요스탭** : 시나리오(朱瘦菊) 촬영(周詩穆)

_ **주요출연진** : 王英之 王秀英

_ **시놉시스** : 시허런(奚荷人)은 아내 친보팡(秦伯芳)과 기차를 타고 상하이로
가서 여관에 방을 얻는다. 짐을 내려놓자마자 친보팡은 아픈 여동생을
보러 간다며 떠나버린다. 새벽이 되어 아내로부터 전화를 받는데, 여동
생의 병세(病勢)가 호전되었으니 먼저 고향으로 돌아가라는 내용이다.
떠날 채비를 하던 중에 예전에 상하이에서 알던 여자 친구에게서 전화가
온다. 그녀는 시허런이 결혼한 사실을 모른 채 그동안의 그리움을 전하
고 시허런과 결혼을 할 생각이었다. 시허런을 찾아온 그녀는 눈이 퉁퉁
붓고 몹시 추한 몰골을 하고서 문 앞에 서 있었다. 그녀는 얼굴에 주근깨
를 없애려고 하다가 간에 열이 나는 바람에 모습이 이렇게 변해버렸다고
해명한다. 그리고 시허런이 옛정을 잊지 않았다고 생각하고 감격해마지
않으며 몸을 허락하려 한다. 시허런은 황급히 아내 친보팡의 사진을 보
여주며 이미 결혼을 했다고 말하지만 그녀가 도무지 믿지 않자 이런저런
구실을 붙여 문밖으로 내보낸다. 문을 두드리는 소리에 열어보니 아내
친보팡이다. 아내는 이번에 상하이에 온 것이 여동생의 병문안을 위해서
가 아니라 사실은 남자 친구를 만나러 온 것이라고 고백한다. 친보팡은
결혼하기 전 어떤 유부남에게 첫눈에 반해서 좋아했지만 하는 수 없이
시허런과 결혼을 했으며, 얼마 전에 그 남자의 아내가 죽었다는 소식을
듣고 여동생의 병을 핑계로 상하이로 왔던 것이다. 친보팡이 꿈에도 그
리던 그 남자는 아내가 사망한 후 방탕한 생활로 몰골이 말이 아니었다.
친보팡은 그 남자와 오랜 시간 이야기를 나누고서야 겨우 숙소로 돌아왔
던 것이다. 아내의 이야기를 모두 듣고 난 후, 남편은 자신의 사정을 이야
기한다. 부부는 서로 놀라움을 감추지 못한다. 다음날 부부는 각자 착잡
한 마음으로 플랫폼에서 사라진다.

_ **특기사항** : 흑백 무성 영화

_ **핵심어**   : 부부 친구 외도

_ **작성자**   : 김정욱

사랑의 재난(『두견의 피눈물』) 情天劫(『杜鵑血淚』라고도 함) (A FATAL LOVE)

_ **출품년도** : 1925년
_ **장르** : 사회극 멜로
_ **상영시간** : 100분 추정
_ **감독** : 런펑녠(任彭年)
_ **제작사** : 商務印書館 活動影戲部(1926년 國光影片公司로 개편)
_ **주요스탭** : 시나리오(董血血) 촬영(廖恩壽 余茂庭) 미술(萬吉蟾) 무대장치
　　　　　 (劉旭升 洪警鈴)
_ **주요출연진** : 陶心儀(汪福慶) 史湘君(任愛珠) 史湘雲(鄔麗珠) 錢新甫(包桂榮)
　　　　　 陶心儀의 모친(陳錦屛)
_ **시놉시스** : 저장(浙江)사람인 타오신이(陶心儀)는 상하이에서 글을 써서 생
　　　　　 계를 꾸려나간다. 타오신이는 정직하고 애국심이 강하며 선량하여 국세
　　　　　 가 기우는 것을 보고 '구국십책'이라는 글을 써서 성장(省長)에게 올린
　　　　　 다. 며칠 후 타오신이는 성장으로부터 자신의 글이 이론에 불과한 것이
　　　　　 라 실용적 가치가 없다는 회신을 받는다. 그의 아내 스샹쥔(史湘君)이 그
　　　　　 를 비웃고 시어머니에 대해서도 함부로 말을 하여 두 사람은 다투게 된
　　　　　 다. 타오신이는 스샹쥔이 천성적으로 문란한 여동생 스샹윈(史湘雲)에게
　　　　　 서 판쑹거(潘頌閣)라는 부유한 상인을 소개받았다는 사실을 알고 있었지
　　　　　 만 물증이 없어 끙끙대던 차였다. 타오신이는 이참에 그것을 따지고, 스
　　　　　 샹쥔은 이혼을 요구한다. 스샹쥔은 집을 나가 판쑹거의 첩이 된다. 한편
　　　　　 스샹윈은 함께 어울리던 부잣집 자제 주지탕(朱季棠)과 사이가 틀어져
　　　　　 그에게 말도 않고 헤어지려고 하자 주지탕은 초조한 마음으로 벗 판쑹거
　　　　　 에게 상의를 하러 간다. 판쑹거의 조언을 듣고 주지탕은 스샹윈의 집을
　　　　　 찾아가지만 그녀가 가난하다는 사실을 알고 그 자리에서 그녀의 사진을
　　　　　 찢어버리고 미련 없이 떠나버린다. 스샹쥔은 판쑹거를 따라 쑤저우(蘇
　　　　　 州)에 있는 그의 고향집으로 가지만 판쑹거의 아내인 첸(錢)씨에게 갖은
　　　　　 모욕을 당한 후 결국 쫓겨난다. 우연한 기회에 타오신이는 두쥐안(杜鵑)
　　　　　 이라는 아가씨를 알게 되는데 두쥐안은 그의 재능을 높이 평가하여 교제

를 하게 된다. 하지만 두쥐안의 집에서 지나친 혼수를 요구하여 타오신이는 부득이 '구국십책'을 베이징정부에 보내고 기회를 기다린다. 하지만 양저우(揚州)의 부유한 상인 첸신푸(錢新甫)가 3만 원을 써서 두쥐안을 아내로 맞으려 한다는 사실을 알고 초조해한다. 판쑹거의 집을 나온 스샹쥔은 노래를 부르며 구걸을 하면서 떠돌이 생활을 한다. 어느 날 친구 왕즈판이 타오신이에게 '구국십책'이 정부의 인정을 받아 상금 1만 원을 받을 것이라는 사실을 알려준다. 하지만 이미 때는 늦어 타오신이는 왕즈판에게 두쥐안에게 그 돈을 전해달라는 부탁을 남기고 죽는다. 첸신푸는 여러 가지 범죄가 발각되어 체포당한다. 두쥐안도 상금으로 타오신이의 장례를 지낸 후 나머지는 모두 자선사업에 기부한다.

_ **핵심어** : 봉건가정 재자가인 구국십책
_ **작성자** : 곽수경

다정한 여배우 多情的女伶(A LOVELORN ACTRESS)

_ **출품년도** : 1926년
_ **장르** : 사회/멜로
_ **감독** : 장스촨(張石川)
_ **제작사** : 明星影片公司
_ **주요스탭** : 시나리오(包天笑) 촬영(董克毅) 세트(董天涯) 설명(鄭正秋) 자막(沈延哲 · 董翰一)
_ **주요출연진** : 宣景琳(趙飛紅) 周空空(鄒吉堂) 趙靜霞(陸昭儀) 姚予元(陸宏猷) 朱飛(高鑒吾) 王吉亭(韋振邦)
_ **시놉시스** : 젊은 가오젠우(高鑒吾)는 애국당 당원으로 복잡한 인물이다. 하루는 그가 애인 루자오이(陸昭儀)를 만났는데, 관료였던 자오이의 아버지를 통해 곧 정부에서 애국당 당원을 체포하려 하니 속히 다른 곳으로 떠나라는 말을 듣게 된다. 상황이 급박하여 젠우는 아쉬워하면서 자오이에게 이별을 고하고 기차에 오른다. 얼마 지나지 않아 내란이 일어나고 자오이 집안도 불행을 면치 못하게 된다. 집은 불타고 아버지는 중병을 얻어 세상을 뜨고 만다. 자오이는 겨우 학교에 자리를 하나 얻게 된다. 예

산이 부족했던 탓에 교장은 현지 독판(督辦)에 도움을 요청하게 되고 마침 독찰장이던 톈자오창(田兆昌)이 학교를 방문하여 자금을 전달하는 날 자오이를 보고 그 미모에 반하게 된다. 그러나 자오이는 냉랭한 태도를 보인다. 젠우는 다시 상하이로 돌아와 하릴없이 세월을 보내면서 음악으로 공허한 마음을 달래고 있었다. 젠우는 불현듯 자오페이홍(趙飛紅)에게 마음을 빼앗기게 되어 늘 그녀의 공연을 보러 다니지만 돈이 다 떨어진다. 유명세를 타지 못했던 페이홍도 해고된다. 젠우는 페이홍을 극찬하는 글을 써서 신문사에 투고한다. 젠우의 글로 페이홍이 인기를 얻자 극장주는 월급을 올려주면서 다시 그녀를 데려오지만 페이홍은 누구의 도움 때문인지 알지 못한다. 젠우는 방세를 내지 못해 여관에서 쫓겨나고 페이홍은 그를 위해 빚을 갚아준다. 젠우와 페이홍은 연애를 시작하고 젠우는 늘 페이홍을 위해 극본과 가사를 써준다. 페이홍은 마침내 명성을 얻게 된다. 한편 톈자오창은 자오이의 사랑을 얻지 못하자 독판에게 도움을 요청한다. 그러나 독판 또한 자오이에게 마음을 빼앗기고, 압박을 견디지 못한 자오이는 독판과 결혼한다. 그러나 독판은 이미 아내가 있으면서 자오이를 속인 터였다. 페이홍의 공연이 있던 날 자오이는 독판을 따라 구경을 가다가 젠우를 만난다. 두 사람은 그때부터 밀회를 즐긴다. 바람기가 있었던 독판은 페이홍에게 마음을 빼앗기고, 페이홍 또한 이를 거절하지 않으면서도 짐짓 그렇지 않은 체한다. 하루는 페이홍이 젠우와 자오이의 밀회를 보고는 깜짝 놀라 그들을 뒤쫓는다. 사실을 알게 된 자오이는 젠우를 서둘러 숨기지만 페이홍에게 이미 들킨 뒤였다. 페이홍은 자오이가 자기와 같은 옥팔찌를 차고 있음을 발견한다. 페이홍의 어머니는 애국당원이었으나 일찍이 체포되었고 다행히 아버지와 두 딸만 살아남았었다. 어머니는 옥팔찌를 두 딸에게 하나씩 나누어 주었던 것이다. 페이홍은 자오이를 알아보고 뒤늦게 들이닥친 독판에게 자오이를 감싸준다. 젠우는 담장을 넘어 도망가다가 톈자오창에게 걸리지만 그에게 총을 겨눈다. 총을 맞은 톈자오창은 죽기 직전 자오이의 애인이 총을 쏘았다고 알린다. 크게 화가 난 독판은 자오이를 죽이려 독약을 먹인다. 젠우는 몰래 독판의 집에 다시 돌아와 자오이가 이미 독살당한 줄 알고 칼을 들고 페이홍의 가슴을 찌른다. 그때 침대에 누워 있던 자오이가 깨어나고, 젠우는 페이홍이 그에게 말했던 거짓 약을 먹였음을 알게 되지만 이미 늦은 뒤였다. 젠우와 자오이는 페이홍을 떠나보내고 페이홍이 그들을 위해 준비해둔 말을 타고 멀리 도망한다.

_ 단평　　　 : 초기 중국 영화를 가장 주도적으로 이끌었다고 할 만한 장스촨 감독의 작품으로, 자오페이홍 역을 맡은 주연 쉬안징린(1907~1992)은 장스촨에게 발탁되어 〈마지막 양심(最後之良心)〉(1925), 〈친구(小朋友)〉(1925) 등 장스촨의 다수 작품에 출연했던 배우다. 그러나 장스촨의 수많은 작품 가운데 이 영화는 그다지 자주 언급되지는 않는 편이다. 지금까지 출간된 대부분의 중국영화사에서는 이 영화에 대하여 아예 언급이 없거나 단순히 영화 제목만을 목록화하고 있을 뿐이다. 그것은 대체로 다음과 같은 두 가지 이유 때문일 것이다. 첫째는 이 영화가 현재 남아 있지 않아서 문헌을 통해서만 작품의 전모를 알 수 있다는 점이고 둘째는 1926년을 전후로 중국 영화계는 시대극이나 무협극 등이 다수 등장하게 되면서 상업화한다는 점이다. 이 영화는 이와 같은 일련의 추세 속에서 제작된 삼각관계를 다룬 멜로 영화였다. 이러한 변화는 불과 2~3년 전 중국 영화에 일부 사회적 주제들이 다루어지던 측면과는 달리 영화의 상업성이 강조되기 시작했음을 알려준다. 물론 사회적 요소가 전혀 가미되지 않은 것은 아니지만, 전체적으로 남녀 간의 얽히고설킨 사랑 이야기를 그리는 데 대해서, 기존에 좌익적 관점을 고수해온 영화사에서는 특별히 그 가치를 높이 평가하여 기술할 만하다고 인정받지는 않았을 것이다. 좌익적 관점에서 탈피하여 새로운 시각으로 영화사를 기술하려고 노력하는 최근의 작업들은 오히려 영화 자체를 볼 수 없다는 첫 번째 이유에서 이 영화를 다루고 있지 않다고 유추해볼 수 있다. 그럼에도 이 영화가 당시 상하이의 공연문화, 연애와 결혼 등에 관한 내용을 재현하고 있다고 판단될 경우, 나름대로 의미가 없지는 않다고 여겨질 수도 있을 것이다.

_ 특기사항　 : 흑백 무성 영화
　　　　　　 : 1926년 4월 12일 상하이 중앙대극장(中央大戲院)에서 개봉

_ 핵심어   : 삼각관계 강요된 연애/결혼 공연문화(예술) 주인공의 죽음 애국당
_ 작성자   : 임대근

결혼의 자유 逃婚(FREEDOM OF MARRIAGE)

_ 출품년도   : 1926년
_ 장르   : 멜로
_ 감독   : 샤츠펑(夏赤風)
_ 제작사   : 大中國影片公司
_ 주요스탭   : 시나리오(吳翰儀) 촬영(張偉濤)
_ 주요출연진 : 陳小桂 林宗禮(陳秋鳳) 周六珠(王慧仙) 方아가씨(張兆蘭) 方중
              장(湯承斌) 小桂 아버지(李茂芝) 小桂 어머니(黃慈仙) 宗禮 아버지(董天
              厄) 六珠 어머니(黃俠仙) 何吉安(朱劍灵)
_ 시놉시스   : 린쭝리(林宗禮)는 명문세가의 아들이고 그의 애인 팡수잉(方淑
              英)의 부친은 육군 중장이다. 쭝리는 아버지에게 수잉의 집에 사람을 보
              내 혼담을 의논할 것을 청하지만 수잉의 아버지는 군관 집안과, 쭝리의
              아버지는 학자가문과 혼인을 맺기를 바란다. 그래서 아들에게 다시는 수
              잉과 만나지 말라고 한다. 한편 상하이에서 30리 떨어진 난양마을(南陽
              村)의 가난한 집 청년 천샤오구이(陳小桂)는 이웃의 부잣집 딸 저우류주
              (周六珠)와 사랑하는 사이지만 류주의 어머니는 샤오구이가 가난하다는
              이유로 그와 가까이 지내지 못하게 한다. 할 수 없이 샤오구이는 부모를
              떠나 상하이로 돈을 벌러 간다. 그리고 쭝리는 수잉과 결혼하기 위해 군
              인이 되기로 마음을 먹는다. 이러한 경황 중에 우연히 쭝리는 자신과 닮
              은 샤오구이를 만나는데, 샤오구이에게 자기 대신 고향에 계신 부모님을
              모셔주면 2천 원의 사례금을 주겠다고 약속한다. 샤오구이는 돈이 있으
              면 류주의 부모님이 결혼을 허락할 것이라 생각하고 동의한다. 그리하여
              샤오구이는 부잣집 아들이 되고 쭝리는 육군사관학교에 들어간다. 쭝리
              는 육군사관학교를 졸업한 후, 수잉의 집으로 가서 결혼 날짜를 잡으려
              고 하지만 자신의 신분 때문에 어쩔 수가 없어 샤오구이에게 대신 혼례
              를 치르게 한다. 한편 샤오구이는 류주의 결혼 소식에 초조함을 금치 못

하고 류주 또한 샤오구이를 기다리지 못하고 결혼식 도중에 비행기를 타고 도망친다. 그리하여 상하이탄에서는 어이없는 두 쌍의 사랑이야기가 발생한다. 이후 진상이 밝혀진 후 쭝리와 샤오구이는 형제의 연을 맺고 부모들은 결혼을 허락한다.

_ **핵심어**   : 명문세가 군관 가난 부자 결혼 계급
_ **작성자**   : 조병환

운 좋은 바보 呆中福(THE LUCKY MAN)

_ **출품년도**   : 1926년
_ **장르**   : 코믹 멜로
_ **감독**   : 주서우쥐(朱瘦菊)
_ **제작사**   : 大中華百合影片公司
_ **주요스탭**   : 시나리오(王悲兒) 촬영(余省三) 무대장치(馬瘦紅) 분장(包元銘) 조명(田芝青) 내레이션(徐維明) 자막(姜起鳳)
_ **주요출연진**   : 陳直(邢哈哈) 刁囂(王悲兒) 巧妹妹(王彩雲) 張선생(凌無私) 宋有財(楊寶成) 宋有財의 처(王玉貞) 刁囂의 처(張雪鳴)
_ **원작**   : 곤곡『呆中福』
_ **시놉시스**   : 천즈(陳直)의 부모들은 우둔한 아들이 걱정이다. 맏사위 쑹유차이(宋有財)가 상하이에서 큰돈을 벌어 그들 가족을 초청하자 아들에게 넓은 세상을 보여줄 요량으로 천즈를 상하이로 보낸다. 상하이에 온 천즈는 우둔함 때문에 갖가지 사건을 겪게 된다.

쑹유차이에게는 댜오샤오(刁囂)와 장(張) 선생 두 명의 절친한 친구가 있다. 댜오샤오가 차오메이메이(巧妹妹)라는 처녀에게 반하자, 장 선생은 친구가 그녀를 소실로 맞을 수 있도록 그녀의 부모를 설득하고, 쑹유차이는 첫날밤을 보낼 신방을 제공한다. 하지만 이 사실이 댜오샤오의 처에게 알려져 일이 어렵게 되자 장 선생은 기지를 발휘하여 방법을 찾아낸다. 즉, 바보나 다름없는 천즈를 댜오샤오 대신 신방에 들여보내는 것이다. 그들의 예상대로 천즈와 차오메이메이는 아무 일 없이 밤을 지새우게 된다. 하지만 차오메이메이가 천즈와 첫날밤을 보낸 이상 댜오샤

오의 소실이 될 수 없다고 고집을 부리고, 댜오샤오의 아내 또한 남편이 소실을 받아들이는 것을 완강하게 반대하자 댜오샤오는 하는 수 없이 차오메이메이를 포기하게 된다. 이로써 천즈와 차오메이메이는 부부의 연을 맺게 된다.

태중복(呆中福)이란 제목은 천즈가 비록 우둔하지만 이 때문에 행운과 행복을 얻게 되었음을 말한다.

_ **특기사항**　：흑백 무성 영화

　　　　　　：곤곡(崑曲)『태중복(呆中福)』을 현대적으로 각색한 영화

_ **핵심어**　　：고전극 개편 혼인 행운 일부다처 정절

_ **작성자**　　：유경철

상하이 세 여자 上海三女子(THREE GIRLS IN SHANGHAI)

_ **출품년도**　：1926년

_ **장르**　　　：생활 극영화

_ **감독**　　　：런진핑(任矜苹)

_ **제작사**　　：신인영화공사(新人影片公司)

_ **주요스탭**　：시나리오(顧肯夫)

_ **주요출연진**：盧筠玉(楊耐梅) 魏麗雲(韓雲珍) 范新蘭(蔣耐芳) 劉偉年(王吉亭)
范明德(趙琛) 王天聲(劉慕陶) 范母(曹化人) 王媽(袁益君)

_ **시놉시스**　：젊고 예쁜 판신란(范新蘭)은 엄마와 오빠에게 의지하며 살고 있다. 어느 날 그녀가 집에서 음악을 듣고 있는데 오빠 판밍더(范明德)가 소설 구상을 방해한다며 크게 나무란다. 얼마 후 은행원인 밍더의 약혼녀 루쥔위(盧筠玉)는 장래의 시어머니를 뵈러 왔다가 집 안에 별일이 없어 전축을 만지작거린다. 밍더는 동생이 그러는 줄 알고 야단을 치려고 왔다가 사실을 알고 얼굴 표정을 바꾸어 미소를 짓는다. 심통이 난 신란은 이웃 왕마(王媽)에게 하소연한다. 마침 왕마의 딸 웨이리윈(魏麗雲)의 약혼자 류웨이녠(劉偉年)이 왔다가 신란의 미모에 마음이 혹해 그녀를 유혹한다. 3개월이 지나 신란은 웨이녠의 아이를 갖는다. 밍더와 결혼을 준비하고 있던 쥔위가 그녀를 돕기로 한다. 쥔위에게 반한 웨이녠은 그녀

를 카바레로 초청한다. 쥔위는 신란을 돕기 위해 그의 요청에 응한다. 어느새 마음이 쥔위에게 돌아선 웨이녠은 그녀에게 천 원짜리 수표를 건네며 신란에게 다른 사람에게 시집을 가도록 전해주라고 한다. 쥔위와 웨이녠의 사이를 오해한 웨이녠의 친척들이 쥔위를 크게 욕하고, 공교롭게 그 자리를 목격한 밍더도 화가 나서 쥔위의 사진과 이번 사건을 신문에 싣는다. 변명하기 어려웠던 쥔위는 신란과 함께 도시를 떠나 시골로 숨어버린다. 10개월 후『상하이신보(上海晨報)』총편집이 된 밍더가 지방에 취재를 갔다가 신란과 쥔위를 만난다. 자초지종을 듣고 오해를 푼 밍더는 쥔위와 여동생을 데리고 상하이로 돌아온다. 웨이녠의 어머니(劉母)도 아들을 잘 타일러 그는 신란을 아내로 맞아들인다.

_ **특기사항** : 흑백 무성 영화
_ **핵심어** : 오누이 약혼자 오해 改過遷善
_ **작성자** : 김정욱

상하이의 밤 上海之夜(THE NIGHTS OF SHANGHAI)

_ **출품년도** : 1926년
_ **장르** : 사회극
_ **감독** : 정이쯔(鄭益滋)
_ **제작사** : 神州影片公司
_ **주요스탭** : 시나리오(顧肯夫) 촬영(翁寄生) 편집(鄭劍秋)
_ **주요출연진** : 席勛業(嚴工上) 王씨(原俠綺) 之英(鄭劍秋) 之惠(陸美玲) 史雲峰(楊英俊) 雲苹(嚴月閑) 李伯年(余叔雄)
_ **시놉시스** : 부유한 상인 시쉰예(席勛業)는 밤중에 갑작스런 전보를 받고 지방을 가기 위해 서둘러 집을 나선다. 그의 아내 왕(王)씨는 기녀 출신으로, 행실이 좋지 못해 남편이 외출하자 옛날부터 관계를 맺고 있던 리보녠(李伯年)을 집 안으로 불러들인다. 시쉰예는 기차를 놓치는 바람에 다시 집으로 돌아왔다가 창 밖에서 그들의 모습을 보고 불같이 화가 났지만 집안의 수치를 공개적으로 떠벌릴 수가 없어 화를 억누르고 증기선을 탄다. 다음 날 한 선원이 그의 유서를 발견하고 가족들에게 알린다. 시쉰

예의 자녀 즈잉(之英)과 즈후이(之惠)는 부친의 부고를 듣고 비통해하지만 왕씨는 태연자약하다. 그날 밤 즈잉이 달을 바라보며 부친 생각에 눈물을 흘리다가 우연히 집 안에서 왕씨와 리보녠이 희희낙락하는 장면을 보게 된다. 그는 마음이 찢어지는 것 같지만 왕씨를 놀라게 하고 싶지 않아 서둘러 피하다가 손수건을 떨어뜨리게 되는데 리보녠이 그것을 줍는다. 즈잉은 부친을 잃어버린 것도 마음이 아프지만 왕씨의 행실이 원통하여 집을 나간다. 왕씨는 즈잉에게 간통행위가 발각되자 불안한 마음에 금고 속의 재물을 확인하는데 리보녠이 그 모습을 훔쳐보게 된다. 리보녠은 금고 속에 있던 많은 금을 훔쳐 달아난다. 다음 날 아침 하인이 금고가 활짝 열려 있는 것을 발견하고 급히 왕씨에게 알린다. 경찰은 금고에서 즈잉의 손수건을 발견하고 즈잉이 훔쳐갔다고 단정한다. 윈핑(雲苹)은 그 사실을 알고 형 윈펑(雲峰)과 함께 경찰서를 찾아간다. 윈펑은 경장과 동창생으로, 자세한 사정을 듣고 난 후 즈잉의 행방을 찾는 데 협조하겠다고 한다. 리보녠은 훔친 재물을 친구에게 부친 후 매일 왕씨와 만나는 한편 즈후이를 꾀어낼 생각을 한다. 나이가 어린 즈후이는 분별력이 없어 점점 그와 가까워진다. 리보녠은 친구와 장물을 옮기다가 윈펑에게 들켜 체포된다. 시쉰예는 은둔생활을 하며 낚시를 하다가 우연히 즈잉과 만나게 되어 서로 껴안고 비통함을 참지 못하고 한바탕 울고 난후 함께 집으로 돌아와 왕씨를 쫓아낸다. 리보녠은 범인 호송차로 호송되고 왕씨는 꾀죄죄한 모습으로 길에서 노래를 하며 돈을 구걸하다가 범인호송차를 미처 피하지 못해 차바퀴에 치어 쓰러진다.

_단평 : 대부호의 가정 내분을 묘사한 것으로, 아내의 간통, 사기절도, 정탐, 부옹의 가문 중시 등 무료한 이야기를 집대성한 것이라고 할 수 있다.(청지화1, 102)

선저우(神州)영화사의 창립자인 왕쉬창(汪煦昌)은 프랑스에서 촬영을 전공했던 전문가로, 당시 원칙 없이 마구 찍어대는 중국영화의 작품을 반대하고 영화의 내용과 예술성을 중시하였으나 일반관객들에게 외면당하여 자금 사정이 나빠지자 방향을 전환하여 사랑과 애틋함, 풍자와 무예를 첨가하여 중국영화의 장점을 집대성했다고 할 수 있는 영화를 찍었는데, 그것이 바로 이 작품이라고 한다.

_ **핵심어**　　: 가정 내분 아내의 간통 부호 봉건가정
_ **작성자**　　: 곽수경

상하이의 꽃 上海花(SHANGHAI FLOWER)

_ **출품년도**　: 1926년 3월 25일
_ **장르**　　　: 멜로
_ **감독**　　　: 왕푸칭(汪福慶)
_ **제작사**　　: 國光影片公司
_ **주요스탭**　: 시나리오(汪福慶 余茂廷) 촬영(廖恩壽) 미술(張非凡)
_ **주요출연진**: 張愛珍(席芳婧) 譚根(曹元愷) 譚根의 母(王氏) 楊志芳(賀志剛)
　　　　　　　林惠生(賀一鳴)
_ **시놉시스**　: 탄건(譚根)은 어릴 적 아버지를 여의고 어머니와 함께 상하이
　　　　　부근 작은 마을에서 생활한다. 어려운 형편으로 학교에 다닐 엄두도 못
　　　　　내고 농사를 지으며 생계를 꾸려간다. 탄건과 이웃에 사는 소녀 아이전
　　　　　(愛珍)은 서로 의지하고 자라면서 사랑하는 감정이 싹트고 양쪽 집안에
　　　　　서도 그들의 결혼을 바라게 된다. 어느 날 아이전이 물에 빠지는 사고를
　　　　　당하자 탄건은 위험을 무릅쓰고 그녀를 구하게 되고, 아이전은 이 일로
　　　　　탄건의 사랑을 확인한다. 그러던 중 탄건의 모친이 위독한 순간 아이전
　　　　　에게 탄건을 부탁하고 세상을 뜬다. 탄건이 슬픔에 잠겨있을 때 아이전
　　　　　은 그와 장래를 약속하며 가보로 내려오는 옥팔찌를 정표로 받는다. 아
　　　　　이전의 먼 친척인 양즈팡(楊志芳)은 장사로 졸부가 된 집안의 아들로, 우
　　　　　연히 아이전을 보고 그녀에게 관심을 갖고 접근한다. 아버지의 생신을
　　　　　핑계로 그녀를 상하이에 초대하여 화려한 상하이 생활로 유혹하자, 허영
　　　　　심 많은 아이전은 점차 탄건을 잊게 된다. 한편 탄건은 평소 농사를 지으
　　　　　며 농사에 관한 생각들을 지방정부에 제출하게 되고, 이를 본 향촌 관료
　　　　　들에게 중용된다. 친구인 린후이성(林惠生)의 꼬임으로 도박에 빠진 즈
　　　　　팡은 엄청난 빚을 지게 되자 집에서 쫓겨난다. 결국 즈팡과 아이전은 남
　　　　　의집살이를 하게 되고 그들에게 아이도 태어나지만 즈팡은 여전히 도박

에서 헤어나지 못한다. 또 다시 빚을 지게 된 즈팡은 빚을 후이성이 갚아주는 대신 그의 제안대로 아이전을 건네주기로 하지만, 이 사실을 알게 된 아이전은 아이를 데리고 고향으로 도망친다. 고향으로 돌아온 아이전은 자기로 인한 아버지의 죽음과 탄건의 순수한 마음을 알게 되자 비관하여 자살하고, 즈팡도 후이성의 음모를 알게 되자 그를 죽이고 현장에서 구속된다. 결국 탄건이 아이전의 아이를 맡아 기르면서 그녀의 죽음을 애도한다.

_단평   : 20세기 초 반식민 도시 상하이의 조계 지역이 제공하던 서구 근대의 스펙터클은 시각적 황홀경이자 근대를 관람하는 거대한 스크린이었으며, 상하이 대중이 경험하는 근대의 황홀경은 시각적이고 즉각적인 반응이었다. 상하이라는 이름이 가지는 역사성에도 불구하고 중국인들에게 상하이는 떠다니는 기표로 작용할 뿐이며, 그곳은 구체적인 물리적 공간이지만 하나의 물신적인 상품으로 기능하는 것이다. 그러나 황홀경의 실체를 들여다보면, 상하이의 근대는 조계 지역으로 대표되는 서구 제국주의 식민 문화의 유산이었고, 조계 지역에 들어선 서양식 건물들은 식민 정책을 위한 것이었으며, 상하이는 근대의 성공적인 복제품인 것이다. 서구 근대를 향하지만 주체가 될 수 없는 조계지로 구성된 식민 도시 상하이에는 근대와 전근대, 시간적 공간적 차이와 낙차가 혼성적으로 섞여 있었으며 그러한 도시 풍경은 상하이인의 동일시의 욕망을 자극시키는 동시에 무질서한 공포와 불안을 야기했다. 이런 혼종적이고 양가적인 상황이 상하이인으로 하여금 근대에 대한 동일시를 꿈꾸게 하는 동시에 타자로서의 비동일적인 소외를 느끼게 하였고, 비동일적 소외는 그들에게 일탈을 꿈꾸게 만들었다. 영화에서 아이전이 즈팡을 바라보는 시선, 영화 밖 중국 관객이 아이전과 즈팡을 바라보는 시선 속에는 바로 타자로서의 양가적 입장, 즉 근대에 대한 동일시의 욕망과 동시에 비동일성의 분열이 중첩되어 있다. 영화는 이러한 시선의 분열을 아이전의 자살, 즈팡의 감옥행, 탄건의 아이 양육을 통해서 전근대적 방식으로 봉합하고 있다.

_특기사항   : 흑백 무성 영화

: 개봉관 上海中央大戲院

: 밍싱(明星), 다중화바이허(大中華百合), 톈이(天一) 등의 영화사를 비롯하여 많은 영화사(1926년 말 기준 약142개)가 상하이에 설립될 무렵, 1926년 1월 출판업계의 큰손이라고 할 수 있는 상무인서관(商務印書館)도 뒤늦게 이 대열에 참여한다.(上海電影百年圖史, 48) 상무인서관의 영화 관련 사업은 1918년부터 시작되는데 출판사 산하 영화부에서 자연경관, 시사, 교육에 관련된 다큐멘터리 위주의 기록물을 주로 제작하게 된다. 이는 대표적인 교과서 출판기관이라는 방향성에 부합하는 것이었다. 내부 진통 끝에 1926년에는 약 15만 원을 출자하여 기존 영희부를 귀광(國光)영화사로 독립 운영하면서 영화 5편을 제작하게 되는데 대표적인 영화가 〈상하이의 꽃〉이다. 상무인서관의 독립 영화사 운영은 당시 영화산업 규모와 성장세를 반증하는 것이다. 또한 대중적 수요를 반영할 수밖에 없는 상황에서 교육 출판사의 성격은 영화제작에 제약이 되었기 때문이다. 그러나 이러한 절충적 성격은 결국 1년이 되지 않아서 실패하게 된다.(中國電影發展史, 30-40)

_ 핵심어   : 자유연애 비관자살 도박 도농격차 계급 물신주의
_ 작성자   : 노정은

투명한 상하이 透明的上海(TRANSPARENT GENERAL)

_ 출품년도   : 1926년
_ 장르   : 사회/멜로
_ 감독   : 루제(陸潔)
_ 제작사   : 大中華百合影片公司
_ 주요스탭   : 시나리오(王元龍) 촬영(周詩穆)
_ 주요출연진 : 王少珊(王元龍) 韓詩蘊(韓雲珍) 黎仁輔(張慶升) 黎芙芬(黎明暉)
  伍景曦(王雪廠)
_ 시놉시스   : 일찍 아들을 잃은 리런푸(黎仁輔) 노인은 며느리와 딸, 어린 손자와 함께 어렵게 생계를 꾸려나간다. 어느 날 그는 장군의 아들인 왕사오산(王少珊)의 차에 치이는 사고로 인해 왕사오산과 알게 된다. 이후 왕

84

사오산은 어려운 사정에 처한 리런푸의 가족을 여러모로 돕는다. 그러다가 리런푸의 며느리 한스원(韓詩蘊)에게 사랑의 감정이 싹튼다. 왕사오산을 따라 무도장에 놀러 갔던 스원은 가족들의 오해가 두려워 집에 돌아가지 못하고 왕사오산의 집에 머문다.

한편 리런푸의 딸 리푸펀(黎芙芬)은 왕사오산이 집에 흘린 무도장 표를 주워 연인인 우징시(伍景曦)와 무도장에 놀러 갔다가 왕사오산의 유혹에 넘어간다. 집에 두고 온 병든 아들이 걱정이 되어 몰래 집을 찾았던 스원은 아들의 죽음을 목격하고 왕사오산과 푸펀의 관계도 알게 된다. 왕사오산의 집으로 돌아온 그녀는 그의 집에 푸펀이 와 있는 것을 목격하고는 일부러 왕사오산의 부정함을 떠들어 푸펀에게 그의 실체를 알린다. 분노한 푸펀은 권총을 쏘아 왕사오산을 실명하게 한 후 우징시에게 돌아가 용서를 빈다.

다음 날 한스원은 정신착란을 일으켜 자살하고, 리펀푸는 복수를 위해 왕사오산을 찾아간다. 하지만 이때 왕사오산은 아버지가 암살당했고 가산마저 모두 불타버렸다는 소식을 듣게 된다. 결국 그는 충격은 이기지 못하고 불길에 몸을 던져 스스로 목숨을 끊는다.

_ 핵심어: 여주인공의 자살 복수 남성의 부정(不貞) 어려운 생계 무도회장 파멸
_ 작성자: 유경철

무대 위의 사랑 歌唱奇緣(ROMANCE IN THE HALL)

_ 출품년도   : 1927년
_ 장르   : 멜로
_ 감독   : 왕푸칭(汪福慶)
_ 제작사   : 國光影片公司
_ 주요스탭   : 시나리오(趙君豪 曹元愷) 촬영(張非凡 石兆豊)
_ 주요출연진 : 經綠湘(蔣耐芳) 潘小蓮(曹元愷) 冷翠徽(汪福慶) 冷國華(秦哈哈) 徐碧仟(李麗娜) 經綠湘의 父(包桂榮)
_ 시놉시스   : 루샹(綠湘)은 연기와 외모 모두 출중한 상하이대극장의 유명배우이다. 동료인 판샤오롄(潘小蓮)은 말없이 그녀를 보살피지만 루샹 본

인은 이를 눈치 채지 못한다. 전직 외교부장의 아들인 렁추이후이(冷翠徽)는 연극 관람을 좋아하여 그녀와 연극에 관한 이야기를 나누기도 하고 종종 그녀에 관한 글을 써서 발표하기도 한다. 그의 형인 렁궈화(冷國華)는 세력 있는 은행장으로 어느 날 루샹의 연기를 보고 그녀에게 매료되어 연회가 있을 때마다 그녀를 부른다. 그는 약혼자인 쉬비첸(徐碧仟)은 버려두고 루샹의 환심을 사려고 한다. 궈화는 루샹과 추이후이의 관계를 시기하여 그녀의 아버지를 찾아가 그들의 결혼을 허락하라고 협박한다. 오래 전 루샹의 아버지가 루펑페이(陸鵬飛)를 살해할 때 궈화 형제가 현장을 목격하고 루펑페이는 그들에게 복수를 부탁하는 편지를 남기게 되는데, 궈화는 바로 이것을 빌미로 루샹을 얻으려 했던 것이다. 이를 알게 된 동생 추이후이가 편지를 훔치지만 결국 궈화에게 발각된다. 궈화의 협박을 피하기 위해 루샹은 난징(南京)으로 도망가고 이 사실을 알게 된 샤오롄과 추이후이, 궈화 역시 모두 난징으로 향한다. 난징에서 한 차례 추격전이 벌어지는데 샤오롄을 오해한 추이후이의 총에 궈화가 죽게 되고 추이후이가 체포된다. 루샹이 추이후이의 체포에 극도로 상심하여 오열하자 이를 보다 못한 샤오롄은 추이후이 대신 감옥행을 결심한다. 영화의 마지막 장면에는 상하이 대극장에서 공연하는 루샹과 글에 몰두해 있는 추이후이의 모습, 루샹의 행복을 위해 기꺼이 수감생활을 하는 샤오롄이 대조적으로 비춰진다.

_ **단평**   : 시놉시스에 의하면, 영화는 청 말에 유행하던 공안(公案)소설의 성격을 띤다. 영화는 근대 이후의 상하이를 공간적 배경으로 하고 있지만 인물의 관계설정은 기본적으로 권력을 지닌 남성이 예인의 재능을 지닌 여성을 소유하려 하면서 전개되는 사건과 출생의 비밀을 둘러싼 음모와 추적이 병행된다. 초기 중국 영화의 이야기 구도는 이러한 서사방식에 익숙한 도시 서민 관객층을 겨냥한 손쉬운 방법으로 보이지만, 중국 통속 서사의 영화적 계승이라는 측면에서 그 같음과 다름을 분석해봄으로써 본토화된 '지방적 모더니티(vernacular modernity)'를 규명할 수 있을 것이다.

_ **특기사항**   : 흑백 무성 영화

: 귀광영화사가 제작한 작품 5편 중 하나이다. 귀광영화사에 관해
서는 〈상하이의 꽃上海花〉 해제 참조
_ **핵심어**   : 복수 상하이대극장 여배우 자본가
_ **작성자**   : 노정은

바다의 손님 海上客(A NEW COMER)

_ **출품년도**   : 1927년
_ **장르**   : 생활 극영화
_ **감독**   : 첸쉐판(錢雪凡)
_ **제작사**   : 호강영화공사(滬江影片公司)
_ **주요스탭**   : 시나리오(楊敏時) 촬영(劉亮禪) 미술(楊濟生) 편집(莊國鈞)
_ **주요출연진** : 金씨(林涯文) 金士良(錢雪凡) 王大春(呂鵬影) 周得寶(周空空) 林
秀英(林影) 宋錦標(時黨非) 劉耀珊(朱少泉) 邱得發(莊國鈞) 楊花恨(沈翠雲)
_ **시놉시스**   : 부잣집 아들 진스량(金士良)은 부친이 세상을 떠나자 거액의 자
금을 가지고 상하이로 가서 좀 더 발전적인 생활을 하기로 한다. 그는 상
하이로 가는 배 안에서 사기꾼 왕다춘(王大春)을 알게 된다. 상하이에 도
착하여 왕다춘은 진스량을 여관에서 지내게 하면서 다른 사기꾼 일당과
작당하여 스량에게 주식을 사도록 한다. 세상물정에 어두운 진스량은 결
국 속아서 절반 이상의 자금을 왕다춘에게 건넨다. 왕다춘의 아내도 진
스량을 부추긴다. 진스량은 돈을 모조리 탕진하고 왕다춘에게 돈을 빌리
려고 하지만 문전박대를 당한다. 진스량은 하는 수 없이 다른 사람에게
돈을 빌리고 빚은 순식간에 산더미처럼 늘어간다. 그는 왕다춘의 아내인
진(金)씨를 찾아간다. 진씨는 왕다춘을 사랑하지 않았고 곤경에 처한 진
스량이 가련해서 200위안(元)을 주고 자기 집에 머물게 한다. 그녀는 우
연히 진스량의 옷을 챙기다가 소지품에서 10년 전 자신의 사진을 발견한
다. 사실 그녀는 원래 진스량의 계모였는데 꾐에 빠져 몰래 달아났던 것
이다. 과거를 회상하던 진씨는 가슴이 미어진다. 진스량의 돈을 차지한
왕다춘은 위조지폐 기계를 산다. 이 비밀을 알게 된 진씨는 진스량에게
알려주지만 진스량은 믿지 않는다. 진씨는 범죄 현장으로 진스량을 들여

보내 직접 보게 한다. 현장을 목격한 진스량은 자신이 속았다는 사실을 알고 분노하지만 왕다춘 일당에게 붙잡힌다. 경찰에 신고하려던 진씨는 급히 가다 기차에 치어 중상을 입는다. 왕다춘은 범죄 현장을 폭파시키려고 하지만 깨어난 진씨의 신고로 현장에 출동한 경찰이 그들을 체포한다. 도화선에 불이 붙어 터지려는 순간 왕다춘에게 붙잡혀 왔던 린슈잉(林秀英)이 도화선을 끊고 진스량을 구해준다. 달아나던 왕다춘은 뒤쫓던 진스량과 격투를 벌이다가 바다에 빠진다. 진스량은 린슈잉과 결혼해서 상하이를 떠나 고향으로 돌아간다.

_ **특기사항**　: 흑백 무성 영화
_ **핵심어**　: 이민 사기꾼 위조지폐 주식
_ **작성자**　: 김정욱

호숫가의 춘몽 湖邊春夢(DREAM BY THE LAKE)

_ **출품년도**　: 1927년
_ **장르**　: 멜로
_ **상영시간**　: 90분 추정
_ **감독**　: 부완창(卜万蒼)
_ **제작사**　: 明星影片股份有限公司
_ **주요스탭**　: 시나리오(田漢) 촬영(董克毅 石世磐)
_ **주요출연진**　: 孫辟疆(龔稼農) 黎綺波(楊耐梅) 彭飛熊(蕭英) 費翠仙(毛劍佩) 后台經理(湯杰) 어릿광대(黃君甫) 黃감독(林祝三) 捧角家甲(高梨痕) 捧角家乙(王獻齋)
_ **시놉시스**　: 순비장(孫辟疆)은 항저우(杭州) 행 기차에서 한 부부와 동석을 하게 된다. 남편인 펑페이슝(彭飛熊)은 뺨에 수염이 수북한 것이 산적 같은 모습을 한 데 비해 아내 리치보(黎綺波)는 빼어난 미모의 소유자였다. 순비장은 두 사람이 정말 어울리지 않는다는 생각을 하다가 혼란스런 마음에 지난날을 떠올리게 된다.
　　원래 순비장은 여배우 페이추이셴(費翠仙)을 좋아하여 그녀를 위한 시나리오를 써주었고, 페이추이셴은 주연을 맡아 유명해졌다. 하지만 그녀는 파티에만 다닐 뿐 예술에는 관심을 두지 않자 순비장은 실망한 나머지 마음의 병을 얻고 그녀와 헤어졌던 것이다.

한편 침대에 누워 있는 것이 지겨워 순비장은 밖으로 나가는데 리치보가 붉은 건물에 기대서서 자신에게 손짓을 하기에 다가가니 리치보가 말을 타고 어디론가 질주를 하는 것이 아닌가. 순비장은 말을 채찍질하며 뒤쫓아 가 벼랑에 매달려 있던 리치보가 힘이 빠져 떨어지려고 하는 순간 그녀를 구해준다. 리치보는 자신이 혼자 살기 때문에 도적이 무섭다면서 순비장에게 자신을 지켜달라고 하며 권총을 주지만 그는 총을 받지 않고 도적이 오면 죽음을 불사하고 지켜주겠다고 맹세한다. 리치보는 매일 한 번씩 순비장을 채찍으로 때리며 그의 사랑을 시험하지만 순비장은 고통을 참으며 진심을 보인다. 채찍질을 끝낸 후 리치보는 부드럽게 상처에 입을 맞춘다. 하루는 리치보가 또 순비장을 불러 채찍질을 하려고 하는데 갑자기 도적 떼가 나타난다. 도적 두목인 펑페이슝이 리치보를 강제로 끌고 가고 순비장이 총을 가지고 쫓아가서 리치보를 구하려다가 펑페이슝이 쏜 총에 상처를 입는다. 리치보가 그를 위로하는 순간 순비장은 잠에서 깨어나고 의사는 그가 열이 매우 높다고 말한다.

순비장은 짐을 꾸려 상하이로 돌아가려고 기차 칸에 들어오다가 리치보를 보고는 꿈과 현실을 분간하지 못한 채 그녀에게 말을 타고 벼랑 끝에서 떨어질 뻔했던 일, 매일 채찍으로 자신을 때린 일, 상처에 입을 맞추던 일에 대해서 묻는다. 영문을 모르는 리치보는 대노하여 남편을 부른다. 순비장이 혼자 사는 사람에게 어떻게 남편이 있을 수 있을까 하고 의아해하는 사이에 리치보의 남편이 오는데, 그는 바로 꿈속에서 보았던 도적 펑페이슝이었다. 리치보는 남편에게 순비장이 자신을 희롱했던 사실을 말하고 순비장은 펑페이슝이 총으로 자신을 쏘았다고 화를 낸다. 펑페이슝은 그를 미치광이로 치부하고 자리로 돌아간다. 순비장은 펑페이슝이 단정하고 엄숙한 사람으로, 강도는 아닌 것 같다고 생각하고 창가로 가서 말없이 하늘가의 하얀 구름을 바라본다.

_단평   : 완성된 영화는 톈한(田漢)의 원래 시나리오와는 다소 차이가 있지만 영화의 감상적인 분위기는 1927년 혁명이 실패한 후 정확한 출로를

찾지 못하는 톈한의 고민과 사상적인 혼란을 반영하였다고 한다.(청지화 1, 117)

_ **특기사항** : 흑백 무성 극영화
_ **핵심어**   : 몽환 혼돈 대혁명 실패
_ **작성자**   : 곽수경

마전화 馬振華(MA ZHEN HUA)

_ **출품년도**   : 1928년
_ **장르**   : 애정 비극
_ **감독**   : 주서우쥐(朱瘦菊) 왕위안룽(王元龍)
_ **제작사**   : 大中華百合影片公司
_ **주요스탭**   : 시나리오(朱瘦菊) 촬영(周詩穆)
_ **주요출연진** : 馬振華(周文珠) 汪世昌(王次龍) 周師長(吳一笑)
_ **원작**   : 정정추(鄭正秋)의 新劇『馬振華』
_ **시놉시스**   : 저우스장(周師長)은 상하이에 주둔 중인 모 부대의 간부이다. 그
의 비서 왕스창(汪世昌)은 마전화(馬振華)라는 아가씨를 사랑한다. 그들
은 저우스장의 도움으로 양가 부모의 허락을 받아 결혼을 앞두고 있다.
그러던 어느 날 여느 때처럼 영화를 보러 간 두 사람 사이에 오해가 발생
한다. 영화를 보다가 마전화의 가슴을 만진 왕스창은 그녀가 처녀가 아닐
것이라고 생각하고, 마전화 역시 왕스창이 육욕에 눈에 먼 자라고 생각한
다. 그 후로 두 사람의 관계는 급속히 냉각된다. 마침 왕스창이 출정을 앞
두게 되었는데, 마전화는 행운을 기원하는 아무런 징표도 건네지 않고,
왕스창 역시 번거롭다는 이유로 그동안 그녀가 보냈던 편지를 모두 되돌
려 보내고 출정하기 전 마전화를 찾아가 그녀를 욕보이려고까지 한다.

분노한 마전화는 돌려받은 편지를 가지고 황푸강(黃浦江)에 투신한
다. 마전화의 죽음을 알게 된 왕스창은 강물에 투신하지만 뜻을 이루지
못하고 들끓는 여론 때문에 감옥에 수감된다. 수감된 왕스창은 마전화에
대한 죄책감으로 대성통곡하여 같은 방 수감자들의 신경을 거스르게 된
다. 그들이 달려들어 왕스창에게 폭행을 가하지만, 그는 이를 마전화가

가하는 처벌로 생각하며 조금도 피하지 않음으로써 그녀에 대한 죄책감
을 씻으려 한다.

_ **특기사항** : 흑백 무성 영화
            : 정정추(鄭正秋)의 동명 신극(新劇)『馬振華』를 영화화한 작품이다.
_ **핵심어** : 여주인공의 자살 혹은 죽음 오해 애정의 파탄 비극적 종말
_ **작성자** : 유경철

상하이-무희 上海-舞女(A SHANGHAI DANCING-GIRL)

_ **출품년도** : 1928년
_ **장르** : 사회/멜로
_ **감독** : 왕츠룽(王次龍)
_ **제작사** : 大中華百合影片公司
_ **주요스탭** : 시나리오(王次龍)
_ **주요출연진** : 周文珠 王乃東 王征信 謝雲卿 張扶風
_ **시놉시스** : 꽃 파는 소녀 메이구이(玫瑰)는 성품이 착하고 아버지에 대한 효
도가 극진하다. 아버지는 도박을 좋아하여 딸이 벌어 온 돈을 모두 노름으
로 잃었지만, 메이구이는 여전히 아버지에게 돈을 갖다 준다. 이웃 사람들
은 모두 그녀를 안타깝게 여겼고, 아버지에게는 딸아이도 돌보지 못한다
고 비난한다. 메이구이는 열일곱 여덟 나던 해, 이웃의 왕위원(王郁文)과
사랑에 빠지게 된다. 위원은 부잣집 아들이었지만 메이구이의 순수함을
보고 반한다. 메이구이가 매일 꽃을 팔고 돌아오는 저녁이면 위원이 찾아
와 이야기를 나누었고 모두들 부러워하는 연인 사이로 발전하였다. 메이
구이의 이웃 중에 우신(吳信)이라는 건달이 있었는데 온갖 못된 일은 다
하는 인물이다. 그 또한 메이구이를 마음에 두어 늘 유혹의 눈빛을 보낸
다. 메이구이가 그를 거절하는 데다 위원과 사귀는 것을 본 우신은 화가
나 복수할 요량으로 메이구이를 희롱한다. 광산 회사에 있는 친구의 소개
로 광산에 취직을 하게 된 위원은 메이구이에게 같이 떠나자고 제의하지
만 집안일이 염려스러운 메이구이는 이를 받아들이지 못하고 둘은 아쉽
게 이별을 한다. 집으로 돌아온 메이구이는 어둠 속에 숨어 있는 우신에게

폭행을 당한다. 짐을 챙겨 떠나려던 위원은 메이구이의 집 문이 열려 있는 상황에서 우신이 메이구이를 안고 있는 것을 보고 메이구이가 성품이 좋지 않은 여자라는 생각 끝에 번민하다가 그녀와 관계를 끊고자 결심한다. 이튿날 메이구이의 배웅을 억지로 거절한 채 위원은 떠나고 우신은 메이구이 집에서 살다시피 한다. 메이구이의 아버지는 노름판에서 싸움을 벌여 중상을 입고 우신은 그녀를 도와주기는커녕 위협하여 무희가 되게 한다. 의지할 데 없는 메이구이는 우신의 핍박을 받으며 살아간다. 무도장에서 부유한 청년 샤윈칭(夏蕓青)이 메이구이를 맘에 들어 하고, 그녀의 가련한 신세를 알고 구출해준다. 이 사실을 알게 된 우신은 다시 메이구이를 폭행하지만 다행히도 그날 벌어온 돈이 많아 그의 손아귀에서 벗어난다. 광산 회사에서 일을 하던 위원도 마음이 편치 않아 다시 집으로 돌아오려 한다. 윈칭은 메이구이와 탈출 방법을 모색하고 어둠을 틈타 도망시킨다. 우신이 총을 쏘며 쫓아오지만 주변에 있던 경찰 덕에 위기를 모면하고 윈칭은 메이구이에게 남장을 시켜 집으로 데려온다. 위원은 돌아와서 메이구이를 찾아오지만 우신이 그녀가 도망간 일을 나쁘게 꾸며 위원에게 말하고 분노한 위원은 어쩔 줄을 몰라 한다. 윈칭의 처첩들이 소식을 듣고 달려와 메이구이를 내쫓는다. 갈 데 없는 메이구이는 절망한 채 목을 매지만 마침 길을 지나던 위원이 구해주고 둘은 다시 만나게 된다. 그러나 이미 몸을 버린 메이구이는 위원에게 시집을 갈 수가 없어 다시 집으로 도망친다. 뒤를 쫓은 위원은 우신이 메이구이를 때리는 모습을 보고 분노하여 우신에게 대들지만, 우신의 적수가 되지 못해 얻어맞고 기절을 하고 만다. 그때 벼락이 갑자기 나무 옆에 서 있던 우신의 몸에 내리꽂히고 우신은 힘없이 죽고 만다. 메이구이는 위원의 품 안에 안겨 깨어난다.

_**단평**   : 1925년 다중화바이허영화사가 설립된 이후 50여 편의 영화를 만들었지만, 이 영화는 그다지 주목을 받지 못했다. 감독 왕츠룽(1907~1941)은 본명이 왕쉐안(王雪庵)으로 다중화바이허영화사에서 세트를 담당하다가 배우로도 활동하면서 여러 편의 영화에 출연한 바 있으며 이 작품은 감독 데뷔작이다. 1931년에는 롄화(聯華)영화사로 이적했고 이후 창청(長城)·이화(藝華) 등에서 활동했다. 1941년 홍콩으로 건너가 싱하

이(星海)영화사를 설립하던 중 사망했다고 전해진다. 이 영화가 주목을 받지 못했던 까닭은 특별히 참신한 문제의식이 없이 당시 이미 여러 편이 제작될 정도로 유행하던 삼각관계, 차별받고 억압받는 여성의 고난 등에 관한 이야기가 주를 이루었던 데다가 벼락을 맞아 악인이 파멸하는 것과 같은 황당한 문제 해결 방식도 무시할 수 없어 보인다. 또 특별히 주목받는 배우들이 기용되지 못했던 점도 그 한 요인이라 볼 수 있겠다. 역시 영화가 남아 있지 않아 스크린을 통해 영상을 볼 수 없음은 아쉬운 점이다. 그럼에도 불구하고 위와 같이 일부 공구서들에서 이 영화의 시놉시스를 자세히 전하고 있는 것은, 당시 영화가 개봉하기 전 『영화월보(電影月報)』에 비우(碧梧)라는 필명의 작가가 '영희소설(影戲小說)'이라는 제목으로 시놉시스를 소개했기 때문이다.(『電影月報』 제6기, 1928. 9) 당시에는 이와 같은 일이 흔해서 특히 '영희소설'이라는 제목으로(이와 같은 명명은 최근 '씨네소설'을 떠올리게 하지만 양자가 등장하는 맥락은 다르다고 판단된다) 다수의 영화들이 소개되었다.[이에 관해서는 中國電影資料館(1996)을 참조할 수 있음]

_ **특기사항** : 흑백 무성 영화
           : 1928년 10월 7일 상하이중앙대극장(中央大戲院)에서 개봉
_ **핵심어**   : 삼각관계 여성폭행 무희
_ **작성자**   : 임대근

작살 협객 漁叉怪俠(STRANGE KNIGHT)

_ **출품년도** : 1928년
_ **장르**   : 멜로/사회
_ **감독**   : 쑨위(孫瑜)
_ **제작사**   : 長城畵片公司
_ **주요스탭** : 시나리오(孫瑜) 촬영(李文光)
_ **주요출연진** : 李華(孫敏) 沈玉英(陸劍芬) 작살협객(孫瑜) 錢愛珠(嚴月閑) 魏何來(夏志剛) 李華의 母(唐娘娘)
_ **시놉시스** : 어부 리화(李華)는 의협심이 강하고 늠름한 외모를 지닌 청년으

로, 어머니와 함께 배에서 생활하면서 우쑹(吳淞)강에서 상하이를 오가며 고기잡이로 생계를 이어간다. 그러던 중 강가에서 위잉(玉英)이라는 거지를 구해주면서 함께 생활하게 된다. 어느 날 이들은 작살을 맨 거구의 남자가 우쑹에서 퉁소를 불며 구걸하는 것을 보게 되는데, 그는 후난(湖南) 사람으로 자신을 '작살협객'이라고 소개하며, 바다에서는 작살로 물고기를 잡을 수 있지만 여기에서는 그런 기술이 쓸모가 없어 삼일을 굶었다고 한다. 리화 일행이 그에게 밥값을 주려고 할 때 때마침 그곳을 지나던 한 자동차가 채찍을 휘두르며 모여 있는 사람들을 쫓아버린다. 그 차에 탄 사람은 전직 성장(省長)의 외동딸인 첸아이주(錢愛珠)와 남자 친구 웨이허라이(魏何來)로, 사람들이 모여 있어 주행을 방해받자 그런 행동을 했던 것이다. 이에 리화는 용감하게 맞선 후 작살협객을 배로 데리고 가서 대접하자 그는 그들에게 소상루(瀟湘淚)를 연주하여 답례하고 대나무 퉁소를 선물한다. 리화는 그에게 뱃일을 소개해준다. 한편 상하이 사교계의 꽃으로 알려진 첸아이주는 리화에게 매력을 느껴 퉁소를 배운다는 명목으로 그를 집으로 부르고, 고기잡이 생활에 지친 리화는 응낙한다. 위잉은 리화가 아이주와 함께 매일 사교장에서 시간을 보내는 것을 발견하고 실망하여 홀로 리화의 어머니와 생활한다. 중추절 저녁 위잉이 연주하는 소상루를 듣게 된 리화는 다시 돌아갈 것을 결심하지만 웨이허라이의 계략으로 도둑으로 몰려 체포되어 사형 선고를 받는다. 그 때 마침 리화를 찾아온 '작살협객'이 웨이허라이의 음모를 듣게 되고 경찰을 도와 웨이허라이를 잡지만 리화는 이미 사형장으로 끌려가고 있었다. 형장에 도착한 '작살협객'이 몸을 날려 리화 대신 총에 맞아 죽는다. 리화는 '작살협객'의 우정에 감동하여 중추절 때마다 그의 무덤가에서 소상루로 그의 영혼을 기린다.

_단평   : 이 영화의 감독을 맡은 쑨위는 당시 해외에서 정식으로 영화 트레이닝을 받은 재능 있는 감독이었다. 그는 메디슨의 위스콘신대학에서 문학과정을 공부하였고, 뉴욕 촬영연구소와 콜롬비아대학에서 영화학과 촬영으로 대학원 과정을 이수했다. 또한 쑨위는 직접 대본을 쓰고 체계적이고 세밀한 기획을 할 수 있는 중국에서 몇 안 되는 감독이다. 그러나

그가 명성을 얻은 것은 전문적인 지식이나 외국에서 받은 교육 때문이 아니라 영화에 대한 인도주의적 열정과 관련이 있다. 그의 영화가 갖는 이상적 성격으로 인해 그는 종종 '시인 감독'이라는 별칭으로 불렸으며 이로 인해 비판을 받기도 했지만, 그는 자신의 영화를 통해 대중에게 이상세계를 제공하기를 바랐다. 영화에서 볼 수 있듯이 그의 이상세계는 놀랍도록 평등하다. 그곳에서 우리는 세계와 인종에 대한 낙관주의를 발견한다. 때로는 그것이 무모하다 하더라도 말이다. 특히 위의 영화를 포함한 〈들장미〉류의 쑨위의 초기 영화는 대부분 로맨틱하고 비사실적이라고 평가받았다. 1930년대 들어 대부분의 좌익영화 혹은 좌익적 주제를 반영한 영화가 주류로 대두함에 따라서 쑨위의 영화세계는 주변화되었다. 1933년 그 역시 이러한 시대정신에 영향을 받으면서 일정한 변화를 보이지만, '국가(민족)'와 '개인'간의 타협은 그의 영화에서 종종 모종의 결탁으로, 혹은 은폐된 딜레마로 구성된다. 즉 쑨위의 영화에서 섹슈얼리티와 혁명 혹은 내셔널리즘은 단순하게 대립하는 것이 아니라 서로 변증법적인 길항관계 속에서 작동하게 되는데, 이러한 힘겨운 시도는 한 이상적 낭만주의자가 1930년대 중국이라는 시공간을 감내해낸 독특한 존재 형태일 것이다.(PANG, LAIKWUAN, 102-106)

_ **특기사항**　：흑백 무성 영화

　　　　　　：창청화펜(長城畵片)영화사는 1921년 미국 뉴욕에서 재미중국 유학생을 주축으로 설립되었다. 1924년 상하이로 옮기게 되는데 미국식 시스템의 도입으로 현대적 제작방식을 갖추고 있던 대표적 영화사이다.

_ **핵심어**　　：어부 협객 의협심 음모 통소 계급 상하이빈민층 우쑹(吳淞)강 소상루(瀟湘淚)

_ **작성자**　　：노정은

길가의 들꽃 野草閑花(WILD FLOWERS BY THE ROAD)

_ **출품년도**　：1930년
_ **장르**　　　：생활 극영화
_ **감독**　　　：쑨위(孫瑜)

_ 제작사   : 聯華影業公司

_ 주요스탭   : 시나리오(孫瑜) 촬영(黃紹芬) 음악(孫瑜 孫成璧)

_ 주요출연진   : 麗蓮(阮玲玉) 黃雲(金焰) 懶木匠(劉繼群)

_ 시놉시스   : 어느 해 시베이(西北) 지역에 극심한 가뭄이 들어 살기가 힘들
어진다. 갓난아이를 안은 아이 엄마가 다른 지역으로 먹을 것을 얻으러
가다가 얼음판에서 미끄러진다. 배가 고파 우는 아이를 달래려고 자신의
손가락을 깨물어 피를 먹이고 세상을 떠난다. 아내와 함께 그곳을 지나
던 게으른 목수가 불쌍한 아이를 안고 부리나케 자리를 뜬다. 16년 후 리
렌(麗蓮)이라는 소녀는 게으른 목수 아빠를 따라 상하이로 와서 이복여
동생 샤오메이메이(小妹妹)와 거리에서 꽃을 팔아 집안의 생계를 돕는
다. 음악을 몹시 좋아하는 부잣집 아들 황윈(黃雲)은 집안의 봉건적 중매
결혼에 반항하다가 아버지에게 쫓겨난다. 어느 날 차바퀴에서 리렌을 구
해낸 황윈은 그녀의 집에 머물다가 리렌은 노래에, 샤오메이메이는 춤에
재능이 있다는 사실을 발견한다. 황윈은 리렌에게 노래를 가르쳐 자신이
각색한 오페라 『형을 찾아서(萬里尋兄)』를 부르게 하고, 샤오메이메이에
게도 배역을 맡긴다. 공연이 성공하여 리렌은 유명해지고 두 사람의 사
랑도 무르익는다. 두 사람은 약혼을 하지만 황윈의 아버지가 리렌의 집
에 찾아와 돈으로 유혹하고 위협하며, 가난한 그녀의 집안과 황씨 집안
의 명예 등등을 운운하자, 그녀는 비참한 마음을 금치 못한다. 리렌은 일
부러 카바레를 출입하고 방탕한 생활을 일삼는다. 황윈은 '길가의 들꽃'
이라며 사람들 앞에서 그녀를 통렬히 질책한다. 맘씨 좋은 하인 아다이
(阿呆)에게 자초지종을 듣고 황윈은 희비(喜悲)가 엇갈리는 심정으로 리
렌의 집으로 달려간다.

_ 단평   : 이 영화는 현실을 직면하고 주인공의 이상적 인격을 잘 형상화
한 낭만주의 풍격을 보인다. 시나리오를 직접 쓴 감독 쑨위(孫瑜)는 1930
년대에 이미 '은막의 시인' 이라는 별호(別號)를 얻었다. 영상의 상징과
대비 효과가 뛰어난 몽타주 방식은 당시 시각적 표현의 새로운 경지를
열었다. 구체적으로 보면 다운 쇼트(down shot)의 난징(南京)로의 변화
한 거리 풍경과 리렌이 행인에게 꽃을 파는 클로스 뷰(close view) 화면을

오버랩하여 영상 서사가 가능한 영역이 확장된다. 또 놀이공원의 회전바퀴와 병든 부인이 돌리는 물레를 변환시켜 편집하면서 상징성을 더욱 높였다. 극(劇) 중 극을 첨가하여 남녀가 대창(對唱)하는 『형을 찾는 노래(尋兄詞)』를 창작했다. 당시에는 보통 디스크에다 수작업(手作業)으로 더빙을 했지만, 중국 최초의 이 영화음악은 독특한 예술적 매력으로 말미암아 빠르게 전파되었다.

_ 특기사항   : 흑백 유성 영화
_ 핵심어   : 봉건 혼인 오해 난민 집안의 명예
_ 작성자   : 김정욱

황금의 길 黃金之路(THE GOLDEN ROAD)

_ 출품년도   : 1930년
_ 장르   : 사회/멜로
_ 감독   : 청부가오(程步高)
_ 제작사   : 明星影片公司
_ 주요스탭   : 시나리오(張石川) 촬영(周克)
_ 주요출연진 : 陳麗雲(周文珠) 張國良(朱飛) 小江(王征) 汪仲三(王獻齋) 陳達卿(謝雲卿) 陳부인(愈慈) 姑부인(朱秀英) 伙友(湯杰) 汪의 아내(趙靜霞) 남자 동창(龔稼農)
_ 시놉시스   : 장수(江蘇) 사람 천다칭(陳達卿)은 상하이에서 투기상을 하여 엄청난 자산을 모은다. 그들 부부에게는 리윈(麗雲)이라는 딸이 있다. 리윈의 고모는 사별 후 그들과 함께 살고 있다. 천다칭은 가족과 의논 끝에 딸의 약혼자 장궈량(張國良)을 프랑스로 유학 보내주기로 한다. 장궈량이 출국하고 천다칭은 가족의 만류에도 불구하고 계속 투기업에 종사하다가 하루아침에 가산을 탕진하여 하는 수 없이 낙향한다. 천다칭은 비통한 마음에 몇 번이나 자살을 하려고 하지만 매번 가족들에게 저지당한다. 장궈량이 여러 차례 돈을 보내달라는 편지를 보내자 리윈은 하는 수 없이 고모를 따라 상하이로 돈을 벌러 나선다. 우여곡절 끝에 리윈은 결국 무희로 전락하지만 회사에 다닌다고 부모를 속이고 약혼자를 위해 돈

을 번다. 오래지 않아 장(江)씨라는 젊은이가 리원의 주위를 맴돌면서 리원의 고모를 매수하여 장귀량영의 프랑스 주소를 알아낸다. 장씨가 계략을 꾸며 장귀량에게 전보를 쳐서 리원이 무희가 되었다는 사실을 알리자 진상을 제대로 알지 못하는 장귀량은 화가 나서 약혼을 파기해버린다. 장씨는 또 돈을 써서 리원을 춤의 여왕에 선발되도록 하고 그것을 신문지상에 실리도록 한다. 진상을 알지 못하는 리원은 가족이 이 사실을 알게 될까봐 노심초사하고, 장귀량은 익명의 전보를 받고 상하이로 와서 신문을 보게 된다. 장귀량은 쑤저우(蘇州)의 고향집으로 리원의 부친을 찾아가 자초지종을 묻지만 리원의 부친은 사정을 알지 못해 부인하다가 장귀량이 꺼낸 신문을 보고 깜짝 놀란다. 두 사람은 함께 상하이 무도장으로 달려가고 리원이 그들을 발견한다. 그녀는 수치스러움으로 뒷문으로 도망하여 황푸(黃浦)강에 뛰어든다. 리원의 고모가 장씨에게 리원을 구하라고 고함을 지르지만 장씨는 흘낏 쳐다본 후 사라져버리고, 장귀량이 물에 뛰어들어 리원을 구한다. 다음 날 리원이 죽지 않았다는 사실을 알게 된 장씨가 다시 리원을 찾아오자 장귀량은 크게 호통을 치지만 장씨는 불복하여 결투를 요청한다. 장귀량은 장씨를 물리치고 리원의 사정을 이해하고 화해한다.

_ **핵심어**   : 무희 무도장 유학 투기
_ **작성자**   : 곽수경

여인의 비통한 사랑 桃花泣血記(THE PEACH GIRL)

_ **출품년도**   : 1931년
_ **장르**   : 생활 극영화
_ **감독**   : 부완창(卜 萬蒼)
_ **제작사**   : 聯華影業公司
_ **주요스탭**   : 시나리오(卜 萬蒼) 촬영(黃紹芬)
_ **주요출연진** : 琳姑(阮玲玉) 德恩(金焰) 金 부인(周麗麗) 陸起(王桂林)
_ **시놉시스**   : 목장 집사인 루치(陸起)는 건실하고 용감하여 주인 진(金) 부인의 두터운 신임을 얻고 있다. 루치의 딸 린구(琳姑)는 어릴 적 자신을 달

98

래기 위해 아버지가 집 앞에 심었던 복숭아나무처럼 무럭무럭 자라서 어엿한 아가씨가 된다. 진 부인에게도 린구와 비슷한 또래의 아들 더언(德恩)이 있다. 루치의 시골집에 간 더언은 수수한 린구에게 반한다. 어느덧 두 사람은 사랑의 감정에 휩싸인다. 문벌 관념이 완강했던 진 부인은 두 사람이 잘 지내는 것을 못마땅하게 생각한다. 그 후 사랑이 무르익은 더언은 진 부인이 정해놓은 양갓집 규수를 마다하고, 몰래 마련한 거처에서 린구와 행복한 나날을 보낸다. 린구 어머니의 병이 위중해지자 루치는 딸의 거처를 수소문해서 두 사람을 진 부인에게 끌고 간다. 진 부인은 더언을 집에 가두고 린구는 아버지를 따라 시골로 내려간다. 어머니를 여의고 사랑하는 더언과도 이별한 린구는 침통한 눈물을 흘린다. 루치는 목장에 든 강도와 싸우다 실명하고 아이를 낳은 린구는 병이 든다. 마을의 늙은이가 린구를 탐내지만 그녀는 복사꽃 아래를 거닐며 더언과의 옛 추억을 되새기면서 개가(改嫁)하지 않는다. 겨우 풀려난 더언은 린구를 찾아가지만 그녀는 병이 깊어져 미소를 짓고 죽는다. 진 부인은 자신의 행동을 후회하며 루치를 부축하고 아들을 안은 더언과 함께 린구의 무덤 앞에서 눈물을 흘린다.

_단평　　: 이 영화는 잘 짜인 스토리 속에서 전개되는 플롯의 극적 구성으로 말미암아 비극미가 돋보인다. 고난을 감수하며 사랑을 지키는 린구의 비극적 결말은 봉건 의식을 넘어 인도주의로 가는 주제 의식을 극적으로 승화시키고 있다. 복숭아나무를 전체 스토리를 이끌어 가는 상징의 중심 축으로 삼아 영상미학적으로 처리한 치밀한 구성은 영화의 미적 완성도를 더한다. 복사꽃을 린구에 비유하여 인물의 비극적 운명을 은유하였고, 스토리를 자연스럽게 뒷받침하고 있다. 이는 영상언어의 표현 기법이 다양하게 시도되고 있음을 말해준다. 린구와 더언이 함께 있는 쇼트를 보면 카메라 렌즈는 롱테이크(long take)로 가면서 린구에게서 더언으로 팬(pan)된다. 또 린구의 짧은 상의와 더언의 장삼(長衫)은 계층 관념을 반영한 감독의 서사적 의도가 실린 영상 표현의 한 부분이다. 진 부인의 반대에 부딪혀 드러난 린구의 분노를 롱테이크로 가면서 표현한 퍼스펙티브 쇼트(perspective shot)는 영상언어 고유의 시각적 묘사가 뛰어난

대목이다. 자막에 있어서도, 인물의 대사를 직접적으로 자막 처리하고 자막의 내용에 따라 서로 다른 도안을 사용하는 등 세심한 영상 미학적 고민의 흔적이 있다. 이 영화는 무성영화 시대 중국 최고의 여배우 롼링위(阮玲玉)의 섬세한 표정 연기와 반항과 사랑이라는 폭이 큰 감정의 갈등 장면을 잘 소화해낸 진옌(金焰)의 연기가 앙상블을 이루며 영화를 더욱 빛내고 있다.

_ **특기사항** : 흑백 무성 영화
_ **핵심어** : 봉건의식 개가 이별 인도주의
_ **작성자** : 김정욱

들장미 野玫瑰(WILD ROSE)

_ **출품년도** : 1932년 4월 28일
_ **장르** : 멜로/사회
_ **상영시간** : 80분
_ **감독** : 쑨위(孫瑜)
_ **제작사** : 聯華影業公司
_ **주요스탭** : 시나리오(孫瑜) 촬영(余省三) 편집(李躍)
_ **주요출연진** : 小鳳(王人美) 江波(金焰) 江波의 父(嚴工上) 거리광고화가(鄧君里) 신문팔이(韓蘭根) 어시장 주인(章志直)
_ **시놉시스** : 상하이 근교 어촌에서 사는 소녀 샤오펑(小鳳)은 홀아버지와 함께 낡은 배에서 생활하지만 성격이 활달하고 씩씩하여 종종 마을의 남자 아이들을 모아놓고 군대놀이를 한다. 샤오펑은 아름답지만 가시가 많은 들장미 같다. 청년 화가 장보(江波)는 그림을 그리려고 어촌에 왔다가 샤오펑의 건강미를 발견하고 그녀와 친하게 지내게 된다. 그는 비록 부잣집 아들이지만 심성이 순수하고 가난한 이들을 좋아하며 거리의 간판을 그리는 샤오리(小李)나 신문팔이 라오창(老槍)과도 친분이 두텁다. 어느 날 샤오펑의 아버지는 어시장 주인 후진(胡進)이 딸 샤오펑을 탐낸다는 사실을 알고 그와 결투를 벌이다가 실수로 그를 죽이게 되고, 사고로 집이 불타자 딸에게 피해를 주지 않기 위해서 멀리 도망간다. 장보는 고아

가 된 그녀를 집으로 데리고 오지만 귀족적 생활과 상류사회의 예절을 모르는 샤오핑은 장보의 아버지에게 쫓겨난다. 장보 역시 그녀를 따라 집을 나온다. 그들은 샤오리, 라오창과 함께 작은 방에서 힘겹게 생활한다. 어느 날 샤오핑은 취객이 잃어버린 지갑을 줍게 되는데 이를 추적하던 경찰이 장보와 샤오리를 체포한다. 샤오핑은 장보의 아버지를 찾아가 도움을 청하고 그를 떠나겠다고 약속한 뒤 이름을 바꾸고 방직공장에 숨어 지낸다. 얼마 후 국난이 닥치자 장보와 샤오리, 라오창은 함께 구국 의용군에 지원하여 전선으로 나간다.

_단평   : 이 영화에서 쑨위의 현대성에 대한 새로운 시선을 읽어낼 수 있다. 일반적으로 산업화와 자본주의에 대해 서유럽 모더니즘 예술은 직접적인 비판적 성찰을 통해 반역사적 · 반부르주아적 경향을 보여준다. 중국의 경우 1920~30년대 현대화를 설명하는 영화 혹은 문학(특히 경파문학이나 향토문학) 중에 일부는 시골이라는 담론 공간을 창조함으로써 현대화에 대한 작가(감독)의 대안적 관점이 제시된다. 이 작품에서 감독이 보여주는 시골—도시문명의 대항 공간—은 과거지향적이거나 무기력한 향수와 연민의 공간으로 추억되는 것이 아니라 오히려 이에 맞서는 건강함의 원천으로 그려지고 있다. 또한 여주인공 샤오핑은 문명에 의해 거세되지 않은 '원시적인 열정'의 기표—들장미—로 묘사되고 있다. 그녀는 모든 것을 잃고 타의적으로 도시 문명을 접하게 되지만 자본의 상징인 장보의 아버지에게 받아들여지지 못하면서 도시문명에 적응하는 데 실패한다. 그러나 그녀의 도시문명화는 그녀를 선택하는 장보처럼 오히려 그녀만의 방식으로 재창조된다. 물론 그녀가 장보를 스스로 포기하고 결론에서 이러한 현실적 딜레마를 민족주의적 감성으로 해소시키고 있지만, 감독이 샤오핑의 비문명화된, 혹은 타락한 문명을 거부하는 입장을 긍정적으로 바라보려는 시도는 식민 서유럽에 대한 불안감을 전원에 의탁한 초월적이고 항구적인 미적 원형으로 극복하고자 하는 중국의 '현대성'에 대한 또 하나의 방식으로 읽혀진다.

당시 좌익영화계는 감독의 이러한 시선을 계급의식을 획득하지 못한 쁘띠부르주아지의 낭만성으로 비판하기도 하였다.(中國電影發展史,

_ 특기사항　：흑백 무성 영화

_ 개봉관　：上海北京大戲院

_ 핵심어　：전쟁 빈민가 여성성 유학생 계급 펑후취(棚戶區) 방직공장 구국
　　　의용군

_ 작성자　：노정은

민족 생존 民族生存(EXISTENCE OF THE NATION)

_ 출품년도　：1933년

_ 장르　：사회극

_ 상영시간　：100분

_ 감독　：톈한(田漢)

_ 제작사　：藝華影業有限公司

_ 주요스탭　：시나리오(田漢)

_ 주요출연진　：彭飛(菊生) 查瑞龍(鄭榮福) 洪逗((瑞姑) 舒綉文吳敏)

_ 시놉시스　：1930년대 초 중국은 내우외환이 끊이지 않는다. 군벌 혼전과 일
　　　본군의 발아래에서 삶을 모색해야 하는 일군의 난민들은 갈 곳이 없어
　　　상하이로 몰려들지만 압박과 착취의 비인간적인 생활을 벗어날 수가 없
　　　다. 세계는 경제공황에 처해 있고 9·18사변이 일어나자 둥베이(東北)의
　　　3천만 인민들은 하루아침에 망국민이 되고 산둥(山東), 허베이(河北)와
　　　장시(江西)의 이민자들도 관내로 도망한다. 정룽푸(鄭榮福)와 그의 여동
　　　생 루이구(瑞姑)도 상하이로 도망한다. 정룽푸는 둥베이의 이웃 샤오후
　　　즈(蕭胡子)를 만나고 농촌에서 온 건축노동자 쥐성(菊生) 부부를 알게 된
　　　다. 부르주아지인 남편에게 버림을 받은 우민(吳敏)은 아직 젖도 떼지 않
　　　은 아이를 데리고 이 '돌아갈 곳 없는 사람'들의 집단에 합류한다.

　　　　쥐성은 외국인을 위해 빌딩을 짓다가 비계(飛階)에서 떨어져 중상을
　　　입고 비단공장에서 일하는 루이구는 파업투쟁에 참가했다가 특무에게
　　　구타를 당한다. 정룽푸와 샤오후즈는 루이구를 구하기 위해 특무를 때려
　　　상처를 입히는 바람에 함께 구금당한다. 노동자가 된 우민은 십장에게

미움을 받아 쫓겨난다. 그들은 실직을 하고 거리를 떠돌아다니지만 몸을 기탁할 곳이 없다.

그들은 우연히 낡은 집들이 버려져 있는 근교에 모이게 된다. 그들이 힘을 합쳐 집을 고치고 있을 때 1·28 쑹후(淞滬)전쟁이 발발하여 다시 생존에 위협을 받는다. 그들은 마침내 민족생존의 중요한 의미를 깨닫고 일치단결하여 남자들은 항일의용군에 참가하고 여자는 종군간호사가 되기로 결의한다. 그들은 각자 무기를 들고 항전부대에 합류하여 적을 무찌른다.

_단평 : 영화의 인물들은 모두 일정한 개괄적 의의를 가지고 있는데, 9·18 이후 둥베이에서 관내로 도망하는 정룽푸 형제는 일본제국주의 침략하에 유린당하는 중국인민을 대표하고 파산한 농촌으로부터 도시로 흘러들어 온 쥐성 부부는 봉건세력의 잔혹한 착취와 압박 아래에 있는 수많은 농민을 대표하며, 부르주아지 남편과 공장주의 멸시, 모욕과 압박을 받는 우민은 쁘띠부르주아의 분화과정을 대표한다. 이들 형상을 통해 감독은 중국인민들이 제국주의, 봉건주의와 매판부르주아지로부터 받았던 탄압과 그러한 고난과 투쟁 속에서 성장해나가는 모습을 개괄적으로 반영하였다.(청지화1, 274)

_특기사항 : 이화영화사의 첫 번째 작품이며 흑백 무성 극영화이다. 1932년 옌춘탕(嚴春堂)이 출자하여 제작했는데, 당시 그는 제자의 경제적 어려움을 돕겠다는 단순한 생각으로 출자를 했기 때문에 촬영장도 없고 촬영 기자재도 변변치 않아 상하이 서쪽 교외지역의 낡은 가옥 옆에서 첫 장면을 찍었다고 한다. 1933년 여름 옌춘탕은 좌익영화가 많은 관객들로부터 호응을 얻고 진보영화평론계의 지지를 받는 것을 보고 영화에 투자하기로 결심하고 촬영장을 지어 그해 9월 정식으로 이화영화사를 설립한다. 이 영화 시나리오의 원제는『돌아갈 곳 없는 중국인들(無家可歸的中國人們)』이었는데 영화를 완성한 후에 『어디로 갈 것인가?(到何處去?)』로 바꾸었다가 다시 『민족 생존(民族生存)』으로 바꾸었다. 이 영화는 과거 중국영화에서는 극히 보기 드물게 주연과 조연의 구분이 없는 수법을 사용했다.(청지화1, 273)

_ 핵심어   : 항일 세계대공황 난민 군벌 자산계급
_ 작성자   : 곽수경

세 명의 모던 여성 三個摩登女性(THREE MODERN LADIES)

_ 출품년도   : 1932년
_ 장르   : 생활 극영화
_ 감독   : 부완창(卜 萬蒼)
_ 제작사   : 렌화영화사(聯華影業公司)
_ 주요스탭   : 시나리오(田漢) 촬영(黃紹芬)
_ 주요출연진 : 周淑貞(阮玲玉) 張楡(金焰) 虞玉(黎灼灼) 陳若英(陳燕燕)
_ 시놉시스   : 대학생 장위(張楡)는 집안의 강압적인 혼인에 반대하여 둥베이
           (東北)를 떠나 상하이로 와서 영화계의 유명한 스타가 된다. 그러면서 남
           쪽 아가씨 위위(虞玉)와 낭만적인 생활을 추구한다. 1931년 9·18 만주사
           변 이후 장위의 애정 영화는 흥행에 참담한 실패를 한다. 한때 그의 결혼
           상대였던 전화 교환원 저우수전(周淑貞)의 충고로 각성한 장위는 1932년
           1·28 상하이 전투에 투신하여 항일 투쟁의 전선에 선다. 그때 장난(江
           南) 출신 아가씨 천뤄잉(陳若英)이 장위에게 푹 빠져 상하이로 온다. 긴
           박한 전쟁에서 부상을 당한 장위는 후송되어 항일 구호 공작에 참가한
           수전을 만난다. 장위는 혼인서약을 되살리려고 하지만 수전은 냉담하기
           만 하다. 전쟁이 끝나고 부유한 청상(青孀)이 되어 상하이로 돌아온 위위
           는 장위와 즐거운 시간을 보내려고 한다. 그때까지도 치정(癡情)에 사로
           잡혀 있던 뤄잉을 달래기 위해 자신들의 우정을 기념한다는 구실로 장위
           는 그녀와 영화를 한 편 찍는다. 뤄잉은 열연(熱演)을 하다가 영화의 스토
           리처럼 실제로 자살하고 만다. 전쟁과 세파를 견뎌낸 수전은 용감한 노
           동자로 성장한다. 상류 사회의 위위와 노동자 대중 사회를 상징하는 수
           전 사이에서 장위는 수전에게 감화되어 말한다. "가장 이지적이고 가장
           용감하고 가장 대중의 이익에 관심이 있는 사람이 당대 가장 모던한 여
           성이다!" 머지않아 파업에 참가한 수전은 해고당하지만 장위는 수전에게
           손을 내밀어 그녀와 굳은 악수를 한다.

_ 단평   : 이 영화는 1931년 9·18 사변 이후, 구망(救亡)의 현실에 대한
문제의식이 반영된 영화다. 둥베이가 일본군의 수중에 넘어가자 상하이
로 흘러들어 온 한 쁘띠부르주아 지식인 남성과 그에 얽힌 세 여성의 스
토리를 서사의 기본 라인으로 삼고 있다. 이 세 여성은 당시 세 가지 유형
의 여성 인물 형상을 그린 것이다. 위위는 사회적 책임감은 없고 물질적
향수를 추구하는 여성이다. 천뤄잉은 공허하고 퇴폐적이며 개인적 낭만
주의에 빠져 허무한 애정을 쫓고 있다. 저우수전은 혼약(婚約)을 어기고
도망가버린 장위의 집안을 고스란히 받아들이고 고난과 역경을 거쳐 상
하이로 온 국가나 민족의 고난에 대해 굳은 책임감과 희생정신을 가진
여성이다. 장위는 이 세 여성을 두루 거치면서 결국 저우수전의 계도(啓
導)와 자신의 각성으로 새로운 인생의 길을 걷는다. 당시 지식인 청년의
이 같은 사상 변화 과정은 보편적인 사회 현상이었고 영화는 이를 충실
히 반영하고 있다. 인물 형상면에서 이 영화는 저우수전이라는 참신한
인물을 만들어낸다. 당시 영화에 등장하는 여성은 현모양처(賢母良妻)
아니면 경망스럽고 고약한 여성 혹은 무협 영화의 강호협녀(江湖俠女)가
주를 이루었다. 반면 저우수전은 현실적인 분위기를 잘 살려내고 선명한
시대정신이 있는 진보 여성의 형상으로서 캐릭터가 분명한 스크린의 새
로운 여성이었다.
_ 특기사항   : 흑백 무성 영화
_ 핵심어   : 쁘띠부르주아 지식인 진보여성 시대정신 허무한 애정
_ 작성자   : 김정욱

상하이 24시 上海二十四時

_ 출품년도   : 1933년
_ 장르   : 사회극
_ 감독   : 선시링(沈西笭)
_ 제작사   : 明星影片股份有限公司
_ 주요스탭   : 시나리오(夏衍) 촬영(周詩穆)
_ 주요출연진 : 어린 노동자의 누나(顧蘭君) 陳大(陳凝秋) 老趙(趙丹) 周家(周伯

勳) 周家의 아내(朱秋痕)

_시놉시스   : 1930년대 상하이의 어느 날 오후 4시, 외국 자본가 소유의 비단
공장에서 어린 노동자가 심하게 다치는데, 공장의 관리자 저우자(周家)
는 거들떠보지도 않는다. 노동자의 누나는 울기만 하고, 저우자의 집에
서 일하는 노동자의 형수 역시 손을 쓸 수가 없어 채소 장사를 하는 큰 형
천다(陳大)가 나서지만 아무런 보상도 받지 못한다.

　　저녁 9시, 노동자의 병세는 갈수록 악화되지만 저우자와 그의 아내는
각자 바람을 피느라 정신이 없다.

　　밤 12시, 저우자와 그의 아내가 무도장에서 마주치고 저우자는 홀로
귀가한다. 그의 공장에서 일하다 실업자 신세가 된 라오자오(老趙)는 노
동자를 돕기 위해 저우자의 집을 턴다.

　　다음 날 새벽, 천다는 비를 무릅쓰고 채소 장사에 나서고 노동자의 누
나도 출근한다. 저우자의 아내가 놀다 지쳐 귀가하여 집에 도둑이 든 것
을 발견하고 경찰에 신고한다.

　　두 시간 후, 천다는 절도 혐의로 경찰서에 끌려가고, 라오자오는 어린
노동자를 데리고 병원으로 달려간다.

　　오전 11시, 천다가 대신 잡혀간 것을 안 라오자오가 자수를 한다.

　　오후 2시, 천다는 석방되어 귀가하지만 결국 어린 동생은 숨을 거둔다.

　　오후 4시, 저우자의 아내가 잠에서 깨어 오늘 밤은 어떻게 놀까를 고
민하면서 화장대 앞에서 화장을 한다.
_핵심어   : 상류사회의 부정과 타락 계급적 대립 하층민의 고충 주요인물
의 죽음 노동자 자본가
_작성자   : 유경철

장난감 小玩意(THE LITTLE TOYS; INDIGENOUS TOYS)

_출품년도   : 1933년
_장르   : 사회드라마
_상영시간   : 103분
_감독   : 쑨위(孫瑜)

_ **제작사**   : 聯華影業公司

_ **주요스탭**   : 시나리오(孫瑜) 촬영(周克)

_ **주요출연진** : 葉大嫂(阮玲玉) 珠兒(黎莉莉) 袁璞(袁叢美)

_ **시놉시스**   : 태호(太湖) 주변의 타오예촌(桃葉村)은 그림 같은 풍경을 가진 마을로, 아가씨들도 아리땁고 손재주도 좋아 경치와 사람, 재예가 모두 뛰어난 곳이어서 예부터 '삼절촌(三絶村)'이라는 별명을 가지고 있다. 예다싸오(葉秀秀, 葉大嫂)도 사람들에게 그 재주를 인정받은 아가씨 중 하나다. 대학생 위안푸(袁璞)가 여름방학에 이곳으로 놀러 왔다가 예다싸오에게 첫눈에 반한다. 어느 날 밤 위안푸는 예다싸오에게 자신의 마음을 털어놓고 함께 떠나자고 제의하지만 거절당하면서 열심히 공부해서 나라를 구하는 일에 앞장서라는 충고를 듣는다. 그 말을 들은 위안푸는 공업 연구를 위해 유학을 결심한다. 한편 제국주의의 경제적 침략 때문에 농촌은 날로 피폐해지고 있었다. 1년 사이에 예다싸오는 남편과 아들을 잃은 뒤 어쩔 수 없이 어린 딸 주얼(珠兒)을 데리고 상하이로 와서는 손재주를 이용해 생활을 이어간다. 10년 뒤 열일곱 살이 된 주얼은 손재주가 뛰어나 어린이 교육용 장난감을 만들게 된다. 한편 위안푸는 공부를 마치고 상하이로 돌아와 장난감 공장을 세운다. 그는 늘 예다싸오를 잊지 못하고 옛 자취를 찾아보지만 타오예촌은 이미 폐허로 변한 뒤였다. 1·28 사건이 일어난 뒤 주얼은 종군(從戰)구호대에 가입을 했다가 불행히도 죽고 만다. 예다싸오는 슬픔을 이기지 못하고 정신까지 놓아버린다. 이듬해 1월 28일은 마침 설날이었는데 그날 밤은 비가 그치고 맑게 개였다. 예다사싸오는 여전히 슬픔에 겨워하며 길거리에서 장난감을 판다. 그때 문득 그녀는 거리에서 부유해 보이는 소년을 발견하는데 잃어버린 아들과 닮은 모습에 괴로워한다. 잠시 뒤 폭죽이 요란하게 밤하늘을 수놓자 예다싸오가 문득 소리친다. "적들이 우리를 죽이러 온다, 모두 일어나 싸우자!" "중국이 망하고 있다. 어서 중국을 구하자!" 거리에는 한바탕 소동이 지나간 뒤 다시 평온이 찾아온다.

_ **단평**   : "제국주의 침략 시대 중국 인민의 고통"(楊金福, 107)을 개괄했다거나 한 여성의 비극적 운명을 다루었다는 평가가 일반적이다. 쑨위 감독

의 영화가 본격적으로 빛을 발하기 시작했다고 여겨지는 1932년 이후의 작품 가운데 하나다. 쑨위는 영화 속에서 현실적 관심을 놓지 않으면서도 당시 만연하던 리얼리즘적 분위기 속에서 "낭만주의적 스타일을 홀로 고수함으로써 선시링(沈西苓)으로부터 '시인' 이라는 칭호를 받았"는데, 그러한 칭호를 받게 된 결정적인 계기가 된 작품이 바로 이 영화이다.(酈蘇元 · 胡菊彬, 329) 그 때문인지 당시 영화가 개봉된 이후 탕나(唐納)는 〈봄누에(春蠶)〉와 〈몸부림(掙扎)〉이라는 영화와 횡적인 비교를 통해서 〈봄누에〉의 경우 제국주의를 반대해야 하는 분명한 이유가 설명되고 있다는 점에서 긍정적으로 평가한 반면, 〈몸부림〉과 이 작품에 대해서는 반제의 동기가 불분명하다는 이유로 유감을 표시하였다.(唐納,「〈春蠶〉〈小玩意〉〈掙扎〉 三片橫的批判」,『晨報』1933. 10. 10; 李道新, 146)

영화는 일본 제국주의의 경제적 침략에 대항하여 상하이 근교의 농촌이 몰락해가는 과정을 배경으로, 그에 대해 저항해야 한다는 당위적 인식과 자각을 갖게 되는 인물(위안푸)을 내세워서 민족적 희망에 대한 포효를 보여준다. 그러나 그와 같은 포효가 구체적이고 조직적인 행동으로 이어지는 것이 아니라, 한 개인이 절망적 상황에서 울부짖는 외침으로만 그려진다. 마지막 장면 예다싸오의 외침에 대한 반응은 "저 거지 같은 여자 미쳤나봐"라는 참담한 조소뿐이다. 당시 쇠락해가던 농촌인 타오예촌을 '이상적인 마을'로 그리고 1 · 28사건을 유희처럼 묘사했으며 예다싸오와 위안푸의 관계가 억지스럽다는 점을 들어 영화의 사실성과 주제의식을 반감시킨다는 평가(程季華, 269)도 있는 반면, 오히려 획일적인 도시화에 대해 농촌을 긍정적으로 보고 거기에 서정성을 덧입혔다는 평가도 있다.(李道新, 166) 한편, 일본인 학자 사토오 다다오는 "영화에 나오는 장난감 무기는 당시 중국 군수산업의 수준을 은유하고 있다. 일본군의 탱크와 맞닥뜨리게 되는 장면에서 둘 사이의 대비는 깊은 인상을 남긴다. 영화는 이러한 항일의 이상을 무기 속의 여성과 어린이들을 통해 묘사함으로써 국토가 함락되는데도 강 건너 불구경하는 듯한 일부 중국인들을 비판하고 있다"(佐藤忠男, 16)고 평하였다. 이렇게 볼 때, 이 영화는 당시 중국 사회의 주요한 모순이었던 제국주의의 문제뿐 아니라 도-농 간의

대립항도 설정하고 있으며 이를 현실-낭만의 대립항 등 여러 방식으로
재맥락화하여 논의를 진행할 수도 있을 것으로 보인다.

_ 특기사항　: 흑백 무성 영화
　　　　　　: 1933년 10월 8일 상하이 카알딩영화관(卡爾登大戱院)에서 개봉
_ 핵심어　　: 이주민 노동자 1·28사건 도시와 농촌 반제국주의 민족 서정성
　　　　　　유희화 어린이 가족의 죽음
_ 작성자　　: 임대근

시대의 자식 時代的兒女(SONS AND DAUGHTERS OF THE TIMES)

_ 출품년도　: 1933년
_ 장르　　　: 멜로/사회
_ 감독　　　: 리핑첸(李萍倩)
_ 제작사　　: 明星影片股份有限公司
_ 주요스탭　: 시나리오(夏衍 鄭伯奇 阿英) 촬영(嚴秉衡)
_ 주요출연진 : 趙仕銘(趙丹) 趙淑娟(艾霞) 周秀琳(高倩苹) 趙鴻鈞(徐莘園)
_ 시놉시스　: 상하이에서 방직공장을 갖고 있는 자오훙쥔(趙鴻鈞)은 슬하에
　　　　　　아들과 딸이 있는데 아들 스밍(趙仕銘)은 상하이공업대학을 다니고 딸
　　　　　　수쥐안(趙淑娟)은 여자고등학교를 다닌다. 가업을 물려주기 위해 아들에
　　　　　　게 정략결혼을 시키려고 하자 스밍은 이를 거역하기 위해 여동생의 친구
　　　　　　인 저우슈린(周秀琳)과 약혼을 결심한다. 스밍이 집을 나와 상하이 부근
　　　　　　의 한 실업학교 교사로 일하면서 노동자들을 접하게 된다. 한편 수쥐안
　　　　　　은 사치스러운 생활에 젖어 부잣집 아들과 약혼을 하고 방탕하게 생활한
　　　　　　다. 상하이에 5·30 사태가 발생하자 스밍과 슈린은 서양물건 불매운동
　　　　　　에 참가했다가 경찰의 제지를 받는 과정에서 스밍이 부상을 입는다. 이
　　　　　　런 저항활동을 통해 스밍은 점차 강해지지만 슈린은 겁에 질려 집으로
　　　　　　돌아간다. 수쥐안은 방종한 생활로 퇴학을 당하고 아버지에게 크게 혼이
　　　　　　난 후 가출을 한다. 자오훙쥔의 방직공장은 외국 옷감으로 인해 파산 위
　　　　　　기에 처한다. 일 년 후 스밍은 노동자가 되어 노조에서 혁명 활동에 참가
　　　　　　하고 결국 슈린과 갈라서게 된다. 영화의 마지막 장면에서 자오훙쥔은

충격으로 쓰러지고 수쥐안은 더욱 타락하여 남자들과 술집에서 시간을 보낸다. 슈린은 다시 부잣집 남자와 결혼하여 호화로운 생활을 하고, 기계가 돌아가는 공장에서 스밍이 만면에 웃음을 지으며 사람들을 향해 손을 흔든다.

_ **단평**   : 샤엔(夏衍), 정보치(鄭伯奇), 아잉(阿英) 등 좌익문예계 작가들이 공동으로 시나리오에 참여하여 서사나 인물성격 측면에서 계급적 관점이 분명히 드러난다. 특히 5 · 30이라는 역사적 사건을 구체적으로 부각시키고 있는 최초의 작품이며 이 역사적 배경은 등장인물들에게 계급적 인식을 갖게 만드는 중요한 모멘트로 작용하고 있다.(程季華 1963, 233)

_ **특기사항**   : 시나리오는 딩쥔우(丁君吾)라는 필명으로 『밍싱월보(明星月報)』에 게재(程季華 1963, 233)

             : 1931년 9 · 18 사변으로 많은 시장을 잃게 된 상하이 영화계는 1930년에 결성된 좌련의 적극적인 개입으로 새로운 영화운동의 전기를 맞는다. 취추바이(瞿秋白)의 적극적인 후원으로 샤엔(夏衍), 첸싱춘(錢杏邨), 정보치(鄭伯奇) 등이 밍싱(明星)영화사에 합류하게 되었고 텐한(田漢), 양한성(陽翰笙) 등이 롄화(聯華)와 이화(藝華)영화사에 개입하게 되면서 1933년에는 영화문화협회(電影文化協會)가 결성되었다.(上海電影百年圖史, 96) 이러한 창작과 비평을 중심으로 한 좌익문예계의 적극적 움직임과 개입은 1933년을 정점으로 1934년 국민당의 검열이 강화되기 전까지 많은 작품에 반영되었다. 이 작품의 성격과 출현은 이러한 상황을 잘 보여주고 있다.

_ **핵심어**   : 5 · 30 노조 방직공장 계급 반(反)식민지 민족자본

_ **작성자**   : 노정은

자매 姊妹花

_ **출품년도**   : 1933년
_ **장르**   : 멜로
_ **상영시간**   : 81분
_ **감독**   : 정정추(鄭正秋)

_제작사 ：明星影片公司

_주요스탭 ：시나리오(鄭正秋) 촬영(董克毅)

_주요출연진 ：大寶 二寶(胡蝶) 아버지(譚志遠) 어머니(宣景琳) 錢督辦(譚志遠) 桃오빠(鄭小秋)

_원작 ：鄭正秋의 무대극 貴人與犯人

_시놉시스 ：다바오(大寶)와 얼바오(二寶)는 쌍둥이 자매이다. 서양 소총을 판매하는 아버지는 다바오와 아내를 시골에 남겨두고 어린 얼바오만 데리고 상하이로 떠난다. 성인이 된 얼바오는 아버지에 의해 군벌 첸두반(錢督辦)의 첩이 되고 시골에 남겨진 다바오는 가난한 목수 타오(桃)씨에게 시집을 간다. 서로의 소식을 모르는 상태에서 다바오 부부와 어머니는 생계를 위해 상하이로 간다. 다바오는 아이를 어머니에게 맡기고 첸두반 집에 유모로 들어가 조카를 키운다. 하지만 서로 알아보지 못한 채 얼바오는 다바오를 냉담하게 대할 뿐만 아니라 자기와 닮았다고 싫어한다. 다바오는 생계를 위해 참고 지낸다. 어느 날 다바오의 남편이 공사장에서 다쳐 급히 병원비가 필요한데, 디바오는 얼바오에게 가불을 요구했다가 거절을 당할 뿐만 아니라 뺨까지 맞는다. 다바오는 남편의 치료비를 위해 조카의 금목걸이를 훔치다가 결국 실수로 첸두반의 여동생을 죽게 만든다. 어머니는 다바오를 면회하러 왔다가 우연히 다바오의 사건을 담당하는 군법처장이 자신을 버린 남편이라는 사실을 알고 다바오와 얼바오의 만남을 요구한다. 부모의 내력을 확인한 얼바오는 어머니와 언니의 고난과 역경에 감동하고 오직 자신의 지위만을 걱정하는 아버지의 만류에도 불구하고 첸두반에게 구원을 요청하러 간다.

_단평 ：영화는 권력과 연관성을 가지는 부와 가난이라는 상호 대립적인 모순관계를 설정하여 사람의 운명을 묘사하고 있다. 당시 불안한 현실에서 비롯된 농촌 파괴의 심각성은 농민이 농촌에서 살아갈 수 없는 원인을 제공했을 뿐만 아니라 가정 파괴의 원인이기도 했다. 두 자매의 아버지는 자신의 지위를 위해서 아내와 딸을 버리고 딸의 행복보다는 자신의 출세를 위해서 권력에 아부함으로써 가정의 끈을 끊어버리고 있는 것이다. 하지만 어머니는 '모성'이라는 강력한 힘을 발휘함으로써 사람

들의 심금을 울린다.

"전통과 현대화 과정을 둘러싸고 벌어지는 두 자매의 이야기를 서구 코미디 스타일로 제작한 이 대중영화는 무대극을 영화로 개작하는 데 있어 아쉬움을 남겼다."(슈테판 크라머, 51)

_ **특기사항** : 흑백 유성 영화

: 속편『再生花』1934년

: 후데(胡蝶)가 1인 2역을 맡은 이 영화는 1934년 2월 13일 공개 상영 후, 공전의 성황을 이루어 한 영화관(상하이 신광대극장)에서 60여 일을 상영하는 놀라운 기록을 세웠다.(차이나 시네마, 77)

_ **핵심어** : 자매 공관 유모 금목걸이 살인죄 만남
_ **작성자** : 조병환

지분 시장 脂粉市場

(COSMETICS MARKET; ROUGE AND POWDER MARKET; THE MARKET BEAUTY)

_ **출품년도** : 1933년
_ **장르** : 멜로/사회.
_ **상영시간** : 83분
_ **감독** : 장스촨(張石川)
_ **제작사** : 明星影片股份有限公司
_ **주요스탭** : 시나리오(夏衍) 촬영(董克毅)
_ **주요출연진** : 陳翠芬(胡蝶) 張有濟(孫敏) 錢國華(龔稼農) 王瑞蘭(胡萍) 姚雪芳(嚴月嫻) 楊小姐(艾霞) 林監督(王獻齋)
_ **시놉시스** : 회사 자금을 담당하는 천밍이(陳銘義)가 회사 재산을 보호하려다 강도에게 죽임을 당하면서 그 노모와 아내, 그리고 여동생 추이펀(翠芬)은 생계가 곤란해진다. 이웃 양샤오제(楊小姐)의 소개로 추이펀은 페이더(培德)백화점 포장부에 취직한다. 처음 하는 일인지라 동작이 능숙하지 않자 동료 왕루이란(王瑞蘭)은 그를 비웃지만 남자 동료인 첸궈화(錢國華)는 오히려 그녀를 도와준다. 화장품 부서의 영업사원인 야오쉐

112

팡(姚雪芳)은 요염한 모습으로 많은 남자 손님들을 끌어들여 화장품 여왕으로 불린다. 회사의 린(林)감독은 쉐팡을 좋아했지만 쉐팡이 사장의 아들인 장유지(張有濟)와 연애하는 사실을 알고는 실망한 나머지 추이펀을 쫓아다니면서 그녀를 쉐팡의 자리에 앉힌다. 이로 인해 추이펀은 쉐팡의 질투를 받게 되고 하루는 둘 사이에 다툼이 일어 사장에게 처리를 부탁한다. 추이펀의 미모에 반한 장유지는 그녀의 편을 든다. 추이펀은 이미 귀화와 사랑하는 사이로, 섣달 그믐밤에 함께 공연을 보러 가기로 한다. 그러나 갑작스레 장유지에게 초대를 받아 춤을 추러 가게 되고 귀화는 극장 입구에서 초조하게 기다리다가 혼자 온 왕루이란과 함께 연극을 본다. 유지는 추이펀과 춤을 추고 나서 예약해둔 호텔 방으로 그녀를 데려간다. 그가 나쁜 뜻을 품고 있다고 생각한 추이펀은 화가 나서 극장으로 가지만 귀화가 루이란과 함께 있는 모습을 보고 집으로 돌아온다. 양샤오제의 위로를 받다가 황금만능주의 사회의 속성을 깨닫고 다시 린 감독에게 포장부로 보내달라고 한다. 그리고 회사를 떠나 살길을 찾겠다고 결심한다. 추이펀이 감독의 방을 나서는데 귀화는 뒤를 쫓으며 후회의 말을 한다.

_ **단평**　　　 : "소박하고 사실적인 기법으로 직장 여성의 비극을 묘사했다"는 평가와 더불어 '반식민지 반봉건 사회에서 착취계급이 여성을 상품으로 삼는' 현실, 그리고 "이른바 여성경제와 직업의 평등 등과 같은 말들이 모두 사기일 뿐"(程季華, 228)이라는 점을 그려냈다는 평가를 받는다. 당시 상하이의 유행 문화 코드 중 하나라 할 수 있는 '백화점'이 등장하고 여성성의 코드로서 '화장품'이라는 소재가 배치되었으며 등장인물들 사이의 삼각관계가 설정됨으로써 대중성이 가미된다. 그러나 감독은 백화점을 '전시'하는 방식으로 영화를 이끌고 가기보다는 대부분의 쇼트를 인물과 그들 사이의 대화로 채우고 있어 흥미를 반감시킨다. 불필요한 동작과 휴지로 길게 늘어지는 쇼트와 그림자를 제대로 처리하지 못한 조명 등은 당시 중국 영화 창작의 수준이 어떠했는지를 반증해주는 요소들이기도 하다.

_ **특기사항**　 : 흑백 유성 영화

: 샤옌이 딩젠핑(丁謙平)이라는 필명으로 시나리오 창작

: 감독 장스촨이 검열의 압력에 굴복하여 리추이펀(李翠芬)이 군중 속으로 걸어 들어가는 마지막 신을 삭제

: 이로 인해 샤옌은 딩젠핑, 차이수성(蔡叔聲)이라는 필명으로 『신보(晨報)』의 『매일영화(每日電影)』 부간 편집자에게 이 영화의 마지막 장면에 대해 다음과 같은 편지를 보냄: 이 영화는 "현대 여성해방운동과 전체 사회문제의 해결이 같은 운명임을 그리고자 했다. 시나리오의 의도는 오늘날 사회에서 이른바 남녀평등권 등이 실제로는 단지 새빨간 사기이자 자기 위안의 꿈일 뿐이라는 것이었다. 그러한 주장을 서두의 '헌사'에서 관객들에게 알렸다."(『매일영화』 1933년 5월 15일) 이를 통해 샤옌은 결말 부분에서 자신의 의도가 왜곡된 데 대하여 진지한 항의의 뜻을 표현

_ **핵심어**   : 남녀평등 멜로 삼각관계 백화점 계급

_ **작성자**   : 임대근

날 밝을 무렵 天明

_ **출품년도**   : 1933년

_ **장르**   : 혁명멜로

_ **상영시간**   : 97분

_ **감독**   : 쑨위(孫瑜)

_ **제작사**   : 聯華影業公司

_ **주요스탭**   : 시나리오(孫瑜) 촬영(周克)

_ **주요출연진** : 사촌오빠(高占非) 菱菱(黎莉莉) 사촌누나(葉娟娟) 형부(劉繼群) 방직공장 사장(袁叢美)

_ **시놉시스**   : 어촌에서 고기를 잡으며 살아가는 소녀 링링(菱菱)과 사촌오빠는 생계를 위해 상하이의 방직공장에 취업을 한다. 이후 사촌오빠는 방직공장에서 쫓겨나 선원이 되고 링링의 사촌언니는 방직공장 사장의 압력에 못 이겨 링링이 강간을 당하게 만든다. 링링은 또한 사람들에게 속아 기원에 팔려가서 지옥 같은 생활을 하게 된다. 기원에서 탈출한 링링

이 사촌언니 집으로 돌아오지만 사촌언니는 병으로 죽는다. 링링은 사촌언니의 죽음과 더불어 더욱 강인한 각성을 하게 되고 스스로 상하이 화류계의 꽃이 되어 가난한 사람을 도와준다. 2년 후 혁명군에 투신한 사촌오빠가 상하이에 돌아와 재회하지만 밀고자의 신고로 사촌오빠는 체포의 위기에 처하게 된다. 링링은 위기의 순간에서 사촌오빠를 구하고 자신은 체포되어 사형을 당하게 되지만 그녀는 죽는 순간에도 웃음을 잃지 않고 혁명은 끝이 없다는 말을 하며 장엄하게 죽음을 맞이한다.

_ **단평**　　: 1930년대 군벌전쟁과 사회의 혼란이 지속되던 시기에 쑨위 감독이 만든 이 영화는 어촌 출신 링링을 통해 불굴의 정신으로 혁명에 투신하는 신여성을 형상화하고 있다. 특히 그림과 같은 향촌의 모습과 혼탁한 도시 그리고 추악한 자본가와 군벌의 모습을 대조함으로써 당시 사회 현실과 민족 운명에 대한 시대정신을 잘 반영했다. 하지만 여주인공의 심리변화 과정에 있어서 진실성을 충분히 그려내지 못하고 있는 것이 흠이라고 할 수 있다. 그러나 뇌우 속에서 외치는 링링의 각성의 모습과 최후의 순간에 보여주는 당당하고 의연한 모습에서 사회의 어두운 현실에 대항하는 불굴의 여성상을 엿볼 수 있다.

　　이 영화는 '적색 영화'의 목록에 포함되었지만 여주인공의 변화과정을 진실하게 묘사하지 못함으로써 영화의 현실적 의의가 약해지고 있다. 바로 이 때문에 당시 평론은 "힘 있는 외침이 아니다"라고 지적하고 있다.(程季華, 267)

_ **특기사항**　: 흑백 무성 영화
_ **핵심어**　: 천명 방직공장 암흑사회 군벌 혁명 자유 여성 도시
_ **작성자**　: 조병환

향초미인 香草美人(A BEAUTY OF PERFUMED GRASS)

_ **출품년도**　: 1933년
_ **장르**　: 사회노동
_ **감독**　: 천경란(陳鏗然)
_ **제작사**　: 明星影片股份有限公司

_ **주요스탭** : 시나리오(馬文源・洪深) 촬영(周詩穆)

_ **주요출연진** : 王阿大(謝雲卿) 老二(王征信) 딸(夏佩珍)

_ **시놉시스** : 농촌의 파산으로 농민 왕아다(王阿大)는 아내와 딸, 동생 라오얼(老二)을 데리고 상하이로 온다. 온 집안 식구가 다중화(大中華)담배공장에 취직하여 근근이 생계를 유지한다. 양담배 판매로 인해 공장 노동자가 남아돌자 아다의 아내가 해고당하고 딸은 관리자의 희롱을 거절했다는 이유로 해고된다. 아다와 라오얼에게도 핍박이 이어져 임금도 줄고 집안은 점차 어려워진다. 혈기 넘치는 라오얼은 노동자들을 조직하여 파업을 이끌어내지만 아다는 직장을 잃을까 극구 반대한다. 이에 두 형제 사이에 싸움이 일어나고 라오얼은 파업 선동 죄목으로 체포된다. 양담배의 시장 점유율이 점차 높아지는 상황에서 다중화담배공장은 마침내 문을 닫는다. 아다는 직장을 잃게 되고 딸은 식구들을 위해 몰래 거리로 나가 몸을 판다. 그러나 아다에게 발견되어 소동이 일어나고 아다의 아내는 어린 아이를 남겨둔 채 딸을 데리고 말도 없이 집을 나가버린다. 두 달 뒤 어린 아이는 굶주림과 병으로 죽고 만다. 아다는 미친 듯 거리를 향해 뛰어가다 길거리 큰 상점에 진열되어 있는 외국담배 광고를 발견하고는 화를 참지 못해 유리를 깨부순 죄로 조계 경찰에게 체포되어 법원으로 이송된다. 형을 선고받은 아다는 우연히 감옥에서 라오얼을 만나 함께 복역하게 된다. 그때 아다는 문득 깨달음을 얻지만 앞날에 대해서는 더욱 근심할 수밖에 없다. 라오얼은 여전히 가득한 신념으로 가난한 사람들이 함께 단결한다면 좋은 날이 반드시 오리라고 생각한다.

_ **단평** : 영화에 대한 기록이 많이 남아 있지 않아〔영화의 스틸 사진 정도는 확인가능하다. 지금 볼 수 있는 스틸 사진은 楊金福(2006, 103)을 참조〕그에 대한 평가 또한 쉽지 않은 편이다. 이러한 상황 때문이겠지만 영화사가들 중에서도 어떤 경우는 아예 언급을 하지 않거나,(酈蘇元・胡菊彬; 黃獻文 등) 다른 일련의 영화들과 더불어 언급하는 경우가 대부분이다. 일련의 영화들과 더불어 언급하고 있다 함은 이 영화가 제작된 1933년이 '중국영화의 해'라고 불릴 만큼 당시 중국영화계에서는 가장 활발하게 영화 활동이 이루어진 시기였는데, 이는 이른바 영화계의 '신

흥영화운동'과 맥락을 같이 하는 현상이었다. '신흥영화운동'에 따라 만들어진 영화들은 대체로 사회적 내용을 주로 하고 있었다. 예컨대 루훙스는 이 영화를 〈세 명의 모던 여성(三個摩登女性)〉, 〈광류(狂流)〉 등 10여 편의 영화들과 한데 묶어 "신흥영화의 중요한 작품들"이라고 평했으며,(陸弘石, 66) 리다오신의 경우도 '사회적 책임'을 보여주고 있는 '신생영화'들을 몇몇 부류로 분류하면서 이 영화를 포함한 부류를 통틀어 "가족 윤리를 특징으로 하는 작품으로 사회적 관심이 깊이 투영되어 있어 기본적으로 1920년대 초기 윤리영화가 보여준 권선징악과 같은 영화 서사를 보여주고 있으나 보편적으로 존재하는 도덕적 위기를 극복하기 위하여 상징적인 구원 모델을 제시한다"고 평하고 있다.(李道新, 129) 이 영화에 대해 가장 적극적으로 평가에 임한 영화사가는 청지화인데, 그는 "매우 사실적으로 1930년대 중국 노동자들을 반영하였다. 제국주의와 국내 부르주아계급의 이중 억압 속에서 실업과 빈곤이라는 어려운 생활을 견뎌내던 노동자들이 각성하고 투쟁하는 과정을 묘사하였다"(程季華, 223)고 말한다. 제한적인 자료를 근거로 한 것이긴 하지만, 1930년대 초반 당시 상하이의 모습을 여러 측면에서 재현하고 있는 영화라고 판단되는데, 경제적·문화적 측면에서 많은 내용들을 담고 있는 바, 상하이 주변 농촌 경제의 파산과 이주민 문제, 이주민의 유입으로 인한 도시 경제의 급격한 구조 전환 과정에서 발생했던 노동자 문제 및 노동 운동, 실업, 당시 상하이 경제의 중요한 부분을 차지하고 있던 담배 생산, 생계유지 수단으로서의 매춘 등 당시 상하이의 다양한 사회·문화적 코드들이 내재되어 있다. '향초미인'이라는 제목의 '향초'는 작품의 소재인 '담배'로부터 연유한 것으로 판단된다. 청지화에 의하면 이 영화는 좌익 평론계의 열띤 환영을 받았으며 〈광류(狂流)〉, 〈봄누에(春蠶)〉와 함께 "철저한 리얼리즘 맹아적 작품의 대표"라고 당시 평론가 탕나(唐納)가 평했다 한다.(程季華, 224)

_특기사항　：흑백 무성 영화

　　　　　：1933년 11월 27일 상하이 신광대극장(新光大戲院)에서 개봉되어 11월 28일까지 상영

: 영화의 원작 자인 마원위안(馬文源)은 당시 푸단대학(復旦大學) 재학생이었으며 원작을 바탕으로 홍선(洪深)이 시나리오를 개작하였음

: 국민당과 조계 측의 검열 및 압력으로 상영 전 여러 군데가 삭제된 채 상영되었음에도 공공조계 측은 극장 측에 이 영화의 지속적 상영을 금지한다고 통보. 이후 난창(南昌) 등 도시에서도 상영 금지 처분을 받음

_ 핵심어   : 이주민 노동자 파업 담배공장 (양)담배 매춘 가족의 이산
_ 작성자   : 임대근

혈로 血路

_ 출품년도   : 1933년
_ 장르   : 사회
_ 감독   : 첸쉐판(錢雪凡)
_ 제작사   : 白虹影片公司
_ 주요스탭   : 시나리오(錢雪凡)
_ 주요출연진 : 王某(王春元) 王 부인(錢似鸞) 장인(秦哈哈)
_ 시놉시스   : 1·28상하이 사변 이후 상하이 경제는 공황상태에 이른다. 실업자 왕머우(王某)는 가족의 생계를 위해 할 수 없이 간사한 장사꾼인 장인에게 도움을 요청한다. 하지만 장인은 오직 돈벌이에만 혈안이 되어 가난한 사위를 가까이 하려 하지 않는다. 왕머우는 도둑질을 하다 붙잡혀 수감된다. 그는 감옥에서 애국지사에게 가르침을 받아 가난한 사람이 고통 받는 사회적 근원을 알게 된다. 출감 후 단호히 의용군에 참가하여 항일전선에 뛰어든다.
_ 단평   : 당시 사회의 어두운 면을 폭로하고 있으며 실업자의 고통과 이성을 잃고 날뛰는 매국노의 모습은 비교적 엄숙한 태도로 예술적으로 처리하고 있지만 소시민의 저속한 익살은 마음에 들지 않는다.(程季華, 228)
_ 특기사항   : 흑백 무성 영화
_ 핵심어   : 상하이사변 실업 도둑질 감옥 도시
_ 작성자   : 조병환

제자의 범행 桃李劫(PLUNDER OF PEACH AND PLUM)

_ **출품년도** : 1934년
_ **장르** : 사회극
_ **상영시간** : 102분
_ **감독** : 잉윈웨이(應雲衛)
_ **제작사** : 電通影片公司
_ **주요스탭** : 시나리오(袁牧之) 촬영(吳蔚云)
_ **주요출연진** : 陶建平(袁牧之) 黎麗琳(陳波兒) (唐槐秋) (周伯勛)
_ **시놉시스** : 건축공예학교의 류(劉)교장은 신문에서 제자 타오젠핑(陶建平)
이 절도와 상해치사죄로 사형 판결을 받았다는 기사를 보고 감옥으로 찾
아가 다음과 같은 사연을 듣게 된다. 타오젠핑과 리리린(黎麗琳)은 졸업
후 "모교의 명예와 사회 복지를 위해 노력한다"는 이상을 안고 사회로 나
아갔지만 삶에 대한 그들의 뜨거운 열정은 부패하고 어두운 사회현실에
의해 산산이 부서진다. 타오젠핑은 증기선회사에서 일을 하게 되지만 정
의로운 마음으로 노동자를 대변하다가 사장과 대립해 해고되었다. 그 후
아무리 여러 곳을 전전해도 취직을 할 수가 없었다. 아내 리리린은 생활
고를 덜기 위해 무역회사의 사장 비서로 취직했다. 곧이어 타오젠핑도
동창의 건설회사에 건축사로 취직했지만 기준치 이하로 자재를 사용하
는 것을 묵인하는 것이 힘들어 사직했다. 이어 리리린도 사장이 엉큼한
마음을 품고 그녀를 욕보이려 하는 것을 거부하다가 결국 해고되었다.
타오젠핑은 오래도록 직업을 구하지 못해 생활이 힘들어지자 하는 수 없
이 조선소에 들어가 막노동을 했다. 오래지 않아 리리린은 아들을 낳지
만 산후에 몸이 허약해져 계단을 헛디디는 바람에 중상을 입고 생명이
위독해졌다. 타오젠핑은 돈을 구할 수가 없자 공장에서 돈을 훔쳐 아내
를 치료하려 하지만 이미 때가 늦어 아내가 죽었다. 타오젠핑은 갓난아
이를 기를 능력이 없어 비통함을 참고 아이를 고아원에 데려다주고 집으
로 돌아왔다. 하지만 집에서는 경찰이 그를 체포하기 위해 기다리고 있
었는데 그것을 거부하다가 실수로 사람을 죽여 사형 판결을 받았다는 것

이다. 그의 이야기를 다 듣고 난 류교장은 흐르는 눈물을 참지 못하고, 그의 귓가에는 젠핑과 그의 벗들이 졸업식 날 힘차게 소리 높여 부르던 '졸업의 노래(畢業歌)'가 울려 퍼진다.

_ 단평 　　　: 생존환경에 대한 섬세한 전개를 통해 정직하고 선량한 지식인이 암흑사회에 적응하지 못해 커다란 포부를 안고 시작한 것에서 실패와 상심에 이르게 되며 고통스러운 몸부림에서 결국 훼멸되는 과정을 보여준다는 평가처럼 1930년대 쁘띠부르주아 지식인의 처지를 잘 반영하였다. 특히 주인공의 비극적인 삶을 회상 수법으로 처리함으로써 관객으로 하여금 착하고 정의로운 주인공이 살인범죄자로 전락하는 처지를 좀 더 잘 이해하도록 하는 효과를 거두고 있다. 또한 마지막에 의욕에 차 사회에 첫발을 내디디려는 주인공의 졸업식 장면을 다시 한 번 보여줌으로써 대비 효과를 거두고 있다. 당시까지 만들어진 영화들이 유성영화에 대한 인식이 부정확하여 소리란 단지 화면에 첨가되는 요소 정도로 이용할 뿐이었다고 한다면, 이 영화는 유성영화의 개념을 제대로 확립하고 소리를 제대로 활용하여 성공을 거둔 첫 번째 작품으로, "중국 유성영화의 획기적인 작품"이라는 평가에 걸맞게 대사와 음악과 음향이라는 세 가지의 성음 요소가 총체적으로 화면과 적절히 조화를 이루고 있다. 예를 들어 면회를 온 류교장을 만나러 가는 주인공의 발에 채워진 쇠고랑을 클로즈업한 장면과 함께 육중하게 울려 퍼지는 쇳소리는 주인공의 무거운 발걸음과 그의 심리, 처지를 잘 표현하고 있으며, 마지막에 교장의 귓가에 울려 퍼지는 '졸업의 노래'는 영화의 비극성을 극대화해준다고 하겠다.

_ 특기사항 　　: 흑백 유성 극영화

　　　　　　: 뎬퉁영화사(電通影片公司)의 첫 번째 작품인 동시에, 위안무즈(袁牧之)의 첫 번째 시나리오작이자 스크린 데뷔작이다. 이 작품으로 인해 뎬퉁영화사는 국민당으로부터 '적색의 대본영'이라고 주목을 받게 되었고 국민당은 전적으로 특무를 파견하여 정찰, 감시, 간섭, 박해를 했다. 톈한(田漢)이 작사하고 녜얼(聶耳)이 작곡한 '졸업의 노래'는 민족의 위기 상황에서 젊은 학생들이 민족생존을 위해 투쟁하는 애국적 열정과 세상의 흥망을 책임지려는 결심을 열정적으로 표현하고 있다.

: 1935년 2월, 구소련에서 영화창업 15주년 기념 국제영화전람회가 열렸는데 여기에 후뎨(胡蝶), 저우젠윈(周劍雲) 등 영화인 8명이 초청을 받아 이 영화와 밍싱영화사의 〈자매(姊妹花)〉, 〈깊은 골짜기에 핀 난초(空谷蘭)〉, 〈봄누에(春蠶)〉, 〈중혼(重婚)〉, 롄화영화사(聯華影業公司)의 〈어부의 노래(漁光曲)〉, 〈대로(大路)〉, 화이영화사(華藝影片公司)의 〈여인(女人)〉을 가지고 참가했다. 31개국의 출품작 중에서 〈어부의 노래〉가 명예상을 수상함으로써 국제무대에서 수상한 첫 번째 중국 영화가 되었다.(귀화1, 84-85)

_ **핵심어**   : 빈부 청년실업 부패 조선소 건설
_ **작성자**   : 곽수경

마이 부인 麥夫人(일명 美德夫人)

_ **출품년도**   : 1934년
_ **장르**   : 멜로
_ **감독**   : 장스촨(張石川)
_ **제작사**   : 明星影片股份有限公司
_ **주요스탭**   : 시나리오(王乾白) 촬영(董克毅)
_ **주요출연진** : 周淑明(胡蝶) 麥劍秋(胡藝星) 吳少英(梁賽珍) 露斯(梁賽珠) 극단 대표(謝醒儂)
_ **시놉시스**   : 저우수밍(周淑明)은 상하이의 유명한 언론인 마이젠추(麥劍秋)의 아내다. 광둥(廣東) 출신인 그녀는 궈광월극단(國光粵劇團)이 상하이에 와서 공연하자 고향 음악을 듣기 위해 관람하러 간다. 거기서 그녀는 어릴 적 친구 우사오잉(吳少英)을 만나 그녀의 남편과 극단의 대표 등을 알게 된다. 한편 탁아소 건립을 위해 자선행사를 준비하던 자선회 회장은 궈광월극단이 자선행사에 참여할 수 있게 도와달라고 저우수밍에게 부탁한다.
  루쓰(露斯)는 마이젠추의 재산이 탐나 그와 결혼하려고 했지만 저우수밍 때문에 뜻을 이루지 못해 그녀를 미워한다. 저우수밍이 극단 사람들과 어울리는 것을 목격한 루쓰는 마이젠추에게 거짓말을 해서 저우수밍을 음해한다. 마이젠추는 그 말을 믿지 않았지만, 자선 공연장에서 극

단 대표가 아내의 옷을 입고 있는 것을 목격하고 분노한다. 마이젠추는 이혼 수속을 하는 한편, 신문 지상에 귀광월극단을 공격하는 글을 실어 극단에 경제적 손실을 입힌다.

하지만 저우수밍은 자선공연 참가 인사들의 도움을 받아 남편의 오해를 푼다. 마이젠추는 과오를 반성하며 자선사업에 큰 도움을 주고 저우수밍은 자선 공연에서 뛰어난 연기를 선보여 관객들의 찬사를 받는다. 이들 부부의 관계가 다시 좋아지자 루쓰는 홀로 쓸쓸히 떠난다.

_ **특기사항**   : 흑백 무성 영화
_ **핵심어**   : 오해 질투 부부의 갈등 자선 사업 삼각관계
_ **작성자**   : 유경철

신녀 神女(THE GODDESS)

_ **출품년도**   : 1934년
_ **장르**   : 생활 극영화
_ **감독**   : 우융강(吳永剛)
_ **제작사**   : 聯華影業公司
_ **주요스탭**   : 시나리오(吳永剛) 촬영(洪偉烈) 미술(吳永剛)
_ **주요출연진** : 阮嫂(阮玲玉) 아들(黎鏗) 건달 張두목(章志直) 교장(李君磐)
_ **시놉시스**   : 조계 도시 올드 상하이. 화려한 네온사인으로 가득하지만 먹고 살기 위해 적잖은 젊은 여성들이 기녀가 되는 곳이다. 이십 대 초반인 롼싸오(阮嫂)는 몸매가 연약하고 용모가 아름답다. 어둠이 내리면 그녀는 거리로 나가 매춘을 하지만 새벽이면 지친 몸을 이끌고 집으로 돌아와 아들 샤오바오(小寶)의 성스런 어머니로 돌아온다. 어느 날 밤, 경찰의 단속을 피해 숨어든 집이 하필 건달 장(張)두목의 집이다. 그날 이후 장두목의 손아귀에 걸려든 롼싸오는 번 돈을 그에게 갖다 바치게 된다. 악마의 소굴에서 벗어나기 위해 공장으로 일자리를 찾아가지만 보증인이 없어서 그 어떤 일도 할 수 없다. 그녀는 하는 수 없이 생계를 위해 다시 기녀의 길을 걸을 수밖에 없다. 입학한 아들은 학교에서 출신이 발각되어 학부형들이 퇴학을 요구하고, 아이들은 샤오바오를 놀려댄다. 교장은 동

정 어린 눈길로 모자를 도우려고 하지만 이사장 회의에서 아이의 진학은 거부당하고, 롼싸오는 아무도 자신들을 모르는 곳으로 가기로 한다. 한편 장두목은 그동안 롼싸오가 몰래 모아두었던 돈을 몽땅 가져다가 도박으로 탕진해버린다. 돈을 되돌려 받으러 도박장에 간 롼싸오는 엉겁결에 술병으로 장두목을 내리쳐서 죽게 만든다. 그녀는 징역 12년을 선고받고 수감된다. 교도소를 찾은 교장은 샤오바오를 보육원으로 보냈으며 그녀를 대신해서 잘 가르치겠다고 한다. 그녀는 그제야 환한 미소를 짓는다.

_ 단평 　　　: 이 영화는 무성영화 중에서 가장 호평을 받는 영화 중 하나다. 당시 상하이는 반봉건 반식민지 사회 공간으로서 수많은 여성들이 시골에서 도시로 몰려와 기녀로 전락했다. 이런 현실은 영화에 그대로 반영되어 '비천한 기녀와 성스런 어머니'의 모습을 오버랩시켜 롼싸오라는 여인의 한 몸에 담아낸 리얼리즘 영상의 걸작을 만들어냈다. 중국에는 1931년부터 유성영화가 있었지만 이 영화는 그동안의 창작 실천의 결실이라고 할 수 있는 완성도 높은 무성영화이다. 영상 서사 부분에서 롼싸오가 손님을 맞아 들어가는 장면을 각 상황에 따라 클로즈업하는 등 다양한 슈팅 스케일(shooting scale)로 묘사하여 무성영화의 미적 완성도를 보여 준다. 롼싸오가 장두목의 손아귀에 걸려드는 장면에서 그의 가랑이 사이로 웅크리고 있는 롼싸오와 샤오바오를 배치하여 두 사람의 권력 관계를 묘사한 대목은 영상 서사의 새로운 경지를 개척한 것이다. 미장센(mise-on-scene) 부분을 보면 허름한 롼싸오의 방안에 걸려 있는 치파오, 화장대, 아이의 장난감 등을 각 쇼트로 잡아내서 롼싸오의 처지와 상황을 표현하고 있다. 자막도 아이들이 샤오바오를 놀리는 장면에서 글자의 도형과 배치, 화면 전환 등을 통해서 자막 서사의 다양성을 구현하고 있다. 우융강 감독의 처녀작이면서 비운의 여배우 롼링위가 출연한 무성영화 중의 백미(白眉)인 이 영화에서 롼링위의 빼어난 내면 연기는 무성영화만의 영상 심미 세계에 빠져들게 하는 또 하나의 볼거리이다.

_ 특기사항 　: 흑백 무성 영화
_ 핵심어 　　: 기녀 건달 보증인 살인 아이
_ 작성자 　　: 김정욱

신여성 新女性

_ 출품년도 : 1934년

_ 장르 : 사회멜로

_ 상영시간 : 104분

_ 감독 : 차이추성(蔡楚生)

_ 제작사 : 聯華影業公司

_ 주요스탭 : 시나리오(孫師毅) 촬영(周達明) 작사·작곡(聶耳) 미술(劉晋三)
음악(司徒慧敏 周驎 孫師毅 聶耳)

_ 주요출연진 : 韋明(阮玲玉) 余海儔(鄭君里) 왕박사(王乃東) 李阿英(殷虛)

_ 시놉시스 : 웨이밍(韋明)은 명문가에서 태어나 고등교육을 받은 신여성으
로 집안의 반대에도 불구하고 집을 뛰쳐나와 결혼해서 딸을 낳는다. 하
지만 남편은 방탕한 생활을 거듭하던 끝에 결국 웨이밍과 딸을 버리고
집을 떠나고 만다. 그녀는 하는 수 없이 딸을 여동생에게 맡기고 독립적
생활을 위해 상하이로 와서 한 중학교에서 음악교사로 재직하면서 신문
에 글을 투고하거나 소설을 써서 생활을 꾸려간다. 학교 재단 이사장인
왕박사는 웨이밍의 동창의 남편으로 웨이밍을 보고 끊임없이 그녀를 유
혹한다. 왕박사는 그녀를 굴복시킬 수 없자 학교에 압력을 가해 그녀를
해고시키고 다이아몬드 반지로 유혹한다. 그러나 웨이밍은 단호하게 왕
박사의 유혹을 물리친다. 이때 동생에게 맡겼던 딸이 엄마를 만나기 위
해 상하이에 온다. 딸이 폐렴에 걸려 병이 깊어가면서 백방으로 돈을 구
하던 웨이밍은 마지막으로 자신의 소설을 출판하여 얻게 될 원고료를 기
대하지만 출판사의 동의를 얻지 못해 절망의 나락으로 떨어지고 만다.
그녀는 결국 딸을 살리기 위해 '하룻밤의 노예'가 되어 몸을 팔기로 결심
한다. 이때 손님이 뜻밖에도 왕박사였다. 왕박사의 모욕과 조롱에 그녀
는 왕박사를 밀치고 서둘러 집으로 돌아오지만 왕박사는 집까지 쫓아와
웨이밍을 비웃는다. 웨이밍은 이런 현실을 더 이상 받아들이지 못하고
딸의 죽음에 대한 충격과 더불어 약을 먹고 자살을 기도한다. 그 순간 그
녀의 소설은 신문에 실리고 신문기자는 웨이밍의 자살 기도 소식과 이에

대한 전말을 왕박사의 거짓말을 바탕으로 꾸며서 보도한다. 웨이밍이 병원에서 잠시 의식을 되찾자 친구들이 신문을 보여준다. 웨이밍은 신문기사를 보고 분노하면서 살아서 보복을 하겠다고 소리치지만 결국 심장병으로 죽는다. 뒤이어 그녀가 작사한 '신여성'이라는 노래가 흘러나온다.

_ 단평   : 신구의 갈등이 교차하는 시기 상하이는 결혼에 실패한 여성이 신여성으로서 생활한다는 것은 쉽지 않은 일이었다. 영화에서 웨이밍은 뛰어난 재색을 겸비했지만 스스로도 결혼실패의 억압으로부터 탈피하지 못하고 있을 뿐만 아니라 여성에 대한 사회적 편견이 여전함을 볼 수 있다. 특히 여성에 대한 남성의 시선은 편파적이며 여성은 상품화되어 있다. 또한 와이탄의 빌딩들, 증기선, 군함, 현대적인 병원 등을 통해 상하이의 발전상을 볼 수 있지만 그 밖에도 무도장, 고급 술집, 서양의 악사와 무희를 보며 즐기는 사람들, 방직공장에서 졸며 일하는 노동자들, 무거운 짐을 끌며 일하는 일꾼들의 모습을 다양하게 볼 수 있다. 이는 상하이의 기형적인 도시발전의 양면성을 잘 보여주고 있는 것이다.

_ 특기사항   : 흑백 무성 영화
          : 영화는 원래 '黃浦江歌'라는 노래가 삽입되어 있었지만 반제국주의적인 내용이라 하여 조계당국의 검열에 의해 삭제되었다.(程季華, 340)

_ 핵심어   : 신여성 소설 폐렴 왕박사 신문기사 신장병 여성 도시
_ 작성자   : 조병환

어부의 노래 漁光曲(THE FISHERMEN'S SONG)

_ 출품년도   : 1934년 6월 14일
_ 장르   : 멜로/사회
_ 상영시간   : 56분
_ 감독   : 차이추성(蔡楚生)
_ 제작사   : 明星影業公司
_ 주요스탭   : 시나리오(蔡楚生) 촬영(周克) 미술(方沛霖) 음악(安娥 任光) 녹음(司徒慧敏)
_ 주요출연진 : 徐小猫(王人美) 何子英(羅明) 何仁齋(袁叢美) 徐小狗(韓蘭根)

薛綺云(湯天綉)

_시놉시스　: 동해 어민 쉬푸(徐福)는 선주 허런자이(何仁齋)에게 빚을 갚기 위해 무리하게 바다에 나갔다가 죽는다. 그를 대신해서 그의 아내가 선주 집 보모로 일하면서 허런자이의 아들 쯔잉(何子英)을 키운다. 10년이 지나고 쯔잉과 할머니 손에서 자란 쌍둥이 샤오마오(徐小猫)와 샤오거우(徐小狗)는 서로 의지하며 하루가 다르게 성장한다. 할머니가 병으로 세상을 떠나고 엄마도 시력을 잃게 되면서 샤오마오와 샤오거우가 허씨네 고기잡이배를 타게 되고, 쯔잉은 아버지 일을 물려받기 위해 유학을 떠난다. 쯔잉이 떠나는 날 샤오마오는 쯔잉에게 '어부의 노래(漁光曲)'를 불러준다. 마을에 태풍이 불어 샤오마오와 샤오거우는 상하이로 가서 길거리 공연을 하거나 쓰레기를 주우며 생계를 유지하고, 허런자이는 상하이에서 해운회사를 차린다. 몇 년 후 유학을 마친 쯔잉이 돌아와 회사 경영에 문제가 있음을 발견하지만 회사 고문 량웨보(梁月波)와 허런자이의 후처 치윈(薛綺云)은 재산을 정리하여 이미 도망친 상태다. 이에 절망한 허런자이는 권총으로 자살을 한다. 한편 샤오마오와 샤오거우도 화재로 실명한 어머니를 잃는다. 결국 혼자 남은 쯔잉은 샤오마오와 샤오거우와 함께 고기잡이 생활을 시작하지만 고된 생활로 몸이 쇠약해진 샤오거우는 샤오마오가 부르는 '어부의 노래(漁光曲)'를 들으면서 바다에서 눈을 감는다.

_단평　　: 1934년 말에 이르러 국민당은 영화에 대한 검열을 폭력적 수준으로 강화하면서 좌익영화는 흔적을 찾아보기 어려울 정도로 약화되었다. 이러한 좌익영화의 양적 격감에도 불구하고 〈어부의 노래〉는 대중적으로나 작품성 면에서 성공한 보기 드문 작품이다. 특히 이 영화의 미덕은 이러한 의식을 표현해내는 방식에 있다. 감독은 검열과 탄압을 피하기 위해, 그러면서도 사회적인 주제를 대중적 감성으로 담아내기 위해 영화형식 측면에서 기존의 한계를 넘어서는데, 변증법적 몽타주 기법이나 표현이 강렬한 카메라 시점, 연속장면과 같은 다양한 영화형식과 코드를 사용하여 개인의 운명을 억압하는 폐쇄적인 사회 환경을 묘사한다. 이 점은 중국 5세대 영화처럼 직접적인 정치성이 거세되었을 때 어떻게

자신들의 의도를 코드화하여 영화에 녹여내느냐 하는 고민과 맞닿아 있
으며, 30년대 일련의 영화들-〈신녀〉, 〈거리의 천사〉-은 이러한 고민
들을 성공적으로 내면화하고 있다. 이 지점에서 감독의 정치적 관점이
관객들과 대화 가능한 소통방식-감성적인 노래, 희비극이 교차하는 멜
로적 분위기-과 만나고 있기 때문이다.(슈테판 크라머 2000, 52)

_ **특기사항** : 상하이진청대극장(上海金城大戱院)에서 84일 연속 상영으로 상
하이탄에 센세이션을 일으킴

: 1935년 모스크바 국제영화제 명예상 수상

: 삽입곡 '어부의 노래'는 런광(任光)이 작곡했으며 당시 영화와
함께 전국적으로 유행했다. 런광은 프랑스에서 피아노 수리 기술을 배우
고 1929년에 귀국한 후 좌익계열 민중음악을 작곡했다. 노래의 처량한
곡조는 어민들의 생활고와 삶의 고통을 잘 표현함으로써 영화 내용을 돋
보이게 하는 중요한 역할을 했다.

_ **핵심어** : 어광곡 어민 선주 해운회사 민족자본 계급 자살

_ **작성자** : 노정은

여아경 女兒經(A BIBLE FOR DAUGHTERS; WOMEN'S DESTINIES)

_ **출품년도** : 1934년

_ **장르** : 여성

_ **상영시간** : 159분

_ **감독** : 張石川 鄭正秋 程步高 沈西苓 李萍倩 陳鏗然 姚蘇鳳 吳村 徐欣夫

_ **제작사** : 明星影片股份有限公司

_ **주요스탭** : 시나리오(夏衍 鄭正秋 洪深 阿英 鄭伯奇 沈西苓) 촬영(董克毅
王士珍 嚴秉衡 周詩穆 陳晨)

_ **주요출연진** : 胡瑛(胡蝶) 朱雯(朱秋痕) 高國杰(高占非) 股東少爺(王吉亭) 宣
淑(宣景琳) 徐玲남편(蕭英) 宣淑남편(王獻齋) 夏雲(夏佩珍) 嚴素(嚴月嫻)
夏雲남편(趙丹) 嚴素남편(龔稼農) 徐莉(徐來) 高華(高倩苹) 교장(嚴工上)
徐玲(徐琴芳)

_ **시놉시스** : 후잉(胡瑛)은 행복한 가정을 꾸리고 있다. 하루는 남편 가오궈

제의 동의를 얻어 집에서 동창생들을 불러 파티를 연다. 파티에 참석한 동창들은 자신들이 10여 년 동안 어떻게 살아왔는지를 이야기한다. 나이가 가장 많은 쉬안수(宣淑)는 늙었다는 이유로 남편에게 버림받았다. 옌쑤(嚴素)는 쉬안수가 나약하고 무능하다고 생각하며 자신이 얼마나 남편을 잘 관리하는지 이야기한다. 옌쑤가 말을 마치자 여성운동에 뛰어든 가오화(高華)가 제대로 앉지도 않고 서둘러 돌아간다. 모두들 그녀가 일이 많다고 생각하던 차에 교장이 상세하게 상황을 이야기해준다. 그녀는 여성운동에 열심이지만 사생활은 매우 타락했다는 것이다. 가오화의 허위가 폭로되고 모두들 주원(朱雯)에게 직장여성의 고충을 이야기해달라고 한다. 주원은 자신이 사장의 요구를 거절하는 바람에 해고당했다는 이야기를 한다. 그때 사교계의 쉬리(徐莉)가 잠시 왔다가 떠나려 하자 모두들 그녀를 붙잡는다. 하인이 쉬링(徐玲) 남편의 편지를 가져와 쉬링이 죽었다는 소식을 전한다. 모두들 놀라고 있던 차에 교장은 쉬링이 도박을 좋아했으며 그 때문에 가산을 탕진하고 집안이 망했다는 소식을 전해준다. 모두들 텔레비전 아나운서인 샤윈(夏雲)이 말없이 앉아 있는 모습을 보고 말을 시킨다. 샤윈은 가난하고 병들었으며 남편은 병으로 세상을 떠났고 아들도 실종되어 우울증에 시달리고 있다고 했다. 쉬리는 샤윈의 불행한 이야기를 듣더니 가겠다고 고집을 부리고, 주인인 후잉도 만류할 수 없어 사기를 당했던 이야기를 늘어놓고 일찍이 혁명당원을 지켜주다가 그때부터 혁명의 길로 들어섰음을 이야기한다. 서로 자신들의 이야기를 풀어놓은 이들은 어떻게 여성의 진정한 앞날을 모색해야 하는가 하는 질문을 던진다.

_단평   : 당시 여성들이 처한 다양한 운명을 보여주는 옴니버스형 영화로, 밍싱영화사 소속의 장스촨 감독을 비롯한 9인의 감독이 함께 제작하였다. 이혼녀, 소시민 여성, 사생활이 복잡한 여성운동가, 직장여성, 사교계 여성, 방탕한 생활로 사망한 여성, 우울증에 걸린 아나운서, 혁명에 투신한 여성 등 다양한 종류의 여성 '군상'과 그 형상이 제시되며, 혼란한 사회 속에서 저마다 처한 운명을 어떻게 개척해야 할 것인가 하는 문제를 다루고 있다. 1930년대 상하이에서 여성의 지위와 여성의 운명 등을

총체적으로 보여주고 있다고 할 수 있겠다. 다양한 여성 형상의 간단치 않은 삶의 모습들을 통해 '여성의 도시' 로서 1930년대 상하이를 보여주고 있다고도 할 수 있다. 9명의 감독과 오프닝 크레딧에 이름이 오르는 배우만도 60명에 가까운 데다가 상영시간도 159분에 이르는 등 대규모 영화로 제작되었다. 1930년대 이후 상하이 영화가 줄곧 지켜온 여성에 대한 관심을 집대성한 작품이라고 해도 과언이 아닐 정도로 다양한 여성 군상을 모아놓았다. 아울러 당시 밍싱영화사의 사세(社勢)를 단적으로 보여주는 영화라 할 수도 있겠다. 그러나 각 에피소드 간의 영화적 성취는 일정한 차이를 갖는 것으로 확인된다. 일부 에피소드는 뛰어난 미장센과 함께 편집 등에서 미학적 효과를 잘 활용하고 있는 반면 그렇지 못한 경우도 있다. 각 에피소드에서 판타지 장면 등을 위해 다양한 이중노출이 활용되었다는 점은 특기할 만하다. 그러나 교장과 여주인 후잉에 의해 서술(narration)되는 에피소드들은 등장인물의 대사가 전달되지 않고 일방적인 외부음 서술에 의해서만 이야기가 전개되어 전체 영화에서 매우 안이한 방식으로 삽입되었다.

_ **특기사항**   : 흑백 유성 영화

: 1934년 10월 9일 상하이 신광대극장(新光大戲院)에서 개봉

: 1934년 초 밍싱영화사의 시나리오위원회(編劇委員會) 회의에서 정정추(鄭正秋)가 전체 소속 감독과 배우들을 모두 출연시키는 영화를 만들자고 제안한 데 대해 다른 이들이 적극 동의함으로써 장스촨 등 9명의 감독이 옴니버스 형태로 만든 작품(전체 줄거리는 하나로 이어져 있으나 각각의 여성이 자신의 운명을 이야기하는 내용을 각각 다른 감독이 제작)

: 국민당 영화검열기구에 의해 '반동' 으로 처분당해 마지막 에피소드의 혁명가를 국민당원으로 바꾸고 등장 여성들이 말미에 '신생활제등회(新生活提燈會)' 에 참여하는 것으로 처리함으로써 선전에 이용함

_ **핵심어**   : 여성 여성운동 이혼녀 도박 혁명 옴니버스형 영화
_ **작성자**   : 임대근

안녕, 상하이 再會吧, 上海(GOODBYE, SHANGHAI)

_ 출품년도   : 1934년

_ 장르   : 사회/멜로

_ 감독   : 정윈보(鄭雲波)

_ 제작사   : 聯華影業公司

_ 주요스탭   : 시나리오(鄭雲波) 촬영(姚士泉)

_ 주요출연진 : 白露(阮玲玉) 王瑪麗(白璐) 黃漢秀(張翼) 錢大班(邢少梅) 劉光
             輝(何非光) 선주(王桂林) 王太太(湯天綉) 이방주인(黃筠貞) 무도장사장
             (洪警鈴) 愛麗絲(馬亭亭)

_ 시놉시스   : 시골 초등학교 여교사인 바이루(白露)는 전쟁을 피해 홀로 배를
             타고 상하이의 고모집을 찾는다. 배가 연착되는 과정에서 항해사인 황한
             슈(黃漢秀)와 알게 된다. 배가 상하이에 도착하고 한슈는 지리에 익숙지
             않은 바이루를 위해 고모집까지 그녀를 데려다주고 다음 번 배에서 다시
             만날 것을 약속한다. 바이루의 고모 왕부인의 집은 매우 부유하고 호화
             롭다. 왕부인은 춤을 가르치는 가정교사인 탕(唐) 선생과 애매한 관계이
             다. 이름난 의사인 류광후이(劉光輝)는 왕씨 집안의 재산을 탐내 왕부인
             의 절름발이 딸인 마리(瑪麗)의 '약혼자'가 되었으나 왕씨 집안에 늘 놀
             러오는 로맨틱한 여성인 아이리쓰(愛麗絲)와도 야릇한 관계를 맺는다.
             바이루는 몸이 좋지 않아 광후이에게 치료를 받지만 그는 이를 명분으로
             그녀를 범한다. 바이루는 말도 못한 채 한슈가 와서 도와주기만을 기다
             린다. 한슈가 몇 차례 찾아오지만 모두 광후이에게 거절당하고 오래지
             않아 광후이는 마리와 결혼식을 올린다. 임신 사실을 알게 된 바이루는
             왕씨 집을 나와 방을 빌려 생활한다. 생활이 어려워진 그녀는 집 주인의
             딸을 따라 무희가 된다. 부상인 첸(錢)씨는 바이루의 미모에 반해 후원함
             으로써 그녀의 이름을 알린다. 얼마 뒤 바이루는 아들을 낳는다. 하루는
             첸씨가 부르지만 아들이 위급하다는 집주인의 연락을 받고 급히 의사에
             게 진찰을 받으러 간다. 뜻밖에도 의사는 광후이였고 그는 친아들을 거
             들떠보지도 않는다. 그때 바이루는 대도시에는 곳곳에 함정이 있다는 한

슈의 충고를 떠올리고는 상하이를 떠난다. 그때 한슈는 항해사 자리를 잃고 건축 노동자가 된다. 그는 신문에서 유명한 무희인 '은사조(銀絲鳥)'가 상하이를 떠난다는 소식을 보고는 높은 고가 위에 올라 멀리 하늘을 바라보면서 회심의 미소를 짓는다.

_ 단평   : 『중앙영록(中央影錄)』이라는 기록집에 시놉시스가 남아 있을 뿐인(제125기) 이 영화는 시놉시스로 보아 당시 많은 다른 영화들이 채택하고 있는 소재와 주제들을 다루고 있는 것으로 보인다. 그것은 억압당하고 폭행당하는 여성의 문제와 상하이라는 도시로의 이주 문제 등이다. 여성이 무희로 전락한다는 설정은 왕츠룽(王次龍) 감독이 다중화바이허 영화사에서 1928년 제작한 〈상하이-무희(上海-舞女)〉를 연상시켜 그다지 독창적이라고 여겨지지는 않는다. 그런 측면 때문인지 대부분의 연구자들도 이 영화를 언급하고 있지 않을뿐더러 아예 목록에 삽입되지 않은 경우도 허다하다. 다만 리다오신은 이 영화의 출연배우 중 하나인 허페이광(何非光)이 이후 중일전쟁 시기에 4편의 항일 영화를 제작했음을 들면서, 그 이전에 출연했던 영화의 목록 가운데 하나로 언급하고 있을 뿐이다.(李道新, 181)

시놉시스에 의거해 보건대 전체 주인공이 전쟁으로 인해 피폐해진 농촌을 떠나(당시 영화에서 대부분 이런 경우 그 농촌의 구체적 지명은 등장하지 않는다) 상하이로 이주해 왔다가 상하이에서 힘든 과정을 겪은 뒤 다시 상하이를 떠나는 구조로 이루어져 있다. 농촌의 쇠락과 상하이라는 도시에 대한 환상을 통한 이주, 그 과정에서 보이는 아름다운 상하이의 외양(그러나 그 내면에는 복잡한 인간관계와 폭행 등이 도사리고 있는 이중구조)을 통해 주인공의 꿈을 묘사하지만, "대도시 곳곳에 숨어 있는 함정"을 깨닫게 된 뒤 다시 상하이로부터 '탈주'가 시작된다. 상하이 도시문화의 중요한 코드 중 하나인 무희(舞女)라는 직업이 등장하고, 도시적 직업이라 할 수 있는 의사(엘리트이지만 실상 내면은 그렇지 못한)라는 코드가 등장한다. 항해사 자리를 잃고 건축 노동자로 변신하는 한슈라는 인물, 그리고 그가 마지막 장면에서 '은사조'가 상하이를 떠난다는 소식을 듣고 보여주는 모습 등을 통해 감독이 말하고자 하는 의도

를 엿볼 수 있다. 이야기 자체뿐 아니라 상하이라는 공간, 인물의 설정
등이 내·외면의 불일치를 보이는 이중구조로 이루어져 있다고 할 수 있
겠다.

_ **특기사항** ː 흑백 무성 영화

ː 1941년 동명 제목의 유성 흑백 영화(岳楓 감독, 于由 시나리오,
中國聯合影業公司)와는 다른 작품임

_ **핵심어** ː 이주민 역(逆)이주 여성폭행 무희
_ **작성자** ː 임대근

체육황후 體育皇后(QUEEN OF SPORTS)

_ **출품년도** ː 1934년
_ **장르** ː 사회극
_ **상영시간** ː 86분
_ **감독** ː 쑨위(孫瑜)
_ **제작사** ː 聯華影業公司
_ **주요스탭** ː 시나리오(孫瑜) 촬영(裵逸葦)
_ **주요출연진** ː 林瓔(黎莉莉) 雲鵬(張翼) 云雁(殷虛) 蕭秋華(白璐)(何非光)(王默秋)
_ **시놉시스** ː 린잉(林瓔)은 부유한 상인의 딸이지만 어릴 적 할머니와 함께
농촌에서 살았던 탓에 건강한 신체를 가지고 있다. 할머니가 돌아가시자
그녀는 아버지를 따라 상하이로 와서 여자체육전문학교에 입학한다. 코
치인 윈펑(雲鵬)은 린잉이 단거리 달리기에 재능이 있다는 것을 발견하
고 특별훈련을 시킨다. 그녀는 처음 참가한 전국체전에서 50미터, 100미
터, 200미터 신기록을 수립하고 순식간에 유명인사가 된다. 신문에 그녀
의 사진이 실리고 매일 축하파티가 열린다. 같은 학교 친구인 아이청(艾
琤)은 열심히 훈련을 하며 린잉을 이기려고 계획을 세운다. 반면 린잉은
자신에게 쏟아지는 주위의 관심과 찬사에 오만해져서 코치의 충고를 흘
려듣고 훈련을 소홀히 하며 놀러만 다닌다. 어느 날 그녀는 코치의 말을
듣지 않고 데이트를 하러 갔다가 동행했던 부잣집 도련님들에게 희롱을
당하는 곤경에 처하게 되지만 다행히 코치의 도움으로 위기를 모면한다.

그녀는 이 사건을 계기로 자신의 생활을 뉘우치고 다시 훈련에 전념한다. 이듬해 상하이에서 열린 '체육황후'를 가리는 달리기 대회에 참가하지만 친구 추화(秋華)가 이 칭호를 받기 위해 병이 있다는 사실을 숨긴 채 달리다가 경기 도중에 죽는 것을 목격하고 크게 충격을 받는다. 그녀는 스스로 '황후'의 명예를 포기하고 일부러 경기에서 진다. 시합이 끝난 후 린잉은 체육운동에 헌신하여 체육의 참된 정신을 제창하고 발양하는 숭고한 사업에 종사하기로 결심한다.

_ 단평   : 영화 시작과 마지막에 "진정한 스포츠를 위해 헌신하는 이들에게 이 영화를 바칩니다…"라는 자막이 나오고 "중국이 왜 부강하지 못한지 알겠어요. 그 첫 번째 이유가 바로 사람들의 신체가 건강하지 못하기 때문이에요"라고 하는 린잉의 대사나 "건전한 신체가 있어야 건전한 정신도 있다"라고 하는 코치의 대사 등을 통해 체육대중화를 고양시키고자 하는 의도를 엿볼 수 있다. 김정구는 이 영화에 대해 "체육이라는 덕목은 근대기에 새롭게 형성된 근대적 가치였다. 근대와 더불어 등장한 신체의 단련과 건강한 생활에 대한 강조는 근대적 생활 규범으로서 인식되었으며 체육교육은 근대 신교육기관의 필수과목이었다. 특히 근대기 체육교육은 여학교에서 활발하게 이루어졌는데 이는 여성에게 있어서 건강미를 강조하는 사회풍토와 연관해 생각할 수 있는 것이었다. 중국에서 신여성에게 요구되는 덕목은 건강미였으며 신여성의 신체는 근대의 공간을 구성하는 핵심적 전시물이었다. 신여성의 신체에 대한 강조, 여성 체육에 대한 관심은 여성에 대한 남성의 시선을 통해 이루어졌는데 〈체육황후〉는 이러한 사회적 맥락 속에서 만들어진 영화였다"(김정구, 98)라고 평가했다. 한편 "신성해야 할 체육장에 만연한 암흑을 폭로하고 부르주아계급의 우승제일주의를 비판했으며 상층사회에서 행해지는 체육과 그 시합이 부자들의 놀이에 지나지 않는다는 점을 지적했다. 한편 감독은 우승제일주의에 반대하여 '체육대중화'를 주장했지만 이는 사회제도가 뒷받침이 되지 못해 실현되지 못했다"(청지화, 342)는 평가도 볼 수 있다.

영화에서는 상하이의 휘황찬란한 모습과 더불어 상류계층의 허식적인 면을 엿볼 수 있는데, 상하이 부두의 웅장한 유람선, 웅장한 건물과 높은 현대식 빌딩, 큰아버지의 화려한 이층집 등을 통해 당시 상하이 상류사회의 생활공간을 엿볼 수 있다. 이런 상하이의 모습은 린잉이 상하이에 도착해서 "상하이는 참 이상한 곳이에요. 어떤 집은 황궁 같고 어떤 집은 동굴 같아요…. 사람도 이상해요! 어떤 사람들은 말라서 꼭 해골 같고 어떤 사람들은 살찐 돼지 같아요"라고 하는 대사에서 잘 표현되고 있다. 또한 술취한 남자대학생이 린잉에게 추근대다가 받아주지 않자 "정말 모던하지 못하군"이라고 하는 데에서 당시 유행하던 '모던'이라는 의미와 상하이 사회의 가치관을 엿볼 수 있다. 이는 사회적 분위기가 진정한 스포츠정신을 중요하게 여길 수 없다는 것을 알려줌과 동시에 그렇기 때문에 스포츠정신을 널리 알리려는 감독의 의도를 엿볼 수 있는 대목이기도 할 것이다.

_ **특기사항** : 흑백 무성 극영화

: 쑨위 감독이 영화 속의 인력거꾼, 과거 대학운동장에서 장거리 건장(健將: 국가에서 수여하는 최우수 운동선수의 칭호) 역을 맡아 까메오로 출연

_ **핵심어** : 체육황후 달리기 체육대중화 우승제일주의

_ **작성자** : 곽수경

국풍 國風(NATIONAL CUSTOMS)

_ **출품년도** : 1935년
_ **장르** : 사회극
_ **상영시간** : 94분
_ **감독** : 뤄밍유(羅明佑) 주스린(朱石鱗)
_ **제작사** : 聯華影業公司
_ **주요스탭** : 시나리오(羅明佑) 촬영(洪偉烈)
_ **주요출연진** : 張蘭(阮玲玉) 張桃(林楚楚) 張洁(黎莉莉) 陳佐(鄭君里) 伯揚(羅朋)
_ **시놉시스** : 푸셴(朴縣)여자중학교 졸업식장에서 여교장 장지(張洁)는 졸업생들에게 가정, 사회, 국가가 여성에게 부여하는 책임을 명심하라고 독려한다. 장지의 딸 장란(張蘭)과 장타오(張桃)는 미래에 대해 서로 다른 생각을 가지고 있다. 동생 장타오는 사치스러운 생활을 동경하며 상하이

로 진학하겠다고 한다. 저녁에 언니 장란은 사촌오빠 천줘(陳佐)에게서 청혼을 받았다는 소식을 동생에게 말해주려고 하지만 동생이 천줘를 사랑하며 그와 결혼하지 못하면 자살을 하겠다고 하자 동생이 상처를 받을까봐 천줘의 청혼을 거절하고 절교한다.

오래지 않아 장란은 현(縣)의 장학금을 받고 상하이로 진학한다. 장타오는 천줘와 결혼한 후 그의 돈으로 상하이로 공부를 하러 가는데 학교 이사 쉬룽(許榮)의 아들인 보양(伯揚)과 학우가 된다. 장타오는 남편의 경제적 수준이 자신의 사치스러운 생활을 만족시켜주지 못하자 차츰 보양과 가까워진다. 장란은 동생에게 행동을 조심하라고 타이르지만 장타오는 언니가 자신의 사랑을 뺏으려 한다고 생각하고 헛소문을 퍼뜨린다. 장란은 충격을 받고 병이 나서 입원한다. 장타오는 그런 언니를 내버려두고 보양과 함께 고향으로 돌아가버린다. 장지는 큰딸의 입원 소식을 듣고 학교 일을 장타오와 보양에게 맡기고 상하이로 간다. 장지가 상하이에 가 있는 몇 달 사이에 전교에 겉치레를 중시하는 분위기가 만연하게 된다. 천줘가 장타오를 타일러도 그녀는 아랑곳하지 않고 오히려 이혼을 요구한다. 장타오는 천줘와 이혼을 하자마자 보양과 재혼한다. 장지가 학교로 돌아와 교풍이 부패했음을 통감하고 장타오와 보양을 사직시키지만 쉬룽의 반대에 부딪혀 오히려 자신이 퇴직을 당한다.

장지는 천진한 학생들이 무고하게 피해를 입는 것을 견딜 수가 없어 천줘 등과 연합해서 대외적으로 연설을 발표하여 국풍을 정돈할 것을 호소한다. 마침내 전체 현의 사람들과 장지, 보양을 감동시키고 장란과 천줘도 예전의 우정을 회복하고 장지를 도와 교풍을 정화한다.

_단평   : 뤄밍유(羅明佑)가 국민당의 지시로 '신생활운동'을 고취하기 위해 찍은 영화이다. '신생활운동'이란 국민당이 1934년 제5차 반혁명 '포위섬멸(圍剿)'을 가속화하고 인민의 항일민주운동을 탄압할 때 군중을 우민화하고 그들의 반항의지를 마비시키며 반혁명통치를 공고히 하기 위해 제기한 것이다. 그 실질은 봉건도덕을 선전함으로써 사람들의 혁명사상을 억압하는 것이었다고 하는데, 영화에서도 장란과 장타오를 선악으로 대비시켜놓고 교화적 의도를 드러내 보이고 있다.

_ 핵심어   : 여성 사치 이혼 정풍 신생활운동
_ 작성자   : 곽수경

대로 大路(THE HIGHWAY)

_ 출품년도   : 1935년 1월 1일
_ 장르   : 멜로/혁명
_ 상영시간   : 102분
_ 감독   : 쑨위(孫瑜)
_ 제작사   : 聯華影業公司
_ 주요스탭   : 시나리오(孫瑜) 촬영(裴逸葦) 미술(劉景云) 음악(孫瑜 孫師毅 安
   娥 聶耳 任光) 녹음(司徒慧敏 周駿)
_ 주요출연진 : 金哥(金焰) 丁香(陳燕燕) 茉莉(黎莉莉) 鄭君(鄭君里) 小羅(羅明)
   老張(張翼) 韓小六子(韓蘭根) 章大(章志直)
_ 시놉시스   : 27년 전, 진거(金哥)의 어머니는 피난 중에 죽게 되는데 어린 아
   들을 남편에게 맡기며 "아이를 안고 빨리 가세요, 길을 찾아서, 앞만 보
   고 가세요."라는 유언을 남긴다. 그로부터 20년이 흐르고 진거는 건강한
   청년으로 성장하여 뜻이 통하는 여러 친구들을 만나게 된다. 묵묵하고
   강직한 라오장(老張), 진실하고 의리가 있는 장다(章大), 꾀가 많은 한샤
   오류쯔(韓小六子), 어린 샤오뤄(小羅), 총명하고 박식한 정쥔(鄭君)과 함
   께 진거는 도시에서 착취당하는 생활을 접고 내륙에서 군사용 도로를 만
   드는 작업대에 참가한다. 도로 건설이 한창인 현장에는 이들의 식사를
   담당하는 정씨네 식당이 있는데 식당주인 딸 딩샹(丁香)과 예인 출신인
   모리(茉莉)가 함께 식당일을 돕고 있다. 전시 상황은 긴박하게 변하고 현
   장 작업대와 군인들은 밤낮없이 공정을 진행하는데 적군은 이 길이 자신
   들에게 불리하다고 판단하고 인근의 매국노를 시켜 공정을 막도록 한다.
   매국노는 작업대에서 영향력이 있는 진거와 친구들을 집으로 초대하여
   이들을 매수하려고 하지만 뜻대로 되지 않자 그들을 지하 감옥에 가둔
   다. 딩샹과 모리는 그들이 돌아오지 않자 음식을 배달한다는 명목으로
   그 집에 찾아가 꾀를 써서 구출한다. 도로가 개통된 직후 적기의 습격을

받게 되고 이 자리에서 진거와 친구들은 길을 보호하기 위해 투쟁하다가 모두 전사한다. 유일하게 살아남은 딩샹은 마침내 군대가 이 길을 따라 전진하는 것을 보면서 진거와 청년들이 앞으로 나아가는 것 같은 환상에 빠진다. 이때 멀리서 '대로가(大路歌)'가 울려 퍼진다.

_ 단평   : 이 영화는 감독이자 시나리오를 쓴 쑨위의 작품으로, 비슷한 시기 그의 다른 작품과 마찬가지로 사회적 주제들을 대중적 감성으로 담아내는 데 성공한 영화로 평가받는다. 국민당의 영화 검열로 직접적인 정치성을 노출시킬 수 없었다는 점은 오히려 이 영화의 대중적인 코드를 돋보이게 하는 기제로 작용한다.

먼저, 신체 미학적 관점은 〈대로〉를 읽는 중요한 코드이다. 도로건설 현장에서 일하는 남성 노동자의 육체는 강렬한 페티쉬로 전시된다. 특히 그들이 강가에서 목욕하는 씬이나 남성들을 하나씩 호명하여 상상하는 모리의 시선에서 그들의 육체는 클로즈업을 통해 대상으로 재현되고 욕망된다. 모리의 시선은 일방적으로 권력화된 시선을 분열시키는, 혹은 되돌려줌으로써 주체적인 시선을 확보하고자 하는 감독의 의도로 읽을 수 있다.

두 번째로, 영화에 삽입된 노래 씬에 주목할 수 있다. 1930년대 중국영화에 빈번하게 등장하는 노래 씬이 사랑의 슬픈 감정이나 식민지적 상황을 효과적으로 전달한 것처럼, 이 영화에서도 사랑의 감정을 전하는 '연연가(燕燕歌)'나 현실적 재난을 슬퍼하는 '봉황가(鳳凰歌)' 역시 이러한 역할을 한다. 특히 '봉황가'를 부르는 노래 씬에서 모리의 시선과 그녀를 바라보는 관객의 시선 사이에 전쟁 관련 다큐멘터리가 삽입되면서 쇼트-리버스 쇼트라는 인과관계의 구도가 파괴되고 시선의 확장이 확보된다. 캐릭터, 관객, 중국 민중으로 파고드는 시선의 확장은 사회적 메시지를 선동적으로 전달하는 일방적인 방식이 아니라 기존 형식의 틀을 파괴하면서 파생되는 간극을 통해서 주체적인 인식의 시공간이 확보되면서 리얼리티의 진정성을 극대화시킨다. 한편 이 노래 씬은 할리우드 뮤지컬 양식이 중국화를 거치면서 만들어낸 협상과 중재의 번역물로 볼 수 있다.(김정구 2004, 89-90)

이 영화의 결말 처리 또한 특기할 만하다. 영화의 서사적 측면에서 '밝은 결말(光明的尾巴)'로 불리는 보편적인 결말 처리는 1930년대 영화 관객과의 협상의 장으로서 위치하는데, 〈대로〉에서는 주인공들의 죽음이라는 비극적 결말이 선행되고 난 후 딩샹의 시선 속에서 환상으로 되살아난다. 모리의 시선과 동일시되던 관객들은 현실의 비극성을 환상 양식을 통해서 벗어나게 되는 것이다. 환상 시퀀스는 그 자체로 완전히 '현실적'이지도 완전히 '비현실적'이지도 않는 그 둘 간의 어딘가에 놓이기 때문에 관객은 '그 현실 너머'의 그 어느 곳을 상상할 수 있는 공간을 부여받을 수 있다는 점에서 의미가 있다.(김정구 2004, 92-93)

_ **특기사항**　: 샤엔(夏衍)은 이 영화 시나리오 제작에 적극적으로 개입하는데, 몇 차례의 토론과 수정을 거쳐 시나리오가 완성되었다.(程季華, 342)

　　　　　　: 영화에 사용된 노래 중 '대로가(大路歌)'와 '도로건설 선봉가(開路先鋒歌)'는 네얼(聶耳)이 작곡한 것으로 항일 열기가 높았던 당시 대중적으로 유행한다.(程季華, 343)

_ **핵심어**　: 대로 식민전쟁 민족 계급 식민성
_ **작성자**　: 노정은

사악한 미녀 蛇蝎美人

_ **출품년도**　: 1935년
_ **장르**　: 사회/멜로
_ **감독**　: 양샤오중(楊小仲)
_ **제작사**　: 聯華影業公司
_ **주요스탭**　: 시나리오(楊小仲)
_ **주요출연진**　: 許大(張翼) 許부인(陳燕燕) (梁賽珍) 王默秋(王桂林)
_ **시놉시스**　: 쉬다(許大)는 도시생활을 동경하여 홀로 돈을 벌러 상하이에 온다. 그는 택시기사 일을 찾고 생활이 안정되자 아내, 두 아들과 함께 상하이에서 살게 된다. 어느 날 그는 무도장 앞에서 손님을 기다리다가 우연히 돈이 많은 황리잉(黃梨影)이라는 여자를 만난다. 리잉은 꽃뱀 미인이라는 별명을 가지고 있는 여성으로 많은 남성을 사귀는 여자였다. 그녀

는 쉬다의 체구가 우람한 것을 보고 그를 고용해서 자신의 집으로 데리고 간다. 쉬다는 점점 리잉의 노리개로 전락하고 점차 아내를 멀리한다. 아내는 좋은 말로 충고를 하지만 그는 오히려 아내를 꾸짖고 나가버린다. 아들이 아버지를 쫓아가다가 차에 치어 참혹하게 죽는다. 아내는 충격으로 울분과 병을 얻어 고향으로 돌아간다. 얼마 후 쉬다에게 싫증이 난 리잉은 쉬다를 버리고 새 애인을 만난다. 쉬다는 가족도 버리고 리잉을 받들었지만 리잉에게 비난을 받자 그제야 자신은 그녀의 노리개에 불과했다는 사실을 깨닫는다. 그리고 고향으로 돌아와 아내를 찾지만 아내는 죽어가고 있다. 아내는 쉬다에게 예전처럼 열심히 살라는 말을 남기고 숨을 거둔다. 가족을 모두 잃은 쉬다는 울분을 참지 못하고 복수를 하기 위해 밤중에 무도장 앞에서 리잉을 기다린다. 리잉이 차에 오르자 그는 차를 몰고 황량한 산속으로 데리고 간다. 깊은 계곡에 이르자 쉬다는 리잉과 함께 벼랑에 떨어져 죽으려고 한다. 하지만 쉬다는 아내가 죽기 전에 한 말이 떠올라 자신의 죄를 깨닫고 차를 세운다.

_ **특기사항**   : 흑백 무성 영화

      : 일명 〈漩渦〉

_ **핵심어**   : 택시기사 꽃뱀 노리개 복수 여성 도시

_ **작성자**   : 조병환

시대의 영웅 時勢英雄(BUSINESSMEN IN A WAR)

_ **출품년도**   : 1935년

_ **장르**   : 사회극

_ **상영시간**   : 120분 추정

_ **감독**   : 잉윈웨이(應云衛)

_ **제작사**   : 藝華影業公司

_ **주요스탭**   : 시나리오(洪深) 촬영(周克)

_ **주요출연진** : 趙德雄(尙冠武) 周緩麗(胡萍) (葉娟娟) (馬陋芬) (王乃東) (万籟天)

_ **시놉시스**   : 1차 세계대전이 발발한 후 염료 수입이 중단되자 내지(內地)의 염색공장 주인 자오더슝(趙德雄)은 물량을 대량으로 보유하고 있었던 덕

에 일약 거부가 되어 상하이로 와서 빌딩을 짓는다. 하지만 빌딩 낙성일이 되었는데도 자오더슝은 이름이 알려지지 않아 유명한 부자들을 초대할 수가 없어 적적한 마음을 가누기 힘들다. 마침 상하이의 지역명사가 장가화원(張家花園)을 빌려 어떤 성(省)의 가뭄재해를 구제하기 위한 자선행사를 연다. 자오더슝은 그 기회에 거액을 기부하고 이름이 나 지방 명사들과 왕래를 하게 된다. 이어 군벌 리(李)장군과도 면식을 트게 되어 군비 지원을 하고 의형제를 맺는다. 유럽 전쟁이 절정에 다다랐을 때 자오더슝은 실업구국을 하기 위해 비단공장을 지으려고 한다. 그는 리장군의 권세를 빌어 이웃 자오중구이(趙仲貴)의 조상묘지에 실크공장을 지어 자오중구이의 원성을 사게 된다. 자오중구이는 보복을 하기 위해 부동산을 모두 팔아 거액의 현금을 담보로 후이덩(惠登)은행매판이 되어 기세등등함을 뽐낸다. 또 아들 위장(裕章)은 외국에 유학을 보낸다.

전쟁이 끝나자 제국주의는 중국에 대한 경제 침략을 더욱 가속화하여 외국자본이 상하이로 들어오게 되자 국산품공업은 타격을 입는다. 자오더슝의 기업은 외국자본과 경쟁할 힘이 없어 비단공장 영업 실적이 끝없이 하락하게 된다. 자오더슝은 자금이 부족해 부득이하게 공장을 담보로 외국금융매판 자오중구이에게 사정해서 후이덩은행에서 대출을 받고 딸을 그의 아들 위장에게 시집보내기로 약속한다. 그러나 위장은 이미 자오더슝의 외국어담당 비서 만리(縵麗)와 사랑하는 사이였기 때문에 그녀를 통해 비단공장의 내정을 알고 있던 차 부자가 공모해서 자오더슝의 비단공장을 빼앗는다. 자오더슝은 딸을 데리고 위장에게 와서 인정을 호소하지만 거절당한다. 자오더슝은 가까운 친척을 중간에 내세워 한 거부와 손을 잡고 북쪽에서 식량을 매점매석하여 경제 위기를 벗어나려고 한다. 그러나 뜻하지 않게 전쟁이 일어나 남쪽으로 운반하던 식량 운반차가 전복된다. 자오더슝은 이로 인해 회복할 수 없는 타격을 입고 미치게 된다.

_ **특기사항** : 흑백 유성 극영화이며 원명은 〈노인〉이다.
_ **핵심어** : 금융매판 실업구국 민족자본 매점매석 비단공장
_ **작성자** : 곽수경

삶의 시작 人之初(THE BEGINNING OF LIFE)

_ **출품년도**   : 1935년
_ **장르**   : 사회노동
_ **감독**   : 스둥산(史東山)
_ **제작사**   : 藝華影業有限公司
_ **주요스탭**   : 시나리오(史東山) 촬영(周克)
_ **주요출연진** : 張榮根(魏鶴齡) 素珍(胡萍) 黃子敬(王乃東) 張小根(王引) 金弟
  (袁美雲)
_ **시놉시스**   : 장룽건(張榮根)은 쁘띠부르주아지 출신이다. 8국 연합군이 베
  이징에 진주했을 때 파산하여 쑤저우(蘇州)까지 흘러들었다가 뱃사람이
  되어 얼마 안 되는 수입으로 늙은 아버지와 처자식을 돌본다. 하루는 동
  업자와 싸움을 벌여 부상을 입는다. 아내 쑤전(素珍)은 임신 9개월 상태
  로 부잣집 황쯔징(黃子敬)의 집에서 일을 하다 소식을 듣고 달려온다. 충
  격을 받은 아내는 아들을 출산하지만 가난 때문에 기를 수가 없어 황씨
  집안으로 보낸다. 1차 세계대전 기간에 중국의 민족 산업은 전기를 맞게
  되고 방직공장이 흥성하게 되어 룽건 부부와 큰 아들 샤오건(小根)이 황
  씨의 방직공장에 취직을 한다. 20년 뒤 쑤전의 둘째 자쥐(家駒)가 외국
  유학을 마치고 돌아와 아버지 황씨의 가업을 잇는다. 룽건 부부는 희비
  가 교차한 채 매일 그를 훔쳐보는 것으로 위안을 삼는다. 전쟁이 끝나고
  외국 자본이 상하이로 들어오면서 황씨의 공장은 경쟁력을 잃고 곤경에
  처한다. 황쯔징은 자쥐의 생각대로 설비를 바꾸고 직원을 감원키로 한
  다. 노약자들이 우선 해고 대상자로 선정되는데 룽건도 그 안에 속한다.
  룽건은 아들과 관련된 이야기를 꺼내 공장에 남고자 한다. 그러나 황쯔
  징은 자쥐에게 사실을 알릴까봐 거짓으로 무마한다. 쑤전은 몸이 약했던
  데다 아들을 보고 나서 시름이 깊어져 점점 병세가 악화된다. 룽건은 어
  쩔 수 없이 몰래 자쥐의 사무실에 들어가 사진을 훔쳐옴으로써 아내를
  위로하려 하지만 수위에게 발각되고 절도죄로 체포된다. 판결이 있는
  날, 룽건은 지난 일과 사진을 훔친 일들을 상세히 밝힌다. 이로써 사회적

으로 사건이 알려지게 되는데도 황씨 집안에서 일을 잘 꾸며 자취는 부모를 알아보지 못한다. 이후 룽건은 투옥당하고 아내는 분을 이기지 못하고 죽는다. 룽건은 투옥 기간 동안 혁명가에게 계몽을 받아 어려운 생활의 근원이 제국주의 침략 때문이라는 사실을 알고 출옥하여 샤오건과 함께 의용군에 가담한다.

_ **단평**　　: 중일전쟁 시기에 주로 항일영화 제작으로 이름을 날린 스둥산 (史東山) 감독의 작품이다. 그는 1920년대 중반부터 영화에 입문한 뒤 1932년 이후 유미적인 경향을 보이는 작품을 주로 선보였는데, 이 영화 또한 중일전쟁이 발발하기 이전 1930년대 초·중반에 제작했던 일련의 영화들, 예컨대 〈분투(奮鬪)〉(1932), 〈여인(女人)〉(1934), 〈장한가(長恨歌)〉(1936), 〈광란의 밤(狂歡之夜)〉(1936), 〈청년행진곡(靑年進行曲)〉(1937) 등의 영화들과 더불어 그러한 부류 중 하나로 여겨진다.(李道新, 177) 리다오신은 아울러 이 영화를 1930년대 초 사회적 책임을 강조한 영화들 중 계몽과 구망 정신이 두드러진 작품의 하나로 손꼽고 있으나(李道新, 129) 남겨진 시놉시스에 의거할 때 실상은 가족의 이산(離散)이라는 사적 체험을 1차 세계대전과 제국주의의 침략, 혁명과 계몽 등과 같은 공적 서사와 연결시키고 있는 점이 부자연스럽게 보이는 측면도 없지 않다. 특히 결말 부분 중 룽건이 투옥 중에 혁명가의 계몽을 통해 이와 같은 생활의 근원을 제국주의의 침략으로 인식하는 과정과 그 이후 의용군에 가담하는 내용 등이 얼마만큼 개연성을 확보하고 있는지는 의문이다. 당시 많은 영화가 이와 같이 결말 부분에서 주인공의 각성을 보여줌으로써, 즉 사적 체험의 공적 서사화를 실현하고 있는데, 그 자체의 영화적 성패는 논외로 하더라도, 이러한 특성이 1930년대 상하이를 중심으로 한 중국 영화를 '좌익영화'라고 명명할 수 있게 하는('좌익영화'라는 명명 자체도 많은 논쟁을 불러일으키고 있기는 하지만) 중요한 근거가 될 것이다.

_ **특기사항**　　: 흑백 유성 영화

　　　　: 다른 제목으로 〈노인(老人)〉이 있음

　　　　: 1935년 6월 6일 상하이 진청대극장(金城大戲院)에서 개봉

　　　　: 이후 동명의 영화가 여러 차례 제작되었으나(1951, 홍콩; 吳家

驥 감독, 1963, 홍콩 電影懋業公司; 鄭洞天 감독, 1992, 대륙 兒童電影制
片廠) 이 영화와의 상관성은 불분명함
_ **핵심어**　　: 입양 가족문제 이산(離散) 1차세계대전 방직업
_ **작성자**　　: 임대근

자유의 신 自由神(GODDESS OF FREEDOM / STATUE OF LIBERTY)

_ **출품년도**　: 1935년
_ **장르**　　　: 생활 극영화
_ **감독**　　　: 쓰투후이민(司徒慧敏: 실명은 夏衍)
_ **제작사**　　: 촨퉁영화사(電通影片公司)
_ **주요스탭**　: 시나리오(夏衍) 촬영(楊霽明)
_ **주요출연진** : 陳行素(王寶) 林雲彬(施超) 楊棣華(周伯勛) 湯季雲(吳湄) 周范
　　　　　　(顧夢鶴)
_ **시놉시스**　: 1919년 여름, 5·4운동의 영향을 받은 여학생 천싱쑤(陳行素)는
　　　　　　봉건적인 집안의 반대를 무릅쓰고 사랑하는 린윈빈(林雲彬)과 고향 항저
　　　　　　우(杭州)를 떠나 상하이로 도망간다. 윈빈은 상하이의 진보적 성향의 신
　　　　　　문사에서 일하고 싱쑤는 집에서 글을 쓴다. 얼마 후, 둘에게는 아들이 생
　　　　　　기고 반(反) 5·4운동의 여파로 진보적 신문이 정간되자 윈빈은 친구들
　　　　　　과 혁명의 근원지 광저우(廣州)로 간다. 그곳에서 윈빈은 혁명 운동에 종
　　　　　　사하고 싱쑤는 여성 운동에 참여한다. 1925년 6월 23일 사지로(沙基路)
　　　　　　참사가 있고 나서 윈빈은 반제(反帝) 투쟁 중에 희생당한다. 병원에서 윈
　　　　　　빈의 유체(遺體)와 고별하던 싱쑤는 우연히 항저우에서 친구로 지내던
　　　　　　병원장 양디화(楊棣華)를 만난다. 그는 그들 모자(母子)를 집에 머물도록
　　　　　　하면서 간호사 탕지윈(湯季雲)에게 잘 보살펴주라고 한다. 지윈은 애초
　　　　　　에 디화를 사모했지만 디화가 싱쑤를 마음에 두고 있다는 사실을 알고
　　　　　　고통스러워한다. 북벌(北伐)이 시작되자 싱쑤는 군대를 따라 북쪽으로
　　　　　　가던 중에 청년 장교 저우판(周范)과 애정이 싹튼다. 북벌군이 상하이로
　　　　　　진군하면서 싱쑤는 저우판에게 가정이 있다는 사실을 알고 절교한다.
　　　　　　1932년 1·28 항전이 시작되고 전란 중에 싱쑤는 아들을 잃어버리지만,

마음의 고통을 극복하고 고아원에 투신하여 전쟁 중에 갈 곳을 잃은 아이들을 돌본다.

_ 단평   : 고도의 개괄적인 서술방식을 이용해 측면으로부터 1919년에서 1925년 사이에 벌어진 중국 사회의 역사적 상황을 펼쳐내고 있다. 영화에서 다큐멘터리 장면의 영상은 시대적 역사적 분위기를 더욱 풍성하게 한다.

_ 특기사항   : 흑백

_ 핵심어   : 5·4운동 반제반봉건(反帝反封建) 사지로(沙基路)참사 여성운동

_ 작성자   : 김정욱

버림받은 여자 秋扇明燈(AN ABANDONED WOMAN)

_ 출품년도   : 1935년

_ 장르   : 생활 극영화

_ 감독   : 탄유류(譚友六)

_ 제작사   : 렌화영화사(聯華影業公司)

_ 주요스탭   : 시나리오(譚友六) 촬영(姚士泉)

_ 주요출연진 : 史曼雲(黎莉莉) 馮志樂(顧夢鶴) 王少駿(蔣君超) 杜母(黃筠貞) 史父(尙冠武) 吳仙舫洪警鈴) 杜文英(貂斑華)

_ 시놉시스   : 부잣집 아들 펑즈러(馮志樂)는 대학 진학을 위해 상하이로 떠나기 전 여자 친구 스만윈(史曼雲)에게 청혼한다. 스만윈은 겨울방학에 고향으로 돌아온 펑즈러를 마중하러 갔다가 태풍으로 펑즈러의 집에서 하룻밤을 지낸다. 다음 날 집으로 돌아간 스만윈은 아버지에게 꾸지람을 듣고 펑즈러를 따라 상하이로 가서 공부를 한다. 얼마 지나지 않아 임신을 한 스만윈은 학교를 그만둔다. 새로운 것을 좋아하던 펑즈러는 사교계의 여자 두원잉(杜文英)과 사랑에 빠진다. 스만윈은 남편이 진실하지 않고, 고향에 계신 아버지의 병이 위중해 황급히 가느라 아이를 고용인에게 맡긴 채 펑즈러에게 쪽지를 남기고 고향으로 돌아간다. 스만윈은 아버지의 장례를 치르고 상하이로 돌아오지만 펑즈러는 그녀가 집안의 물건을 훔쳐 달아났다며 신문에 기사를 내고 관계를 끊겠다고 한다. 펑즈러는 낙향하여 가산(家産)을 정리하고 베이징으로 가서 법률을 공부한

다. 2년이 지나 펑즈러의 돈이 바닥나자 두원잉은 알고 지내던 왕사오쥔 (王少駿)과 결혼하게 되고, 펑즈러는 실수로 왕사오쥔을 살해하여 12년 형을 선고받는다. 출옥해서 신문팔이를 하는 펑즈러는 상하이에서 변호 사가 된 스만윈을 찾아갈 면목이 없다. 어느 날, 식품점 앞에서 두원잉이 비명횡사를 하는데, 범인은 거지소년이다. 스만윈은 거지소년의 변호를 맡게 되는데, 거지소년의 이마에 난 상처를 보고 15년 전 자신이 잃어버 린 아들임을 알게 되지만 소년을 무죄로 변론하기란 쉽지 않다. 판결하 는 날, 방청석에 있던 펑즈러가 자신이 범인이라고 자수한다. 펑즈러는 다시 감옥에 가지만 아들과 아내의 용서를 위안으로 삼는다.

_ **특기사항** : 흑백 무성 영화
_ **핵심어** : 신문 공고 법률 사교계의 여자(交際花)
_ **작성자** : 김정욱

폭풍우 暴風雨

_ **출품년도** : 1935년 10월 2일
_ **장르** : 멜로/사회
_ **감독** : 위안충메이(袁叢美)
_ **제작사** : 藝華影業有限公司
_ **주요스탭** : 시나리오(袁叢美) 촬영(吳蔚云) 미술(方沛霖) 녹음(顧宗義)
_ **주요출연진** : 袁美云 袁叢美 魏鶴齡 倉隱秋 王乃東
_ **시놉시스** : 중년의 기계설계사 비서로 있던 웨이밍다(魏明達)는 직장을 잃 고 딸 링링(玲玲)과 상하이로 가지만 불경기에 일자리를 찾기란 쉽지 않 다. 두 달이 지나도록 일자리를 찾지 못한 밍다는 방값을 내지 못해 여관 에서 쫓겨나는데, 그날 저녁 폭풍우가 몰아치면서 딸 링링이 병이 난다. 밍다는 딸을 치료하기 위해 부두에서 하역 일을 하게 되고 이 사실을 알 게 된 링링은 아버지를 돕기 위해 이웃집 아줌마를 따라 다니다가 뉴얼 (牛兒)을 알게 된다. 그러나 얼마 지나지 않아 하역장에 사고가 나면서 밍 다는 해고되고 링링 역시 자동차 사고를 당한다. 생활을 위해 밍다는 상 하이에 올 때 같은 배를 탔던 서양인 가무단의 무거운 광고판을 들고 종

일 거리를 돌아다니며 선전하는 일을 하게 된다. 그러던 어느 날 전쟁이 발발하자 상하이 시내에는 마치 폭풍우처럼 폭탄이 쏟아져 내리고 밍다는 폭탄 연기가 자욱한 거리에서 링링을 찾아 헤맨다.

_ **단평**   : 1934~1935년경, 국민당의 검열과 탄압의 가장 직접적인 대상이 되었던 영화사가 이화(藝華)일 정도로 이화는 좌익계열 인사들의 주요 진영이었다. 결국 흥행과 검열을 고려해 이화는 1936년 〈化身姑娘〉과 같은 상업영화를 제작하면서 '연성' 영화 논쟁의 도화선이 된다. 영화 〈폭풍우〉는 바로 전쟁의 참혹상과 실업으로 인한 고통을 중첩적으로 보여주는 초기 '이화' 류 영화의 전형적 작품이다. 특히 상하이라는 식민 공간의 특수성은 실업으로 고통받는 주인공이 결국 서양인 가무단을 위해 일용직을 맡는 장면에서 극대화된다. 그러나 당시 반제, 구국을 주제로 한 영화는 도시 중산층의 취향을 반영하지 못하면서 관객으로부터 외면당했다.

_ **특기사항**   : 흑백 유성 영화

              : 일명 〈희생자(犧牲者)〉

              : 여주인공 위안메이윈(袁美云)은 어려서부터 경극에 재능을 보여 톈이(天一)영화사의 사오쭈이웅(邵醉翁)에게 발탁되어 극영화로 데뷔했다. 그러나 그녀의 본격적인 영화인생은 이화영화사에서 꽃피우게 된다. 당시 좌익 계열의 영향을 받았던 이화에서 메이윈은 〈中國海の怒潮〉, 〈逃亡〉, 〈人之初〉 등의 작품에 출연했다. 그러나 그녀가 가장 대중적인 주목을 받은 것은 〈化身姑娘〉였다. 이 작품은 후속편까지 만들어질 정도로 인기를 얻었는데 여기에서 메이윈은 남장 여성으로 등장하면서 인기몰이의 주역이 되었을 뿐만 아니라 연기 폭을 넓혔다는 평가를 받았다. 그러나 이 작품은 이화의 대표작품과는 달리 기형적인 로맨스를 다룬 상업적 작품이라는 점, 당시 중일전쟁의 시국에서 현실도피적이라는 점 등을 이유로 '연성' 영화논쟁의 중심에 놓이기도 했다.

_ **핵심어**   : 실업 식민지 전쟁 서양가무단
_ **작성자**   : 노정은

_ 출품년도   : 1935년

_ 장르   : 전쟁/멜로

_ 상영시간   : 90분

_ 감독   : 쉬싱즈(許幸之)

_ 제작사   : 電通影片公司

_ 주요스탭   : 시나리오(田漢, 夏衍) 촬영(吳印咸)

_ 주요출연진 : 阿鳳(王人美) 梁質夫(顧夢鶴) 辛白華(袁牧之) 여자친구(陸露明)

　　　　　　　施부인(談瑛) (王桂林)

_ 시놉시스   : '1932년 상하이' 라는 자막과 함께 영화가 시작된다. 9·18사변
이 일어나자 둥베이(東北) 출신의 청년 시인 신바이화(辛白華)와 대학생
량즈푸(梁質夫)는 상하이로 흘러들어 서쪽 지역에 산다. 두 사람은 가난
하지만 2층에 사는 소녀 아펑(阿鳳)과 그녀의 어머니를 도와준다. 그들의
앞집에 사는 집주인은 막 이혼을 한 스(施)부인으로, 그녀는 문예를 좋아
하여 신바이화에게 특별한 호감을 가진다. 어느 날 신바이화와 스부인은
파티에서 만나 이야기를 나눌 기회를 가지게 된다. 한편 아펑의 모친은
갑작스레 병이 나서 량즈푸가 자기 여자친구가 일하는 핑민(平民)병원으
로 데려가지만 죽고 만다. 신바이화는 아펑을 불쌍하게 여겨 자기 집에
데리고 있으면서 원고료로 학교에 보내준다. 량즈푸는 혁명을 위해 일하
는 친구에 연루되어 투옥된다. 신바이화는 스부인의 집에서 하룻밤을 지
낸 후 그녀와 동거를 하게 된다. 아펑이 외톨이가 되자 신바이화는 량즈
푸의 여자친구에게 부탁하여 가무단에 들어가게 해준다.

　　　량즈푸는 보석으로 출옥한 후 북상해서 항일에 투신하지만 신바이화
는 스부인과 함께 칭다오(青島)로 피난한다. 화베이(華北)의 형세가 긴박
해지자 가무단은 화베이 각지를 순회공연 다니다가 칭다오에 이르게 되
고 아펑은 신바이화를 만나게 된다. 신바이화가 계속 스부인과 함께 있
는 것을 보고 아펑은 크게 실망한다. 아펑이 주연한 〈철 발굽에 짓밟힌
여가수(鐵蹄下的歌女)〉가 신바이화의 애국적 열정을 불러일으키지만 그

는 끝내 스부인의 굴레를 벗어나지 못한다. 하지만 신바이화는 량즈푸가 구베이커우(古北口)에서 장렬하게 죽었다는 소식을 듣고서야 단호히 피난 생활을 청산하고 화베이항전의 최전방으로 나아간다. 만리장성 근처에서 신바이화가 아펑을 다시 만났을 때 진군의 나팔이 울리고, 두 사람은 병사, 군중들과 함께 적을 향하여 돌격한다.

_ 단평   : 영화는 두 젊은이가 각성한 이야기를 통해 전국 인민의 항일에 대한 간절한 바람을 표현하고 있다. 영화 속의 스부인이 '엘리제를 위하여'를 연주하는 장면이나 스부인과 신바이화의 키스 장면이 정면으로 촬영된 것은 당시로서는 상당히 파격적인 장면이라고 할 수 있다. 이러한 장면들을 통해 당시 상하이 상류계층의 서구화된 생활과 가치관을 엿볼 수 있다. 한편 "아펑을 학교에 보내자. 지금의 학교는 요조숙녀를 양성하는 것이 아니다. 여자도 당연히 학교를 다녀야 한다"라는 대사를 통해 시대에 따른 여성의 역할과 지위의 변화를 엿볼 수 있다.

_ 특기사항   : 흑백 유성 극영화

            : 1935년 처음 스크린에 얼굴을 알렸고 〈거리의 천사(馬路天使)〉(1937)에서 여주인공을 맡아 유명해졌던 저우쉬안(周璇)이 이 영화에서 단역의 무희를 연기했다.

            : 톈한(田漢)이 작사를 하고 녜얼(聶耳)이 작곡한 주제곡 '의용군행진곡(義勇軍進行曲)'은 역동적이고 호방한 격정과 우렁차고 격앙된 선율을 지니고 있어 중화인민공화국 건국 후 국가로 채택되었다.

_ 핵심어   : 항일 상하이사변 순회공연 '의용군행진곡'

_ 작성자   : 곽수경

향수 鄕愁

_ 출품년도   : 1935년
_ 장르   : 멜로/사회극
_ 감독   : 선시링(沈西笭)
_ 제작사   : 明星影片股份有限公司
_ 주요스탭   : 시나리오(沈西笭) 촬영(周詩穆)

_ **주요출연진** : 楊瑛(高倩苹) 闊나으리(孫敏) 梅華(梅熹) 楊부인(宣景琳) 楊노
인(蕭英)

_ **시놉시스** : 양잉(楊瑛)과 메이화(梅華)는 초등학교 교사부부이다. 그들은
작은 시골 마을에서 의용군인 양잉의 오빠 양즈슝(楊志雄)과 함께 세 아
이와 양잉의 부모를 모시고 살고 있다. 정세의 변화로 메이화는 고향을
떠나 상하이로 도피한다. 전쟁이 터지자 양즈슝은 참전하고, 그 와중에
양잉의 아버지와 어린 아이들이 목숨을 잃는다.

양잉은 메이화를 찾기 위해 정신병자가 된 어머니를 모시고 상하이로
온다. 이웃인 부자 쿼(闊)나으리는 음심을 품고 양잉을 비서로 삼는다. 쿼
나으리의 집에서 연회가 벌어지던 날, 고향 생각에 잠겨 있던 양잉은 마
침 전해들은 의용군의 참패 소식에 참담한 마음을 금할 길이 없다. 주연
이 끝난 후 쿼나으리는 술기운을 빌어 양잉의 집을 찾아와 그녀를 겁탈
하려 한다. 양잉의 저항에 쿼나으리는 부상을 입게 되고, 양잉은 폭행죄
로 수감된다.

메이화는 신문을 통해 이 사실을 알고 양잉을 찾는다. 얼마 후 양잉이
출소하자 부부는 재회한다. 하지만 상하이의 전쟁은 갈수록 심해지고,
메이화는 이런 상황에 분노하여 "중국의 민족정신은 어디로 갔는가? 중
국의 청년들은 어디에 있는가?"라고 외친다.

_ **특기사항** : 흑백 무성 영화
_ **핵심어** : 부부의 이별 여주인공의 성적 부도덕한 상류층 전쟁 절망적 상황
_ **작성자** : 유경철

형제행 兄弟行(BROTHERS)

_ **출품년도** : 1935년 1월 1일
_ **장르** : 멜로
_ **상영시간** : 1시간 30분
_ **감독** : 청부가오(程步高)
_ **제작사** : 明星影片公司
_ **주요스탭** : 시나리오(徐卓呆) 촬영(王士珍)

_ **주요출연진** : 白慧玉(胡蝶) 鍾啓之(高占非) 方志芳(朱秋痕) 嚴立人(蕭英) 白
潤卿(嚴工上) 嚴德馨(梁開元) 鍾祥麟(沈駿)

_ **시놉시스** : 고등학교를 막 졸업한 바이후이위(白慧玉)는 공부에 대한 열정
으로 아버지 바이룬칭(白潤卿)의 허락을 얻어 상하이 모 대학에 입학한
다. 학교를 다니던 중 동창의 소개로 의과대학을 졸업한 중치즈(鍾啓之)
를 만나 첫눈에 반한다. 얼마 후 아이를 갖게 된 바이후이위는 치즈에게
결혼을 요구하지만 중치즈는 오히려 냉담한 태도를 보인다. 결국 이 사
실을 알게 된 중치즈 어머니의 권유로 결혼을 하지만 결혼 후에도 중치
즈는 바이후이위를 냉대하면서 밖으로만 돈다. 이전부터 중치즈에게 관
심을 갖고 있던 사촌 팡즈팡(方志芳)은 이들 결혼에 문제가 있음을 알고
중치즈에게 접근해서 이혼을 종용한다. 이 사실을 알게 된 바이후이위는
투신자살을 기도하지만 한 노파가 그녀를 구하고 거기에서 아들을 출산
한다. 하지만 바이룬칭은 아이를 노파에게 맡기고 후이위를 집으로 데려
와서 부호인 옌리런(嚴立人)과 결혼시킨다. 결혼 후 바이후이위는 더샹
(嚴德馨)을 낳고 행복한 시간을 보낸다. 몇 년이 지나고 옌리런이 병이 심
해져 황산에 요양을 가는데 아들에게도 병이 전염되자 독일에서 유학한
의사를 부른다. 도착한 의사는 다름 아닌 중치즈였는데 그는 팡즈팡과
결혼한 후 얼마 되지 않아 즈팡이 죽었기 때문에 후이위를 그리워하며
재결합을 바랐지만 바이후이위는 차갑게 거절한다. 중치즈의 노력으로
완치된 더샹이 어느 날 강가에서 수영을 하다가 변을 당하게 되는데 이
웃집 아이 중샹린(鍾祥麟)이 그를 구하려다가 함께 죽는다. 샹린이 자신
의 아들이라는 사실을 알게 된 후이위는 리런에게 이들을 합장시킬 것을
요구하지만 옌리런은 바이후이위의 부정에 실망하고 그녀를 떠나버린
다. 홀로 남은 바이후이위는 마침 아버지의 임종소식을 듣고 오열하며
두 아들의 이름을 부른다.

_ **단평** : 밍싱영화사가 1930년대 초반 좌익계열 영화운동인 '신흥영화
운동'의 주요 진영으로 자리 잡는 데는 샤옌(夏衍), 아잉(阿英) 등이 참여
한 각색위원회가 중심축이 되었다. 그러나 1934년 10월 국민당이 이에
직접적으로 개입하면서 위원회를 해체하고 이 기간 동안 밍싱은 멜로,

애정 영화 위주의 상업영화를 주로 찍게 된다. 이에 함량 미달인 시나리오가 채택되면서 가족사의 비밀을 둘러싼 멜로드라마가 대거 출현한다. 본 영화를 포함하여 장스촨의 〈空谷蘭〉, 〈大家庭〉, 李萍倩의 〈人倫〉 등이 이에 해당한다.(程季華, 309, 326)

_특기사항 : 흑백

: 여주인공 후데(胡蝶)는 1930년대 중국 영화계를 대표하는 여배우이다. 그녀는 중국의 첫 번째 영화학교인 중화영화학교(中華電影學校, 극작가 洪深이 설립)에 진학할 정도로 연기에 대한 열정이 있었다. 그러나 배우로서의 성공은 1928년 밍싱영화사에 들어가면서부터라고 할 수 있다. 당시 밍싱의 정정추(鄭正秋), 장스촨(張石川) 등의 감독이 그녀의 재능을 높게 평가했다. 1930년 중국 최초의 유성영화인 〈여가수 홍모란(歌女紅牧丹)〉으로 그녀는 일약 스타덤에 오른다. 1933년 이후 〈狂流〉, 〈脂粉市場〉에 이어 출현한 〈자매(姉妹花)〉에서 1인 2역으로 활약하며 연기의 절정을 보인다. 〈자매〉 출연으로 당시 〈어부의 노래〉가 수상했던 모스크바영화제에 참가하기도 했다. 그녀의 대중적 인기는 1933년 『명성일보』에서 진행한 인기투표에서 알 수 있는데, 당시 렌화의 롼링위(阮玲玉), 톈이의 천위메이(陳玉梅)와 함께 경합을 벌여 1위를 차지했다고 한다.(老影壇, 23-25)

_핵심어 : 자유연애 여성성 가부장제 모성애 혼전순결
_작성자 : 노정은

길 잃은 어린 양 迷途的羔羊(A LAMB ASTRAY)

_출품년도 : 1936년
_장르 : 사회극
_상영시간 : 90분
_감독 : 차이추성(蔡楚生)
_제작사 : 聯華影業公司
_주요스탭 : 시나리오(蔡楚生) 촬영(周達明)
_주요출연진 : 小三子(葛佐治) 沈慈航(沈浮) 여자부랑자(陳娟娟) 하인(鄭君里)

沈慈航의 아내(黎灼灼) (殷秀岑) (洪警鈴) (劉琼) (黃筠貞)

_시놉시스   : 농촌의 가난한 소년 샤오싼쯔(小三子)와 같은 마을에 사는 소녀 샤오추이(小翠)의 아버지가 징발당한다. 가뭄으로 샤오싼쯔의 할머니는 굶어죽고 샤오추이의 아버지는 집으로 도망하려다가 맞아죽는다. 샤오싼쯔는 고아가 되어 떠돌아다니다가 전화(戰火)를 피해 상하이의 부상(富商)인 선츠항(沈慈航)의 배에 숨어든다. 그를 불쌍히 여긴 그 집 하인이 샤오싼쯔를 숨겨준다. 샤오싼쯔는 배를 따라 상하이로 오지만 대도시도 마찬가지로 불경기라 공장은 파산하고 가게는 문을 닫아 실업자들로 넘쳐난다. 샤오싼쯔는 동냥도 하고 장님 점쟁이의 길안내도 하며 인력거꾼을 도와 인력거도 끈다. 하루하루 끼니를 해결하기도 힘들어 어떤 때는 가로등이 밝을 때가 되어서야 가까스로 고양이 밥을 뺏어 먹고 비바람 몰아치는 거리에서 잠을 잔다.

선츠항의 생일이 되자 성대한 파티가 벌어지고 손님들이 넘쳐난다. 샤오싼쯔는 고아친구들과 함께 가서 하인에게 걸식을 하다가 선츠항에게 호되게 꾸지람을 듣고 쫓겨난다. 원래 선츠항은 아내에게 정부(情夫)가 있다는 사실을 알고 마음을 썩이고 있던 차라 샤오싼쯔에게 화풀이를 했던 것이다. 어느 날 밤 선츠항이 술을 빌어 마음을 달래다가 만취하여 귀가하던 길에 실족해서 황푸강에 빠지는데 샤오싼쯔가 구해준다. 선츠항은 샤오싼쯔를 집에 데리고 와 목욕을 시키게 한다. 깨끗이 단장을 한 샤오싼쯔의 모습이 죽은 아들을 꼭 닮아 아내의 동의를 얻어 양자로 삼는다. 샤오싼쯔는 거지친구들을 그리워하며 종종 그들에게 먹을 것을 가져다준다.

샤오싼쯔는 귀족학교에 다니게 되는데 친구들은 그의 출신을 알고 비웃는다. 교장도 선츠항에게 거지소년을 양자로 삼아서는 안 된다고 하자 선츠항은 후회를 한다. 샤오싼쯔가 무심코 선츠항의 아내와 그녀의 정부가 밀회하는 장면을 보게 되자 선츠항의 아내는 샤오싼쯔가 다이아몬드반지를 훔쳤다고 모함을 하고 선츠항은 그 기회를 이용해 샤오싼쯔를 쫓아낸다. 하인 역시 샤오싼쯔를 변호하다가 쫓겨난다. 하인은 빈민촌에 낡은 집을 얻어 샤오싼쯔와 고아들을 거두어준다. 하지만 하인은 굶주림과 고생으로 인해 길에 쓰러져 죽고 아이들은 집주인에게 쫓겨나 다시 부랑아 생활을 한다(성탄절 날 저녁, 하인이 아이들에게 풍자연극을 가르치며 놀다가 지나치게 즐거워하는 바람에 일종의 심장마비를 일으켜 죽는다고 되어 있는 자료도 있다). 하루는 그들이 너무 배가 고파 선츠항의 배에서 구호물자인 빵을 몇 개 훔쳐 먹다가 쫓겨 마천루에 올라가서 보니 경찰이 사방으로 포위를 좁혀오고 있지만 피할 곳이 없어 드넓은 도시를 마주하고 대성통곡을 한다. 이때 스크린에 두려워하며 눈물을 머금고 있는 아이들의 얼굴 아래로 "여러분! 만약 이들 '길 잃은 어린 양' ─ 무고한 아이들이 당신이 사랑하는 형제이거나 자식이라면 당신은 어떻게 하시겠습니까?"라는 자막이 뜬다.

_ **단평**   : 전통적 서사예술을 통속화시킨 풍격을 사용하여 1930년대 유랑아동들의 비참한 생활을 풍부하게 반영했다. 암흑세력에 대한 신랄한 풍자와 유랑아동들에 대한 동정을 유기적으로 결합하여 코미디적 수법과 비극적 분위기를 잘 결합했고 다양한 사회의 모습과 활달한 아동들의 정취를 유기적으로 통일시켰다는 평가를 받고 있다.

_ **특기사항** : 흑백 더빙 극영화이며, 고아를 제재로 한 첫 번째 영화이다.

_ **핵심어**   : 계층 고아 자선 위선

_ **작성자**   : 곽수경

신구 상하이 新舊上海

_ **출품년도**   : 1936년

_ **장르**   : 세태극

_ **상영시간**   : 102분

_ **감독**   : 청부가오(程步高)

_ **제작사**   : 明星影片股份有限公司

_ **주요스탭**   : 시나리오(洪深) 촬영(董克毅)

_ **주요출연진** : 袁瑞三(王獻齋) 吳美中(舒繡文) 范思全(謝雲卿) 范思全의 처(黃耐霜) 呂부인(薛秋霞) 呂廣生(王吉亭)

_ **시놉시스**   : 뤼(呂)부인의 집에는 그녀와 그녀의 도박꾼 아들을 제외하고, 모두 5가구가 세 들어 살고 있다. 2층의 통상방(統廂房)에는 섬유 공장

실직자인 위안루이싼(袁瑞三)과 그의 수완 좋은 아내 우메이중(吳美中)이, 객당루(客堂樓)에는 무희인 쑨루메이(孫如梅)와 위롄주(俞連珠)가, 정자간(亭子間)에는 운전수인 탕건타이(唐根泰)와 그의 아내, 각루(閣樓)에는 미혼의 소학교 교원 천(陳)선생이, 아래층 통상방(統廂房)에는 목기점(木器店) 심부름꾼인 판쓰취안(范思全)과 그의 병든 아내가 산다.

이들 중 위안루이싼은 다니던 공장에서 쫓겨나 실직한 상태지만 체면을 중시하여 이 사실을 이웃들에게 숨긴 채 아내의 장신구를 전당포에 잡힌 돈으로 폼 나게 먹고, 이웃 판쓰취안 부인의 병구완까지 돕는다. 위안루이싼의 아내 우메이중은 돈만 생기면 택시를 타고 교외로 드라이브를 즐기는데, 어느 날은 복권을 사 가지고 돌아온다.

그 복권이 5천 원에 당첨되고 위안루이싼이 복직되면서 그들의 생활은 몰라보게 달라지는데, 오히려 위안루이싼은 예전과는 달리 인색한 사람이 되어간다. 하지만 돈을 맡긴 고리대금업자가 파산하여 돈을 모두 날리게 되자 위안루이싼은 다시 예전의 그로 돌아와 성심껏 이웃을 돕는다.

_ **단평**　: 영화가 진행되는 주공간은 뤼부인의 집안 내부이고, 영화의 큰 배경은 극심한 불경기하의 상하이이다. 물질적 어려움 속에서 버텨나가는 평범한 상하이인의 삶의 모습을 그려내고 있다. 뤼부인의 집에 세 들어 사는 이들의 일상을 잡아낼 때 카메라의 움직임이 상당히 뛰어나다. 역동적으로 움직이는 카메라는 서로 의지하며 살아가는 세입자들의 관계를 포착해내며, 그들 각각(특히 위안루이싼과 우메이중 부부)의 일상을 잡아낼 때 카메라는 정지한 채로 그들의 모습에 렌즈를 고정시킨다. 횡재의 허망한 꿈에 부풀었다가 그 꿈이 깨지면서 다시 원래의 선량하고 소소한 삶의 태도로 귀환하는 위안루이싼과 우메이중 부부의 모습은 고단한 삶으로부터 탈출을 꿈꾸는 당시 소시민들의 욕망과 그 욕망의 실현 불가능성을 담담하면서도 희극적으로 보여준다.

_ **특기사항**　: 흑백 유성 영화
_ **핵심어**　: 상하이의 불경기 하층민의 일상생활 상하이의 주거공간
_ **작성자**　: 유경철

황푸강변 黃浦江邊(BY THE HUANGPU RIVER)

_ 출품년도 : 1936년
_ 장르 : 사회극
_ 감독 : 사오쭈이웡(邵醉翁)
_ 제작사 : 天一影片公司
_ 주요스탭 : 시나리오(邵醉翁) 촬영(沈勇石)
_ 주요출연진 : 李翠姑(陳綺霞) 李茂生(陶金) 胡小波(陳秋風) 林四小姐(陳琴芳)
   胡順齋(湯杰) 李有德(冷波) 帳房(蕭正中) 王海(葛福榮) 張二(翁世榮) 胡
   馬氏(吳茵) 阿香(舒麗娟) 점원(沈亞倫)

_ 시놉시스 : 처녀 뱃사공 추이구(翠姑)는 상하이 푸둥(浦東)지역에 살고 있
   다. 부친 리유더(李有德)는 인력거를 끌고 오빠 마오성(茂生)은 공장에
   다니며 모친은 집안일을 한다. 일가족은 비록 가난하지만 화목한 가정을
   이루며 산다. 하지만 상하이의 경제가 악화되면서 생활이 점차 어려워진
   다. 집주인 후순자이(胡順齋)의 아들 후샤오보(胡小波)는 푸시(浦西)에서
   린(林)씨 집 딸과 동거를 하는데 건강하고 아름다운 추이구를 보고는 첩
   으로 들이고 싶어 하지만 거절당한다. 이에 회계담당자와 계략을 꾸며
   리유더로부터 딸을 보내겠다는 각서를 받아낸다. 뜻밖의 계략에 추이구
   는 좌절하고 추이구의 모친은 비명횡사한다. 남은 가족들은 배와 가재도
   구를 팔아 장례를 치른 후 푸시로 이사한다. 부자가 함께 인력거를 끌고
   추이구는 중개인의 소개로 후샤오보 집에 하녀로 들어간다. 후샤오보는
   음흉한 생각을 품지만 린씨 때문에 뜻을 이루지 못한다. 리유더가 넘어
   져 다치는 바람에 입원을 하게 되자 추이구는 린씨에게 돈을 빌려달라고
   하지만 거절당한다. 후샤오보가 시계를 미끼로 추이구가 자신의 요구를
   받아들이도록 유혹한다. 추이구는 부친을 구하기 위해 거짓 승낙을 한
   다. 추이구가 약속을 지키지 않자 후샤오보는 그녀가 시계를 훔쳐갔다고
   모함하여 구속시킨다. 마오성은 부친의 병이 위중한 것을 보고 넋이 나
   가 후샤오보의 집에 뛰어 들어 린씨의 지갑을 훔치다가 실수로 린씨를
   때려죽인다. 마오성이 도주하는 바람에 경찰서에서 리유더를 보살핀다.

추이구는 무죄로 석방되지만 마오성은 포상금을 노린 가게 주인의 신고로 체포되어 사형선고를 받는다. 사형집행일에 부녀가 형장을 기웃거리다가 울려 퍼지는 총소리를 듣는다.

_ **특기사항**　: 흑백 극영화
_ **핵심어**　: 가정 첩 계층 빈부
_ **작성자**　: 곽수경

거리의 천사 馬路天使(STREET ANGELS)

_ **출품년도**　: 1937년
_ **장르**　: 생활 극영화
_ **감독**　: 위안무즈(袁牧之)
_ **제작사**　: 明星影業公司
_ **주요스탭**　: 시나리오(袁牧之) 촬영(吳因咸)
_ **주요출연진**　: 陳少平(趙丹) 小紅(周璇) 小雲(趙慧深) 老王(魏鶴齡)
_ **시놉시스**　: 1935년 가을, 상하이의 한 낡은 건물에 서로 의지하며 동고동락하는 젊은 이웃들이 모여 있다. 이들은 행사 들러리 악사인 사오핑(少平), 신문팔이 라오왕(老王), 과일장수, 떠돌이 이발사, 실업자이다. 샤오윈(小雲), 샤오홍(小紅) 자매는 전란을 피해 상하이로 흘러들어 와 살고 있다. 자매는 사오핑과 라오왕의 다락방 맞은편 집에 살고 있다. 샤오윈은 집주인 악사 부부에 의해 사창(私娼)으로 내몰리고, 샤오홍은 집주인에게 끌려다니며 찻집과 주점에서 노래를 판다. 사오핑은 샤오홍과 길을 사이에 두고 마주보며 살면서 사랑이 싹튼다. 불량배 구청룽(顧成龍)은 집주인과 작당하여 샤오홍을 차지하려 한다. 라오왕은 변호사를 불러 소송을 하자고 하지만 비용이 너무 비싸 엄두를 내지 못한다. 마침내 사오핑은 그녀와 달아나 부부가 되고 주인집을 뛰쳐나온 샤오윈은 라오왕 집에 얹혀살다가 어느새 그를 사랑하게 된다. 집주인 악사 부부는 구청룽과 결탁하여 사오핑의 거처를 알아낸다. 어느 날 그 집을 급습했을 때는 하필 자매뿐이었는데, 샤오윈은 도망하는 샤오홍을 엄호하다가 그만 칼에 찔리고 라오왕 일행이 들이닥쳤을 때는 이미 숨이 곧 넘어갈 상태였

다. 라오왕이 의사에게 왕진을 요청하지만 돈이 없어 의사는 오지 않는다. 샤오윈은 비참하게 일생을 마친다. 그녀는 비록 기녀였지만 동생을 위해 자신의 생명을 바칠 수 있는 고결하고 숭고한 천사의 영혼을 지닌 인물이다.

_ **단평**　　: 이 영화는 도시 하층민들의 애환을 빈부·선악·남녀라는 대립 구도에서 무성영화의 우수한 기법을 유지하면서 유성영화의 장점을 살린 '중국 영화계에 피어난 꽃'이다. 도시 하층민들은 그들 나름의 아름다운 심성을 가지고 있다. 이런 아름다운 심성을 감독은 현실에 밀착하여 일일이 적절한 쇼트로 잡아내고 있다. 각 인물의 성격과 직업도 다양하여 그들의 생활 현장을 생생하게 그려내고 있다. 동생을 위해 목숨을 바치는 비극적 결말은 숭고미의 극치를 보여준다. 영화에 남아 있는 무대화의 폐단은 줄어들었다. 그러면서 무빙 쇼트(moving shot)와 퍼스펙티브 쇼트(perspective shot)를 잘 활용하여 인물 관계, 인물 행동 및 공간 관계를 잘 표현하고 있다. 한편 간결하고 다양한 숏 렌즈(short lens)를 조합해서 사용함으로써 국부적이며 세밀한 부분의 의미도 놓치지 않고 있다. 인물의 성격과 감정 변화에 따라 잘 조절된 조명과 무채색의 콘트라스트(contrast)도 지적할 수 있는 부분이다. 골목, 주점, 거리 등 로케이션 쇼트(location shot)가 많아 영상의 현장감을 한층 높이고 있다. 유성영화이면서도 절제된 대사와 시각적 묘사로 서사를 대신하는 무성영화의 장점을 고루 담아낸 쇼트가 돋보인다. 각 상황에서 어울리는 음향의 분배와 시공간적 조건에 따라 리듬을 달리하는 노래는 음성 서사 영역의 새로운 경지를 보여주고 있다.

_ **특기사항**　: 흑백 유성 영화

　　　　　　: 프랑스의 유명한 영화사학자 사돌 죠지(Sadoul Georges)는 "풍격이 몹시 독특하며 전형적인 중국식 영화"라고 극찬했다.

_ **핵심어**　　: 소시민 私娼 불량배 변호사 의사

_ **작성자**　　: 김정욱

교차로 十字街頭(CROSSROADS)

_ **출품년도** : 1937년

_ **장르** : 사회극/코미디

_ **상영시간** : 107분

_ **감독** : 선시링(沈西笭)

_ **제작사** : 明星影片股份有限公司

_ **주요스탭** : 시나리오(沈西笭) 촬영(王玉如) 음악(賀綠汀) 편집(錢筱璋)

_ **주요출연진** : 楊芝瑛(白楊) 老趙(趙丹) 劉大哥(沙蒙) 小徐(伊明) 阿唐(呂班)
　　　　　　 姚大姐(英菌)(錢千里)

_ **시놉시스** : 대학생 라오자오(老趙), 아탕(阿唐), 류다거(劉大哥)와 샤오쉬
(小徐)는 졸업을 하자마자 곧바로 사회의 냉혹한 벽에 부딪히게 된다. 류
다거는 강직하고 의지가 굳어 민족의 존망이 위태로운 것을 보고 북방의
고향으로 돌아가 항전에 참가한다. 샤오쉬는 소심하고 나약하여 출로를
찾지 못하고 자살을 기도하다가 고향으로 돌아간다. 아탕은 성격이 낙천
적이어서 현실에 만족하며 진열대 광고 일을 하며 간신히 생계를 유지한
다. 라오자오는 생활에 대한 자신감을 갖고 신문사에서 교정을 보며 공
장지역에 있는 앞쪽 건물에 방을 얻는다. 오래지 않아 여자직업학교를
졸업하고 상하이로 와서 실크공장 여교사가 된 양즈잉(楊芝瑛)이 뒤쪽
건물에 이사를 오지만 두 사람은 근무시간이 엇갈려 이웃이면서도 만나
지를 못한다.

　라오자오는 뒷 건물에 사람이 이사를 왔다는 사실을 모르고 매일 예전
처럼 뒷 건물 쪽으로 쓰레기를 버린다. 양즈잉은 그가 일부러 그런다고
오해를 하고 매일 비난하는 내용의 쪽지를 써서 그의 방문에 붙여두어
결국 서로 쪽지로 말싸움을 하기에 이른다. 어느 날 라오자오가 전차에
서 양즈잉에게 공장카드를 주워주게 되어 그녀의 호감을 얻게 되지만 여
전히 서로의 존재를 알지 못한다. 라오자오는 기자로 승진한다. 하루는
그가 공장지역에 인터뷰를 하러 가다가 건달들이 길을 막고 양즈잉을 희
롱하고 있는 것을 보게 된다. 라오자오는 의협심을 발휘하여 건달들을

158

쫓아주고 양즈잉과 친구가 된다. 덜렁거리는 성격의 라오자오는 여전히 양즈잉이 이웃인지 모르고 섬세한 양즈잉은 사실을 알아차리고서도 말을 해주지 않는다.

상하이에 경제위기가 닥쳐 실크공장은 도산하고 양즈잉과 그녀의 친한 벗인 야오다제(姚大姐)는 실직한다. 그녀는 귀향할 결심을 하고 라오자오에게 작별을 하려 하지만 만나지 못한다. 라오자오 역시 신문사에서 해고되어 일을 찾기 위해 아탕과 거리를 배회하던 중이었는데 마침내 교차로에서 양즈잉과 야오다제를 만난다. 또한 신문에서 류다거가 북방에서 항전에 참가하고 샤오쉬가 도중에 자살했다는 소식을 접하게 된다. 이에 라오자오와 아탕, 그리고 양즈잉과 야오다제는 새로운 생활을 찾아 나설 것을 결심한다.

_단평   : 민족모순과 계급모순이 갈수록 첨예화되어가는 1930년대 젊은이들의 고민과 각성, 항적투쟁이라는 시대적 요구를 생동적이고 함축적으로 표현하였다. 항전을 선택한 류다거, 의기소침하며 자살한 샤오쉬, 그리고 남겨진 라오자오와 양즈잉 등 세 부류 지식청년의 전형을 통해 1930년대 지식청년의 정신적 면모를 생동적으로 반영했다고 평가받는다. 영화는 자칫 무거운 주제를 코믹하고 명랑하게 표현하고 있다. 생동적이고 경쾌하며 낙관적인 분위기를 가지고 있으며 인물들도 개성이 있다. 일상생활이 상당 부분 반영되고 있고 상하이 거리를 가로지르는 전차의 모습이 인상적이다.

자오단(趙丹)과 바이양(白楊) 등 연기자들의 연기도 두드러지는데, 이 작품에서 처음 주연을 맡았던 바이양은 당시 16세였다고 한다. 이 작품에서 그녀는 환상적이고 천진난만한 부르주아계급 여성의 형상을 비교적 성공적으로 형상화하여(章柏青, 1999) 명성을 얻었다.

일부 장면, 가령 극중 양즈잉이 라오자오에게 구애를 받는 것을 상상하는 장면에서 양즈잉은 서양식 드레스를 입고 긴 장갑을 끼고 있으며 서양식 머리 모양을 하고 꽃그네를 타고 있고 라오자오 역시 나비넥타이의 양복 차림을 하고 있는데, 이는 당시 할리우드 영화의 영향을 받은 것이라고 할 수 있다.

_ **특기사항**   : 흑백 유성 극영화

: 1932년 밍싱영화사(明星公司)가 개혁을 하고 난 후 이 영화를 비롯해 우수한 작품을 제작했고 이후 진보영화의 발원지 중 하나가 되었다. 이 영화는 또한 선시링(沈西苓)이 〈처녀 뱃사공(船家女)〉을 촬영한 후 반동파의 탄압으로 말미암아 한동안 영화계를 떠났다가 다시 시작한 작품으로, 감독이 자신의 과거 경험과 사회에 대한 관찰을 기초로 창작했다고 한다. 이 작품은 국민당의 탄압을 받아 시나리오 검열에서 수정조치를 받았으며 영화가 완성된 후에도 국민당 및 상하이 조계 공부국(工部局)으로부터 자본주의에 대한 비판이나 항전에 관한 중요한 부분을 삭제당했다. 그럼에도 불구하고 영화는 관객들로부터 크게 호응을 얻어 진보영화평론가들이 좌담회를 개최했으며 "추천할 만한 국산우수영화"라고 평가했다.

_ **핵심어**   : 지식청년 항전 실업 자살 도산 할리우드
_ **작성자**   : 곽수경

세뱃돈 壓歲錢(NEW YEARS COIN)

_ **출품년도**   : 1937년
_ **장르**   : 생활 극영화
_ **감독**   : 장스촨(張石川)
_ **제작사**   : 明星影片股份有限公司
_ **주요스탭**   : 시나리오(夏衍) 촬영(董克毅)
_ **주요출연진** : 江秀霞(龔秋霞) 손녀(胡蓉蓉) 사교계의 꽃(黎明暉) 은행장(王獻齋) 불량배(王吉亭) 여주인(黃耐霜) 의사(徐莘園) 여고용인(英茵)
_ **시놉시스**   : 1934년 음력 섣달 그믐날 저녁, 허라오(何老) 선생은 저녁식사에 일가친척들을 초대한다. 그리고 여섯 살 난 손녀 룽룽(融融)의 세뱃돈으로 베개 밑에 '희(囍)' 자를 써 붙인 은화 한 닢을 몰래 넣어둔다. 룽룽은 그 돈으로 담배 가게에 가서 폭죽을 산다. 그 은화를 받은 여주인은 쌈짓돈으로 만들려고 하지만 남편의 반대로 손님에게 거슬러 준다. 사교계의 꽃이 그 은화를 어린 가정부에게 상으로 주자 그녀는 그 은화를 애인

의 동생에게 건네준다. 애인의 동생은 부주의로 은화를 빠뜨리고 졸지에 은화를 얻은 불량배는 그것으로 표를 사서 룽룽과 사촌 언니 장슈샤(江秀霞)가 연출하는 공연을 관람한다. 가무단 단장인 장슈샤의 남편은 여자 친구를 데리고 놀러 가서 거드름 피우며 우쭐하여 은화를 가난한 아이들에게 던져준다. 그 은화를 주운 아이는 그 돈으로 어머니 병구완을 하여 그 은화는 의사의 호주머니로 들어간다. 왕진을 가던 의사는 사기꾼인 늙은 부인에게 속아 측은한 마음에 그 은화로 자선을 한다. 사기꾼 부인은 그 은화를 강동 은행에 저금한다. 은행이 도산 위기를 맞아 은행장은 거금을 몰래 빼내 사교계의 여성에게 보낸다. 심부름하는 아이가 강도를 만나 티격태격하다가 그 은화가 땅바닥에 떨어진다. 찻물에 삶은 계란을 파는 행상이 그 은화를 지니고 있다가 경찰에게 강도로 몰려 맞아 죽는다. 그 은화는 거리 청소부의 빗자루에 쓸려 쓰레기통에 버려지고 우여곡절 끝에 그 은화는 결국 국고로 환수된다. 이듬해 할아버지는 다시 룽룽에게 정부 발행 지폐 일 원을 세뱃돈으로 넣어준다.

_ **단평**　　: 이 영화는 은화 한 닢을 둘러싸고 벌어지는 에피소드를 연극식 스토리 구성에서 벗어난 옴니버스 형식의 구성으로 꾸며냄으로써 영상 표현에 있어 자유로움과 신축성을 보여주고 있다. 이런 특성은 서사 시공간 전환에서 비교적 자유로운 영화의 특성과 비끄러매져서 드넓은 사회 각 계층의 다양한 인물을 그려냈으며, 예술적인 완결성과 통일성을 보여주고 있다. 여섯 살 난 여자아이의 세뱃돈은 각 사회 계층의 누구에게 어떤 경로로 주어지느냐에 따라 여러 가지 에피소드를 만들어 낸다. 이 에피소드를 간명한 쇼트를 사용하여 인물의 성격을 묘사하고 몇 마디 대화를 보태서 생동적인 인물 형상을 창조하고 있다. 세뱃돈이 유전(流轉)되는 과정을 통해서 상하이라는 도시에 사는 형형색색의 인물들을 섬세하게 그려낸다. 영화의 서술은 간결하고 편집이 매끄러우며 영화의 오락성 및 풍자성을 충분히 살려 잘 그려내고 있다. 은화가 법정 화폐로 바뀐 대목은 1935년 국민당 정부가 '금융개혁령'을 내려서 백은(白銀)을 국유(國有)로 환수하고 법정 화폐를 발행하여 도시 소시민들을 곤경에 내몰았던 사회 현실에 대한 비판 의식이 깔려 있다.

_ 특기사항   : 흑백 유성 영화
_ 핵심어   : 세뱃돈 금융개혁 법정 화폐 국민당
_ 작성자   : 김정욱

이처럼 화려한 如此繁華(SO BUSY)

_ 출품년도   : 1937년
_ 장르   : 생활 극영화
_ 감독   : 어우양위첸(歐陽予倩)
_ 제작사   : 聯華影業公司
_ 주요스탭   : 시나리오(歐陽予倩) 촬영(黃紹芬) 음악(劉雪菴)
_ 주요출연진   : 張玉成(梅熹) 陶春麗(黎莉莉) 張三畏(尙冠武) 李四維(尤光照)
    趙有爲(韓蘭根) 張부인(張琬)
_ 시놉시스   : 리쓰웨이(李四維)는 하는 일 없이 빈둥거리기가 멋쩍어 재산과
    세력을 가진 친구 장싼웨이(張三畏)의 비위를 맞춰 모사(謀事)를 꾸며서
    재물과 권세를 얻으려고 한다. 다른 지역에서 상하이로 온 그는 장싼웨
    이의 저택에서 방 한 칸을 빌어 산다. 그는 지역의 고관과 유지들을 빈번
    히 초청하여 연회를 베푼다. 뿐만 아니라 젊고 아름다운 아내 타오춘리
    (陶春麗)에게 돌아다니며 사람들을 사귀고 그들을 접대하도록 한다. 하
    지만 리쓰웨이는 저축한 돈을 다 탕진하고서도 말단 관직 하나 얻어내지
    못한다. 타오춘리는 그간의 접대비로 남편의 돈이 거의 바닥이 난 데다
    가 가난한 친정 오빠가 찾아와 어려운 처지를 호소하는데도 어려운 경제
    적 상황을 해결할 수가 없다. 그러면서도 그녀는 자선 사업에 기부금을
    내고 사교계의 여성들과 어울리느라 계속 생활은 쪼들려만 간다. 또 그
    녀는 그동안 사귀어왔던 실력자들뿐만 아니라 마음에 드는 남자들과도
    어울리고, 장싼웨이의 사촌 남동생 장위청(張玉成)에게도 사랑의 눈길을
    보낸다. 타오춘리는 궁색한 처지를 벗어날 요량으로 장싼웨이의 첩이면
    서 부인 행세를 한 장(張)부인의 옷장에서 돈을 훔친다. 이 일로 경찰이
    오고 한 차례 야단법석이 일어난다. 그 사이에도 장부인은 아는 경찰과
    애정행각을 벌인다. 궁지에 몰린 타오춘리가 그 사실을 장위청에게 털어

놓자 장위청은 장싼웨이를 찾아가 자신이 훔쳤다고 한다. 감동한 타오춘리는 저택을 떠나는 장위청을 따라 기차를 타고 떠난다.

_ **단평**   : 영화의 제목은 영화에서 타오춘리가 사교 모임에서 부른 노래 제목이다. 상하이로 온 남자 리쓰웨이는 도시 적응을 위해 사교라는 방법을 택한다. 상하이 상류 사회에서 사교 문화는 보편적인 교류의 장이다. 그래서 중산층이라면 남녀가 자연스럽게 어울릴 수 있었고, 그 모습은 욕망의 정도에 따라 다양한 모습으로 나타난다. 이 문화의 주체는 신분 상승을 위한 남다른 속셈이 있거나, 적당히 권세를 부리며 즐기는 사람이거나, 장부인처럼 부잣집 첩살이를 하며 몰래 다른 남자와 밀회하는 그런 부류들이다. 결국, 이는 범죄로 이어지기 마련이다. 여기서도 범인을 잡는 수사의 진지함보다는 조사 나온 경찰과 애정행각을 벌이는 장부인의 모습을 통해서 현실의 이면을 가감 없이 보여주고 있다. 사교의 장은 이다지도 화려하지만 그 이면은 사회의 원형적 질서의 붕괴로 묘사되고 있다. 타오춘리는 화려한 생활을 위해 절도를 하지만 대신 누명을 쓴 남자를 따라 무작정 떠나버린다. 이 영화의 주요 인물들은 모두 뭔가 결여된 인물들이다. 상하이의 '도시다움'의 한 면모인 사교계의 이면은 상하이의 이면일 수 있다. 영화는 이 부분을 풍자하여 블랙코미디(black comedy) 같은 씁쓸한 여운을 남기고 있다. 영화의 중간에 삽입된 노래는 유성 영화의 기법을 살리기는 했지만 잘 다듬어지지 않은 많은 양의 대사는 초기 유성 영화의 어설픈 특징으로 남아 있다.

_ **특기사항**   : 흑백 유성 영화
_ **핵심어**   : 사교계 재물 권력 謀事 신분상승
_ **작성자**   : 김정욱

어머니의 노래 慈母曲(SONG OF A LIVING MOTHER)

_ **출품년도**   : 1937년
_ **장르**   : 사회극
_ **상영시간**   : 101분
_ **감독**   : 주스린(朱石鱗) 뤄밍유(羅明佑)

_ 제작사 　　: 聯華影業公司

_ 주요스탭 　: 시나리오(朱石鱗) 촬영(黃紹芬 張克瀾 石世磐)

_ 주요출연진 : 어머니(林楚楚) 아버지(劉繼群) 큰형(洪警鈴) 큰형수(黎灼灼)

둘째(劉琼) 둘째의 여자친구(龔智華) 딸(陳燕燕) 韓蘭根(村長) 셋째(張翼) 여교사(黃筠貞)

_ 원작 　　　: 할리우드 무성영화 〈慈母〉에 근거하여 각색

_ 시놉시스 　: 농촌마을에서 부모가 아들 셋과 두 딸을 힘겹게 길러 장성한 자식들은 결혼을 해서 각자 일가를 이룬다. 성실하고 충직한 셋째만이 결혼을 하지 않고 부모를 모시며 농사를 짓는다. 아버지의 생일축하연에서 셋째는 형들에게 부모 부양 문제를 거론하여 공처가 큰형에게 말도 되지 않는 꾸지람을 듣는다. 그는 자리에서 나와 혼자 거닐면서 울적한 마음을 달래다가 부친이 마을창고에 남아 있던 쌀을 훔치다가 마을사람에게 쫓기는 것을 발견한다. 부친의 명예를 지켜주기 위해 그가 대신 자수를 하여 6개월 형을 받는다. 부친은 수치스러운 마음에 병을 얻어 오래지 않아 세상을 떠난다. 셋째는 형기를 채우고 출옥하지만 마을사람들로부터 무시를 당하고 욕을 먹게 되자 하는 수 없이 혼자 외지로 가서 생계를 도모한다. 셋째는 고향을 떠나면서 큰형에게 어머니를 모셔달라고 부탁하지만 노모는 맏며느리의 학대를 이기지 못하고 차례로 둘째 아들과 둘째 딸에게 간다. 그러나 그들에게서도 거절을 당하고 결국 자선양로원에 수용된다. 셋째가 집으로 돌아와 어머니를 찾다가 양로원에 있는 어머니를 보고는 분노한다. 그는 큰형을 모친 앞에 끌어다가 용서를 빌게 한다. 모친이 그 모습을 보고 여전히 자애로운 어머니의 마음으로 불초한 자녀의 잘못을 덮어준다.

_ 단평 　　　: 중국영화 중에서 노인문제를 다룬 첫 번째 작품이라고 할 수 있는데, "30년대 농촌윤리극의 걸작"이라는 평가를 받았고 어머니 역을 맡았던 린추추는 "스크린에서의 현처양모의 전형"이라는 평가를 받았다. 영화에서 묘사한 '부모는 온갖 고생을 감내하며 자녀를 양육하지만 자식은 오히려 부모를 외면한다'는 이야기는 당시 중국사회에서 자주 볼 수 있는 현상이었다고 한다. 여기에서 감독이 현실을 사실적으로 묘사했을

뿐 아니라 사회를 교육시키고 개량하고자 하는 의도를 가지고 있었다는 것을 알 수 있다. 영화는 원래 할리우드 영화를 각색했지만 부모를 공경하고 효도를 다해야 한다는 교훈을 강하게 전달하고 있는 이야기는 중국적 성격이 강하여 이러한 사실을 전혀 느낄 수 없을 정도여서 각색에 성공하였다고 할 수 있을 것이다.

영화의 이야기 전개가 성공적이라는 사실뿐만 아니라 뛰어난 연출기교와 카메라의 활발한 서사기교를 느낄 수 있는데 자유자재로 끌어당겼다가 밀었다 하며 흔들리기도 하는 등의 카메라 기교는 자칫 무겁고 슬픈 줄거리에 비해 다소 코믹한 느낌이 들도록 한다. 그리하여 관객을 꾸짖는 듯한 어조가 아니라 제목처럼 자애로운 어머니의 모습으로 사회교화의 의도를 표현하고 있다고 하겠다.

_ **특기사항**　　: 흑백 극영화
_ **핵심어**　　　: 가정윤리 자선양로원 부모 효
_ **작성자**　　　: 곽수경

60년 후의 상하이탄 六十年後上海灘(SHANGHAI AFTER 60YEARS)

_ **출품년도**　　: 1938년
_ **장르**　　　　: 추리환상
_ **감독**　　　　: 양샤오중(楊小仲)
_ **제작사**　　　: 新華影業公司
_ **주요스탭**　　: 시나리오(楊小仲) 촬영(余省三)
_ **주요출연진**　: 老韓(韓蘭根) 老劉(劉繼群) 劉부인(許曼麗) 교수(湯杰) 韓부인(顧梅君)
_ **시놉시스**　　: 어떤 회사의 직원 한 아무개(韓某)와 류 아무개(劉某)는 궁핍함에도 불구하고 방탕한 생활을 한다. 섣달 그믐날 밤 두 사람은 무도장에서 놀다가 아내에게 발각되어 각각 다락방에 갇히게 된다. 그들은 가정을 개조해서 세상을 바꿔야 한다는 공상을 하다가 잠시 잠이 드는데 갑자기 지구가 빠르게 돌더니 60년 후의 상하이탄이 되어버린다.
광장의 공사현장을 파던 중 두 구의 시체가 나오는데 한 대학교수의 검시를 통해서 60년 전에 죽은 한 아무개와 류 아무개로 밝혀진다. 두 사람은 과학기술에 힘입어 다시 살아나 기억도 회복하지만 교수는 사는 시대가 다르다는 이유로 두 사람이 집으로 돌아가는 것과 다른 사람을 만나는 것을 허락하지 않는다. 두 사람은 수염과 머리카락이 모두 하얗고 서로 대단히 닮아 있다. 그들은 집으로 돌아가기 위해 몰래 도망을 나와 술에 취해 길에 쓰러져 있는 남자의 옷으로 바꾸어 입고 시장에서 빈둥거린다. 그때는 이미 사람의 이름이 없어지고 일련번호를 쓰고 있다. 두 사람은 계속 실수를 하다가 자동차를 훔쳐 타는데 자동차가 갑자기 공중으로 떠오르더니 높은 건물 안의 당직실로 오게 된다. 식당·회의실·침실·욕실 등에 모두 자동 설비가 되어 있었지만 그들은 조작을 제대로 하지 못해 뒤죽박죽으로 만들어버린다. 교수는 그들이 소동을 일으키는 것을 알고 사람을 보내 그들을 다시 잡아 온다. 원래 모든 일은 그들이 훔친 옷에서 시작된 일이었다. 그 옷은 시 정부 관리원의 당직제복이어서 그들을 시 정부 당직실로 보냈던 것이다. 당직실은 많은 기계설비를 갖추고 있는데 두 사람이 마음대로 작동을 시키는 바람에 날씨가 급변해버린다. 추위와 더위, 비와 눈 등 날씨가 수시로 변하자 시민들의 호소는 멈추지 않았고 시 정부는 사람을 보내 그들을 붙잡았던 것이다. 교수는 수장법(水葬法)을 통해 그들을 원래 있던 곳으로 돌려보낸다. 두 사람이 놀래서 깨어나 보니 몸에는 수의가 입혀져 있고 집안사람들이 침대에 둘러서서 울고 있었다. 두 사람이 아무리 시간이 지나도 깨어나지를 않아 집안사람들은 그들이 죽은 줄로 알고 사후의 일을 계획하던 중이었던 것이다.

_ **특기사항**   : 흑백 공상 과학 영화
_ **핵심어**   : 공상 과학기술 부활 당직실 도시
_ **작성자**   : 조병환

고도 천당 孤島天堂

_ **출품년도**   : 1939년
_ **장르**   : 멜로/혁명
_ **상영시간**   : 92분

_ 감독　　　：차이추성(蔡楚生)

_ 제작사　　：香港大地影業公司

_ 주요스탭　：시나리오(蔡楚生) 촬영(吳蔚雲)

_ 주요출연진：청년애국자(李淸) 무녀(黎莉莉) 벙어리 소상인(李景波) 바보(藍馬)

_ 원작　　　：趙英才의 孤島天堂

_ 시놉시스　：항일전쟁 당시 상하이가 일본군에게 점령되었던 '고도(孤島)' 시기에 한 여인이 약혼자와 결혼을 하려고 상하이로 도망한다. 하지만 호강스럽게 자란 약혼자는 매일 매국노와 빈둥거리며 주색에 빠져 방탕한 생활을 할 뿐만 아니라 한 무희에게 반해버린다. 그러나 그 무희는 애국청년을 도와 항일투쟁을 하는 의식이 있는 여성이다. 이 애국청년은 항일 조직의 대장으로 늘 신속하게 매국노를 암살하고 사라진다. 그들의 투쟁은 적들로부터 모욕과 치욕을 당하던 벙어리 소상인, 바보와 신문팔이 소년들과 같은 하층민의 지지를 받는다. 마지막에 애국청년은 성대한 신년 만찬회를 이용하여 주요 매국노를 처단하는 성과를 거두고 순조롭게 도시를 빠져나가 유격대에 합류한다. 애국청년과 무희는 사랑을 희생하면서 각자 더욱 중요한 직책을 수행하기 위해 나아간다.

_ 단평　　　：1937년 상하이가 일본군에 점령된 시기를 '고도(孤島)' 시기라고 한다. 영화는 군중들의 항일애국 투쟁정신을 잘 묘사하고 있다. 특히 매국노가 국민들을 배반하는 장면과 조국을 팔아먹는 추악한 모습을 일반 서민들의 모습이나 애국적인 행동과 대조하여 묘사함으로써 강력한 정의감을 불러일으키고 있다. 그리고 벙어리 소상인과 바보의 형상이 보여주는 것처럼 '고도' 시기는 고통이 계속되어 울부짖는 지옥과도 같고 꿈속에서 아무것도 이루지 못하는 천당과도 같았다는 것을 보여주고 있다. "개인 영웅주의의 역할을 지나치게 중시했다"(程季華, 第2卷, 81)는 평도 있다.

_ 특기사항　：흑백 유성 영화

　　　　　　：1933년 9월 22일 상영한 후, 12일 동안 홍콩 관중들로부터 열렬한 환영을 받았다. 이후 충칭(重慶) 등지와 남양 각지에서도 상영되어 열렬한 환영을 받았다.(程季華, 第2卷, 81)

_ 핵심어　　：孤島시기 매국노 청년애국자 무녀 암살 벙어리 바보 도시

_ 작성자   : 조병환

신지옥 新地獄

_ 출품년도   : 1939년
_ 장르   : 멜로드라마
_ 감독   : 우춘(吳村)
_ 제작사   : 國華影片公司
_ 주요스탭   : 시나리오(吳村) 촬영(董克毅)
_ 주요출연진 : 여자 갑(周璇) 여 을(白燕) 여 병(周曼華) 남자 갑(舒適) 남 을(白
　　　　　　 雲) 남 병(徐風) 남 정(嚴俊)
_ 시놉시스   : 항전이 발생하자 주인공인 세 아가씨가 전쟁을 피해 상하이로
　　　　　　 온다. 그녀들은 건물의 방 한 칸을 세내어 살게 되는데, 가정교사 자리를
　　　　　　 알아보러 나갔다가 네 명의 젊은 남성을 알게 된다. 이 남성들이 그녀들
　　　　　　 과 같은 집에 세를 들게 되면서 서로 친구가 된다.

　　　　　　 그들은 뒷방에 세 들어 사는 사람들이 삼일 동안이나 밥을 짓지도 않
　　　　　　 고 매일 어린 여자 아이가 우는 소리가 끊이지 않자 그 사정을 물어본다.
　　　　　　 그 집 남자가 종군하였다는 사실을 알게 되고 그들은 거리 공연을 통해
　　　　　　 돈을 벌어 뒷방 사람들을 돕자고 의견을 모은다. 공연이 좋은 반응을 얻
　　　　　　 게 되자 그들은 방송에도 출연하게 되고 극장으로부터 공연 의뢰도 받게
　　　　　　 된다. 그들이 며칠 동안 극장에 머물면서 공연을 마치고 돌아와 보니 집
　　　　　　 주인이 자기들 방을 다른 사람들에게 세를 내준 상태였다. 이에 집 주인
　　　　　　 과 말다툼을 벌인다. 이때 뒷방에서 울음소리가 들려 가보니 노모는 병이
　　　　　　 악화되어 죽고 늙은 고모는 고달픈 삶을 비관하여 자살을 한 상황이었다.
　　　　　　 비참한 광경을 목격한 그들은 그곳이 바로 '새로운 지옥(新地獄)'이나 다
　　　　　　 름없다고 생각하고 자신들이 번 돈을 뒷방 여인에게 주고 그곳을 떠난다.
_ 특기사항   : 흑백 유성 영화
_ 핵심어   : 청춘남녀 항일전쟁 빈곤 공연 죽음
_ 작성자   : 유경철

168

어지러운 시대의 풍경 亂世風光(HEROES IN THE TURBULENT DAYS)

_ 출품년도   : 1941년

_ 장르   : 사회극

_ 상영시간   : 100분 추정

_ 감독   : 우런즈(吳仞之)

_ 제작사   : 金星影業股份有限公司

_ 주요스탭   : 시나리오(柯靈) 촬영(羅從周)

_ 주요출연진 : 孫伯修(石揮) 凌翠嵐(于素蓮) 小翠(英子) 陳華(史原) 錢士杰(韓非)

_ 시놉시스   : 항전 기간에 전란으로 인해 쑨보슈(孫伯修) 일가는 뿔뿔이 흩어
진다. 아내 링추이란(凌翠嵐)과 딸 샤오추이(小翠)는 상하이로 도망하지
만 아는 사람이 없어 하는 수 없이 임시로 기숙을 한다. 쑨보슈는 유랑 도
중에 혼자 피난길에 오른 귀부인 예페이페이(葉菲菲)를 만나게 되고 그
녀의 재력을 빌어 권력에 아첨하여 러펑(樂豊)은행장이 되어 역시 상하
이에서 거주한다.

　　링추이란은 딸을 의지하며 살아간다. 샤오추이는 학교에 들어가 열심
히 공부하는데 원래 총명하여 교장의 사랑을 듬뿍 받고 교장의 아들 천
화(陳華)와 각별한 사이가 된다. 1년 반이라는 세월이 지나고 링추이란
모녀는 생계가 점점 더 어려워진다. 샤오추이가 병이 나자 어머니는 어
쩔 수 없어 결국 자신을 희생하기로 한다. 무희 류루메이(柳如眉)의 종용
하에 그녀는 샤오추이를 속이고 펑러은행의 부은행장인 첸스제(錢士杰)
를 만난다. 첸스제와 맺은 관계로 말미암아 쑨보슈와 링추이란은 한 사
교모임에서 만나게 된다. 상황이 여의치 않아 부부는 서로 모른 척하며
지나친다. 오래지 않아 샤오추이는 어머니의 비밀을 알게 되지만 그녀의
고충을 이해하지 못한다. 샤오추이는 현실을 받아들일 수가 없어 단호히
어머니와 결별하고 교장과 친구들과 함께 시골로 가서 농촌교육에 종사
한다. 링추이란은 모든 희망이 사라졌다고 생각하고 강에 뛰어들어 자살
한다. 쑨보슈는 투기한 것이 실패하고 예페이페이는 첸스제의 품으로 뛰
어든다. 쑨보슈는 밤새 미친 듯이 마시고 도박하고 춤추다가 아침이 되

자 빌딩 옥상에 올라가 가지고 있던 지폐를 모두 뿌리고 거리의 군중들은 신이 나서 돈을 줍는다. 이와 동시에 샤오추이, 천화와 친구들은 새벽빛을 맞으며 행장을 꾸리고 출발한다.

_ **핵심어**   : 항전 모녀의 갈등 무희 농촌교육 자살
_ **작성자**   : 곽수경

세상의 아들 딸 世界兒女(CHILDREN OF THE WORLD)

_ **출품년도**   : 1941년
_ **장르**   : 드라마
_ **상영시간**   : 90분 추정
_ **감독**   : J. FRANK, L. FRANK
_ **제작사**   : 民華影業公司 大風影片公司
_ **주요스탭**   : 시나리오(費穆) 촬영(周達明 費俊庠)
_ **주요출연진** : 朱淸華(吳茵) 李國新(石揮) 陳時中(張翼) 阿蓮(藍蘭)
_ **시놉시스**   : 상하이에 살고 있는 리(李)선생은 북벌군에 참가했다가 병 때문에 퇴역한 인물이다. 중일전쟁 시기 아들인 궈신(國新)은 아버지의 뜻을 이어받아 붓을 버리고 참전했다가 부상을 당한다. 그러나 유명한 의사인 천스중(陳時中)의 치료를 받아 완치된다. 궈신의 회복을 축하하기 위해 스중은 궈신과 간호사 주칭화(朱淸華)를 무도장으로 초대해서 새해를 맞이한다. 무도장에서 칭화는 어렸을 적 급우인 아롄(阿蓮)을 만난다. 아롄은 양아버지의 핍박 때문에 무희가 되었다. 궈신과 스중도 아롄이 원래 이웃이었던 사실을 알게 된다. 얼마 뒤 아롄은 양아버지의 학대를 견디지 못하고 칭화의 집으로 피신한다. 다행히 리 선생이 돈을 써서 아롄이 양아버지와의 관계를 끊고 칭화를 따라 의학 공부를 하게 한다. 궈신과 스중은 아롄에게 애정을 품게 되지만 궈신은 자신의 뜻을 억누르고 스중에게 청혼을 하도록 한다. 그러나 아롄은 오히려 궈신에게 애정을 품는다. 궈신은 인사도 없이 다시 전쟁터로 나가고 오랜 뒤 소식이 묘연해진다. 아롄은 궈신에 대한 절망 끝에 결국 병을 얻지만 스중의 간호와 칭화의 헌혈 덕분에 생명을 이어간다. 스중에 대한 아롄의 마음이 차츰 깊어

져 두 사람은 결혼을 하기로 하는데 귀신이 돌아온다. 그는 다시 부상을 당해 입원하게 되고 회복된 뒤에는 부모를 뵈러 고향을 찾는다. 아버지가 이미 병으로 돌아가셨다는 사실과 아렌도 스중에게로 갔다는 소식을 듣고는 다시 말없이 떠난다. 칭화는 그를 따라 '고도' 상하이를 떠나 전장에서 일을 하려 하고, 스중과 아렌도 같은 뜻을 표한다. 귀신은 흔쾌히 이를 승낙하고 네 젊은이는 함께 긴 여정을 떠난다.

_**단평**   : 중일전쟁(1937)이 발발한 뒤 중국 영화계의 상황은 대체로 국민당 통치 지역과 점령구, 공산당 통치 지역, 상하이(孤島) 등으로 분화된 지역에 따라 기술되는데 이 중 '고도'의 영화계는 시대극(古裝片)이 다수를 이룬 가운데 멜로, 코미디, 탐정, 괴기, 공포 등 상업영화, 그리고 여전히 사회적 관심을 보인 사회극 등이 뒤를 이었다. 이렇듯 1930년대 후반 이후 상하이의 영화계는 오히려 그 이전보다 다양한 작품들을 선보이는데 이 영화는 그중 "애국적이고 진지한 영화인들의 노력"(程季華, 108)의 산물로 평가받는다. 그러나 이러한 평가가 곧 주제나 예술적으로 뛰어난 영화라는 의미와 상통하는 것은 아니며, 단지 제작태도만을 들어 진지하다고 언급하는 것이다. 이 영화에 대해 가장 자세하게 언급하고 있는 영화사가는 루홍스(2005)인데, 그는 "전장을 상징적 방법으로 묘사하고 구조와 리듬이 산만하며 느린 전개가 불만스럽지만, 전쟁 화면과 역사적 의미를 담고 있는 자막, 인물의 대사 등을 통해 관객들은 시대가 부여한 예술적 격정을 느낄 수 있다"(114)고 평가한다.

전쟁이 발발한 상황에서 영화가 채택하는 소재로서 전쟁은 매우 자연스러운 현상이 되었다고 할 수 있을 텐데, 전반적인 플롯의 전개는 삼각관계와 이산, 고통받는 인물과 협조자의 설정, 그리고 당시 중국 영화에서 상투적으로 등장하는 무희의 설정 등의 요소에 의지하고 있어 이전의 영화들과 비교하여 구조적으로 달라졌다고 보이지는 않는다. 특이한 점은 네 주인공이 어느 하나 죽음을 맞이하지 않고 끝까지 살아남아 전쟁에 맞서기 위해 상하이를 떠나는 결말로 처리되는 부분이다. 그러나 이들의 의기투합과 '긴 여정을 떠나는' 장면은 짙은 계몽주의적 색채를 풍긴다 아니 할 수 없다.

_ **특기사항** : 흑백 유성 영화(필름 9권)

　　　　　　: 독일 자크 프랑크, 프랑스 루이 프랑크 감독의 합작

　　　　　　: 합작 감독의 원어 이름에 대해서는 프랑크(Frank)와 플렉(Fleck)

인지 등이 혼란스러움.(楊金福, 148; 陸弘石, 114 등을 참조) 또 자크 프랑

크 감독의 국적을 오스트리아라고 보는 자료들도 있으며, 프랑스 루이

프랑크의 경우는 언급을 하지 않는 경우도 있음. 그러나 둘은 유태인 파

시스트의 박해를 받아 상하이로 망명한 유명한 예술가 부부라는 설명이

가장 구체적임(陸弘石, 114)

　　　　　　: 또 페이무(費穆)가 시나리오를 쓰거나 연출에 참여했다는 설 또

한 관련 사료를 들어 오류임을 지적하는 경우도 있음(陸弘石, 113)

_ **핵심어** : 삼각관계 중일전쟁 무희

_ **작성자** : 임대근

들장미 野薔薇

_ **출품년도** : 1941년

_ **장르** : 멜로/전쟁

_ **감독** : 부완창(卜萬蒼)

_ **제작사** : 華成影業公司

_ **주요스탭** : 시나리오(周貽白) 촬영(余省三)

_ **주요출연진** : 李薔薇(陳云裳) 南義(顧也魯) 李志明(徐莘園)

_ **시놉시스** : 농부 리즈밍(李志明)은 일찍 아내를 잃고 혼자 아이들을 키우며

지내는데, 아들 전화(振華)는 군대에 자원 입대하고 딸 창웨이(薔薇)는

순수한 성격의 처녀로 성장한다. 창웨이는 이웃 청년 난이(南義)와 서로

사랑하게 되지만 양쪽 부모들은 쉽게 결혼을 승낙하지 않는다. 결국 아

버지의 허락을 받은 창웨이가 난이의 어머니를 극진하게 병간호하면서

결혼을 허락받는다. 그러나 이들이 결혼을 한 지 얼마 지나지 않아 중일

전쟁이 발발하고 즈밍이 일본군 포로로 잡혀 가자 난이와 창웨이는 상하

이로 피난을 떠난다. 상하이에 도착한 난이는 부둣가에서 창웨이를 놓치

게 되고 그녀를 찾으러 조계지로 잘못 들어갔다가 순경에게 잡히고 만

다. 한편 창웨이 역시 난이를 만나기 위해 헤매다가 한 상점에서 일자리를 구하게 되지만 상점주인의 흑심을 피하려고 안주인에게 도움을 청하려다가 오히려 안주인의 애인인 바이싼(白三)에 의해 사창가에 팔리게 된다. 그러던 어느 날 우연히 부상을 입은 난이를 보게 되는데 난이는 쌀을 훔치다가 경찰에게 쫓기는 중이었다. 창웨이는 경찰을 따돌리고 난이를 구하고 난이는 창웨이를 데리고 사창가를 빠져나간다. 여동생 창웨이를 찾아 상하이에 온 전화와 만나게 된 이들은 군대에 지원하여 전쟁에 참여한다.

_ **단평** : 중일전쟁으로 '항전'의 과제는 문예계에 있어서도 예외가 아니었다. 일부 영화인들은 우한을 중심으로 한 국민당 통치구역, 혹은 홍콩으로 이동하지만 상하이를 중심으로 한 영화계는 일본의 검열로 인해 항전의 주제를 직접적으로 다루지 못했다. '고도시기'에 제작된 영화는 크게 고전극이나 상업영화(탐정영화, 코미디, 공포영화 등)로 나눌 수 있다. 이러한 영화는 전쟁시기임에도 불구하고 흥행에 성공했는데, 이는 해외 영화의 수입이 불가능해지면서 오히려 볼거리가 줄었기 때문이다. 이러한 상황도 1941년 태평양전쟁 발발 이후 조계지가 일본에게 점령당하면서 종식된다. 본 영화는 상하이 조계지의 식민 현실을 드러내는 사창가라는 공간을 또 하나의 식민 현실인 전쟁의 공간에 포개어놓음으로써 이중의 질곡을 드러내고 있다고 하겠다.

_ **특기사항** : 이 영화는 상하이 고도시기 작품이다. 1937년 이후 전쟁으로 인해 기존 상하이 영화계의 인프라는 많은 부분 홍콩과 내륙으로 이동하게 되었고, 남아 있는 영화사들 역시 영화 소재에 제약을 받게 되면서 작품의 대부분은 고전물이나 무협영화에 치우치게 되었다. 이 작품은 일본이 직접 상하이를 점령한 1941년에 만들어졌다. 1942년 이후에는 일본통치정부 선전부 관할로 장상군(張善棍)이 중화롄허영화유한공사(中華聯合制片股份有限公司)를 설립하여 상하이에 12개의 영화사를 합병 관리한다.(上海電影百年圖史, 154)

: 부완창은 촬영기술을 배우면서 영화계에 입문했다. 그가 본격적으로 감독으로 평가받은 시기는 1931년 롄화영화사에서 〈연애와 의무

戀愛與義務〉를 찍게 되면서부터다. 그 후 〈세 명의 모던 여성(三個摩登女性)〉, 〈모성의 빛(母性之光)〉으로, 다시 이화(藝華)에서 〈황금시대(黃金時代)〉, 〈개선가(凱歌)〉로 이어지면서 호평을 받게 되었다. 중일전쟁 시기 상하이의 신화(新華), 화청(華成)영화사에서 지속적으로 활동했다. 이 영화 역시 그 당시 작품이다. 1948년 홍콩으로 건너가 〈국혼(國魂)〉을 만들고 타이산(泰山)영화사를 설립했다. 1960년대에는 타이완으로 건너가서 활동했다.(中國電影大辭典, 53)

: 여주인공 천윈창은 중일전쟁시기 상하이에서 감독 부완창과 대부분의 작업을 함께 했는데, 특히 당시 중일전쟁의 애국 열기로 인해 대중적인 호응을 얻었던 〈목란종군(木蘭從軍)〉이라는 작품으로 일약 스타덤에 오르게 된다. 그녀가 상하이에서뿐만 아니라 내륙지역에서도 비교적 빠르게 이름을 알리게 된 것은 화청영화사의 배급력과도 관련이 깊다. 당시 화청은 장상군(張善琨, 후에 일본정부를 위해 활동함)이 영화계에서 자신의 입지를 넓히기 위해 신화, 화신(華新)영화사를 다시 설립하고 '진청(金城)', '리두(麗都)', '신광(新光)', '카얼덩(卡尔登)' 등의 대표적인 개봉관 상영계약을 맺고 있었다.(老上海電影明星, 186)

_ 핵심어   : 중일전쟁 고도시기 자유연애 조계지 사창가 민족
_ 작성자   : 노정은

꽃의 눈물 花濺淚(FLOWER WITH TEARS)

_ 출품년도   : 1941년
_ 장르   : 생활 극영화
_ 감독   : 장스촨(張石川) 정샤오추(鄭小秋)
_ 제작사   : 금성영업주식유한공사(金星影業股份有限公司)
_ 주요스탭   : 시나리오(于伶) 촬영(董克毅)
_ 주요출연진   : 米米(胡楓) 顧小妹(沈敏) 曼麗(慕容婉兒) 丁香(夏霞) 小李(舒適) 陳某(呂玉堃) 金石音(徐風) 常海才(龔稼農)
_ 원작   : 同名 무대극 각색
_시놉시스   : 소녀 미미(米米)는 아버지가 세상을 뜨자 가난을 이기지 못하고

무도장으로 흘러든다. 그녀는 서양 상사(商社)의 매판(買辦) 창하이차이(常海才)와 재물과 권세를 가진 양(楊) 영감을 제대로 모시지 않아 그들의 불만을 산다. 어느 날 창하이차이는 불량배 라오쾅(老匡)을 사주(使嗾)하여 사람들 앞에서 미미에게 모욕을 준다. 마침 그날 대학생 진스인(金石音)은 친구를 만나러 무도장에 왔다가 곤경에 처한 미미를 구해주면서 서로 알게 된다. 미미의 동료인 딩샹(丁香)은 늘 미미를 돕고 이끌어주지만 아직 어리고 철이 없는 구샤오메이(顧小妹)는 서양 상점의 도련님 천 아무개(陳某)에게 기만을 당한다. 타락한 무희(舞姬) 만리(曼麗)는 늘 창하이차이와 놀아난다. 미미와 진스인은 서로 사랑하게 되지만 미미의 계모는 가난한 진스인을 싫어하며, 양영감의 첩살이를 하라고 미미를 핍박한다. 결국 미미는 창하이차이와 결혼하고 실연당한 진스인은 군대에 들어가 항전(抗戰)에 참가한다. 새로운 것을 좋아하던 창하이차이는 미미를 버릴 생각으로 꾀를 내어 미미가 음독(飮毒) 자살을 하도록 유인책을 쓴다. 다행이 진스인의 친구 샤오리(小李)에게 발견되어 미미는 목숨을 구하지만 구샤오메이는 천 아무개의 속임수에 빠져 실성한다. 미미는 딩샹의 도움으로 각성하여 광명의 길로 나아가 국가를 위해 봉사하겠다는 결심을 한다.

_단평   : 1939~40년에 고도에서 상업 영화로서 흥행에 성공했던 시대극 영화(古裝片: costume film)의 뒤를 이어 현대극영화(時裝片)가 그 자리를 대체했다. 그렇지만 현대극영화는 그 사상 내용이 낙후하고 예술적인 기술 수준도 낮았다. 이런 영화계의 상황하에서 1941년 친청공사에서 출품한 이 영화는 상당한 수작으로 평가할 수 있다. 영화는 무대극에서 '팔일삼(八一三)'을 시대 배경으로 했던 항일구국(抗日救國)의 주제의식은 비록 약화되었지만 사회에 대한 비판의식이 투철했다. 그래서 당시 상하이 조계지의 암흑면을 폭로하고 무희의 불행한 운명과 비참한 생활을 묘사하여 여성을 모욕하는 매판들의 죄상 및 방탕한 생활을 규탄하였다. 동시에 진스인, 딩샹, 미미의 각성을 통해 우국우민(憂國憂民)과 침략에 저항하는 애국 사상을 전달하고 있다. 한편 영화의 삽입곡인 '무녀곡(舞女曲)'에는 현실 비판의 사상이 농후하다. "……들어보라! 무도장 바깥

을: 처참한 울음소리, 흥분한 외침. 봐라! 무도장 바깥을: 하늘만큼 큰 불행, 생사의 투쟁. 이처럼 횃불은 방방곡곡, 이처럼 풍운은 하늘 가득, 우리가 어찌 관심을 두지 않고, 우리가 어찌 취생몽사(醉生夢死)할쏘냐?"
(程季華, 1998)

_ **핵심어**　　：서양상사(商社) 매판(買辦) 첩살이 음독 항전 애국
_ **작성자**　　：김정욱

난세의 연인들 亂世兒女

_ **출품년도**　：1947년
_ **장르**　　：사회/멜로
_ **감독**　　：청부가오(程步高)
_ **제작사**　　：東方影業公司
_ **주요스탭**　：시나리오(程步高)
_ **주요출연진**：盧惠英(白璐) 黃子民(藍馬) 陳忠群(劉瓊) 陳麗群(上官雲珠)
_ **시놉시스**　：상하이 법정대학(法政大學) 3학년인 천중췬(陳忠群)은 루후이잉(盧惠英)과 연인 사이다. 루후이잉은 아버지가 설립한 인츠병원(恩慈醫院)에서 의사 실습 중이다. 천중췬의 아버지는 상업으로 큰 부를 축적했고, 친구의 아들 황제민(黃子民)을 자식처럼 돌본다. 황제민은 의대를 졸업하고 인츠병원에서 근무한다. 중췬의 병약한 여동생 천리췬(陳麗群)은 황제민을 사랑한다.

중일 전쟁이 발발하여 학교가 쓰촨(四川)으로 옮겨 가자 중췬은 쓰촨으로 떠나고, 제민은 병원에서 후이잉과 함께 일하게 되면서 점차 그녀를 사랑하게 된다. 중췬은 학교를 졸업하고 쓰촨에서 변호사 일을 시작하지만, 후이잉에 대한 마음은 변함이 없다.

중췬의 아버지는 일본의 앞잡이 노릇을 하는 친구 장한청(張漢城)의 종용으로 민족을 배반하는 일에 동참하게 된다. 장한청은 천리췬을 매국노에게 시집보내려 하지만 그녀의 거부로 실패한다. 이때 장한청은 황제민과 루후이잉이 부상당한 애국인사를 치료해준 사실을 알고 이들을 체포한다. 리췬은 그들을 구하기 위해 장한청이 제안한 혼사를 받아들인

다. 이로써 제민과 후이잉은 석방되지만, 리췬은 치욕을 당하지 않기 위
해 목숨을 끊는다.

얼마 후 천중췬의 아버지가 피격을 당해 인츠병원에 실려 온다. 제민
과 후이잉은 그를 구하기 위해 수술을 감행하지만 결국 천중췬의 아버지
는 목숨을 잃는다. 이 일로 두 사람은 살인죄를 덮어쓰게 되어 사형을 선
고받지만, 사행 집행 전 일본이 투항함으로써 석방된다.

이후 천중췬은 상하이로 돌아와 루후이잉과 재회하고, 제민의 도움으
로 이들 난세(亂世)의 연인은 결국 자신들의 바람을 이루게 된다.

_ **특기사항**   : 흑백 유성 영화
_ **핵심어**   : 청춘남녀 항일전쟁 매국노 여인의 자살 혹은 죽음 삼각관계 의
사 변호사
_ **작성자**   : 유경철

밤의 여관 夜店(NIGHT INN)

_ **출품년도**   : 1947년
_ **장르**   : 드라마
_ **상영시간**   : 108분
_ **감독**   : 佐臨
_ **제작사**   : 文華影業公司
_ **주요스탭**   : 시나리오(柯靈) 촬영지도(黃紹芬) 촬영(許琦 葛偉卿)
_ **주요출연진**   : 楊七郞(張伐) 賽觀音(童芷苓) 聞太師(石揮)
_ **원작**   : 고골리(러시아) 희곡 『아래층에서』
_ **시놉시스**   : 옛 상하이의 한 작은 여관인 원자뎬(聞家店)은 다양한 사람들이
모여드는 곳이다. 곤궁한 다사오예(大少爺)는 아내의 매춘으로 생계를
유지한다. 게으른 구두장이는 하루 종일 일에만 매달려 있고 게으른 마
누라는 병석에서 헤어나질 못해 빚만 쌓여간다. 약을 파는 진(金)노인은
인정이 많은 사람이다. 순경 스간당(石敢當)은 정직하고 무던하다. 신문
을 파는 뉴싼(牛三)은 가진 것이 아무것도 없어서 걱정할 일도 없다. 주인
인 원태사(聞太師)는 탐욕스러워 이득을 위해서라면 가리는 일이 없다.

여주인인 싸이관인(賽觀音)은 생활이 문란하여 양치랑(楊七郎)과 놀아나지만, 양치랑은 그녀에게 더 이상 매력을 못 느끼고 그녀의 순진무구한 여동생 스샤오메이(石小妹)를 좋아한다. 문란한 생활에 아무런 수치감도 느끼지 못하던 양치랑은 자신에 대한 샤오메이의 사랑과 여관 손님들의 비참한 운명 등을 통해 스스로 개과천선하기로 결심한다. 싸이관인은 건달 샤오팡(小方)의 사주를 받아 남편을 독살하고 샤오메이를 팔아넘기려고 계획한다. 원태사는 싸이관인과 양치랑이 여전히 사귀고 있다고 오해한다. 어느 새벽 그는 순경에게 양치랑을 고발하고 돌아오는 길에 여관 문에서 도망가는 치랑과 샤오메이를 만난다. 이어 싸움이 벌어지고 양치랑은 원태사를 때려 넘어뜨린다. 싸이관인이 먹인 독에 중독된 원태사는 발작을 일으키고 그 자리에서 죽는다. 양치랑은 체포되어 10년형을 선고받는다. 의지할 곳 없던 샤오메이는 기방에 팔려간 뒤 스스로 목숨을 끊는다. 이런 상황에서 진 노인은 크게 한탄한다.

_단평   : 중일전쟁 이후 제작된 중국 영화의 대표작 가운데 하나다. 번안 작품임에도 불구하고 당시 조계의 생활상을 잘 그려냈다. 다만 이전에 연극으로 공연된 바 있기 때문에 몇몇 쇼트는 연극적 요소가 다분하다고 판단된다.(예를 들면 마지막 쇼트에서 진 노인이 한탄하는 장면과 여관 벽이 무너지는 장면 등) 그러나 전체적으로는 미장센의 처리가 매우 돋보이는 영화다. 교차편집이 수시로 운용되고 경극 장면과 승천 장면 등과 같은 판타지의 삽입, 이중노출의 운용 등이 영화의 미학적 성취를 말해준다. 다만 일부 쇼트와 쇼트의 연결이 매끄럽지 못한 점은 흠이다. 도입부의 자막에 "조계 시대의 상하이"를 "암흑의 시대"라고 일컬은 점은 영화의 기본적인 착상이 어디에 있는지를 잘 보여주는 흥미로운 대목이다. 이에 호응하여 청지화는 이 영화를 두고 "국민당 통치하의 어두운 사회현실에 대한 비판을 담고 있다"는 상투적인 정치적 평가를(程季華, 262) 내리기도 했으며 이의 연장선상에서 리다오신도 "어두운 현실을 풍자하고 비판한 진보영화"(李道新, 138)라고 말했다. 전체적으로는 여관이라는 공간의 설정과 그 속에 모여든 다양한 인간군상에 관한 이야기라는 점에서 강한 연극적 요소를 읽을 수 있는데, 그들 사이의 얽히고설킨

인간관계와 각 인물의 특징적 성격을 잘 묘사했다고 할 수 있다. 그러나 이와 같은 특징이 '조계시대의 상하이'를 얼마만큼 대변하고 있는지에 대해서는 논란의 여지가 없지 않을 것이다.

_ **특기사항** : 흑백 유성 영화

: 1948년 2월 7일 상하이 황진대극장(黃金大戲院)에서 개봉

: 상하이 고도시기에 커링(柯靈)의 각색으로 연극 무대에 올려진 바 있다. 이때도 쭤린(佐臨)이 연출을 맡아서 좋은 반응을 얻었다고 한다.(程季華, 261)

: 원화영화사는 1946년 8월 말 중일전쟁 당시 대부분 상하이에 남아 있던 인물들을 중심으로 꾸려진 제작사로 1951년 상하이연합영화제작소(上海聯合電影制片廠)에 귀속된다.

_ **핵심어** : 여관 불륜 인간군상 상하이 고골리 희곡 전환(각색)

_ **작성자** : 임대근

봄 강물은 동쪽으로 흐른다 一江春水向東流(SPRING RIVER FLOWS)

_ **출품년도** : 1947년

_ **장르** : 전쟁멜로/사회극

_ **상영시간** : 223분(상편:96분, 하편:127분)

_ **감독** : 차이추성(蔡楚生) 정쥔리(鄭君里)

_ **제작사** : 昆侖影業公司

_ **주요스탭** : 시나리오(蔡楚生 鄭君里) 촬영(朱今明) 촬영고문(吳蔚云)

_ **주요출연진** : 素芬(白楊) 張忠良(陶金) 시어머니(吳茵) 王麗珍(舒綉文) 何文艷(上官云珠) 龐浩公(周佰勛) (高正) (秦小龍)

_ **시놉시스** : (상편) 상하이 한 비단공장의 여공인 쑤펀(素芬)은 현숙하고 선량한 여성으로, 야학교사 장중량(張忠良)과 결혼한다. 결혼한 지 1년 만에 항전이 발발하고 그들 사이에 아들이 태어난다. 장중량은 구호대에 참가하여 군대를 따라 이동한다. 쑤펀은 시어머니와 아들을 데리고 고향으로 피신하고 장중량은 난징(南京)에서 총살당할 위기를 간신히 모면하고 포로가 되어 갖은 고초를 겪는다. 고향마을이 함락되자 장중량의 아

우 중민(忠民)과 동료 완화(婉華)는 유격대에 참가한다. 적들은 있는 대로 마을사람들의 식량을 빼앗고 소까지 빼앗아 간다. 쑤펀의 시아버지가 이런 약탈행위에 맞서고 나서자 적들은 그의 목을 매달아 죽인다. 이 소식을 들은 중민과 유격대가 습격하여 적을 죽이고 쑤펀은 아들과 시어머니를 데리고 다시 상하이로 피신한다. 쑤펀은 난민수용소에서 일하면서 고아들을 돌본다. 장중량은 일본군의 손아귀에서 도망쳐 어렵사리 충칭(重慶)에 도착하지만 아는 이가 없어 유랑하다가 전쟁 전에 알던 화류계 여인 왕리전(王麗珍)을 찾아간다. 그녀는 장중량을 자신의 수양아버지 팡하오궁(龐浩公)의 회사에 취직시킨다. 장중량은 왕리전의 유혹과 사치스러운 생활 속에 점차 타락하여 왕리전과 동거를 한다.

(하편) 장중량은 팡하오궁의 개인비서가 되어 상인브로커 사이를 오가며 투기꾼이 된다. 쑤펀의 세 식구는 다 쓰러져가는 옥탑방에서 고통스런 생활을 한다. 난민수용소가 일본군에게 강점당하자 쑤펀과 시어머니는 생활을 위해 봉쇄구역(封鎖區)에서 쌀을 팔다가 일본군에게 발각되어 저수지에 감금당하는 등 갖은 고초를 겪으면서도 남편이 돌아와 예전처럼 행복하게 살 수 있을 것이라는 꿈을 꾸며 하루하루를 견딘다.

항전이 승리한 후 장중량은 상하이로 돌아와 왕리전의 사촌언니이자 매국노의 아내인 허원옌(何文艶)의 집에 기거하다가 그녀와도 부적절한 관계를 가진다. 쑤펀은 생활을 위해 허원옌의 집에 하녀로 들어간다. 왕리전이 상하이로 오자 허원옌이 파티를 여는데, 파티석상에서 쑤펀이 왕리전과 춤을 추는 장중량을 알아보고 깜짝 놀라 실수로 음식을 나르던 쟁반을 떨어뜨려 소란이 벌어진다. 쑤펀은 자신을 모른 척하는 남편의 모습에 절망하여 그 자리에서 도망을 친다. 다음날 새벽, 쑤펀은 집으로 돌아가 시동생 중민으로부터 완화와 결혼하여 근거지에서 일을 하고 있으며 형수에게 축복을 보낸다는 편지를 받는다. 쑤펀은 편지를 읽고 눈물을 흘리며 시어머니에게 사실을 털어놓는다. 시어머니는 분노하여 쑤펀 모자를 이끌고 장중량을 찾아가 눈물을 흘리며 아들을 타이른다. 왕리전이 그 광경을 보고 장중량의 따귀를 때리며 미친 듯이 화를 내지만 장중량은 아무 말도 하지 못한다. 쑤펀은 그 모습에 절망을 느끼고 뛰쳐

나가 황푸강에 뛰어든다. 노모는 강가에 앉아 통곡하지만 봄날 강물은 유유히 동쪽으로 흐르고 근심은 끝이 없고 한(恨)은 멈추지를 않는다.

_단평   : 영화는 '연대기(編年史)' 식의 시간 처리 방식을 취해 항전 전후의 생활상을 반영하고 있는데, "9·18사변 후 상하이"라는 자막을 시작으로, 이야기의 전개에 따라 "7·7노구교 사변", "민국 27년", "민국 28년", "민국 29년", "민국 30년", "항전 승리" 등의 자막과 함께 당시 인민들의 모습과 사회상을 보여준다. 그 속에는 전쟁 전 인민의 정상적인 생활 질서, 8·13상하이전쟁 이후 민중들의 항일 열정, 함락구 인민들의 고통, 일본의 비인도적인 총살과 방화와 약탈, 유격대와 근거지의 항일 투쟁, 관료통치계층의 취생몽사, 항전 승리 후 부패한 관리, 매국노들의 결탁과 몰염치한 행동 등이 광범하게 묘사되어 있다. 영화는 이처럼 구체적인 사건 발생의 연도와 지역을 자막으로 알려주고 해당 지역의 모습을 묘사함으로써 역사의 기록이라고도 할 수 있을 듯하다. 하지만 영화는 이러한 방대한 역사와 이야기를 한 가정의 비환을 통해 더 구체적이고 집중적으로 형상화하고 있는데 장중량, 리쑤펀, 장중민이라는 세 명의 이야기 축을 중심으로 전개하고 있다. 장중량은 권력과 외세에 빌붙어 삶을 도모하는 매국노, 리쑤펀은 고통 받는 인민, 그리고 장중민은 외세에 대항하는 세력(장중민의 경우에는 심사기관의 검열을 피하기 위해 영화 속에서 그다지 부각되고 있지는 않다) 등을 각각 대표한다고 할 수 있는데, 이들을 통해 당시의 시대상을 다양한 각도에서 그리고 있다.

이 영화에서 여주인공역을 맡았던 바이양(白楊)은 쑤펀이라는 전통적 미덕을 갖춘 여성형상을 성공적으로 연기했다. 그녀는 진지하고 소박하며 섬세한 연기를 펼쳤으며 특히 인물의 내면세계에 대해 깊이 있는 감정과 정확한 표현을 했다고 평가된다. 또한 영화의 초반부에 열정적이고 순수했던 장중량이 점점 타락하여 영화의 후반부로 갈수록 변질되어가는 모습은 보는 이로 하여금 분노와 더불어 현실에 맞부딪혔을 때 어찌할 수 없이 굴복하고 마는 인간의 나약함을 느끼게 한다.

무엇보다도 영화는 교차 편집을 절묘하게 사용하여 동일 시간에 서로 다른 공간 속에 있는 인물을 대비시키고 있는데 특히 장중량이 타락한

후 여성의 비위를 맞추며 화려하게 생활하는 모습과 역경 속에서도 남편
이 돌아와 다시 예전처럼 행복하게 살기만을 바라는 쑤펀의 모습을 교차
편집한 것은 극과 극에 처해 있는 이들의 상황을 좀 더 두드러지게 대비
시켜주고 있으며 관객이 쑤펀의 처지에 더욱 동정을 느끼게 하는 효과를
거두고 있다.

영화는 상하편 모두 강물이 유유히 흐르는 화면 위로 장엄한 음악이
흐르면서 시작되고 또 동일한 화면과 음악으로 끝을 맺어 영화가 가진
비장함에 더욱 무게를 실어주고 있다. 마지막에 쑤펀이 그토록 바라던
남편을 만난 봄날 황푸강은 쑤펀을 삼키고서도 아무런 흔적도 없이 무정
하게 유유히 흐르고 있어 안타까움을 더해준다.

_ **특기사항**   : 흑백 유성 극영화이며, 상하편으로 제작된 장편대작이다. 원래
는 1946년에 롄화영화사(聯華影業藝社)에서 〈팔천 리 길의 구름과 달(八
千里路雲和月)〉(1947)과 함께 이 영화의 상편인 〈팔 년간의 이별(八年離
亂)〉을 출품했지만, 1947년 5월에 쿤룬영화사가 롄화영화사를 합병했기
때문에 결국 쿤룬영화사 발행으로 귀속되었다. 하편인 〈날 밝을 무렵(天
亮前後)〉은 쿤룬이 계속 제작하여 1947년에 완성되었다.(귀화1, 170-171)

            : '전후 영화의 이정표'라고 칭송받기도 하고 '차이추성 영화 생
애에서 가장 중요한 대표작'이라는 칭송을 받기도 한다. 또한 "중국영화
사에 있어서 첫 번째 대서사시적인 영화"라고 평가되며 공전의 환영을
받아 상하이에서 연속 3개월간 상영되었고 70만 명에 이르는 관객을 동
원하여 〈어부의 노래(漁光曲)〉 이후 최고기록을 수립하였다.

            : 1982년 이탈리아에서 열렸던 '중국영화 회고전'과 파리에서 열
렸던 '중국영화 순례'에서 〈천 리 길의 구름과 달〉과 함께 상영되었다.
중국에서뿐 아니라 홍콩과 동남아 일부 국가에서 상영되었을 때에도 중
국영화 중 최고 흥행을 기록했다. 당시 관방의 '문화운동위원회'에서조
차도 1947년도 '중정(中正)문화상'이라는 영화상 금메달을 수여하였다.

_ **핵심어**   : 항전 계급 매판 유격대 매국노 함락구 국통구
_ **작성자**   : 곽수경

천당 춘몽 天堂春夢

_ 출품년도   : 1947년
_ 장르   : 사회
_ 상영시간   : 124
_ 감독   : 탕샤오단(湯曉丹)
_ 제작사   : 中央電影企業股分有限公司
_ 주요스탭   : 시나리오(徐昌霖) 촬영(石鳳岐) 조명(羅坤 孫倫) 편집(錢筱璋)
_ 주요출연진   : 漱蘭(路明) 丁建華(石羽) 龔某(藍馬) 龔부인(上官雲珠) 노모(王苹)
_ 원작   : 徐昌霖의 영화소설 『天堂春夢』
_ 시놉시스   : 딩젠화(丁建華)는 항전시기 후방에서 비행장을 건설하는 데 공
을 세운 엔지니어다. 항전 승리 후 그는 가정의 행복한 미래를 꿈꾸며 아
내 수란(漱蘭)과 함께 상하이로 돌아와 예전에 자신의 수하에 있던 궁 아
무개(龔某) 집에 거주한다. 궁 아무개는 고도시기 일본군을 도와 비행장
일을 맡아 부를 쌓았으며 항전 승리 후에는 국민당의 지하조직원이 된
다. 궁 아무개는 자신의 매국노 행적을 감추기 위해 후방에서 공을 세운
딩젠화의 도움을 받으려고 했지만 딩젠화에게 그런 능력이 없다는 것을
알고 태도를 바꾼다. 항전 전 상하이에서 건축설계사로 이름이 알려졌던
딩젠화는 상하이에 돌아온 후 사방으로 일을 찾아보지만 자신이 설자리
가 없다는 것을 느끼고 매일 상승하는 물가와 자신의 능력으로 살 수 있
는 집은 물론이고 출산을 앞둔 아내의 병원비조차도 감당할 수 없다는
데 비애를 느낀다. 딩젠화는 심혈을 기울인 설계도와 출산한 아이를 궁
아무개에게 팔아넘긴다. 이를 알고 수란은 아이를 되찾지만 궁 아무개는
수란의 아이를 싫어하는 아내와 이혼을 하고 다시 아이를 빼앗아 간다.
딩젠화 일가족은 길을 떠나다가 우연히 자신이 심혈을 기울여 설계한 집
과 같은 건물을 발견하고 들어가 본다. 그런데 그 집은 바로 궁 아무개가
새 아내를 맞이하여 자신의 아이와 살고 있는 집이었다.
_ 단평   : 항일전쟁 승리 후 어두운 사회의 현실을 풍자로써 비판하고 있
다. 지식인인 건축설계사 딩젠화가 항전시기 후방에서 열심히 일을 하고

돌아왔지만 실업과 빈곤 그리고 그 어디에도 자신이 설 곳이 없다는 현실사회의 모습을 날카롭고 심각하게 비판함으로써 사회의 불합리성을 풍자하고 있다.

일종의 엄격한 현실주의 창작풍모와 깨어 있는 비판의식으로 당시 여론에서 "'참담한 승리' 후, 중국 사회에서 벌어진 대비극의 축소판"이라고 불리었다.(차이나 시네마, 136)

_ **특기사항** : 흑백 유성 영화

: 원래는 딩젠화가 자신이 설계한 건물에서 실족사하는 것이었지만 검열에 의해 내용이 수정되었다.

_ **핵심어** : 고도시기 건축설계사 항전 물가 매국노 도시

_ **작성자** : 조병환

팔천 리 길의 구름과 달 八千里路雲和月

_ **출품년도** : 1947년

_ **장르** : 사회극

_ **감독** : 스둥산(史東山)

_ **제작사** : 崑崙影業公司

_ **주요스탭** : 시나리오(史東山) 촬영(韓仲良)

_ **주요출연진** : 江玲玉(白楊) 高禮彬(陶金) 周家榮(高正)

_ **시놉시스** : 장시(江西) 출신 여대생 장위링(江玲玉)은 상하이에 있는 이모 집에 머물면서 대학에 다닌다. 항일전쟁이 발발하자 위링은 이모와 사촌오빠 저우자룽(周家榮)의 만류를 뿌리치고 구국연극대(救國演劇隊)에 가입하여 베이징과 상하이를 오가며 항일을 선전한다. 이 과정에서 동료이자 음악가인 가오리빈(高禮彬)과 사랑하는 사이가 된다. 전쟁이 확대되면서 그들은 결국 충칭(重慶)까지 오게 된다. 이때 링위의 사촌오빠 저우자룽은 공무를 빌미로 충칭에 와서 돈벌이를 하면서 링위를 끌어들이려하지만 거절당한다.

항전 승리 후 링위와 가오리빈은 결혼하고, 자룽은 국가 재부 환수원이 된다. 그는 원래 링위를 만나 함께 상하이로 돌아오려고 했지만 그녀

가 이미 결혼했음을 알고 혼자 돌아온다. 링위와 리빈 역시 상하이로 돌아오지만 기탁할 곳이 없어 임시로 이모 집에 머문다. 자룽은 재부 환수를 발판으로 큰돈을 벌지만, 링위와 리빈 부부는 여전히 가난하게 지내다가 친구의 도움으로 세를 얻어 독립한다.

이후 리빈은 초등학교 교사가 되고, 링위는 신문사 기자가 된다. 하지만 얼마 안 가 리빈은 폐병을 앓고, 링위 역시 임신 중에 병을 얻게 된다. 자룽은 그들 부부의 처지가 딱한 것을 보고, 링위를 일에 끌어들이려 하지만 또 다시 거절당한다.

큰 비가 내리던 어느 날 밤 링위는 자룽의 비리를 고발하는 기사를 작성하기 위해 귀가하는 도중 길에서 정신을 잃고 쓰러진다. 리빈은 동료들과 링위를 찾아 나섰다가 그녀가 병원으로 호송되었음을 알게 된다. 병원에 도착한 리빈은 링위와 조산으로 태어난 아이 모두가 무사하다는 사실에 안도하지만, 둘 다 장기간의 요양이 필요하다는 의사의 말을 전해 듣고 앞으로 어떻게 해야 좋을지 망연할 뿐이다.

_ 단평 　　 : 슈테판 크라머는 이 작품에 대해 "이데올로기적 변용 없이 전쟁 이후 사회상을 사실적으로 그려냈으며, 놀라운 예술적 창의력으로 자율적이며 정의로운 중국의 미래상을 담았다"고 평가했으며, 감독 스둥산이 "성격이 다른 두 주인공의 내밀한 이야기를 시적인 영상에 담은 한편, 식민지에서 해방된 사회에서 살아가는 사람들의 희망과 좌절을 보여주고 있다"고 했다.(슈테판 크라머 2000, 64-65)

_ 특기사항 　 : 흑백
_ 핵심어 　　 : 항일전쟁 젊은 부부의 고난 기자 교사 국가 재부환수원 투병
_ 작성자 　　 : 유경철

행복 광상곡 幸福狂想曲

_ 출품년도 　 : 1947년 11월 14일
_ 장르 　　　 : 멜로
_ 감독 　　　 : 천리팅(陳鯉庭)
_ 제작사 　　 : 中央電影攝影場第二場

_ **주요스탭** : 시나리오(陳白塵) 촬영(董克毅) 음악(陳歌辛)

_ **주요출연진** : 吳志海(趙丹) 姜世杰(張翼) 張月華(黃宗英) 王金富(顧而已)

_ **시놉시스** : 농민 왕진푸(王金富)는 파산하게 되자 사촌형 우즈하이(吳志海)
가 있는 상하이로 가서 새로운 삶을 시작하려고 한다. 그러나 즈하이 역
시 가난하기는 마찬가지여서 일거리조차 찾지 못하고 셋방 벽에 구멍을
파서 담배를 팔아 생활하는 처지다. 영업허가증이 없어 담배 장사도 금
지당하자 하는 수 없이 구두닦이나 신문, 장난감 등을 닥치는 대로 팔면
서 생계를 유지한다. 어느 날 한 젊은 여인이 길을 건너다 차에 치일 뻔한
것을 즈하이가 구해주다가 부상을 당한다. 장웨화(張月華)라는 이 여인
은 과부가 되면서 깡패 장스제(姜世杰)의 강압에 의해 마약을 운반하다
가 일을 당한 것이다. 한편 즈하이는 부상을 치료하는 중에 위통이 생겨
민간요법으로 약을 복용한 후 몸이 마르게 되자, 여기에서 착안하여 '살
빼는 약'을 고안한다. 상하이의 부자들에게 입소문이 나면서 즈하이의
약이 불티나게 팔리자 장스제가 끼어들어 제약회사를 차리고 약에 카페
인 성분을 집어넣는다. 얼마 후 이 사실이 발각되면서 판로가 막히자 장
스제는 즈하이에게 마약을 운반하도록 협박한다. 즈하이는 마약이 든 가
방을 건네받지만 웨화의 도움으로 경찰의 체포를 피한다. 장스제는 자신
의 범죄가 밝혀질 것을 염려하여 즈하이에게 상하이에서 떠나도록 협박
하고 결국 즈하이와 진푸, 웨화는 도시에 대한 환상을 버리고 함께 고향
으로 돌아간다.

_ **단평** : 영화는 상하이를 통해서 도시의 양면성을 매우 구체적으로 풍
자하고 있다. 제목에서 보이듯 행복을 위해 선택한 상하이라는 도시는
보이는 화려함을 유지하기 위해 수많은 어두운 그림자를 담고 있다. 영
화에서는 도시에서 행복할 권리를 얻는다는 것이 결국 경제적 능력이 없
으면 해결될 수 없다는 것을 분명하게 보여준다. 이주 노동자인 농민과
자립적인 경제적 능력을 가질 수 없는 과부가 삶의 형식을 바꾸려 선택
한 공간인 도시에서 그들은 역시 약자일 뿐이다. 도시의 합리적 규범으
로 작동하는 영업허가증은 식민자본의 권력을 자국민에게 재생산함으로
써 빈민계층에게 정당한 노동의 권리조차 부여하지 않는다. 결국 그들은

자신의 의지와는 상관없이 밀거래와 폭력조직의 희생양으로 전락하게 된다. 그들에게 상하이는 환타지이자 시뮬라르크이다. 욕망의 이미지인 기표들은 충족된 기의―행복―없이 미끄러져 결핍의 공간을 만들 뿐이다. 그들이 상하이를 바라보는 유일한 시선은 물신화된 시선뿐이며 그 공간은 주마등같은 시각적 환영으로만 체험될 뿐이다. 그곳에서 그들은 자신들이 그리던 행복의 영원한 타자임을 깨닫는다.

_ **특기사항**　: 개봉관 上海金都大戲院

　　　　　　: 영화에서 남자주인공을 맡은 자오단은 1930년대부터 50년대까지 활약한 성격파배우이다. 학생시절부터 소극단 활동에 심취했으며 李萍倩의 적극적인 권유로 영화계에 입문한다. 많은 출연작 중에서 대표작은 〈十字街頭〉와 〈馬路天使〉라고 하겠다. 이 두 작품 이후 그는 과장되지 않은 자신만의 색깔로 성격을 전달할 수 있는 드문 배우라는 명성을 얻게 된다. 비극적 현실을 건강하게 표현하는 그의 표현력은 〈幸福狂想曲〉에서도 가감 없이 빛을 발한다.(老影星, 129-130)

_ **핵심어**　: 도시이주민 도시화 물질주의 마약 건달 빈부격차

_ **작성자**　: 노정은

귀향 일기 還鄉日記

_ **출품년도**　: 1947년

_ **장르**　: 희극 사회극

_ **상영시간**　: 112분

_ **감독**　: 위안쥔(袁俊)

_ **제작사**　: 中央電影企業股份有限公司 一廠

_ **주요스탭**　: 시나리오(袁俊) 촬영(吳蔚雲)

_ **주요출연진**: 小于(白楊) 老趙(耿震) 老洪(陽華) 小桃(呂恩)

_ **시놉시스**　: 대후방(大後方)에서 연극(話劇) 사업에 종사하면서 항전에 일조했던 라오자오(老趙)와 샤오위(小于) 부부는 항전 승리 후 꿈을 안고 상하이로 돌아온다. 하지만 그들은 방 하나 구하지 못하고, 다락에 세들어 사는 친구의 호의로 그곳에서 귀향 첫날을 보내게 된다.

다음 날에도 방을 구해보지만 방값이 너무 비싸서 실망만 거듭한다. 그러던 중 우연히 옛날에 알던 샤오타오(小桃)를 만나게 된다. 원래 매국노 라오페이(老裵)의 아내였던 샤오타오는 항전 이후 라오페이가 매국을 했다는 죄목으로 감옥에 가게 되자 남편의 재산과 더불어 국가 재부 환수원인 라오홍(老洪)에게 넘어간 상태였다.

샤오타오는 방 한 칸을 라오자오와 샤오위에게 내주려 하지만, 라오홍이 반대한다. 이때, 라오페이가 '지하공작원'으로 변신하여 자신의 패거리를 이끌고 나타난다. 라오페이는 라오홍에게서 자신의 재산과 아내를 다시 빼앗고 그를 혼내준다. 그러자 라오홍 역시 보복을 하기 위해 패거리들을 이끌고 쳐들어와 집 안이 온통 난장판이 된다. 샤오자오와 샤오위 부부는 어쩔 수 없이 물러나와 친구의 다락방으로 돌아간다.

_ 단평   : 내용이 비관적이고 사회 고발적인 것처럼 보이지만, 실상은 코미디적 요소가 강하다. 주인공 부부를 제외한 주변 인물들의 성격이나 사건 전개 방식이 모두 그렇다. 또, 인물들의 의상, 헤어스타일, 배경과 소품 등은 당시 서양영화의 흔적을 쉽게 발견할 수 있을 정도로 서구화되어 있고 화려하다. 한편, 야외 촬영 장면이 적지 않다. 촬영 장소가 주로 번화가나 고급 주택가에 한정되어 있으나 1940년대 말의 상하이의 풍경을 엿볼 수 있는 자료로서 유용하게 활용될 수 있을 것이다.

_ 특기사항   : 흑백

_ 핵심어   : 귀향 이주민 젊은 부부의 곤경 가난 상하이의 높은 물가 국가재부환수원

_ 작성자   : 유경철

금의환향 衣錦榮歸(WELCOME HOME; RETURNS IN GLORY)

_ 출품년도   : 1947년
_ 장르   : 멜로/사회
_ 감독   : 趙丹
_ 제작사   : 中央電影企業股份有限公司 二廠
_ 주요스탭   : 시나리오(顧而已) 촬영(董克敏) 녹음(劉思澤) 세트(盧景光) 음

악(陳慶餘) 분장(樂羽侯) 편집(陳祥與)

_ **주요출연진** : 談瑛(徐慧) 顧爾已(林道君) 孫俠(李成杰) 李晶潔(무희) 張慧(馬
太太) 鄭敏(盧志明) 徐佐雯(小玲 어린 시절) 夏天(무희 大班)

_ **시놉시스** : 8·13의 포화는 상하이 인민들의 항전 의지를 북돋운다. 중등
교원인 린다오쥔(林道君)은 아내인 쉬후이(徐慧), 아홉 살 난 딸인 샤오
링(小玲)과 의연하게 이별을 고하고 친구인 리청제(李成杰)와 함께 구호
대(救護隊)에 참가하여 내지로 떠난다. 그러나 편안한 생활만을 누려왔
던 린다오쥔은 어렵고 힘든 임무를 감당하지 못하고 단신으로 구호대를
떠나 상하이로 향한다. 그러나 상하이에 가서도 홀로 서기에는 역부족이
라 늘 자신이 무시했던 친구이자 싼장무역회사(三江貿易公司) 사장인 우
보센(吳伯先)을 낯 두껍게 만나러 간다. 우보센은 린다오쥔에게 자동차
부품 브로커를 맡긴다. 린다오쥔은 견디기 힘들었으나 결국 친구의 제의
를 받아들이고 자신의 이상과는 완전히 다른 길을 걷게 된다. 린다오쥔
은 브로커 일을 한 지 얼마 되지 않아 주펑기업(九豊企業公司)의 사장이
되고 우보센도 그에게 경의를 표하게 된다. 한편 상하이에서 어렵게 살
아가던 쉬후이 모녀는 남편과 연락이 두절된 상태에서 갈수록 힘든 삶을
이어간다. 쉬후이는 가구를 팔아 딸을 데리고 빈민촌으로 이사를 간다.
추다반(邱大班)이라는 무희와 하루 종일 죽은 아들만 생각하는 미친 노
인, 그리고 서로 의지하며 살아가는 인력거꾼 아건(阿根) 모자와 함께 살
게 된다. 태평양전쟁이 발발하자 상하이와 내지 사이의 연락은 완전히
두절된다. 쉬후이는 어렵사리 생활을 꾸려가면서도 남편의 안녕을 걱정
한다. 어찌할 수 없는 지경에서 쉬후이는 하는 수 없이 딸 샤오링을 면사
공장에서 일을 하게 한다. 오래지 않아 리청제가 명령에 따라 비밀공작
을 위해 상하이를 찾는다. 리청제는 숨어 있는 적을 체포하다가 쉬후이
와 만나게 된다. 쉬후이는 남편 소식을 알 수 있을 거라 생각하여 기뻐했
으나 리청제는 자신도 린다오쥔과 연락이 끊긴 지 5~6년이 되었다고 말
한다. 중일전쟁이 승리로 끝나지만 린다오쥔의 소식은 여전히 묘연하고
샤오링은 직장을 잃는다. 샤오링은 어머니의 근심을 모르는 체할 수 없
어 어머니를 속이고 무희가 된다. 이때 촨신(傳薪)이라 이름을 바꾼 린다

오쥔도 상하이로 돌아오게 된다. 그는 옛 주소로 아내와 딸을 찾아가지만 아무런 소식도 들을 수가 없다. 린다오쥔은 아내와 딸이 이미 세상을 떠났다고 생각하고 방탕한 길로 들어선다. 하루는 린다오쥔이 무도장에서 어여쁜 무희인 아이나(愛娜)를 만나고 그녀를 졸졸 쫓아다니게 된다. 그러나 아이나는 바로 자신의 딸 샤오링이다. 성탄절 밤, 샤오링은 밤새 집으로 돌아가지 못한다. 쉬후이는 밤새 잠도 못 자고 초조하게 딸을 기다린다. 쉬후이는 결국 딸이 하는 일을 알게 되고 샤오링은 다시는 무도장에 나가지 않겠노라고 어머니에게 다짐한다. 린다오쥔은 여러 날 아이나가 보이지 않자 추다반에게 아이나를 보게 해달라고 부탁한다. 샤오링도 이미 다정하고 돈 많은 이 손님에게 마음이 끌려 어머니를 몰래 그를 만나러 간다. 이를 눈치채고 몰래 뒤따라간 쉬후이는 샤오링이 만나는 남자가 자신이 8년 동안 오매불망 기다려왔던 남편임을 알게 된다. 큰 충격을 받은 쉬후이는 병으로 쓰러져 일어나지 못하면서도 이 엄청난 사실을 딸에게 알리지 못한다. 비바람이 몰아치던 밤 쉬후이는 한을 품고 세상을 떠난다. 임종 전에 쉬후이는 마음속 고통의 비밀을 이야기한다. 사실을 알게 된 샤오링은 부끄러움에 삶을 이어갈 의욕을 잃는다. 옆에서 진심으로 도와준 리청제 덕분에 샤오링은 새로운 각오로 리청제와 함께 상하이를 떠나 새로운 삶을 향해 나아간다.

_**단평**　　 : 중일전쟁이 끝난 이후 국민당 측에서 각 지역의 영화사를 접수하여 재편한 중앙영화기업주식회사(中央電影企業股份有限公司)는 1945년 이후 1949년에 이르기까지 중국 영화 제작을 주도한다. 이 가운데 제1·2제작소는 상하이에 있었는데 이 영화는 제2제작소에서 만든 것이다. 청지화는 일부 진보적 인사들이 비록 국민당이 주관했으나 이들 기반 시설을 수단으로 자신들의 뜻을 펼쳤다고 말한다.(程季華, 180) 청지화에 따르면 이 영화 또한 "반동파가 항전의 승리를 이용해 약탈을 일삼고 있음을 폭로"했다.(186) 이전의 영화들처럼 고통스러운 현실과 가족의 이산, 억압받는 여성 등의 문제를 주로 다루고 있는데 이와 같은 사적인 경험들은 전쟁이라는 공적 서사와 만나면서 변질된다. 특이한 점은 이 영화가 드물게도 가족 이산의 결과를 아버지와 딸의 근친 연애라는 극단적

상황까지 몰고 간다는 점이다. 비록 결말은 역시 "새로운 삶을 향해 나아가는 것"으로, 도덕적인 방식을 채택하고는 있으나 이러한 결말을 유도하는 과정에서 부녀간의 근친 연애, 그로 인한 아내/어머니의 죽음(파멸) 등은 당시 유사한 제재를 취하는 영화들 가운데 매우 독창적이며 극단적인 상상력을 보여준다. 비록 청지화는 이를 두고 "심각한 결점"이라고 비판했으나(186) 지금의 관점에서 볼 때 상투적 플롯을 벗어나려는 노력은 충분히 긍정할 수 있을 것이다. 이 영화는 검열을 통과하지 못하고 여러 군데 삽입된 노래 중 (국민당의) "승리가 오히려 재난이 되었다"는 가사가 모두 삭제되었다고 한다.(程季華, 186)

_ **특기사항** : 흑백 유성 영화

: 1947년 5월 6일 상하이 황허우대극장(皇后大戲院)에서 개봉

: 1930년대 상하이에서 활동했던 배우 자오단(趙丹)의 감독 데뷔작. 그는 1949년 이후 두 편 정도 영화를 더 제작하였음 〈아이들을 축복하라(爲孩子們祝福)〉(1953), 〈칭산의 사랑(靑山戀)〉(1964)

_ **핵심어** : 중일전쟁 가족의 이산 근친상간 무희
_ **작성자** : 임대근

여가수의 노래 歌女之歌(SONG OF A SONGSTRESS)

_ **출품년도** : 1948년 8월 13일
_ **장르** : 멜로드라마
_ **상영시간** : 93분
_ **감독** : 팡페이린(方沛霖)
_ **제작사** : 香港大中華影業公司
_ **주요스탭** : 시나리오(方沛霖) 촬영(曹進云)
_ **주요출연진** : 朱蘭(周璇) 方志偉(顧也魯) 葉春茂(王豪)
_ **시놉시스** : 상하이 한 클럽의 문 앞에 60세가 넘은 노인이 가요계의 여왕이라고 불리는 주란(朱蘭)의 노랫소리에 귀 기울이고 있다. 클럽의 손님 중에는 융마오 회사 사장 예춘마오(葉春茂)가 그녀의 자태를 감상하고 있다. 공연이 끝나고 예춘마오는 주란에게 접근하지만 거절당한다. 주란이

혼자 집으로 돌아오는 길에 불량배 일당을 만나게 되지만 주란을 쫓아오던 노인이 구해준다. 한편 주란은 화가 팡즈웨이(方志偉)를 알게 되고 그의 예술적 열정에 끌려 흠모하게 되는데, 그에게 일자리를 구해주기 위해 억지로 예춘마오를 상대해주기도 한다. 그러나 팡즈웨이가 예춘마오의 거만한 태도를 참지 못하고 회사를 그만두자 이 일로 주란과 갈등이 생긴다. 이를 틈타 예춘마오는 주란에게 접근하고 그녀를 희롱한다. 이 일로 주란의 모친은 그녀의 출생에 관한 비밀을 밝히게 되는데, 20년 전 주란의 생모는 예춘마오의 아버지 예화탕(葉華堂)의 집에서 가정부 일을 하다가 그에게 농락당한 후 자살하고 그 후 생부 역시 예화탕에 의해서 중상을 입고 죽게 된다. 당시 예씨 집에서 일하던 주노인이 이 사실을 알게 되자 비밀을 감추기 위해 예화탕은 노인을 감옥에 집어넣고 주란은 그의 부인에 의해서 길러진다. 얼마 전 주란을 구한 노인이 바로 막 감옥에서 석방된 주노인이며 노인은 주란이 예춘마오에게 당한 일을 알게 되자 예춘마오를 살해하고 다시 체포되고 만다. 결국 팡즈웨이와 주란의 모친만이 주란의 한 맺힌 노래를 들으며 눈물을 흘린다.

_ 단평　　: 1941년 태평양전쟁으로 상하이의 영화 인프라는 영화 제작이 가능한 홍콩으로 남하한다. 당시 홍콩 영화계는 규모가 작은 영화사 위주로 운영되었는데, 그중 대표적인 영화사가 '다중화(大中華)'이다. 1946년부터 1948년까지 34편의 '국어 영화'를 제작하는데, 그들의 주요 관객층은 대륙이나 화교들이었기 때문에 영화의 공간은 여전히 상하이로 그려지고 있으며, 도시의 화려한 밤 문화나 출생의 비밀, 첩보 등이 주요 영화 테마가 되었다. 청지화는 당시 홍콩 영화계 상황을 퇴폐적이고 상업적이라고 규정하면서 매우 수준 낮은 영화들이 제작되었다고 비판한다. 이러한 분위기는 1948년 진보 영화인들이 홍콩에서 활동하면서 일정 부분 보완된다고 평가한다.(程季華, 306)

_ 특기사항　　: 흑백 유성 영화

　　　　: 영화의 여주인공 저우쉬안은 1934년 상하이 방송국에서 개최한 가요경연대회 수상경력이 있어 영화계에서는 그녀를 '황금목소리(金嗓子)'라고 부른다. 1935년 톈이영화사의 〈美人恩〉으로 데뷔했고 출세작

은 밍싱영화사의 〈馬路天使〉이다. 이 영화에서 저우쉬안은 직접 노래실
력을 발휘하면서 자신의 연기색깔을 찾았다고 할 수 있다. 〈슬픈 노래〉
에서도 비런미 넘치는 가수 배역을 맡으면서 열연을 펼친다.

_ 핵심어   : 가수 화가 자본가 출생의 비밀 의부모 계급
_ 작성자   : 노정은

거리와 골목 街頭巷尾(GOOD NEIGHBORS/ STREETS AND LANES)

_ 출품년도   : 1948년
_ 장르   : 생활 극영화
_ 감독   : 판제눙(潘子農)
_ 제작사   : 中央電影企業股份有限公司
_ 주요스탭   : 시나리오(潘子農) 촬영(苗振華,沈維康)
_ 주요출연진 : 李仲明(張伐) 趙淑秋(黃宗英) 朱老五(張雁)
_ 시놉시스   : 초등학교 교사 리중밍(李仲明)은 한평생 교육에 종사하겠다는
             포부를 품고 상하이로 온다. 하지만 아무리 사방팔방으로 뛰어다녀도 아
             무것도 얻을 수 없다. 그 후 제사공장에서 문서 담당 보조를 하다가 인력
             거꾼인 주라오우(朱老五)를 알게 된다. 주라오우에게 영향을 받아 중밍도
             낡은 인력거를 빌어 근근이 살아간다. 인력거 대여점 주인의 무남독녀 쑨
             진어(孫金娥)는 중밍에게 연정을 품고 갖은 방법을 동원한다. 몇 개월이
             흘러 중밍은 주라오우 집 다락방으로 옮겨 생활하는데 이웃들은 모두 좋
             은 친구가 된다. 머잖아 중밍은 과거에 서로 사랑했었고 지금은 초등학교
             교사인 자오수추(趙淑秋)를 만난다. 자오수추는 자기 힘으로 살아가는 중
             밍의 정신을 높게 산다. 두 사람 사이에 다시 연정은 타오른다. 풍속을 어
             지럽힌다며 면직당한 수추는 중민의 다락방에서 중간에 휘장을 치고 동
             거를 한다. 인정스러운 이웃들은 중밍을 위해 새 인력거를 마련해주고 수
             추는 책과 신문 가판(街販)을 한다. 두 사람은 '4년 흥학(興學) 계획'을 실
             현하기로 결심하고 남는 시간에 골목길에서 거리학교를 열어 사람들로부
             터 찬사를 받는다. 도둑이 인력거에 장물(臟物)을 두고 내려 중밍은 경찰
             에 체포된다. 중밍의 다락방을 뒤지던 경찰은 반지 두 쌍을 발견하고 심

문하는 과정에서 두 사람이 결혼을 준비하고 있다는 사실이 밝혀진다. 범인이 잡혀서 중밍은 석방되고 이웃들에게 둘러싸여 다락방으로 올라간다. 주라오우는 다락방 휘장의 끈을 끊어버린다. 반지 한 쌍은 두 사람을 위해 쓰고 다른 한 쌍은 '홍학의 계획'을 위해 남겨둔다.

_ **단평**　　　: 생활의 진실감이 농후하고 희극(喜劇)적 요소가 많다. 쇼트의 전개가 매끄럽고 속도감이 있으며 소박하다. 배우들의 성실한 연기가 돋보인다.
_ **핵심어**　　: 자력갱생 홍학(興學) 인력거 풍속 사범 평민 생활
_ **작성자**　　: 김정욱

집들의 등 萬家燈火(MYRIADS OF LIGHTS)

_ **출품년도**　: 1948년
_ **장르**　　　: 사회극
_ **상영시간**　: 106분
_ **감독**　　　: 선푸(沈浮)
_ **제작사**　　: 崑崙影片公司
_ **주요스탭**　: 시나리오(陽翰笙 沈浮) 촬영(朱今明)
_ **주요출연진** : 胡智淸(藍馬) 又蘭(上官雲珠) 老母(吳茵) 錢劍如(齊衡) 春生(沈揚)
_ **시놉시스**　: 항전 승리 후 상하이, 후즈칭(胡智淸)은 동향 친구 첸젠루(錢劍如)의 회사에서 근무한다. 아내 유란(又蘭), 어린 딸과 함께 그럭저럭 생활을 꾸려간다. 하지만 고향에서 생활하기가 힘들어진 노모(老母)가 동생 춘성(春生)의 가족과 함께 상하이로 오면서 후즈칭 가족의 생활이 어려워진다. 마침 상하이는 통화 팽창 등으로 물가가 나날이 치솟는 데다가 후즈칭은 투기성 사업에 열중하는 첸젠루에게 충고를 했다가 해고된다. 생활이 어려워지면서 고부간의 갈등 또한 심해진다.

가족들은 여러 가지로 생계를 꾸려가려 하지만 좀처럼 뜻대로 되지 않는다. 춘성은 구두닦이에 나섰다가 구두닦이 패거리들에게 구타를 당하고, 유란은 첸젠루에게 일자리를 부탁했다가 모욕만 당한다. 후즈칭은 버스에서 지갑을 줍는데, 잠시 딴마음을 먹었다가 결국 주인을 찾아주지

만 도리어 도둑으로 몰려 구타당한다. 게다가 분노와 치욕으로 한눈을 팔다가 차에 치이기까지 한다. 다행히 크게 다치지 않아 곧바로 퇴원한 후즈칭은 다리를 절뚝거리며 집으로 돌아온다. 집은 한바탕의 사건들이 지나간 후 그런대로 평온을 되찾는다. 온 가족이 함께 모여 창을 통해 집집마다 불이 밝혀진 상하이의 밤거리를 바라본다.

_ **단평** : 상하이에서 살아가는 보통 사람들의 힘겨운 일상을 관찰하고 고발한 작품이다. 즈칭의 가족이 가장 일반적인 상하이 시민이라면, 천젠루는 상하이 상류층이며, 즈칭의 동생 아전 등은 공장 노동자이자 실업자인 하층민들이다. 이 작품에서는 보통 사람들이 점점 하층민으로 전락해가는 과정과 그 과정에서 그들이 겪는 고충과 갈등을 적나라하게 보여준다. 하지만 상하이의 최하층민에 해당하는 이들은 오히려 일반 사람들보다 행복하다. 그들은 아무것도 가진 것이 없고, 따라서 서로가 서로에게 의지하여 살아간다. 이중적이고 이기적인 상류층 사람들에게 속고 멸시당하는 중간 계층의 사람들이 하층민의 삶에 다가간다는 것은 추락의 과정이기도 하지만 새로운 삶의 방식, 행복한 삶의 방식을 발견하는 것이기도 하다. 마지막 장면에서 즈칭이 자신의 새로운 동반자들, 즉 하층민들과 식구들에 둘러싸여 "그래, 서로 의지하고 살아야지!"라고 말하는 장면은 이 영화가 핍박받고 살아가는 이들의 아픔을 그려내는 데에 주안점을 두고 있지만, 이미 한편으로는 새로운 사회로 변화를 이끌어나갈 동력을 발견해냈음을 의미하는 것이기도 하다.

_ **핵심어** : 이주민 보통 사람들의 고단한 삶 상하이의 높은 물가 실업 고부간의 갈등

_ **작성자** : 유경철

우산(巫山)의 꿈 巫山夢回

_ **출품년도** : 1948년
_ **장르** : 사회/애정
_ **감독** : 투광치(屠光啓)
_ **제작사** : 群力影藝社

_ 주요스탭　　: 시나리오(屠光啓)

_ 주요출연진　: 董霖(王豪) 張燕鴻(陳燕燕)

_ 시놉시스　　: 항전 기간, 젊은 의사 둥린(董霖)은 구이린(桂林)의 한 병원에서 일한다. 어느 날 적기의 공습에 수많은 사상자가 발생하자 둥린은 그들을 돌보러 교외로 출발한다. 그 사이 구이린이 적에게 함락당하여 둥린은 처자식과 헤어지게 된다. 장옌훙(張燕鴻)은 아버지를 따라 구이린으로 도망 왔지만 그곳이 함락당하고 아버지마저 폭격으로 죽자 혈혈단신이 된다. 이때 그녀는 둥린을 만나게 되고, 두 사람은 깊은 산속에 사는 웨이(魏) 노파의 집에 숨어 살게 된다. 서로의 처지를 안타까워하던 그들의 감정은 사랑으로 발전한다.

항전이 승리로 끝나자 둥린은 헤어진 가족을 찾아 나서고자 한다. 이를 막을 수 없었던 옌훙은 반년 후 다시 만나기로 약속하고 그를 보내준다. 둥린과 헤어진 동안 그의 아내는 둥린의 친구 장 의원의 도움을 받아 지내다가 쿤밍(昆明)으로 오게 된다. 쿤밍에서 재회한 둥린의 가족은 상하이로 가서 새로운 삶을 시작한다. 그러면서 둥린은 옌훙과의 약속을 잊고 지낸다.

6개월이 지난 어느 날, 둥린은 옌훙을 떠올리고 구이린으로 찾아간다. 그러나 그곳에는 이미 아무도 없다. 1년 후 둥린은 장 의원의 초청을 받아 파티에 참석하는데, 옌훙도 그 파티에 나타난다. 옌훙은 둥린이 약속을 지키지 않고 웨이 노파마저 죽자 직접 둥린을 찾아 상하이로 왔으며 그가 사교장에 나타날 것이라 생각해서 멋지게 차려 입고 파티장마다 찾아다니던 중이었다. 옌훙은 둥린을 발견하고 다가가려 하지만 그의 아내가 함께 있는 것을 보고 단념한다.

옌훙이 병이 들어 둥린이 일하는 병원에 가게 되면서 두 사람은 다시 만나게 된다. 그간의 사정을 들은 둥린은 눈물을 흘리며 후회한다. 옌훙은 둥린의 얼굴을 보게 된 것만으로도 감사해하며 둥린에게 열심히 일하여 인민들에게 봉사하라는 말을 남기고 웃는 얼굴로 눈을 감는다.

_ 특기사항　　: 흑백

_ 핵심어　　　: 항일전쟁 삼각관계 여주인공의 죽음 의사 상류사회

_ 작성자　　　: 유경철

삼인행 三人行(THREE GRADUATES)

_ 출품년도 : 1948년

_ 장르 : 멜로드라마

_ 감독 : 천경란(陳鏗然)

_ 제작사 : 中央電影企業股份有限公司 二廠

_ 주요스탭 : 시나리오(包蕾) 촬영(高溫厚 盛余泳)

_ 주요출연진 : 嚴俊(趙靑雲) 項堃(袁伯秋) 丁然(沈若英) 汪漪(袁麗文) 路明(葉素芬)

_ 시놉시스 : 건축학과 학생인 자오칭윈(趙靑雲)과 위안보추(袁伯秋), 선뤄잉(沈若英)은 졸업한 후 사회를 개혁하겠다는 원대한 뜻을 품고 있다. 보추의 아버지 위안타이성(袁泰升)은 상하이에서 타이성건축회사를 운영하고 있었기에, 보추는 회사의 자금부로 승진하고 칭윈은 엔지니어로 취직하여 함께 보추의 집에서 지낸다. 뤄잉은 고향으로 돌아간다. 착한 성품을 가진 보추의 여동생 리원(麗文)은 칭윈을 사랑하게 되지만 칭윈은 아무런 감정이 없다. 위안타이성의 오랜 친구 우중창(吳仲廠)은 관리와 상업을 겸하는 '타이성'의 지주이기도 하다. 우중창의 딸 쓰위(似玉)는 놀기 좋아하며 남자를 호리는 데 일가견이 있는 여자로 칭윈을 새로운 제물로 삼고자 한다. 보추는 아버지의 명령으로 우씨 부녀에게 깍듯하게 대한다. 칭윈은 여직원 예쑤펀(葉素芬)을 알게 되고 서로 사랑에 빠진다. 회사는 고아원 공사를 수주하고 칭윈의 책임하에 일을 진행한다. 그러나 시공 중에 칭윈은 건축 노동자들의 임금을 가로채는 일이 심각한 수준임을 발견하게 되고 몇 차례 항의하지만 아무 효과가 없자 쑤펀과 함께 사직한다. 나중에 칭윈은 다른 직장을 얻게 되고 쑤펀은 초등학교에 자리를 잡는다. 곧 두 사람은 결혼을 한다. 칭윈이 떠난 뒤 보추는 뤄잉을 초빙하여 함께 지낸다. 리원은 여전히 칭윈을 마음에 두고 있으나 뤄잉도 리원을 사랑한다. 결국 뤄잉과 리원, 보추와 쓰위가 함께 합동 결혼을 올린다. 몇 년 뒤 칭윈은 실업과 복직을 거듭한다. 쑤펀은 다른 사람의 소개로 새로운 학교에 부임하고 온 집안이 함께 학교 관사로 이사를 한다. 그

러나 학교 관사는 고아원 옛터였다. 비바람이 몰아치는 와중에 쑤펀은 비명에 죽고 칭원은 슬픔에 젖는다. 병원에서 리원은 칭원을 위로하지만 뤄잉의 분노를 사고 노동자들의 월급을 훔친 일이 큰 화를 초래한다. 칭원은 졸업을 하면서 모두가 서약했던 내용을 되뇌고, 보추는 부끄러워 고개를 떨어뜨린다.

_단평 : 이 영화 역시 중일전쟁 이후 국민당이 접수·재편한 중앙영화기업주식회사(中央電影企業股份有限公司) 제2제작소에서 만들었다. 영화는 사회를 개혁하고자 하는 희망을 품은 세 대학 졸업생, 즉 자오칭원과 위안보추, 선뤄잉이라는 세 청년의 운명을 뒤쫓는다. 영화를 거론하고 있는 기록이나 영화사가 많지 않은 상황에서 청지화는 "당시 사회의 어둠과 불공평을 폭로했다"(程季華, 205)고 평하고 있으나, 사실 영화의 플롯은 대부분 얽히고설킨 애정 관계의 묘사에 집중하고 있다. 상하이 영화의 전형적인 양식이라 할 수 있는 애정과 사회(노동) 문제가 뒤섞여 있으나, 주된 구조는 여러 병렬적 등장인물들의 애정 문제로 이루어져 있다. 특히 결말 부분에서 쑤펀이 비명에 죽는다는 설정은 상하이 영화에서 자주 원용되는 문제 해결의 동인을 보여줄 뿐 아니라, 보추의 반성 등과 같은 도덕적 결말 또한 당시로서는 이렇다 할 새로움이 없는 이상적이고 당위적인 요구에 따른 대단원에 불과할 뿐이다.

_특기사항 : 흑백 유성 영화
_핵심어 : 대학졸업생 사회개혁 삼각관계 죽음 건축회사 노동
_작성자 : 임대근

화창한 봄날 艷陽天

_출품년도 : 1948년 5월 21일
_장르 : 멜로/사회
_감독 : 차오위(曹雨)
_제작사 : 文華影片公司
_주요스탭 : 시나리오(曹雨) 촬영(許琦) 음악(瞿希賢)
_주요출연진 : 陰兆時(石揮) 金煥吾(李健吾) 魏卓平(韓非)

_시놉시스   : 상하이에 '귀신도 피하지 않는' 변호사 인자오스(陰兆時)는 정직하고 불의에 굴하지 않는 성격의 소유자이다. 인자오스의 친구인 웨이쥐핑(魏卓平)은 부둣가 근처에서 고아원을 운영하고 있는데 이곳이 물건을 숨기는 장소로 적당하다고 판단한 부호 진환우(金煥吾)는 폭력배를 동원해서 고아원을 강제로 뺏으려고 한다. 쥐핑은 친구인 인변호사를 의지하며 굴하지 않으려고 하지만 진환우는 함락구 시절에도 강제로 쥐핑에게 싸인을 받아낸 적이 있어 지속적으로 쥐핑을 협박한다. 결국 쥐핑은 아이들을 데리고 고아원에서 나오게 되고 인변호사는 이 사실을 알고 분개한다. 어느 날 진환우의 비밀 창고가 발각되자 그는 인변호사가 주모한 일이라고 판단하여 그의 생일날 불량배들을 동원해서 난동을 부린다. 이를 직접 목격한 쥐핑은 인변호사에게 진환우의 매국행위를 말하고 이에 인변호사는 증거자료를 확보하여 그를 고발한다. 결국 진환우는 실형을 선고받아 감옥에 가고 고아원도 돌려받지만 그 후에도 인변호사는 여러 차례 불량배들에게 위협과 폭행을 당한다. 그럼에도 인변호사는 봄햇살이 세상을 비추듯이 불의에 굴하지 않는다.

_단평   : 이 영화는 대표적인 중국현대극작가 차오위의 감독 데뷔작이다. 시나리오 역시 차오위가 직접 썼기 때문에 서사 구조나 인물의 성격 묘사가 치밀하고 탄탄하다는 평가를 받았다. 영화의 문학성 측면에 대한 긍정적인 평가에도 불구하고, 현실의 난관을 극복하는 가장 중요한 계기로 법적 효력에 의존하는 부분은 한계로 지적될 수 있다. 당시 법률체계라는 것은 권력에 유리하도록 만들어진 합법적인 폭력 장치였기 때문이다. 또한 갈등이 해소되는 계기가 사회적 역량의 결집이 아니라 개인의 능력에 의해서 처리되면서 당시 평론계로부터 지적을 받았다.(程季華, 265-266) 이 문제는 단순히 영화에 국한되는 문제라기보다는 극작가 차오위의 세계관의 한계라고 할 수 있다. 차오위는 대표작인 〈뇌우〉에서부터 현실에 대한 비판과 전망이 결여된, 다소 운명론적이고 감상적인 세계관을 보여준 바 있다. 이 영화에서 그는 일정 부분 이러한 한계를 극복하려는 의지를 드러내고 있지만 여전히 낭만적인 방식으로 문제를 풀어내고 있다.

_ 특기사항   : 흑백 유성 영화

　　　　　　 : 개봉관 上海卡尔登大戲院

　　　　　　 : 차오위는 영화의 주제와 관련하여 다음과 같이 자신의 견해를
밝힌 바 있다. "중국에는 '자기 집 눈은 쓸어도 남의 집 지붕의 눈서리는
못 본 척한다' 는 말이 있다. 나는 이런 태도가 잘못되었다고 생각하며,
옳고 그름을 분명히 하고 성실하게 일하며 원망이나 비난을 두려워하지
않아야 한다고 생각한다".(『曹雨和他的「艶陽天」』, 1948년 4월 28일『大
晚報』게재)

_ 핵심어   : 고아원 변호사 함락구 매국행위 폭력배 영웅

_ 작성자   : 노정은

살인범 兇手

_ 출품년도   : 1948년

_ 장르   : 멜로/액션

_ 감독   : 리핑첸(李萍倩)

_ 제작사   : 國泰影業公司

_ 주요스탭   : 시나리오(劉滄浪) 촬영(周詩穆)

_ 주요출연진   : 王大驛子(陶金) 小翠花(舒綉文) 麗麗(束夷) 두목(周伯勛) 王 어
머니(戴耘)

_ 시놉시스   : 농촌 청년 왕다뤄쯔(王大驛子)는 생계를 도모하기 위해 어머니
를 떠나 홀로 상하이에 온다. 그러나 그는 숙식을 할 곳도 없고 배가 너무
고파 다른 사람의 찐 닭을 뺏어 먹다가 감옥에 간다. 감옥에서 그는 건장
한 건달 두 명을 친구로 사귀고, 출감 후 건달들은 범죄 조직의 두목에게
왕다뤄쯔를 추천한다. 두목은 그를 환대하는 척하며 재물과 목숨까지 해
치는 일을 시키려고 한다. 얼마 후, 다뤄쯔는 두목의 정부 리리(麗麗)의
꾐에 속아 깊은 악의 수렁으로 빠지게 된다. 도둑의 소굴에는 두목에게
남편이 살해당하고 아이들과 함께 잡혀온 샤오추이화라는 양가집 여자
가 있었는데 그녀는 수치와 치욕을 참으며 살고 있었다. 그녀는 다뤄쯔
의 마음이 선량하다는 것을 알고 그를 도와 도둑의 소굴을 벗어나 선하

게 살도록 해주고 싶어 한다.

어느 날 다뤄쯔가 무술연습을 하고 돌아오는데 두목이 그에게 손가락을 자르라고 명령한다. 그때 샤오추이화가 그를 가로막고 도둑의 꼬임에 넘어가지 말라고 충고한다. 다뤄쯔는 그녀의 말에 깨달음을 얻고 도둑의 소굴을 떠나고자 한다. 하지만 두목은 허락하지 않는다. 두목은 다뤄쯔의 어머니를 납치하여 그를 협박하고 그를 부두목으로 삼는다. 다뤄쯔는 어머니를 보호하기 위해 다시 돌아온다. 두목은 축하파티를 계획하는 한편 그들이 도망칠까봐 감시한다. 그날 저녁 샤오추이화는 다뤄쯔의 노모를 구출하여 다뤄쯔에게 어머니와 자신의 아들을 데리고 떠나라고 부탁한다. 도중에 뜻밖에도 매복해 있던 사람들에게 발각되어 노모는 총을 맞고 죽는다. 다뤄쯔는 도둑의 소굴로 복수를 하러 가는데 이때 두목은 다뤄쯔가 탈출했다는 사실을 알고 샤오추이화를 죽인다. 분노에 찬 다뤄쯔는 두목의 집으로 가서 두목과 리리에게 복수를 하고 자신은 다시 붙잡혀 감옥에 간다.

_ **특기사항** : 흑백
: 일명 〈茫茫〉
_ **핵심어** : 감옥 범죄 도둑 탈출 복수 사회
_ **작성자** : 조병환

미인행 麗人行(THREE GIRLS/THREE WOMEN)

_ **출품년도** : 1949년
_ **장르** : 생활 극영화
_ **감독** : 천리팅(陳鯉庭)
_ **제작사** : 昆侖影業公司
_ **주요스탭** : 시나리오(田漢, 陳鯉庭) 촬영(韓仲良)
_ **주요출연진** : 李新群(黃宗英) 梁若英(沙莉) 劉大哥(高重實) 金妹(上官雲珠) 王仲原(藍馬) 孟南(周峰)
_ **시놉시스** : 1941년 일본군 점령하의 상하이에서 방직 공장에 다니던 진메이(金妹)는 귀갓길에 일본군에게 추행을 당하자 비통한 나머지 목숨을

버리려고 한다. 다행히 애국 동지 리신췬(李新群), 멍난(孟南)과 류다거(劉大哥)가 그녀를 구해서 친구 량뤄잉(梁若英)의 집에 데려간다. 량뤄잉은 의지가 약하고 극단적인 성격을 가진 여자라 남편 장위량(張玉良)이 항전에 참가하러 떠나자 가난과 외로움을 참지 못하고 은행가 왕중위안(王仲原)과 결혼을 한 상태이다. 하지만 그녀는 왕중위안의 친일 행동에 마음을 놓을 수 없었다. 장위량은 내지(內地)에서 항일 운동을 하다 딸 베이베이(貝貝)를 만나기 위해 잠시 상하이로 와서 리신췬과 멍난의 집에서 뤄잉을 만난다. 갑자기 들이닥친 일본군 헌병은 장위량과 뤄잉을 리신췬과 멍난으로 오인하여 감옥에 가둔다. 얼마 지나지 않아 두 사람은 풀려난다. 장위량은 일본군에게 쫓겨 베이베이를 데리고 상하이를 떠난다. 량뤄잉은 안락한 생활을 버리지 못하고 다시 왕중위안의 품으로 되돌아간다. 왕중위안이 다른 여자와 바람을 피우고, 교활한 매국노라는 사실을 알아차린 량뤄잉은 자살을 결심하게 되고 투신하러 갔다가 황푸(黃埔) 강변에서 뜻밖에 진메이를 발견한다. 진메이는 그 일이 있고 난 후 공장에서 해고되었고, 일본 불량배들에게 맞아 실명한 남편의 병 수발을 위해 매춘을 했었다. 그러다 남편의 오해를 참지 못한 나머지 강에 투신했지만 다행히 구조된 것이다. 진메이와 량뤄잉은 리신췬의 도움으로 거듭나서 다시 강인한 모습으로 새로운 생활을 해나간다.

_ 단평   : 시나리오를 쓴 텐한(田漢)은 이 영화가 현대 여성 세 명의 이야기라고 한다. 중산층 소시민 량뤄잉, 교사로서 항일 지하 활동에 열성을 다한 리신췬, 여공 진메이 등 세 여성은 신분은 다르지만 험난한 전쟁 속에 새로운 '미인'으로 거듭난다. 이 영화는 리신췬을 스토리 라인의 운동 축으로 놓는다면 량뤄잉의 갈등과 진메이의 갈등이 황푸강에서 '자살'이란 코드로 만나면서 반전(反轉)의 피날레를 만들고 있다. 량뤄잉은 개인의 유약한 성격으로, 진메이는 성추행 즉, 전쟁이 안겨다 준 상처로 말미암아 죽음과 직면한다. 이 두 가닥의 스토리 라인은 정·반면 남성 형상을 플롯에 끼워 넣으면서 서사적 풍성함을 더해주고 있다. 영상 미학적 관점에서 보면 영화는 다양한 슈팅 스케일로 현실화한 영상 공간에 생동감을 불어넣고 있다. 또 갈등에 직면한 인물의 심경은 얼굴을 클로

즈업으로 처리하여 내면의 심리 공간을 영상 서사의 기법으로 표현해내고 있다. 선택을 앞두고 갈등하는 심리를 '가상(假象)'의 영상 공간으로 끌어내어 오버랩(overlap) 혹은 더블 프린팅(double printing)으로 처리하여 영화적 표현에 한층 다가서고 있다. 서사 장치로서 미장센은 량뤼잉 집의 화려한 서양식 가구, 진메이 집의 하잘 것 없는 가재도구의 대비 쇼트, 남편의 배신을 목도한 량뤼잉의 어지러운 심경은 난장판이 된 집안의 가구 등으로 표현되어 있다.

_ **특기사항** : 흑백 유성 영화
_ **핵심어** : 중일 전쟁 여공 매춘 親日 抗日
_ **작성자** : 김정욱

연애의 길 戀愛之道

_ **출품년도** : 1949년
_ **장르** : 멜로
_ **감독** : 어우양위첸(歐陽予倩)
_ **제작사** : 香港南群影業公司
_ **주요스탭** : 시나리오(夏衍) 촬영(曹進雲)
_ **주요출연진** : 周家浩(馮喆) 周元珍(江韻輝) 錢蘭英(舒綉文) 王友深(黎鏗)
_ **시놉시스** : 성탄절 밤 상하이, 저우자하오(周家浩)와 첸란잉(錢蘭英) 부부는 외동딸 위안전(元珍)이 돌아오기를 기다리고 있다. 딸은 돌아온 후 부모에게 청년노동자 왕유선(王友深)과 약혼하겠다고 말한다. 아버지는 동의를 하고 어머니는 깜짝 놀라 과거 자신의 연애이야기를 들려준다. 5·30운동 이후 자하오와 란잉은 서로 사랑했지만 자하오가 북벌에 참전한 후 두 사람 사이에 연락이 두절되었다. 이때 첸(錢)씨 집안과 교분이 있던 장훙창(張鴻昌)은 외국에서 돌아온 후 무역을 준비하면서 란잉에게 친절하게 대했다. 란잉은 그가 돈밖에 모르는 사람이어서 싫어했지만 란잉의 어머니는 그를 매우 좋아했다. 하지만 란잉은 자하오가 생사불명인 데다가 어머니의 끝없는 설득을 이기지 못하고 결국 장훙창과 약혼을 했다. 그렇지만 이후 란잉은 장훙창이 북양군벌과 무기 거래를 하면서 혁명군

과 맞서는 것을 알고 괴로워했다.

어느 날 밤, 자하오가 상하이로 돌아오자 란잉은 단호하게 장홍창을 떠나 자하오와 결혼을 했다. 결혼 후 두 사람은 남방으로 이사하고 딸을 낳았다. 그 후 상하이로 다시 돌아온 자하오는 다평방직공작에 취직했지만 장홍창이 사장이라는 사실을 알고 곧바로 사직했다. 항일전쟁 폭발 후 자하오는 작은 역의 역장대리가 되었다. 자하오는 사람됨이 바르고 곧을 뿐 아니라 일을 처리함에 공사가 명확하였다. 노동자 왕젠(王健)은 자하오를 매우 존경하였고 왕젠의 아들 유선과 위안전은 죽마고우이자 어려서부터 허물없이 지냈다.

1944년 일본군의 공격이 헝양(衡陽)에 이르자 많은 난민들이 역으로 모이기 시작했다. 이때 장홍창이 개인 화물을 일용품이라고 속여 운송을 요구하지만 자하오는 단호히 거절했다. 이때 갑작스레 딸 위안전이 급성 폐렴에 걸려 구급약이 필요하자 란잉은 딸을 구하기 위해 장홍창을 찾아 가는데 장홍창은 화물 운반을 조건으로 약을 주겠다고 했다. 자하오가 조건을 받아들이지 않자 장홍창은 화를 참지 못하고 부하를 시켜 차와 통행표를 빼앗아 화물을 싣고 가버렸다. 다행히 한 피난민이 약을 주어 위안전을 치료할 수 있었다.

자하오와 란잉의 이야기가 끝났을 때 성탄 전야의 종소리가 울리고 노랫소리가 맑게 울려 퍼지자 란잉은 딸의 결혼을 허락한다. 자하오는 "딸이 엄마를 닮아 평탄하지 못한 길로 인생을 첫발을 내딛는구나!"라고 말을 한다.

_ **핵심어**　　: 성탄절 연애이야기 북벌 대리역장 선택 도시
_ **작성자**　　: 조병환

싼마오의 유랑기 三毛流浪記(WINTER OF THREE HAIRS)

_ **출품년도**　: 1949년
_ **장르**　　　: 아동 코미디
_ **상영시간**　: 71분
_ **감독**　　　: 자오밍(趙明) 옌궁(嚴恭)

_ **제작사** : 昆侖影業公司

_ **주요스탭** : 시나리오(陽翰笙) 촬영(朱今明 韓仲良 裘葛) 음악(王雲階) 편집
(傅正義)

_ **주요출연진** : 三毛(王龍基) 小狗子(馮繼雄) 小牛兒(王公序) 부랑자 아저씨(關
宏達) 부잣집 마님(林榛) 부자나으리(杜雷)

_ **원작** : 장러핑(張樂平)이 1935년 11월 상하이 신문에 발표했던 만화
「싼마오(三毛)」(항전 승리 후에는 상하이 『大公報』에 연재)

_ **시놉시스** : 초가을 이른 아침, 고아 소년 싼마오(三毛)는 쓰레기수레에서
잠을 깬다. 굶주린 배를 꼬르륵거리며 사람들이 가득한 거리로 나가는데
거리는 온갖 음식냄새로 가득하여 식욕을 억누르기가 더욱 힘들다. 그리
하여 싼마오는 광고전단지를 붙이는 사람이 한눈을 파는 틈을 타서 풀을
한 줌 훔쳐 먹는다. 점심 때가 되자 떠돌이 아이들과 함께 음식배달원을
쫓아다니며 다들 정신없이 사람들이 남긴 음식을 먹는데 그것마저 저지
당하자 싸움을 하는 것을 보고 부랑자 아저씨가 싼마오를 거둔다. 하지
만 싼마오는 부랑자 아저씨가 자신을 소매치기로 만들려고 한다는 사실
을 눈치 채고 기지를 발휘하여 그의 손아귀에서 벗어난다. 생계를 위해
싼마오는 신문을 팔고 담배꽁초를 주우며 구두를 닦는다.

어느 날 싼마오는 돈지갑을 주워 주인을 찾아주지만 지갑주인은 되려
싼마오가 그것을 훔쳤다고 모함하고 구타한다. 오래지 않아 싼마오는 다
시 부랑자의 손아귀에 들어가게 되어 강요를 못 이기고 절도를 하다가
도망을 친다. 싼마오는 생계를 위해 어쩔 수 없이 거지노릇을 한다. 싼마
오는 자기 이마에 가격표를 붙이고 길에 앉아 자기를 팔려고 한다. 부잣
집 마님은 아이를 낳지 못해 남편이 다른 여인을 취할까 두려워하고 있
었던 차에 싼마오를 데려다가 양아들로 삼고 파티를 연다.

싼마오는 양복을 입고 풍성한 음식을 먹으며 서구식 교육을 받는다.
또 '톰'이라는 이름을 갖게 된다. 싼마오는 이런 우스꽝스러운 상류사회
의 생활에 불만을 느끼고 자신의 생일파티 날 떠돌이 친구들을 불러 지
하실에서 배부르게 먹고 놀다가 주인에게 들켜 쫓겨나 다시 거리로 돌아
간다. 머지않아 상하이가 해방되고 싼마오는 거지아이들과 함께 인민해

방군의 입성을 환영하고 떠돌이생활도 끝이 난다.

_ **단평**   : 영화는 유랑아동들의 비참한 생활을 진실하게 표현했고 그들에 대한 사회의 탄압을 폭로했으며 가난한 아동들의 천진하고 선량함, 순결하고 아름다운 정신세계를 찬미했다.(귀화2, 195) 또한 싼마오의 다양한 처지를 통해 구사회의 추악함을 비웃고 풍자했으며 당시 수많은 대도시 유랑아동들의 불행한 운명을 재현했다. 영화에서는 풍자와 대비를 통해 주제를 더욱 부각시켰다(청지화2, 242쪽)는 평가를 받았다.

만화를 원작으로 한 데다가 아동영화이기 때문에 비극적인 내용에 비해 영화는 밝고 경쾌한 분위기를 가지고 있다. 재미있고 그야말로 만화에서 그대로 튀어나온 듯한 싼마오의 모습과 장난스런 행동은 보는 사람의 웃음을 자아낸다. 능청스럽게 자기 이마에 가격표를 붙이고 팔리기를 기다리는 싼마오의 행동에서 아이다운 천진함을 볼 수 있기도 하지만 그와 같은 처지의 아동들이 얼마나 살기 힘겨운가 하는 점을 코믹하게 표현하고 있다는 것을 알 수 있다.

_ **특기사항**   : 흑백 유성 극영화이며, 아동 영화이다.

: 1983년 포르투칼에서 열린 12회 포르투갈 피게이라다포스(FIGUEIRA DA FOZ)국제영화제 심사위원상을 수상했다.

_ **핵심어**   : 고아 소매치기 아동 수양아들 상류사회

_ **작성자**   : 곽수경

잃어버린 사랑 失去的愛情(THE LOST LOVE)

_ **출품년도**   : 1949년

_ **장르**   : 멜로드라마(법정)

_ **감독**   : 탕샤오단(湯曉丹)

_ **제작사**   : 國泰影業公司

_ **주요스탭**   : 시나리오(徐昌霖)

_ **주요출연진** : 秦方千(金焰) 余達(周伯勳) 裴麗英(秦怡) 翠花(朱莎) 老關(許堃) 王根生(馮奇)

_ **시놉시스**   : 중일전쟁이 승리로 끝나고 청년 문예활동가인 친팡첸(秦方千)은

내지에서 상하이로 돌아와 신문 만드는 일에 종사한다. 그러나 정부의 정책을 비판했다는 이유로 직업을 잃고 10년 전 연인 추리잉(裵麗英)을 찾아 항저우(杭州)로 간다. 항저우에 도착하여 옛 집주인의 말을 듣고 리잉의 집을 찾게 되지만 리잉이 남편의 학대 속에서 살아간다는 사실을 알게 된다. 이후 리잉은 편지를 보내 자신이 부상 위다(余達)에게 시집을 가게 된 사연을 알린다. 팡첸과 리잉은 중일전쟁의 선전 활동에 함께 참여했으나 리잉은 어머니의 병이 위중하여 점령 지역에서 교편을 잡는다. 하지만 얼마 안 되어 그녀는 아들을 낳고 직장을 잃는다. 세 식구의 생활이 막막했던 탓에 리잉은 간교한 위다에게 시집을 가게 되었던 것이다. 그러나 위다는 음모를 꾸며 리잉의 노모와 아들을 죽이고 하녀인 추이화(翠花)를 겁탈하는 한편 그 남편까지 해친다. 리잉은 이러한 상황에서 심장병을 얻는다. 전쟁이 승리한 뒤 위다는 '지하 활동가' 행세를 하면서 더욱 패악을 부린다. 리잉은 팡첸이 돌아오자 이혼을 요구하지만 위다로부터 더욱 학대를 당한다. 이튿날 팡첸은 리잉과 약속한 커피숍으로 나가지만 리잉이 나오지 않아 걱정한다. 저녁 신문에서 위다가 암살되었다는 뉴스를 보고는 변고가 생겼음을 알게 된다. 팡첸은 재판정에 나가 방청을 하고 법정은 추이화를 주범으로 선고한다. 리잉은 추이화가 억울하게 죄를 뒤집어쓰는 것을 보고 자신이 위다를 독살했다고 진술함으로써 사형을 선고받는다. 형을 집행하는 날 리잉은 팡첸에게 유언을 남기고 팡첸은 리잉의 유언을 받들어 어머니와 아들의 무덤에 함께 묻는다. 그리고 새로운 삶을 시작한다.

_ **단평**　　　: 1946년 7월 류중량(柳中亮),류중하오(柳中浩)가 상하이에서 설립한 궈타이영화사(國泰影業公司)가 제작한 영화이다. 사회주의 중국 수립 직전까지 약 30편 정도의 영화를 만들고 난 후 1952년 1월 1일 국영 상하이연합영화제작소(上海聯合電影製片廠)로 편입되었다.(大辭典, 328 참고) 중일전쟁 이후 중국 영화계는 국민당이 주도하는 관방 영화제작소와 민간 자본이 주도하는 민영 영화제작소로 나뉘어 활동하게 되는데, 궈타이영화사는 이 시기에 활약했던 민영 영화사들 중 하나로 꼽힌다. 궈타이영화사는 주로 국민당 간첩 등을 주요 인물로 하는 영화들을 만들었다.(黃獻文, 78) 이 영화에 대해서는 이전 연구자들이 이렇다 할 평가

를 남기고 있지 않을 뿐 아니라 궈타이영화사가 제작한 영화들 중 주요 목록에도 올라 있지 않은 것으로 보아 그다지 반향이 컸던 작품은 아니라고 판단된다. 이전에 상하이를 배경으로 한 영화들이 그러하듯, 이 영화 또한 상하이를 중심으로 떠나고 돌아오는 구조, 이산과 재회의 구조, 삼각관계 구조 등을 주요 플롯으로 삼고 있다. 사랑을 위해 스스로 법정에서 처벌받고자 하는 남자 주인공의 역할이 매우 특징적으로 보이는데, 그러한 처벌이 사실 관계의 오해에서 비롯되었음에도 결국 현실화된다는 설정은 당시 (국민당) 제도와 법률, 그리고 혼란한 사회 질서에 대한 일정한 비판으로 읽힐 수도 있겠다.

_ **특기사항**　: 흑백 유성 영화
_ **핵심어**　: 중일전쟁 삼각관계 여성폭행 살인 법정
_ **작성자**　: 임대근

여인의 봄 女兒春

_ **출품년도**　: 1949년
_ **장르**　: 사회극
_ **감독**　: 황한(黃漢)
_ **제작사**　: 大同電影企業公司
_ **주요스탭**　: 시나리오(趙淸閣)
_ **시놉시스**　: 스량위(史良玉)는 중등교육을 받은 젊은 여성이지만, 매국적 거상(巨商) 후위안하이(胡元海)에게 속아 그와 결혼한다. 후위안하이는 항전이 끝난 후 상하이로 와서 부패 공무원 사스룬(沙士倫)과 결탁하여 황금 밀매로 큰돈을 번다. 스량위는 남편에게 부정한 일에서 손을 떼라고 부탁했다가 오히려 혼이 난다. 스량위는 아픈 마음을 달래기 위해 오랜 친구이자 진보적 신문기자인 천윈(陳雲)을 찾아간다.

천윈과 헤어져 집으로 돌아온 스량위는 집에서 낯선 사람들과 만나게 되는데, 그들은 다름 아닌 후위안하이의 본처와 그의 아들, 며느리, 몸종이었다. 충격에 빠져 스량위는 천윈의 집으로 가출한 뒤 사기 결혼을 고발하는 고발장을 낸다. 하지만 이 고발장은 후위안하이에 의해서 중간에

서 사라진다. 후위안하이는 이것이 천원의 사주 때문이라고 생각하고 천원에게 공산당이라는 죄명을 덮어씌운다.

천원에게 피해가 갈 것을 걱정한 스량위는 다시 집으로 돌아오고, 비슷한 처지인 후위안하이의 며느리, 몸종 등과 좋은 친구가 된다. 얼마 후, 사스룬과 이윤 분배 문제로 갈등이 생겨 파산한 후위안하이는 고향 쑤저우로 돌아오지만 그곳에서 농민들의 투쟁에 직면한다. 한편 스량위와 후위안하이의 며느리 리밍(李茗)은 후위안하이의 집을 떠나 민중학교에 들어가 일하면서 새로운 삶을 시작한다.

_ **핵심어**　　: 항일전쟁 지식인 여성의 핍박 매국적 자본가 일부다처 파산 여인들의 단합 새로운 삶의 시작

_ **작성자**　　: 유경철

불장난 玩火的女人

_ **출품년도**　: 1949년
_ **장르**　　　: 멜로
_ **감독**　　　: 투광치(屠光啓)
_ **제작사**　　: 大華影業公司
_ **주요스탭**　: 시나리오(陳放) 촬영(薛伯靑)
_ **주요출연진**: 徐曼卿(歐陽莎菲) 王天寧(嚴俊) 唐瑞芬(朱莎)
_ **시놉시스**　: 쉬만칭(徐曼卿)은 아름답지만 집착과 소유욕이 강해 '얻고 싶은 것은 손에 넣어야 하고 그렇지 못하면 없애버려야' 하는 성격의 소유자다. 중일전쟁이 발발하고 쉬만칭은 애인 왕텐닝(王天寧), 친구 탕뤼펀(唐瑞芬)과 함께 상하이에서 충칭으로 피난을 떠난다. 친구 뤼펀은 정략결혼을 거부하기 위해 만칭을 따라 충칭으로 가지만 일자리를 구하지 못하자 만칭의 도움으로 학업을 지속한다. 그러나 텐닝이 뤼펀에게 반하게 되면서 뤼펀은 심리적 갈등을 겪게 되고 만칭을 배신하지 않기 위해서 텐닝을 거절한다. 텐닝으로부터 완전한 사랑을 얻지 못한 만칭은 텐닝과 함께 죽음으로써 완벽하게 그를 소유하겠다고 생각하고 입원해 있는 텐닝의 독살을 기도하지만 뤼펀에게 발각되어 결국 그를 떠난다. 만칭이

떠난 후 텐닝과 뤼펀은 결혼하고 전쟁이 끝나자 다시 상하이로 돌아오지만 직장을 구하지 못한 텐닝은 교편을 잡은 뤼펀의 수입으로 남루한 생활을 한다. 우연한 기회에 텐닝은 이미 사교계의 꽃이 된 만칭을 만나게 되고 만칭은 직장을 구해준다는 명목으로 텐닝을 유혹해서 복수를 하기로 결심한다. 결국 만칭의 종용으로 뤼펀과 이혼을 한 텐닝은 만칭과의 결혼 자금을 마련하기 위해 공금을 횡령하지만 공식석상에서 만칭이 다른 사람과의 결혼계획을 발표하자 충격을 받고 만칭과 함께 자살할 것을 결심한다. 그러나 자살을 기도하기 전에 텐닝은 공금횡령 혐의로 감옥에 가게 되고 홀로 남은 만칭은 공허함을 견디지 못하고 자살한다.

_ **단평**　　: 중일전쟁이 끝나고 국공내전 시기 상하이의 정치적, 경제적 역할과 위상은 축소되었지만, 영화 속 상하이라는 공간은 여전히 성애화된 소비적 기표로 기능한다. 이 영화에서는 쉬만칭이라는 여주인공을 통해 상하이는 매혹적이지만 위험하고 비도덕적인 팜므 파탈로 재현된다. 두 개의 로맨스 라인—만칭과 텐닝, 뤼펀과 텐닝—이 가동되는데, 두 로맨스의 적합성을 유지하기 위해 영화는 공간 이동을 채택한다. 상하이에서 충칭으로 이동하면서 뤼펀과 텐닝 간의 부적절한 로맨스는 정당성을 부여받게 되고, 다시 상하이로 돌아옴으로써 만칭의 복수는 논리를 부여받게 되는 것이다. 실업과 사교계의 유혹이 만연하는 상하이는 비정상적 관계를 봉합할 수 있는 실존적 전제를 갖고 있는 공간으로 이해되기 때문이다.

_ **특기사항**　: 감독을 맡은 투광치는 연기자 출신이다. 그가 연기한 영화는 총 16편이며 감독을 맡은 작품은 66편, 제작에 참여한 작품도 33편에 달한다. 활동 시기는 1940년 무렵부터 1964년까지다.(www.mdbchina.com)

_ **핵심어**　　: 자유연애 욕망 삼각관계 복수 구직난

_ **작성자**　　: 노정은

멍텅구리 이야기 二百五小傳(梨園英烈)(ANECDOTES OF AN ACTOR)

_ **출품년도**　: 1949년

_ **장르**　　: 사회극

_ **상영시간**　: 92분

_감독   : 정샤오추(鄭小秋)

_제작사   : 大同電影企業公司

_주요스탭   : 시나리오(田漢) 촬영(羅從周) 미술(董萍) 음악(祁次欣) 조감독
           (謝晉)

_주요출연진 : 袁少樓(呂玉堃) 柳艶雲(陳正薇) 鄭榮(潘銳)

_시놉시스   : 항일 전쟁 시기 평극(評劇) 배우 위안사오러(袁少樓)와 류옌윈
           (柳艶雲)은 평극 공연을 통해 항일 정신을 고취시키며 전국 각지를 돌아
           다닌다. 그러다 옌윈이 경무국장 정룽(鄭榮)에게 욕보임을 당하게 되고,
           이 때문에 옌윈은 사오러의 구애를 거절한다. 베이징 등지를 전전하던
           그들은 반동 세력의 방해 공작을 피해 상하이로 오게 되고, 이때부터 구
           극(舊劇)을 개조한 『악비(岳飛)』, 『문천상(文天祥)』, 『사가법(史可法)』 등
           의 개량 신극을 공연하여 엄청난 호응을 얻는다. 정직하고 불의에 타협
           하지 않던 사오러는 이로써 '멍텅구리(二百五)' 라는 별명을 갖게 된다.

           류옌윈의 피치 못한 결혼 때문에 괴로워하던 위안사오러는 과음으로
           목소리를 상하게 되지만 평극 개조 사업은 결코 포기하지 않는다. 이때
           옌윈은 극단 사장의 색정극(色情劇) 출연 강요로 곤란한 처지에 놓이는
           데, 사오러가 이 극에 '멍텅구리(二百五)' 라는 배역을 첨가해 극의 내용
           을 수정하기를 제안하고, 이로써 관객들의 호평을 끌어낸다.

           그들의 인기가 높아지자 왕징웨이(汪精衛) 정부는 그들에게 일본을
           찬양하는 매국적 내용의 극에 출연하도록 강요한다. 그들은 병을 핑계로
           거부하지만, 왕징웨이 당국이 연기자를 바꿔 공연을 강행하자 위안사오
           러는 상연 저지에 나서고, 이 때문에 죽임을 당한다.

_단평   : '얼바이우(二百五)' 는 우둔할 정도로 자신의 믿음과 주장을 굽
           히지 않고 관철하는 이를 말한다. 주인공 위안사오러는 배우에 만족하지
           않고, 연극을 통해 구국과 인민 계몽에 앞장서는 인물이다. 결국 타협하
           지 않는 성격 때문에 죽음을 맞게 되지만, 이로써 그의 정신과 주장은 관
           객들에게 큰 울림을 전달할 수 있게 된다.

           정샤오추(鄭小秋)와 톈한(田漢) 등 연극에 관여한 경험이 있는 이들이
           연극계와 배우들을 중심으로 항일, 구국의 내용을 그려냈다. 공연 장면

이 많이 등장하고, 등장인물들이 구국의 정신과 필요성을 강조하는 장면들 또한 많다. 등장인물과 사건들이 상당히 전형적이며, 사회주의리얼리즘으로까지 이어지는 중국 리얼리즘 계열 작품의 전형적 성격을 보여주는 작품이다.

_ **핵심어**　　: 연극(戲劇) 항일전쟁 시기 주인공의 죽음 이루지 못한 사랑 매국노 왕징웨이정부
_ **작성자**　　: 유경철

밀어내기 擠(SQUEEZE)

_ **출품년도**　: 1949년
_ **장르**　　　: 사회극
_ **감독**　　　: 저우옌(周彦)
_ **제작사**　　: 海燕電影制片廠
_ **주요스탭**　: 시나리오(周彦) 촬영(羅及之)
_ **주요출연진** : 孫尙義(寇嘉弼) 이사장(宗由) 趙교장(田琛) 董佩珊(舒音)
_ **시놉시스**　: 류충리(劉崇禮)와 순상이(孫尙義)는 고향에서 고등학교를 졸업한 후 생계를 도모하기 위해 상하이로 간다. 순상이는 버스를 타려고 사람들을 밀치다가 자신이 올라타려면 반드시 다른 사람을 밀어내야 한다는 오묘한 이치를 깨닫는다. 두 사람은 일을 찾기 위해 분주하게 쫓아다니다가 길에서 우연히 중학교 때 자신들의 스승이었고 지금은 유이(友義)초등학교 교장인 자오즈강(趙志剛)을 만난다. 자오교장은 그들에게 학교 숙소에서 살도록 허락하고 교사 자리에 공석이 하나밖에 없으니 성적표를 보고 우수한 쪽을 임용하겠다고 한다. 순상이는 자신의 성적이 류충리보다 많이 뒤떨어지기 때문에 그를 밀어내려면 다른 사람의 도움을 받아야 한다고 생각한다. 여교사 둥페이산(董佩珊)은 사치와 노는 것을 좋아한다. 순상이는 그녀에게 비단양말 같은 것들을 뇌물로 갖다 바친다. 둥페이산은 류충리가 심야에 자신에게 몹쓸 짓을 하려고 했다고 헛소문을 퍼뜨리고 교장은 화가 나서 류충리를 쫓아낸다. 순상이는 교사가 되자 모든 사람들에게 아첨을 하며 지낸다. 어느 날 이사장인 첸중신

(錢忠信)이 학교를 방문하는데 마침 교장이 없는 상태에서 순상이는 갖은 아첨을 하며 떠받들어 이사장의 환심을 얻는다. 또한 이사장의 부인을 꾀어내 종종 밀회를 즐긴다. 순상이는 교장의 책꽂이에 『왕징웨이언론집(汪精衛言論集)』이 꽂혀 있는 것을 보고 그것을 빌미로 교장이 일찍이 반역의 무리에 가담했었다는 헛소문을 퍼뜨리고 이사장 부인은 옆에서 바람을 잡는다. 그리하여 이사장은 교장을 사퇴시키고 순상이가 그 업무를 대행하게 한다. 순상이는 취임한 후 득의양양하여 둥페이산을 무시한다. 냉대를 받은 둥페이산은 곧바로 류충리를 찾아가 그가 쫓겨난 이유를 털어놓는다. 그리하여 둥페이산과 류충리가 연합하여 순상이를 넘어뜨린다. 세 사람이 이사장 앞에서 서로의 허물을 밝히며 격렬하게 변론을 하느라 한바탕 난리가 벌어진다. 그때 교육국에서 전화가 와 순상이가 자격미달이니 즉각 직위를 박탈하라고 한다. 이사장은 대노하여 탁자를 넘어뜨리고 세 사람은 도망친다. 자오교장은 복직된다. 순상이, 류충리, 둥페이산은 함께 자오교장을 찾아가 계속 일을 하게 해달라고 사정하지만 교장은 일소에 부친다.

_ **특기사항**   : 흑백 극영화
_ **핵심어**   : 사상 교육 학교 사업 모함
_ **작성자**   : 곽수경

까마귀와 참새 烏鴉與麻雀(CROWS AND SPARROWS)

_ **출품년도**   : 1949년
_ **장르**   : 드라마
_ **상영시간**   : 104분
_ **감독**   : 정쿤리(鄭君里)
_ **제작사**   : 昆侖影業公司
_ **주요스탭**   : 시나리오(沈浮 王林谷 徐韜 趙丹 鄭君里) 시나리오 집필(陳白塵) 촬영(苗振華 胡振華)
_ **주요출연진** : 肖老板(趙丹) 華潔之(孫道臨) 孔有文(魏鶴齡) 侯義伯(李天濟) 余小英(黃宗英) 小阿妹(王蓓)

_**시놉시스** : 1948년 겨울, 인민해방군은 화이하이(淮海) 전투에서 승리한다. 상하이 국민당 정권의 부하들은 두려움에 떨며 한층 더 악랄하게 인민들을 약탈한다. 상하이 골목의 한 건물에서는 국민당 국방부 과장인 허우이보(侯義伯)가 원래 건물주인 노장교 쿵유원(孔有文)이 아들을 신사군에 보냈다는 핑계로 그 건물을 점거하고 있다. 허우이보는 2층에 자신의 정부(情婦)인 샤오잉(小英)을 살게 하고 자신은 매주 토요일에 한 번 사업투자를 논의하러 온다. 그는 정자간(亭子間)을 중학교 교사인 화제즈(華潔之)에게 빌려주고, 사랑채는 '샤오광보(小廣播)'라는 별명을 가진 미국 제품 상점의 샤오(肖)사장 부부에게 빌려준다. 그리고 쿵유원은 좁은 후당으로 보내버린다. 국민당의 패배를 예감한 허우이보는 타이완으로 도망가고자 집을 팔아서 돈을 챙기려 한다. 때문에 그는 손님들을 빨리 방에서 내쫓으려 한다. 세입자들은 서로 다른 생각들 때문에 허우이보와 단호하게 투쟁할 수가 없다. 쿵유원은 신문사에 자리를 찾아봤으나 실패하고 돌아온다. 화제즈는 학교에 계속 머물고 싶지만 특무교장은 그 대가로 방값을 원하며 그에게 학생운동을 제지하라고 한다. 하지만 화제즈는 이를 거절한다. 한편 샤오 사장은 자기가 똑똑하다고 생각하며, 가지고 있는 모든 금장신구와 양약을 뇌물로 허우이보에게 주면 황금투기 사업으로 집 살 돈을 마련할 수 있을 것이라 생각한다. 하지만 건달을 만나 다치게 된다. 쿵유원의 집도 허우이보의 졸개들에 의해 부서진다. 화제즈는 학생운동을 선동한 죄로 붙잡혀 투옥되고, 허우이보는 또 기회를 틈타 화제즈를 희롱하며 샤오 사장이 바친 뇌물을 챙긴다. 세입자들은 더 이상 참을 수 없어 허우이보와 투쟁을 하기로 단결한다. 허우이보는 경찰에게 사람들을 잡아가라고 전화를 하고 그 통화에서 국민당 정권이 산산이 부서졌다는 소식을 듣게 된다. 허우이보는 샤오잉을 데리고 허둥지둥 달아나고 화제즈는 집으로 돌아온다. 섣달그믐 저녁, 세입자들은 함께 모여 저녁밥을 먹는다. 폭죽소리가 울려 퍼질 때 모두 이제 다시 암흑의 구시대는 돌아오지 않을 것이라 확신한다.

_**단평** : 청지화 같은 이가 "구성이 절묘하고 플롯의 흐름이 자연스러우며 스타일이 살아 있고 풍자 또한 신랄하다"(1963, 249)며 상찬하긴 했지

만, 이 영화에 대한 청지화의 평가는 앞뒤로 정치적이고 혁명적인 이유로 가득 차 있는 반면, 상대적으로 정치적 독립성을 지니고 중국 영화사를 기술한 독일의 슈테판 크라머가 1949년 이후 "30년 동안 중국 영화사에서 사회를 이토록 섬세한 연출로 스케치한 작품은 거의 찾아볼 수 없다"(2000, 66)고 찬사를 보낸 사실을 함께 생각해보면 영화에 대한 평가가 균형을 잡을 수 있는 근거를 마련한다. 그만큼 완성도가 높은 영화다. 인물의 상황과 성격을 드러내는 미장센의 처리나 플롯 구조의 배치 등이 이전의 영화들에 비해 훨씬 성숙한 면모를 보여준다. 국민당 장교와 세입자들, 그리고 세입자 내부의 적절한 갈등구조 설정과 여러 인물의 성격, 개성을 살린 묘사 등이 돋보인다. 특히 이 영화는 시작 자막에서 그 배경을 "1948년 인민해방군이 전투에서 승리한 상황"으로 분명히 밝히고 있어 1930년대 이른바 '좌익영화'라 불리던 상하이의 영화들과는 달리 본격적으로 정치적 입장을 드러낸 작품이라 할 수 있다. 그러나 1949년 이후 중국 영화가 정치에 완전히 예속되어 예술성 자체를 무시하는 결과를 초래하는 과정을 겪었음에 비추어 이 영화는 자신만의 정치성을 고수하면서도 탄탄한 예술적 구성을 함께 지켜내고 있다는 점에서 의미가 있다고 하겠다. 그런 점에서 앞서 말한 슈테판 크라머는 이 영화를 두고 "내전 시기 좌익 저항 영화 가운데 마지막 기념비"이자 이 영화를 계기로 "사회주의 영화시대로 넘어가는 과도기가 형성되었다"(Stefan Kramer, 66)고 말한 것이다.

_ **특기사항** : 흑백 유성 영화

　　　　　　: 1950년 1월 1일 다광명(大光明), 메이치(美琪) 등 6개 영화관에서 동시 개봉 평샤오롄(彭小蓮)의 〈상하이 룸바(上海倫巴)〉(2006)가 이 영화를 촬영하던 상황을 재현하기도 하였음

_ **핵심어** : 국민당비판 상하이룽탕(弄堂) 세입자

_ **작성자** : 임대근

시계 表(THE WATCH)

_ **출품년도** : 1949년

_ 장르   : 사회

_ 상영시간   : 104분

_ 감독   : 줘린(佐臨)

_ 제작사   : 文化影業公司

_ 주요스텝   : 시나리오(佐臨) 촬영(許琦) 음악(王雲階) 편집(吳亞夫)

_ 주요출연진 : 송아지(趙錢孫) 큰 고양이(楊文龍) 작은 쥐(蔡元元) 殷小臣(程
               之) 萬노인(兪仲英) 雷春華(沈揚)

_ 원작   : 구소련 작가 안드레예프의 소설 『表』

_ 시놉시스   : 송아지는 부모가 없는 고아로 길거리에서 같은 처지의 큰 고양
               이, 작은 쥐와 함께 구걸을 하거나 물건을 강탈하며 생활을 유지한다. 어
               느 날 송아지는 시계를 수리하는 완(萬)노인의 점포에서 금시계를 훔친
               다. 송아지와 다른 두 명의 고아는 금시계를 놓고 서로 싸우다 경찰에 잡
               혀가게 되지만 송아지가 훔친 금시계에 대해서는 이야기하지 않는다. 송
               아지는 소년원에 들어가고 소년원의 훈육주임 돤샤오천(殷小臣)에게 금
               시계를 훔친 사실이 발각된다. 훈육주임은 이를 빌미로 송아지에게 소년
               원 내의 물건을 밀거래하는 것을 돕도록 한다. 이 사실을 다른 소년원의
               원생이 알고 지도원 레이춘화(雷春華)에게 보고하지만 송아지는 사실을
               부인한다. 이후 원생들은 송아지를 멀리하며 돤샤오천의 죄상을 폭로할
               준비를 하지만 송아지가 밀고를 해버린다. 레이춘화는 이런 사실을 알고
               송아지를 불러 열정적으로 교화한다. 송아지는 그동안의 잘못을 뉘우치
               면서 완노인이 자신으로 인해 옥살이를 한 사실과 그의 손녀가 고생했던
               것을 자책하며 마침내 돤샤오천의 위법 사실을 밝힌다.

_ 단평   : 도시 떠돌이 아이들의 모습을 통해 당시 중국사회의 아이들이 겪
               는 고난과 운명, 암흑과 추악함 등을 잘 표현하고 있다. 떠돌이 아이들은
               당시 하나의 사회문제로 사회의 새로운 변화나 제도가 받쳐주지 않는다
               면 떠돌이 아이들의 교육과 개조를 할 수 없다는 의미를 부여하고 있다.

_ 특기사항   : 흑백 유성 영화

               : 시나리오는 루쉰이 번역한 구소련작가 안드레예프의 동명 소설
               을 영화화했다. 1948년 12월 영화시나리오 초고를 완성하고 1949년 9월

상하이가 해방된 후 완성 상영되었다.

_ 핵심어   : 시계 고아 소년원 지도원 도시
_ 작성자   : 조병환

희망은 인간세상에 希望在人間

_ 출품년도   : 1949년
_ 장르   : 구국/멜로
_ 상영시간   : 110분
_ 감독   : 선푸(沈浮)
_ 제작사   : 崑崙影業公司
_ 주요스탭   : 시나리오(沈浮) 촬영(朱今明)
_ 주요출연진   : 鄧庚白(藍馬) 陶靜寰(上官雲珠) 魯祥(衛江)
_ 시놉시스   : 항일전쟁 중 상하이는 고립무원의 지경이다. 대학교수 덩경바
          이(鄧庚白)는 항일 활동에 가담한 것이 자신의 학생 리뤼(李呂)에게 발
          각, 체포되어 3년 동안이나 소식이 없다. 그의 아내 타오징환(陶靜寰)은
          덩경바이의 친구 루샹(魯祥)의 도움을 받으며 세 아이들과 힘겹게 생활
          을 꾸려나간다. 그러던 어느 날 덩경바이가 돌아오는데, 그의 석방은 더
          많은 항일 인사를 체포하기 위한 일본인들의 계략이었다.
          　일본군은 덩경바이의 큰 아들 위성(雨生)에게서 혐의를 포착, 그를 체
          포하려 하지만 위성은 형사를 살해하고 위기를 벗어나 도망한다. 위성의
          사건을 알게 된 덩경바이는 가족을 데리고 피신하려 한다. 그때 리뤼가
          위성을 잡기 위해 덩경바이의 집에 들이닥친다. 아들을 보호하려던 타오
          징환은 엉겁결에 총을 쏴 리뤼를 죽이게 된다. 총소리를 듣고 루샹을 쫓
          던 일본 앞잡이가 현장에 도착하는데 덩경바이는 계략을 써서 가족과 친
          구 루샹을 도피시킨다. 덩경바이는 의연하게 일본 앞잡이의 수갑을 차고
          연행된다.
_ 단평   : 항일전쟁 시기, 특히 일본이 태평양전쟁을 일으켜 상하이를 완
          전히 장악했을 때를 배경으로 한 영화이다. 영화는 덩경바이라는 애국자
          와 그 부인, 아들 등을 중심으로 진행되며 민족의식과 항일의식을 강조

한다. 특이한 점은 무대세팅, 배경, 등장인물의 분장 및 두발스타일 등에서 유럽적 취향을 드러낸다는 것이다.

_ 특기사항   : 흑백 유성 영화
_ 핵심어   : 항일전쟁 매국노 대학교수 가극공연 유럽적 분위기
_ 작성자   : 유경철

관(關)연대장 關連長(CAPTAIN GUAN)

_ 출품년도   : 1950년
_ 장르   : 전투
_ 감독   : 스휘(石揮)
_ 제작사   : 文華影業公司
_ 주요스탭   : 시나리오(楊柳卿) 촬영(葛偉卿) 미술(王月白)
_ 주요출연진 : 關연대장(石揮) 문화교사(兪仲英) 지도원(于丁) 老董(程之) 통신원(張何軍) 老潘(江心) 老馬(劉豁然) 小杜(石灵) 王排長(王玉良) 老油子(高笑鷗) 小鬼(錢慰民) 교도원(王學武)
_ 원작   : 주딩(朱定)의 동명소설
_ 시놉시스   : 중국 인민해방군 모 부대 제8연대는 관연대장의 통솔하에 훈련을 하며 언제라도 상하이 해방 전투에 투입될 태세를 갖추고 있다. 그들은 훈련과정에서 학습을 병행하며 혁명의 형세에 부응하고자 한다. 관연대장과 8연대 병사들은 모두 가난한 집 출신이라 공부를 한 적이 없기 때문에 훈련과 학습을 병행하는 것이 몹시 힘들지만 연대의 지도원과 문화교사의 도움으로 좋은 성적을 거둔다.

상하이 전투가 시작되자 상급기관에서는 8연대를 예비부대로 분류하고 계속 명령을 기다리게 한다. 전투가 격렬한 단계로 접어들자 관연대장과 8연대 병사들은 각자 굳은 의지를 다지며 결의서를 써서 종군을 지원하여 마침내 상급의 허가를 얻는다. 그들은 명령대로 우회하여 적후에서 적군 지휘소를 공격하려고 기다린다. 하지만 관연대장은 적군이 지키고 있는 지휘소가 원래 고아원으로, 건물 안에는 수백 명의 고아가 있다는 사실을 알게 된다. 고아들을 지키기 위해 관연대장은 과감하게 포화

를 포기하고 칼로 대적하기로 결정한다. 연대 병사들은 결국 고아들의
생명을 보호하는 동시에 적군을 전멸시키지만 관연대장은 장렬하게 전
사한다.

_ **특기사항** : 1951년 5월 영화 〈우쉰(武勳)전〉에 대한 비판이 빠른 속도로 일
어났는데, 이 작품도 여기에 연루되어 비판을 받았다. 1956년 전개되었
던 영화에 대한 토론은 정치선전과 공식화, 개념화된 작품을 대량으로
생산해냈으며 이런 창작경향을 벗어난 작품들은 비판을 받게 되었는데,
그중 하나가 바로 이 작품이었던 것이다. 비판의 주요한 내용은 쁘띠부
르주아 계급의 정서로 혁명군인, 노농간부의 형상을 왜곡했다는 것이었
는데, 비판자들은 영화가 가지고 있는 적극적이고 진보적인 주된 경향에
대해서는 구체적으로 분석하지 않고 예술적으로 다소 부정확한 곳을 창
작경향의 문제로 확대 해석함으로써 공식화, 개념화된 비판을 조장했다.

_ **핵심어** : 인민해방군 상하이 해방 전투 〈우쉰(武勳)전〉비판 소자산계급
감정

_ **작성자** : 곽수경

사상 문제 思想問題(QUESTION IN MIND)

_ **출품년도** : 1950년
_ **장르** : 생활 극영화
_ **감독** : 쒀린(佐臨) 딩리(丁力) 뤼이즈(麗毅之) 예밍(葉明) 루런(魯韌)
뤼푸(呂復)
_ **제작사** : 文化影業公司
_ **주요스탭** : 시나리오(藍光 劉滄浪 桑夫 華山) 촬영(許琦) 미술(牛漢誠) 편집
(傅繼秋)
_ **주요출연진** : 劉靜(胡德龍) 周正華(江俊) 胡彪(潘銳) 于志讓(農中南) 王長生
(程成) 何祥瑞(遠之遠)
_ **시놉시스** : 1949년 사회주의 중국 성립 이후의 상하이에서 많은 지식인들
이 화둥(華東)인민혁명대학에 진학해 개조를 진행하고 있다. 팀장 리전
웨이(李振威)는 사업에 적극적이고 진지하며 자기 팀이 모범 팀이 되지

못한 것을 안타까워한다. 그러나 그의 팀은 복잡한 문제가 많다. 리전웨이는 자기 팀을 못마땅해했고, 류징(劉靜)의 적극적인 조직원 가오제(高潔)의 도움을 받기는 했지만 저우정화(周正華) 등 낙후된 조직원들이 늘 팀 회의에서 고담준론(高談峻論)을 늘어놓아 사람들은 그들이 싫어서 모두 뿔뿔이 흩어져버린다. 이런 상황에서 회의를 엿듣던 허돤샹(何端祥)과 후뱌오(胡彪)는 저우정화에게 팀에서 그를 제적시키려 한다고 헛소문을 퍼뜨린다. 저우정화는 제적당했다는 오명을 쓰지 않기 위해 자오(趙) 주임에게 자문을 구한다. 자오 주임은 참을성 있게 사태를 분석해주고 노동이 인류의 진리를 창조한다는 이치를 설명해준다. 저우정화의 사상에도 변화가 생겨 계속 학교에 남아 학습하기로 결정한다. 학습 총결 과정에서 각자 자기의 사상 변화 과정을 발표한다. 어떤 사람에게는 남하(南下) 복무단에 참가할 것이, 어떤 사람에게는 시골로 내려가 토지 개혁 사업에 참가할 것이 요구된다. 무거운 사상적 부담을 진 이 지식인들은 공산당의 영도 아래 3개월의 학습을 거쳐 혁명적 인생관을 수립하기 시작했으며 자신을 개조하고 새로운 사람으로 바뀐다.

_ **특기사항**   : 흑백
_ **핵심어**   : 사상 개조 노동 인류 진리 혁명적 인생관
_ **작성자**   : 김정욱

인민의 힘 人民的巨掌(THE MIGHTS OF THE PEOPLE)

_ **출품년도**   : 1950년
_ **장르**   : 생활 극영화
_ **상영시간**   : 80분
_ **감독**   : 천리팅(陳鯉庭)
_ **제작사**   : 昆侖影業公司
_ **주요스탭**   : 시나리오(夏衍) 촬영(胡振華) 미술(丁辰) 음악(陳歌辛)
_ **주요출연진** : 張榮(魏鶴齡) 張杏華(王蓓) 蕭良(張翼) 朱亞琴(吳茵) 黃子和(張乾) 李福生(傅伯棠) 薛家琪(高正) 金秀(張天流)
_ **시놉시스**   : 1949년 봄, 상하이 신분을 위장하고 바오퉁(寶通) 방직 공작에

숨어 있던 스파이이자 노동 귀족인 장룽(張榮)은 노동자들과 함께 체포되어 감옥에 갇힌다. 중화인민공화국이 건국되고 장룽은 출옥하여 공장으로 다시 돌아와 스파이 상사인 샤오량(蕭良)의 지령을 받고 노동자 속으로 파고든다. 그는 간교한 말과 태도로 극좌적 언행을 일삼아 노사 갈등을 일으키고, 하수인인 리푸성(李福生)을 사주하여 공장 설비를 망가뜨리도록 한다. 노동조합 간부 주야친(朱亞琴)이 리푸성의 행동을 미심쩍어하자 그는 과거 국민당 첩자 노릇을 했던 자신의 죄를 솔직하게 인정한다. 첩자 노릇을 한 장룽의 행적이 밝혀졌지만 공안부에서는 장룽이 뉘우치고 새 사람이 될 기회를 주기로 한다. 그러나 장룽은 끝까지 거절하고 감옥에서 사이가 좋았던 황쯔허(黃子和)에게 자기 여동생 장싱화(張杏華)를 소개해주고 장난(江南) 철강 공장에서 일하게 한다. 장싱화는 건실한 황쯔허를 맘에 들어 한다. 한편 이런 관계를 이용하여 황쯔허에게서 장난 공장의 비밀을 들은 장룽은 적기가 그곳을 폭격하도록 위치를 알려준다. 장싱화는 오빠의 진면목을 알고 난 후에 의연하게 선을 그으며 검거를 돕고 오빠와 밀약하고 있던 적들을 일망타진하는 데 협조한다.

_단평   : 이 영화는 중화인민공화국 건국 무렵의 상하이를 배경으로 하고 있다. 국민당 첩자 장룽이 벌이는 반역사적 행동을 비판하면서 노동자와 공산주의 사회의 미덕을 보여주고 있다. 그러나 첩자 한 사람을 중심으로 전개되는 스토리와 그의 반동(反動) 행위는 극영화의 서사적 박진감을 손상시키고 있다. 장룽과 황쯔허 사이에 장룽의 여동생 장싱화가 자리하게 되는데, 그녀는 가정과 일, 가족과 동지 중에서 일과 동지를 선택한다. 반면 장룽은 이미 공산 국가가 성립된 이후에도 특별한 행동 동기, 예를 들어 국민당의 반격 혹은 개인의 신념으로 고집한 반(反)공산주의적 사고 등등이 나타나고 있지 않다. 그러면서 단선적인 스토리 라인으로 말미암아 인물을 선악(善惡),적아(敵我) 등으로 유형화시켜서 개성있는 인물 형상을 창조하지 못하고 있다. 아울러 인물들의 대화도 상당 부분 교조(敎條)적이며 설교 투로 이념을 교육 선전하는 내용이어서 신중국 '17년 영화'의 한계를 드러내고 있다. 인물과 스토리의 전개가 밋밋한 탓에 플롯 또한 극적 쇼트를 만들어내는 예술적 구상에서 멀어져 있

다. 영상 서사를 보면 로케이션 쇼트 및 문제 신문 기사의 반복되는 클로즈업, 실제 노동자들의 시위 및 출퇴근 장면, 공장 굴뚝 등 흡사 다큐멘터리 성격을 띤 장면이 자주 보인다. 이런 쇼트는 영화의 사실주의적 영상 효과를 배가시키면서 미장센의 서사적 기능을 잘 활용하고 있다.

_ **특기사항**　: 흑백 유성 영화
_ **핵심어**　: 스파이 노동귀족 노사 갈등 반혁명
_ **작성자**　: 김정욱

혼인대사 婚姻大事(MARRIAGE IS AN IMPORTANT)

_ **출품년도**　: 1950년
_ **장르**　: 멜로
_ **감독**　: 쉬창린(徐昌霖)
_ **제작사**　: 慧昌影片公司
_ **주요스탭**　: 시나리오(秦瘦鶴) 촬영(羅從周) 미술(林福貞) 음악(陳鵬章) 편집(陳瑞和 張立群) 녹음(姚守淸) 제작(廖云士)
_ **주요출연진**　: 林杉 朱莎 高占非 魏鶴齡
_ **시놉시스**　: 중화인민공화국 수립 이전, 농촌에서 도망 나온 아허(阿荷)는 장씨의 집에서 집안일을 도우며 민며느리가 된다. 장씨 할머니는 어려서 과부가 되어 수절하면서 '열녀패'를 받았고 그 며느리 샹란(香蘭) 역시 젊어서 과부가 되어 수절하고 있다. 샹란의 딸 장이린(張意琳)은 허영심이 강하여 관료 스쯔판(施子範)에게 시집을 가지만 남편의 가부장적인 태도와 폭력에 시달리게 되고 친정집 재산도 갈취당하자 자살을 시도한다. 공산당 정권이 들어서고 스쯔판은 인민재판에 회부되어 중벌을 받게 되고 그들의 혼인관계도 청산된다. 장씨 집안의 일들을 지켜보면서 아허는 결혼의 의미를 깨닫게 되고 고향으로 돌아가서 새로운 생활을 시작한다.
_ **단평**　: 이 영화는 중국 사회주의현실주의를 체현한 전형적 작품으로 일컬어지는 자오수리의 소설 『샤오얼헤이의 결혼』을 연상시킨다. 농촌과 농민을 주인공으로 하여 그들이 지닌 봉건적 습성과 의식이 사회주의 정권하에서도 여전히 극복되지 못하다가 결국 당의 개입으로 이러한 문

제들이 청산되면서 봉건적 관습에 익숙해진 농민들은 새로운 인민상을 현실적으로 제시받게 된다. 이러한 구도는 1942년 사회주의 문예규범으로 강제된 '엔안문예좌담회에서의 연설' 이라는 기준에 의해 창작된 문예작품의 전형이라고 할 수 있다.

_ 특기사항　: 흑백 유성
_ 핵심어　: 민며느리 열녀 사회주의리얼리즘 가부장제 여성해방 봉건의식
_ 작성자　: 노정은

내일을 위해 단결하리라 團結起來到明天(UNITED FOR TOMORROW)

_ 출품년도　: 1951년
_ 장르　: 사회극
_ 상영시간　: 96분
_ 감독　: 자오밍(趙明)
_ 제작사　: 上海電影制片廠
_ 주요스탭　: 시나리오(黃鋼) 촬영(李生偉 方書高) 미술(韓辛 陳波生) 음악(王雲階) 조명(康涌濤) 편집(陳祥興)
_ 주요출연진 : 彭阿妹(白楊) 張世芳(孫琤) 工委(周來) 老方(鐵牛) 黃교사(范萊) 小張(張雁) 周高明(陽華) 彭小妹(李明)
_ 시놉시스　: 1948년 초, 상하이 해방 전야에 한 실크공장(원형은 申新9공장이라고 함) 노동자들이 지하당의 지도하에 파업투쟁을 벌이며 인민해방군의 상하이 해방 전쟁을 지지한다. 파업투쟁이 시작되자 노동자들의 투지가 격앙되지만 사전 대비가 미약하여 특무와 어용노동조합에게 짓밟히고 진압당하여 군중의 정서가 저하되고 투쟁은 손상을 입는다. 위기의 순간, 지하당 지부서기 장스팡(張世芳)이 노동군중의 정서에 유리하도록 투쟁 책략을 바꾸도록 지도하여 손실을 최소화하고 투쟁역량을 보존한다. 장스팡은 좀 더 유력하게 투쟁을 전개하기 위해 기지를 발휘하여 어용노동조합을 타진하고 적의 음모와 동향을 파악한다. 이때 국민당 앞잡이 저우가오밍(周高明)이 투표용지를 조작하기 위하여 공장 노동자들의 신분증을 모두 강제로 거두자 노동자들이 대대적인 파업을 벌인다. 당국

은 이에 유혈진압을 하지만 노동자들은 희생을 두려워하지 않고 반격하여 마침내 전체 시의 노동자와 학생들의 지지하에 파업투쟁은 승리를 거둔다. 인민해방군이 상하이로 진군하자 국민당 당국은 생산 물자를 빼앗고 생산설비를 파괴하려고 하지만 장스팡은 전체 공장 노동자를 지도하고 공장 사수 투쟁을 전개한다. 그들은 노동호위대를 조직하여 적의 음모를 분쇄한다. 공장은 마침내 완전히 인민의 수중으로 돌아온다.

_ 단평   : 실크공장을 배경으로 했기 때문에 다수의 여성 노동자가 전면에 부각되며 그녀들을 중심으로 영화가 전개된다. 나약해 보이는 여성들 앞에 무자비하게 들이대는 총과 탱크는 적의 잔악함을 보다 부각시킨다. 그녀들의 끈질긴 투쟁은 보는 이로 하여금 더욱 안타까움을 느끼게 하고, 그리하여 그들의 승리에 더욱 기뻐하게 한다. 영화 속에서 마오쩌둥의 어록이 두 차례나 인용되어 노동자들의 의식을 교육시키고 단결시키는 지침으로 제시되는데 당시 공산당의 지도 상황을 엿볼 수 있다.

_ 핵심어   : 지하당 인민해방군 파업 어용노동조합 유혈진압 여성
_ 작성자   : 곽수경

우리 부부 사이 我們夫婦之間(BETWEEN A COUPLE)

_ 출품년도   : 1951년
_ 장르   : 사회/멜로
_ 감독   : 정쥔리(鄭君里)
_ 제작사   : 崑崙影業公司
_ 주요스탭   : 시나리오(鄭君里) 촬영(胡振華) 미술(丁辰)
_ 주요출연진 : 李克(趙丹) 張英(蔣天流) 小娟(劉小瀘) 秦豊(吳茵)
_ 원작   : 蕭也牧의 소설 『我們夫婦之間』
_ 시놉시스   : 빈농 출신의 모범 노동자 장잉(張英)과 상하이 출신의 지식인 간부 리커(李克)는 산둥(山東)의 해방구에서 알게 되어 결혼한다. 상하이가 해방된 후 그들은 상하이로 와 리커는 면직 회사에서, 장잉은 비단 공장에서 일하게 된다.

상하이로 돌아온 후 리커는 잘 적응하지만 줄곧 농촌에서 자란 장잉은

224

대도시의 생활에 쉽게 적응하지 못한다. 이로 인해 둘 사이에 적지 않은 갈등이 생긴다. 장잉이 무도회장 사장에게 모욕을 당하는 거지 소녀 샤오 쥐안(小娟)을 집으로 데리고 오지만 리커는 이를 반대하고, 장잉이 자신의 원고료를 장잉의 고향 재난 구조비용으로 사용한 것도 불만스러워한다. 이런 일 때문에 그들 부부는 서로를 질책하며 급기야 별거에 이른다.

하지만 노간부 친펑(秦豊)의 비판과 계도로 이들은 서로를 이해하기 시작한다. 이때 회사에 도난 사건이 발생하여 샤오쥐안이 누명을 쓰고 쫓겨난다. 리커와 장잉은 샤오쥐안을 찾는 과정에서 다시 이전의 좋은 관계를 회복하게 된다.

_ 핵심어 　: 항전승리 후 노동자와 지식인의 결혼 부부의 갈등과 화해 도시 생활의 부적응 노간부의 도움
_ 작성자 　: 유경철

사랑일 뿐 只不過是愛情(IT IS ONLY LOVE)

_ 출품년도 　: 1951년
_ 장르 　: 멜로드라마/전쟁
_ 상영시간 　: 80분 추정
_ 감독 　: 한이(韓義)
_ 제작사 　: 合作影片公司
_ 주요스탭 　: 시나리오(沈默 沈銘)
_ 주요출연진 : 張鶯 李緯 楊志卿 高笑鷗 王幕萍 楊芳菁
_ 원작 　: 화실리에프스카야(폴란드) 장편소설 『사랑일 뿐』
_ 시놉시스 　: 정샤오팡(鄭素芳)은 상하이 모 공립병원의 간호사이다. 상하이가 '해방' 된 뒤 병원의 일부가 해방군 부상병병동으로 바뀐다. 어느 날 병원에 부상병 리유광(李有光)이 와서는 계속해서 전선으로 복귀해야 한다고 외쳐댄다. 샤오팡이 끈기 있게 설득하고 비로소 그는 안정되어간다. 샤오팡의 약혼자 링양(凌揚)은 해방군 지도원으로 하이난도(海南島) 전투에 참가했던 인물이다. 링양의 영향으로 그녀는 매우 적극적으로 일한다. 하이난도 전투가 끝나자 사람들은 승리를 자축하지만 샤오팡은 링

양의 전사 소식을 접하고 커다란 충격으로 말수가 줄고 소극적으로 변한다. 오래지 않아 그녀는 친구 류칭(柳靑)이 전선에서 보내 온 전보를 받게 된다. 링양은 죽지 않았으며 해상 전투 중 물에 빠져 다른 부대에 의해 목숨을 건졌다는 내용이다. 샤오팡은 소식을 듣고는 즉시 광둥(廣東)으로 가 링양을 상하이로 데려와 치료하고 링양이 회복되면 결혼할 것을 적극적으로 계획한다. 한국전쟁이 시작되자 병원에서는 지원군 의료단 참가가 활발히 진행된다. 하지만 샤오팡은 행복한 생활에 빠져 그 일에 대해서는 열성적이지 않다. 그러나 링양이 이미 지원군에 가입신청을 해서 승인을 받는다. 그에게서 소식을 들은 샤오팡은 극도의 갈등을 느끼며 혼사를 치를 방법이 없다고 생각한다. 오랫동안 떨어져 있던 연인이 또 전선에 나가려 하니 정말 대처할 방법이 없게 된 그녀는 링양과 한바탕 싸우고는 홧김에 결혼 약속을 파기한다. 병원으로 돌아온 그녀는 마침 리유광의 친지들이 전선에 나가는 리유광을 열렬히 환송하면서 용맹하게 전투에 참가하기를 당부하는 모습을 보고 큰 충격을 받는다. 그녀는 강당으로 돌아와 많은 이들이 지원군 의료단에 서명하는 것을 보고는 개인의 결심이 극히 작은 것임을 깨닫기 시작한다. 그녀는 급히 집으로 돌아오지만 링양은 이미 떠난 후였다. 저녁에 그녀는 마침내 지원군 의료단에 이름을 등록하고 역시 한국전쟁의 전선에 뛰어든다.

_ **단평**　　：사회주의 중국 수립 이후 영화 산업은 완전히 당과 정부에 귀속된다. 당의 강령과 정책의 요구에 순응하도록 기존의 영화계는 재편되었고 이후 중국 영화는 이데올로기적 기준에 따라 제작된다. 1942년 마오쩌둥의 「옌안문예좌담회에서의 연설(在延安文藝座談會上的講話)」에서 기원한 사회주의적 예술 창작의 정신을 현실화 · 전국화하게 되는데, 이후 한동안 제작된 영화들은 모두 이와 같은 기준에 근거하여 전쟁과 혁명을 칭송하는 부류가 대부분이다. 이 영화는 특히 1950년 발발한 한국전쟁의 결과로 중국군이 참전한 이야기를 위주로 플롯을 구성하고 있다. 그러나 한국전쟁에 나갈 지원군에 자원하는 간호사의 이야기를 중심으로 하고 있지만 그 과정에서 빚어지는 내 · 외면의 갈등을 보여주고 있다. 제목이 보여주듯 '사랑'이라는 개인적 서사와 전쟁이라는 집단의 서

사가 맞물리는 점은 이전의 상하이 영화들이 자주 채택해왔던 서사 전개의 방식이지만, 여성이 주요한 인물로 등장(여성에 대한 폭행도 더 이상 존재하지 않고)한다는 사실은 사회주의 중국에서 '해방된' 여성 인물에 대한 새로운 접근을 보여주고 있다. 결국 애인과 더불어 전선에 뛰어든다는 결말은 개인 서사가 집단 서사에 함몰되고 있음을 보여주고 있는바, 이러한 구성 자체가 사회주의 중국 이전 시기 상하이 영화와 크게 다르게 부각되지는 않는다.

_ **특기사항**   : 흑백 유성 영화(8권)
_ **핵심어**   : 한국전쟁 지원군 간호사
_ **작성자**   : 임대근

고난 속의 부부 患難夫妻(THE TROUBLED COUPLE)

_ **출품년도**   : 1951년
_ **장르**   : 사회/멜로
_ **감독**   : 한란건(韓蘭根)
_ **제작사**   : 上海惠昌商務有限公司
_ **주요스탭**   : 시나리오(趙銳) 촬영(周詩穆) 미술(林福增) 음악(黎錦光・任心良) 편집(趙家樹)
_ **주요출연진** : 二寶(張帆) 阿根(韓蘭根) 蘇耀千(殷秀岑) 蘇도령(關宏達) 吳부인(陸露明)
_ **시놉시스**   : 1948년 상하이 부근의 작은 현에 사는 아건(阿根)은 길거리에서 사탕장사를 하며 생계를 유지한다. 아건은 쑤야오첸(蘇耀千)에게 고리대금을 썼는데 그 돈은 계속해서 아건을 괴롭힌다. 아건에게는 아름다운 약혼녀 얼바오(二寶)가 있는데 쑤야오첸은 얼바오에게 반한다. 쑤야오첸은 돈을 미끼로 아건에게 양보하라고 하지만 아건은 얼바오와 결혼을 해버린다. 쑤야오첸은 아건을 사지로 몰아넣기로 한다. 아건은 할 수 없이 눈물을 머금고 얼바오를 두고 고향을 떠난다. 아건은 황량한 상하이 거리에서 뜻밖에도 쑤야오첸을 만난다. 아건은 상하이에서는 쑤야오첸의 영향력이 미치지 못할 것이라고 생각하고 경찰서에 가서 쑤야오첸을 고발하

지만 결국 자신이 잡혀간다. 1949년 5월 25일 상하이가 '해방' 되자 아건은 공정한 재판을 통해서 자유를 되찾는다. 그리고 우연히 옛날 이웃집에 살던 이씨 아주머니의 도움으로 마침내 얼바오와 다시 만나게 된다.

_ **핵심어**   : 사탕장사 고리대금 상하이 재판 사회
_ **작성자**   : 조병환

노동의 열매 勞動花開(FRUITS OF LABOUR)

_ **출품년도**   : 1952년
_ **장르**   : 멜로/혁명
_ **감독**   : 천리팅(陳鯉庭)
_ **제작사**   : 長江 崑崙聯合制片廠
_ **주요스탭**   : 시나리오(柯藍) 촬영(姚士泉) 미술(胡登仁 樓青藍) 음악(陳歌辛) 조명(陸奇生) 편집(諸錦順) 배경(丁辰) 녹음(李烈鴻 伍華)
_ **주요출연진** : 설계사 장씨(藍馬) 왕서기(魏鶴齡)
_ **시놉시스**   : 건국 초 냉전시기 서유럽의 경제봉쇄로 인해 상하이의 버스회사는 원료가 부족해서 더 이상 운영을 할 수 없게 된다. 회사의 당 조직에서는 연료 개발을 통해 난관을 극복하기로 결정하고 이 분야에 전문가이자 경험이 풍부한 설계사 장씨를 불러와 무연탄 연료개발을 요청한다. 많은 요구와 건의가 있었지만 장씨는 무연탄 연료를 개발하더라도 사용 시의 불편함 때문에 결국 시판에 실패할 거라고 생각한다. 왕지부서기와 회사의 군대표의 격려하에 장설계사는 여러 차례 실험을 통해 결국 무연탄 연료 개발에 성공하지만 시험 주행에 실패하자 다시 절망한다. 그러나 그는 아내와 동료들의 격려와 도움으로 문제점을 발견하고 다시 한번 실험을 진행하여 결국 무연탄 차를 개발하고 연료문제를 해결한다.
_ **단평**   : 1949년 이후 사회주의 경제체제의 재편을 위해 과도기적 경제개혁을 추진한 공산정권은 일정 정도의 경제 성장률을 이룩했지만, 한국전쟁에 참전하면서 경제적으로 후유증을 겪게 된다. 그 후 냉전체제로 인해 과학기술개발의 필요성이 더욱 절실해진다. 이 영화는 바로 생산성 향상과 과학기술개발을 목표로 선포된 제1차 5개년 경제계획을 추진하

던 1953년경 당 정책과 국가 이데올로기를 충실히 반영하고 있다. 마오쩌둥의 '실천론'에 입각한 경제건설은 '경제적 토대'의 한계를 이념적 의지로 극복하고자 한 만큼, 영화에서 장설계사는 연료개발이라는 기술적 과제에 한계를 느끼지만 결국 당서기와 군대표라는 국가의지의 대변인들의 격려에 힘입어 문제를 극복한다. 이는 '전(專, 전문성)보다 홍(紅, 이념)이 더 중요하다'는 지식인 역할과 지위에 대한 방침을 반영한 것이라고도 할 수 있다.

_ **특기사항**　: 흑백 유성
_ **핵심어**　: 경제봉쇄 연료개발 사회주의리얼리즘 사회주의영웅
_ **작성자**　: 노정은

솜 잣는 노래 紡花曲(SONGS OF TEXTILE)

_ **출품년도**　: 1953년
_ **장르**　: 생활 극영화
_ **감독**　: 선푸(沈浮)
_ **제작사**　: 長江 崑崙聯合電影制片廠
_ **주요스탭**　: 시나리오(沈浮) 촬영(胡振華) 미술(丁辰 胡登仁) 음악(陳歌辛) 조명(陳安卿) 편집(傅正義)
_ **주요출연진**　: 孟兆南(奇夢石) 王寬(中叔皇) 馬부인(丁子明) 胡山林(蘇曼) 孟文剛(張乾) 龔 동지(時漢威)
_ **시놉시스**　: 1951년 상하이 사영(私營) 바오퉁(寶通) 제사 공장 주인 멍자오난(孟兆南)은 홍콩에서 상하이로 돌아온다. 지금은 바오퉁 제사 공장의 실적이 아주 좋지만 과거에는 아주 험난한 역정(歷程)이 있었다. 중화인민공화국 건국 이후, 미제국주의의 경제 봉쇄로 말미암아 제사 공장은 곤경에 처한다. 멍자오난은 직공들과 함께 어려움을 극복할 생각이 없어 대량의 자금을 도피시키고 생산할 생각을 하지 않는다. 노동조합에서는 노자(勞資) 문제를 해결하기 위해 멍자오난에게 협상 회의를 요청한다. 회의에서 멍자오난은 공장 문을 닫겠다고 직공들을 위협한다. 노동조합은 사업자 측에 항의하면서 멍자오난이 직공들을 속였던 사실을 폭로한

다. 멍자오난은 스스로 깨달아 직공들에게 부끄러움을 느끼고, 직공들의 요구대로 생산을 재개하겠다고 밝힌다. 그러나 첩자 쿵마오장(孔茂章)과 후산린(胡山林)은 암암리에 멍자오난에 대한 소문을 날조하여 그에게 상하이를 떠나라고 한다. 멍자오난이 홍콩으로 간 후, 쿵마오장은 공장파괴를 진행하고 공장의 면화를 불태워서 생산을 정지 상태로 만든다. 상급 노동조합의 도움으로 간부 직공들이 여러 가지 어려움을 극복해나간다. 한때 후산린, 쿵마오장의 사주(使嗾)로 노동자와 노동조합 사이를 이간질했던 차이아주(蔡阿珠)도 자신이 이용당했던 사실에 치를 떤다. 차이아주는 각성하여 후산린과 쿵마오장을 고발하고 두 사람은 체포된다. 이런 풍파를 거치면서 수많은 노동자들이 공장에서 열심히 일한다.

_ **특기사항** : 흑백
_ **핵심어** : 勞資문제 첩자 노동조합
_ **작성자** : 김정욱

삼년 三年(THREE YEARS)

_ **출품년도** : 1954년
_ **장르** : 사회극/혁명
_ **감독** : 자오밍(趙明)
_ **제작사** : 上海電影制片廠
_ **주요스탭** : 시나리오(葛琴) 촬영(馮四知) 음악(陳歌辛) 조명(陸奇生) 편집 (張立群)
_ **주요출연진** : 趙秀妹(張瑞芳) 羅西城 사장(項堃) 吳一范 공장장(舒適) 陳英(栢李) 陳才明(藍谷) 許공정사(凌之浩)
_ **시놉시스** : 1950년 2월, 소수의 불법 자본가들이 투기거래로 시장 질서를 어지럽힌다. 상하이의 다밍(大明)실크공장 사장 뤄시청(羅西城)은 그중 하나이다. 그는 원면을 수입할 수 없다는 것을 핑계로 노동자들의 월급을 감봉하고 조업 중단을 선포하며 공장 문을 닫으려고 한다. 한편 그는 암암리에 자금을 빼돌려 홍콩에 있는 실크공장을 확충하려고 한다. 다밍 실크공장의 노동조합장 자오슈메이(趙秀妹)는 젊은 공산당원이자 당 지

부서기로, 수많은 노동자들을 위해 앞장서서 자본가 측 대리인인 우(吳)공장장에게 작업 재개와 임금 지급을 요구하지만 경험 부족으로 순조롭게 해결하기가 힘들다. 다밍실크공장의 조업 중단은 방직노동조합의 주목을 끌어 부회장 천잉(陳英)이 직접 공장으로 파견되어 노동자들의 고충 해결을 지원한다. 오래지 않아 뤄시청은 다밍공장의 부담을 우공장장에게 전가하고 자신은 홍콩으로 빠져나간다. 다밍공장은 힘겨운 상황에 봉착하게 되고 노동자들은 사상의 혼란을 느낀다. 자오슈메이가 죽도록 쫓아다녀도 여전히 문제를 해결할 수가 없어 괴로워하지만 천잉이 그녀를 격려하고 도와준다. 당 지부는 생산위원회를 결성하고 우공장장을 협상에 참가시켜 조업을 재개하고 생산 문제를 해결한다. 정부에서 다밍공장의 신청서를 비준하고 원면 1천 단을 보내주어 공장은 부활한다. 자오슈메이는 노동자를 이끌고 기계를 수리하는 등 여러 가지 문제를 개선하여 생산량을 제고시킨다. 1년 후 뤄시청은 홍콩제국주의 시장에서 크게 손해를 보고 더 이상 지탱할 수가 없자 상하이로 돌아온다. 그는 겉으로는 생산설비를 개선할 것처럼 가장하면서 암암리에 다른 불법자본가들과 결탁하여 투기거래로 시장을 교란시키는 등 불법 활동을 재개한다. 그들의 파행적 행위는 자오슈메이의 주목을 끌게 되고 그녀는 노동자를 조직하여 조사를 하여 뤄시청의 불법행위를 폭로한다. 그녀의 지도하에 다밍공장의 증산절약위원회는 동요하고 낙후한 직공들을 원래 자리로 되돌아가게 하고 뤄시청의 불법행위에 대해 청산과 투쟁을 진행한다. 뤄시청은 노동자계급의 거대한 역량 앞에서 자신의 '5독' 행위를 고백한다. 다밍공장은 노자협상회의를 결성한다.

_ **핵심어**   : 계급모순 매판자본 투기 5독행위 비단공장 공산당
_ **작성자**   : 곽수경

위대한 시작 偉大的起点(THE GREAT BEGINNING)

_ **출품년도**   : 1954년
_ **장르**   : 사회
_ **감독**   : 장커(張客)

_ 제작사   : 上海電影制片廠

_ 주요스탭   : 시나리오(艾明之) 촬영(黃紹芬) 음악(黎英海,陳錦榮) 부감독(高衡)

_ 주요출연진: 陸忠桂(張伐) 陳向群(湯化達) 李勇華(陳天國) 聶부장(金熔) 林大彬(高正) 田承謨(範萊) 周月苹(王辛) 崔文順 鄧楠 江山 季虹 智世明

_ 시놉시스   : 화둥강철 8공장 제강부에 기쁜 일이 생긴다. 생산 반장 루중구이(陸忠桂)가 제강부 주임으로 승격된 것이다. 이때 "생산 증대를 위해서는 절약을 엄격히 해야 한다"라는 마오(毛) 주석의 위대한 호소문이 신문에 공포되자 공장 내 노동자들은 많은 의견을 내며 열렬한 호응을 보낸다. 루중구이는 심사숙고 끝에 현재 15톤의 용광로를 20톤으로 넓힐 것을 건의한다. 용광로의 확장 건의는 공장관리위원회의에서 열렬하게 논의되고 루충구이는 상하이시 각계인사 대표회의의 대표자로 선출되어 회의에 참석한다. 그는 4분기에 공장 생산량을 20% 이상 높일 수 있다고 발표한다. 공업부 네(聶)부장은 그의 의견을 높이 평가하고 그의 혁신 정신을 격려한다. 그리고 노동자들의 창조적인 노동정신과 루중구이의 용광로에 대한 문제해결 덕분에 제련 시간은 단축되고 빠른 시간에 임무 완성이 가능해졌으며 생산량도 크게 증가한다. 새로운 기록이 끊임없이 생겨난다. 이것이 바로 위대한 출발점인 것이다.

_ 핵심어   : 제강부 호소문 생산량 노동정신 용광로 임무 사회

_ 작성자   : 조병환

평화를 위해 爲了和平(FOR PEACE)

_ 출품년도   : 1956년

_ 장르   : 혁명

_ 상영시간   : 108분

_ 감독   : 쮀린(黃佐臨)

_ 제작사   : 上海電影制片廠

_ 주요스탭   : 시나리오(柯靈) 촬영(許琦) 작곡(瞿希賢) 미술(丁辰) 음악(瞿希賢)

_ 주요출연진 : 江浩(趙丹) 丁孟輝(白楊) 江思凌(任申) 江思遠(馮笑) 江思秀(徐明)

_ 시놉시스   : 태평양전쟁 발발 후 일본군은 상하이의 조계지를 점령한다. 둥

화대학 장하오(江浩) 교수는 마지막 수업을 하면서 학생들에게 민족의 생존을 위해서 분투할 것을 격려한다. 얼마 후 그는 일본군에게 체포되어 항전이 끝나고 나서 감옥에서 풀려난다. 다시 학교에 돌아온 그는 학생운동을 이끌어가는 아들과 사상적 갈등을 야기하지만 상하이 대학생의 연합시위가 내전과 굶주림에 반대하는 애국운동으로 확대되고 학생들의 적극적인 격려로 시위에 함께 참가한다. 시위 과정 중 쓰위안(思遠)은 체포되고 아내 딩멍후이(丁孟輝)도 부상을 당한다. 장하오는 비로소 각성을 하고 공산당 친구 양젠(楊建)의 도움으로 적극적으로 혁명운동에 참여한다. 사회와 여론의 압력으로 쓰위안은 석방되어 해방구로 가고 장하오는 같은 날 노동자 친목회 강연을 마치고 돌아오다가 스파이에게 암살당한다. 딩멍후이는 남편의 뒤를 따라 투쟁을 지속할 것을 다지고 상하이가 해방된 후 마침내 가족이 상봉한다. 하지만 한국전쟁의 발발과 더불어 딩멍후이는 다시 자식들을 전장으로 보낸다. 조국과 평화를 위해 자신의 모든 것을 희생한 딩멍후이는 인민대표로 선출된다.

_ 단평 　　: 지식인 가정의 역사적 격동기를 통해 그들이 제국주의의 침탈로부터 받은 수난과 고통을 잘 보여주고 있다. 특히 영화는 이들이 어떤 사상 투쟁 과정을 통해 승리를 쟁취했으며 평화를 위해 어떤 공헌을 했는지를 형상화하고 있다. 영화는 개인의 영웅적인 체험에 좀 더 접근함으로써 이데올로기적 선악 구조를 더욱 공감하게 하고 있다. 또한 개인의 애국주의적 정신을 강조함으로써 적극적이고 올바른 투쟁만이 밝은 미래가 있다는 점을 제시하고 있다.

_ 핵심어 　　: 항전 학생운동 애국운동 혁명 평화
_ 작성자 　　: 조병환

농구장 소동 球場風波(TROUBLE ON THE PLAYGROUND)

_ 출품년도 　: 1957년
_ 장르 　　　: 스포츠
_ 감독 　　　: 마오위(毛羽)
_ 제작사 　　: 海燕電影制片廠

_ 주요스탭 : 시나리오(唐振常) 촬영(羅及之 張錫齡) 미술(凌雷) 작곡(黎英雄)
_ 주요출연진 : 趙輝(溫錫瑩) 錢正明(張乾) 張人杰(周伯勳) 林瑞娟(龔式和)
_ 시놉시스 : 상하이 의료 기계 약물 공급국의 직원 자오후이(趙輝)와 쳰정밍
(錢正明)은 스포츠를 좋아하여 자신들의 기관에 체육 모임을 만들고자
한다. 하지만 주임인 장런제(張人杰)의 반대로 뜻을 이루지 못한다. 그들
의 농구팀은 훈련 부족으로 은행팀에게 참패를 당한다. 그들은 은행팀
소속 린루이쥐안(林瑞娟)과 친구가 되어 체육대학 교수인 그의 아버지로
부터 훈련을 받는 등 도움을 받기로 한다. 자오후이와 쳰정밍은 우연히
장런제와 통화를 하게 되는데, 장런제는 그들을 상급 조직의 간부로 착
각한다. 이들은 이 기회를 이용하여 장런제에게 기관 안에 체육협회를
만들도록 제안하고 장런제는 이를 실행에 옮긴다. 이로써 기관 내에 스
포츠 활동이 활발하게 진행되고 직원들의 건강 상태도 날로 호전된다.
_ 특기사항 : 흑백
_ 핵심어 : 스포츠(농구) 지략의 사용
_ 작성자 : 유경철

안개 속 밤 항해 霧海夜行(SAILING IN A FOGGY NIGHT)

_ 출품년도 : 1957년
_ 장르 : 재난드라마
_ 상영시간 : 90분 추정
_ 감독 : 위타오(兪濤)
_ 제작사 : 天馬電影製片廠
_ 주요스탭 : 시나리오(兪濤) 촬영(沈西林) 작곡(寄明 黃準) 녹음(袁慶余) 편
집(韋純葆) 부감독(田野)
_ 주요출연진 : 노부인(范雪朋) 신부(張鶯) 뚱보(關宏達) 농민(王桂林) 임산부
(王辛) 장교(金乃華) 변발(張鴻眉) 아푸(張雁) 등
_ 시놉시스 : 겨울이 끝나고 봄이 오는 어느 새벽, 여객선 '해연호(海燕號)'
는 상하이 부두를 떠나 새벽안개를 뚫고 닝보(寧波)로 향한다. 배에는
1,300여 명의 여행객이 있었고, 그중에서도 100여 명은 귀향하여 농업에

동참하려는 제대 군인들이었다. 공무로 출장 가는 해군 정치위원, 육군 소령, 해군 소위도 있고 고향으로 돌아가는 노부인, 닝보로 가서 결혼하는 예비 신부, 고향에서 출산하려는 임신한 손녀를 데리고 가는 늙은 농민, 그리고 의학연구로 두 눈을 실명한 류(劉)교수와 그를 도와주고 돌봐주는 여학생 허메이쥐안(何美娟)이 있다. 또 새로 온 직원 '변발'도 있고, 바다에서 50년을 함께 생활한 직원 반장인 아푸가 여행객들의 생활을 친절하게 보살피고 있다. 짧은 여정 속에서 사람들은 함께 우정과 행복을 나눈다. 실명으로 희망을 잃고 비관하게 된 류교수는 해군 정치위원과 나눈 허심탄회한 대화 후에 생명의 활력을 다시 얻게 되고, 해군 소위와 여학생 허메이쥐안은 사랑에 빠진다. 임산부도 배에서 안전하게 아이를 낳는다. 서로 모르던 사람들이 모두 친구가 된다. 해가 지면서 어둠이 바다 위를 뒤덮고 주위는 칠흑같이 어두워진다. 여행객들은 아름다운 이상과 희망을 품은 채 잠이 들고 직원들만이 긴장하며 분주하다. 여객선은 힘차게 앞으로 나아간다. 그런데 갑자기 해수면에 짙은 안개가 끼고, 등불을 사용한 항로 표지조차 보이지 않는다. 주위에는 암초가 많아 이등항해사는 선장에게 항해 속도를 낮출 것을 건의하고 당 지부 서기 대리도 닻을 내리자고 제의한다. 그러나 선장은 자신의 경험을 지나치게 믿고 완고하게 안개가 자욱한 길을 빠른 속력으로 항해한다. '해연호'는 끝내 암초에 부딪혀 조난을 당하게 되고 바닷물이 갑자기 배 안으로 밀려와 매우 위험한 상황에 직면하게 된다. 그때 해군 정치위원이 용감하게 나서 제대 군인들을 지휘하여 여행객들을 갑판 위로 구조한다. 선장은 스스로 길을 찾아 항로를 이탈해서 육지에서 제일 가까운 곳으로 가려고 한다. 그러나 뱃머리가 심하게 손상되어 배가 가라앉기 시작한다. 배는 더 이상 항해하지 못하고 망망대해에서 닻을 내릴 수밖에 없다. 배가 암초에 부딪치자 직원이 위험한 상황을 경보로 알리지만 송신기가 고장이 나서 경보를 받은 항구와 군 함정 모두 사고 위치를 알 방법이 없다. 닝보와 상하이 등지 선박 수송 부문과 해군 공군 부대는 모두 '해연호'의 운명에 촉각을 곤두세운다. 비행기와 군 함정이 찾으러 나서지만 조수가 불어나서 바닷물이 갑판 위까지 넘쳐난다. 제대 군인과 선원들은 손에 손을 잡고 인간 띠를 만들어 여행객들을 가운데에 있게 한다. 바닷물이 허리까지 차올라 그들을 향해 세차게 부딪힌다. 긴장된 상황에서 정치위원은 거대한 풍랑을 무릅쓰고 전사들 몇몇을 이끌고 구명보트를 타고 부근 해군기지로 원조를 구하러 간다. 구명보트는 넓은 바다에서 파도와 몇 시간을 싸운 끝에 비로소 순찰하는 작은 군함에 의해 발견된다. 구조요원들은 '해연호'의 사고 지점을 알게 되고 비행기와 군함은 모두 '해연호'가 있는 방향으로 나아간다. 노력 끝에 여행객들이 모두 구조되어 안전하게 닝보에 도착한다.

_ **단평**   : 사회주의 중국 수립 이후 정치적 변화 속에서 마오쩌둥은 1956년 중국 공산당 중앙정치국 확대회의를 통해 이른바 '백화제방 · 백가쟁명(百花齊放 · 百家爭鳴)'을 발표한다. '쌍백방침(雙百方針)'이라 약칭되는 이 조치 이후 중국 문예는 이전에 비해 상대적으로 관대한 조건하에서 창작 활동을 진행하게 된다. 양진푸(楊金福 2006)는 이 시기 상하이를 중심으로 한 영화 창작을 설명하면서 "상하이 영화사 하부에 세 제작소는 풍부한 제재와 다양한 스타일 예술성에 대해 관심을 보인 영화들을 만들었다"(217)고 말하고, 이어서 다음과 같이 여러 부류로 이들 영화를 나누었다. 혁명역사를 제재로 한 영화, 사회주의 건설 과정에서 지식인의 심리적 여정을 그린 영화, 스릴러 양식, 스포츠 제재 영화, 풍자 코미디 양식, 사회주의 이후 처음으로 민족 자본가를 주인공을 한 영화 등이 그것인데, 이 영화는 산문(散文)식 스타일을 원용한 영화라고 분류하였다. 재난을 당한 민간 여객선을 중국인민해방군 해군과 공군이 구조한다는 내용으로 무모한 여객선장(민간인)의 선택으로 빚어진 갈등을 군대가 해결한다는 모델을 취하고 있다. 이는 쌍백방침으로 인해 영화 창작 환경이 한결 너그러워지긴 했으나 여전히 사회주의 중국 수립 초기 혁명을 성공적으로 완수한 '인민해방군'에 대한 사회적 위치를 존중해야 할 필요가 있었음을 보여주고 있다 하겠다.

_ **특기사항**   : 흑백 유성 영화(9권)

    : 원작의 시나리오 및 감독은 스후이(石揮), 톈마영화제작소에서 집단 각색한 작품

: 1957년 이후 반우파투쟁 및 1958년 '백기 제거[拔白旗]' 운동 당시 '독초'로 비판받아 상영금지 됨
_ 핵심어　　: 인민해방군(해군 · 공군) 여객선 조난 재난의 처리
_ 작성자　　: 임대근

바다의 혼 海魂(SOUL OF THE SEA)

_ 출품년도　: 1957년
_ 장르　　　: 전쟁
_ 상영시간　: 90분
_ 감독　　　: 쉬타오(徐韜)
_ 제작사　　: 海燕電影制片廠
_ 주요스탭　: 시나리오(沈默君 黃宗江) 촬영(許琦) 미술(丁辰 葛興蕚) 작곡(高田)
_ 주요출연진 : 陳春官(趙丹) 竇二鵬(崔嵬) 溫夢媛(王丹鳳) 함장(劉瓊)
_ 시놉시스　: 상하이 해방 직전, 국민당 군함 고랑호(鼓浪號)의 수병 천춘관(陳春官)은 국민당군의 잔혹하고 야만적인 행위에 염증을 느낀다. 고랑호가 상하이에서 빠져나와 타이완(臺灣)에 도착한 후, 천춘관과 두얼펑(竇二鵬)은 미군 병사의 행패에 분노하고, 미군의 모욕으로부터 술집 아가씨 원밍위안(溫夢媛)을 구해준다. 하지만 이 때문에 멍위안은 일자리를 잃는다. 그녀는 2 · 28 사건에 참여했다가 희생당한 아버지를 회상하고, 자신의 처지를 비관하여 바다에 몸을 던져 목숨을 끊는다.

천춘관 등은 고랑호의 작전 수행에 참여하여 다시 양쯔강의 입구로 올라오는데, 군관 등이 양민의 배를 공격하고 무고한 백성을 학살하는 것에 저항하다가 두얼펑은 사형에 처해진다. 이에 천춘관은 비밀리에 동료들을 설득하여 반란을 도모한다. 함장과 반동적인 군관들을 처단하고 고랑호를 접수한 이들은 적함과 적기를 격퇴시키고 오성홍기를 날리면서 조국의 품으로 돌아온다.

_ 단평　　　: 국민당 해군 소속 병사들이 무슨 이유로, 어떻게 공산당과 중국의 품으로 돌아오게 되는지를 보여주는 작품이다. 양심적인 해병들이 국민당군의 부패와 무능, 양민 학살에 저항하여 선상 반란을 일으키고 상

하이로 다시 돌아오는 내용이다. 또한 그들은 타이완이 미국 혹은 일본의 반식민지와 다름없게 된 현실에 비참함을 느낀다.

영화 초반과 후반에 후경으로 보이는 와이탄의 풍경이 이채롭고, 중국이 그려내는 당시 타이완의 상황, 즉 환락과 퇴폐, 반식민지 상황 등을 목격할 수 있다.

_ **특기사항**　: 1959년 체코슬로바키아 제10회 노동자영화제에 출품되어 '세계 평화를 위한 투쟁 2등상'을 받았다.

_ **핵심어**　: 국민당군의 인민학살 선상반란 미군의 행패 여주인공의 자살 주요인물의 죽음 주인공의 각성

_ **작성자**　: 유경철

행복 幸福(HAPPINESS)

_ **출품년도**　: 1957년

_ **장르**　: 멜로

_ **감독**　: 톈란(天然) 푸차오우(傅超武)

_ **제작사**　: 天馬電影制片廠

_ **주요스탭**　: 시나리오(艾明之) 촬영(顧溫厚) 미술(徐克己) 음악(張林漪) 편집(翁思濂) 녹음(朱偉剛) 제작(沈錫元)

_ **주요출연진**: 王家有(韓非) 劉傳豪(馮笑) 小起哄(史原) 胡淑芬(王蓓) 胡漢亮(張伐)

_ **시놉시스**　: 상하이의 한 기계공장에 다니는 청년 왕자유(王家有)는 놀기를 좋아하고 게을러서 공장에서도 늘 사고뭉치로 소문이 자자하다. 허구한 날 춤추러 다니거나 롤러스케이트장 커피숍에서 시간을 보내고 일에는 관심이 없다. 그의 사부인 후한량(胡漢亮)도 도저히 그를 제지할 방법이 없자 상부에 건의하여 임시공으로 보낸다. 왕자유의 친구 류촨하오(劉傳豪)는 능력을 인정받아 왕자유의 자리를 배정받고 후한량을 도와서 일하게 된다. 한편 류촨하오는 오래 전부터 자동차 부품 공장에 다니는 후수펀(胡淑芬)과 사귀고 있었는데 왕자유가 후수펀을 보고 첫눈에 반한다. 어느 날 밤, 자동차 부품 공장의 저녁 모임에서 후수펀이 류촨하오에게 초청장을 보낸다. 하지만 왕자유는 이 초청장이 자신의 행복과 관계가

있다고 억지를 부리며 결국 류찬하오 대신 저녁 모임에 참석한다. 그 일이 있은 뒤 왕자유는 이름을 쓰지 않은 연애편지를 써서 후수편에게 보낸다. 후수편은 그 편지가 류찬하오가 보낸 것이라 생각하고 약속장소에 나가려고 한다. 아버지의 만류와 반대를 무릅쓰고 후수편이 약속장소에 나가보니 왕자유가 그녀에게 구애를 하고 후수편은 거절한다. 결국 왕자유는 류찬하오와 후수편이 사귄다는 사실을 알고 류찬하오가 자신의 행복을 깨뜨렸다고 화를 낸다. 모든 사실이 밝혀지면서 류찬하오와 후수편은 오해를 풀고 왕자유도 새 생활을 시작한다.

_ 단평   : 1949년에서 1957년 반우파 투쟁까지의 시기는 '사회주의 건설'이라는 정치적 목표가 문화적인 추동력이 되었던 시기이다. 사회주의 건설과정에 대한 선전이나 봉건의식 극복, 전쟁과정 중의 영웅적 희생이 강조되는 작품이 많이 나온 이 시기에 코미디는 그다지 많지 않다. 당시 시대정신이 그랬을 뿐만 아니라 관객들도 그런 경향의 작품을 보고 즐길 만한 여유가 없었다고 하겠다. 이 영화가 보여주는 미덕은 단지 코미디라는 장르적 희소성에 그치지 않는다. 작품은 사회주의적 교화라는 스토리 라인에도 불구하고 구체적 상황 설정이나 정치적 요소에서 자유로운 부정적 인물 류찬하오의 성격적 부각 등의 요소로 말미암아 대중적 호응을 얻는다. 또한 작품에서 보여주는 코미디적 특징은 중국 전통예술의 골계적 해학미를 결합함으로써 서사 구조 측면에서도 안정감을 얻을 수 있었다.

_ 특기사항   : 흑백 유성 영화

      : 작품은 중국 본토에서뿐만 아니라 홍콩에서도 좋은 반응을 얻었다. 특히 왕자유 역을 맡은 한페이제(韓非杰)는 1953년 홍콩에서 건너온 후 자신의 색깔을 제대로 보여주지 못하다가 이 작품을 계기로 연기력에 대해 호평을 받는다.(新中國電影藝術1949-1959, 240)

      : 1957년 반우파 투쟁 당시 이전에 제작되었던 대부분의 코미디 영화들—예를 들어 〈未完成的喜劇〉, 〈新局長到來之前〉, 〈球場風波〉—이 비판을 받지만 이 작품은 정치적 타격을 입지 않았다. 그 이유는 다른 작품들이 부정적 인물로 간부('官')를 설정한 데 반해 이 작품은 공장 노동자('民')를 비판적으로 그렸기 때문이다. 또한 왕자유 이외에 다른 노

동자들의 형상은 매우 진보적인 영웅 형상으로 그려 '정의가 사악함에 경도되지 않는다(邪不壓正)' 는 심미적 원칙에 위배되지 않았기 때문이다.(위의 책, 241)

_ 핵심어   : 사회주의적 일탈 공장노동자 영웅인물
_ 작성자   : 노정은

용감한 철강 노동자 鋼城虎將(THE HEROIC STEELWORKERS)

_ 출품년도   : 1958년
_ 장르   : 사회
_ 감독   : 자오밍(趙明)
_ 제작사   : 江南電影制片廠
_ 주요스탭   : 시나리오(盧芒 吳洪俠 趙玉明) 촬영(馮四知) 미술(葛師承) 음악 (張林漪 劉廣階)
_ 주요출연진 : 郭서기(衛兪平) 余志剛(黃國林) 倪文波(張翼) 馬俊(程引) 張世誠(劉非) 林素華(鳳凰) 黃기사(傳柏棠) 李農 張鴻眉 金川 趙漢 季虹 吳江 包錦芝
_ 시놉시스   : 화창한 어느 여름, 상하이 철강공장 문 앞에서 철강공업 건설 지원을 위해 파견된 해방군과 청년들을 노동자들이 뜨겁게 환영하며 맞이한다. 이때 상하이 철강공장의 귀(郭)서기도 회의 참석을 마치고 "상하이 철강공장의 임무는 60만 톤" 이라는 기쁜 소식을 가지고 돌아온다. 그들은 새로운 목표 아래 정신을 가다듬고 최선의 노력으로 반드시 임무를 완수하겠다고 다짐한다. 그들은 대담한 생각과 과감한 행동으로 보수파와 기회주의자들의 비웃음도 아랑곳하지 않고 60만 톤의 철을 생산할 수 있는 유리한 환경을 조성한다. 그리하여 마침내 새로운 철 주형과 용광로에서 질 좋은 철을 생산할 수 있는 두 가지 실험을 성공시킨다. 실험 성공은 전체 노동자가 한마음이 되어 고온과 찌는 듯한 날씨를 이겨내고 철강 생산과 발전을 위해 격렬하게 싸운 대가였다.
_ 특기사항   : 기록영화
_ 핵심어   : 철강공장 임무 실험 노동자 사회

240

_ 작성자   : 조병환

강철 꽃 피다 鋼花遍地開(SPARKS OF STEELWORKERS)

_ 출품년도   : 1958년
_ 장르   : 다큐멘터리식 선전영화
_ 감독   : 장톈츠(張天賜) 샤오마(嘯馬) 스링(石靈)
_ 제작사   : 天馬電影制片廠
_ 주요스탭   : 시나리오(張鴻 陳慶葓 王尙政) 촬영(盧俊福) 미술(魏鐵錚) 녹음
             (伍華)
_ 시놉시스   : 1958년 푸젠(福建)의 인민들이 강철 증산 활동에 나선다. 성 위
             원회가 인민들에게 강철 증산을 호소하고 당이 인민들을 동원한다. 푸저
             우(福州) 기계 공장의 노동자들이 나서서 강철을 제련할 용광로를 제작한
             다. 정이싼(鄭依三), 우샤오추(吳小秋)는 소조를 만들어서 강철 제련에 나
             선다. 그들은 먼저 작은 용광로를 제작하고, 기술상의 어려움을 임시적
             방편과 실험적 시도를 통해 극복하고 푸젠성 최초로 강철 제련에 성공한
             다. 이런 성공은 강철 제련에 대한 인민의 두려움과 의혹을 불식시킨다.
_ 단평   : 1958년 중국 전역에서 시작된 강철 증산 운동에 관한 영화이다.
             사회주의의 성공적 건설의 지표가 된 강철 증산에 중국 인민들이 어떻게
             참여했는지를 보여주고 있다. 작품은 활기차고 낙관적인 현재와 미래를
             구상해내지만, 국가의 무모한 계획과 인민들의 맹신적 참여가 어우러져
             만들어낸 비극적 결말을 생각할 때, 그것의 허위성과 몽매함에 대한 안
             타까움을 떨칠 수 없다.
_ 특기사항   : 흑백
_ 핵심어   : 사회주의 건설 강철 증산 다큐멘터리
_ 작성자   : 유경철

란란과 둥둥 蘭蘭和冬冬

_ 출품년도   : 1958년
_ 장르   : 드라마

_ 감독   : 양샤오중(楊小仲)

_ 제작사   : 天馬電影製片廠

_ 주요스탭   : 시나리오(杜宣) 촬영(石鳳岐) 미술(魏鐵錚) 작곡(黃準 呂其明)
             녹음(伍華) 편집(傅金濤) 등

_ 주요출연진   : 蘭蘭(陳亦英) 冬冬(何海曦) 아버지(丁然) 어머니(束荑) 鄭大光
             (史久峰) 小陶(張鴻眉) 열차장(金乃華) 등

_ 시놉시스   : 란란과 둥둥 남매는 상하이에서 유치원에 다닌다. 부모는 베이징
             에서 일하고 있는데, 아이들이 보고 싶어 란란과 둥둥에게 베이징으로 오
             도록 한다. 일이 너무 바빠 부모는 남매가 베이징으로 올 수 있도록 상하
             이 철도청에 부탁한다. 역무원인 정다광(鄭大光)과 아나운서 샤오타오(小
             陶)가 아이들을 책임지기로 한다. 열차에서 흥미로운 일들이 많이 일어난
             다. 열차가 난징에 도착했을 때, 란란과 둥둥은 열차를 잘못 탄 부인이 열
             차에서 내리도록 도와준다. 그런데 다른 역무원이 남매가 그 부인의 아이
             들인 것으로 오해하여 그들을 안아 열차에서 내려놓는다. 열차에서 내린
             후, 정다광은 란란과 둥둥이 보이지 않는 것을 발견하고 즉시 페리를 타고
             난징으로 돌아가 란란과 둥둥을 찾아 그들을 데리고 작은 모터보트를 타
             고 열차를 쫓아간다. 열차가 베이징에 도착한 후 그들의 아버지는 일이 있
             어 역에 나오지 못하고, 어머니가 아이들을 맞이한다. 그러나 어머니는 한
             여행객의 아이가 병에 걸린 것을 발견하고 그들을 병원으로 데려간다. 정
             다광과 샤오타오는 연극 관람을 포기하고 남매를 집에 데려다 준다.

_ 핵심어   : 기차여행 역무원 상하이 베이징

_ 작성자   : 임대근

이름 없는 영웅 無名英雄(UNKOWN HEROES)

_ 출품년도   : 1958년

_ 장르   : 혁명/정탐

_ 상영시간   : 1시간 36분

_ 감독   : 까오헝(高衡)

_ 제작사   : 江南電影制片廠

_ **주요스탭**   : 시나리오(杜宣) 촬영(馬林發) 미술(沈維善 傅淑珍) 음악(丁伯和) 녹음(丁伯和) 제작(沈錫元)

_ **주요출연진** : 林唯實(穆宏) 柳初明(季明) 陳志航(李緯) 王懷忠(李保羅) 傅亮(張子良)

_ **원작**   : 작가(杜宣) 제목(無名英雄)

_ **시놉시스**   : 국공내전이 한창일 때 상하이의 공산당 지하조직은 해방군이 강을 넘게 하기 위해 해군 내에서 봉기가 일어나도록 비밀작전을 수행한다. 공산당의 지하조직 지도자인 린웨이스(林唯實)는 무역회사 사장으로 신분을 위장하여 당조직을 이끌고, 아내 류추밍(柳初明) 역시 지하조직 연락원으로 꽃집을 통해 공작원들과 접선하는 일을 맡는다. 린웨이스는 상부의 지시를 받아 해군사령부에서 참모를 수행하는 공작원 천즈항(陳志航)을 시켜 적의 동정을 살피게 한다. 당시 국민당은 계속 내전을 확대하기 위해서 해군에 스파이들의 활동을 강화하고 미군의 도움을 받아 양쯔강 방어계획을 진행하고 있었다. 천즈항은 린웨이스에게서 양쯔강 방어계획이 이미 상하이 해군사령관에게 전달되었고 그 문서는 사령관의 비밀 보관함에 있으며 열쇠는 사령관 부인의 핸드백 속에 있다는 사실을 보고 받고 이를 빼낼 계획을 세운다. 어느 날 밤 사령관과 동행한 부인의 핸드백에서 열쇠를 빼낸 그들은 국민당의 작전계획서를 입수한다. 이를 살펴본 린웨이스는 왕사령관의 창홍하오 함대가 작전의 주력부대임을 알아내고 배 안에서 봉기를 일으킬 것을 계획한다. 창홍하오 함대의 해병들은 내전을 원망하면서 국민당의 부패로 착취를 당하고 있기 때문에 당원인 푸량(傅亮)을 중심으로 그들을 각성시켜 내부 봉기를 준비하게 한다. 한편 린웨이스는 위험을 무릅쓰고 여러 수병들을 직접 만나 그들을 조직화시킨다. 이때 국민당의 스파이의 활동도 강화되어 푸량 등이 감금되자 왕화이중(王懷忠)은 직접 강을 건너 린웨이스에게 배의 동정을 알린다. 자정 무렵 천즈항이 보내는 신호에 따라 수병들은 신속하게 함대를 점거하고 봉기에 성공한다.

_ **단평**   : 국공내전을 배경으로 공산당 지하조직의 활약상을 그린 영화는 1949년 이후 영화제작에서 자주 활용되는 소재이다. 이는 정치적 목적에

도 부합되면서 마치 한 편의 무협영화를 보는 듯한 서사 구조로 말미암아 대중적 오락성도 갖추고 있기 때문이다. 따라서 이러한 영화에는 과장된 극적 요소들이 잘 활용된다고 하겠다. 〈이름 없는 영웅〉은 이런 장르적 특징들을 기초로 하고 있지만 다른 영화와는 달리 영화기조가 소박하고 사실적이라고 할 수 있다. 우선, 요부 형상을 한 여성 스파이나 스파이의 계략, 스펙터클한 결투장면 등이 등장하지 않으면서도 극의 긴장감이 유지되는 이유는 리얼리티를 잘 살렸기 때문이다. 비밀 통신원 역할을 하는 라오리는 외형적으로도 소박하고 희생적이다. 특히 그가 희생되는 부분은 영화에서 중요한 전환점이 되는데 이 장면 역시 다른 인물들의 증언으로 대체되면서 사실성의 깊이를 더해준다. 장홍하오 함대원들이 자발적으로 봉기에 동참하는 과정 역시 선동적이지 않다. 또한 정신적 지도자 역할을 하는 린웨이스 부부는 소위 영웅인물로 완전무결하게 그려지지만 숭고함을 부여하기 위해 개인적 배경이 삭제되는 영화와는 다르게 그들은 두 아이의 부모로 그려짐으로써 사실적인 요소가 많이 부각되었다. 도식적인 사회주의 리얼리즘이 '영웅', '혁명'에 의거해 리얼리티를 놓치고 있는데 반해, 이 작품은 리얼리즘이라는 기본기에 충실하다.

양쯔강 방어라는 군사프로젝트가 영화의 주요한 소재가 되고 있는데, 이 프로젝트의 핵심인 장홍하오는 미군이 제공한 함대라는 식민성을 안고 태평양에서 상하이로, 다시 상하이에서 연안으로 향하는 과정을 통해서 상하이라는 식민자본의 도시가 어떻게 문화정치적으로 내륙혁명의 지점으로 재정위되는가도 살펴볼 수 있다.

_ **특기사항**　　: 흑백 유성 영화

　　　　　　　: 일명 〈長虹號起義〉

　　　　　　　: 동명작으로 1926년 張石川 감독작, 1971년 張徹 감독작(홍콩)이 있다.

_ **핵심어**　　: 국공내전 지하공산당 전쟁영웅 비밀문서 스파이

_ **작성자**　　: 노정은

싼마오가 장사를 배우다 三毛學生意(APPRENTICE SANMAO)

_ **출품년도** : 1958년
_ **장르** : 사회풍자/아동
_ **상영시간** : 75분
_ **감독** : 황쭤린(黃佐臨)
_ **제작사** : 天馬電影制片廠
_ **주요스탭** : 시나리오(大衆滑稽劇團集體) 촬영(許琦) 미술(張漢臣 凌雷) 음악(憚懋) 편집(韋純葆)
_ **주요출연진** : 三毛(文彬彬) 이발사의 어머니(麥靜) 맏이(兪祥明) 장님 吳씨(范哈哈) 이발사(劉俠聲) 小英(嫩娘)
_ **원작** : 판하하(范哈哈)의 동명 골계극(滑稽戲)
_ **시놉시스** : 해방 전, 가난한 아이 싼마오(三毛)는 부모가 죽자 농촌에서 생활할 수가 없어 상하이에 있는 먼 친척을 찾아가 일거리를 구하고자 한다. 하지만 그 친척은 부랑자 두목으로, 싼마오에게 소매치기를 가르친다. 착한 싼마오는 다른 사람에게 해를 입히고 싶지 않아 친척이 훔친 돈가방을 주인에게 되돌려주고 그에 대노한 친척에게 흠씬 두들겨 맞고 쫓겨난다. 싼마오는 거리를 떠돌아다니며 쓰레기더미에서 먹을 것을 찾고 길가의 종이상자 속에서 잠을 자다가 이발사의 조수가 되어 그의 집에서 살게 된다. 하지만 연이은 전란과 흉년으로 통화가 심각하게 팽창하고 물가가 폭등하여 쌀값이 하루에도 몇 번씩이나 오르는 등 사람들의 생계는 날로 힘들어지고 이발관의 돈벌이는 여의치가 않다. 이발사와 그의 아내는 심성이 나빠 자주 싼마오에게 화풀이를 한다. 이발사는 생활의 부담도 줄이고 돈도 몇 푼 받을 요량으로 싼마오를 장님 점쟁이 우(吳)씨에게 넘긴다. 우씨의 집에서 싼마오는 자신과 처지가 같은 어린 소녀 샤오잉(小英)을 알게 된다. 그들은 밤낮 없이 점쟁이 시중을 들지만 마음씨가 나쁜 점쟁이는 싼마오와 샤오잉을 학대한다. 그들은 점쟁이의 멸시와 학대를 견디기 힘들어 수를 써서 도망친다. 하지만 점쟁이는 자신이 속았다는 사실을 인정하지 못하고 나쁜 경찰을 찾아가 싼마오와 샤오잉을

잡아오도록 한다. 도망갈 길이 없어 당황스러워 하던 중에 싼마오는 길가에 있던 기중기에 올라 타 사람들의 도움을 받아 결국 도망에 성공한다. 두 사람은 손을 잡고 노래를 부르며 즐거이 새 생활을 향해 나아간다.

_ **단평**　　: 영화의 시작을 알리는 자막 위로 화려한 상하이의 모습이 보인다. 영화의 본격적인 시작과 더불어 와이탄의 부둣가에서 덕지덕지 기운 누더기 차림에 보따리를 든 싼마오가 화려한 상하이의 모습에 정신을 차리지 못하고 있는 모습이 대조를 이룬다. 기발한 방법으로 사람들의 가방을 훔치는 날치기들의 모습은 극중 싼마오의 눈을 휘둥그렇게 만들 뿐 아니라 영화를 보는 관객들도 고개를 젓게 만든다.

영화는 시종 코믹스럽고 발랄한 분위기와 과장된 연기로 무거운 내용을 쉽게 전달할 수 있도록 하고 있다. 연기자 간에 빠른 박자로 주고받는 대사와 연기는 만담(相聲)을 보는 느낌을 주기도 한다. 또한 간간이 중국 전통음악을 삽입하고 쑤베이, 항저우, 상하이 지역의 세 종류 방언을 사용하여 강한 민족적 색채와 친근감을 준다.

거리 곳곳에 한자와 영어가 병기된 이정표가 눈에 뜨이며 폭등하는 물가로 인해 이발관에서 손님이 이발을 하는 동안에도 가격표를 두 번이나 고치고 쌀을 사려고 새치기를 하는 등의 장면은 영화의 앞부분에서 보여준 기발한 상하이의 모습과 더불어 당시 화려한 상하이의 이면에 숨겨져 있던 진면모를 보여준다.

_ **특기사항**　: 흑백 극영화

: 상하이다중골계극단(上海大衆滑稽劇團) 전체 연기자가 공연한 풍자영화이다.

: 영화에서 쑤베이(蘇北), 항저우, 상하이 세 지역의 방언으로 연기를 한다. 즉 싼마오와 이발사는 쑤베이 말로, 점쟁이는 항저우 말로 대사를 주고받아 지역적 특색을 강하게 표현하고 있음을 알 수 있다.

_ **핵심어**　　: 고아 실업 부랑자 소매치기 물가폭등
_ **작성자**　　: 곽수경

세 전우 三個戰友(THREE COMRADES)

_ 출품년도   : 1958년

_ 장르   : 사회극/멜로

_ 감독   : 왕사오옌(王少岩)

_ 제작사   : 八一電影制片廠

_ 주요스탭   : 시나리오(鄭洪) 촬영(李爾康) 미술(楊蔚) 음악(韓永昌) 편집(左焚)

_ 주요출연진 : 盧鳳陽(方輝) 黃瑞江(鄭保民) 周虹(劉漢) 周惠英(吳素琴) 秋妹
(吳凡) 周의 모친(藍櫻)

_ 원작   : 동명 연극

_ 시놉시스   : 광둥성 차오안(潮安)현 둥차오(東橋)향 지부서기이자 신용합작
사 주임 저우훙(周虹), 천훙(晨虹)농업사 사장 루펑양(盧鳳陽)과 생산 대
대장 황루이장(黃瑞江), 세 사람은 오랜 전우다. 힘겨운 세월을 지내며 그
들은 우정을 다졌고 1953년에 함께 제대하고 고향으로 돌아와 농업 건설
에 투입되었다. 루펑양은 3년간 농업사를 잘 운영하여 높은 평가와 부상
으로 물소를 받기도 하지만 농업사 운영 실적이 좋아지자 거만하고 이기
적으로 변한다. 그는 둥과(冬瓜)를 매점매석하고 국가에서 받은 대출을
기한을 넘겨 갚지 않고 다시 빌릴 생각을 한다. 국가의 공업 건설 요구에
부응하기 위해 농촌에서 황무지 이민 개간 운동이 전개되자 저우훙과 황
루이장은 지원을 하지만 루펑양은 그들이 떠나면 자신에게 손해가 된다
는 것을 알고 안타까워한다. 특히 그는 유능한 조수 황루이장이 떠나는
것을 반대하여 갖은 방법을 동원해서 저지하려고 한다. 황루이장의 아내
저우후이잉(周惠英)은 루펑양의 말에 솔깃하여 남편을 만류한다. 저우후
이잉의 모친은 아들의 혼사가 걱정되어 아들이 떠나는 것을 아쉬워한다.
신용사의 회계담당 추메이(秋妹)의 설득으로 저우후이잉은 남편, 오빠 저
우훙과 함께 개간을 하러 가기로 하고 업무의 필요에 따라 추메이는 남아
서 저우훙이 담당하던 신용사 주임 일을 대신하기로 한다. 저우훙이 출발
하기 전날, 자신과 추메이가 사랑하는 사이라는 사실을 밝히자 모친도 안
심한다. 루펑양도 이 과정을 겪으면서 자신의 잘못을 깨닫는다.

_ 핵심어   : 사상교육 농업사 합작사 생산대 공업 건설 황무지 이민 개간

_ 작성자   : 곽수경

상하이 아가씨 上海姑娘(THE GIRL FROM SHANGHAI)

_ 출품년도   : 1958년

_ 장르   : 사회/멜로

_ 감독   : 청인(成蔭)

_ 제작사   : 北京電影制片廠

_ 주요스탭   : 시나리오(張弦) 촬영(朱今明) 미술(秦威) 음악(陳紫 杜宇 蔡軍) 편집(傅正義) 부감독(任穎)

_ 주요출연진 : 小李(安然) 張씨(劉釗) 小趙(黎鏗) 陸野(趙聯) 淑芬(秦文) 惠娟 (高時英) 白玫(陶白莉) 徐 동지(劉春霖) 王 기사(杜澎) 巴立華 李孟堯 張目 劉亞靑 趙子岳

_ 시놉시스   : 청년 기술자 루예(陸野)는 상하이 아가씨에 대해 편견을 가지고 있다. 얼마 후 루예는 새로운 공사장으로 파견되는데 그곳의 검사원은 어떤 일이든 철저한 원칙에 따라 한다는 말을 듣는다. 다음 날 검사원을 만난 루예는 당황한다. 그 검사원은 바로 다름 아닌 옆집에 사는 상하이 아가씨 바이메이(白玫)였다. 그들은 업무상으로 자주 만나게 되면서 점점 사랑에 빠진다. 하지만 공사장의 생산 시합에서 바이메이의 엄격한 검사로 인해 늘 목표액을 달성하지 못한다. 한 차례 평가회 이후 많은 사람들이 각자 의견을 내놓는다. 루예는 여러 가지 고민을 하다가 외부의 선진 기술을 시공해보자고 한다. 하지만 바이메이는 아직 질적인 면이 보증되지 않았다는 이유로 외부 기술을 받아들이는 것에 동의하지 않는다. 그에 반해 강한 자신감이 있었던 루예는 바이메이와 생각이 달라 두 사람은 말다툼을 하고 결국 루예의 의견이 상부에 받아들여진다. 바이메이는 비판을 받고 다른 곳으로 발령을 받는다. 일이 완성된 후 루예는 뒤늦게 질적인 면이 기준 미달인 것을 알고 조국에 큰 손실을 입혔다는 것과 바이메이에 대한 미안한 감정으로 결국 병을 얻어 쓰러진다. 그 후 바이메이는 시베이의 새 건설 현장에 파견되는 것으로 결정되는데 이 사실

248

을 알게 된 루예는 다급히 역으로 달려가지만 바이메이가 탄 기차는 이미 머나먼 곳으로 떠난 후다.

_ 핵심어   : 기술원 검사원 외부기술 원칙 기준미달 도시
_ 작성자   : 조병환

사랑스런 공장 愛廠如家(LOVE FACTORY AS HOME)

_ 출품년도   : 1958년
_ 장르   : 다큐멘터리 예술 영화
_ 감독   : 자오밍(趙明)
_ 제작사   : 江南電影制片廠
_ 주요스탭   : 시나리오(趙明) 촬영(馮四知) 미술(湯孟斐) 음악(張林漪)
_ 주요출연진 : 劉國榮(張子良) 공업부장(金焰) 彭師傅(江山) 阿祥(楊公敏) 꼬마(吳騏) 늙은 노동자(茂路)
_ 시놉시스   : 대약진의 열기 속에서 상하이의 석분(石粉) 공장은 생산이 수요를 따르지 못한다. 공장장 류궈룽(劉國榮)은 직공들의 기술 혁신을 독려하여 생산을 늘림으로써 시장 수요를 만족시킨다. 펑(彭)사부가 계획 수정을 제안하지만 성자하이(盛家海)는 반대한다. 류공장장은 개선을 지시하지만 처음에 실패하여 성자하이 등은 득보다 실이 많다는 구실로 시험을 그만두자고 한다. 지역 기술부장의 지지로 그들은 원인을 찾고 개혁은 드디어 성공한다. 노동자들은 이어 공장을 다시 짓고 숙소를 보수하면서 동시에 성자하이 등에게 절약을 배우도록 한다. 이 공장은 좀 더 선진적인 지표를 제출하여 백년을 내다보는 중국 조선(造船) 공장에 도전한다.
_ 특기사항   : 흑백
_ 핵심어   : 대약진 절약 기술혁신
_ 작성자   : 김정욱

영원한 전파 永不消逝的電波(THE INFAILING RADIO WAVE)

_ 출품년도   : 1958년
_ 장르   : 생활 극영화

_ 상영시간　　: 110분

_ 감독　　　　: 왕핑(王苹)

_ 제작사　　　: 八一電影制片廠

_ 주요스탭　　: 시나리오(林金) 촬영(薛伯青) 미술(王偉) 음악(李偉才)

_ 주요출연진 : 李俠(孫道臨) 孫明仁(鄭吉田) 姚葦(王心剛) 何蘭芬(袁霞) 白麗
　　　　　君(黃宛蘇) 中村(王孝君)

_ 시놉시스　　: 1939년 봄, 공산당 중앙은 상하이 지하 방송 정보 공작을 강화하
　　　　　기 위해 방송정보위원 리샤(李俠)를 옌안(延安)에서 상하이로 파견한다.
　　　　　리샤는 상인 신분으로 상하이 지하당에서 파견한 방직 여공 허란펀(何蘭
　　　　　芬)과 부부로 위장하여 비밀활동을 한다. 리샤는 국민당 우파의 투항 음
　　　　　모를 폭로하고 공산당의 항일 주장을 널리 알리는 공작에 탁월한 성과를
　　　　　남긴다. 상하이 주둔 일본군 특무 대장은 리샤의 종적을 찾을 수가 없다.
　　　　　리샤는 굳은 의기(義氣)와 기지(機智)로 허란펀의 사랑을 얻고, 두 사람
　　　　　은 부부의 연을 맺는다. 상하이가 '고도(孤島)'가 되면서 리샤는 일본군
　　　　　에게 체포되지만 고문을 잘 견디고 석방된다. 이때 같은 감방에 있던 국
　　　　　민당 특무 야오웨이(姚葦)는 리샤를 충칭 쪽 인사로 오인하여 출옥 후에
　　　　　일본의 투항 정보를 전해준다. 리샤는 이 정보를 비밀리에 옌안으로 전
　　　　　송한다. 상하이가 해방되기 직전 적들은 미친 듯이 지하 방송국을 수색
　　　　　하지만 리샤는 그럭저럭 잘 피해 다닌다. 이때 자기의 생사를 돌보지 않
　　　　　고 아내에게 아이를 데리고 옮기라고 하며 중요한 두 가지 정보를 당 중
　　　　　앙으로 전송한다. 그 후 야오웨이는 리샤의 종적을 끊임없이 추적하여
　　　　　마침내 리샤의 지하방송에서 흘러나온 신호를 감식한다. 리샤가 전보를
　　　　　다 보내고 나자 야오웨이는 리샤의 집을 에워싸지만 리샤는 차분한 심정
　　　　　으로 영별(永別)의 신호를 옌안으로 보낸다.

_ 단평　　　　: 이 영화는 스릴러 영화 양식으로 만들어진 혁명 제재 극영화다.
　　　　　흔히 혁명 제재 하면 지하 공작자의 신출귀몰한 형상으로 스크린을 압도
　　　　　하는 장면을 만들어낸다. 그렇지만 이 영화는 소박한 필치로 굳은 신념으
　　　　　로 곤경에도 굴하지 않은 영웅적 인물 형상을 그려낸다. 스릴러 영화에서
　　　　　요구하는 긴박감과 의외성이 있는 쇼트를 전체 영화의 스토리와 잘 엮은

플롯의 치밀한 구성은 영웅 인물을 만들어내면서도 전체적인 영상의 짜임새를 뒷받침하고 있다. 대도시 상하이로의 잠입, 두 번의 체포, 국민당 특무와의 관계, 위장 부부에서 정식 부부로 전이하는 과정 등의 매끄러운 이음새가 그렇다. 특히 영상은 연극 미학적 전개에서 벗어나 생활화한 현실의 모습을 스릴러 영화 특유의 영상미로 살려내면서 피날레의 자기희생은 숭고한 비극미의 극치를 보여준다. 한편 이 영화는 흑백이면서도 조명과 영상 조형이 매우 섬세하고 층위가 있으며, 특히 야경 쇼트는 진실하면서도 특색을 보인다. 영화 제목을 처리한 장면은 매우 인상적이다. 리샤의 침착하고 굳건한 얼굴을 클로즈 쇼트로 잡아내어 "따닥 따닥" 하는 발신음과 둥근 무선 전파가 나타나면서 동시에 "永不消逝的電波" 일곱 자가 나타난다. 이 클로즈업 장면은 전체 영화의 내용을 다시 살려내면서 쉽사리 잊지 못할 여운으로 상상의 영상 공간을 맴돈다.

_ **특기사항** : 흑백 유성 영화

: 여주인공 위안샤(袁霞)는 1978년 남슬라브 제7회 '자유를 위한 투쟁' 영화제 최우수 여우주연상을 수상했다.

_ **핵심어** : 공산당 중앙 국민당 스파이 孤島 지하방송

_ **작성자** : 김정욱

영웅, 파커를 따라잡다 英雄赶派克("HERO" CATCH UP WITH "PARKER")

_ **출품년도** : 1958년

_ **장르** : 다큐멘터리적 예술영화

_ **감독** : 쌍후(桑弧)

_ **제작사** : 天馬電影製片廠

_ **주요스탭** : 시나리오(桑弧) 촬영(周達明) 미술(張漢臣) 녹음(伍華) 작곡(劉福安) 조감독(王潔) 등

_ **주요출연진** : 馮喆 楊夢昶 張雁 馮笑 曹昌

_ **시놉시스** : 사회주의 중국 수립 이후, 문화적 수요로 펜 제작 산업이 크게 발전한다. 상하이 민관합작 화푸(華孚)만년필공장 역시 비약적으로 발전하는 중이다. 대약진 이래, 일에 대한 공장 직원의 열정은 점점 높아만 간

다. 어느 날 그들은 신문에서 '다중화(大中華) 고무공장이 5년 이내 영국 던롭 타이어를 따라잡겠다는 의견을 제기했다'는 소식을 접한다. 노동자들은 감동하여 "중공업은 물론이고 경공업도 따라잡아야 한다"고 말한다. '영웅'이 '파커'를 따라잡는 열기가 시작된다. 그들은 많은 '파커' 펜을 가져다가 해부 분석한다. 분석 결과, '영웅'이 '파커'를 따라잡는 데 모두 11항의 목표가 세워진다. 공장의 조건에 맞춰 그들은 "2년에서 4년 내에 파커를 따라 잡겠다"는 구호를 제기한다. 어느 날, 한 영국 기자가 참관을 통해 선입견을 품고 매우 거만한 태도로 공장장에게 말한다. "여러분이 파커를 따라잡는 데 의지하는 것은 무엇입니까?" 공장장은 늠름한 말투로 대답한다. "우리가 의지하는 것은 공산당의 영도이며, 사회주의제도의 우월성입니다. 노동자들 모두 기업의 주인이고, 그들은 하고 싶은 것을 무엇이든 할 수 있습니다." 기자는 돌아가면서 매우 정중하게 공장장에게 호의적인 충고를 한다. "미국 파커사에는 엔지니어만도 몇백 명이 있어 우리 영국인들도 지금까지 감히 파커를 따라잡겠다는 구호를 내세워본 적이 없는데, 하물며 중국은 어떻겠습니까?" 공장장은 웃으면서 이후에 우리가 파커를 따라잡았는지 아닌지 보러 오길 바란다고 말한다. 공장은 두 달여 만에 11항의 목표 중 4항을 따라잡는다. 연무대 회의에서 공장장은 형제 같은 노동자들에게 우호적인 경쟁을 전개하자고 제시하고, 목표를 하나씩 향상시키면서 1년에서부터 6개월, 3개월, 마지막에는 25일로 단축시킨다. 화푸공장 노동자들은 작업장에서 악전고투 25일 동안의 행동 계획을 수정하고, 촌각을 다투는 열정으로 매일 밤샘 작업을 이어간다. 젊은 기술자 샤오웨이(小魏)와 나이 든 기술자 후(胡) 선생은 함께 수십 차례 실험을 진행한다. 실험에 실패해도 당 지도부 서기는 항상 관심을 갖고 그들이 낙담하지 않도록 격려해준다. 15일 후, 11항의 목표 중 8항을 따라잡는다. 결국, 그들은 사회 각 분야의 지원하에, 이틀 밤낮의 고전 끝에 정해진 기한 안에 11항의 목표를 완성하게 된다. '파커'를 따라잡은 '영웅' 만년필이 상하이 산업비교전람회에서 전시되자 영국기자도 참관한다. 그는 '영웅'이 그렇게 빠른 시간에 '파커'를 따라잡았다는 데 매우 놀라면서도 동시에 의심스러워하지만 진실은 '영웅'이 '파커'를 따라잡았음을 유력하게 증명해준다. "정말로 믿기 어려운 기적이다!" 영국 기자도 인정하지 않을 수 없다. 해설위원은 우렁차게 "우리의 시대는 바로 '영웅'이 나와 기적을 이뤄낸 시대"라고 알린다.

_ **단평**　　　: 앞서 1958년에 제작된 〈바다 위 붉은 깃발(海上紅旗)〉과 같이 '다큐멘터리적 예술영화'로 규정된다. 당시 권력의 강력한 국가적 통합이라는 과제에 따라 제작되었던 이런 영화들은 새로운 나라가 세워진 이후 지속된 시행착오를 떨쳐버리고 희망찬 미래를 세워나가고자 하는 국가적 욕망에 따라 인민들에 대한 선전 영화의 역할을 유감없이 담당했으리라 생각된다. 〈바다 위 붉은 깃발〉이 영국 조선 수리업이라는 중공업적 측면에서 대립각을 세웠다면, 이 영화는 미국의 만년필 제조사인 파커사와 대립각을 설정함으로써 경공업적 측면을 부각하고 있다. 조선 수리업이 일상적인 인민들의 생활과는 동떨어진 산업이라면 만년필은 누구나 관심을 가질 수 있는 생활과 밀착되어 있는 소재라는 특성도 간과할 수 없을 것이다. 만년필의 브랜드가 '영웅'이라는 점 또한 매우 상징적인 의미를 지닌다. '제국주의'의 만년필을 극복하기 위해 펼쳐진 숱한 고난을 이겨내며 마침내 기적을 이뤄낸다는 설정 또한 혁명과 전쟁에서 나타나는 '고난에 찬 승리' 모델과 그대로 겹쳐진다. 이러한 과정을 통해 혁명과 전쟁이라는 거대 서사는 중공업 발전이라는 경제 서사에서 만년필의 승리라는 일상 서사로 전화해간다고 볼 수 있다. 그러나 내면을 관통하고 있는 논리는 의도적으로 적대적 대립항을 설정하고 국가적 · 전인민적 목표를 설정한 뒤, 어렵더라도 이를 완수해감으로써 자긍심을 고취하고 일체의식을 형성하여 대내적 통합을 꾀하려는 궁극적 목적과 잇닿아 있다고 아니할 수 없다.

_ **특기사항**　: 다큐멘터리적 예술영화에 대해서는 〈바다 위의 붉은 깃발(海上紅旗)〉 참조

_ **핵심어**　　: 영웅 파커 만년필 민족적 자존심

_ **작성자**　　: 임대근

1호 특급열차 第一列快車(THE FIRST EXPRESS)

_ 출품년도 : 1958년

_ 장르 : 사회극

_ 감독 : 쉬쑤링(徐蘇靈)

_ 제작사 : 江南電影制片廠

_ 주요스탭 : 시나리오(徐蘇靈) 촬영(顧溫厚) 미술(張曦白) 음악(高田)

_ 주요출연진 : 于欣(馮奇) 陳寄松(穆宏) 鄒家驊(中叔皇) 老高(張翼) 국장(崔超明) 姚瓊(孫景璐) 기사장(呂錚) 諸기사(邢雲亭)

_ 시놉시스 : 당 중앙이 전국의 인민들에게 15년 내에 농공업 부문에 있어서 영국을 따라잡거나 초월할 것이라고 선언한 후 농공업 생산에 전례 없던 국면이 나타난다. 상하이 철도관리국 국장은 직공들에게 고군분투하여 농공업 생산 요구를 만족시켜줄 것을 요구하고 1958년 운송 임무를 가속화하여 초과 달성을 하기 위해 노력한다. 국장의 보고를 듣고 각 부문은 모두 약진계획을 세우는데, 그중에서 '열차의 분기점을 지나는 속도를 향상시키는 것이 운송의 효율을 높이는 데 관건이 될 수 있을 것인가' 하는 것이 쟁점이 된다. 그리하여 이 문제에 대해 두 견해가 양립하게 되는데, 기기부서는 열차의 분기점 속도를 높일 것을 주장하지만 공공토목사업부의 위신(于欣)단장은 사상이 보수적이어서 선로를 바꾸는 기기(轉路機)는 선로설비 중에서 가장 약한 부분이기 때문에 무모하게 개혁을 했다가는 사고가 날 수 있다고 생각하여 속도를 높이는 것에 동의하지 않는다. 공공토목사업부의 도로보수공인 라오가오(老高) 등은 예전에 열차가 초고속으로 운행했어도 사고가 일어나지 않은 것을 본 적이 있으며 다년간의 경험에 근거하여 열차의 고속 운행에 문제가 없다고 주장한다. 위단장과 기사장은 그들의 경험이 보편적인 것이 아니기 때문에 이론적 근거가 약하다고 생각한다. 그리하여 선진적 사상과 보수적 사상 간에 투쟁이 전개된다. 위단장은 당의 교육과 노동자의 비판하에 보수적 사상을 극복하고 조사연구와 실지측정을 거쳐 완만한 노선은 분기점 속도를 시간당 45km, 직로는 90km 수준으로 높이는 선진적 지표를 도로국에 제

기하여 기기부서가 제기한 40~80km라는 지표를 앞지른다. 최종적으로 기기부서와 공공토목사업부의 협력하에 상하이에서 난징으로 가는 제1호 특급열차가 안전하면서도 7분을 앞당겨 난징에 도착한다. 이번 시운전의 성공을 통해 전 노선의 차량 속도를 가속화함으로써 차량 32대를 절약할 수 있게 된다.

_ **특기사항** : 중국영화사에서는 '다큐멘터리적 예술영화'라고 분류하고 있을 뿐 아니라 일반적인 분류에 있어서도 기록영화로 분류하고 있어 기록적인 성격이 매우 강한 영화임을 알 수 있다.

_ **핵심어** : 개혁 대약진 열차 사상대립

_ **작성자** : 곽수경

맹렬한 불 속에서 鐵窓烈火(ORDEAL BY IRON FIRE)

_ **출품년도** : 1958년

_ **장르** : 사회극

_ **감독** : 왕웨이이(王爲一)

_ **제작사** : 天馬電影制片廠

_ **주요스탭** : 시나리오(柯藍) 촬영(沈西林) 미술(王月白) 작곡(呂其明)

_ **주요출연진** : 張少華(張輝) 湯言景(齊衡) 姜阿六(于沖)

_ **시놉시스** : 1948년 봄, 상하이 발전소의 노동자이자 공산당원인 장사오화(張少華)는 당의 지시에 따라 소조를 만들고, 이를 바탕으로 다른 공장 노동자들의 파업 활동을 지원하려 한다. 이 소식을 입수한 적들이 방해공작을 벌이는데, 이것이 순조롭지 않자 장사오화의 동료인 장아류(姜阿六)를 매수하여 발전기를 고장 낸 후 장사오화에게 뒤집어씌운다. 체포된 장사오화는 갖은 고문에도 불구하고 자신의 죄를 인정하지 않는다. 적들은 장사오화가 혼절한 틈을 타 가짜 자백서에 지장을 찍는다.

당에서 전말을 알게 되어 그 진상을 사람들에게 알리자 장사오화를 구하려는 움직임이 인다. 한편 장사오화는 당의 지하 공작자인 탕옌징(湯言景)이 형 집행 전에 보여준 의연함에 감명받는다. 장사오화를 사형에 처한다는 소식이 사회에 알려지자 상하이의 수많은 노동자와 학생들이 반항의 불길을 태운다. 이에 당황한 적들은 서둘러 장사오화를 죽인다.

_ 특기사항　：흑백

_ 핵심어　：지하공작자 열사 투옥 죽음

_ 작성자　：유경철

바다 위 붉은 깃발 海上紅旗(THE RED FLAG AT SEA)

_ 출품년도　：1958년

_ 장르　：다큐멘터리적 예술영화

_ 상영시간　：70분 추정

_ 감독　：천강(陳剛)

_ 제작사　：天馬電影製片廠

_ 주요스탭　：시나리오(陸俊超) 촬영(彭恩禮) 미술(張漢臣) 작곡(呂其明) 녹음(黃東萍) 편집(張立群) 등

_ 주요출연진　：기관장(白穆) 정치위원(鐵牛) 선장(董霖) 唐書記(金焰) 기장(周瀚) 선공(史久峰) 노부인(謝怡氷) 영국선장(邱岳峰)

_ 시놉시스　：중국이 자체 제작한 5,000톤짜리 외항선 '평화호'가 운항을 마치고 정비를 받기 위해 상하이로 돌아와 조선소에 들어간다. 선원들은 대약진 운동으로 고무되어 자신들이 스스로 배를 수리하기로 결정하고 조선소 인부들에게는 새로운 배를 만들게 한다. 그리고 원래 정해져 있던 수리기간도 15일에서 10일로 줄인다. 배 수리작업을 시작한 지 이틀이 채 못 되어 '평화호' 선장은 우연히 영국 배의 선장을 만난다. 그들의 배는 우연히도 둘 다 '평화호'였고 같은 부표 위에 배의 밧줄을 건다. 영국 선장은 오만한 태도로 중국의 항해 사업을 비웃어서 중국 선원들의 민족적 자존심을 건들이며 매우 화나게 만든다. 선장은 영국 배의 속도와 짐 운반 상황, 그리고 그들이 3일 후에 런던으로 떠난다는 사실까지 알게 된다. 그는 흥분하여 배로 돌아와 영국 배와 동시에 출항하는 것을 목표로 배를 고치는 기일을 앞당겨 3일 내에 완성해달라고 요구한다. 5,000톤 중국 배와 만 톤의 거대한 배가 바다 위에서 겨루는 일은 사람들과 당 위원회의 열렬한 지지를 받는다. 배의 기술 혁신 열기와 조선소의

인부, 부둣가의 인부들은 휴가도 포기하고 배 수리를 돕고 그 가족들은 모두 배에 와서 의무 노동을 하여 배를 고치는 임무를 마침내 3일 안에 완성한다. '평화호'는 새롭게 단장하여 영국 배와 동시에 상하이를 떠나 출항한다. 해운국의 탕서기가 특별히 항해를 참관하러 온다. 바다 위에서 경합이 시작된다. 처음에는 영국 선박이 계속 앞서 나가자 '평화호' 인부들은 매우 긴장한다. 그러나 탕서기의 지지를 받아 선장은 안전밸브를 단단히 붙잡고 배의 속도를 높여, 마침내 '평화호'는 만 톤짜리 영국 선박을 추월한다.

_단평   : '다큐멘터리적 예술영화(紀錄性藝術片)'라는 특이한 장르를 취하고 있는 영화다. 사회주의 중국 수립 이후 중국 영화는 대체로 전쟁 영웅들을 미화하거나 새로운 삶을 찬양, 혹은 명작의 전환(각색), 고대 역사 인물의 재해석 등과 같은 부류로 점철되었는데(黃獻文, 109-117) 이 영화는 여기에 편입시키기에는 곤란한 듯 보인다. 사회주의 중국 수립 이후 많은 영화들이 제목에 '붉을 홍[紅] 자'를 삽입하고 있는데, 이 영화도 그중 하나이다. '홍기'는 주지하다시피 중국 혁명의 정당성을 상징하는 공산당과 사회주의 중국의 상징으로 기능한다. 조선 수리업에서 영국을 상대로 설정한 뒤 민족주의적 우월감을 강조하는 주제를 강하게 부각하고 있는 이 영화는 사회주의 중국 수립 이후 영화가 완전히 국가적 목표를 앞장 세워 인민을 그 이데올로기로 무장시키고자 하는 데 활용하는 수단이 되기 시작했음을 보여주는 실례 가운데 하나라고 할 것이다. 1950년대 중반 이후까지 지속된 전쟁의 그늘에서 벗어나지 못한 채 경제적 어려움을 극복하지 못하고 있었는데 이와 같은 현실을 타개하고 인민을 하나의 목표로 결집시키고자 하는 노력의 일환으로 강력한 국가주의적 목표를 필요로 하게 된 것이다. 그러나 표면화된 구조는 경제적 성취보다는 영국과의 대결에서 승리한다는 대제국주의적 성취, 그리고 그 과정에서 적극적으로 자신의 역할을 개입시키는 당 위원회와 정부(해운국)의 '지도'가 부각될 뿐이다.

_특기사항   : 흑백 유성 영화(7권)
            : '다큐멘터리적 예술영화'라 함은 전적으로 1958~1959년에 걸

처 중국에서 신속한 방식으로 실제의 새로운 인물과 새로운 사건을 반영하는 내용을 찍어내는 영화를 가리킨다. 대부분 실제 있었던 사건을 기반으로 하여 거기에 예술성을 가미했으므로 다큐멘터리적 성격이 매우 강하다. 또 영화의 주요 인물들도 실제 해당 인물이 연기하는 경우가 많았다.(大辭典, 436)

_ **핵심어**　　: 항해산업 조선수리업 선박 민족적 자존심 국가적 목표
_ **작성자**　　: 임대근

황바오메이 黃寶美(HUANG BAOMEI)

_ **출품년도**　: 1958년
_ **장르**　　　: 다큐멘터리/혁명
_ **감독**　　　: 셰진(謝晋)
_ **제작사**　　: 天馬電影制片藏
_ **주요스탭**　: 시나리오(陳夫 葉明) 촬영(沈西林) 미술(王月白) 음악(呂其明)
　　　　　　　녹음(周云麟)
_ **주요출연진**: 黃寶美 張秀蘭 李秀蘭 楊桂珍
_ **시놉시스**　: 황바오메이는 상하이 17 방직공장에서 일하는 여공으로 양질의 옷감을 생산하기 위한 실천에 동료들의 참여를 유도하려고 자신의 자전거와 장슈란(張秀蘭)의 낡은 자전거를 바꾸기도 한다. 장슈란은 단사율을 줄일 방법이 없어 좋은 성과를 거두기 어렵다고 생각하지만 황바오메이는 자신의 실천으로 장슈란을 감화시킨다. 황바오메이는 신문에서 제7방직공장의 리슈란(李秀蘭)이 7일 만에 흰 얼룩을 없앴다는 보도를 보고 현장을 직접 방문한 후에 며칠 밤을 새우면서 흰 얼룩을 없앨 방법을 고안한다. 드디어 방법을 고안하여 이를 공장에 제안하자 공장에서는 경쟁대회를 열고 양구이전(楊桂珍) 소조는 하루 만에 이것을 해내겠다고 공표하는데 황바오메이 소조는 5시간 만에 이것을 할 것을 제안한다. 작업은 진행되고 황바오메이의 소조가 노력분투하고 있을 때 양구이전이 와서 황바오메이에게 방법을 전수받고자 하지만 다른 조원들은 이를 반대한다. 황바오메이는 조원들을 설득하여 방법을 전수하지만 오히려 자기

조의 작업을 더 일찍 끝냄으로써 당지부와 소조원들의 지지를 받게 된다. 그 후 황바오메이는 전국모범노동자로 뽑히고 제8차 전국인민대표대회에 참석하는 영예를 얻는다.

_ 단평　　: 대약진 시기 중국 영화계는 1958년 4월 18일 저우언라이의 연설에 의거하여 다큐멘터리(紀錄片) 제작에 주력한다. 실제로 연설내용은 좋은 시나리오가 없다면 시대정신을 반영하는 기록영화도 좋은 대안이 될 수 있다는 격려사였지만, 반우파 투쟁을 겪은 중국 영화계는 1958년 이를 절대규범으로 삼아 대약진을 선전하는 다큐멘터리를 적극적으로 제작해서 그 해 영화의 50%에 해당하는 49편의 다큐가 제작된다. 대부분이 '생산량 증대'라는 천편일률적인 주제와 도식화된 인물 성격을 보여주는 '영화팔고(八股)'에 입각해서 제작되었기 때문에 예술성은 고려되지 못했다. 그나마 그중에서 성공적으로 평가받은 작품이 이 영화다. 다른 다큐멘터리에 비해 극의 흐름에 맞게 시나리오가 각색되었기 때문에 서사 구조가 안정적이다.

_ 특기사항　: 영화는 전국모범노동자로 선정된 방직공장의 노동자 황바오메이(黃寶美)라는 실재 인물의 자전적 일화를 그리고 있으며, 주인공 황바오메이 역은 본인이 직접 연기했다.

　　　　　: 4세대 대표감독인 셰진의 연출작. 이 영화를 찍을 당시 중국 최초의 칼라영화인 〈女籃五號〉(1957)로 제6회 세계청년페스티벌에서 은상을 수상하고 1962년에는 혁명모범극의 대표작이라 할 수 있는 〈홍색낭자군(紅色娘子軍)〉으로 1964년 제3회 아시아영화제 3등상(万隆獎)을 수상했다.

_ 핵심어　　: 사회주의리얼리즘 노동모범 대약진 방직공장
_ 작성자　　: 노정은

강철 가족 鋼鐵世家(A STEELMAKING FAMILY)

_ 출품년도　: 1959년
_ 장르　　　: 생활 극영화
_ 감독　　　: 탕샤오단(湯曉丹)
_ 제작사　　: 天馬電影制片廠

_ 주요스탭 : 시나리오(胡萬春) 촬영(沈西林) 미술(張漢臣) 음악(呂其明)
_ 주요출연진 : 孟大馬(范雪朋) 孟大牛(王琪) 孟小翠(二林) 劉桂蘭(史淑桂) 馬
　　　　　　 振民(金乃華) 湯기술자(于飛)
_ 시놉시스 : 상하이 해방 전야에 강철 노동자 멍광파(孟廣發) 일가의 삼대(三
　　　　　　 代)는 지하당의 영도 아래 공장 수호 투쟁에 적극적으로 참여했다. 그래
　　　　　　 서 공장을 보호하고 적들의 공장 파괴 음모를 분쇄하여 기쁜 마음으로 인
　　　　　　 민해방군을 맞이했다. 상하이가 해방된 지 오래지 않아 그의 아버지 멍창
　　　　　　 타이(孟昌泰)는 적들의 음모에 걸려든다. 그의 아들 멍다뉴(孟大牛)는 쾌
　　　　　　 속 제련을 진행하는 과정에서 경험 부족에 기술자인 약혼녀 류구이란(劉
　　　　　　 桂蘭)의 의견을 받아들이지 않아 사고가 난다. 멍광파는 조직에 자신과
　　　　　　 아들을 처분하도록 요청하고 아들이 계속 일하는 것을 원치 않는다. 당
　　　　　　 위원장 서기의 도움으로 그는 마침내 자신의 문제가 사심으로 말미암아
　　　　　　 소란을 일으켰다는 사실을 깨닫고 아들이 계속 시도하는 것을 지지한다.
　　　　　　 머잖아 멍광파는 부공장장으로 승진되고 멍다뉴와 류구이란은 결혼해서
　　　　　　 온 가족이 행복하게 생활한다. 대약진 중 탈강(奪鋼) 전투에서 멍광파는
　　　　　　 사돈 류구이산(劉貴山)을 도와서 보수적 사상을 극복하고 쾌속 제련의 선
　　　　　　 진 기술을 채용하여 생산 임무의 조기 완성을 보증한다. 멍광파의 딸 샤
　　　　　　 오춰(小翠)도 아버지의 영향을 받아 우수한 강철 노동자로 성장한다.
_ 특기사항 : 천연색
_ 핵심어   : 대약진 奪鋼 전투 조기 완성 一家
_ 작성자   : 김정욱

오늘은 쉬는 날 今天我休息(MY DAY OFF)

_ 출품년도 : 1959년
_ 장르   : 생활 (가송성) 코미디
_ 상영시간 : 127분
_ 감독   : 루런(魯奔)
_ 제작사   : 海燕電影制片廠
_ 주요스탭 : 시나리오(李天濟) 촬영(張貴福) 미술(張曦白) 음악(施永康) 편

집(張淳) 조감독(顔碧麗)

_ **주요출연진** : 馬天民(仲星火) 姚美貞(馬驥) 늙은 농민(李保羅) 주임의사(上官云珠) 羅愛蘭(史原) 劉萍(趙抒音)

_ **시놉시스** : 1958년 상하이. 인민경찰 마톈민(馬天民)은 전날 야근을 하고 오늘은 쉬는 날이다. 파출소 소장의 아내인 야오메이전(姚美珍)은 일찍부터 자신의 동료인 우체부 류핑(劉萍)을 마톈민에게 소개하려고 하고 있다가 마톈민이 쉬는 '오늘(今天)'을 선택해서 파출소 기숙사로 데리고 간다. 하지만 마톈민은 이미 외출을 하고 없다. 소장은 급하게 뛰어나가 가까스로 그를 찾아 만날 약속을 한다. 그렇지만 마톈민은 계속 다른 사람들을 도와주느라 몇 차례나 약속을 어기게 된다. 이른 아침, 마톈민은 주민위원회에서 주민들의 분규를 조정해주고 약속장소로 가던 도중 한 젊은이가 교통규칙을 위반하고 위험하게 고속으로 자전거를 타는 것을 발견한다. 그는 젊은이를 붙들고 한참 동안 훈계를 하느라 파출소 기숙사로 돌아갔을 때 야오메이전과 류핑은 기다리지 못하고 가버리고 없다. 마톈민은 급하게 소장 집으로 가지만 이번에도 류핑은 가버리고 없다. 야오메이전은 그날 오후에 영화를 보기로 약속을 정하고 마톈민은 약속장소로 가는데 도중에 어린아이가 응급실로 가도록 도와주느라 또다시 약속을 어긴다. 마지막으로 야오메이전은 저녁 7시에 류핑의 집에서 저녁식사 약속을 한다. 하지만 이번에는 또 모범학생이 그에게 주운 돈지갑을 맡긴다. 마톈민은 그 지갑 속에 적지 않은 돈과 다음 날 저녁 란저우(蘭州)행 열차표가 들어 있는 것을 발견하고 어렵사리 주인을 찾아 돌려준다. 이 때문에 다시 한 번 약속을 어기게 되자 사정을 모르는 류핑은 마톈민이 무성의한 사람이라고 오해한다. 마톈민은 류핑의 집으로 달려가지만 이미 저녁 8시 반이 지났고 류핑 가족과 야오메이전은 벌써 저녁을 다 먹은 뒤였다. 류핑은 마톈민에게 냉담하게 대해 함께 있던 사람들을 곤란하게 만든다. 이때 류핑의 부친이 방에서 나오다가 마톈민을 보고는 칭찬을 아끼지 않는데, 그는 낮에 마톈민의 도움으로 새끼돼지를 구하고 돼지먹이를 해결했던 것이다. 그리하여 류핑은 마톈민이 여러 차례 약속을 어겼던 이유를 알게 되고 이처럼 인민을 위해 봉사하는 그의 정신에 깊이 감동을

받고 진솔하고 믿음직스러운 마톈민에게 크게 호감을 느낀다.

_단평   : 영화는 전체적으로 밝은 분위기를 띠며 대립과 갈등 없이 주인
공의 일상의 에피소드들을 보여주고 있어 편안하게 볼 수 있으며 과장이
나 우연, 그리고 오해를 배치함으로써 코믹한 효과를 거두고 있다. 이는
영화가 찬양적 성격을 띤(歌頌性) 코미디라는 장르를 선택했기 때문인
데, 이 영화는 풍자코미디와는 달리 많은 관객들로부터 인기를 얻었다고
한다. 이런 보기 드문 '성공'은 영화계로부터 주목을 받았으며 그에 따라
평론계는 '사회주의 신 코미디, 즉 가송성 코미디'에 대해 토론을 벌이고
이런 새로운 코미디의 특징을 밝은 면을 찬양하고 부정적이고 소극적인
사물을 묘사하지 않으며 찬양과 비폭로, 그리고 영화를 통해 생활은 아
름다운 것임을 증명하는 태도를 취하는 것이라고 평가했다. 또한 인물형
상에 있어서 정면형상을 창조함으로써 새로운 시대를 찬양하는 목적에
도달하며, 기교에 있어서는 해학, 유머, 재미, 오해, 우연 등을 기본수법
으로 사용한다(인홍, 56쪽)고 요약했다.

1959년 국경10주년 헌정 영화(獻禮片) 중의 하나로, 〈다섯 송이 황금
꽃(五朵金花)〉과 더불어 성공한 사회주의 신영웅모범 인물을 찬양한 성
공작으로 평가받지만, 코미디라고 생각해서 한바탕 크게 웃을 수 있을
것이라고 예상하고 본다면 실망스러울 수 있다. 인민경찰은 인민을 위해
새벽부터 저녁 늦게까지 헌신적으로 봉사하며 항상 인민의 편이라는 식
의 사상교육용 영화라는 느낌이 강하다.

_특기사항   : 흑백 극영화
            : 제작자본이 7만 원(그중 의상비는 17원)으로 신중국영화 중 최
저자본이라는 신기록을 수립하였다.

_핵심어   : 인민경찰 가송성코미디 신영웅모범인물
_작성자   : 곽수경

봄날이여 영원히 萬紫千紅總是春(SPRING FOREVER)

_출품년도   : 1959년
_장르   : 사회극

_ **상영시간** : 114분

_ **감독** : 선푸(沈浮)

_ **제작사** : 海燕電影制片廠

_ **주요스탭** : 시나리오(沈浮 瞿白音 白念萱) 촬영(朱靜) 미술(丁辰 傅淑珍) 작
곡(王雲階)

_ **주요출연진** : 王彩鳳(張瑞芳) 陸阿鳳(汪漪) 蔡桂貞(沙莉) 鄭寶卿(孫道臨)

_ **시놉시스** : 1958년 상하이 지샹리(吉祥里)의 부녀자들이 대약진 운동의 고
무와 주민위원회 주임 다이(戴)아주머니의 지도하에 탁아소, 식당, 재봉
조직 등을 만든다. 왕차이펑(王彩鳳)의 시어머니 류(劉)부인은 며느리의
대외 활동을 금지시키고, 집안일과 아이 교육에만 신경 쓰기를 원한다.
하지만 차이펑의 남편은 부인의 활동에 지지를 보낸다. 다이아주머니는
이런 사실을 알고, 류부인에게 탁아소 등의 활동의 의미와 효과를 인식
시킨다. 이후 류부인은 며느리의 적극적인 후원자가 된다.

정바오칭(鄭寶卿)은 가부장 의식이 강한 남자여서 아내 차이구이전
(蔡桂貞)의 재봉팀 활동에 반대한다. 남편의 지지를 얻기 위해 구이전은
집안일까지 완벽하게 해내지만 남편은 도무지 그녀의 뜻을 이해하려 하
지 않는다. 구이전은 남편과 이혼할 마음까지 먹게 되지만, 그들을 화해
시키기 위한 다이아주머니의 노력과 정바오칭에 대한 지도로 인해 정바
이칭의 생각에 변화가 생겨 그들의 관계는 다시 좋아진다.

한편, 재봉일에 뛰어난 루아펑(陸阿鳳)은 재봉팀에 들어갈 생각이었
으나, 자신의 새 재봉틀을 재봉팀에 헌납해야 할까봐 자수팀에 들어간
다. 하지만 왕차이펑을 비롯한 여러 사람들의 관심과 애정에 감복하여
루아펑은 스스로 재봉틀을 재봉팀에 제공하여 생산 증대에 앞장선다. 이
들 생산팀들은 갖가지 역경과 어려움을 이겨내고 힘차게 발전해나간다.

_ **단평** : 사회주의의 이상적 발전을 염원하는 동시에 찬양하는 영화이
다. 사회주의 국가는 건설되었지만, 진정한 사회주의의 달성은 이루어지
지 않았다. 중국에서 사회주의의 완성을 가로막는 것은 낙후한 생산력과
여전히 존재하는 봉건적이고 개인적인 사고방식이다. 이 영화는 여성이
라는 주체로 하여금 이 두 가지의 문제에 직면하고 또 해결하게 한다. 영

화 속의 여성들은 사회의 생산력 증진을 위해 다각도로 노력한다. 탁아소의 설치나 재봉 사업 등은 사회의 물질적 기초를 강화하기 위한 것이다. 한편 그녀들은 사회주의 건설 사업 과정에서 갖가지 장애에 맞부딪친다. 그것은 여전히 봉건적인 사고와 개인주의적 의식에서 벗어나지 못한 가족이나 자기 자신들이다. 하지만 이러한 장애들은 결국 극복된다. 그리고 이런 장애의 극복은 사회주의 혁명 건설에 대한 그들의 열망과 헌신에서 비롯된다. 즉 이 영화에서는 당면한 사회적, 혹은 개인적 모순의 해결 방안은 사회주의 건설에 대한 뜨거운 열망과 지속적 참여에서 찾을 수 있음을 말하고 있다.

_ **특기사항**   : 컬러 유성 영화
_ **핵심어**   : 대약진운동 여성들의 사회활동 남편과 시부모의 반대 역경의 극복 지도인사의 계도 활동
_ **작성자**   : 유경철

지하소년대 地下少先隊(UNDERGROUND YOUNG PIONEERS)

_ **출품년도**   : 1959년
_ **장르**   : 혁명
_ **상영시간**   : 1시간 20분
_ **감독**   : 가오헝(高衡)
_ **제작사**   : 天馬電影制片廠
_ **주요스탭**   : 시나리오(奚里德) 촬영(羅及之) 미술(盧景光) 음악(陳銘志 常受宗) 녹음(周云麟) 편집(陳惠芳)
_ **주요출연진** : 江大成(劉安古) 呂小可(姜子强) 陳玉珍(顧幗一) 何貴生(康安聲) 楊明(林彬) 朱校長(鄭敏)
_ **원작**   : 작가(國家福利會兒童藝術劇院) 제목(地下少先隊)
_ **시놉시스**   : 1949년 공산정권이 수립되기 직전 상하이 주민들은 치솟는 물가와 높은 실업률 속에서 기아와 백색공포의 위협에 시달리는데, 학생들 역시 학비 감면에 관심이 집중된다. 상하이의 한 중학교에 학비감면액 명단이 공개되면서 학생들 사이에 형평성 문제가 불거진다. 학비 걱정을

하지 않아도 되는 아이들이 전액 면제를 받는가 하면 가정 사정이 좋지 못한 장다청(江大成)과 뤼샤오커(呂小可)는 삼분의 일 정도밖에 면제를 받지 못했기 때문이다. 이에 『신소년보』 통신원을 맡고 있는 장다청은 학비문제를 해결하기 위해 학생들을 소집하고 학교 당국과 대립한다. 이 소식을 전해 들은 주교장은 경찰국에 연락하여 장다청을 퇴학시킨다. 이 때 지하당원인 양밍(楊明) 선생의 지도하에 장다청, 뤼샤오커, 천위전(陳玉珍) 등이 지하소년단에 가입하고 혁명에 관한 소식을 학생들에게 전한다. 어느 날 지하소년대 학생들이 교장실에서 몰래 해방군이 강을 넘는데 성공했다는 방송을 듣고 신문에 전단지를 끼워서 이 소식을 시민들에게 알린다. 주교장과 경찰에서 이들을 의심하자 양밍 선생이 나서서 이들을 보호하면서 체포될 위기에 놓인다. 지하소년대가 이 소식을 미리 알고 양선생을 피신시키고 얼마 지나지 않아 해방군이 상하이에 입성한다. 새로운 소년 대원 입단식에서 장다청과 그의 친구들은 목에 붉은 손수건을 두르고 공산주의의 계승자가 될 것을 다짐한다.

_단평   : 영화의 내러티브는 혁명영화의 전형적 구도를 보여준다. 1950년대 중후반 중국 문학과 영화의 중요한 과제는 혁명역사의 신화적 재구였으며, 신화화된 역사물을 통해 이념적 교육 효과를 거두는 데 있었다. 〈청춘의 노래(靑春之歌)〉, 〈녜얼(聶兒)〉이 이런 주제를 대표하는 영화였으며, 본 영화 역시 공산정권 수립 직전에 상하이 지역 유소년들의 혁명 참여를 적극적으로 대상화하고 있다. 상하이는 자본주의 도시의 혁명화 작업에 있어서 계급적 이해관계를 첨예화할 수 있는 공간이며, 유소년층은 이념적으로 어느 관객층보다 교육적 효과를 높일 수 있는 대상이다. 따라서 본 영화의 이원대립의 서사구도, 영웅인물의 부각-장다청은 비슷한 영화들에 비해서 더욱 규범화된 형식적 특징을 보여준다. 특히 이데올로기에 대한 환상을 극대화하기 위해서 영화는 미학적으로 초월적 이상에 대한 열망장치들을 전면적으로 동원한다. 과도한 동일시 장치들과 용이한 카타르시스적 미장센은 공허한 환각적 힘을 생산한다. 흥미로운 점은 이런 미학적 장치들이 1930년대 후반 좌익계열 영화의 멜로적 관습을 계승하고 있으며, 이런 부분은 관객들에게 심미적 거리감을 제거함으

로써 쉽게 동일시의 효과를 얻을 수 있었다는 것이다. 영화에서 지하소
년대가 양밍 선생을 도피시키는 장면은 〈거리의 천사〉에서 공간적으로
활용되는 상하이 빈민가 공간을 연상시킨다. 가난한 남녀주인공의 낭만
적 사랑을 실현시키는 공간이 혁명의 공간으로 치환된다.

_ **특기사항**　: 집체창작으로 제작
_ **핵심어**　: 사회주의혁명 중학교 학비감면 해방군
_ **작성자**　: 노정은

음악가 녜얼 聶耳(NIE ER, THE MUSICIAN)

_ **출품년도**　: 1959년
_ **장르**　: 혁명
_ **상영시간**　: 111분
_ **감독**　: 정쥔리(鄭君里)
_ **제작사**　: 海燕電影制片廠
_ **주요스탭**　: 시나리오(于伶 孟波 鄭君里) 촬영(黃紹芬 羅從周) 미술(韓尙義)
　　　　　　음악(葛炎 黎英海 劉福安) 편집(朱朝升)
_ **주요출연진**　: 聶耳(趙丹) 鄭雷電(張瑞芳) 蘇平(江俊) 萬千紅(王蓓) 가무반주
　　　　　　임(韓濤) 孫英(韓非) 馮鳳(黃宗英)
_ **시놉시스**　: 학생운동 탄압을 피해 상하이로 온 녜얼(聶耳)은 작은 상점에서
　　　　　　직공 일을 하지만 곧 상점이 문을 닫아 실직한다. 녜얼은 천부적인 음악
　　　　　　적 재능으로 가무반에서 연주하는 일을 찾게 된다. 어느 날 급우 정레이
　　　　　　덴(鄭雷電)이 녜얼을 찾아와 군중의 투쟁에 투신하도록 독려한다. 이후
　　　　　　녜얼은 혼자서 음악 공부를 하면서 각종 위문공연을 하고 공산당원 쑤핑
　　　　　　(蘇平)과도 관계를 맺게 된다. 녜얼은 항일전쟁 용사들의 위문공연에서
　　　　　　'라 마르세예즈'를 불러 크게 호응을 얻고 이와 같은 곡을 만들어야겠다
　　　　　　고 생각한다. 가무반의 해체로 가무반을 떠난 그는 본격적으로 항일운동
　　　　　　과 연극에도 참가하며 베이징에서 거행한 문예계연합대회에서는 공연이
　　　　　　중단되자 '인터내셜가'를 불러 관중들의 애국심을 고취시킨다. 쑤핑과
　　　　　　상하이로 돌아온 녜얼은 공산당에 가입하고 생명의 위협에도 불구하고

음악창작 활동을 시작한다. 그가 창작한 가곡은 많은 사람들의 호응을 받고 당은 네얼이 음악을 열심히 연구할 수 있도록 소련에 보내기로 결정한다. 출국 전 네얼은 톈한(田漢)이 작사한 '의용군 행진곡'을 작곡하는데 이것이 중국 국가가 된다.

_ 단평 : 네얼의 음악생애를 다룬 영화로 네얼이 어떤 역경을 겪고 위대한 인민음악가로 성장하였는지를 보여주고 있다. 특히 네얼의 정치 노선과 음악 창작의 과정을 유기적으로 결합하여 공산당원으로서의 형상을 더욱 구체화하였다. 이는 개인을 영웅시함으로써 인민을 대상으로 공산주의 가치를 전달하고 교육을 시키려는 기능을 중시하는 경향을 띤다.

_ 특기사항 : 1960년 제12회 체코슬로바키아 영화제 전기영화상 수상

_ 핵심어 : 음악 위문공연 항일운동 의용군 행진곡

_ 작성자 : 조병환

향초 香飄万里(SWEET GRASS)

_ 출품년도 : 1959년

_ 장르 : 탐사

_ 감독 : 푸차오우(傅超武)

_ 제작사 : 天馬電影制片廠

_ 주요스탭 : 시나리오(陳巨彬) 촬영(張錫齡) 미술(劉藩) 음악(黃准 肖培珩 袁慶余) 편집(韋純葆)

_ 주요출연진 : 呂華明(衛兪平) 劉念本(穆宏) 高藍(上官云珠) 孟少德(韓非) 周주임(白穆) 지도원(馮笑) 중대장(史久峰) 蘇茵 于飛 于飛 江山 蔣逸芬

_ 시놉시스 : 1958년 상하이 화공 원료공장은 일본이 침략해오자 원료 공급에 차질이 생기게 된다. 그리하여 공장의 뤼화밍(呂華明)은 조사단을 이끌고 향초를 찾아 윈난(云南)으로 향한다. 온갖 고생을 겪은 그들은 마침내 조국의 서남부 변경에서 진귀한 에센스의 원료인 향초를 찾는다.

_ 핵심어 : 화공 원료공장 향방초

_ 작성자 : 조병환

황푸강 이야기 黃浦江的故事(THE STORY OF THE HUANGPU RIVER)

_ 출품년도 : 1959년

_ 장르 : 전쟁/혁명

_ 감독 : 쭤린(佐臨)

_ 제작사 : 海燕電影制片廠

_ 주요스탭 : 시나리오(艾明之 陳西禾) 촬영(許琦) 미술(辰) 음악(王云階) 편집(張淳)

_ 주요출연진 : 常信根(魏鶴齡) 方振海(穆啓明) 常桂山(張伐) 朱阿財(陳述) 楊招弟(周諒量)

_ 시놉시스 : 1908년은 광서(光緖) 말년으로, 황푸강 양안에는 제국주의 전함과 상선이 제멋대로 활개를 친다. 뱃사람 창신건(常信根)의 작은 삼판선이 황푸강에서 영국 외항선과 충돌하여 훼손된다. 창신건은 생활할 방도가 없어지자 지인의 소개로 자장(申江)선박공장에 노동자로 들어가지만 영국인 십장에게 모욕을 당한다. 시대가 변해 왕조는 민국으로 바뀌고 창신건의 아들 창구이산(常桂山)은 장성하여 역시 선박공장에 노동자로 취업한다. 오래지 않아 북벌군이 상하이로 진격해 오고 공산당은 노동자들을 지도하여 제3차 무장봉기를 거행하여 북벌군과 군벌이 투쟁을 벌인다. 창구이산은 공산당위원 리더파(李德發)의 인도하에 적극적으로 노동자운동에 참가하고 혁명교육을 받는다. 동시에 그는 공산당원이자 청년 여공인 양자오디(楊招弟)를 알게 된다. 1927년 장제스(蔣介石)가 반혁명 정변을 일으켜 리더파가 희생되고 창구이산 역시 당 조직과 연계가 끊어진다. 창구이산이 깊이 고민하고 있던 차에 공산당원 팡전하이(方振海)와 양자오디가 그에게 연락을 취해 혁명의 역량이 부단히 성장하고 있다는 사실을 알려준다. 1931년 일본제국주의가 둥베이(東北)를 침략하자 인민군중은 격분에 차 항일을 요구한다. 하지만 국민당은 오히려 군대가 대대적으로 공산당을 토벌하도록 조종한다. 국민당정부는 공산당을 공격하기 위해 선박공장에 세 척의 작은 군함을 만들 것을 명령한다. 창구이산은 노동자들에게 태업을 하도록 권고하지만 군중 선동에 미숙하여

실패한다. 그는 교훈을 총결하고 투쟁하는 과정에서 스스로 성장하고 양자오디와 사랑의 감정이 싹터 부부가 된다. 1937년 항일 전쟁이 발발하여 일본군이 상하이를 점령하고 선박공장을 점거하자 창신건은 일본인을 위해 일을 하고 싶지 않아 공장을 떠난다. 창구이산은 당의 지시에 따라 공장에 남아 있지만 부친은 그 사실을 알지 못해 불만이 크다. 어느 날 저녁 창구이산이 기계를 가지고 몰래 공장으로 들어가 적의 군함을 폭파하려고 하는데 부친이 그 사실을 알고 깊이 감동한다. 창구이산과 그의 전우가 임무를 완성했을 때 적의 추격을 받게 되는데 창신건이 삼륜차운전사로 변장을 하고 나타나 그들을 구해준다. 1945년 일본이 투항하자 창신건은 기뻐하며 선박공장으로 출근한다. 하지만 국민당은 미제국주의와 결탁하여 여전히 노동자의 머리 위에서 날뛰고 물가는 폭등하여 노동자들은 살아갈 수가 없다. 창구이산은 공장 측이 무고하게 노동자를 해고한 것에 항의하여 군중을 선동하여 파업투쟁을 벌이고 양자오디는 여공들을 조직하여 지원하다가 적에게 붙잡힌다. 노동자들이 끝까지 뜻을 굽히지 않아 파업은 승리를 거두고 양자오디도 출옥하여 해방구로 보내진다. 해방 전야에 국민당은 공장의 중요한 설비를 타이완으로 옮기고 선박공장을 파괴하려고 한다. 창구이산과 노동자들은 죽을힘을 다해 공장을 사수하고 적은 황푸강을 도망친다. 해방이 되어 창구이산 일가도 변화가 일어나고 공장에도 대대적인 변화가 일어난다. 1만 톤의 거대한 외항선이 천천히 바다로 나갈 때 지켜보던 사람들의 우레와 같은 환호성이 천지를 뒤흔든다. 창구이산의 오랜 바람이자 중국인민의 바람이 마침내 공산당의 지도로 실현된다.

_ **핵심어**　　: 항전 대혁명시기 계급투쟁 공산당 혁명 노동투쟁
_ **작성자**　　: 곽수경

격류 激流(TORRENT OF REFORM)

_ **출품년도**　: 1960년
_ **장르**　　　: 드라마
_ **상영시간**　: 110분 추정

_ 감독   : 창밍(强明)

_ 제작사   : 海燕電影製片廠

_ 주요스탭 : 시나리오(費禮文 强明) 촬영(陳震祥) 미술(張萬鴻) 작곡(肖冷 등) 녹음(浦泉根) 등

_ 주요출연진 : 田放(江俊) 梁知平(高正) 吳健(蔣天流) 王群(李明) 朱冬生(李鏞) 田母(趙抒音) 諸勇祥(史源) 張東海(曹鐸) 등

_ 시놉시스 : 1958년 가을, 상하이 제2공업국에 소속된 기기공장, 산소정제공장은 모두 3/4분기의 임무를 앞당겨 완성한다. 상부에서는 철강생산량을 두 배로 늘리기로 결정한다. 산소정제공장의 노동자들은 숙련노동자인 주둥성(朱東生)의 기술혁신에 관한 건의를 근거로, 하룻밤 동안 분투하여 산소생산량을 20% 향상시킨다. 생산량 증가로 인해 철강제련과 밀접하게 관련된 산소와 카바이드는 일시적인 어려움을 겪지만, 톈팡(田放) 국장은 군중을 동원하여 대대적인 기술혁신을 하면 이 문제를 해결할 수 있을 것이라고 생각한다. 그러나 공업국 부국장 량즈핑(梁知平)은 인프라를 확충하고 기기 설비를 늘려야만 문제를 해결할 수 있을 것이라고 생각한다. 그래서 그는 증축 계획을 세우고, 기기공장 공장장 우젠(吳健)은 원래 산소공장에서 제조하기로 정해놓은 산소정제설비를 3대에서 12대로 늘리고자 한다. 우젠의 제안은 다른 제품의 완성에도 영향을 미쳐 원자재 부분에 어려움이 발생한다. 량즈핑은 다른 제품의 생산을 늦추도록 하고, 원자재의 경우 공업국 공급판매처의 왕췬(王群)에게 나누어 달라고 요청한다. 기기공장의 노동자인 진다하이(金大海)와 주융샹(諸勇祥)은 작은 선반을 이용해 큰 기기를 만들고, 아스팔트와 톱밥으로 카바이드를 대신하자고 건의한다. 량즈핑은 이에 이의를 제기하고, 우젠에게 신중한 대처를 요구한 뒤, 두 건의서를 가지고 돌아가 연구한다. 공업국 당위원회는 량즈핑의 증축 계획 중 합리적인 부분만을 받아들인다. 회의 이후, 톈팡은 군중을 동원하려면 기존 설비에서 잠재력을 발굴해 기술혁신의 방법으로 문제를 해결해야 한다고 지시한다. 그는 진다하이와 주융샹의 대담한 구상을 지지하지만 량즈핑은 여전히 증축 계획만이 문제를 해결할 수 있는 근본적인 방법이라고 생각한다. 그리하여 두 사람 간에

의견충돌이 발생한다. 왕췬은 량즈핑의 약혼녀인데, 그녀 역시 톈팡의 의견에 동의하며, 량즈핑에게 지나치게 고집을 피우지 말라고 권유한다. 공업국에서 생산임무를 늘릴 것을 지시하자, 우젠은 톈팡이 상황을 이해 하지 못하고 있다며 원망한다. 톈팡은 진다하이와 주융샹 등 군중의 기술혁신이 어려움을 해결하는 가장 좋은 방법이라고 주장한다. 산소공장 노동자들은 계속해서 생산을 늘리기 위해 노력한다. 생산량을 40% 늘리는 실험을 하자, 기기의 진동이 공장건물에까지 퍼진다. 량즈핑은 실험 중지를 결정하고, 왕췬에게 원자재를 증축공정에 사용하도록 한다. 량즈핑은 계속해서 톈팡에게 상황을 종합보고하며 당장 증축 공장에 투입할 것을 제안한다. 그러나 톈팡은 경험을 살려 실험을 계속하고자 한다. 그러나 량즈핑은 톈팡이 군중을 과도하게 믿고 있다고 생각한다. 산소실험 실패의 원인이 여전히 밝혀지지 않은 상황에서 주융샹의 카바이드 대체품 실험 중 또 폭발이 발생한다. 그러나 군중을 통한 기술혁신에 대한 톈팡의 신념은 여전히 확고하다. 결국 카바이드 폭발 원인을 찾아내고 재실험을 거쳐 실험을 완성한다. 산소생산량을 늘리는 실험도 역시 성공하여 생산량이 60%로 향상된다. 량즈핑은 이러한 사실을 통해 배움을 얻고 또 다시 대약진의 격류 속으로 뛰어든다.

_단평   : 1949년 사회주의 중국 수립 이후 1966년까지 이른바 '17년 시기'의 중국 영화는 정치를 위해 복무하는 분명한 특징을 보여주는데(黃獻文, 121) 오늘날 꽤 잘 만들어졌다고 평가받는 일부 영화들, 예컨대 〈축복(祝福)〉, 〈린씨네 가게(林家鋪子)〉 등과 같이 문학 작품을 전환한 영화들을 비롯하여 〈이른 봄 2월(早春二月)〉 등조차도 이들 부류로 편입되는 실정이다. 국가 경제의 생산성 향상이라는 분명한 목표를 설정하고 이를 향해 가는 과정에서 생겨나는 조직 내부의 갈등을 다루고 있는 이 영화는 두말할 나위 없이 이와 같은 부류 속에 편입될 것이다. 현대 중국 영화사에서 제목조차 언급되지 않고 있는 이들 영화의 운명은 대체로 당시 인민들에 대한 선전 기능의 역할을 충실히 다했다고 평가할 수밖에 없겠다. 노동자 내부의 갈등과 군중을 통한 문제 해결, 그리고 군중을 지렛대로 삼아 갈등이 해소되어 반동인물이 주동인물로 '귀화' 한 뒤 대약

진이라는 국가적 목표에 투신하는 것과 같은 플롯 구조는 전형적인 국가 선전 영화의 일면을 보여준다.

_ **특기사항** ： 흑백 유성 영화(11권)
_ **핵심어** ： 대약진운동 생산량 증가 산소정제공장
_ **작성자** ： 임대근

1960년대 첫 번째 봄날 六十年代第一春(THE FIRST SPRING IN 1960S)

_ **출품년도** ： 1960년
_ **장르** ： 혁명/멜로
_ **감독** ： 선푸(沈浮) 류징(劉璟) 린양(林揚)
_ **제작사** ： 海燕電影制片廠 天馬電影制片廠
_ **주요스탭** ： 시나리오(張駿祥 沈浮 黃宗英 丁然 孫永平 溫錫瑩 韓非 劉非 李其珍 梁波羅 周沖) 촬영(黃紹芬 曹威業 王志初) 미술(仲永淸) 음악(呂其明) 편집(陳祥興 朱朝升) 녹음(陸仲伯 劉廣階) 제작(馬志成)
_ **주요출연진** ： 楊光沛(劉鴻聲) 顧師傅(溫錫瑩) 王炳生(孫永平)
_ **시놉시스** ： 1960년대 상하이의 다화 강철공장에 새로 부임한 공장장 양광페이(楊光沛)는 기술 혁신의 중요성을 몸소 깨닫고 공장의 공정을 기계화하려고 하지만 전체 노동자들의 지지를 끌어내지 못한 채 몇 명의 우수한 노동자들과 교류할 뿐이다. 1959년 겨울, 젊은 노동자 왕빙성(王炳生)은 자동화시스템을 양광페이에게 제안하지만 중용되지 못한다. 1960년 봄 다른 공장이 기계화 시스템에 성공했다는 소식이 전해지면서 다화는 조급해진다. 이에 양광페이는 대회를 열어 노동절에 맞추어 공장의 전 공정을 자동화할 것을 주장하지만 공장의 최고 기술자인 구사부(顧師傅)는 국경일까지 시간을 늦추어야 한다고 주장한다. 대회가 끝나고 지역위원회 공업부 린부장은 양광페이에게 기술혁명은 사회주의 이념과 원칙에 충실해야 하고 전체 노동자들로부터 지지를 받아야 성공할 수 있다는 충고에 크게 감화되어 전체 노동자들의 의견을 수렴한다. 이때 왕빙성이 제기한 '7일혁명'은 7일 만에 전 생산과정을 자동화시키자는 의견으로, 전체 노동자들로부터 큰 호응을 얻게 되자 양광페이도 이에 동

의하는데, 구사부만이 이견을 제시하면서 자신에게 일을 할당해줄 것을 요구한다. 결국 전체 노동자들은 여러 가지 어려움을 극복하고 6일 만에 공정의 자동화를 이루어내지만 구사부가 맡은 공정만 완성되지 못한다. 이에 구사부 역시 양광페이와 왕빙성 등의 적극적인 도움을 받아 7일 만에 극적으로 자동화에 성공하게 된다.

_ 단평 　　　: 대약진 시기 '중국식 사회주의 건설을 위한 총노선' 이라는 생산성 향상 프로젝트는 경제적 토대와 조건을 고려하지 않은 채 이념적으로 추진되면서 국가 경제 악화라는 극단적 결과를 초래하였다. 이 영화가 제작된 1960년은 대약진 실패가 가시화되는 시기였지만 영화는 대약진이라는 당 정책과 그 안에 담겨진 이념을 선전적 방식으로 전달하고 있다. 영화는 기술 혁신의 문제가 무엇보다 중요하지만 이것은 한 개인의 능력과 기술의 문제가 아니며 집단적 과제로 수행되어야 한다는 집체주의 이념의 선결성을 강조하고 있다. 그러면서도 '양적 향상' 만을 앞세운 성급한 방식은 영화에서 '7일혁명' 이라는 구호처럼 혁명 이데올로기 속으로 포섭된다. 결국 영화는 '생산성 향상은 곧 혁명의 실천' 이라는 선험적 도식을 전달하기 위해 '구사부' 라는 인물을 등장시켜 그로 인해 '6일 혁명' 의 신화가 좌절되지만 집체적 동의를 얻어내는 '7일혁명' 이 달성될 수 있음을 강조한다.

_ 특기사항 　　: 시나리오에서 제작까지 집체창작으로 진행된 작품
　　　　　　　　: 천연색
_ 핵심어 　　　: 강철공장 7일혁명 대약진 사회주의리얼리즘
_ 작성자 　　　: 노정은

상하이 전투 戰上海(THE BATTLE OF SHANGHAI)

_ 출품년도 　　: 1960년
_ 장르 　　　　: 드라마
_ 감독 　　　　: 왕빙(王氷)
_ 제작사 　　　: 八一電影制片廠
_ 주요스탭 　　: 시나리오(群立) 촬영(陳俊) 미술(徐潤) 작곡(李韋才) 녹음(侯申

康) 편집(許陸初) 등

_ 주요출연진 : 方軍長(丁尼) 張政委(高岩) 肖師長(李書田) 三連長(李長華) 姚團長(張冲雲) 趙永生(王潤身) 小馬(張良) 林凡(胡曉光) 등

_ 시놉시스 : 1949년, 중국인민해방군 제3야전군은 상하이를 포위하여 국민당 30만 군대를 독 안에 든 쥐로 만든다. 하지만 그들은 패배를 원하지 않았고 장제스(蔣介石)는 베이징, 상하이, 항저우 경비사령관 탕언보(湯恩伯)에게 완강히 저항하도록 명령한다. 군대 중 일부는 상하이의 바깥 경계선 쪽으로 용감하게 나아가 상부가 지시하는 명령에 따라 상하이를 해방시키려 하고, 도시 조밀 작전 계획을 보전하기로 한다. 공산군은 장제스 군대가 분열된 파벌의 문제를 이용해서 먼저 그 직계부대를 성 밖으로 나오도록 유인하여 도시 바깥 경계에서 몰살시키는 작전을 세운다. 거만하고 포악스러웠던 국민당 부대는 역시나 계략에 빠지고 공산군은 신속하게 그들을 둘러싸고 섬멸을 가한다. 그리고 점차 상하이시 교외를 둘러싸게 된다. 공산군은 상하이 지하당의 협조에 따라 상하이 노동자들의 길 안내로, 시내 지역으로 공격해 들어가 상하이시 쑤저우강(蘇州河) 이남의 넓은 지역을 '해방' 시킨다. 국민당 군대는 쑤저우강 북쪽 연안까지 철수한 채 유리한 지형과 화력을 이용하여 공산군의 앞쪽 통로를 봉쇄하고 쑤저우강 상류의 중요한 길목을 통제한다. 공산군은 용감하게 작전을 수행하며 적군에게 연속적으로 충격을 준다. 마침내 적군의 거센 저항을 물리치고 견고한 방어선을 무너뜨리며, 쑤저우강 북쪽을 공격하여 승리를 거둔다. 잔존한 국민당 부대는 시 중심부에 숨은 채 '최종 상황'을 기다릴 수밖에 없다. 공산군은 적군에 대해 강한 군사적 압박을 유지함과 동시에 정치적 공세를 전개한다. 어쩔 수 없는 상황에서 국민당 잔존 세력은 부하를 이끌고 투항하는 데 동의한다. 상하이 전투는 끝난다.

_ 핵심어 : 국공내전 상하이전투 공산군 국민당군

_ 작성자 : 임대근

그녀들의 마음 她們的心愿(THEIRS WISHES)

_ 출품년도 : 1960년

_ **장르**   : 생활 극영화

_ **감독**   : 위중잉(俞仲英)

_ **제작사**   : 天馬電影制片廠

_ **주요스탭**   : 시나리오(葉明 錢鼎德) 촬영(査祥康) 미술(劉藩) 음악(康惠林)

_ **주요출연진** : 王小娟(二林) 小于(史久峰) 張炳山(屠正屛) 江師傅(江山) 엄마
  (謝怡冰)

_ **시놉시스**   : 상하이 주싱(久興)조선소는 시(市)위원회의 "한 사람이 한 사람
  반 몫을 하자"라는 호소에 부응하여, '더 많은 해운선(海運船)을 만들자'
  는 대약진의 분위기에 편승한다. 공장에 들어온 지 3개월이 된 왕샤오쥐
  안(王小娟)은 자기 팀이 생산한 나사못이 작업장의 수요를 만족시키지
  못하자 아주 다급해진다. 그녀는 비록 기술은 숙련되지 않았지만 어려움
  을 조금도 두려워하지 않는다. 그녀는 나사못 선반으로 하나를 깎는 데
  14분이 소요되며 깎는 속도를 높이면 공기(工期)를 줄일 수 있다는 생각
  을 한다. 그녀는 이런 생각을 다른 여자 선반공 양링(楊玲)에게 말한다.
  양링은 그 방법을 이전에 장(江)사부가 시도해보았으나 선반이 멈춰 서
  고 선반 날이 부러졌다고 말해준다. 왕샤오쥐안은 굴하지 않고 사부의
  도움으로 마침내 나사못 하나를 깎는 데 단 3분밖에 걸리지 않는 기적을
  이뤄낸다. 그리하여 생산 효율을 높이고 한 사람이 네 사람 반 몫을 할 수
  있게 된다. 왕샤오쥐안의 모범적 행동으로 주싱공장의 노동 생산율은 전
  반적으로 향상된다.

_ **특기사항**   : 흑백

_ **핵심어**   : 대약진 생산효율 노동생산율

_ **작성자**   : 김정욱

새 시대의 영웅 風流人物數今朝(HEROES AT PERSENT)

_ **출품년도**   : 1960년

_ **장르**   : 멜로

_ **감독**   : 자오밍(趙明) 장쥔차오(蔣君超) 위중잉(俞仲英)

_ **제작사**   : 天馬·海燕電影制片廠

_ 주요스탭 : 시나리오(費禮文 艾明之) 촬영(石鳳岐 張錫齡)

_ 주요출연진 : 高海林(趙丹) 宋阿祥(張伐) 方强(齊衡)

_ 시놉시스 : 상하이 네온 광학 기기 공장의 가오하이린(高海林)은 대약진의
열기를 따라 중국에 꼭 필요하지만 아직 시도하지 못했던 고압 전교(電
橋)를 만들어내기 위해 노력한다. 당 지부 서기이자 공장장인 팡창(方强)
은 그에게 격려와 지원을 아끼지 않는다. 하지만 가오하이린의 사부인
쑹아샹(宋阿祥)은 낡은 설비와 기술 수준의 미약 등을 이유로 사업의 실
효성에 의문을 제기한다.

가오하이린의 노력으로 이 사업은 부분적으로 성공을 거두지만 결정
적인 부분, 절연 문제를 해결하는 데 있어서는 해답을 얻지 못하고, 일에
참여했던 이들은 점점 실의에 빠진다. 이때 팡창은 가오하이린에게 반드
시 외국에서 사용하는 방법에 얽매일 필요는 없다고 조언하고 가오하이
린은 독자적인 방식을 찾아 나선다.

결국 수많은 실험과 실패를 경험하면서 371번째 실험에서 성공을 거둔다.

_ 핵심어 : 대약진운동 불굴의 의지와 노력 고난과 역경의 극복 목표달성
과학기술

_ 작성자 : 유경철

51호 병참 51號兵站(DEPOT NO.51)

_ 출품년도 : 1961년

_ 장르 : 혁명

_ 상영시간 : 94분

_ 감독 : 류징(劉璟)

_ 제작사 : 海燕電影制片廠

_ 주요스탭 : 시나리오(張渭淸 梁心 劉天) 촬영(邱以仁) 미술(丁辰 張萬鴻) 음
악(向異) 편집(候佩珍) 녹음(陸仲伯) 제작(馬志成 陳榮軒)

_ 주요출연진 : 梁洪(梁波羅) 黃元龍(鄧楠) 龜田(李保羅)

_ 시놉시스 : 1943년 중일전쟁 시기 소비에트 근거지에 신사군은 상하이에
지하병참을 만들지만 내부 밀고에 의해 이 사실이 밝혀져 위험에 처한

다. 공작원의 신속한 대응으로 위기를 모면하게 되고 이에 국민당은 더욱더 경계를 강화하여 우쑹커우와 시내를 봉쇄하고 병참물자를 추적한다. 상하이 병참의 군사적 가치는 절대적으로 중요하며 그곳이 근거지 군사물품을 공급하는 핵심적 역할을 하고 있었기 때문에 신사군은 량훙(梁洪)에게 상하이 병참 일을 맡도록 지시한다. 량훙은 상하이에 도착한 뒤 지역방회(幫會)의 두목격인 판진성(范金生)의 수하에 들어가 활동하면서 판진성의 오른팔인 우쑹순방단장 황위안룽(黃元龍)에게 접근한다. 국민당 정보국장을 맡고 있는 구이텐(龜田)은 량훙의 출현을 의심하면서 량훙을 계속 감시한다. 량훙은 활동영역을 넓히기 위해 황위안룽의 명의로 연회를 열어 관계망을 넓히면서 적극적으로 활동한다. 이들의 적극적 활동으로 국민당의 감시는 강화되고 구이텐은 황위안룽의 직위를 미끼로 병참활동의 실마리를 잡으려 하지만 이를 눈치챈 량훙은 감시망을 교묘하게 피해간다. 어느 날 근거지에서 긴박하게 다량의 강철관을 보내달라는 요청을 받고 이를 보내려 하다가 이 사실을 눈치 챈 국민당 정보국과 긴박한 접전이 벌어지자 량훙은 황위안룽에게 자신의 진짜 신분을 밝히고 도움을 요청한다. 결국 군사물자를 실은 배는 황위안룽의 엄호를 받으면서 우쑹커우를 무사히 빠져나가게 된다.

_단평   : 이 영화의 시공간적 배경은 1943년 함락구 지역인 상하이다. 1961년에 제작된 영화이기 때문에 역사에 대한 재구성, 즉 공산당의 이념투쟁을 신화화하는 입장이 강하게 담겨 있다. 하지만 영화는 이념성을 강조하는 도식적인 서사구조를 넘어서 우리에게 흥미로운 요소들을 제공한다. 우선, 영화에서 상하이라는 공간은 30년대의 식민자본의 메카에서 40년대에 함락구로 전락한 '윤락의 공간'이 아니라, 여전히 무역항의 기능이 있지만 내륙(延安지역)으로 물자를 수송하는 절대적이며 신성한 공급지로 자리함으로써, 상하이의 중요성은 이제 '외부로부터' 시작되는 것이 아니라 '내부로 향하기'에 의미를 얻는다. 즉 상하이는 사회주의 이념에 의거하여 재호명되는 것이다. 주인공 량훙이 당의 지시에 따라 상하이로 향하는 배에서, 량훙의 시선을 통해 상하이가 공산당이 창립된 신성한 곳으로 상상되고 호명되는 장면은 특기할 만하다. 특히 량훙이

신분을 숨기고 활동하는 조직은 상하이의 오랜 상인연대인 방회(幇會)이며 전통적인 지연망인 동시에 상하이 무역에 중요한 조직망이기도 하다. 어쩌면 상하이의 지역방회는 서구 근대의 중국적 수용양상을 보여주는 중국적 근대상의 한 일면이라고 할 때, 이러한 봉건적이고 자본적인 혼종적 근대성은 량훙의 시선을 통해 사회주의적인 의미를 부여받게 되면서 새로운 역사적 의미를 획득하게 되는 것이다. 이 영화에서 우쑹커우의 '닫힘'과 '열림'은 단순한 서사적 장치를 넘어서 역사적 전환의 지점으로 해석될 수 있다.

_ **특기사항** : 흑백 유성 영화
_ **핵심어**   : 국공대립 근거지 지역방회 병참 군사물자
_ **작성자**   : 노정은

리대표, 리군, 그리고 리씨 大李, 小李和老李(BIG LI, YOUNG LI AND OLD LI)

_ **출품년도** : 1962년
_ **장르**   : 코미디 극영화
_ **상영시간** : 82분
_ **감독**   : 셰진(謝晋)
_ **제작사**   : 天馬電影制片廠
_ **주요스탭** : 시나리오(于伶 葉明 謝晋 梁延靖 伍黎 姜榮泉) 촬영(盧俊福) 미술(王月白) 음악(吳應炬)
_ **주요출연진** : 大李(劉俠聲) 小李(姚德冰) 老李(范哈哈) 차력사(關宏達) 秀美(蔣天流)
_ **시놉시스** : 상하이 푸민육류(富民肉類)가공 공장 노동조합 리대표는 사회공익 활동에 열성적인 선진 노동자이다. 그러나 체력 단련에 관심이 없어 건강이 좋지 않다. 부서 주임 리씨는 운동을 좋아하지 않지만 아들 리군은 일보다 운동을 더 좋아할 정도다. 리대표는 공장 체육위원회 대표로 선출된 후부터 체력 단련에 참가하기 시작한다. 리씨는 공장의 체육활동이 생산을 방해할 것을 걱정한다. 리대표는 리씨의 부인 슈메이(秀美)에게 자전거를 배우게 하여 리씨를 설득하려고 한다. 뜻밖에도 슈메

이는 이미 리대표에게 설득되어 체육 활동에 참가하고 있다. 한 번은 리대표가 리씨를 방송 체조에 참가하라고 하지만 리씨는 핑계를 대고 체육 활동 참가를 반대하는 '뚱보'와 냉장고 검수 작업을 한다. 리군은 그들이 있는 줄 모르고 냉동 작업실 문을 잠가버린다. 두 사람은 추위에 벌벌 떨면서 자신들도 모르게 방송 체조를 따라 한다. 그 후로 리대표의 권유로 리씨도 저녁 체조에 참가하여 좋은 효과를 본다. 이때부터 리씨는 태극권 애호자가 된다. 체육대회에서 슈메이는 자전거 대회 우승을 차지하고, '뚱보'도 역도선수가 되며, 리씨조차도 공장 체육 대회에 참가하여 열성을 보인다. 이때부터 공장의 체육 활동은 아주 활발하게 진행된다.

_ **단평**   : 중화인민공화국 성립 이후, '17년' 영화에 있어 코미디는 주요 장르이다. 중국영화사에서 코미디 영화하면 풍자 혹은 찬양 코미디가 주로 창작되었다. 1960년대는 이 둘의 중간 형식쯤으로 가벼운 생활 에피소드를 코미디로 엮은 라이트 코미디(light comedy)를 내놓는다. 생활 현장에서 부딪히는 모순과 갈등으로 말미암아 충돌은 있지만 대부분 해피엔딩으로 끝을 맺는다. 이런 유형의 영화는 "모순은 있지만 첨예하지 않고 충돌은 있지만 격렬하지 않으며, 풍자를 해도 신랄할 필요는 없고, 찬양을 해도 지나치게 추켜세우지는 않는다"고 하는 나름의 창작 기준이 마련되어 있었다. 그래서 찰리 채플린(Chaplin Charles)의 슬랩스틱 코미디(slapstick comedy)처럼 일정한 희극(喜劇) 미학의 창작 법칙에 따라 만들어진 작품이라기보다는 사회생활의 긍정적 면을 부각시켜 은근한 웃음을 자아내는 일종의 '생활 코미디', 또 다른 각도에서라면 '건전(공익)영화'의 성격이 더 강하게 묻어 있다. 이런 제작 환경에서도 이 영화는 시작과 마무리에 일부 애니메이션 쇼트를 만들어 영상의 참신함을 더했다. 상상 장면을 더블프린팅으로 표현했으며, 영상의 분위기에 명랑한 배경 음악이 깔리면서 코믹한 음향을 적절하게 삽입하여 음성 서사의 공간 영역을 확보하고 있다.

_ **특기사항**   : 흑백 유성 영화
_ **핵심어**   : 체조 노동조합 라이트 코미디 선진노동자
_ **작성자**   : 김정욱

마술사의 기막힌 운명 魔術師的奇遇(STRANGE ADVENTURE OF A MAGICIAN)

_ 출품년도 : 1962년

_ 장르 : 경코미디

_ 상영시간 : 48분

_ 감독 : 쌍후(桑弧)

_ 제작사 : 天馬電影制片廠

_ 주요스탭 : 시나리오(王煉 陳恭敏 桑弧) 촬영(査祥康) 미술(劉藩 蔡西冷) 음악(王云階) 편집(諸錦順)

_ 주요출연진 : 마술사(陳强) 阿毛(韓非) 王小六子(程之) 甛甛(顧建中)

_ 시놉시스 : 광저우발 상하이행 열차에 양쪽 귀밑머리가 하얀 늙은 마술사 루환치(陸幻奇)가 앉아 있다. 그는 짐을 챙기다가 가방에서 마술 총 한 자루를 떨어뜨리는데 이로 인해 잊어버리기 힘든 기억을 떠올린다. 25년 전인 1937년 루환치는 아내와 함께 상하이 민싱(閔行)에 있는 한 극장에서 마술을 공연했다. 하지만 경찰국장이 아름다운 루환치의 아내를 보고는 그녀를 데려가려고 하다가 실패한다. 경찰국장이 마술 총을 군 물자를 빼돌린 것이라고 하여 루환치를 모함하고 잡아가려 하자 그의 아내는 강요를 이기지 못해 자살한다. 마술사는 하는 수 없이 아직 강보에 싸인 아들 아마오(阿毛)를 원숭이를 데리고 잡기를 하는 벗 왕샤오류쯔(王小六子)에게 맡기고 외국으로 도망한다.

그로부터 25년이 흐른 지금 루환치는 아들과 친구를 찾으러 돌아온 것이다. 그러나 왕샤오류쯔는 이름을 장진성(張金生)으로 바꾸고 동물원의 사육주임이 되어 있고 아마오(阿毛) 역시 장즈청(張志誠)으로 이름을 바꾸고 버스안내원 일을 하고 있어 찾기가 힘들다. 루환치는 상하이 잡기원으로 왕샤오류쯔를 찾아가는 길에 공교롭게도 장즈청이 근무하는 버스를 타지만 부자는 서로 알아보지 못한다. 루환치가 깜빡하고 버스에 가방을 두고 내린다. 장즈청은 가방 안에 마술 총이 있는 것을 발견하고 그가 잡기단과 관계가 있는 사람이라 생각하여 잡기단으로 찾아주러 간다. 하지만 루환치는 그 총이 옛날 상황을 떠올리게 했기 때문에 자신의 것이 아니라고 부인한다. 사람들이 여러 차례 지금은 이미 새로운 시대가 도래하여 과거와 같은 비극은 없다고 설명을 해주자 비로소 안심한다. 장즈청은 아들을 찾으러 왔다는 그의 사정을 알고 친절하게 그를 데리고 다니며 도와주지만 아무런 소득도 얻지 못한다. 루환치는 외국 공연 계약 때문에 돌아가려고 한다. 그는 비록 아들을 찾지는 못했지만 조국의 갖가지 새로운 기상에 깊이 감동을 받는다. 떠나기 전에 그는 기념으로 마술 총을 장즈청에게 준다. 장즈청이 그 총으로 아들 톈톈(甛甛)과 장난을 치는 것을 왕샤오류쯔가 보고 출처를 묻다가 그 총의 주인이 바로 오래도록 만나지 못했던 벗이라는 사실을 알게 된다. 그는 장즈청과 톈톈을 데리고 화차오(華僑)호텔로 루환치를 찾아가지만 이미 기차역으로 떠나고 없다. 그런 와중에 그들은 톈톈을 잃어버리고 기차역으로 달려갔을 때에는 기차는 떠나버린 뒤였다. 실망 속에서 그들은 톈톈을 찾으러 경찰서로 간다. 그런데 사실은 루환치는 기차를 타고 떠난 것이 아니라 역으로 갈 때 톈톈을 택시운전사의 아들로 알고 택시에 잘못 태우는 바람에 기차를 포기하고 가족을 찾아주러 나섰던 것이다. 우여곡절 끝에 루환치는 마침내 톈톈을 왕샤오류쯔가 일하는 곳인 동물원으로 데려간다. 왕샤오류쯔와 장즈청이 톈톈을 찾았다는 소식을 듣고 기쁜 마음으로 동물원으로 돌아오는데 뜻밖에도 톈톈을 데려다준 사람이 바로 그들이 찾던 루환치라는 사실을 알게 된다. 루환치는 벗과 아들과 손자를 만나 조국을 떠나지 않기로 결정한다.

_ **단평**　　： 영화는 채 50분이 되지 않는 짧은 분량으로 이루어져 있으며 제목과는 달리 자칫 비극적일 수 있는 내용을 가벼운 터치의 코미디로 다루고 있다. 〈오늘은 쉬는 날〉과 마찬가지로 영화 속 인물들은 해방 이전 시기의 경찰국장 외에는 모두 정면 인물이다. 암울하고 힘없이 당해야 했던 과거를 회상으로 처리하고 새로운 시대인 오늘과 대조시켜 신중국과 신중국 인민의 모습을 부각시켜 영화를 통해 변화된 신중국의 모습을 선전하고 다른 사람을 위해 봉사해야 한다는 점을 교육시키려는 의도가 엿보인다.

_ **핵심어**　　： 마술 동물원 버스안내원 마술사 총 정면 인물

_ **작성자**　　： 곽수경

여자이발사 女理髮師(WOMAN BARBER)

_ 출품년도   : 1962년
_ 장르   : 코미디
_ 상영시간   : 50분
_ 감독   : 딩란(丁然)
_ 제작사   : 天馬電影制片廠
_ 주요스탭   : 시나리오(錢鼎德 丁然) 촬영(沈西林) 작곡(楊庶正) 미술(何瑞基) 미술(何瑞基) 음악(楊庶正) 편집(張立群)
_ 주요출연진 : 華家芳(王丹鳳) 賈주임(韓非) 趙씨(顧也魯) 조씨 부인(謝怡冰)
_ 시놉시스   : 자(賈)주임은 상업회사의 주임으로 화자팡(華家芳)의 남편이다. 화자팡은 이발사를 하고 싶어 하지만 남편의 반대로 하지 못하다가 자주임이 출장으로 집을 비우는 사이 이발사 일을 시작한다. 하지만 남편이 돌아온다는 소식을 듣고 걱정이 된 화자팡은 손님의 머리를 잘못 잘라버린다. 저녁 기차역에 마중 나온 사람은 화자팡이 머리를 잘못 잘랐던 손님으로 자주임의 친구 자오(趙)씨였다. 두 사람은 식사를 하려고 공교롭게도 자오씨 부인이 일하는 메이웨이춘(美味村) 식당에 들어간다. 자오씨 또한 아내가 식당 일을 하는 것을 좋아하지 않았는데 이를 눈치 챈 자주임은 남성주의적 사고라고 질타하고 서비스업의 중요성을 역설한다. 이후 자오씨 부부는 관계가 좋아지고 자오씨는 자주임 집에 갔다가 화자팡이 자신의 머리를 잘랐던 3호 이발사라는 사실을 알게 된다. 하지만 자주임은 아내가 이발사라는 사실을 모른 채 아내가 일하는 이발관에 가서 3호 이발사를 지목하는데 화자팡은 커다란 마스크를 쓰고 남편의 머리를 자른다. 자주임이 만족해하며 칭찬을 하고 있을 때 공교롭게도 기자가 3호 이발사를 취재하러 들어온다. 자주임은 3호 이발사가 자기 아내라는 사실을 발견하고 난처한 표정을 지으며 자신의 생각이 틀렸다는 것을 인정한다.
_ 단평   : 평범한 가정주부의 사회진출 문제를 신구사상의 대립을 통해 이야기하고 있다. 특히 전통사상의 틀에 구속되어 있는 남성들의 권위의식을 희극적으로 폭로하고 여성들의 적극적인 사회활동과 직업활동을

유도하고 있다. 이 영화는 1960년대 초반을 배경으로 사회주의 사회의
귀감이 될 수 있는 인물을 형상화하고 있다.

_ **특기사항** : 흑백
_ **핵심어**   : 이발사 서비스업 남성주의
_ **작성자**   : 조병환

축구팬 球迷(FOOTBALL FANS)

_ **출품년도** : 1963년
_ **장르**   : 코미디
_ **감독**   : 쉬창린(徐昌霖)
_ **제작사**   : 天馬電影制片廠
_ **주요스탭** : 시나리오 각색(徐昌霖) 촬영(石鳳岐) 미술(徐克己) 음악(齊岡)
         편집(陳惠芳) 조감독(張秀芳)
_ **주요출연진** : 운전사(鐵牛) 검표원(關宏達) 기사의 아내(孫景璐) 운전사의 아
         들(盧前榮) 의사(陳述) 임산부의 모친(吳茵) 의사의 아내(張鶯) 임산부
         (閔惠琴)
_ **원작**   : 진전자(金振家)의 연극(話劇)「축구장 바깥 풍경(足球場外)」
_ **시놉시스** : 어느 일요일 오후 교통팀과 병원팀의 축구결승전에 많은 축구
         팬이 모여든다. 적지 않은 택시기사들이 축구팬이기 때문에 승객들의 요
         구와 기사들의 취미를 만족시켜주기 위해 지도자들은 택시기사들이 관
         중을 축구장으로 태워다준 후 자신들도 축구를 보고 축구가 끝나고 나면
         다시 관중들을 태워주는 것에 동의한다. 축구를 광적으로 좋아하는 한
         택시기사가 어렵사리 입장권을 구하고 기쁨에 들떠 택시를 타고 출발한
         다. 그는 의사 부부와 뚱뚱한 축구팬을 태우게 된다. 축구장에 도착했을
         때 의사부부는 입구에서 환불하려는 표를 기다리고 있고 택시기사는 자
         신의 입장권이 없어졌다는 사실을 발견하고 초조해한다. 택시기사의 아
         들은 원래 표 두 장을 샀지만 아버지에게 이미 표가 있다는 사실을 떠
         올리고 나머지 한 장을 의사의 아내에게 팔아버렸다. 그들이 입장하려고
         할 때 택시기사는 아들을 발견하고 아들에게서 표를 뺏는다. 아들이 몹

시 화를 내자 택시기사는 너무도 축구를 보고 싶었지만 아들을 들여보낸다. 경기가 시작되려고 할 때 표가 없는 많은 사람들이 축구장 밖에서 방송을 듣고, 택시기사와 의사는 환불되는 표를 기다리는 한편 축구팀의 승부 때문에 언쟁을 벌인다. 택시기사는 정신이 없는 와중에 의사 아내의 영화표를 축구입장권으로 오인하고 의사 또한 오해를 하여 야단법석이 벌어진다. 한편 택시기사의 아내는 집에서 밥을 먹다가 축구표를 발견하는데 알고 봤더니 택시기사가 실수로 표를 밀가루 속에 넣어버렸던 것이다. 택시기사의 아내가 서둘러 남편에게 그 표를 전해주러 가지만 관중이 너무 많아 사람들에게 떠밀려 축구장 안으로 들어가게 되고 택시기사는 여전히 표를 건네받지 못한다. 갑자기 축구공 하나가 축구장 밖으로 날아와 택시기사는 축구공을 차 넣으려고 하지만 잘못해서 공이 강으로 빠져버린다. 그는 수영을 잘하지 못했지만 책임감을 느끼고 공을 잡으려고 급히 강에 뛰어들었다가 잔뜩 물을 마시게 된다. 의사가 물에 뛰어들어 택시기사와 축구공을 모두 건져낸다. 뚱뚱한 축구팬은 한참을 기다려도 동행이 오지 않아 표를 물리려고 하는데 택시기사와 의사가 그 표를 사려고 실랑이를 하다가 가위바위보로 결정을 한다. 의사가 이겨 택시기사는 무척이나 부러운 눈으로 의사부부가 축구장으로 들어가는 것을 바라본다. 축구는 무척이나 격렬하게 진행되어 손에 땀을 쥐게 하는데 입구에 한 노부인이 와서 자기 딸이 분만을 하려고 한다며 아이를 받아줄 의사를 찾는다. 의사가 한창 집중해서 시합을 보다가 나와 달라는 표지판을 보고 바깥으로 나간다. 하지만 관중석이 복잡하여 담을 넘다가 또 한바탕 소동을 벌인다. 의사는 아쉽지만 경기관람을 포기하고 아이를 받으러 간다. 택시기사는 좋아서 어쩔 줄을 몰라 하며 의사에게서 표를 받아 즉시 축구장으로 들어가려고 하지만 그 역시 의사를 병원으로 데려다주기 위해 귀중한 기회를 포기한다. 산모는 무사히 쌍둥이를 낳고 의사는 택시기사의 차를 타고 축구장으로 돌아오지만 시합은 이미 끝나버려 아쉬운 마음을 금할 길 없다. 하지만 곧 양팀이 비겼다는 소식을 듣고 기쁘기 그지없다. 그들은 다시 한 번 결승전을 볼 기회를 얻고 두 사람은 좋은 친구가 된다.

_ **특기사항** : 흑백 극영화

　　　　　 : 1964년 6월 27일에 마오쩌둥(毛澤東)이 '전국 문련과 소속 각
　　　협회의 정풍 상황에 대한 중앙선전부의 보고(中央宣傳部關于全國文聯和
　　　所屬各協會整風情況的報告)' 석상에서 「문예문제에 관한 두 가지 지시
　　　(對文藝問題的兩個批示)」를 거론함으로 인해 이데올로기 영역에서 잘못
　　　되고 지나친 비판이 일어났는데, 이 영화 역시 상영 후 공개 비판을 받고
　　　'독초'로 규정되었으며, 전국적으로 대대적인 비판운동이 일어나게 되
　　　었다.(舒曉鳴, 104쪽)

_ **핵심어** : 축구 정풍운동 독초
_ **작성자** : 곽수경

부모처럼 如此爹娘(SUCH PARENTS)

_ **출품년도** : 1963년
_ **장르** : 코미디
_ **감독** : 장톈츠(張天賜)
_ **제작사** : 海燕電影制片廠
_ **주요스탭** : 시나리오 각색(笑嘻嘻 綠楊 葉一淸) 촬영(彭恩礼) 미술(張万鴻)
　　　　　　음악(胡登跳 任心良) 편집(張淳)
_ **주요출연진** : 孫平(楊華生) 周娟(綠楊) 蔣福根(笑嘻嘻) 紅榴 張樵膿 何鳳 丹楓
　　　　　　張利音 丹琳 沈一樂
_ **원작** : 동명 상하이 만담
_ **시놉시스** : 상하이의 어떤 집에 두 가구가 살고 있다. 아래층에는 자동차 기
　　　　　　사인 장푸건(蔣福根)이라는 사람이 살고 있는데 그는 13세 된 아들 아룽
　　　　　　(阿龍)의 품행교육을 중요하게 여겨 항상 아들에게 엄격한 가정교육을
　　　　　　시킨다. 장푸건은 성격이 급해서 아들이 잘못하면 때리거나 욕을 하며
　　　　　　가르치려 했지만 그런 방법은 효과가 없었다. 위층에는 쑨핑(孫平) 가족
　　　　　　이 살았는데 그의 아내 저우쥐안(周娟)은 원래 자본가의 딸로 매우 이기
　　　　　　적이다. 평상시 부부 간에 서로 잘 속여서 그들의 언행은 12세 된 아들 샤
　　　　　　오바오(小寶)의 품행에 영향을 준다.

_ 핵심어   : 두 가정 기사 가정교육 자본가 이기주의 품행 도시

_ 작성자   : 조병환

72가구의 세입자들 七十二家房客(THOSE 72 TENANTS)

_ 출품년도   : 1963년

_ 장르   : 사회극

_ 감독   : 왕웨이이(王爲一)

_ 제작사   : 珠江電影制片廠

_ 주요스탭   : 원작(楊華生 笑嘻嘻 張樵儂 沈一樂) 각색(黃谷柳 王爲一) 촬영
             (劉洪銘 王雲暉) 미술(黃冲) 작곡(黃錦培)

_ 주요출연진 : 炳根(文覺非) 阿香(李艶玲) 경찰 369(王中) 경찰 分局長(陳天縱)

_ 원작   : 상하이 대공 골계극단의 무대극「七十二家房客」각색

_ 시놉시스   : 해방 전, 광저우(廣州)의 낡은 건물에 72가구가 세들어 산다. 건
             물주 빙건(炳根)은 세입자들을 착취하며 사는 악한 사람이다. 그는 이 건
             물을 '소요궁(逍遙宮)'이라는 기원 겸 도박장으로 바꿔 돈벌이를 하려고
             경찰 369를 동원해서 세입자들을 쫓아내려 한다. 세입자들의 완강한 저
             항에 부딪힌 빙건은 경찰 분국장의 힘을 빌기 위해 양녀 아샹(阿香)을 그
             의 첩으로 주려 한다. 빙건의 뒤에 경찰 분국장이 있다는 사실을 알게 된
             투자자들은 빙건에게 많은 돈을 투자한다.

             하지만 아샹은 분국장의 첩이 되기를 거부하고, 세입자들이 그녀를 숨
             겨준다. 진퇴양난에 빠진 빙건은 투자자들의 돈을 가지고 도망치려 하다
             가 결국 붙잡혀 감옥에 간다. 72가구의 세입자들은 다행히 살던 곳에서
             쫓겨날 처지를 모면하게 된다.

_ 핵심어   : 세입자 건물주 비리 경찰

_ 작성자   : 유경철

청년 세대 年靑的一代(THE YOUNGER GENERATION)

_ 출품년도   : 1965년

_ 장르   : 생활 극영화

_ 상영시간 : 107분

_ 감독 : 자오밍(趙明)

_ 제작사 : 天馬電影制片廠

_ 주요스탭 : 시나리오(陳耘 · 趙明) 촬영(石鳳岐) 미술(魏鈺錚 · 李金桂) 음
악(蕭珩)

_ 주요출연진 : 蕭繼業(楊在葆) 林育生(達式常) 夏倩如(朱曼芳) 林嵐(曹雷) 林
堅(溫錫瑩) 蕭奶奶(沙莉) 夏淑娟(趙抒) 李榮生(顧正勇)

_ 원작 : 陳耘의 同名話劇(1963년『劇本』)

_ 시놉시스 : 1960년대, 지질대학을 졸업한 샤오지예(蕭繼業)와 린위성(林育
生)은 칭하이(青海)의 모 지질 작업반에 배치된다. 린위성은 고생스런 생
활이 두려워 병을 핑계로 상하이로 돌아와서 복귀하지 않는다. 샤오지예
와 그의 팀원은 여러 방면의 시추를 통해서 새로운 광맥을 발견한다. 팀
장은 그에게 상하이로 가서 지질 보고 심사 비준회에 참여하라고 한다.
그리고 가는 길에 린위성의 근황을 알아보라고 한다. 샤오지예는 상하이
로 돌아와 린위성이 상하이에서 일자리를 찾으면서 약혼자 샤첸루(夏倩
如)의 졸업도 가로막고 있다는 사실을 알게 된다. 지질 보고회에서의 답
변을 하느라 바쁜 와중에도 샤오지예는 린위성의 여동생 린난(林嵐)과 함
께 린위성이 복귀하도록 설득한다. 병원 검사 결과 샤오지예는 뼈에 이상
이 생겨 다리를 자를 수도 있다는 진단을 받는다. 린위성은 탐사반에 샤
오지예의 진단증명서를 위조해서 보내고 이 사실은 샤오지예를 더욱 고
통스럽게 만든다. 린위성의 양부(養父) 린젠(林堅)은 린위성의 친부모가
국민당에 저항하다 감옥에서 남긴 유서를 보여주고 그를 교화시키고 각
성시킨다. 샤오지예의 병은 잘 치료되고 지질보고도 심사에 통과하여 린
위성과 샤첸루는 샤오지예와 함께 작업대로 복귀한다. 린난도 신장(新疆)
농장에 적극적으로 참가 신청을 하여 중국 변방 건설에 청춘을 바친다.

_ 단평 : 영화가 창작된 1965년은 문화대혁명을 코앞에 둔 시기이다. '17
년' 영화 중에서도 가장 정치성이 강한 영상을 만들어내던 시기의 작품
이다. 혁명적 내용을 담은 서정정극(抒情正劇)의 형식을 영상으로 담아
내어 연극적 요소가 농후하다. 공산주의 사회를 찬양하며 개인의 이상과

행복은 지양하고 국가와 당을 위해 헌신해야 하는 선전·선동의 웅변식 논조가 대화의 상당 부분을 차지하고 있다. 린위성은 부르주아적 취향을 가지고 있으며 개인의 행복을 추구하는 인물이다. 반면에 샤오지예는 병을 극복하고 당과 인민을 위해 공헌하는 프롤레타리아 영웅적 혁명 전사이다. 공산주의 다음 세계를 이끌 청년들의 창의적이고 개인주의적 생활 공간은 전체 의식 형태에 짓눌려 결국 교조주의적 교리에 따라 무참히 외면되고 만다. 영화 제목 '청년 세대(年青的一代)'는 영화에서 불리는 노래 가사이기도 하다. 이 노래는 사회주의 건설의 첨병이며 아름다운 미래를 창조하기 위해 청춘을 혁명에 헌신해야 하는 청년은 "공산주의를 위해 용감하게 투쟁해야 한다"로 끝맺고 있다. 연극 미학의 기본 형식인 충돌을 일으키는 모순 양쪽을 설정하면서도 대단원에서는 해피엔딩으로 막을 내리는 단순한 스토리이다. 여기다 연극식의 발성법으로 이뤄지는 웅변·설교식의 대화, 과장된 움직임으로 이어지는 연극식의 연기는 국가의 통치를 잘 알리는 건전 영화의 전형적 모습을 보이고 있다. 노골적인 정치 구호와 시위 장면 삽입, 행진곡 풍으로 지속되는 사운드트랙은 정치 선전 영상의 전형을 보여준다. 한편 모순 해결의 문제 공간이 가족 단위에서 이뤄지는 특징을 보여주고 있다.

_ **특기사항** : 흑백
_ **핵심어** : 지질탐사 양부 지질탐사반 변방 상하이
_ **작성자** : 김정욱

소년 축구부 小足球隊(A YOUNG FOOTBALL TEAM)

_ **출품년도** : 1965년
_ **장르** : 스포츠
_ **감독** : 옌비리(顔碧麗)
_ **제작사** : 海燕電影制片廠
_ **주요스탭** : 각색(任德耀 石方禹 林朴曄) 촬영(顧溫厚) 미술(傅淑珍) 작곡(王雲階) 편집(周鼎文)
_ **주요출연진** : 江荔(王金娥) 路陽(張國平) 吳金寶(包福明) 黎明(施融) 吳安(梁波羅)

_ 원작   : 연극 「小足球隊」 각색
_ 시놉시스 : 루양(路陽)은 반 대항 축구시합에서 개인 플레이에 주력하다 교
체된 후, 담임 장리(江荔)의 지도에 불만을 품고 우진바오(吳金寶) 등 친
구들과 따로 '무명(無名)'이라는 축구팀을 만든다. 그들은 우안(吳安)을
코치로 맞이하는데, 우안은 조직력보다는 개인플레이를, 스포츠맨십보
다는 승리를 더 중시하여 선수들을 잘못 이끈다. 루양의 사촌 리밍(黎明)
은 루양이 성적에는 아랑곳하지 않고 축구에만 열을 올린다고 걱정한다.
　　얼마 후, 무명팀은 반대표 축구팀에 시합을 제안한다. 리밍 등은 그들
이 승부에 지나치게 집착하는 것을 달갑게 여기지 않아 시합을 거부하지
만, 시합을 통해 그들이 잘못을 깨우칠 수 있도록 이끌어보라는 장리 선
생의 말을 듣고 수락한다. 무명팀은 개인플레이에 집착하다가 반대표팀
에게 연속 4골을 허용하고, 결국 4대 1로 패배하고 만다. 시합이 끝난 후
장리 선생은 루양과 우진바오 등에게 개인주의와 영웅주의를 버려야 함
을 가르치고, 그들 역시 이를 반성하게 된다. 우안도 자신의 지도 방식과
사고방식이 잘못된 것임을 깨닫는다.
_ 핵심어   : 축구 개인주의 영웅주의 선생님의 지도
_ 작성자   : 유경철

내가 당연히 해야 할 일 這是我應該做的(THIS IS MY DUTY)

_ 출품년도 : 1965년
_ 장르   : 드라마
_ 상영시간 : 90분 추정
_ 감독   : 장텐츠(張天賜)
_ 제작사   : 海燕電影製片廠
_ 주요스탭   : 시나리오(李天濟) 촬영(李魁) 미술(諸樂前) 작곡(向異) 녹음(任
心良) 편집(黃財章) 등
_ 주요출연진 : 丁根寶(楊在葆) 劉小妹(李玲君) 劉俊(周康瑜) 吳大龍(徐在根)
李玉貞(史淑桂) 간호장(趙抒音) 등
_ 시놉시스 : 상하이 삼륜차 노동자 딩건바오(丁根寶)는 평소에 열심히 마오

주석의 저작을 학습하고 전심전력을 다해 인민을 위해 봉사한다. 교외의 한 인민 공사 구성원 우다룽(吳大龍)이 아내 리위전(李玉貞)을 데리고 시내로 와서 병을 고치려 하자 건바오는 그들을 도와 좋은 병원에 입원 수속을 할 수 있도록 한다. 건바오는 그들이 상하이에 친지가 없다는 사실을 알고는 다룽이 안심하고 일터로 돌아가게 하기 위해서 아내와 함께 자주 병원에 들러 위전을 돌본다. 위전이 퇴원하던 날, 건바오는 그녀가 장거리 승차를 견디지 못할 것을 염려하여 최선을 다해 집으로 돌려보낸다. 그는 그런 일을 할 때마다 겸손하게 "내가 당연히 해야 할 일"이라고 여긴다. 건바오가 산업전시회를 구경하러 갔는데 전시회에 참가한 푸젠(福建)의 모범 농민인 샤오메이(小妹)가 20여 년 전 아버지와 헤어져 지금까지 찾지 못했다는 사실을 알게 된다. 그는 샤오메이를 찾아가 적극적으로 아버지를 찾는 일을 돕고 싶다고 말한다. 하지만 샤오메이는 일곱 살 나던 해의 일만을 기억할 뿐이다. 아버지가 어떤 공원 입구에서 담배를 피우고 있을 때 갑자기 일본 놈에게 끌려갔고, 자기 또한 속아서 푸젠 지역으로 팔려 왔으며 그때부터 부녀가 헤어지게 되었다는 것이다. 사회주의 중국 수립 이후, 아버지를 찾아보았으나 이름조차 모르고 있었기에 쉽지 않은 일이라 말한다. 건바오는 운수회사 안 당 조직의 지지와 군중의 도움을 받아 고생을 마다하지 않고 상하이시에서 같은 이름을 가진 하이우(海五)라는 사람 중에서 67명을 찾아낸다. 건바오와 운수회사의 동지들은 흩어져서 동서남북 각 지역에 있는 하이우의 집을 방문하고, 마침내 그 아버지를 찾아낸다. 건바오는 전심전력을 다해 인민을 위한 봉사 정신으로 당과 인민의 칭송을 받는다. 그는 상하이시 삼륜차 노동자 대표로 선출되고 베이징에 가서 전국 선진 산업인대회에 참석한다.

_단평　　　: 사회주의 중국 수립 이후 연극영화(戲曲電影)의 개체수가 급격히 증가하고 있던 상황에서 문화대혁명 전야인 1965년에는 다큐멘터리를 제외한 전체 영화 중 절반 정도가 연극영화로 창작되었다. 이러한 상황에서 일반 드라마 장르는 기존의 플롯과 서사를 답습하는 등 이렇다 할 만한 주목을 끌지 못했는데, 이 영화 또한 노동자를 주인공으로 내세우고 그의 선행을 통해 갈등을 해결한다는 모델에는 별다른 차이가 없으

나 사회주의 중국 이전에 발생한 이산가족의 문제를 소재로 취하고 있다는 점은 매우 흥미롭다. 영화는 누군가를 찾아야 하는 문제가 발생해 있고, 그런 문제는 다시 노동자(군중)들에 의해 해결된다는 플롯 구조로 진행된다. 이런 구조는 마치 최근 '5세대' 감독인 장이머우(張藝謀)가 이른바 '5세대적' 방식의 촬영으로부터 급선회하면서 정권에 밀착하기 시작하는 전환점을 보여주는 영화 〈책상 서랍 속의 동화(一個都不能少)〉를 연상시킨다는 점에서도 매우 흥미롭다. 그렇다면 장이머우는 결국 1930년대 상하이 영화가 취했던 은유적인 현실 비판의 방식으로부터 사회주의 중국 초기의 영화들이 보여주는 도식적인 모델로 전향했다는 혐의를 피할 수 없을 것으로 보인다. 상하이시 삼륜차 노동자 대표로 선출된 주인공이 베이징으로 가서 전국 선진 산업인 대회에 참석한다는 설정 또한 상하이와 베이징 사이의 모종의 힘의 관계를 암시하고 있다는 측면에서도 흥미로운 대목이다.

_ **특기사항**　: 흑백 유성 영화(9권)
_ **핵심어**　 : 이산가족 인민을 위한 봉사 노동자 마오주석의 저작
_ **작성자**　 : 임대근

수술 조명 아래의 은침 无影燈下頌銀針(SONG OF ACUPUNCTURE TREATMENT)

_ **출품년도**　: 1974년
_ **장르**　　 : 생활 극영화
_ **감독**　　 : 쌍후(桑弧)
_ **제작사**　 : 上海電影制片廠
_ **주요스탭**　: 촬영(李崇俊) 미술(薛健納) 음악(徐景新)
_ **주요출연진** : 李志華(祝希娟) 陳기사(王志剛) 楊기사(婁際成) 丁의사(丁嘉元)
　　　　　　　羅의사(邱世穗)
_ **시놉시스**　: 상하이 모 병원 리(李)의사는 강철 공장에서 순회 의료를 진행하던 중, 작업을 하던 늙은 양(楊)기사가 심장병으로 발작을 일으키자 병원으로 보내 응급조치를 취한다. 이때 리의사는 병이 더 악화되어 생명이 위험하기 전에 가능한 한 빨리 수술해야 한다고 주장하지만, 외과과

장 뤄(羅)의사는 책임이 두려워 병세가 특수해서 마취제로는 성공하기 힘들다는 사실을 강조하면서 수술에 반대하고, 양기사를 병원에서 내보내려 한다. 리의사는 대담하게 침으로 마취를 시키는 방법을 주장하지만, 뤄의사는 역시 반대한다. 리의사는 당(黨)지부와 노동자사상선전대(工宣隊)의 지지 아래 침으로 마취시키는 방법을 연구한 후, 흉막이 찢어질 수도 있는 위험을 무릅쓰고 스스로에게 직접 시험을 해본 후 수술 준비를 한다. 뤄의사는 여전히 강력하게 반대하고 양기사를 다시 문밖으로 밀어낸다. 사실 뤄의사는 십여 년 전 경솔하게 양기사를 수술해서 후유증을 만들었고, 이렇게 심각한 지경에 이르러서야 비로소 발견한 것이었다. 리의사의 엄숙하고 열정적인 비판에 뤄의사는 크게 충격을 받는다. 리의사는 다른 의료종사자의 긴밀한 협조 아래 침을 이용한 마취 방법으로 양기사를 성공적으로 수술하여 양기사의 심장병을 완벽하게 치료한다. 뤄의사는 자신의 잘못을 인정하고 깊은 교훈을 얻게 된다.

_ **특기사항**   : 천연색
_ **핵심어**   : 명예 침 노동자사상선전대
_ **작성자**   : 김정욱

안전벨트 一副保險帶(A SAFE BELT)

_ **출품년도**   : 1974년
_ **장르**   : 혁명
_ **상영시간**   : 43분
_ **감독**   : 숭닝치(宋寧奇) 자오환장(趙煥章)
_ **제작사**   : 上海電影制片廠
_ **주요스탭**   : 시나리오(上海人民準劇團) 촬영(沈西林) 미술(趙紀文) 음악(徐景新)
_ **주요출연진**   : 紅英(王政) 小楊(錢紅娟) 李大伯(戰車) 王大叔(仲星火) 邱金才(馮奇)
_ **원작**   : 자딩(嘉定)현 아마추어문예창작팀, 타오푸(桃浦)공사 아마추어문예창작팀, 상하이 인민준극단의 동명 연극을 각색

_**시놉시스**   : 상하이 교외지구에 있는 인민공사 친펑(勤豐)대대는 매년 풍작
을 거두어 집체 경제가 탄탄하다. 탄탄한 경제 조건하에서 회계담당 훙
잉(紅英)은 '근검하게 공사를 이끌어간다'는 방침을 견지하여 칭찬을 받
는다. 전기공 샤오양(小楊)은 허영에 차서 마로 엮은 안전벨트가 보기 싫
다고 싫어하던 차에 자리에서 쫓겨난 회계담당 추진차이(邱金才)가 부추
기는 바람에 몰래 소가죽으로 만든 안전벨트를 산다. 훙잉은 근검절약
원칙을 고수하여 그것을 공금으로 처리하는 것을 허락하지 않는다. 추진
차이는 샤오양에게 '생산을 위해서'라는 핑계를 대고 공금 처리 승인을
받으라고 하지만 훙잉은 꿈쩍도 하지 않고 오히려 당지부 위원 리다바이
(李大伯)에게 상황을 보고한다. 저녁에 대대가 중요한 방송을 듣고 있는
데 폭풍우로 인해 방송선로가 끊어져버린다. 샤오양이 보수를 하러 가려
고 하지 않자 훙잉이 설득한다. 결국 샤오양은 보수에 나서지만 전선이
없어져서 끊어진 선을 이을 수 없다는 사실을 발견하고 난감해한다. 훙
잉이 샤오양이 버렸던 전선을 챙겨다 주어 선로를 보수한다. 샤오양은
자신의 잘못을 깨닫고 소가죽 안전벨트를 반환하는 데 동의한다. 하지만
훙잉은 이 사건의 배후에 문제가 있다는 것을 느끼고 단순하게 안전벨트
를 반환하는 것에 동의하지 않는다. 사실은 추진차이의 동료가 전선을
훔쳤던 것이다. 추진차이는 범행이 밝혀질 것이 두려워 장물을 옮기려고
하다가 현장에서 민병에게 붙잡힌다. 이 일련의 사건을 통해 훙잉은 샤
오양을 교육하고 경제를 탄탄히 하기 위해서 더욱 열심히 일하고 혁명전
통을 계승해야 한다는 점을 인식시킨다.

_**단평**   : 영화가 시작되면 평화로운 시골 마을의 풍경과 현대화되어가는
마을 모습과 더불어 그 속에서 활기에 찬 사람들의 모습이 전개된다. 이와
더불어 울려 퍼지는 민족풍의 음악과 사회주의를 찬양하는 노래가 경쾌함
을 더해주며 사회주의 신농촌 건설의 목표하에 발전하고 있는 당시 사회
를 엿볼 수 있다. 점차 시간이 지나면서 신농촌 건설의 정신을 잃어가는 샤
오양과 자신의 사리사욕을 채우려는 추진차이와 훙잉을 대표로 하는 정반
세력 간의 갈등을 통해 혁명 이후에도 지속되는 노선투쟁의 문제와 해이
해져가는 사상을 재무장하고자 하는 의도를 엿볼 수 있지만 전체적으로

비춰지는 농촌과 인민들의 모습은 매우 밝고 건강하게 표현되고 있다.

하지만 홍잉은 마오쩌둥의 지침서를 꾸준히 학습하고 생활 속에서 실천하며 결국 방송선로에 문제가 생겼을 때에도 전선 담당인 샤오양이 아니라 자신이 직접 문제를 해결하며 당지부 위원인 리다바이까지 홍잉에게 탄복하고 자신의 행동이 철저하지 못했음을 비판하게 하는 등 홍잉을 완전무결한 사회주의 영웅인물의 모범으로 내세움으로써 사실감을 상실하고 있다.

_ **핵심어**　　: 인민공사 사상교육 당 경제 혁명 전통
_ **작성자**　　: 곽수경

강철시대 火紅的年代(THE FIERY YEARS)

_ **출품년도**　: 1974년
_ **장르**　　　: 혁명
_ **감독**　　　: 푸차오우(傅超武) 쑨융핑(孫永平) 위중잉(兪仲英)
_ **제작사**　　: 上海電影制片廠
_ **주요스탭**　: 시나리오(『鋼鐵洪流』영화제작준비소조) 촬영(羅從周 查祥康) 미술(何瑞基) 음악(呂其明)
_ **주요출연진**: 趙四海(于洋) 王堅(鄭大年) 白顯舟(溫錫瑩) 老田(婁際成) 應家培(張雁)
_ **원작**　　　: 제목(『鋼鐵洪流』)
_ **시놉시스**　: 1962년 냉전체제시기 서방국가들이 중국에 대해 경제봉쇄 조치를 취하자 중국 내에는 자주국방의 위기의식이 팽배해진다. 이러한 위기 상황에서 해군력을 향상시키기 위해 가장 필수적인 좋은 함선을 만들기 위해서는 합금강철을 생산하는 일이 시급하였다. 이런 종류의 국산 합금 강철을 제조하기 위하여 자오쓰하이(趙四海)를 중심으로 한 소조가 결성되고 이들은 당위원회의 중요한 임무를 맡게 된다. 그들은 수입산을 능가할 수 있는 국산 강철, 일명 '투지 강철'의 제조법을 개발하겠다는 의지를 굳건히 한다. 그러나 강철공장장 바이셴저우(白顯舟)는 수입품에 대한 신뢰를 갖고 있어 외국산에 의지하려고 한다. 이 때문에 당위원회

내부에서는 격렬한 대립이 전개되는데 공장의 당위원회 서기인 왕졘(王堅)과 대다수의 당위원들은 자오쓰하이가 제기한 방안을 지지한다. 자오쓰하이는 퇴직노동자인 라오톈(老田)과 다른 공장노동자의 격려를 받으면서 밤낮없이 실험에 몰두하지만 몇 차례 실패를 겪는다. 실험이 조금씩 진전을 보이자 생산조정실 주임 잉자페이(應家培)의 방해로 위험한 상황을 맞게 되고 이를 저지하려던 라오톈은 중상을 입는다. 사건 현장을 조사하는 자오쓰하이를 막기 위해 바이셴저우는 오히려 계급투쟁을 선동하고 당위원회의 지적을 무시한 채 국산합금 실험을 저지하려는 등의 행동으로 끝내 당의 준엄한 비판을 받게 된다. 그리고 얼마 뒤 자오쓰하이 소조는 국산 강철인 '투지 강철' 개발에 성공하게 된다.

_ 단평 　　: 영화의 제작 시기는 문화대혁명이 끝나가는 1974년이지만 영화는 여전히 대약진식 생산성 향상이라는 주제를 선전하고 있다. 특이한 점은, 다른 영화보다 고립된 중국의 현실을 고스란히 그려내고 있다는 것이다. 냉전체제, 소련과의 갈등, 인도와의 국경문제 등은 국가방위라는 국가적 위기의식을 고무시킬 필요가 있는 이슈였으며, 그중에서 자체 무기생산은 중요한 현실과제였다. 이러한 현실적 이슈를 고무시키는 데 '제철'이라는 프로젝트는 효과적인 이데올로기 상징이다. 장이머우(張藝謀)의 〈인생〉에서 아들 유칭(有慶)이 사고로 죽게 되는 장면은 바로 마을의 제철 작업을 위해 푸구이(福貴)가 그림자극을 공연하고 나서이다. 밤샘 작업으로 지친 마을 주민들이 마치 시체가 널브러져 있듯이 지쳐 쓰러져 있는 장면은 '제철'로 상징되는 국가 이데올로기에 대한 비판이기도 하다. 이 영화에서는 국산 제철 생산 신화를 그려내는 데 주력하고 있다. 이를 위해 공장장과 공장 간부들은 대립 축으로 그려지고 라오톈은 이들의 음모로 죽을 고비를 넘기면서 영웅신화를 창조한다.

_ 특기사항 　: 집체창작으로 제작된 작품
　　　　　　: 감독 孫永平은 배우출신으로 〈51호 병참〉 등 다수 작품에 출연했고, 연극 「집」에서 인상적 연기를 펼쳤다. 〈六十年代第一春〉 제작에도 참여했다.
　　　　　　: 천연색

_ 핵심어   : 사회주의 생산력 제철공장 국산강철 무기 노동영웅

_ 작성자   : 노정은

조선소에서 戰船台(IN THE SHIPYARD)

_ 출품년도   : 1975년

_ 장르   : 사회/혁명

_ 상영시간   : 93분

_ 감독   : 푸차오우(傅超武)

_ 제작사   : 上海電影制片廠

_ 주요스탭   : 시나리오(杜冶秋 劉世正 王公序 葉丹) 촬영(羅從周 彭恩礼) 미
              술(韓尙義) 음악(呂其明 劉雁西)

_ 주요출연진 : 雷海生(王振江) 王大船(郭殿昌) 趙平(婁際成) 周培欣(凌之浩)
              高維舟(邱世德) 沈玲娣(張燕) 董逸文(吳文倫)

_ 원작   : 동명 상하이 연극

_ 시놉시스   : 1970년대 초 공산당 9대 노선의 지휘 아래 다장(大江)조선소의
              노동자 간부 레이하이성(雷海生)은 만 톤짜리 기선을 만들자고 제안하여
              전체 노동자들의 열렬한 지지를 받는다. 기선이 거의 완성되어갈 때 둥이
              원(董逸文)은 일부러 배를 고장 낸다. 몸을 돌보지 않는 레이하이성의 응
              급조치에 다행히 나쁜 결과를 막을 수 있었지만 이 사고 후 둥이원은 이에
              대한 책임을 모두 가오웨이저우(高維舟)에게 돌린다. 한편 자오핑(趙平)은
              아직 완공되지 않은 기선을 물속으로 밀어 넣는다. 이때 레이하이성은 조
              선소로 달려와 자오핑의 잘못을 지적하면서 한 차례 사상투쟁을 벌인다.
              그때 둥이원의 죄상이 모두 폭로되고 다장조선소는 마침내 작은 조선소가
              처음으로 만 톤짜리 기선인 '둥방'을 만들어 물에 띄우는 데 성공한다.

_ 단평   : 이 영화는 무대극을 다시 영화한 작품으로 문화대혁명시기 모
              범영화의 전형적 이데올로기를 그대로 답습하고 있다. 이런 모범영화들
              은 '주자파'에 대한 투쟁이었으며 특히 1973년에서 1976년까지 정치에
              예속되는 영화의 주류를 이루고 있으며 혁명과 당을 찬미하는 전형성을
              강조하고 있다. 그리고 '삼돌출' 원칙은 이 시기 영화의 창작방식을 크게

구속함으로써 선전정책에 입각한 혁명적 상징들을 노골적으로 드러내고
있다. 이처럼 문화혁명시기 권력자들에게 새로운 문화의 모범이 된 영화
들은 그 방식에 있어서 그다지 혁신적이지 못했으며 총체적으로 과거 영
화의 수준에 훨씬 못 미치고 있다.

_ **특기사항**   : 천연색
_ **핵심어**   : 조선소 기선 사고 사상투쟁
_ **작성자**   : 조병환

보검 이야기 大刀記(SHORT STORIES OF A KNIFE)

_ **출품년도**   : 1977년
_ **장르**   : 사회/혁명
_ **상영시간**   : 112분
_ **감독**   : 탕화다(湯化達) 왕슈원(王秀文)
_ **제작사**   : 上海電影制片廠
_ **주요스탭**   : 시나리오(郭澄淸) 각색과 집필(曲延坤 邱勛) 촬영(曹威業 翁詩
            杰) 미술(黃冶貴 仲永淸) 음악(肖珩) 조명(張川俠) 편집(錢麗麗 葛海娣)
_ **주요출연진** : 梁寶生 梁永生(楊在葆) 梁志勇(潘軍) 門大海(仲星火) 翠華(史淑
            桂) 어린 翠華(楊燕霞) 賈保軒 賈玉圭(李緯) 馬鐵德(陳達)
_ **원작**   : 郭澄淸의 동명소설
_ **시놉시스**   : 민국 초 대보름날, 소작인 량바오청(梁寶成)은 마을 사람들과
            함께 룽탄거리(龍潭街)로 가서 대보름놀이를 하며 지주 자바오쉬안(賈保
            軒)이 소작인들에게 자기 집 장례행사에 동참하도록 강요하는 데 대해
            반발한다. 량바오청은 이 일로 인해 박해를 받게 되어 대장장이 먼다하
            이(門大海)가 아들 량융성(梁永生)을 기른다. 어느 날 그들은 룽탄거리에
            서 자바오쉬안을 만나게 되는데 량융성은 복수심이 타올라 먼다하이의
            보검을 들고 야간에 자바오쉬안의 집으로 쳐들어가지만 집사 마톄더(馬
            鐵德)에게 발각되어 불을 지르고 도망친다. 먼다하이는 량융성이 기개가
            있다고 칭찬하고 태평천국의 영웅에게서 받은 보검을 준다. 량융성은 보
            검을 받고 가난한 사람들을 위해 복수하겠다는 뜻을 세운다.

20년 후 먼다하이의 딸 추이화(翠華)와 결혼한 량융성은 고향 닝안자이(寧安寨)로 돌아가지만 고향에는 여전히 지주가 득세하고 있다. 자바오쉬안의 아들 자위구이(賈玉圭)는 자주 범람하는 강을 치수한다는 명목으로 모금을 하고서도 강을 방치해둔다. 여름에 운하의 물이 범람하여 극심한 수해가 일어나 사람들은 생활하기조차 힘들다. 량융성은 보검을 들고 마을 사람들을 데리고 자위구이를 찾아가 담판을 지으려 하지만 국민당 현 보안대에게 진압을 당하고 다시 고향에서 도망친다. 량융성은 여러 곳을 헤매다가 마침내 혁명의 성지인 옌안(延安)으로 가서 팔로군에 참가한다.

량융성은 린허구역(臨河區)에 구역장으로 파견된다. 그는 닝안자이로 돌아와 마을사람들을 지도하여 자위구이의 진면목을 폭로하도록 한다. 또한 린허구역 민주정부의 명의로 자위구이에게 공산당 항일구국 10대 강령의 정책에 따라 구국식량을 내도록 하고 '2.5' 조세감량을 실행한다. 자위구이는 몰래 일본군과 결탁하여 양식을 그들에게 보내려 술책을 써서 량융성을 체포하려고 한다. 량융성은 군중을 동원하여 보검부대를 결성하고 적과 식량투쟁전을 전개한다. 먼다하이의 동생이자 팔로군의 지도원 왕다장(王大江)도 현에 파견되어 현 위원회서기를 담당한다. 량융성은 양식운반부대를 끌고 룽탄으로 가서 마톄더를 생포하고 곡식창고를 연다. 왕다장은 팔로군 현 대대를 데리고 운하 기슭에서 양식을 운반하는 일본군 기선을 습격한다. 당의 영도하에 린허 보검부대가 정식으로 설립된다.

_ **단평**　：민족음악과 민가풍의 노래를 삽입하고 있어 민족적 풍격을 강하게 느낄 수 있다. 지주의 호화로운 생활과 소작농들의 비참한 생활이 극도의 대비를 이루고 있으며 당시 지주들의 잔악한 행동과 국민당, 일본군과의 결탁의 면모가 잘 나타나 있다. 한편 량융성이 팔로군이 되었을 때 반짇고리까지 가지고 다니면서 스스로 옷을 기워 입고 담배도 자신의 것을 가지고 다니는데 이처럼 아주 조그마한 것도 인민들에게 폐를 끼치지 않도록 한 옌안의 지침을 엿볼 수 있다.

_ **특기사항**　：'문혁'이 종결된 이듬해인 1977년 전국에서 제작된 극영화는 18편에 달했고, 그 이듬해에는 40편에 이르러 문혁 기간 영화 제작 중단 상황도 끝나고 빠른 속도로 '문혁' 이전의 수준을 회복해갔다. 그중에서

혁명역사를 제재로 한 10여 편 중의 한 편이 이 영화이다.

_ **핵심어**　　: 소작농 지주 팔로군 보검부대 민족풍격

_ **작성자**　　: 곽수경

비밀국의 총소리 保密局的槍聲(GUNSHOTS IN THE CIB)

_ **출품년도**　: 1979년

_ **장르**　　　: 혁명

_ **상영시간**　: 113분

_ **감독**　　　: 창옌(常彦)

_ **제작사**　　: 長春電影制片廠

_ **주요스탭**　: 시나리오(鄭荃 金德順) 촬영(常彦 高洪寶) 미술(王桂枝) 음악(婁彰后) 조명(孫振山 李樹奎) 편집(劉英)

_ **주요출연진**: 劉嘯塵(陳少澤) 張仲年(正華) 史秀英(向梅) 李鐵新(宋景昌) 常亮(李啓民) 阿紀(朱德承)

_ **원작**　　　: 呂錚의 戰鬪在敵人心臟里 소설

_ **시놉시스**　: 항일전쟁 승리 후 국민당 통치하의 상하이에 공산당 비밀요원인 류샤오천(劉嘯塵)은 국민당 군통 비밀국에 잠입해 활동하고 있다. 어느 날 그의 연락원인 저우푸샹(周甫祥)이 조직 내 배신자에 의해 살해당한다. 류샤오천과 당에서 파견된 스슈잉(史秀英)은 배신자를 찾기 위해 거짓정보를 유출하여 무도회장에서 류샤오천을 알아보는 조직의 배신자와 특무대장을 죽인다. 그리고 스스로 총상을 만들어 상대방을 속인다. 새로 파견된 특무대장 장중녠(張仲年)은 류샤오천을 의심하고 다방면으로 시험을 하지만 류샤오천은 슬기롭게 극복하고 신임을 얻어 그의 부관으로 승진한다. 또한 류샤오천은 장중녠이 국민당 퇴각 이후 남아서 잠입할 자들의 명단을 확보하기 위해 서류를 관리하는 아지(阿紀)를 설득하여 명단을 확보한다. 임무를 마치고 퇴각하는 순간 류샤오천과 아지는 장중녠과 특무 라오싼(老三)에게 발각되어 생명을 위협받지만 돌연 라오싼이 장중녠을 죽이고 그들을 구한다. 라오싼은 공산당 비밀요원 창량(常亮)이었던 것이다.

젊은 친구들 小字輩(BUS NO. 3)

_ 시놉시스 : 샤오칭(小靑)과 샤오황(小黃)은 003번 버스 안내원이다. 샤오칭
            과 달리, 샤오황은 정거장 안내에 소홀하여 승객들의 불만을 사곤 한다.
            샤오홍(小洪)은 이 버스의 운전수이고, 샤오바이(小白)는 교통경찰이다.
            샤오홍은 자신의 차가 교차로에 들어설 때마다 빨간불에 걸리는데, 샤오
            바이가 고의로 그런 것이라고 생각한다.
            　식당 종업원 샤오거(小葛)는 003번 버스의 단골승객이며 발명에 뛰어
            난 능력을 가지고 있다. 그는 메가폰을 연구해 003 버스에 제공함으로써
            샤오황을 돕는다. 샤오홍과 샤오바이가 알게 된 후로는 샤오홍의 차가
            교차로에 들어설 때마다 녹색등을 만나게 되는데, 이 때문에 다른 운전
            사들의 화를 돋운다. 이에 샤오거는 궁리를 하여 자동 변환 신호등을 고
            안해낸다. 이런 과정에서 이름에 샤오(小) 자가 들어가는 이들 젊은이 사
            이에 우정이 싹튼다.

샤오황과 샤오란(小蘭), 샤오홍과 샤오바이는 연인 사이가 되지만, 샤오거는 샤오칭에 대한 자신의 감정을 표현하지 못한다. 샤오황은 우연히 녹음기를 통해 샤오칭에 대한 샤오거의 속마음을 녹음하게 되고, 이를 샤오칭에게 들려준다. 또 이를 계기로 이들은 자동 노선 안내 방송기를 개발해낸다. 드넓은 도로 위를 003번 버스가 거침없이 내달린다.

_ 단평   : 사회의 소소한 부분, 말하자면 003 시내버스와 관련된 분야에서 인민들이 제각기의 힘으로 사회주의 현대화 달성을 위해 매진하는 모습을 그려냈다. 이 작품은 그중에서 젊은이들의 활기를 적극적으로 부각시키고 있다. 이 영화는 자기가 맡은 사업의 발전과 이상의 실현뿐만 아니라 애정 문제에도 관심을 가지는 젊은이들의 생생한 모습을 그려냈다. 따라서 영화의 전체적 분위기 역시 밝고 활기차며, 영화 곳곳에서 보이는 상하이 시내 모습 역시 역동적이다. 문혁이 종결된 이후 새롭게 출발하는 중국 사회의 분위기를 전달해주고 있다.

_ 특기사항   : 1979년 優秀影片獎, 靑年優秀創作獎(遲志强)을 수상
_ 핵심어   : 젊은이들의 사랑과 우정 오해 과학기술 던져진 문제의 해결
_ 작성자   : 유경철

침묵 속에서 于無聲處(IN THE SILENCE)

_ 출품년도   : 1979년
_ 장르   : 생활 극영화
_ 상영시간   : 90분
_ 감독   : 루런(魯韌)
_ 제작사   : 上海電影制片廠
_ 주요스탭   : 시나리오(宗福先) 촬영(張元民 計鴻生) 미술(仲永淸) 음악(呂其明)
_ 주요출연진 : 歐陽平(張孝中) 梅林(楊寶齡) 何芸(朱玉雯) 何爲(馮廣泉) 劉秀英(潘麗娟) 何是非(趙樹森)
_ 시놉시스   : 1976년 여름, '사인방'의 잔혹한 박해를 받고 있던 노간부 메이린(梅林)과 그녀의 아들 어우양핑(歐陽平)은 상하이를 지나던 길에 9년 동안 아무 소식 없이 지냈던 오랜 전우 허스페이(何是非)의 집에 들른다.

허스페이는 출세를 위해 '사인방'에게 위증(僞證)을 하여 전쟁 때 생명의 은인이었던 메이린을 무고하고 반역의 무리로 몰았던 적이 있다. 허스페이의 딸 허윈(何芸)은 어우양핑의 여자 친구이다. 그녀는 어우양핑이 저우언라이(周恩來) 총리의 톈안먼 시 『양미검출초(揚眉劍出鞘)』초록을 수집하여 정리한 죄목으로 전국에 지명 수배가 내려지자 가슴 아파한다. 이 사실을 안 허스페이는 다시 한 번 비열하게도 어우양핑을 밀고한다. 말기 암으로 만신창이가 된 메이린은 조금도 슬퍼하거나 원망하지 않고 어우양핑에게 다시 한 번 최후의 투쟁을 고무하고 격려한다. 우연히 남편의 위증 사실을 알게 된 허스페이의 부인 류슈잉(劉秀英)은 말 못할 고통 속에 산다. 그녀는 메이린 모자가 잔혹한 박해를 받고 있는 사실을 목도하고 용기를 내어 가족들 앞에서 허스페이의 진상을 폭로한다. 어우양핑이 체포될 때 허윈은 아버지와 단호히 결별하고 용감하게 어우양핑의 입장에 서서 손을 잡고 운명의 도전을 받아들인다. 류슈잉과 아들 허웨이(何爲)도 파렴치한 허스페이 곁을 의연히 떠난다.

_단평   : 이 영화는 '문혁'의 시련을 돌아보고(反思) 그 동란(動亂) 속에서도 살아 숨 쉬는 의로운 공산당원의 미덕을 그려내고 있다. 중국영화사에서도 1979년은 개혁·개방에 이어진 사상 해방의 분위기 속에서 다양한 주제의 영상 미학적 시도들이 있었다. 문혁 말기 두 집안의 가족사가 스토리의 배경이 되면서 전개되는 자연스런 쇼트는 이전 시기의 연극 무대 양식의 영상적 표현형태를 확실히 넘어서고 있다. 스토리를 엮어가는 잘 짜인 플롯은 발단, 전개, 모순과 충돌, 피날레로 연극 미학의 우수한 기법을 수용하여 감동을 더해주고 있다. 정면과 반면 인물이 명백히 양측으로 대비면서 배은(背恩)이 또 다른 배신(背信)으로 이어지고, 공산주의 중국에 대한 이상적 신념으로 충돌이 지양(止揚)되어 스토리의 극적 완결성을 보이고 있다. 어우양핑이 과거, 허윈과 사랑하던 시절에 대한 회상을 매화꽃 그림 쇼트로 표현하는 등 깔끔한 시공전환(時空轉換)의 편집 기교가 돋보인다. 내면 심리의 표현은 보이스 오버(voice over: 畵外音)로 이뤄지고, 저우언라이 총리의 서거 장면 등 문제 장면을 다큐멘터리 쇼트로 처리하면서 역사의 반사(反思)를 표현하는 영상을 더욱

짜임새 있게 한다. 메이린의 설교 투의 긴 대사나 "나는 어려운 처지에서
도 당비(黨費)를 꼬박꼬박 냈다"는 등의 연극 무대 발성 같은 대사의 상
투성은 흠으로 지적할 수 있다.
_ 핵심어   : 문화대혁명 사인방 저우언라이 『양미검출초(揚眉劍出鞘)』 지명수배
_ 작성자   : 김정욱

악마와의 교류 與魔鬼打交道的人(THE MAN WHO DEALS WITH DEVILS)

_ 출품년도   : 1980년
_ 장르   : 정탐
_ 상영시간   : 144분
_ 감독   : 린란(林嵐)
_ 제작사   : 珠江電影制片廠
_ 주요스탭   : 시나리오(劉師征) 촬영(劉錦棠) 미술(周承人) 음악(丁家琳) 조
              명(趙永祥) 편집(戴素)
_ 주요출연진 : 張公甫(郭允泰) 杜康夫(龐敏) 王惠如(朱曼芳) 于海寶(王志剛)
              趙一彪(呂樹仁) 艾棣(劉圓圓)
_ 시놉시스   : 공산당 지하당원이면서 룽창(榮昌)회사 사장이라는 신분으로
              적의 내부에 깊이 들어가 장궁푸(張公甫)라는 이름으로 위장하고 있는 위
              하이타오(于海濤)는 상하이 경제계에서 활동한다. 1947년 상하이, 인민군
              대가 반격을 하고 장제스를 반대하는 움직임이 거세게 일어나는 형세하
              에서 장제스는 두캉푸(杜康夫)에게 경제계에 있는 공산당 핵심조직을 소
              탕하기 위한 'A'자 밀령을 직접 하달하여 집행하도록 한다. 장궁푸가 성
              대한 리셉션을 여는데 'A'자 밀령을 집행하는 두캉푸와 상하이경찰국장
              옌커페이(嚴克飛)도 리셉션에서 적극적으로 나선다. 장궁푸의 아우이자
              공산당 연락책인 위하이바오(于海寶)는 쑤베이(蘇北)에서 상하이로 온
              다. 하루는 위하이바오가 신문을 통해 형의 소식을 알고는 형의 집으로
              간다. 형제가 만나 오랫동안 만나지 못했던 안타까운 정을 나눈다. 위하
              이바오는 형에게 군수물자를 해결하는 데 도움을 달라고 요청하지만 장
              궁푸는 당의 비밀을 지키기 위해 아우의 요청을 단호하게 거절하고 위하

이바오는 분노하며 떠난다. 장궁푸는 지하당 조직의 지도하에 국민당 쑤베이지방군 사령관 자오이뱌오(趙一彪)가 여러 차례 룽창회사에게 투자를 요구하는 점을 이용하여 쑤베이 군수품의 운송 수로를 확보하기 위해 내통한다. 두캉푸, 옌커페이의 반혁명음모도 가일층 진행된다. 장궁푸의 아들 장왕(張望)은 적극적으로 장제스 반대활동에 참가하지만 그를 속히 홍콩으로 보내려는 부친의 행동을 오해하고 집을 떠나 노동을 하며 가족 관계를 끊는다. 오래지 않아 당 조직이 파견한 연락책 아이디(艾棣)가 장궁푸와 접선한다. 장궁푸와 그의 아내는 아이디의 목에 걸린 장수 기원 목걸이를 보고 아이디가 자신의 딸이라는 사실을 알게 되지만 모르는 척한다. 나중에 아이디는 장궁푸의 피신을 돕기 위해 체포된다. 장궁푸 부부는 당의 기율을 잘 알고 있어 아이디의 구출에 나서지도 못하고 심지어 아들의 비난에도 동요하지 않는다. 아이디는 불행하게도 희생을 당하고 부부는 비통해하면서도 오랫동안 헤어져 있다가 최후의 순간에도 아는 척을 하지 못했던 착한 딸을 무척 자랑스러워한다. 장궁푸는 악마의 무리 속에서 전투적으로 생활하는 중에 더욱 적의 모순을 이용하여 아우 위하 이바오와 긴밀하게 협조하며 적의 주위를 맴돈다. 두캉푸 등이 장궁푸를 체포하려고 할 때 장궁푸는 국민당 두목 천궈푸(陳果夫)를 환영하는 성대한 연회를 연다. 연회석상에서 그는 두캉푸를 처결하고 적의 'A' 자 밀령 계획을 철저히 분쇄하여 당 조직이 지시한 임무를 완성한다.

_ **단편**　　　: 영화는 어지러운 음악과 춤을 추는 사람들의 발을 클로즈업한 장면으로 시작되어 전체 영화의 분위기를 암시하며 곧바로 "1947년 상하이"라는 자막과 함께 시위 탄압 장면이 나타난다.

　　영화 중간에 군중들의 시위를 보여주는 장면에서 광저우(廣州), 쑤저우(蘇州), 창저우(常州), 우시(無錫)라고 적혀 있는 지역의 시위장면이 한 화면 안에 4개로 분할되어 각지의 시위상황을 표현하고 있는데 이는 동일한 시기 여러 곳에서 벌어지고 있는 현실상황을 동시에 보여주기 위한 장치였다.

　　이 작품이 문화부우수상을 받았던 것은 영화의 작품성보다는 사상적 측면을 중시한 결과라고 볼 수 있을 것이다.

_ **특기사항**　　: 1980년 문화부 우수영화상을 수상한 작품이다.

_ **핵심어** : 지하당원 경제계 군용물자

_ **작성자** : 곽수경

여주 苦果(BITTER FRUIT)

_ **출품년도** : 1981년

_ **장르** : 범죄 드라마

_ **상영시간** : 100분(추정)

_ **감독** : 류빈(劉斌)

_ **제작사** : 西安電影製片廠

_ **주요스탭** : 시나리오(王鍊 李雲娘 梁廷鐸) 미술(艾農) 촬영(劉昌煦 王惠) 녹음(黨存珠) 편집(薛效强)

_ **주요출연진** : 上官劍(黃中秋) 林薔(肖雄) 어린 林薔(馬曉晴) 林堯(寶珣) 어린 林堯(方超) 肖湘(史鐘麒) 範竹(韓炳杰) 등

_ **시놉시스** : 1979년 어느 비 내리는 여름 밤, 상하이 우체국에서 공금이 사라지고 피가 흥건한 바닥에 한 여인이 쓰러져 있다. 사건이 발생하자 경찰관 상관젠(上官劍), 펑옌(馮妍), 아수(阿舒) 등이 급히 현장에 도착한다. 피해자는 버스표 판매원인 린창(林薔)이다. 병원으로 이송된 그녀는 깨어나자마자 갑자기 무언가를 삼켜버린다. 경찰관은 몇 번이나 그녀의 진술을 받아내려 하지만 그녀는 한 마디도 하지 않고 수사는 난항을 겪게 된다. 상관은 린창의 몸에서 샤오샹(肖湘)에게 쓴 빈 편지 봉투를, 그 집에서는 판주(範竹)의 사진을 찾아낸다. 수사단은 우선 두 가지 단서로 수사를 시작하기로 결정한다. 판주는 경찰에게 샤오샹과 린창을 놓고 삼각관계가 되어 그를 질투했다는 것과 자신이 곧 린창과 결혼하기로 결정했다는 사실을 진술한다. 샤오샹도 경찰에게 그가 샤먼(廈門)에서 상하이로 출장 갔을 때 린창이 자신의 동생 린야오(林堯)가 훔친 샤오샹의 지갑을 돌려준 일을 계기로 두 사람이 알게 되었고 점차 사랑하게 되었다고 말한다. 그리고 동생 린야오를 교육시키는 일을 놓고 서로 의견이 달랐다고 진술한다. 수사단은 두 사람의 진술을 근거로 치정살인 기도라는 처음의 추정을 뒤집는다. 그때 수사단장은 현장에서 발견된 피 묻은 장

갑의 화학검사 결과를 통해 장갑 주인이 제2화학비료공장의 트럭운전사 옌팡(嚴方)이라는 사실을 알게 된다. 옌팡은 예전에 절도로 구속된 전력이 있는 사람이다. 수사단원은 옌팡이 강도 살인 후 장갑을 현장에 떨어뜨린 것이라 단정 짓는다. 수사단은 샤오샹, 판주, 옌팡 세 사람의 사진을 린창에게 보여주고 확인시키지만, 린창은 괴로워하며 눈을 감은 채 눈물만 흘리고 한 마디도 하지 않는다. 상관은 샤오샹의 진술 중 두 사람이 린야오를 교육시키는 문제를 놓고 서로 격렬하게 언쟁을 벌인 사실을 알아낸다. '동생이 누나를 살해하는 일이 가능할까?' 린창은 상관을 거듭 만나면서 과거를 회상하게 된다. 애초에 린야오는 과일가게에서 사과 하나를 훔쳤고 그녀는 매우 화가 나 동생을 때리려 한다. 하지만 동생이 슬피 우는 모습에 그만 마음이 약해져버린다. 그 이후에 동생은 또 버스에서 샤오샹의 지갑을 훔치지만, 무릎을 꿇고 비는 것이 안쓰러워 린창은 파출소에 데려가는 것을 또 포기하고 만다. 린야오는 일을 시작한 후 월급을 받자마자 불량배들 때문에 도박에 끼이게 되어 불량배들한테 얻어맞고 도박 빚도 지게 된다. 그녀는 호되게 동생을 때리지만 일찍 돌아가신 부모님 생각에 다시 한 번 용서해준다. 린야오는 서서히 나쁘게 변해가고 결국에는 불량배들과 어울려 우체국에서 범죄를 저지르려고 했다는 사실을 린창이 알게 된다. 상관과 펑옌, 아수는 신속히 실마리를 좇아 진상을 밝힌 뒤, 불량배로 변장하여 우두머리를 비롯한 조직을 체포할 계획을 세운다. 린야오도 함께 체포된다. 병원에서 상관은 린창에게 용의자가 잡혔다고 알려준다. 그러나 린창은 후회하며 말한다. "살인자는 저예요. 제가 삼킨 게 바로 여주였거든요."

_단평　　：문화대혁명이 종식된 이후 이른 바 '새로운 시기(新時期)'를 맞이한 중국 영화계는 이전 사회주의 중국 시기에 창작되었던 혁명과 전쟁, 국가 주도 이데올로기에 복무하는 영화들로부터 과감히 탈피하여 수많은 상업영화들을 쏟아낸다. 특별히 도시적 배경이 상하이로 설정되어야 할 당위는 파악되지 않지만, 아마도 상하이에 대한 기억들을 통해 가장 상업적이면서 '모던' 한 분위기를 필요로 했을 개연성은 매우 높다. 감독 류빈(1930~)은 1943년 이후 공산당 문예활동단(文藝工作團)에서 활

동하다 1956년 시안영화제작소에 배치되어 문화대혁명을 전후로 몇몇 영화들을 찍었던 감독이다.

_ **특기사항** : 유성 컬러 영화(10권)
_ **핵심어** : 수사극 가족 삼각관계 절도
_ **작성자** : 임대근

새벽이 오는 깊은 밤 子夜(MIDNIGHT)

_ **출품년도** : 1981년
_ **장르** : 생활 극영화
_ **상영시간** : 141분
_ **감독** : 쌍후(桑弧), 부징궁(傅敬恭)
_ **제작사** : 上海電影制片廠
_ **주요스탭** : 시나리오(桑弧) 촬영(邱以仁) 미술(韓尙義) 음악(呂其明)
_ **주요출연진** : 吳蓀甫(李仁堂) 처자(程曉英) 杜竹齋(顧也魯) 趙伯韜(喬奇) 徐曼麗(李小力)
_ **원작** : 茅盾(1896~1981)의 동명소설(1933년 開明書店에서 발간)
_ **시놉시스** : 1930년대 위화제사(裕華製絲) 공장 사장인 우쑨푸(吳蓀甫)는 실업구국(實業救國)의 이상을 품고 은행을 설립하기로 결심한다. 그는 매형인 상하이 헝펑(恒豊)은행장 두주자이(杜竹齋)와 상공업계 인사들과 합자하여 이중(益中)신탁회사를 설립한다. 매판자본가 자오보타오(趙伯韜)는 우쑨푸와 동업하여 화상(華商)증권거래소를 연다. 우쑨푸는 더펑(德豊) 제사 공장을 합병하려는 속셈으로 8개의 소규모 공장을 매수하여 야심을 드러낸다. 그러나 자오보타오가 미국인에게 빌붙어서 '트러스트'를 결성하여 위화제사공장을 합병하고 이어서 이중신탁회사를 통제한다. 이때 노동자 운동이 구름처럼 일어나 안팎으로 어려움을 겪던 우쑨푸는 공장 자본을 모두 공채로 내놓고 자오보타오와 일전을 결심한다. 증권거래소의 '투기꾼'과 '깡통계좌' 꾼들의 소리가 격렬한 와중에 우쑨푸는 수하의 사교계의 꽃 쉬만리(徐曼麗) 등이 자오보타오에게 넘어가고 공채가 순식간에 올라 극도로 불리한 지경에 이르자 쓰러진다. 그가

집으로 돌아왔을 때, 노동자들의 파업과 매형 두주자이도 자오보타오에게 넘어갔다는 소식을 듣는다. 그는 주변 사람이 모두 자신에 등을 돌렸고 갈 곳 없는 상황이 되자 삶의 의욕마저 상실할 정도로 괴로워한다. 마침 정의사의 방문으로 자살의 위기를 모면하고 밤새 아내와 함께 여산(廬山)으로 피서를 떠난다. 뱃전에서 우쏜푸는 어두운 창공을 바라보며 자신의 운명을 회고하고 사색에 빠진다.

_ **단평** : 이 영화는 원작 소설이 리얼리즘 서사 예술의 빼어난 전형을 보여주었던 것처럼 영상 서사의 다양한 기법들이 영상의 중량감을 더해주고 있다. 1930년의 상하이를 표현하기 위해 수차례 삽입된 다큐멘터리 자료는 영상의 사실감을 뒷받침해준다. 이런 배경 쇼트는 조계지의 외국인 병사의 모습, 외국어 간판, 팬(pan)으로 찍어낸 네온사인으로 현란한 상하이 야경 등과 어우러져 전체 영화의 극적 리얼리즘의 백그라운드가 되고 있다. 문제 사건과 인물로의 시공전환(時空轉換)이 매끄럽게 이어지며 만들어지는 영상은 극적 긴장감을 유지시키면서 서사의 안정감을 주고 있다. 초기 영화사에서 영상 처리의 난점으로 지적된 심리 묘사는, 이 영화에서 보이스 오버(voice over: 畵外音)와 클로즈업으로 처리되면서 영상 서사의 미세한 표현 영역을 한층 넓히고 있다. 또한 우쏜푸의 내면 심리의 모순과 갈등은 멀티플 이미지(multiple image: 분할 스크린)로 나타내 영상 서사의 표현이 다양하게 이뤄졌다. 주로 우쏜푸 부인의 거실 쇼트에서 보여진 거울 면의 형상을 통한 2차원의 세계(二度空間)를 3차원의 영상 공간으로 잡아내는 표현도 화면의 공간 입체감을 높여주고 있다. 한편 주부인의 대사에 나타난 연극 무대식의 발성은 전체 영상의 리얼리즘적 질감을 삭감시키고 있다. 그러면서 문제사건 중심으로 진행되었던 영상은 치밀한 플롯의 극적 전개를 통해 얻을 수 있는 심미적 완성도의 약화를 초래한다. 이런 문제점은 영화를 위한 원작 각색보다 원작 소설의 '영상적 복원'에 더 치우친 결과로 보인다.

_ **특기사항** : 1982년 제2회 중국 영화 금계장 최우수 미술상을 수상한다. 마오둔은 중국의 저명한 현대 소설가이다. 1933년 발표된 소설 『새벽이 오는 깊은 밤(子夜)』은 그의 대표작이자 중국현대소설사에서 리얼리즘 소설의

걸작으로 꼽힌다. 국내 번역본으로『칠흑같이 어두운 밤도』(김하림 옮김, 도서출판 한울, 서울, 1986),『자야(상, 하)』(김하림 역, 한울, 서울, 1986),『새벽이 오는 깊은 밤』(김하림 옮김, 중앙일보사, 서울, 1989)이 있다.

_ 핵심어　　: 실업구국 트러스트 파업 조계 공채 증권 사교의 꽃
_ 작성자　　: 김정욱

제3의 피살자 第三個被謀殺者(THE THIRD VICTIM)

_ 출품년도　: 1981년
_ 장르　　　: 수사스릴러
_ 상영시간　: 99분
_ 감독　　　: 쑨사(孫沙)
_ 제작사　　: 長春電影制片廠
_ 주요스탭　: 시나리오(孫沙) 촬영(鐘文明) 미술(靳喜武) 음악(王立平) 조명
　　　　　　(周茂文) 편집(吳方海 毛麗)
_ 주요출연진 : 方召(孔祥玉) 邱爾康(甘雨洲) 楊鼎(江俊) 陸一夫(劉冠雄) 方卉
　　　　　　(梁丹妮) 胡森(吳慈華)
_ 시놉시스　: 1930년대 초, 국민당의 항일애국 고위 장교 양딩(楊鼎)이 프랑스 조계에서 피살되고 그와 동행했던 딸과 신원미상인 사람 하나가 중상을 입는 사건이 발생한다. 프랑스 당국의 요청으로 중국 경찰관 팡사오(方召)가 사건을 담당하게 되지만 경찰국장 추얼캉(邱爾康)의 방해와 계략으로 이 사건은 공산당이 저지른 일이며 경찰관 팡사오가 이를 해결했다고 신문지상에 발표된다. 팡사오는 이 사건의 이상한 점을 발견하고 계속 수사를 진행하여 마침내 그것이 장제스(蔣介石)의 명령으로 이루어진 사건이며 그 배후에 스싼타이바오(十三太保)가 있다는 사실을 밝혀낸다. 그는 배후 인물을 밝히는 과정에서 동료 후썬(胡森)이 건넨 독주에 의해 목숨의 위협을 받지만 술집 아가씨의 도움을 받아 목숨을 건지고 그녀의 집으로 피신한다. 팡사오는 그녀가 오래전 헤어진 여동생 팡후이(方卉)라는 사실을 알았지만 그녀가 자기와 같은 사람을 가장 싫어한다는 소리에 신분을 밝히지 못한다. 이런 사정을 잘 알고 있는 지하당원 루이푸(陸一夫)는 팡

사오를 도와 마침내 추얼캉이 스싼타이바오라는 사실을 밝히고 양딩이 서명한 비밀문건을 찾아낸다. 이 과정에서 팡사오는 매복해 있던 특무와 총격전을 벌이다가 총상을 입지만 지하당원의 도움으로 무사히 빠져나간다.

_ 단평   : 1930년대의 상하이를 배경으로 한 영화 중에서 이전 영화와는 달리 내용 면에서 변화가 시도된 영화이다. 비록 영화의 모티프는 혁명적 이데올로기가 중심이 되지만 이전의 전형화되어 있는 정치적 내용의 형상화 틀을 벗어나 수사사건을 추가함으로써 대중의 기호에 영합하는 전환을 시도하고 있다.

_ 핵심어   : 피살자 경찰관 스싼타이바오 특무 지하당원

_ 작성자   : 조병환

천이 시장 陳毅市長(MAYOR CHEN YI)

_ 출품년도   : 1981년
_ 장르   : 인물 전기
_ 감독   : 황쭤린(黃佐臨 총감독) 뤄이즈(羅毅之) 푸징공(傅敬恭)
_ 제작사   : 上海電影制片廠
_ 주요스탭   : 시나리오(沙葉新) 촬영(邱以仁 周宰元) 미술(徐潤 莫少江) 작곡 (沈利群)
_ 주요출연진   : 陳毅(魏啓明) 傅一樂(章非)
_ 원작   : 『陳毅市長』
_ 시놉시스   : 중화인민공화국의 첫 번째 상하이 시장 천이(陳毅)의 전기영화이다. 1949년 상하이 해방 직전에서부터 시작하여 1951년까지 천이의 활약상을 그리고 있다. 상하이 입성 전과 후의 기율과 준칙에 대해서 강조하고 교훈하는 것에서부터 시작하여, 상하이에 입성해서는 민족 자본가들을 비판, 배척하지 않고, 그들로 하여금 민족 자본의 기초가 될 수 있도록 설득하고 선전하는 일, 부족한 물자와 자원, 약품 등을 조달하기 위해 벌인 각종의 조치 등을 극적으로 그리고 있다.

_ 핵심어   : 위인의 전기 민족 자본 육성 새로운 사회의 건설

_ 작성자   : 유경철

7월의 화염 七月流火(WILDFIRE IN JULY)

_ 출품년도   : 1981년
_ 장르   : 사회/멜로
_ 상영시간   : 94분
_ 감독   : 예밍(葉明)
_ 제작사   : 上海電影制片廠
_ 주요스탭   : 시나리오(林谷) 촬영(査祥康 翁詩杰)
_ 주요출연진   : 華素英(陳大妹) 聞元喬(李志興) 杜金光彩(王蘇嫗)
_ 원작   : 연극「七月流火」
_ 시놉시스   : 1939년 상하이가 왕징웨이(汪精衛) 정부의 수중에 있을 때이다.
상하이직장여성구락부(上海職業婦女俱樂部)를 이끄는 공산당 지하당원
화쑤잉(華素英)은 난민 구호 바자회를 준비한다. 이 바자회는 난민 구호
의 목적도 있지만, 공산당의 신사군(新四軍)에게 의복을 제공하기 위한
것이기도 하다. 장소 물색에 애를 먹던 화쑤잉은 여변호사 두진광차이
(杜金光彩)가 장소를 빌려주기로 해서 걱정을 덜지만, 그녀가 왕징웨이
정부의 끄나풀임을 알고 이를 거절한다. 어쩔 수 없이 구락부에서 바자
회를 열지만, 왕징웨이 정부가 조계 당국에 손을 써서 바자회가 무산될
지경에 처한다.

이때, 화쑤잉의 어머니가 갑자기 세상을 떠나게 된다. 그녀는 어머니
의 장례 일을 오랜 연인 원위안차오(聞元喬)에게 맡기고 자신은 바자회
문제를 처리하기 위해 담당 부처를 찾는다. 원위안차오는 이러한 화쑤잉
의 행동이 자식의 도리를 저버린 것이라고 비난한다.

한편, 왕징웨이 정부는 화쑤잉의 어머니 장례식장에서 그녀를 체포할
계획을 꾸미는데, 이를 알게 된 지하당은 화쑤잉을 보호하기 위해 그녀를
근거지로 파견하기로 결정한다. 하지만 화쑤잉은 출발 직전 스파이의 총
격을 받고 병원으로 이송된다. 원위안차오가 병원으로 달려오자 화쑤잉
은 어머니가 그들에게 남겨준 반지 한 쌍을 전해주고 세상을 뜬다. 원위안
차오는 쑤잉의 가슴 아픈 사정을 이해하고 그녀가 못다 걸은 길을 따른다.

: 난민 구호와 공산당 지원 활동에 앞장서는 여성들의 활약을 그려내고 있다. 이들 여성은 사회적 약자 혹은 피억압자의 위치를 극복하는 한편 혁명과 가정의 모순적 대립을 '장렬하게' 극복해나가고 있다. 주인공 화쑤잉의 죽음은 혁명을 위한 희생이고, 그녀의 희생은 각성하지 못한 이들의 자각을 일깨운다. 1980년대 상하이의 와이탄, 난징루 등지의 풍경이 눈길을 사로잡는다.

_ 핵심어   : 왕징웨이 오해 지하당원 여주인공의 죽음 정신적 각성

_ 작성자   : 유경철

배웅의 총소리 開槍, 爲他送行(SHOOTING FOR HIM)

_ 출품년도   : 1982년

_ 장르   : 정탐

_ 상영시간   : 98분

_ 감독   : 가오정(高正)

_ 제작사   : 上海電影制片廠

_ 주요스탭   : 시나리오(沈寂 阿章) 촬영(沈妙英) 미술(謝啓前) 음악(楊紹楜) 조명(李振旺) 편집(陳惠芳)

_ 주요출연진 : 梅羽寬(馬曉偉) 松田(陳述) 張孝蘭(惠娟艶) 楊阿四(虞桂春) 蘇新(何麟) 常眞寶(程之) 戴小珊(張雲立) 常龍泉(李再揚)

_ 시놉시스   : 1942년 늦가을 신사군 유격대의 정치 지도원 쑤신(蘇新)은 총알을 사기 위해 상하이로 와서 지하당 라오자오(老趙)와 접선한다. 그러나 이 사실이 상하이에 있는 일본 특수과(特高科) 정보계장 마츠다(松田)에게 알려진다. 마츠다는 내무반장 메이위콴(梅羽寬)에게 신속하게 조사하도록 밀령을 내린다. 하지만 메이위콴은 사실 공산당 지하당원이다. 메이위콴은 광한(廣寒)찻집에서 라오자오에게 정보를 전달하고 유격대 내부에 적과 내통하는 자가 있다는 사실을 알린다. 그는 찻집의 여가수 장샤오란(張孝蘭)이 건달 양아쓰(楊阿四)로부터 모욕당하는 것을 구해주고 그녀가 자신의 중학교 동창이라는 사실을 알게 된다. 메이위콴은 청방(靑幫)의 두목 창전바오(常眞寶)를 찾아가 '유격대를 진압한다' 는 명목

을 내세워 총알을 구해달라고 부탁한다. 창전바오의 집에서 메이위콴은 그의 아들 창룽추안(常龍泉)과 다이샤오산(戴小珊)을 알게 된다. 한편 라오왕(老王)이라는 유격대 내부의 배신자의 제보로 양아쓰는 심복 샤오꽈피(小刮皮)를 시켜 유격대원으로 추정되는 사람을 감시하게 하고 자신은 장샤오란의 집으로 가서 빚 독촉을 한다. 하는 수 없이 장샤오란은 메이위콴에게 도움을 청한다. 샤오꽈피는 양아쓰에게 유격대 요원이 홍샹여관(鴻祥旅館) 17호에 있다는 사실을 알려준다. 그는 정보를 제보하고 포상금을 받으려고 마츠다를 만나러 가는데 메이위콴은 여러 번이나 유격대의 비밀이 유출된 원인이 라오왕 때문이라는 사실을 알게 된다. 메이위콴은 양아쓰를 따돌리고 장샤오란의 집에 가서 그녀에게 '쑤신에게 즉시 몸을 피하라'는 말을 전하게 하여 마츠다가 양아쓰를 앞세우고 잡으러 가지만 허탕을 치게 만든다. 위험에서 벗어난 쑤신은 부대로 돌아와 보고를 마치고 다시 상하이로 가지만 또다시 라오왕 때문에 위험에 처한다. 메이위콴은 수사를 핑계로 그를 탈출시키고 창전바오를 이용해서 양아쓰를 골탕 먹인다. 양아쓰는 마츠다에게 메이위콴이 수상하다고 알리고 마츠다는 메이위콴에게 약을 탄 술을 먹여 최면을 건 상태에서 비밀을 캐내려 하다가 오히려 속임을 당한다. 메이위콴은 쑤신에게 부탁하여 장샤오란을 부대로 보낸다. 오래지 않아 마츠다는 장샤오란의 종적과 유격대 간부 회의가 개최될 것이라는 정보를 듣고 메이위콴의 손을 빌어 유격대를 전멸시키려고 한다. 메이위콴은 그 사실을 미리 알고 전투 중에 거짓으로 포로가 되어 자신이 라오왕이라고 밝힌 다이샤오산과 접선하여 그의 정체를 밝혀낸다. 마츠다는 다이샤오산을 앞장세워 유격대를 잡으러 가다가 메이위콴에게 총상을 입는다. 다이샤오산은 대세가 기울었다는 것을 알고 마츠다를 죽이려 하지만 메이위콴이 다이샤오산을 죽이고 다시 마츠다의 신뢰를 회복하고 본래의 자리로 돌아가 적의 심장부에서 전투를 계속한다. 유격대원들은 총을 쏘아 그를 배웅하며 새로운 승리를 거두기를 축원한다.

_단평   : 영화는 메이위콴이라는 공산당 지하당원을 일본 정보과에서 첩자로 활동하게 하고, 라오왕이라는 지하당원을 일본 정보과의 첩자로 설

정하여 쫓고 쫓기는 관계가 얽혀 있어 긴박감을 더하고 있으며, 심리전의 성격이 강하고 심리묘사가 뛰어나다. 장샤오란은 영화에서 거의 유일한 여성이며 중요한 역할을 담당하고 있지만 메이위콴의 도움을 통해서만 자신의 문제를 해결하고 그에 의해 '해방구'로 보내져 새로운 생활을 한다. 이처럼 공산당의 숭고한 정신과 생활을 묘사하고 있는 이 영화에서도 여성은 혼자의 힘으로 자신의 삶을 개척하지 못하고 남성에 의해 좌우되는 것으로 묘사되고 있어 전통적인 남녀 간의 질서가 재현되고 있음을 알 수 있다.

영화를 통해 골목, 정자간, 대갓집 모습 등 다양한 계층의 생활 터전을 엿볼 수 있고, 전통적인 찻집과 서양식당도 배경으로 사용되고 있어 당시 상하이의 다양한 모습을 알 수 있다.

_ **핵심어**   : 신사군 유격대 공산당 지하당원 첩자 청방
_ **작성자**   : 곽수경

도시 속의 시골 都市里的村庄(A CORNER IN THE CITY)

_ **출품년도**   : 1982년
_ **장르**   : 혁명/멜로
_ **상영시간**   : 100분
_ **감독**   : 텅원지(滕文驥)
_ **제작사**   : 西安電影制片廠
_ **주요스탭**   : 시나리오(梁星明 秦培春) 촬영(朱鼎玉 王象山) 미술(程明章) 음악(程明章) 조명(張長年) 편집(陳達力)
_ **주요출연진**   : 丁小亞(殷亭如) 杜海(韋國春) 朱麗芳(李萍)
_ **시놉시스**   : 상하이에 있는 선박회사의 전기용접공인 딩샤오야(丁小亞)는 모범노동자로 선발되지만 이를 질투하는 주변의 시선은 차갑기만 하다. 얼마 뒤 몸이 쇠약해져서 남방으로 요양을 가게 된 딩샤오야는 동료 주리팡(朱麗芳)의 결혼식에 참석하기 위해 서둘러 상하이로 돌아온다. 하지만 정작 자신과 두하이(杜海)는 초청을 받지 못했다는 사실을 알게 된다. 주변의 시선을 잊기 위해 그녀는 더욱 일에 매진하고 힘든 일을 마다

하지 않다가 큰 부상을 입게 되지만 동료들은 비웃을 뿐이다. 이런 상황은 두하이도 마찬가지인데, 한 번은 크레인을 고치러 높은 곳에 올라갔다가 사고가 났을 때 먼저 동료를 구하려다가 중상을 입는다. 또 마을에 불이 나자 자신을 돌보지 않고 불을 진압하지만 오히려 주리팡에게 도둑으로 몰린다. 이런 그를 지켜보면서 딩샤오야는 두하이에게 동정과 연민의 정이 싹트게 되고 두하이 역시 그녀에게 의지하는 마음이 생긴다.

_ 단평   : 문혁이 종식되고 1980년대 초, 전 사회적으로 반사열(反思熱)이 부상하면서 인도주의에 대한 논의와 함께 사회주의적 비극, 인간소외 문제가 문화계에 공론화되었다. 문학계의 상흔문학, 반사문학과 같은 맥락에서 이 영화는 그동안 찬양일색의 사회주의 영웅이라는 완전무결한 캐릭터가 아니라 그들의 소외와 비극이라는 주제를 정면에서 다루고 있다.

_ 특기사항   : 감독 텅원지(滕文驥)는 베이징영화학교 연출과를 졸업하고 주로 인성의 문제에 주목했으며 현실을 반영하는 작품을 많이 창작했다. 대표적 4세대 감독으로 평가받는다.

                 : 2006년 3월 9일, 12월 25일 CCTV-6에서 방영

_ 핵심어   : 노동모범 사회주의적 소외 인도주의 사회주의비극

_ 작성자   : 노정은

엄마, 어디 계세요? 媽媽, 你在哪裏(WHERE ARE YOU, MOM?)

_ 출품년도   : 1982년

_ 장르   : 혁명/멜로

_ 상영시간   : 83분

_ 감독   : 리화(李華)

_ 제작사   : 長春電影制片廠

_ 주요스탭   : 시나리오(李少言 錢道遠 楊應章) 촬영(段振江) 미술(梁樹奎) 음악(全如玢 喬羽) 조명(徐占春 于書元) 편집(趙葆華)

_ 주요출연진   : 閔雯(宋春麗) 小亮(楊通) 曹鑒(仉長波) 顧阿根(康保民) 阿珍(趙文瑜) 婉兒(黃愛玲) 劍華(王志華) 上官麟(吳慈華)

_ 시놉시스   : 상하이에 국민당 백색공포가 만연하던 시기, 공산당원 젠화(劍

華)가 살해되던 날 그의 아내 민원(閔雯)은 아들을 낳는다. 지하당원 차오젠(曹鑒)은 그녀를 도와 아이를 부두노동자 구아건(顧阿根)에게 맡기고 그녀를 데리고 떠난다. 그 후 구아건은 생활이 힘들어 아이를 아버지에게 맡긴다. 하지만 쑤베이(蘇北) 지역의 수해로 인해 구아건의 부친은 병상에 눕고 이런 상황을 알게 된 마을의 부호 상관린(上官麟)은 하녀 완얼(婉兒)을 시켜 아이를 데려오게 한다. 구아건의 부친은 아이를 넘겨주기 전에 아이의 이름을 샤오량(小亮)이라 지어주고 아이의 내력과 아이 엄마가 남긴 목도리를 건네준다. 10년 후 상관린의 첩은 아들을 낳고 이 때부터 샤오량은 학대를 당한다. 완얼은 샤오량이 엄마를 찾아 상하이에 가도록 도와준다. 얼마 후 민원과 차오젠이 샤오량을 찾아오지만 만나지 못하고 구아건에게 부탁한 후 우한(武漢)으로 떠난다. 상하이에서 샤오량을 찾은 구아건이 가족을 데리고 우한으로 가던 도중 일본의 공습으로 인해 아내 아전(阿珍)은 죽고 구아건은 행방불명이 된다. 부상병의 도움으로 기차를 타고 우한까지 온 샤오량은 모금운동에 참여하던 중 차오젠에게 발견된다. 이로써 민원은 샤오량을 만나지만 매국노 상관린을 감시하는 임무 때문에 엄마라는 신분을 속이고 옌안(延安)에 도착하고서야 모자의 상봉은 이루어진다.

_ **단평**   : 이 영화는 개인의 행복은 사회적 임무 다음이라는 기존 사상을 되풀이하고 있지만 과거 인물들과는 사뭇 다르다. 비록 애국과 혁명을 강조하고 혁명에 투신한 여성의 형상을 그리고 있지만 모성애를 가미시키고 있다. 민원(閔雯)은 더 이상 혁명과 해방전쟁에만 투신한 여성으로만 부각되지 않는다. 한 여성이 혁명의 과정에서 느끼게 되는 슬픔과 고통, 그리고 기쁨을 복합적으로 표현하고 있다.

_ **핵심어**   : 백색공포 우한 옌안 상봉
_ **작성자**   : 조병환

역광 逆光(A BLACK - LIT PICTURE)

_ **출품년도**   : 1982년
_ **장르**   : 생활 극영화

_ 감독   : 딩인난(丁蔭楠)

_ 제작사   : 珠江電影制片廠

_ 주요스탭   : 시나리오(秦培春) 촬영(魏鋒) 미술(黃統榮) 음악(張宏) 조명(胡
城欽) 편집(張希至)

_ 주요출연진   : 廖星明(郭凱敏) 夏茵茵(吳玉華) 黃毛(劉信義) 廖小琴(徐金金)
徐姍姍(肖雄) 姜維(史鐘麒) 小齊(郞永民) 甦平(施錫來)

_ 시놉시스   : 1980년대 초, 극작가 쑤핑(甦平)은 자신이 나고 자란 상하이 빈
민촌으로 돌아온다. 몇 쌍의 각각 다른 유형의 젊은이들은 그에게 창작
충동을 일으키고, 그는 모두에게 마음속을 맴도는 이야기를 하지 않을
수 없게 된다. 조선소 조립공 랴오싱밍(廖星明)은 빈민촌에서 나고 자랐
는데, 쑤핑과 장(江)선생의 지도 아래 시간을 아껴가며 공부한다. 그는
주위의 많은 젊은이들이 사상이 빈곤하고 우매하며 무지하고 경솔한 것
에 비애를 느낀다. 이런 상황을 개선하기 위해 그는 여가 시간을 이용해
서 과학 보급 작품 창작에 힘을 다한다. 그와 간부 가정 출신의 샤인인(夏
茵茵)은 서로 사랑하여 함께 장애물을 뚫고 부부가 되어 어려운 생활을
헤쳐 나간다. 싱밍의 여동생 샤오친(小琴)은 오빠와는 달리 돈의 유혹을
뿌리치지 못하고 샤오치(小齊)에게 1,000위안을 받고, 순박한 남자친구
황마오(黃毛)를 버리고 샤오치의 품으로 뛰어든다. 조선소 노동자 장웨
이(姜維)는 학식도 없고 기술도 없지만 평범한 외모의 쉬산산의 진실한
사랑을 비웃고, 아름다운 샤인인을 쫓아다니면서 오히려 쉬산산에게 연
애편지를 대신 쓰게 한다. 사랑의 좌절과 상처를 입은 황마오와 쉬산산
은 함께 일하면서 서로의 아름다운 성품에 이끌려 결혼한다.

_ 단평   : 이 영화는 자연스럽고 참신하며 산문시 같은 필치로 복잡다단
한 사회현실에서 고난을 이겨내고 상처 속에서 고민하는 중국 청년들을
진실하게 그려내고 있다. 그러면서 주인공들의 애정 갈등 및 다채로운
생활 속에서 그들의 풍부한 정신세계와 생활의 기층에 잠복되어 있는 갈
등을 서술하고 있다. 일반적으로 1980년대 초의 젊은이를 제재로 한 영
화는 좋은 출신 가정이 겪은 어려웠던 경험, 정신적 상처 및 고민과 각성
을 표현하는 데 편중되어 있었다. 이 영화는 이런 경향을 타파하여 지극

히 평범한 청년 노동자 및 그들의 생활환경, 그들이 관심을 갖는 현실 문제, 직접 체험한 문화심리를 통해 현실 생활의 토양에 뿌리를 내린 진실하고 믿을 만한 인물 형상을 공들여 만들어내고 있다. 이처럼 진실하게 당대 현실 생활을 표현하기 위해서 이 영화는 의식류 시공 교착의 개방형 구조를 채용하고 있다.(程樹安, 1997) 또 이 영화는 과거 인물 형상 창조에서 정면 반면 인물의 명백한 경계를 가르던 차원을 넘어 서스펜스(suspense)한 사건을 끊임없는 긴장감 속에 전개시키고 있다.(佐藤忠男, 2005)

_ **특기사항**   : 컬러 영화(10본)
              : 제3회 중국영화 금계장 최우수 촬영상
_ **핵심어**   : 상하이 젊은이 우매 무지 작가 사랑 과학보급작품
_ **작성자**   : 김정욱

비 내린 후 雨後(AFTER RAINING)

_ **출품년도**   : 1982년
_ **장르**   : 멜로
_ **감독**   : 룽레이(溶磊)
_ **제작사**   : 長春電影制片廠
_ **주요스탭**   : 시나리오(斯民三 楊時文 周決 吳本務) 촬영(李朝仁) 미술(袁殿民 魏紅宇) 음악(婁彰厚 方振翔) 조명(孫海山) 편집(董晶葳)
_ **주요출연진** : 陳翰如(張先衡) 方敏(顧永菲) 白俊民(李志輿) 孟健(鄭坤范) 白珊(李瑛) 曉如(朱義)
_ **시놉시스**   : 1970년대 초, 상하이의 어느 가을 비 내리는 밤, 의료연구센터의 과학기술연구원 천한루(陳翰如)는 폭우 속에서 염색공장 디자이너인 아내 팡민(方敏)을 쫓아간다. 팡민은 채 돌이 되지 않은 딸 샤오민(曉敏)을 안고 빠른 걸음으로 버스에 오른다. 천한루는 다섯 살 난 아들 샤오루(曉如)를 데리고 후회스러운 마음으로 빗속에 서서 떠나는 차를 바라보고 있다. 혼란의 시기가 지나고 심사원 멍젠(孟健)은 팡민과 천한루에 관한 안건을 새로 심사한다. 천한루는 멍젠 부부에게 자기 부부의 달콤했던 연애시절과

행복했던 결혼생활에 대해 이야기한다. 한 차례 정치적 폭풍이 그들의 가정에 불행을 가져다주었다. 사상적 억압과 정치적 박해는 가정의 부담을 가중시켜 팡민이 이상적 생산에 대해 동요하고 믿음을 잃게 했다. 하지만 천한루는 역경 속에서도 직선가속기 연구에 몰두하느라 아내에게 무관심했고 다정하게 배려하지 못했다. 고통과 실망 속에 팡민은 천한루가 다년간 쌓아온 연구 자료와 자신이 디자인상을 받았던 직물 견본을 태워버린다. 천한루는 화가 나서 팡민을 내쫓지만 화해하고 싶어 한다. 샤오민의 생일날, 팡민과 샤오민이 생일케이크를 사러 가다가 샤오민이 의사 바이쥔민(白俊民)에게 부딪혀 넘어진다. 바이쥔민은 샤오민에게 생일케이크를 선물하고 사과의 뜻을 전한다. 그 후로 그는 팡민을 사랑하게 되지만 팡민이 자신이 존경하는 친구 천한루의 아내라는 사실을 알지 못한다. 천한루는 팡민과 별거한 후에도 줄곧 직선가속기 연구를 계속하는 동시에 아버지로서 책임을 다하여 샤오루를 데리고 공원에 갔다가 팡민과 바이쥔민이 다정하게 산책하는 것을 보게 된다. 중병에 걸려 있던 천한루는 그 충격으로 직선가속기 연구를 성공시킨 후 쓰러지고, 바이쥔민은 그를 정성껏 치료한다. 천한루는 팡민에 대한 바이쥔민의 사랑이 진실하다는 것을 알고 팡민과 이혼에 동의한다. 이때 멍젠과 바이산은 천한루 부부를 화해시키려고 하고 있어서 바이쥔민과 팡민의 결합을 극력 저지한다. 그들이 바이쥔민에게 사실을 말해주자 바이쥔민은 충격을 받지만 팡민에게 천한루가 헌신하는 사업이 얼마나 중요한 것인지를 말해주고 천한루가 병상에 누워 있다는 사실을 알려준다. 팡민은 깊이 후회하며 천한루의 곁으로 돌아간다.

_ **핵심어**　: 문혁 정치적 폭풍 과학기술연구 여성
_ **작성자**　: 곽수경

붉은 치마의 유행　街上流行紅裙子(RED DRESSES ARE IN ORPHANS)

_ **출품년도**　: 1984년
_ **장르**　: 생활고사편
_ **상영시간**　: 96분
_ **감독**　: 치싱자(齊興家)

_ 제작사　　： 長春電影制片廠

_ 주요스탭　　： 시나리오(馬中駿 賈丞源) 촬영(張松平)

_ 주요출연진 ： 陶星兒(趙靜) 葛佳(姜黎黎) 阿香(宋憶寧) 小玲木(汪寶生)

_ 시놉시스　　： 타오싱얼(陶星兒)은 다펑(大豊) 방직 공장의 모범노동자이다. 그녀는 모범노동자의 품위를 지키기 위해 항상 흰 남방에 푸른 치마만을 고집한다. 어느 날, 거자(葛佳)를 비롯한 동료들의 부추김으로 아샹(阿香)의 붉은색 스커트를 입어보고, 그동안 모범노동자라는 칭호가 자신을 속박했었음을 느낀다.

　　한 번은 그녀와 거자 사이에 교대 시간에 관한 일로 문제가 발생하는데, 지도부는 그녀의 명성에 흠집을 남길 수 없다며 문제 발생을 거자의 탓으로 돌린다. 타오싱얼은 이 때문에 고민을 하게 되지만, 그렇다고 거자에게 사정을 밝힐 용기는 없다. 그래서 대학 입학 고사에서 고의로 답을 잘못 써서 거자에게 대학진학 기회를 넘긴다. 하지만 거자는 진상을 알고 대학 입학을 포기한다.

　　아샹은 시골 출신이지만, 놀림을 당하기 싫어 거짓말을 한다. 어느 날 홍콩에 있는 오빠가 그녀에게 옷을 보내준다고 한다. 그녀는 샤오링무(小玲木)라는 옷가게에서 비싼 값을 치르고 옷을 산 후 동료들에게 싼 값으로 되팔아 동료들의 환심을 산다. 그러다가 오빠가 그녀를 찾아오게 되면서 그녀의 거짓말은 탄로 난다.

　　아샹의 사정을 알게 된 타오싱얼은 그녀를 도와 그녀가 그간 손해 본 것을 메울 수 있도록 하는 한편, 자신에게 있었던 일들을 동료들에게 알림으로써 모범노동자라는 속박을 스스로 떨쳐버린다.

_ 단평　　： 이 영화의 주인공은 여성 모범노동자이고, 그녀는 여전히 선량하고 이타적이지만 더 이상 '후회 없이' 혁명과 사회 건설에 투신하지는 않는다. 그에게 있어서 모범노동자라는 명성은 오히려 구속과 다름없다. '삶이란 무엇인가'라고 묻는 주제곡에서 말하는 것처럼, 영화는 혁명과 사회주의 건설을 우선에 두지 않고 각자의 인간적 욕구에 초점을 맞추고 있다. 공장 노동자로 등장하는 영화의 주요인물들이 이전의 노동 여성과는 다른 모습, 즉 유행하는 옷과 자신을 치장하는 일에 흠뻑 빠져 있는 모

320

습을 보여주는 것은 이 영화가 말하고자 하는 바가 무엇인지를 시사한다. 시대의 주류적 사고의 변화와 함께 영화의 주제 역시 변화된 것인데, 한편 이와 동시에 여성을 그려내는, 혹은 여성을 포착해내는 카메라의 시선과 방식 역시 변화되었다. 즉, 카메라는 여성의 화려한 의상과 그 의상 속에 감추어진 육감적인 육체에 시선을 돌린다. 이러한 카메라의 시선은 1930~1940년대 상하이 영화에서 나타났다가 해방 이후에는 거의 사라진 시선의 재출현이다. 이러한 시선의 재출현 문제는 영화라는 매체의 본질적 속성, 그것이 여성을 재현해내는 방식이 중국 영화의 역사와 더불어 어떻게 변화되고 있는지를 해명해주는 지점이 될 수 있다.

_ **핵심어**   : 변화된 삶의 태도 모범노동자 여성공원들 여성을 보는 시각 이방인의 자괴감

_ **작성자**   : 유경철

아훈 이야기 阿混新傳(THE NEW STORIES OF DU XIAOXI)

_ **출품년도** : 1984년

_ **장르**   : 사회

_ **감독**   : 왕웨이이(王爲一)

_ **제작사**   : 珠江電影制片廠(彩色)

_ **주요스탭** : 시나리오(肖璋 伍仁) 촬영(闇序中) 미술(涂本陽) 음악(李德華 沈利群) 조명(袁汝) 편집(彭秀蓮) 부감독(万允吉)

_ **주요출연진** : 杜小西(嚴順開) 肖梅英(葉苞蓓) 杜孟雄(李淸) 老阿奶(吳媚媚) 杜大男(諸惠琴) 周明輝(王桂林) 肖長根(王君俠) 長根부인(胡建德) 王燕 徐世利 顧竹君 連琦

_ **원작**   : 동명 연극

_ **시놉시스** : 1980년대 초, 상하이의 어느 사료공장에서 일하는 청년노동자 두샤오시(杜小西)는 공장장 두멍슝(杜孟雄)의 아들인데 공부도 하지 않고 아무런 기술도 없이 아무렇게나 하루하루를 보낸다. 사람들은 그런 그를 아훈(阿混)이라고 부른다. 사료공장은 기술개조의 형세에 보조를 맞추기 위해 전체 청년노동자에게 문화 시험을 치르도록 한다. 손자를

지나치게 귀여워하는 샤오시의 할머니는 마침 샤오시의 자형 저우밍후이(周明輝)의 쓰레기통에서 찢어진 시험 문제를 발견하고 그것을 샤오시에게 준다. 보배나 다름없는 것을 얻은 샤오시는 시험이 다가올 무렵 종이에 적혀 있던 것을 모두 외우고 시험을 치러 간다. 그런데 뜻밖에도 시험은 다르게 출제되어 샤오시는 웃음거리가 된다. 그리하여 식구들은 그가 공밥을 먹지 못하도록 결정한다. 그가 항저우(杭州)를 여행을 할 때 우연히 만났던 샤오메이잉(肖梅英)이 샤오시를 사료공장 기술원으로 오인하고 혼합사료의 일로 찾아온다. 그리고 샤오메이잉은 그를 농촌으로 초청하고 농촌의 형세가 매우 좋다는 사실을 알려준다. 그는 농촌으로 가서 봉사할 수 있다고 생각하고 샤오메잉의 집으로 찾아가지만 생각지도 못하게 자형과 아버지 또한 시골로 내려와 샤오메이잉의 집안사람들에게 그의 진상을 말해준다. 농촌에서도 벽에 부딪친 샤오시는 자살을 결심하지만 샤오메이잉이 그에게 "자살할 용기가 있으면 왜 다시 사람이 될 용기는 없느냐"고 묻는다. 그리고 마침내 샤오시는 깨달음을 얻고 사회에 쓸모 있는 사람이 되기로 마음먹는다.

_ **특기사항** : 1985년 제5회 평의회 특별상
_ **핵심어** : 사료공장 문화 시험 웃음거리 깨달음 사회
_ **작성자** : 조병환

5호 첩보원 五號機要員(SPY NUMBER 5)

_ **출품년도** : 1984년
_ **장르** : 탐정 극영화
_ **상영시간** : 76분
_ **감독** : 류원위(劉文余)
_ **제작사** : 長春電影制片廠
_ **주요스탭** : 시나리오(毛秉權 張剛) 촬영(許壽增) 미술(高延倫) 음악(金湘)
_ **주요출연진** : 馮自强(林强) 呂嬋(吳玉華) 陳蘭(牛娜) 潘國梁(馬群) 胡雅亭(崔超明) 王文軒(王寶華)
_ **시놉시스** : 1931년 가을, 상하이 당 지하 조직에서 파견한 5호 첩보원과 조

수 펑즈창(馮自强)은 중요한 문건을 전달하기 위해 기선을 타고 린하이(臨海)시로 간 다음 장시(江西) 근거지로 들어가려고 한다. 린하이 시의 경찰 별동대장 왕원쉬안(王文軒)은 그들의 접선 암호를 입수하지만 절반밖에 해독하지 못한다. 적의 경비처장 판궈량(潘國梁)은 난징(南京)에서 파견 나온 노련한 특무 '테마(鐵馬)'의 도움으로 5호 첩보원을 검거하려고 한다. 펑즈창은 배에서 바둑을 두며 알게 된 화교 상인과 함께 하선하여 무사히 여성 접선 요원 천란(陳蘭)을 찾는다. 천란은 금은방에서 접선하려고 하지만 실패하고 실크 모자를 쓰고 긴 저고리를 입은 두 사람에게 번갈아가며 감시를 당한다. 천란은 가까스로 화광(華光) 여관으로 펑즈창을 찾아가지만 두 사람은 금은방에서 뭔가 사고가 났다고 판단한다. 광고를 통해서 접선 요원을 찾기로 하지만 의외의 사건이 발생하여 천란은 펑즈창을 위해 자신의 목숨을 희생한다. 펑즈창은 적군과 아군의 구별이 어려운 인페이(銀飛), 주치우(朱秋)와 각각 다른 시간과 장소에서 약속을 한다. 아군이었던 인페이와 판궈량의 부하라고 오해했던 허싼(何三)은 적의 요원을 물리치고 접선을 하여 함께 5호 첩보원을 만나러 간다.

_ 단평   : 이 영화는 스릴과 모험 영화(thrill and adventure film/thriller film: 驚險片)로 놀랍고도 아슬아슬한 플롯이 전체를 관통하고 있는 극영화이다. 이런 장르는 궁금증을 자아내게 하고 과장된 서사 구조를 많이 이용하고 있다. 그래서 스토리의 플롯은 복잡하게 얽히고 기묘하며 모순 충돌이 긴박하고 아슬아슬한 장면(spectacle)은 관객의 가슴을 졸이게 한다. 속도감이 느껴지는 스토리 전개를 통해서 인물을 형상화하고 주제를 표현하지만 플롯이 빈틈없이 짜이고 다변화하고 속도가 빨라서 지나치게 복잡하고 섬세한 인물의 사상 감정의 표현은 아쉬움으로 남지만, 위기에 닥친 인물의 거침없는 기지와 용감한 성격을 부각시키고 있다. 특이한 영상 기교로는 서양식 고층 건물이 즐비한 사물 쇼트(空鏡頭)를 삽입하여 대도시 상하이의 이미지를 살려내고 있는 점을 들 수 있다. 또 인물의 주관 시점(point of view)을 잘 구사하여 다중(多重)적 관점으로 인물의 심리를 질감 있게 묘사하고 있다. 장르 영화의 묘미라 할 수 있는 거듭되는 반전을 영화의 피날레까지 끌고 가면서 스릴러 영화의 모범적인 전형을 보여준다.

일종의 상업 영화로, 영상 전개에 있어 이전 영화에 비해 연극적 요소가 줄고, 특히 일상성을 살려낸 자연스런 대화는 다소 과장될 수 있는 플롯을 생활의 논리로 맞춰내면서 스릴러 영화의 완성도를 높이고 있다.

_ **특기사항**   : 스릴과 모험 영화
_ **핵심어**   : 지하당 조직 첩보원 희생
_ **작성자**   : 김정욱

상하이의 밤 上海之夜(SHANGHAI BLUES)

_ **출품년도**   : 1984년
_ **장르**   : 사회/멜로/코미디
_ **상영시간**   : 98분
_ **감독**   : 쉬커(徐克)
_ **제작사**   : 香港電影工作室有限公司
_ **주요스탭**   : 시나리오(陳冠中 杜國威 司徒卓漢) 촬영(敖志君)
_ **주요출연진** : 阿B(鐘鎮濤) 舒姐(張艾嘉) 凳仔(葉倩文)
_ **시놉시스**   : 1937년, 일본군이 상하이를 공격하자 바이올린 연주자 아비(阿 B)는 심야에 군대를 따라 쑤저우강(蘇洲河) 다리 아래에서 공습을 피한 다. 거기서 혼자 고립된 수제(舒姐)를 만나게 된다. 두 사람은 첫눈에 반 해 장래를 약속하고 전쟁이 끝난 후에 다시 만나기로 한다. 항전이 승리 한 후 아비는 상하이로 돌아와 쑤저우강 다리 아래로 수제를 찾아간다. 그러나 그곳에는 갈 곳 없는 사람들과 퇴역병사밖에 보이지 않는다. 아 비는 예전처럼 무도장에서 바이올린을 켜며 생활한다.

10년이라는 세월이 지나고 수제는 생계를 위해 무희가 되어 있다. 그 녀는 비록 부옹, 못된 도련님, 건달, 나쁜 경찰들로부터 숱한 유혹을 받았 지만 끝까지 지조를 지키며 아비가 돌아오기를 기다린다. 그녀는 쑤저우 강 다리 아래를 자주 거닌다. 어느 날 상하이로 아버지를 찾아온 덩짜이 (凳仔)를 알게 되어 덩짜이를 여동생으로 삼고 함께 산다. 아비는 수제의 위층에 살면서도 서로 알지 못한다. 덩짜이는 아비를 깊이 사랑하게 되 고 두 사람은 교제를 한다. 폭우가 내리치는 어느 날, 수제와 아비가 함께 집으로 돌아오는데 수제는 아비가 바로 그토록 기다리던 연인이라는 사실을 깨닫는다. 하지만 덩짜이에게 상처를 입히지 않기 위해 아비에게 진실을 알리지 않는다. 덩짜이는 수제가 아비의 방에서 젖은 옷을 갈아입은 것을 보고는 저질이라고 비난하지만 수제는 참는다. 어느 날 밤 정전이 되어 아비는 수제를 도와 깨진 어항을 처리하다가 수제를 알아보고는 10년 전 다리 아래에서 만나기로 한 일을 이야기한다. 수제는 미칠 듯이 기뻐하고 아비는 밤낮으로 그리워하던 애인을 찾게 된다. 덩짜이는 사실을 알고 난 후 사랑을 뺏으려고 한다. 덩짜이는 달력 모델 황후로 선발이 되고 착한 수제는 자신의 신세를 생각하며 사랑을 양보하기로 결심한 채 상하이를 떠난다. 아비는 모든 것을 버리고 수제가 탄 차를 쫓아간다. 차 안에서 수제와 아비는 지난날의 사랑을 이야기한다.

_ **단평**　　: 노스텔지어적인 로맨틱코미디로, 고도의 오락성이 풍부하면서도 옛것을 빌어 지금의 현실을 풍자하는 정치적 비유도 가지고 있다. 제재에 있어서 1930년대의 경전작인 〈거리의 천사〉의 영향을 뚜렷하게 받았지만 기교에 있어서는 상큼하고 유창하며 독특한 풍격을 가지고 있다. 황잔(黃沾)이 창작한 주제곡 '밤바람(晚風)'은 영상과 잘 어우러져 감동적인 효과를 거두고 있다.(http://www.mov99.com/movie/2000101604147.html)

_ **특기사항**　　: 1985년 프랑스 '낭트 3대륙영화제'에서 특별상을 수상했다. 낭트 3대륙영화제란 1979년 프랑스의 예술영화와 실험영화협회의 지지와 협조를 받아 프랑스에서 시작했다. 매년 11월에서 12월 사이에 약 6일간 열리며 제3세계국가의 영화를 소개하는 것을 종지로 삼아 아시아, 아프리카, 라틴아메리카의 우수한 영화를 소개하고 있다.

　　그 밖에 캐나다(1985년)의 '토론토영화제'에서 상연된 바 있으며 스웨덴(1990년), 핀란드(1991)에서도 상연되었다.

_ **핵심어**　　: 항일 여성 사랑 무희 달력황후
_ **작성자**　　: 곽수경

아파트 公寓(APARTMENT)

_ **출품년도**　　: 1985년

_ **장르** : 드라마

_ **상영시간** : 100분(추정)

_ **감독** : 류신(劉欣)

_ **제작사** : 珠江電影製片廠

_ **주요스탭** : 시나리오(凌奇偉 鄭炳輝) 촬영(朱鈞桓) 미술(李文光) 녹음(蔣紹崎) 작곡(張杰林) 편집(董煥强) 부감독(翁燕美) 등

_ **주요출연진** : 梁玉芬(余萍) 小琴(何晴) 秀娥(徐幸) 惠芳(奚美娟) 凌輝(張天喜) 凌雲軒(康泰) 凌晨(余晨光) 王薇(吳競) 등

_ **시놉시스** : 1983년 늦가을, 고향이 다른 농촌 여성 네 명이 각자의 희망을 품고 상하이로 올라와 낡은 고층 아파트의 가정부가 된다. 바지런하고 책임감 강한 량위펀(梁玉芬)은 퇴직한 간부(정치인)인 링윈쉬안(凌雲軒)의 집에서 일하게 된다. 조심스럽고 겸손한 량위펀은 그 집의 막내인 옌옌(燕燕)에게서 어린아이의 순수함과 명랑함을, 대학생인 링후이(凌輝)에게서 신분의 벽을 넘어선 우정을 느끼게 된다. 그녀는 비록 가정부지만 지식에 대한 갈망과 공부하고 싶은 욕망은 누그러들지 않는다. 그녀는 결혼을 피해 도망친 자신의 수동적인 상황을 떨쳐버리고 자신의 삶과 권리를 찾아간다. 낙관적이고 활달한 샤오친(小琴)은 특급교사 구이인(顧宜寅)의 집에서 자신이 가정부라는 사실을 솔직하게 말하고 여기저기 놀러 다니며 세상에 눈을 떠간다. 그녀에게는 바로 남자친구가 생기고 갈수록 옷차림도 세련되어진다. 그녀의 얼굴에는 웃음이 끊이지 않는다. 하지만 그녀의 경거망동과 허영심은 현실적인 생활에서 무참한 최후를 맞는다. 샤오친 역시 세상을 바로 보고 인생에 대해 진지하게 생각하게 된다. 슈어(秀娥)는 젊은 가정부지만 주관이 매우 뚜렷하다. 집안일을 거뜬히 해치우고 물건을 살 때에는 어떻게든 값을 깎으려고 한다. 혼수 비용을 마련하기 위해서다. 그녀는 쉬(徐)의사와 천(陳)원장과 같은 마음씨 좋은 가족들을 만나면서 생각에 변화가 생겨 자신의 선량한 본성을 찾게 된다. 말이 없고 신경질적인 중년의 가정부 후이팡(惠芳)에게는 말 못할 아픔이 있다. 그녀의 시어머니는 남아선호사상이 무척 강했고 남편은 더 심해 갓 태어난 딸을 도시로 보내버린다. 그녀는 매일 유아원 울타리 언

저리에서 눈물 어린 눈으로 딸 메이메이(玫玫)를 보기 위해, 상하이로 도망 와 가정부가 되었던 것이다. 자애롭고 선한 천원장은 슈어에게서 그 이야기를 듣고 후이꽝을 유아원으로 불러 메이메이에게 "엄마, 안녕?"이라는 말을 들을 수 있게 한다. 후이꽝은 소원을 이루고 큰 위안을 얻는다. 4명의 농촌 가정부들은 자신의 인생에 대한 진지한 사색을 통해 새로운 생활을 열어간다. 량위펀과 후이꽝은 고향으로 돌아가고, 아파트에는 샤오친과 슈어만 남는다. 앞으로 다가올 인생의 길에서 그들은 끊임없이 기뻐하고 고민할 것이다. 또한 자신의 삶을 진지하게 성찰하고 선택하게 될 것이다.

_ **단평** : 마치 1930년대에 유행했던 수많은 상하이 재현 영화의 플롯을 그대로 보는 듯한 느낌을 전해주는 이 영화는 농촌으로부터 상하이라는 대도시로의 이민, 혹은 신이민의 문제를 여성의 문제와 연결시켜 풀어가고 있다. 그러나 1930년대 영화에서 하층 여성 노동자라는 인물들이 자신이 처한 위치로 인해 언제나 남성의 폭력에 희생당하는 모습으로 그려졌다면, 1980년대의 여성들은 여전히 하층 인물이기는 하나 '마음씨 좋은' 인물에 의해 긍정적으로 각성하는 태도를 보인다. 현실을 상대적으로 미화하는 방식으로 그렸다고도 평가할 수 있는 이와 같은 영화적 처리는 상하이라는 도시와 아파트라는 도시적 상징, 신분 상승의 욕망 등의 이면에 고향으로 회귀라는 이중적 가치를 대비시킴으로써 또 다른 문제의식으로 이어진다.

_ **특기사항** : 유성 컬러 영화(10권)
_ **핵심어** : 이민 신이민 가정부 이산가족 농촌회귀
_ **작성자** : 임대근

보석반지 寶石戒指(A GEM RING)

_ **출품년도** : 1985년
_ **장르** : 액션
_ **감독** : 스셴(石洗)
_ **제작사** : 內蒙古電影制片廠

_ 주요스탭　　：시나리오(彭名燕 畢鑒昌) 촬영(涂家寬)

_ 주요출연진　：陳阿鋼(趙建文) 陳阿鐵(孫劍飛) 王曼雲(夏立言) 楊珊(許志群)

_ 시놉시스　　：1946년 상하이, 강철 노동자 천아강(陳阿鋼)은 격투기 대회에서 미국 선수에 의해 죽은 동생 천아톄(陳阿鐵)의 복수를 위해 격투기 선수로 변신한다. 하지만 동생의 죽음에는 음모가 개입되어 있었다. 격투장 사장인 일본인 왕만윈(王曼雲)이 중국인에 의해 남편이 죽자 복수를 하고자 중국 선수들을 죽음으로 몰아넣은 것이다.

　　천아강은 우연한 기회에 미군에게 희롱당하는 양산(楊珊)을 구해준다. 양산은 왕만윈의 딸이었고, 천아강을 흠모하지만 그가 이미 결혼했다는 사실을 알고 사랑을 단념한다. 양산은 어머니가 경기를 앞둔 중국 선수들에게 독약을 몰래 먹인다는 사실을 알게 된다. 천아톄의 죽음은 바로 이 때문이었는데, 양산은 이런 사실을 천아강에게 알린다.

　　양산의 도움으로 천아강은 동생을 죽인 미국 선수에게 승리하여 중국인의 기개를 높인다. 어머니의 악행을 알게 된 양산은 어머니를 떠나 홀로 일본으로 돌아가고, 딸에게 버림받은 왕만윈은 절망 끝에 자신이 만든 독약을 마시고 스스로 목숨을 끊는다.

　　보석반지는 왕만윈이 경기 후 매번 얻게 되는 승리의 부산물이다. 보석의 붉은 색깔은 희생당한 중국인들의 붉은 피를 연상시킨다.

_ 핵심어　　：복수 미군의 횡포 악한 일본인 원수 딸과의 로맨스 주요인물의 자살

_ 작성자　　：유경철

장씨집 작은 마님 張家少奶奶(THE WAY SHE LIVES)

_ 출품년도　：1985년

_ 장르　　　：멜로/사회

_ 감독　　　：예밍(葉明)

_ 제작사　　：上海電影制片廠

_ 주요스탭　：시나리오(王安憶 葉明) 촬영(查祥康) 미술(謝棐前) 음악(盧學璟 呂金松) 조명(金壽椿) 편집(柯善書)

_ **주요출연진** : 장씨네 며느리 瑞麗(李嵐) 큰아들 張文耀(王衛平) 시동생 張文光(孫劍) 시누이 張文影(呂麗萍) 시어머니(孟謙) 시아버지(白穆)

_ **원작** : 王安憶의 중편소설 『流逝』

_ **시놉시스** : 문화대혁명이 일어나 상하이에서 공장을 운영하던 장씨 집안은 정치적 소용돌이 속에서 큰 타격을 입는다. 유복하게만 지내던 사람들이 하루아침에 하층민으로 전락하고, 큰며느리 루이리(瑞麗)가 혼자 집안을 책임지게 된다. 루이리는 다른 집 아이를 봐주거나 생산조에서 임시직으로 일하면서 생활비를 벌지만 다른 식구들은 갑자기 닥친 상황을 소극적으로 피하기만 한다. 남편인 장원야오(張文耀)는 외부 활동을 피하면서 집 안에 숨어 지내고, 시동생 원광(張文光)과 시누이 원잉(張文影)도 농촌으로 하방된다. 설상가상으로 농촌으로 하방된 시누이는 거기에서 사귄 남자친구와 결별한 충격으로 정신병에 걸린다. 루이리가 직접 나서서 병가 수속을 밟고 그녀를 집으로 데려와 치료를 받게 한다. 그렇게 얼마간의 시간이 흐르고 11기 3중천회의 결정에 따라 몰수된 재산을 돌려받게 되자 시아버지는 자식들에게 재산을 나눠주는데 그 과정에서 가족 간의 갈등이 불거진다. 루이리는 그동안 고생한 대가로 재산의 절반을 주려고 하는 시아버지의 뜻을 거절하지만 루이리의 정성으로 완치된 원잉은 아버지의 뜻에 반발하면서 루이리와 감정의 골이 깊어진다. 결국 시어머니는 루이리에게 분가를 요구한다. 이사 가기 전날 밤 루이리는 지난 문혁시절을 회상하며 눈물을 적신다.

_ **단평** : 이 영화는 지청세대의 대표적 여류작가인 왕안이의 소설을 각색한 작품이다. 왕안이의 초기소설은 문화대혁명이라는 소용돌이 속에서 도시 소시민들, 특히 젊은 세대들의 정신적 상흔을 세밀한 필치로 그려낸다. 특히 여성에 대한 작가의 관심은 이 영화에서 며느리인 루이리에게 맞춰지는데 루이리는 가족 구성원 누구보다도 현실적 난관들을 주체적으로 직시하고 감내해간다. 이는 작가의 여성성—보다 구체적으로는 상하이 여성의 현실적 생활력—에 대한 신뢰이며 남편이나 시동생, 시누이로 대표되는 지식인의 현실적 무기력에 대한 비판으로 비친다.

_ **특기사항** : 감독 예밍(葉明)은 1919년 베이징에서 출생하여 극작가로 활동

하다가 1946년 감독 쌍후(桑弧)의 권유로 文華영화사에서 연기자로 활동한다. 1947년 洪謨 감독의 〈好夫妻〉에 조감독으로 데뷔한다. 그의 첫 번째 감독작은 1950년의 〈思想問題〉이다.(www.mdbchina.com)

                : 천연색 유성 영화
- **핵심어** : 문화대혁명 대가족 자산계급 계급투쟁 며느리 생산대
- **작성자** : 노정은

1937년의 상하이 大上海1937(1937 OF SHANGHAI)

- **출품년도** : 1986년
- **장르** : 전쟁/액션
- **상영시간** : 90분 추정
- **감독** : 장처(張徹)
- **제작사** : 中國電影合作制片公司 香港三羊影業有限公司
- **주요스탭** : 시나리오(張徹 阮赤正) 촬영(黃文雲) 미술(張曦白 曾妙林) 음악(黃霑 羅迪) 조명(陳倫 陳煥 歐杰 于洪 王東方) 편집(鄧爲盛)
- **주요출연진** : 杜月笙(杜玉明) 林懷部(徐小健) 王月英(孫懿雯) 楊藩(董志華)
- **시놉시스** : 1937년, 일본 침략자들이 중국을 침략하고 그해 8월 상하이를 점령한다. 1930년대의 상하이는 조계의 영향으로 말미암아 마피아가 세력을 가지고 있다. 민족 위기의 시기에 일부 마피아 두목, 소위 '상하이 삼대보스(三大亨)'는 각기 다른 방식으로 대처한다. 나이가 많은 황진룽(黃金榮)은 병을 핑계로 두문불출하고 영향력이 큰 두웨성(杜月笙)은 홍콩으로 간다. 두웨성의 의형제 장샤오린(張嘯林)은 경제매국노가 되어 전쟁의 어수선한 틈을 이용해서 많은 돈을 벌어들인다. 지위가 삼대보스보다 낮은 우쓰바오(吳四寶)는 일본인의 지지하에 특무 수뇌가 된다. 일본침략자의 만행은 중국인들의 격렬한 반발을 불러일으키고 '상하이 삼대보스'의 조직원들은 각자 다른 길을 걷는다. 어떤 이는 매국노 특무로 전락하고 어떤 이는 항일투쟁에 투신한다. 두웨성의 조직원이었던 린화이부(林懷部)와 뜻을 함께하는 일군의 친구들은 자발적인 민중 항일지하조직에 참가한다. 그들은 매국노, 사이비 '시민협회'의 책임자, 사이비 '상하이시 감독

330

관공서' 비서장을 죽인다. 경제매국노를 살해할 때 린화이부는 부상을 입고 두웨성의 오랜 벗 왕궈성(王國生)의 엄호하에 탈출을 하는데, 이로 인해 왕궈성의 딸 왕웨잉(王月英)과 사랑하게 된다. 그의 영향하에 왕웨잉도 항일 활동에 참가한다. 왕웨잉은 친구인 우쓰바오의 아내 위아이전(余愛珍)과의 관계를 통해 특무총독부를 공격한다. 린화이부도 두웨성의 도움으로 장샤오린의 경호원이 되어 위아이전의 경호원이자 무예가 높은 양판(楊藩)의 도움을 받아 장샤오린을 죽이지만 불행하게도 우쓰바오의 손아귀에 들어가게 된다. 왕웨잉은 우쓰바오를 독살하고 양판의 보호를 받아 탈출하고 린화이부와 양판은 '충의당(忠義堂)'을 공격한다.

_ **특기사항** : 1986년 8월 홍콩에서 상영됨
_ **핵심어** : 항일 마피아 매국노 특무 충의당
_ **작성자** : 곽수경

도시의 가면무도회 城市假面舞會(MASQUERADE)

_ **출품년도** : 1986년
_ **장르** : 멜로
_ **상영시간** : 89분
_ **감독** : 쑹장보(宋江波)
_ **제작사** : 長春電影制片廠
_ **주요스탭** : 시나리오(秦培春 崔京生) 촬영(雷獻禾) 미술(龔明輝) 음악(劉錫津 顧省連 曹楓) 조명(于長江) 편집(李停戰)
_ **주요출연진** : 羅漢(呂凉) 唐小芸(張伊) 舒炎(陳曉軒) 萍芬(周月)
_ **시놉시스** : 1980년대 초, 상하이 수도배관공 뤄한(羅漢)은 시인 수옌(舒炎)의 집에서 변기를 수리하고 『나그네(旅人集)』라는 시집을 선물 받는다. 퇴근 후 뤄한은 여자친구 핑펀(萍芬)이 건달에게 희롱당하고 있는 것을 보고 싸움을 한다. 핑펀의 어머니는 이런 뤄한의 모습과 배관공이라는 직업을 이유로 두 사람의 교제를 반대한다. 마음을 추스르기 위해 뤄한은 쑤저우(蘇州)로 여행을 갔다가 돌아오는 기차 안에서 탕샤오윈(唐小芸)이라는 여자를 만난다. 그녀는 신문에 여러 차례 시를 투고하지만 발

표가 되지 않아 비관하여 유서를 쓰고 있었는데 뤄한이 발견한다. 뤄한은 자기가 시인 수옌이라면서 그녀를 도와주겠다고 약속한다. 뤄한은 탕샤오윈이 보낸 시를 받고 태양주보(太陽週報)를 찾아가서 가짜 시인 행세를 하기 시작한다. 그리고 예전 변기수리를 하면서 알았던 수옌에게 접근하여 조언을 얻고 그것을 탕샤오윈에게 보낸다. 마침내 탕샤오윈의 시가 발표되고 뤄한은 그동안의 사실을 탕샤오윈과 수옌에게 편지로 알린다. 뤄한도 펑펀과 사이가 좋아지고 그녀에게 진상을 고백하는데 펑펀은 오히려 진정한 남자라고 칭찬을 한다. 한여름 뤄한은 주동적으로 태양주보사의 화장실을 수리하고 나오다 탕샤오윈과 마주친다. 하지만 그녀는 뤄한의 모습을 알아보지 못하고 지나친다. 밖으로 나온 뤄한은 여자 친구와 어깨를 나란히 하고 걸어가면서 휘파람을 부는데 그제서야 탕샤오윈은 귀에 익은 소리를 듣고서 창문 밖으로 두 사람을 내려다본다.

_ 단평 : 이 영화는 뤄한이 탕샤오윈을 도와주면서 뤄한 스스로도 올바르고 건강한 사람으로 변화한다는 내용을 다루고 있다. 또한 기존의 국가이데올로기에서 탈피하고 있다. 80년 이후 개혁개방과 더불어 제작된 이 영화는 기존의 영화 틀을 완전히 벗어나 1980년대 상하이와 상하이인의 단면을 재현하는 데 충실했다. 도시의 젊은 남녀들이 일상생활에서 나타내는 애정의 표현, 80년대 유행했던 통기타 음악이나 디스코와 같은 문화의 향유를 통해 다양한 모습을 보여주고 있다. 이는 중국사회가 점차 다원적이며 새로운 도시문화가 통용되는 사회로 변화하는 모습을 반영하는 것이다.

_ 특기사항 : 독립적 예술모델을 형상화
_ 핵심어 : 배관공 시인 태양주보 도시
_ 작성자 : 조병환

쑨중산 孫中山(DR. SUN YAT-SEN)

_ 출품년도 : 1986년
_ 장르 : 전기
_ 상영시간 : 150분
_ 감독 : 딩인난(丁蔭楠)

_ **제작사** : 珠江電影制片廠

_ **주요스탭** : 시나리오(賀夢凡 張磊) 촬영(王亨里 侯咏) 미술(閔宗泗) 작곡(施萬春)

_ **주요출연진** : 孫中山(劉文治) 宋慶齡(張燕) 宋敎仁(王延松) 汪精衛(馬鴻鷹) 李大釗(于孜健) 蔣介石(張世會)

_ **시놉시스** : 중국의 아버지(國父)로 일컬어지는 쑨중산(孫中山)의 전기영화이다. 쑨중산이 1894년 상하이에서 중국을 위기에서 구해내기를 결심하는 것으로부터 시작하여 1925년 3월 서거하기까지 일어났던 사건들을 극화하였다.

_ **단평** : 한마디로 국가가 엄청난 물량과 인원을 지원하여 만든 대작 영화이며, 80년대 초부터 활발하게 제작되던, 혁명 과정 특히 혁명의 성공에 있어서 중요한 전과로 기록되는 전투 혹은 기의 등을 재현하고 개괄하는 영화, 혁명 지도자의 인생과 혁명 역정을 그려내는 전기영화의 맥락 위에 있는 영화이다.

이 영화의 예술적 성과는 다음과 같이 정리된다. 1)영화 전편을 구성하는 데 있어서 쑨중산이라는 인물의 심리를 중심으로 삼았다. 쑨중산의 인생에서 가장 중요한 사건인 네 차례의 봉기, 가장 절친한 동료 네 명의 죽음을 중심으로 영화를 구성하였고, 이때 감독과 극작가는 역사적 사실의 표면에 머무르지 않고 인물의 내면으로 파고들었다. 2)네 차례 봉기를 구현함에 있어 각기 다른 영화적 재현 방식을 이용하고 있다. 3)허구와 사실을 완벽하게 결합시켜냈다. 4)감독이 중화민족의 불굴의 희생정신과 투쟁의 정신을 격정적으로 그려냈다.(이상 루홍스, 수샤오밍/김정욱, 2002, 234)

여러 가지 정황으로 볼 때, 이 영화는 중국인들에게 영화이기 이전에 혁명과 과거 역사에 대한 찬사이며 선전의 자료이자 교육의 매체이다. 사회주의권에서 영화의 의미가 어떤 것인지 그리고 그 의미를 확보하기 위해 국가가 어떻게 지원하고 있는지 등을 알 수 있게 해주는 영화이다.

_ **특기사항** : 1987년 제7기 中國電影金鷄獎 最佳故事獎, 最佳導演獎, 最佳男主角獎(劉文治), 最佳撮影獎, 最佳美術獎, 最佳音樂獎, 最佳剪輯獎, 最佳服裝

獎, 最佳道具獎을 수상했고, 같은 해 電影百花獎 最佳故事片獎을 수상했다.

: 1988년에 廣播電影電視部 1986~1987년 優秀影片獎을 수상했다.

_ 핵심어   : 위인전기 국부 구국 민족의 단합 죽음

_ 작성자   : 유경철

나와 급우들 我和我的同學們(ME AND MY CLASSMATES)

_ 출품년도 : 1986년

_ 장르   : 사회/멜로

_ 감독   : 펑샤오롄(彭小連)

_ 제작사   : 上海電影制片廠

_ 주요스탭 : 시나리오(謝友純) 촬영(劉利華) 미술(周儂人) 음악(劉雁西 董菊錦) 조명(王得祥) 편집(沈傳悌) 부감독(成家驤)

_ 주요출연진 : 布蘭 周京舟 楊春雷 雍景新 兪磊 包魏峰 陶烈 戴文偉 劉峰 那郁濤 陳域狀 楊曉丹 成家驤 胡曉健 周磊 毛曉文 唐慧 葛嘉琳 王雪奇 庄力穎 朱佳兪葉其炎

_ 시놉시스 : 어느 고등학교 1학년 4반의 체육부장인 저우징저우(周京舟)는 부모를 따라 다롄(大連)으로 이사를 가게 되어 급우들이 모두 이별을 아쉬워한다. 그리고 체육부장은 체육에는 조금도 관심이 없던 여학생 부란(布蘭)이 맡게 된다. 그들은 중등부 3학년 1반과 경기를 하지만 완패를 당한다. 부란은 괴로워하고 있던 차에 같은 반 양춘레이(楊春雷)가 그녀를 비난하고 교실은 웃음바다가 된다. 이에 화가 난 부란은 체육부장을 그만둔다. 저우징저우와 대원들은 함께 시합에서 완패한 원인을 찾고 같이 부란의 집을 찾아가 용서를 구한다. 이에 부란은 눈물을 거두고 미소를 짓는다. 우승을 향한 경기가 열렬하게 진행되고 마침내 그들은 전교에서 우승을 하게 된다. 저우징저우는 친구들의 배웅을 받으며 부두를 떠난다.

_ 핵심어   : 체육부장 시합 고등부 우승 사회

_ 작성자   : 조병환

아룽의 전설 阿龍浴血記(THE LEGEND OF AH LONG)

_ **출품년도**　: 1986년

_ **장르**　　: 탐정 극영화

_ **감독**　　: 장위민(張裕民)

_ **제작사**　: 西安電影制片廠

_ **주요스탭**　: 시나리오(雄力 柳靑) 촬영(劉昌煦) 미술(楊剛) 음악(李耀東) 조
　　　명(張長年 楊軍) 편집(郝巨才)

_ **주요출연진** : 宁世龍(郭碧川) 阿英(吳莉婕) 兪子卿(傅永才) 劉云甫(陳明皇)
　　　劉亞琴(左翎) 楊采臣(趙克明) 宁玉武(馬克英)

_ **시놉시스**　: 1920년대 상하이, 어느 날 밤 청년 노동자 자오즈룽(趙志龍)은 파
　　　업에 참가했다는 이유로 국민당 군경(軍警)에게 살해당한다. 후배 아룽(阿
　　　龍)은 성격이 강직해 선배의 참사를 보고 있을 수 없어서 상하이로 황급히
　　　돌아와 선배를 위해 복수를 맹세한다. 그는 국민당 웨이수(衛戍)구 중학교
　　　처장과 청방(靑幇)의 앞잡이 셰라오우(謝老五)를 암살하고 추격을 당한다.
　　　아룽은 부상을 입고, 경찰은 더욱 엄밀한 수색을 펼치는데, 다행히 친구 위
　　　쯔징(兪子卿)이 제때 소식을 알려주어, 샤오싱(紹興)에 있는 숙부 닝위우
　　　(寧玉武)의 집에 숨는다. 아룽의 간절한 부탁으로 숙부는 류윈푸(劉云甫)
　　　에게 아룽을 데리고 상하이로 돌아가 선배의 복수를 돕도록 한다. 그들은
　　　부두에 도착하자마자 청방 두목 양차이천(楊采臣)에게 발각된다. 아룽의
　　　복수 의지는 굳건했지만, 류윈푸는 청방에 매수되어 몰래 아편굴에 기원
　　　(妓院)을 여는 등 나쁜 짓을 일삼는다. 아룽은 류(劉)부자(父子)에게 칼을
　　　겨누게 되고 교활한 양차이천이 위쯔징에게 미끼를 던진다. 아룽과 환난
　　　(患亂)을 함께했던 위쯔징은 청방에 몸을 의탁하게 된다. 아룽은 아름다운
　　　꿈을 품고 상하이 부두로 달려왔지만 결국, 위쯔징의 손에 비참하게 죽고
　　　만다.

_ **특기사항**　: 천연색

_ **핵심어**　: 청방 노동자 파업 국민당

_ **작성자**　: 김정욱

백일몽 異想天開(THE DAYDREAM)

_ 출품년도   : 1986년

_ 장르   : 코미디

_ 감독   : 왕웨이이(王爲一)

_ 제작사   : 珠江電影制片廠 香港天湖影業公司

_ 주요스탭   : 시나리오(張賢亮) 촬영(陳祥和) 미술(黃朝暉) 작곡(丁家琳 金友
             中 司徒抗) 편집(許建平)

_ 주요출연진 : 徐立國(姚培德) 張小瑜(徐維敏)

_ 시놉시스   : 쉬리궈(徐立國)는 출근하자마자 무협소설에 열중이다. 회사 맞
             은편 극장에서는 〈소림사〉를 상영 중이다. 이때 사장이 그에게 광저우
             (廣州)로 출장을 가라고 한다. 쉬리궈가 탄 비행기가 광저우로 향할 때,
             외계인이 나타나 스튜어디스 장샤오위(張小瑜)를 납치하려 한다. 쉬리궈
             는 자신도 모르게 초능력을 발휘하여 장샤오위를 구한다. 이 일로 쉬리궈
             는 1만 원의 상금을 받게 되지만, 잘못하여 상금을 모두 잃어버린다. 화가
             난 쉬리궈는 소림사에 가서 무공을 익히기로 결심하고 소림사로 향한다.

             무공을 연마하던 도중 쉬리궈는 자신을 찾아온 장샤오위를 만나게 되
             고, 모든 것을 내팽개치고 도망한다. 광저우의 한 놀이공원에서 장샤오
             위와 즐거운 시간을 보내다가 쉬리궈는 소림사에서 두 명의 스님이 자신
             을 잡으러 왔다는 사실을 알게 되고, 전시장에 전시된 로봇의 몸속으로
             숨는다. 로봇의 몸을 이용하여 소림승을 물리친 두 사람은 그 안에서 깜
             빡 잠이 드는데, 깨어나 보니 로봇과 함께 홍콩으로 옮겨져 있다. 하지만
             그는 홍콩에서 중국의 국가 기밀이 담긴 문건을 발견하게 되고, 지략과
             능력을 발휘하여 그것을 되찾아 대륙으로 돌아온다. 국가 기밀을 지켜낸
             공으로 쉬리궈는 많은 상금을 타게 된다. 회사로 돌아오자 옛 동료들이
             그를 환영하러 달려든다. 이 와중에 쉬리궈는 잠에서 깨어난다. 잠에서
             깬 그 앞에 사장이 화난 얼굴로 서 있다.

_ 핵심어   : 초능력 꿈 소림사 국가기밀

_ 작성자   : 유경철

암살계획명 페르시아고양이 波斯猫在行動(ASSASSINATION)

_ **출품년도**   : 1986년

_ **장르**   : 정탐

_ **상영시간**   : 83분

_ **감독**   : 징제(荊杰)

_ **제작사**   : 長春電影制片廠

_ **주요스탭**   : 시나리오(李振家 劉新屏) 촬영(劉永臻) 미술(徐振鷗) 음악(鄧爾博) 조명(辛以樹 毛治國) 편집(趙琪 李仲琳)

_ **주요출연진** : 陳毅(徐福昌) 胡鐵雄(柳健) 童年(陳日舜) 魯軍(徐元奇) 胡鐵雄의 모친(李玲君) 肖峰(王宗海) 田亞塵(艾峻邁) 鄭菲菲(譚元元) 丁浩(王寶順) 胡紫竹(吳慈華)

_ **시놉시스**   : 상하이 해방 초기에 미처 도망하지 못한 국민당 부대는 실패를 인정하지 않는다. 특무 두목 마오런펑(毛人鳳)은 저우산군도(舟山群島)에 웅거하고 있는 보안국 특별파견팀에게 천이(陳毅)를 암살하라는 명령을 내리고 후톄슝(胡鐵雄)을 특파하여 천이를 암살하는 '페르시아고양이 계획'을 실행한다. 후톄슝은 천이가 다음날 메이치극장(美琪大戲院)에서 시사보고를 한다는 정보를 듣고 그를 죽이러 가지만 뜻밖에도 그가 10여 년 전 자신과 모친을 구해준 천 아저씨라는 사실을 알고 주저한다. 천이는 자신을 암살하려는 자가 있다는 보고를 듣고서도 여전히 원래의 계획대로 화둥(華東)대학의 청년친목회에 참석한다. 그러나 이번에도 후톄슝은 천이를 살해하려던 계획이 실패하여 교외로 도주한다. 그는 신문에서 어머니가 자신을 찾는 광고를 발견하고 눈물을 흘린다. 그는 어머니에 대한 그리움을 억누르기 힘들어 어머니에게 돌아간다. 어머니는 기뻐하며 아들을 데리고 천이 시장을 만나러 간다. 후톄슝은 천이의 은혜를 저버리고 음식에 독약을 넣는다. 그러나 후톄슝의 이상스런 행동이 어머니의 의심을 불러일으킨다. 아들은 어머니의 호된 심문에 사실을 실토하지만 어머니의 훈계를 무시하고 나가버린다. 어머니는 황급히 이 일을 루쥔(魯軍)에게 알린다. 후톄슝은 천이가 군민을 이끌고 푸둥으로 가서 긴급구조작업에 참가한다는 정

보를 들고 모터보트를 몰아 감찰선 위에 서있는 천이에게 총을 쏘려 하는데 긴박하게 쫓아오던 루쥔이 먼저 총을 쏜다. 후톄승이 허둥지둥 달아나다가 갈대밭으로 숨어들지만 결국 군민에게 포위되어 고개를 떨어뜨린다.

_ 단평   : 영화는 암살이라는 자극적인 소재에 암살자와 암살대상의 관계를 단순한 것이 아니라 과거 생명의 은인이라는 관계로 설정함으로써 이야기를 긴장감 있게 이끌어나가고자 한 것으로 보이지만, 다소 느린 이야기 전개속도는 그런 긴장감을 약화시킨다.

　　　상하이의 화려한 야간풍경이나 기차, 모터사이클을 볼 수 있고 특히 무도장 장면이 빈번하게 나오며 레스토랑에 한 벽면 전체를 차지하는 크기의 커다란 여성의 누드사진이 걸려 있는 모습은 상당히 파격적인 배경으로, 당시 상하이의 사회적 분위기의 일면을 엿볼 수 있다.

_ 핵심어   : 특무 암살 국민당
_ 작성자   : 곽수경

도련님의 고생 少爺的磨難(THE TRIBULATIONS OF A YOUNG MASTER)

_ 출품년도   : 1987년
_ 장르   : 드라마
_ 상영시간   : 140분(추정)
_ 감독   : 우이궁(吳貽弓 총감독) 장젠야(張建亞)
_ 제작사   : 上海電影製片廠 독일 두르니오크 영화사
_ 주요스탭   : 시나리오(艾明之 斯民三 한스 보그) 촬영(夏力行) 미술(邱源) 작곡(瞿小松) 등
_ 주요출연진   : 金福(陳佩斯) 蓮花(趙家玲) 王哲(李緯) 푸클란(롤프 후보) 폴라이(안드레아스) 宋阿根(姚建國) 등
_ 시놉시스   : 1920년대 상하이, 엄청난 재산을 가진 진춘하오(金春浩)가 있다. 그에게는 진푸(金福)라는 아들이 있는데 매일 주색을 밝히며 방탕한 생활을 한다. 죽음이 얼마 남지 않았던 춘하오는 아들을 생각하며 안타까워하다가 임종 순간 집사인 왕저(王哲)에게 아들의 약혼녀인 롄화(蓮花)와 진푸를 빠른 시일 내에 혼인시키라고 당부한다. 진푸는 아버지가

죽은 뒤에도 여전히 방탕한 생활을 하면서 자신이 평생 써도 줄어들지 않을 돈을 가지고 있다고 생각한다. 젊은 나이에 백만장자가 된 진푸에게 수많은 파티 초대장이 눈송이처럼 날아온다. 외국인이 세운 보험회사 또한 그를 주시한다. 어느 날, 진푸는 리도독(李都督)의 집에서 열린 파티에 참석하게 되는데 그는 진푸의 재산을 탐내 자신의 딸과 결혼하라고 권유한다. 그러나 진푸는 이를 일언지하에 거절한다. 그러던 중, 미국으로부터 진푸의 아버지가 거래하던 캘리포니아중앙은행이 부도가 났으며 더 이상 돈을 지불할 수 없다는 편지 한 통이 날아든다. 진푸는 하루아침에 알거지로 전락한다. 그때, 경호원 아건(阿根)이 롄화가 쓴 편지 한 통을 가져온다. 편지에는 그녀가 진푸를 위해 집을 저당 잡히고 받은 8,000냥을 그에게 부쳤다는 내용이 쓰여 있다. 감동한 진푸는 자신의 목숨을 바쳐 롄화에게 빚을 갚기로 결심한다. 이튿날 그는 외국 보험회사에 2개월 기한의 생명보험 하나를 가입한다. 배상금인 20만 위안은 롄화와 왕저가 수령하도록 한다. 윌리엄은 그의 속셈을 알아차리고, 두 경호원에게 계약기간 동안 그가 자살하지 못하도록 감시한다. 진푸는 롄화 앞으로 유서를 남기고 여러 방법으로 자살을 시도하지만 번번이 실패한다. 자살에 실패하자 그는 왕저에게 2개월 안에 자신을 죽여 달라고 부탁한다. 그러나 왕저는 옛 주인이 죽어가며 남겼던 부탁을 생각하고 차마 손을 쓰지 못한다. 이런 상황에서 은행의 부도 소식이 잘못되었다는 편지가 미국으로부터 도착한다. 그는 이 소식을 즉시 왕저에게 알리려고 하였으나 그를 찾을 수가 없다. 그때부터 진푸는 왕저가 어딘가에서 자신의 심장을 향해 칼을 날리지나 않을까 불안해하며 하루하루를 보낸다. 보험회사에서 고용한 경호원 역시 그로부터 한 발자국도 떨어지려 하지 않고, 진푸는 곧 난징(南京)으로 몸을 피한다. 한편 롄화는 신문을 통해 약혼자가 처한 상황을 알게 되고는 남장을 하고 난징으로 향한다. 우연히 왕저를 만나 함께 진푸를 지키려고 애쓴다. 한편 리도독은 진푸의 재산을 포기하지 못하고 몰래 난징까지 그의 행방을 뒤쫓는다. 진푸는 만일을 대비해 여장을 하고 있었는데, 그 자태가 매우 그럴 듯하여 리도독이 그 미모에 반하고 만다. 그는 다시 뤄양(洛陽)으로 도망치고 리도독 역시 그의 뒤를 쫓는다. 그녀는 곧 리도독에게 붙잡혀 희롱당하는데, 바로 그때 어디선가 한 남자가 나타나 그를 구해준다. 그 낯선 남자는 바로 렌화다. 그러나 진푸는 렌화를 알아보지 못하고 도망하던 중 강도를 만나 갖은 고초를 겪는다. 그 과정에서 그는 삶에 대해 심각하게 생각한다. 도망치던 진푸는 결국 리도독에게 붙잡히고, 리도독의 딸과 결혼을 강요당한다. 그때, 왕저와 렌화가 나타나서 리도독을 총으로 쏴 죽이고 진푸를 구출한다. 왕저는 그에게 아버지의 유언을 전하고 이를 들은 진푸는 만감이 교차하는 것을 느끼며 렌화와 새로운 생활을 시작하게 된다.

_ **단평**   : 리다오신(李道新)에 의하면 이 영화는 1987~1988년에 중국 영화 중 관객 동원률 10위 안에 들었던 오락영화이다. 그에 따르면 1985년부터 1989년까지 중국 영화는 오락영화 또는 장르영화가 급격하게 부상하기 시작했는데 삼류 감독들의 상업성이 극대화되었던 시기라고 평가된다. 그럼에도 불구하고 그는 이 영화를 두고는 비교적 덜 통속적이고 장르영화로서 품격을 갖춘 경우라고 말한다.(397) 1980년대 후반, 개혁개방이 시작된 지 약 10년이 지난 시점에서 중국 영화는 1920년대 상하이를 소환한다. 1930년대 외세의 침입으로 인해 민족적 현실이 주요한 문제로 다루어졌던 이른바 '좌익영화'의 전통에 앞선 시기로서 1920년대는 오히려 자본의 문제와 개인적인 치부(致富)의 문제가 더욱 예민한 사회적 문제였던 것으로 그려진다. '치부'라는 소재는 개혁개방의 시대 '돈을 향하여(向錢看)'라는 구호를 외치며 '(돈의) 바다로 뛰어들던(下海)' 1980년대 후반의 중국인들과 겹쳐지며 상하이라는 도시는 그러한 코드를 반영하는 자본의 도시로서 손색이 없다. 그럼에도 여전히 영화는 도덕적 결말을 이끌어내고 있다.

_ **특기사항** : 컬러 유성 영화(14권)
        : 상하이 영화사와 독일 두르니오크(Durniok) 영화사의 합작 영화
        : 총감독 우이궁이 자술한 글「關于〈少爺的磨難〉: 幷非"論功行賞"」을『中國電影年鑒』1988, 2-26에서 확인할 수 있음

_ **핵심어**   : 1920년대 상하이 상류층의 생활 여장남자 남장여자

_ **작성자**   : 임대근

마쑤전 복수기 馬素貞復仇記(MA SUZHEN TAKES REVENGE)

_ 출품년도 : 1988년

_ 장르 : 액션스릴러

_ 감독 : 선야오팅(沈耀庭)

_ 제작사 : 上海電影制片廠(彩色)

_ 주요스탭 : 시나리오(沈耀庭 沈耀華) 촬영(周宰元) 미술(張万鴻) 음악(徐景
新 錢萍) 조명(周學銀) 편집(侯佩珍)

_ 주요출연진 : 馬素貞(李云娟) 馬永貞(郭維平) 白癩痢(杜継凡) 柴九云(李祥春)
丁得勝(岳天) 程子民(林榮才) 柴公子(楊欣忠) 花寶琴(段仕萍) 李斗 高單單
朱興華 王琪中 成梅 王建國 郭仲麗 李薔 黎却里 安國旺 盛庭芳 田錚錚

_ 시놉시스 : 청나라 말기, 산둥(山東) 상인 마융전(馬永貞)은 초대를 받아 상
하이에 온다. 상하이탄은 여러 깡패들이 패권을 잡고 있었는데 깡패 우
두머리인 바이라이리(白癩痢)는 사람들에게 이주하라고 협박한다. 마융
전이 마침 그곳을 지나가다가 경찰관과 바이라이리의 부하들을 엄벌한
다. 마이라이리는 도끼파와 함께 마융전을 암살한다. 마쑤전(馬素貞)은
형이 죽었다는 소식을 듣고 상하이탄으로 가서 마이라이리에 대한 복수
를 다짐한다. 마쑤전은 상인으로 꾸미고 바이푸(白府)에 도착하지만 하
마터면 그들의 올가미에 걸려 욕실에서 목숨을 잃을 뻔 한다. 바이라이
리의 종적을 찾기 위해 마쑤전은 위험을 감수하고 사방으로 찾아다닌다.
마침내 낡은 절에서 그의 행방을 찾고 마쑤전과 그의 동료들은 그곳에서
바이라이리와 사생결투를 벌여 복수를 한다.

_ 핵심어 : 장사 깡패 협박 암살 복수

_ 작성자 : 조병환

한 남자와 한 여자 某男與某女(MR. AND MISS SOMEBODY)

_ 출품년도 : 1988년

_ 장르 : 애정

_ 감독 : 왕티(王褆)

_ 제작사 : 珠江電影制片公司

_ 주요스탭 : 시나리오(王煉 李雲良) 촬영(剛毅 羅燕) 미술(梁國雄) 음악(楊庶正) 조명(徐其晃) 편집(董煥瑤)

_ 주요출연진 : 康凱(張國民) 韓佩佩(張凱麗) 沈巴黎(凌慧) 燕谷(王平)

_ 시놉시스 : 캉카이(康凱)와 한페이페이(韓佩佩)는 독신 남녀로, 같은 아파트에 살면서도 서로 모르는 사이다. 어느 날 카이는 페이페이의 지갑을 주워 주인에게 돌려주려 하지만 오히려 재수 없는 일만 당하게 된다. 카이의 친구 옌구(燕谷)는 지갑 주인이 여자인 것을 알고, 이 기회를 통해 카이에게 여자 친구를 만들어주려고 한다.

페이페이의 친구 선바리(沈巴黎) 역시 페이페이에게 남자 친구를 만들어주려고 하던 참에, 그녀의 지갑을 습득한 사람이 남자임을 알고 이 기회를 이용하려 한다. 하지만 옌구와 선바리의 의도와는 달리, 카이와 페이페이는 오해 때문에 서로에게 악감정을 갖게 된다.

한편, 두 사람은 친구들의 성화에 펜팔을 하며 친구가 되지만, '한 남자', '한 여자'라는 이름을 사용했기 때문에 상대가 누구인지는 알지 못한다. 펜팔을 통해 감정이 생긴 두 사람은 만날 약속을 잡고 약속 장소에 나가지만, 서로를 알아보지 못하고 다만 페이페이와 카이로서 만나 오해를 풀게 된다. 하지만 두 사람의 마음에는 펜팔 친구인 '한 남자'와 '한 여자'에 대한 감정이 있을 뿐이다.

첫 번째 만남에 실패한 두 사람은 두 번째 만남을 약속하게 되는데, 이때 카이가 불량배들에게 희롱당하는 페이페이를 돕게 되고, 또 휴대하기로 한 정표를 통해 자신이 마음에 둔 사람이 카이와 페이페이임을 알게 된다. 이렇게 두 사람의 만남은 이루어지게 된다.

_ 핵심어 : 독신남녀 아파트 청춘 애정

_ 작성자 : 유경철

카라얀 납치사건 綁架卡拉揚(KIDNAPPING KARAJAN)

_ 출품년도 : 1988년

_ 장르 : 코미디/드라마

_ **감독**　　：장젠야(張建亞)

_ **제작사**　：上海電影制片廠

_ **주요스탭**　：시나리오(杜小鷗) 촬영(江淑珍) 미술(邱源) 음악(瞿小松) 조명
(吳建章) 편집(葛海娣)

_ **주요출연진**：大龍(鄭大聖) 芳芳(陳憶) 小歡(姚二嘎) 阿亮(桑偉)

_ **시놉시스**　：어느 일요일 오후 다룽(大龍), 팡팡(芳芳), 샤오환(小歡), 아량(阿
亮) 네 사람은 거리에서 할 일 없이 어슬렁거리다 어디선가 흘러나오는 엄
청난 울림의 소리를 듣게 된다. 그 진원지는 다름 아니라 거리에서 파는
음악테이프로, 거장 카라얀이 지휘하는 고전 명곡 테이프다. 앞 다투어 테
이프를 사는 사람들을 보고 그들 역시 하나를 사지만 그들 중 아무도 이
음악을 제대로 이해할 수 없다. 그들은 여전히 무미건조하고 답답한 일상
을 보낸다. 다룽은 매일 도로공사 현장에 나가고, 팡팡은 광고그림을 그리
며, 거리에서 담배를 파는 샤오환과 사진을 찍어 주는 아량 역시 생활은
비슷하다. 우연한 기회에 그들은 세계적 지휘자 카라얀이 상하이에서 공
연한다는 소식을 접하게 되자 표를 구하기 위하여 백방으로 수소문하지
만 끝내 구하지 못하고, 결국 카라얀을 납치하자는 '기막힌 묘안'을 생각
해낸다. 네 사람은 모여서 연막탄을 직접 제조하려다가 주인에게 쫓겨날
처지에 몰리고, 방을 보러온 경찰 부부를 수사관으로 오해하여 한바탕 소
동을 벌인다. 공연 당일 그들은 상하이음악당 앞에서 납치 계획을 실행하
려 하는데 예상치 못한 경호원들의 호위를 받으며 카라얀은 안전하게 음
악당으로 들어가고 그들의 계획은 수포로 돌아간다. 결국 표를 구해 카라
얀의 연주를 감상하게 되지만 연주를 이해하지 못하고 졸고 만다.

_ **단평**　　：개혁개방이 본격적으로 추진되던 1980년대 후반 중국 사회는 사
회적 가치전환의 요구에 직면하게 된다. 자본화되어가는 현실 앞에서 마
오시대의 철밥그릇(鐵飯碗)이 더 이상 많은 사람들의 생존을 담보해줄 수
없음은 마치 사회주의적 가치가 낡은 옷처럼 순식간에 용도폐기를 강요
받는 현실과도 같았다. 대부분의 소시민들은 자신에게 주어진 철밥그릇
을 버리고 '下海'로 대변되는 '돈의 바다', 돈 벌기 경쟁에 뛰어들게 된
다. 이런 '下海' 물결 속에서 수많은 老板(자영업계통의 사장), 爆發戶(졸

부)와 大款(부자) 등이 우후죽순으로 등장하기 시작했으며, 특히 신세대 젊은이들은 이러한 시대적 변화를 경험하며 이를 가치전복이나 도덕적 아노미로 표출했다. 영화는 이런 시대적 모순을 어이없는 해프닝을 통해 비꼬고 있다. 80년대 중국 문화계의 아이콘과 같은 왕쒀(王朔)의 소설처럼 영화는 순수한 사회주의 이념이나 80년대식 엘리트주의를 조롱하면서도 통속화되고 상업화되는 사회를 냉소적인 시각으로 보여주고 있다. 상하이 거리를 배회하는 노동자들은 더 이상 사회주의 문화의 주체나 영웅이 아니다. 새로이 자본주의 노동시장으로 편입된 그들에게 카라얀의 음악은 결국 돈을 벌 수 있는 카세트테이프 이상도 이하도 아닌 것이다. 마오 시대에서 덩샤오핑 시대의 새로운 문화체제로 이행하는 시기에 중국 젊은이들 및 지식인들이 느껴야 했던 가치혼란, 가치부재 등의 상실감과 공허감은 이미 부정할 수 없는 보편화된 사회문화 정서였다.

_ **핵심어**　　: 개혁개방 자본화 고급문화/대중문화 계층
_ **작성자**　　: 노정은

삶과 죽음 사이 生死之間(ON THE BEAT)

_ **출품년도**　: 1988년
_ **장르**　　　: 수사/사회
_ **감독**　　　: 선야오팅(沈耀庭)
_ **제작사**　　: 上海電影制片廠
_ **주요스탭**　: 시나리오(遲晶 金肇虹) 촬영(彭恩禮) 미술(瞿然馨) 음악(徐景新) 조명(金漢江) 편집(王漢昌)
_ **주요출연진**: 杜杜(張曉林) 大川(崔杰) 雅園(沈志美) 주인(何麟) 대장(郭浩) 小口琴(侯華) 蘭螢(董艶博) 戈隆(張元) 黃毛(張蘭)
_ **시놉시스**　: 젊은 경찰 두두(杜杜)와 스튜어디스 야위안(雅園)은 연인 사이이다. 야위안은 두두의 재능과 인품을 존중하지만 그의 직업에는 불만이 많다. 시양(西陽)시에서 대량의 위조지폐가 발견된다. 한 도굴집단이 보석 '캐츠아이'를 난하이(南海)시의 암거래집단에게 팔았는데 그들이 위조지폐를 주었던 것이다. 흉악하고 냉혹한 도굴집단 '보스'는 자신이 속

았다는 사실을 알고 보복하기로 결심한다. 그리하여 두 범죄집단 간에 싸움이 벌어지고 공안기관은 사태를 주시한다. 두두와 다찬(大川)이 두 집단의 연락책인 거룽(戈隆)을 감시하는데 거룽은 그것을 눈치 채고 아들 빈빈(斌斌)을 데리고 도망을 치려고 한다. 하지만 그것이 오히려 두두 등의 행동을 방해하여 빈빈은 보스의 인질이 된다. 이 범죄를 저지르려는 와중에 20세밖에 되지 않은 샤오커우친(小口琴)은 불행하게도 희생되고 체포팀 팀장인 다찬은 과로로 인해 지병이 재발하여 범인을 쫓던 중에 쓰러진다. 공안 부문은 중대한 실마리를 발견하고 물샐틈없는 수사망을 펼쳐 두 집단이 잔혹한 격투를 벌일 때 그들을 일망타진한다. 그러나 '캐츠아이'의 행방은 여전히 알 수가 없다. 음험한 암거래집단 두목 사옌(沙岩)이 야위안의 성격적 약점과 그녀의 직업을 이용하여 보석을 해외로 유출시키려고 한다. 야위안은 그 사실을 발견하고서도 두두에게 알릴 용기가 없다. 다행히 두두와 경찰들이 제때에 도착하여 야위안을 구한다. 경찰대는 상대의 계략을 역이용하여 암거래집단 두목 사옌이 '캐츠아이'가 든 가방을 야웬에게 건넬 때 두두 등의 경찰이 그의 앞에 나타난다.

_ **핵심어**   : 마피아 경찰 범죄
_ **작성자**   : 곽수경

아만의 코미디 阿滿的喜劇(LAUGH WITH TEARS)

_ **출품년도**   : 1988년
_ **장르**   : 사회극
_ **감독**   : 장강(張剛)
_ **제작사**   : 上海電影制片廠
_ **주요스탭**   : 시나리오(張剛) 촬영(張元民 計鴻生) 미술(王仁岺) 작곡(王酩) 편집(葛海娣)
_ **주요출연진** : 趙阿滿(張剛) 白莉(吳海燕) 鍾과장(牛犇)
_ **시놉시스**   : 극단의 감독이자 배우인 자오아만(趙阿滿)은 코미디 연출과 연기에 뛰어나다. 바이리(白莉)는 그런 아만(阿滿)을 사랑한다. 바이리를 마음에 두고 있던 문화국의 중(鍾) 과장은 이 때문에 마음이 아프다. 그러

던 중 문화대혁명이 발발하여 아만은 극단 대표와 함께 수감된다. 감옥 안에서 아만은 코미디를 연기하여 수감자들의 억울함을 위로하고 피곤함을 달래준다. 하지만 이 때문에 아만의 생활은 더욱 힘들어진다.

사람들은 아만에게 코미디를 버리고 혁명 대중에게 잘못을 인정하면 고생에서 벗어날 수 있다고 권유하지만 아만은 끝내 이를 받아들이지 않는다. 결국 4인방이 축출되고서야 아만은 자유를 되찾는다. 아만은 옛 동료들을 규합하여 몇 년 동안 고생하면서 꿈꾸어 오던 코미디 사업을 다시 시작한다. 또한 문화대혁명 시기에 자신을 힘들게 했던 중 과장을 너그러이 용서한다. 하지만 바이리는 이미 세상을 떠나 이러한 날이 온 것을 보지 못한다.

_ **핵심어**　　: 코미디 문화대혁명 누명 용서
_ **작성자**　　: 유경철

왕징웨이 암살 刺殺汪精衛(THE ASSASSINATION OF WANGJINGWEI)

_ **출품년도**　: 1988년
_ **장르**　　　: 역사 극영화
_ **상영시간**　: 84분
_ **감독**　　　: 잉치(應旗)
_ **제작사**　　: 廣西電影制片廠
_ **주요스탭**　: 시나리오(王勝榮 金振宗 宋崇) 촬영(楊玉銘 莫少雄) 미술(陳耀功) 음악(孫承樺 陶恩耀)
_ **주요출연진**: 왕정위(孫彦軍) 孫鳳鳴(巫剛) 張頌南(張明亮) 崔正瑤(單星梅)
_ **시놉시스**　: 1932년, 국민혁명군 제19로군은 쑹후전투(淞滬戰役)의 피비린내 나는 전장에서 3개월 동안 일본군에 맞서 큰 승리를 얻는다. 그러나 장제스·왕징웨이를 우두머리로 한 국민당 정부는 일본군에게 굴종하여 1933년 5월 '쑹후정전협정(塘沽協定)' 등의 조약에 서명하고 만다. 국민혁명군 제19로군이 상하이로 철군하자 전국 인민은 비할 바 없는 분노에 휩싸인다. 국민혁명군 제19로군 모 부대 소대장 쑨펑밍(孫鳳鳴)은 전투에서 사망한 형제들의 복수를 위해서 왕징웨이의 암살을 결심한다. 역에

346

서 거사를 벌이지만 왕징웨이 대리인을 피살하는 실수를 저지른다. 신광통신사 장쑹난(張頌南) 사장 등도 결사를 하여 왕징웨이를 암살하려 한다. 쑨펑밍은 이 결사의 행동 대원으로 가입한다. 왕징웨이가 진링(金陵) 여자대학에서 '투항에도 일리가 있다'는 제목으로 강연을 할 때 암살을 기도하지만 많은 여학생들의 항의 시위가 있어 성공하지 못한다. 국민당 제4기 6차 전체회의 개최로 기자들의 취재가 허가된다. 장쑹난은 기자증을 위조하여 쑨푸밍에게 주고 특별 통행증까지 구해준다. 쑨펑밍은 황급히 마지막 준비를 하고 여자 친구 추이정야오(崔正瑤)는 묵묵히 그를 보내준다. 1935년 11월 1일 난징에서 왕징웨이가 국민당 중앙위원들과 기념촬영을 할 때 쑨펑밍이 전광석화처럼 총 세 발을 쏘아 왕징웨이는 중상을 입고 쑨펑밍은 경찰과 총격전을 벌이다가 용감하게 희생된다.

_단평   : 이 영화는 1935년 11월에 실제로 있었던 왕징웨이 암살 사건을 바탕으로 만들었다. 역사 사건 혹은 역사 인물의 전기(傳記)로 만든 작품은 역사 진실과 예술 진실, 현실 의의 등의 논거를 가지고 비평을 한다. 따라서 영상의 기실성(紀實性)은 영화의 예술적 평가에 한몫을 톡톡히 할 수 있다. 영화에서 각 사건이 일어난 시점과 그 주요 내용을 화면 아래 문자 자막을 통해서 보여주면서 이런 문제를 해결하고 있다. 이러다 보니 예술 진실, 다시 말해서 영상 서사의 기법인 스토리, 플롯의 미학적 변화 없이 마치 역사 사건에 따라 화면을 보여주는 듯한 형식을 보인다. 잘된 역사창작물은 창조된 허구 인물과 역사책 행간에 감춰진 야사(野史)나 개연적 사건을 만들어 영상 미학적 완성도를 추구한다. 이 부분은 쑨펑밍의 애정 사건 및 일본인에 대한 쑨펑밍의 상징적 동작 등으로 메우고 있다. 여기서 그의 애정 사건은 대의적 희생을 앞둔 열혈지사(熱血志士)의 숭고한 모습과 치밀한 플롯 구성의 밑받침 없이 심화된 애정 관계로 발전해버린다. 이런 쇼트 편집은 전체 영화에 묻어나는 서사시적 분위기를 서정적 쇼트로 이어가면서 영상 구성의 질적 불균형을 드러내고 있다. 또한 기실성의 원칙을 따르다 보니 다큐멘터리도 아니면서 영상의 톤이 창작 극영화와 차별은 보이지만 전체적으로 서사와 서정이 잘 교합하여 이뤄질 수 있는 영상 미학적 성취가 아쉬움으로 남는다.

_ 특기사항 : 왕징웨이(1883~1944)는 국민당 부총재를 지낸 인물이다. 1922~1923년 쑨원(孫文)의 국민당 개혁 운동에 참여하지만 공산당의 국민당 가입은 반대한다. 1924년 1월 국민당 제1차 전국대표대회에서 중앙집행위원 겸 선전부장으로 피선된다. 1927년 4월 12일 장제스의 정변(政變) 이후, 7월 15일 정변을 일으켜 공산당원과 혁명 군중을 살육하고 난징국민정부에 합류한다. 한때 '반장제스(反蔣)' 세력을 규합하여 별도의 국민정부를 성립시키지만 9·18사변 후 장제스와 다시 합작한다. 그러면서 장제스의 '안내양외(安內攘外)' 방침에 따라 항일에 소극적 입장을 취한다. 1935년 중국 국민당 제4기 6차 당 전체회의에 참여하다가 피습당하여 중상을 입는다.

_ 핵심어 : 왕징웨이 쑹후정전협정(塘沽協定) 국민당 전체회의 19로군
_ 작성자 : 김정욱

잔혹한 욕망 殘酷的慾望(LUST TO KILL)

_ 출품년도 : 1988년
_ 장르 : 탐정 극영화
_ 감독 : 쉬웨이제(徐偉杰)
_ 제작사 : 上海電影制片廠
_ 주요스탭 : 시나리오(賀子壯 李容 朱翊 趙耀民) 촬영(瞿家振) 미술(朱建昌) 음악(呂其明) 조명(范一天) 편집(周泱)
_ 주요출연진 : 丁尼(林芳兵) 劉克(張曉林) 雷澤(王正偉) 尹岩(劉継忠) 石小松(周國賓) 史碩卿(黃達亮) 毛妹(武紅) 史康亮(鄭建華) 袁玫(丁杰)
_ 시놉시스 : 미국 국적의 화교 증권 사업가 스숴칭(史碩卿)이 호텔에서 살해된다. 공안국 강력반 반장 레이쩌(雷澤)와 경찰학교 실습생 인옌(尹岩)은 신고를 받고 급히 달려간다. 연주 홀에서 음악을 듣던 딩니(丁尼)는 남편의 사망 소식을 듣고 기절했다가 응급처치를 받고 깨어난다. 스숴칭은 독극물이 함유된 음료수를 마시고 사망했다. 레이저는 스숴칭의 조카 스캉량(史康亮)에게 혐의를 둔다. 왜냐하면 그날 밤 그가 스숴칭의 방에 갔었고, 사건 후 달러가 가득한 가방도 없어졌으며 사건이 발생한 후 출근

하지 않고 패션모델 마오메이(毛妹)와 남부의 한 호텔에 숨어 있었기 때문이다. 레이저 등은 결국 스캉량을 잡는다. 하지만 그가 가방을 훔친 것은 사실이지만 살인은 하지 않은 것으로 밝혀진다. 딩니는 미국으로 돌아가기 전에 빨리 범인을 잡기를 바란다. 그녀는 레이저에게 스쉬칭의 이번 행보는 사생아를 찾기 위해서였다고 말한다. 인옌은 레이저에게 새로운 의견을 제기하고, 결국 사실의 진상이 밝혀진다. 피아니스트 류커(劉克)는 딩니의 연인으로, 두 사람이 모의하여 스쉬칭을 살해한 후 딩니가 연극을 했던 것이다. 레이저는 공항에서 미국으로 돌아가려던 류커를 체포하고, 범행 도구를 찾아낸다. 레이저는 류커에게 그가 바로 스쉬칭이 찾던 사생아라고 말한다. 이때 딩니는 주식이 떨어져 크게 손해를 보자 건물에서 뛰어내려 자살한다.

_ **특기사항** : 천연색
_ **핵심어** : 화교 살인 사생아 자살
_ **작성자** : 김정욱

암살명단 在暗殺名單上(TARGETS)

_ **출품년도** : 1988년
_ **장르** : 사회/정탐
_ **감독** : 우젠신(吳建新)
_ **제작사** : 福建電影制片廠
_ **주요스탭** : 시나리오(陸野 肖煥偉) 촬영(邢樹民) 미술(羅裕榮 趙少平) 음악(章紹同 劉麗菲) 조명(江洋 陳浩) 편집(鄭榕雲)
_ **주요출연진** : 陶景光(鄭乾龍) 董思思(李勇勇) 茅再興(郝文海) 張宏祥(李如增) 邵大年(烏蘭寶音) 毛人鳳(蔣正勤) 萬집사(吳杰)
_ **시놉시스** : 1948년 말 상하이. 국민당 정권은 붕괴 직전의 상태에 처해 있다. 보안국장 마오런펑(毛人鳳)은 긴급회의를 소집하고 공산당에 투항할 성향을 가진 국민당 장성과 요인들을 암살하려고 한다. 회의가 끝난 후 그는 젊은 정보관에게 700만 달러에 달하는 폐물과 수만 권의 진본 고서적을 타이완으로 옮기라는 밀령을 내린다. 부패한 정권을 마주하고 타오

징광(陶景光)은 더 이상 양심을 거스르는 일을 하고 싶지 않아 공산당에 경도되는 한편 공산당의 승인을 얻지 못할까봐 걱정이 되어 극도의 모순 상태에 놓이게 된다. 그는 거짓으로 적절히 대처하는 한편 친구 장훙샹(張宏祥)을 시켜 폐물과 서적이 든 상자를 몰래 홍콩으로 옮긴다. 그는 마오런펑에게 핑계를 대고 휴가를 얻어 보안국을 벗어나는 절차를 밟는다. 오래지 않아 타오징광은 자취를 감추는 동시에 보안국 암살명단에 오른 마지막 인물이 된다. 몇 개월 후 타오징광이 홍콩에 나타나자 보안국 암살자 마오자이싱(茅再興)과 홍콩 마피아단체 '삼화당(三和糖)'이 먼저 타오징광을 잡아 보물을 빼앗으려고 앞 다투어 추적한다. 타오징광은 우연히 무도장에서 스승의 딸 둥쓰쓰(董思思)를 만나게 된다. 둥쓰쓰의 부친은 보안국에 의해 암살되었고 그녀는 무희로 전락했던 터이다. 보안국은 타오징광과 둥쓰쓰의 관계를 이용하기 위해 그녀를 납치한다. 둥쓰쓰는 잔혹한 고문을 견디지 못하고 마오자이싱에게 물품명단을 훔쳐다 주겠다고 한다. 그녀는 약물을 이용하여 타오징광을 기절시키고 물품명단을 가져다 주지만 실종된다. 타오징광은 '삼화당'의 그물에 걸려 수상주택에 갇히게 된다. 타오징광은 그곳에서 둥쓰쓰를 만나고 두 사람은 도망을 쳐 암살자에게 쫓긴다. 위기일발의 순간에 장훙샹과 타오징광의 경호원이 와서 그들을 외딴 해변으로 옮긴다. 하지만 배신자의 밀고로 마오자이싱 일당이 뒤를 쫓게 되자 둥쓰쓰는 타오징광을 보호하려다가 비명횡사하고 타오징광은 칼에 찔린다. 마오자이싱은 물품명단을 가지고 창고로 가지만 그곳에는 일반서적이 한 무더기 있을 뿐이다. 공산당 지하당원의 비호하에 타오징광은 안전하게 대륙으로 돌아가고 진귀한 보물과 고서적도 인민의 수중으로 돌아간다.

_ **핵심어**   : 노선투쟁 국민당 공산당 보안국 암살 지하공작자
_ **작성자**   : 곽수경

흑기 특사 黑旗特使(THE SPECIAL ENVOY)

_ **출품년도**   : 1988년
_ **장르**   : 액션/정탐

_ 감독 　　: 쉐옌둥(薛彦東) 자오웨이헝(趙爲恒)

_ 제작사 　　: 長春電影制片廠

_ 주요스탭 　: 시나리오(寧宜成 符生 王霆鈞) 촬영(劉楓棣) 미술(鞠彔田) 음악
　　　　　　(許舒亞) 조명(馬繼成) 편집(肖明)

_ 주요출연진 : 段文井(任乃長) 孫克寅(胡英杰) 段玉峰(張奕) 溥庚(張倫) 白麒
　　　　　　麟(景鳳) 밧줄기예 아가씨(田小紅)

_ 시놉시스 　: 청나라 말엽 3천여 명의 흑기 염군이 행정감찰관 푸경(溥庚)을
　　　　　수장으로 하는 청군에게 잔혹하게 진압당하고 수령 다섯 명은 단두대로
　　　　　보내진다. 세 발의 총성이 울리고 푸경이 참수 명령을 내리는 순간 쇠표
　　　　　창이 날아들어 망나니들이 잇달아 비명을 지르며 쓰러진다. 쇠표창에는
　　　　　'즉시 염군 장교를 풀어주지 않으면 5일 이내에 너의 목을 베리라. 흑기
　　　　　특사' 라는 글자가 쓰여 있다. 푸경은 짐짓 침착한 체하며 망나니 10명을
　　　　　추가로 보내 흑기 반역자들을 참수하라고 명령한다. 쑨커인(孫克寅)은 흑
　　　　　기특사의 정체를 밝히기 위해 공관에 가둬두었던 염군 천쯔환(陳子環)을
　　　　　심문한다. 천쯔환은 고문을 견디지 못하고 돤원징(段文井)이 흑기특사라
　　　　　고 자백한다. 쑨커인은 천쯔환의 구술에 근거해 돤원징의 초상화를 그려
　　　　　사방에 붙인다. 돤원징은 푸경을 죽이기로 결심하고 몰래 바이치린(白麒
　　　　　麟)의 집으로 찾아가 도움을 청하려 하지만 신중한 바이치린은 돤원징을
　　　　　만나주지 않는다. 저녁에 기녀 홍위(紅玉)가 가마를 타고 푸경을 만나러
　　　　　간다. 돤원징은 혈자리를 짚어 그녀를 꼼짝하지 못하게 하고 그녀의 가마
　　　　　에 숨어 집으로 들어가 푸경을 죽인다. 그가 돤위펑(段玉峰)에게 이 소식
　　　　　을 전하려 할 때, 쑨커인이 미리 병사를 이끌고 와서 수색을 한다. 바이치
　　　　　린은 상황을 보고 푸경의 피살에는 거짓이 있을 것이라고 의심한다. 돤위
　　　　　펑은 상황이 여의치 못함을 깨닫고 급히 염군과 연락이 끊어진 돤원징을
　　　　　쫓아간다. 돤위펑은 돤원징에게 보검을 주고 푸경이 죽지 않은 것 같다는
　　　　　사실을 알려준 후 뒤쫓아 온 쑨커인을 상대한다. 돤위펑은 쑨커인과 고투
　　　　　끝에 총을 맞고 장렬히 희생된다. 돤원징은 푸경의 집에 물을 배달하는
　　　　　한라오데(韓老爹)의 도움을 받아 마침내 푸경의 목을 벤다. 바이치린은
　　　　　청군의 잔인하고 악랄한 면모를 목도하고는 염군에 참가하기로 한다. 그

는 제자 탄젠(譚劍)과 함께 돤원징을 수군에 잠입시켜 성을 빠져나가게
할 것이라는 거짓 소문을 흘린다. 쑨커인이 이 정보를 듣고 성문입구에서
막고 쌍방은 사투를 벌인다. 쑨커인은 돤원징과 싸우다가 결국 죽게 되고
돤원징은 상처투성이가 된 탄젠을 수레에 싣고 성문을 나간다.

_ 핵심어   : 청군 염군 흑기특사 민족
_ 작성자   : 곽수경

금색 손톱 金色的指甲(GOLDEN FINGERNAILS)

_ 출품년도 : 1989년
_ 장르   : 애정
_ 감독   : 바오즈팡(鮑芝芳)
_ 제작사   : 上海電影制片廠
_ 주요스탭 : 시나리오(張重光 蘭之光) 촬영(單聯國) 미술(瞿然馨) 음악(劉雁
       西) 조명(金漢江)
_ 주요출연진 : 曹玫(傅藝偉) 沈修文(張閩) 蘇亞芬(王惠) 葉蕊(吳竟) 兪曉雲(郭元)
_ 원작   : 向姬의 보고문학 『女十人談』
_ 시놉시스 : 현대 여성들의 다양한 사랑의 양태를 보여주는 영화이다. 커리
       어우먼 차오메이(曹玫)는 유부남 주다퉁을 사랑한다. 주다퉁 역시 자신
       을 사랑한다고 확신한 차오메이는 주다퉁의 아내 예루이(葉蕊)를 찾아가
       이혼을 요구한다. 하지만 예루이가 부부 사이는 남녀간의 애정만이 아니
       라 영혼과 생명으로 연결되어 있음을 차오메이에게 일깨워주자, 차오메
       이는 부끄러운 마음을 안고 자리를 떠난다.
       선슈원(沈修文) 역시 유부남을 사랑한다. 하지만 그의 아내는 남편을
       사랑하지 않으면서도 그를 다른 여인에게 빼앗기지 않으려 한다. 하지만
       남편이 병에 걸려 정신을 잃자 그의 아내는 일방적으로 이혼을 통보한
       다. 선슈원은 사랑하는 사람의 수술 동의서에 자신의 이름을 서명한다.
       뛰어난 외모와 탁월한 능력을 가진 쑤야펀(蘇亞芬)은 남편에게 이혼당
       하고, 새로운 남자를 만나 결혼에 이른다. 그들은 결혼에 앞서 합의서를 작
       성하는데, 서로의 자유와 사랑을 간섭하거나 침해하지 않는다는 내용이다.

위샤오윈(兪曉雲)은 능력은 뛰어나지만 못생긴 외모 때문에 능력을 인정받지 못한다. 그녀는 뛰어난 외모를 가진 쑤아펀을 이용하여 중요한 계약을 성사시킨다. 이로써 그녀가 능력을 인정받게 되자 많은 남자들이 그녀에게 구애를 한다. 하지만 그녀는 그들의 본심이 딴 데 있다는 사실을 알고 그들을 거절하고, 절음발이 우산 수선공과 진정한 사랑을 이룬다.

_ **핵심어**   : 도시 여성 사랑 연애 혼인 혼외 사랑
_ **작성자**   : 유경철

신출귀몰하는 도둑 百變神偸(MAGIC STEALER)

_ **출품년도**   : 1989년
_ **장르**   : 사회극/코미디
_ **상영시간**   : 98분
_ **감독**   : 량즈창(梁治强)
_ **제작사**   : 上海電影制片廠
_ **주요스탭**   : 시나리오(梁治强) 촬영(瞿家振) 미술(仲永淸) 음악(蔡璐 肖珩) 조명(張川俠) 편집(唐于龍 顧志慧)
_ **주요출연진** : 包德(淳于珊珊) 夏炳運(周里京) 夏嘉慧(劇雪)
_ **시놉시스**   : 바오더(包德)는 1930년대 상하이 십리양장에서 명성이 자자한 신출귀몰한 도둑이다. 그는 악한 자들을 증오하며 부자의 재산을 훔쳐다가 가난한 사람을 도와주고 고아들을 기른다. 하루는 와이탄 부근에서 서양인의 지갑을 훔친 바오더가 지갑 속의 달러가 전부 위조지폐라는 사실을 알게 된다. 바오더는 장님으로 분장하고 도박장으로 가서 달러를 은화와 은태환지폐로 바꾼다. 주(朱)감찰이 바오더가 바꾼 달러가 위조지폐라는 사실을 발견했을 때는 이미 그는 도박장을 떠나고 없다. 경찰관 우더후이(武德輝)가 계략을 세워 바오더를 붙잡는다. 법정에서 변호사 샤빙윈(夏炳運)이 논리적으로 바오더를 변호하여 무죄로 석방된다.

화베이에 큰 홍수가 발생하여 난민들이 집을 잃고 떠돌아다니며 추위와 굶주림으로 고통을 받는다. 샤빙윈은 상하이 구제위원회 회장의 이름을 이용하여 의연금 200만 원을 모금한다. 그러나 샤빙윈은 그 돈으로 다

이아몬드를 사고서는 리싼(李三)과 결탁하여 바오더를 함정에 빠뜨린 후 바오더가 그 돈을 훔쳤다고 누명을 씌워 바오더는 50년형을 선고받는다. 리싼은 바오더가 기르던 고아들을 데리고 가서 좀도둑으로 만들려고 훈련을 시킨다. 샤빙원의 딸 자후이(嘉慧)는 신부님의 도움을 받아 바오더를 감옥에서 탈출시킨다. 바오더는 리싼의 집에 가서 자신이 감옥에 갇히게 된 진상을 알게 되고 고아들을 구출한다. 어린이날, 자후이는 고아들을 위해 파티를 연다. 바오더는 요리사로 변장하여 샤빙원 집의 주방에 잠입하고 주감찰은 경찰을 데리고 샤빙원의 집에 다이아몬드를 찾으러 간다. 샤빙원 부부는 경찰을 교란시키고 다이아몬드를 새알 속에 넣어 솥 안에 집어넣는다. 고아들은 다이아몬드를 감춘 새알을 삼킨다. 바오더는 새알의 비밀을 발견하고 고아들에게 각자 요강에 용변을 보게 하여 다이아몬드를 배설하도록 한다. 바오더는 샤빙원이 구제의연금을 삼키려고 한 행위를 폭로하고 다이아몬드를 주감찰에게 주어 구제위원회에 전해주도록 하고 일부 의연금으로 상하이에 고아원을 세워주기를 희망한다. 주감찰은 다이아몬드를 건네받고는 안면을 바꿔 바오더를 잡으려 하지만 어느새 바오더는 사라지고 없다.

_ **단평**　　: 영화의 첫 장면은 고아들이 둘러 앉아 사자후이의 이야기를 듣고 있는 것으로 시작된다. 고아들은 샤자후이에게 바오더의 이야기를 들려 달라고 떼를 쓴다. 장난꾸러기 아이들과 청순한 샤자후이의 이야기로부터 바오더의 행적이 경쾌하게 전개된다. 바오더 역시 전형적인 악당과는 달리 착하고 순박한 청년의 모습을 하고 장난기가 가득하며, 천진한 아이들의 모습은 신나고 즐겁게 영화를 볼 수 있게 한다. 넘어지고 깨어지고 뒤죽박죽 얽히는 등의 장면은 슬랩스틱 코미디의 분위기를 갖고 있으며 청룽(成龍)식 격투를 보는 듯한 느낌도 갖게 한다.

와이탄을 활보하는 외국인들, 멋진 외제차, 성당, 법정, 감옥, 보석상, 호텔연회실, 담배광고판이나, 구락부에서 마작을 하는 모습, 경찰들의 모습이 당시 상하이의 모습을 엿볼 수 있게 한다. 특히 주감찰이 바오더를 잡으려고 하는 순간 바오더가 하얀 경계선을 넘어가 약을 올리는 장면은 당시 조계의 구분 상황을 엿볼 수 있다.

_ 핵심어 　: 십리양장 고아 법정 의연금 부자
_ 작성자 　: 곽수경

복수대세계 復讐大世界(REVENGE IN THE GREAT WORLD)

_ 출품년도 　: 1989년
_ 장르 　: 스릴러/멜로
_ 상영시간 　: 87분
_ 감독 　: 왕쉐신(王學新)
_ 제작사 　: 長春電影制片廠
_ 주요스탭 　: 시나리오(張冀平) 촬영(金恒義) 미술(王崇) 음악(范偉强 邢國君) 조명(王洪淸) 편집(王茹 趙蘊穎)
_ 주요출연진 　: 鄧天野(徐天野) 徐福鑒(鄭) 두목(張繼波) 杜국장(馬群) 秋風(楊春榮) 李秀麗(東方聞纓) 邱致(張啓德) 李秀美(劉文風) 張成遠(趙寶才)
_ 시놉시스 　: 둥베이군 206사 호위대장 덩톈예(鄧天野)는 꾀임을 당해 상하이로 팔려간 유명 연극배우인 아내 추펑(秋風)을 찾아 대세계 춘러위안(大世界 春樂圓)에 온다. 하지만 두목은 그가 심상치 않은 인물이라 여기고 부하들을 시켜 덩톈예를 공격하지만 덩톈예는 그들을 물리친다. 덩톈예는 리더다우타이(利得大舞臺)의 가수 리슈리(李秀麗)를 만나 아내의 행방을 묻지만 상하이 경찰국 정찰대장 장청위안(張成遠)의 감시를 받자 그녀는 가버린다. 다시 리슈리를 찾은 덩톈예는 우연히 대세계의 사장 쉬푸젠(徐福鑒)의 지시하에 리더다우타이의 사장 추즈(邱致)를 잡으러 온 경찰들을 발견하고 리슈리를 구한다. 마침내 그녀의 도움으로 아내를 찾은 덩톈예는 아내를 구출하는 데 성공하지만 역부족으로 아내와 리슈리는 다시 붙잡혀 가고, 아내는 정절을 지키고자 자살을 한다. 덩톈예는 리슈리를 구하고 아내의 복수를 하려 하지만 경찰에 체포된다. 재판에 패한 덩톈예는 둥베이로 압송되는 도중 기차에서 탈출하여 다시 쉬푸젠을 찾아간다. 덩톈예가 오기를 기다리고 있던 쉬푸젠은 그와 사생결단의 싸움을 하지만 결국 덩톈예의 총구에 죽을 위기에 처한다. 이때 두(杜)경찰국장이 덩톈예를 향해 총을 겨눈다. 하지만 총성과 더불어 죽은 사람

은 경찰국장이다. 정찰대장 장청위안에 의하여 목숨을 건진 덩톈예는 복수를 하고 둥베이 항일 전선으로 돌아간다.

_ 단평   : 1949년 이후 사라졌던 오락영화는 1984년 이후 중국 영화예술의 스펙트럼 안에 수용되는데 이 영화는 범죄 집단과 무예가 출중한 영웅을 형상화하면서 오락영화의 상업성을 크게 발전시켰다. 영화의 박진감 넘치는 장면은 관중들의 흥미를 이끌어내기에 충분하며 특히 주인공의 탁월한 무예 솜씨는 오락적 묘미를 더하고 있다. 이것은 1980년대 중반 이후 홍콩의 무협영화와 느와르 영화가 중국에 유입되면서 영향을 받았던 것으로, 흥행을 위한 가장 확실한 장치라고 할 수 있다. 하지만 범죄와 무협 그리고 선과 악으로 구분되는 권선징악적인 줄거리와 단조로운 형식은 영화의 미학적 가치를 떨어뜨리고 있다. 한편 당시 상하이의 사회상을 살펴볼 수 있는 기원이나 암흑사회 그리고 관료의 부패상은 일그러진 인간성을 잘 담아내고 있다.

_ 특기사항   : 범죄와 무협적 요소가 가미된 오락영화
_ 핵심어   : 호위대장 연극배우 대세계 정찰대장 복수 여성 도시
_ 작성자   : 조병환

분노하는 상하이 憤怒的孤島(THE WRATHFUL ISLAND)

_ 출품년도   : 1989년
_ 장르   : 사회
_ 감독   : 장웨이허(蔣衛和)
_ 제작사   : 瀟湘電影制片廠
_ 주요스탭   : 시나리오(吳天戈) 촬영(閻遠兆) 미술(謝前 張信傳) 음악(黃其智 李黎夫) 조명(黃金貴) 편집(羅平)
_ 主要出演陣 : 許天嘯(石兆琪) 阿斯(劉交心) 安娜(王慧) 史東英(趙陽) 陶野(胡榮華) 林漢威(林榮才) 秦之淦(嚴翔) 施志欽(崔岱) 王頭(施錫來) 王熙岩 陶由 蔡榮軍 李云亮 張弘 郭亮
_ 시놉시스   : 항일전쟁 초기 상하이 외곽이 일본군의 수중에 함락된 이후 상하이 조계지를 '고도'라고 부른다. 쉬톈샤오(許天嘯)는 자발적으로 매국노

소탕 조직을 만들어 매국노들을 전부 처단하기로 맹세한다. 그 후 그들 조직의 행동은 적들을 공포에 떨게 한다. 일본 헌병대가 상하이탄의 유명한 깡패 두목 스즈친(施志欽)을 친즈간(秦之淦)특공대 대장으로 임명하자 그는 항일군중을 미친 듯이 진압한다. 쉬텐샤오는 분노에 차 스즈친을 암살한다. 하지만 스즈친이 죽고 난 후에는 자오쓰핑(趙思平)이 그 뒤를 이어 악독한 행위를 계속한다. 쉬텐샤오는 조직구성원들이 매일 적을 죽이지만 조직의 손해 또한 막심하고 복수를 하면 새로운 복수가 다시 시작된다는 생각을 한다. 그래서 쉬텐샤오는 상하이를 떠나 다른 방법으로 구국운동을 하기로 결심한다. 하지만 떠나기 전 적들의 총 아래 모두 죽임을 당한다.

_ **핵심어**   : 고도 매국노 항일군중 암살 구국운동 도시
_ **작성자**   : 조병환

비밀 전쟁 秘密戰(UNDERGROUND WARFARE)

_ **출품년도**   : 1989년
_ **장르**   : 첩보/스릴러
_ **상영시간**   : 96분
_ **감독**   : 타이강(太綱)
_ **제작사**   : 峨眉電影制片廠
_ **주요스탭**   : 시나리오(茅毛 羅共和) 촬영(張華銘) 미술(陳德生) 음악(何訓田) 조명(李志强) 편집(袁方)
_ **주요출연진** : 陸漢林(西兆琪) 李鋒(吳文華) 舒萍(沙瑪阿果) 章述遷(田園) 徐麗冰(鄧茜) 宗樹凱(唐高齊)
_ **시놉시스**   : 항일전쟁 시기, 루한린(陸漢林)은 상관 리펑(李鋒)의 지시에 따라 일본군과 왕징웨이 정권의 수중에 떨어진 상하이로 간다. 그의 임무는 비밀 요원 '위탕춘(玉堂春)'의 지령에 따라 '남의프로젝트(藍衣計劃)'를 수행하는 것이다. 상하이에 도착한 그는 수핑(舒萍)이라는 여인과 접선하여 '위탕춘'의 지령에 따라 왕징웨이 정부의 고위 간부를 암살한다. 하지만 수핑은 일본군에게 체포된다. 한편 루한린은 사교계의 꽃으로 활약하는 쉬리빙(徐麗冰)으로부터 상하이의 부시장 중수카이(宗樹凱)를 처치하

라는 위탕춘의 또 다른 지시를 전달받게 되면서 위탕춘의 실체에 대해 의
문을 품는다. 중수카이의 암살에 실패한 루한린은 중수카이와 쉬리빙이
한 편이라는 사실을 알게 된다. 그는 누군가 자신의 목숨을 노리고 있음
을 감지하는데, 이때 리펑이 상하이로 온다. 그리하여 리펑이 위탕춘이었
다는 사실이 밝혀지는데, 그는 임무를 완성한 루한린에게 새로운 임무를
부여하여 그를 제거하려 했고 리펑은 이중스파이로, 중수카이와 담판을
통해 장제스의 상하이 진출을 도우려 했던 것이다. 결국 루한린은 중수카
이 암살에 실패하고 체포되지만, 동료들의 도움으로 구출되고 리펑은 루
한린을 처치하지 못한 책임 때문에 스스로 목숨을 끊는다.

_ 단평   : 80년대 후반 홍콩에서 유행한, 일명 '홍콩 느와르'의 영향을 읽
을 수 있는 영화이다. 어두운 거리에서 벌어지는 총격전, 육박전이 적잖
이 이어지고, 어두운 배경에 걸맞게 등장인물 사이에 암투가 배치되어
있다. 물론, 홍콩 느와르의 세련미에는 한층 뒤지지만, 빠른 이야기 전개
와 음모와 배신으로 복잡하게 얽힌 이야기 구조는 상당히 뛰어나다. 명
백하게 오락을 목적으로 만들어졌고, 또 잔인한 장면들을 삽입하여 관객
들의 시각을 자극하는 영화이다.

_ 핵심어   : 항일 왕징웨이암살 국민당과 공산당의 첩보전
_ 작성자   : 유경철

세 커플과 도둑 三對半情侶和一個小偸(THREE COUPLE AND A THIEF)

_ 출품년도   : 1989년
_ 장르   : 코미디 극영화
_ 상영시간   : 110분
_ 감독   : 추이동성(崔東升)
_ 제작사   : 長春電影制片廠
_ 주요스탭   : 시나리오(賀國甫 崔東升) 촬영(王吉順) 미술(龔明輝) 음악(唐遠
如 竹風)
_ 주요출연진 : 李捷(張多福) 王艶(姜麗麗) 宋莉莉(羅莉莉) 도둑(許守欽) 교수

(史崇仁) 부인(劉幗君) 신랑(鄭秋濤) 신부(畢芳芳)

_시놉시스 : 상하이 모 건축 회사의 젊은 노동자 리제(李捷)는 시(市) 공예품 회사 아가씨 왕옌(王艷)과 사랑에 빠진다. 그들은 교양 시험에 부정행위를 하여 적발되지만 개의치 않고 구이린(桂林)으로 여행을 가기로 약속한다. 충산(崇山)으로 가는 비행기에서 두 사람은 금혼여행을 온 교수 부부, 신혼여행 커플, 자칭 은행장이라면서 다른 사람의 돈 가방을 주시하는 '자(賈)주임'을 알게 된다. '타이롄(臺聯) 호텔'에 머물면서 첫날 식사에서 리제는 외국어로 된 메뉴를 읽지 못해 교수가 선택하는 요리를 무작정 시켰다가 골탕을 먹는다. 여행단 사람들이 관광을 하는 사이에 '자주임'은 신혼부부의 여행 가방을 뒤지지만 라면과 마른 빵 뿐이다. 관광에서 돌아온 교수는 리제의 방에서 고상한 얘기나 좀 나눌까 하지만, 두 젊은이는 어느새 방안 화장실에서 부둥켜안고 있다. 이튿날 교수 부인은 반지가 없어진 사실을 발견한다. 리제는 강가로 낚시를 갔다가 여자 친구 쑹리리(宋莉莉)가 결혼등기를 하자고 생트집을 부리는 친한 친구 천웨이를 만난다. 두 사람을 도울 생각으로 리제는 결혼등기서에 자기 이름을 적는다. 이것은 리리가 바라던 바로, 그녀는 리제에게 달라붙고 천웨이(陳偉)는 절교를 선언한다. 여행단과 시장 관광을 하던 '자주임'은 좀도둑에게 허리에 차고 있던 가방을 도둑맞는데, 좀도둑이 달아나다 흘린 그 가방에서 교수 부인의 반지가 발견된다. 왕옌은 칼슘 부족을 암으로 착각하는 등 해프닝이 끊이지 않는다.

_단평 : 코미디 영화는 웃음으로써 관객의 애증(愛憎)을 불러일으키는 영화다. 일반적으로 사회의 추악하고 낙후된 현상을 풍자하여 비판하거나 현실 생활 중의 아름답고 진보적인 사물을 노래함으로써 관객은 가볍고 유쾌한 웃음을 통해서 계시를 받거나 교육 효과를 얻을 수 있다. 교묘한 스토리 구조와 과장된 표현, 가볍고 재미있는 플롯과 우스꽝스럽고 해학적인 대사로 희극(喜劇)적인 인물의 독특한 성격을 부각시킨다. 이 영화는 학생신분으로 인해 부적격한 연인과 부인에게 꼼짝 못하는 교수, 형편이 넉넉하지 못한 신혼부부를 스토리 라인의 기본으로 삼고 한 명의 도둑을 개입시켜 극적 장면을 만들어내고 있다. 이 스토리 구조는 범상

치 않은 사회로부터 일탈된 인물(도둑)의, 그들에게는 일상적일 수 있는 행동을 극적 충돌로 만들어내 경코미디(light comedy)의 형태로 관객의 신선한 웃음을 자아낸다. 영화에서 감미로운 팝송과 뮤지컬처럼 이어지는 리제와 왕옌의 사랑의 하모니 쇼트는 무대극의 공연 효과를 덧보태 코미디의 새로운 품격을 보여준다. 구애를 하다가 강가에 투신한 리제의 친구가 낚싯줄에 걸려오는 쇼트 등 극도로 과장된 일부 표현은 코미디미학(喜劇美學)의 극적 효과를 삭감시키고 있다.

_ **핵심어**   : 여행단 교양시험 도둑 결혼등기
_ **작성자**   : 김정욱

상하이 무희 上海舞女(SHANGHAI DANCE HALL GIRL)

_ **출품년도**   : 1989년
_ **장르**   : 탐정 극영화
_ **감독**   : 쉬웨이제(徐偉杰)
_ **제작사**   : 南京電影制片廠, 上海電影制片廠
_ **주요스탭**   : 시나리오(葉丹) 촬영(羅勇) 미술(曉賓) 음악(呂其明) 조명(王玉淸 余剛) 편집(樓玲)
_ **주요출연진** : 鮑望春(張曉林) 白黛林(丁晴) 花紅艶(鄭爽) 陸蒙 (楊鳴健) 江砥平(陳述) 顧效同(黃達亮) 花步庭(張先衡) 白厲冰(楊寶河)
_ **원작**   : 阿章, 黃志遠 소설 『腰女郎』각색
_ **시놉시스**   : 항일 전쟁이 막 끝나고 적위(敵僞)의 재산을 환수하는 '접수전 (接收戰)'이 상하이에서 전개된다. 국민당 중령 참모 바오왕춘(鮑望春)은 부대를 이끌고 거물 매국노 바이리빙(白厲冰)의 재산을 접수하러 가다가 바이다이린(白黛林)을 비롯한 무희들을 구해준다. 이날 바오왕춘은 황허우(皇后) 댄스홀에 갔다가 화훙옌(花紅艶)을 알게 된다. 화훙옌의 아버지 화부팅(花步庭)은 일본인과는 교류한 적이 없는 자본가지만, 경비사령부 부사령관 장디핑(江砥平)은 그를 매국노 명단에 올리겠다며 협박한다. 바이리빙은 신체 매매 계약을 빌미로 바이다이린에게 바오왕춘을 죽이라고 강요하고, 바이다이린은 총구를 겨누지만 차마 쏘지 못한다.

바오왕춘은 바이리빙에 대한 확실한 증거를 발견한다. 그와 화홍옌은 서로 사랑하게 되어 평생을 약속한다. 장디핑은 사욕을 채우기 위해 이상한 죄명으로 화부팅을 체포하고 화홍옌은 부친의 출옥을 돕기 위해 가산을 탕진한다. 바오왕춘은 신체매매 계약서에서 바이다이린이 잃어버린 동생 샤오메이(小梅)라는 사실을 알게 된다. 그러나 그녀는 구샤오퉁(顧效同)에게 육체를 이미 짓밟힌 후였다. 분노가 폭발한 바오왕춘은 구샤오퉁을 구타하고 자신도 위병의 총에 맞아 숨진다. 화홍옌은 카이시(凱茜) 호텔에 나타나서 떠나기 직전의 구샤오퉁과 장디핑을 향해 원한에 사무친 총알을 발사한다.

_ **특기사항** : 천연색
_ **핵심어** : 敵僞財産 接收戰 매국노 신체매매계약
_ **작성자** : 김정욱

어둠 속의 포르노 유령 夜幕下的黃色幽灵(PORN FREAK)

_ **출품년도** : 1989년
_ **장르** : 사회수사
_ **감독** : 다스뱌오(達式彪)
_ **제작사** : 上海電影制片廠彩色
_ **주요스탭** : 시나리오(趙志强 許惠英) 촬영(程世余) 미술(章崇翔) 음악(劉雁西 龔得君) 조명(葉連根) 편집(唐于龍)
_ **주요출연진** : 歐陽梅(沈敏) 達麗(段仕萍) 顧文彬(祁明遠) 문지기(吳大心) 趙元春(吳競) 蘭淩(夏軍) 潘建平(譚洋) 陳鴻梅 周建軍 譚曉李斗 董云翔 李季 榮蓉 魯俊 劉建平 孟謙 任兵 羅敏娟 史淑佳 倪以臨 張妙珍 李玉龍 周軍 費增敏
_ **시놉시스** : 중국 경찰은 지하 불법판매 집단을 일망타진하고 음란비디오 판매 단속을 강화하기 위해 유능함과 노련함을 겸비한 아름다운 어우양메이(歐陽梅)를 불법판매 집단에 잠입시킨다. 복사집을 경영하는 판젠핑(潘建平)은 음란비디오와 음란잡지를 위해 순진한 고등학교 졸업생 다리(達麗)를 꾀어 그런 일을 하게 하고 다리는 결국 판젠핑의 노리개가 되어

버린다. 불법판매 집단의 우두머리를 찾고 음란비디오의 보관 장소를 알아내기 위해 어우양메이와 고객으로 변장한 정탐원은 구원빈(顧文彬)을 찾아 급히 불법 음란비디오 두 상자가 필요하다고 의논을 한다. 불법 음란비디오를 판매하는 두목은 외진 산골에서 물건을 건넨다. 이때 다리는 임질에 감염되어 어우양메이를 찾아와 의논을 한다. 어우양메이는 정탐원에게 이 일을 처리하도록 한다. 다리는 자신의 행동을 후회하며 정조를 잃었던 해변에 가서 분신자살한다. 다리가 죽은 후 불법 음란비디오를 판매하는 집단은 일망타진된다.

_ 핵심어   : 음란비디오 단속 정탐원 도시
_ 작성자   : 조병환

무소유 一無所有(BLACK PUMA)

_ 출품년도   : 1989년
_ 장르   : 액션 스릴러
_ 감독   : 장하이양(江海洋)
_ 제작사   : 上海電影制片廠
_ 주요스탭   : 시나리오(谷白) 촬영(張珥) 미술(沈立德) 음악(楊子) 조명(王士明) 편집(孫惠民)
_ 주요출연진 : 흑표(袁苑) 羅烈(申軍誼) 小娟(張弘) 金四(諸葛明)
_ 시놉시스   : 흑표(검은 표범)의 친구 뤄례(羅烈)는 상하이 암흑가의 보스들에게 쫓기는 신세가 되어, 흑표에게 연인 샤오쥐안(小娟)을 부탁한다는 말을 남기고 외국으로 도피한다. 흑표는 진쓰(金四), 장얼(張二), 톈바(田八)를 비롯한 암흑가의 보스들에게 복수하기 위해 진쓰의 부하로 들어가고, 암흑가의 세력 다툼을 이용하여 장얼과 톈바를 차례로 제거한다. 한편, 진쓰마저 해치우려던 흑표는 그가 샤오쥐안의 아버지라는 사실을 알고, 차마 손을 쓰지 못한다. 흑표는 어느덧 샤오쥐안을 사랑하게 된 것이다.

이때 뤄례가 흑표의 도움으로 다시 상하이로 돌아온다. 뤄례와 샤오쥐엔의 결혼을 앞두고, 흑표는 그동안 자신이 키워왔던 세력을 뤄례에게 넘기려 한다. 하지만 뤄례는 이것이 샤오쥐안에 대한 흑표의 사랑 때문

이라는 사실을 알고 흑표를 살해한다. 이를 목격한 샤오쥐안은 자신이
진정으로 사랑했던 사람이 흑표임을 깨닫고 그 자리에서 목숨을 끊는다.
비정한 웃음과 함께 자리를 뜨던 뤄레 역시 암흑가 조직원의 총에 목숨
을 잃는다.

_ **핵심어**   : 암흑가 세력다툼
_ **작성자**   : 유경철

탐정 휘상 智破奇案(일명 霍桑探案)(HUOSANG SOLVES A CASE)

_ **출품년도**   : 1989년
_ **장르**   : 탐정 극영화
_ **감독**   : 쉬지홍(徐紀宏)
_ **제작사**   : 上海電影制片廠
_ **주요스탭**   : 시나리오(方艾 方虹) 촬영(夏力行) 미술(趙先瑞) 음악(楊矛) 조
            명(張川俠) 편집(劉嘉麟)
_ **주요출연진**   : 霍桑(乃社) 古鵬(喬奇) 徐夢飛(周野芒) 古文娟(趙艶紅) 包朗(戴兆安)
_ **원작**   : 程小青의 소설 『狐裘女』
_ **시놉시스**   : 1935년 가을, 상하이 문화계 인사들이 소설계의 태두 구펑(古鵬)
            의 집에 모인다. 그의 새 작품 『도시의 종말』이 출판된 것을 축하하기 위
            해서이다. 그런데 갑자기 구펑의 개인비서 쉬멍페이(徐夢飛)가 손님들 앞
            에 나와 이 책이 자신의 작품을 표절했다고 폭로한다. 구펑은 수치심과 분
            노로 기절한다. 그날 밤, 구펑의 딸 구원쥐안(古文娟)은 쉬멍페이를 찾아
            가 결판을 내려 한다. 구펑은 딸이 외출하는 것을 보고 종이 자르는 칼을
            들고 문을 나선다. 다음 날 새벽, 상하이 『신보(申報)』에 노작가 구펑의 개
            인비서 쉬멍페이의 피살 소식이 실린다. 유명 탐정 휘상이 사건을 맡게 된
            다. 그는 사건 현장에서 종이 자르는 칼과 수를 놓은 꽃신을 발견한다. 조
            사를 통해 구펑에게 큰 혐의를 두게 되고 익명의 편지와 지문이 묻은 칼을
            꺼내 보여주자 구펑은 자신이 범인임을 시인하지만, 구원쥐안이 뛰어 들
            어와 자신이 범인이라고 한다. 휘상은 부검 결과를 살펴보다가 죽은 사람
            이 쉬멍페이가 아니라는 사실을 발견하고 유인책을 쓰기로 한다. 『신보』

에 구평의 입원 소식이 실리자 한 여장 남자가 입원실로 들어왔다가 병상에 구평이 없자 급히 도망간다. 훠상과 조수 바오랑(包朗)이 급히 뒤쫓아가는데 그 사람은 달려오던 기차에 깔려 죽고 만다. 그는 쉬멍페이였다.

_ **특기사항**　: 천연색
_ **핵심어**　: 표절 탐정
_ **작성자**　: 김정욱

마지막 귀족 最後的貴族(THE LAST ARISTOCRATS)

_ **출품년도**　: 1989년
_ **장르**　: 멜로
_ **상영시간**　: 120분
_ **감독**　: 셰진(謝晉)
_ **제작사**　: 上海電影制片廠 香港銀都機構有限公司 上海巨星影業公司
_ **주요스탭**　: 시나리오(白樺 孫正國) 촬영(盧俊福) 미술(陳紹勉) 음악(金復載 趙建忠) 조명(楊義孝) 편집(周鼎文)
_ **주요출연진**　: 李彤(潘虹) 陳寅(濮存昕) 黃慧芬(李克純) 雷芷笭(蕭雄) 張嘉行 (盧玲) 李彤의 모친(盧燕)
_ **원작**　: 바이셴융(白先勇)의 소설 『인간세상으로 쫓겨 온 신선 이야기 (謫仙記)』
_ **시놉시스**　: 1948년 봄, 국민당 정부 외교관의 딸 리퉁(李彤)은 상하이 조계의 호화주택에서 20세 생일을 맞이하는데 이것은 그녀의 일생에 있어서 가장 아름다운 시간이다. 오래지 않아 리퉁은 친구 황후이펀(黃慧芬), 레이즈링(雷芷笭), 장자싱(張嘉行)과 함께 미국으로 유학을 떠난다. 미국에서 그들은 장난삼아 자신들을 각각 '중국, 미국, 영국, 러시아'의 4강에 봉하고 바쁜 시간 속에 충실하게 유학생활을 보낸다. 1년 후 겨울, 네 사람은 호텔에서 새해맞이 파티를 열고 무대에 올라 중국노래를 부르면서 멀리 있는 가족들에 대한 그리움을 표현한다. 그리고 리퉁의 남자친구인 천인(陳寅)이 하버드대학을 졸업하고 변호사 일을 하게 된 것을 축하한다. 축하석상에서 리퉁은 갑작스레 자신의 부모가 배를 타고 타이완으로

가던 도중에 조난을 당했다는 전보를 받고 기절한다. 이 엄청난 충격은 그녀에게 회복할 수 없는 깊은 상처를 남기고 그녀는 학업을 계속할 수가 없게 되어 초연히 세 친구를 떠나 행방을 감춘다. 3년 후, 리퉁의 남자 친구였던 천인과 출판사에서 일을 하는 황후이펀, 초등학교 음악교사인 장자싱과 소아과 의사가 합동결혼식을 준비하고 레이즈링은 여전히 죽은 첫 사랑을 못 잊어 한다. 결혼피로연에 요란한 차림에 짙은 화장을 한 리퉁이 나타나 모두를 깜짝 놀라게 한다. 리퉁은 천인과 함께 춤을 추고 억지웃음을 웃으며 옛일을 회상한다. 리퉁은 미친 듯이 춤을 추고 술을 마셔 친구들은 만감이 교차하는 것을 느낀다. 결혼피로연이 끝난 후 천인은 리퉁을 집에 데려다주다가 그녀가 이미 유부남과 동거를 하고 있다는 사실을 알게 된다. 리퉁은 다시 사라져버린다. 후이펀과 자싱에게 모두 아이가 생기고 즈링이 부교수가 되었을 때 리퉁이 다시 나타난다. 그녀는 남미 상인과 함께 있는데 술을 마시고 난동을 부려 유치장에 들어가게 된다. 후이펀 부부는 그녀를 보석으로 풀려나게 한다. 리퉁은 마침내 친구들에게 돌아오게 되지만 그녀는 줄곧 스스로를 학대하며 가련해 한다. 후이펀의 딸 리리(莉莉)의 생일날 리퉁은 자기 어머니가 준 반지를 리리에게 끼워주고 또 떠난다. 그녀는 부모의 발자취를 따라 잃어버린 것을 찾아간다. 리퉁은 자신이 태어났던 베니스에서 고향에 대한 그리움을 안고 바다에 뛰어들어 자살한다.

_단평   : 네 명의 귀족아가씨가 중국에서 중대한 역사적 변혁시기에 조국을 떠나 미국에서 수십 년을 보내는 운명을 통해 역사적 변혁하에서 인간의 흥망성쇠를 굴곡 있게 묘사했다. 감독은 충분히 인성과 인정을 파헤쳐 리퉁의 비극적 운명의 근본 원인이 자신의 불행에 대해 소극적으로 대처하고 스스로를 훼멸시키는 데 있다고 보았다. 이로써 심오한 인생철학을 반영하였으며 관객으로 하여금 강렬한 역사적 변동을 느끼게 하였다.(http://www.mtime.com/movie/13095/)

이 작품을 시작으로 셰진 감독은 의식적으로 인물유형화의 도식에서 벗어나려고 했다고 하지만 인정을 받지는 못했다(尹鴻, 凌燕, 2002)고 하며, 대륙에서 흥행에 실패한 원인에 대해서도 주인공 리퉁의 형상 묘사가 설득력이 없었기 때문이라는 평가를 받고 있다. 과거 셰진이 만들어낸 인물은 모두 공통적으로 대부분 불행에 빠져도 희망을 향해 걸어 나가 관객들에게 만족감을 줄 수 있었는데 리퉁의 경우에는 인물의 성격을 정확하게 잡아내지 못하고 원작에서 주의를 기울이고 있는 세월의 무심함을 제대로 표현하지 못했다고 한다. 그리하여 리퉁은 셰진의 과거 주인공들과는 달리 훼멸된 형상이자 셰진 영화 속의 유일하게 선(善)한 결말을 얻지 못한 주인공이 되었다. 그녀는 그저 퇴폐적이고 무력하며 이 세상에서 어떠한 존재 가치도 갖지 못한 인물로, 관객들에게 감동을 주지도 공감을 얻지도 못했던 것으로 보인다.(자세한 내용은 http://www.ndcnc.gov.cn/datalib/2002/film/dl/dl-65126/ 참고할 것)

_ **특기사항** ː 컬러 와이드스크린 극영화
_ **핵심어** ː 유학 여성 자살
_ **작성자** ː 곽수경

의적 루핑 俠盜魯平(LUPING, THE CHIVALROUS THIEF)

_ **출품년도** ː 1989년
_ **장르** ː 정탐
_ **감독** ː 선야오팅(沈耀庭)
_ **제작사** ː 上海電影制片廠
_ **주요스탭** ː 시나리오(顧澤民 孟森輝) 촬영(瞿家振) 미술(薛家納) 음악(劉雁西) 조명(范一天) 편집(周鼎文, 藍之光)
_ **주요출연진** ː 魯平(何麟) 黎亞男(周玖) 陳妙根(林繼凡) 郭京(王志華) 莊承一(董霖) 孟興(劉昌偉) 張엄마(洪融) 莊부인(馬驥)
_ **원작** ː 순랴오훙(孫了紅)의 유관 소설에서 제재를 취함
_ **시놉시스** ː 상하이 광복 후 얼마 지나지 않아 사회 각계의 명사들이 사교계 여인 리야난(黎亞男)의 생일파티에 초대를 받는다. 파티 분위기가 고조되었을 때 유명한 사립탐정 궈징(郭京)이 의적 루핑(魯平)으로 변장하고 나타나자 손님들이 깜짝 놀라 지갑과 패물을 황급히 은쟁반 위에 내놓는다. 궈징은 가면을 벗어던지고 사람들의 주의를 환기시키는데, 그의 말

이 끝나기도 전에 전등이 꺼진다. 촛불을 켰을 때는 은쟁반에 놓여 있던 지갑과 패물 대신 루핑의 상징인 붉은 넥타이가 놓여 있다. 일본 특무 쫭청이(莊承一)는 국민당에 덜미를 잡혀 천먀오건(陳妙根)을 받아들이는데, 천먀오건은 그에게 압박을 가하며 일본군 특무 '남색 방울뱀'에 관한 정보를 요구한다. '남색 방울뱀'은 쫭청이가 믿을 만하지 못하다는 것을 눈치 채고 바이셴화(白顯華)에게 그를 없애라는 지령을 내린다. 하지만 바이셴화는 쫭청이가 숨겨둔 거액의 자금을 훔치기 위해 살려둔다. 루핑은 자신이 귀징인 척하고 쫭청이를 찾아와 그가 숨겨놓은 다이아몬드 12개를 훔쳐다가 원래 주인에게 돌려줄 계획을 세운다. 귀징이 루핑을 체포할 때 쫭청이가 총격을 당하고 바이셴화는 살해당한다. 쫭청이의 죽음으로 인해 '남색 방울뱀'의 정체를 밝히려던 천먀오건의 계획은 수포로 돌아가고 이 때문에 천먀오건의 상사는 그에게 일본군 문서 자료를 모두 다 넘기라고 명령한다. 탐욕스러운 천먀오건은 루핑의 이름을 빌어 매국노명단을 이용하여 한 명씩 위협하고 그들을 모두 함정에 빠뜨린다. 천먀오건의 계략은 성공하지만, 갑자기 납치된다. 깨어나 보니 부두에 버려져 있는데 경찰은 그를 루핑으로 오해하고 감옥에 가둔다. 천먀오건은 출옥한 후 오래 지나지 않아 암살된다. 귀징은 천먀오건의 집에 현장조사를 나가고 루핑이 반드시 올 것으로 단정하며 경찰을 이용해 그를 체포하려 한다. 하지만 며칠 후 루핑이 뜻밖에도 귀징의 집에 나타나 자신은 절대 천먀오건을 죽이지 않았다고 말하고 귀징은 그 말을 믿는다. 두 사람은 천먀오건이 살해되던 날 그의 집 전화기 밑에서 발견한 지폐의 액면가를 배열하여 전화번호를 밝혀낸다. 천먀오건은 지폐를 이용하여 살인범이 누구인지 알려주었던 것이다. 그리하여 사건의 정황이 밝혀지고 귀징은 살인범이 바로 일본군특무 두목인 '남색 방울뱀'이라는 사실을 인정한다. 귀징은 루핑의 도움하에 '남색 방울뱀'을 체포하고 사건을 종결짓는다. 다음 날 상하이 신문에 이 사실이 보도되고 루핑은 거리에서 새로운 붉은 넥타이를 사려고 하고 있다.

_ **핵심어**　: 일본군특무 남색방울뱀 사교계 매국노 의적
_ **작성자**　: 곽수경

고도의 정보전쟁 孤島情報戰(SHANGHAI INTELLIGENCE WAR)

_ 출품년도   : 1990년
_ 장르   : 정탐
_ 상영시간   : 85분
_ 감독   : 궈린(郭林)
_ 제작사   : 長春電影制片廠
_ 주요스탭   : 시나리오(鄭沂) 촬영(張仲偉 錢偉哲) 미술(劉紅) 음악(范偉强)
　　　　　　 조명(張立忠) 편집(李仲琳 趙俊梅)
_ 주요출연진 : 劉建豊(李幼斌) 沈崇明(劉韋華) 杜忠義(張珂) 宋定一(王慧) 陶
　　　　　　 侃(王平) 淸川秀夫(曹杰臣) 趙春蘭(梁丹妮) 加爾遜(萬禮嘉) 陳裕泰(孫敖)
_ 시놉시스   : 1941년 12월 8일 세계를 뒤흔든 진주만 사건이 발발한다. 다음
　　　　　　 날 상하이에 주둔하고 있던 일본군은 갑자기 조계지역으로 뛰어들어『위
　　　　　　 안둥주보(遠東周報)』편집부를 포위한다. 일본과 장제스(蔣介石)의 화평
　　　　　　 기요(紀要) 등 극비 정보를 파악하고 있는 미국기자 찰슨이 도주하면서
　　　　　　 중상을 입어 모 교회병원의 미국인 의사 하만의 집에 숨어 있으면서 그
　　　　　　 를 통해 미국정부에 구조를 요청한다. 미국 정부는 국민당 당국에 찰슨
　　　　　　 의 구조를 위탁한다. 국민당은 미국정부와 화합해서 경제적, 군사적 원
　　　　　　 조를 얻고자 표면적으로는 특공부대를 파견하고 미국특파원 커디와 함
　　　　　　 께 상하이로 찰슨을 구하러 간다. 그러면서 한편으로는 몰래 고급특무
　　　　　　 천유타이(陳裕泰)를 상하이로 잠입시켜 지하조직에게 상하이에 주둔하
　　　　　　 는 일본군과 결탁하여 구조계획을 파괴시키라고 지시한다. 그리하여 구
　　　　　　 조를 위해 투입된 소대가 상하이 교외에 낙하하자마자 곧바로 일본헌병
　　　　　　 의 습격을 받아 류젠펑(劉建豊), 타오칸(陶侃)은 포로가 되고 커디는 자
　　　　　　 살하며 나머지 대원은 모두 살해당한다. 공산당 상하이 지부위원회는 찰
　　　　　　 슨이 일본군에게 체포되었다고 생각하고 세계의 반파시스트투쟁에 호응
　　　　　　 하기 위해 선충밍(沈崇明), 두중이(杜忠義) 등을 일본헌병사령부로 파견
　　　　　　 하여 찰슨을 구조하기로 결정하지만 뜻밖에 류젠펑과 타오칸을 구출하
　　　　　　 게 된다. 류젠펑과 타오칸은 출옥한 후 하만의사의 집을 조사하지만 찰

순의 흔적은 찾지 못하고 사진첩에서 하만과 쑹딩이(宋定一) 의사가 함께 찍은 사진을 발견한다. 그들은 쑹딩이의 병원에서 먼저 와 있던 선충밍과 두중이와 마주친다. 쌍방이 서로 버틸 수가 없어 류젠펑은 이해득실을 따져본 후 협력하는 데 동의한다. 하만의 집 밀실에 숨어 있던 찰슨은 혼미한 상태에서 깨어나 하만 집이 이미 일본군에게 점령되었다는 사실을 발견하고 일본장군의 아이를 인질로 삼고 도망친다. 류젠펑과 타오칸은 찰슨을 찾는 과정에서 연락책인 자오춘란(趙春蘭)이 바로 하만을 암살한 암살범이라는 사실을 깨닫는다. 선충밍과 두중이의 비판을 통해 류젠펑은 자신을 잘못을 깨닫고 공산당과 손을 잡기로 결심한다. 그들이 마침내 찰슨을 찾았을 때 일본군은 그들을 겹겹이 포위하며 미친 듯이 공격한다. 선충밍, 류젠펑은 두중이, 타오칸, 숭딩이 등을 엄호하여 포위를 뚫고 찰슨을 구출한다. 국민당의 매국적 면모를 분명하게 본 류젠펑은 단호하게 지난날을 청산하고 선충밍을 따라 찰슨을 호송하여 상하이를 떠나 새로운 길을 나선다.

_ **단평**   : 영화는 전투차가 출격하고 낙하산부대가 공중에서 낙하를 하며 정신없이 총격전이 벌어지는 것으로 시작하여 볼거리를 제공한다. 인물들이 등을 바닥에 댄 자세로 계단에서 거꾸로 미끄러지며 총을 쏘거나 쌍권총을 사용하며, 엄청나게 많은 총알을 뿜어내는 총격 장면은 영화 〈영웅본색〉의 영향을 확실하게 받았다는 것을 알 수 있게 한다. 잔인한 살해 장면 등은 말초적 자극을 이용해서 관객을 영화관으로 끌어들이려는 의도를 엿보게 한다.

_ **핵심어**   : 일본군 국민당 공산당 화평기요 미국기자 특공부대
_ **작성자**   : 곽수경

기동대 軍統特遣隊(TASK FORCE)

_ **출품년도**   : 1990년
_ **장르**   : 스릴러/멜로
_ **상영시간**   : 81분
_ **감독**   : 차오커지(喬克吉)

_ 제작사   : 長春電影制片廠

_ 주요스탭   : 시나리오(潘劍琴) 촬영(韓東俠) 미술(高廷倫) 음악(楊一倫 于開
           章) 조명(韓晶) 편집(劉旭 劉香 王天明)

_ 주요출연진 : 戴笠(李定保) 杜月笙(張中華) 周佛海(翁國鈞) 五姨太(陳怡) 程
           克祥(王心見) 楊鍔(張興亞) 羅曼(田岷)

_ 시놉시스   : 1945년 항전 승리 후 상하이 민중들의 매국노 처단에 대한 소리
           가 점점 높아간다. 매국노 저우포하이(周佛海)는 장제스(蔣介石)의 밀서를
           빌미로 보호를 요청한다. 장제스는 자신의 거짓 항일을 숨기기 위해 다이
           리(戴笠)와 기동대를 잠입시켜 그를 보호하려고 한다. 이때 상하이의 청방
           (青幇) 우두머리 두웨성(杜月笙)은 상하이에서 안전하게 자리를 확보하고
           장쑤성과 저장성까지 세력을 확대하기 위해서는 장제스의 약점인 저우포
           하이를 이용해야 한다는 사실을 알고 있고 있었기 때문에 다이리와 접촉
           을 시도하고 수양딸 뤄만(羅曼)을 소개한다. 저우포하이의 공관을 찾은 다
           이리는 그가 밀서를 태워버렸다는 말을 의심한다. 그리고 두웨성이 주관
           한 자신의 환영회에서 상하이 정보처장 청커샹(程克祥)으로부터 밀서가
           태워지지 않았다는 사실을 확인한다. 저우포하이의 공관에 침입한 청커샹
           은 그의 경호대장 양어(楊鍔)에게 발각되고 양어는 청커샹이 훔친 밀서는
           가짜라고 알려준다. 그 후 다이리는 스파이 로만을, 두웨성은 저우포하이
           의 첩을 이용하여 저우포하이와 밀서의 행방을 찾는다. 우여곡절 끝에 양
           어가 밀서를 손에 넣고 양어는 저우포하이에게 돌려주러 가지만 저우포하
           이에게 죽임을 당한다. 교활한 다이리는 두웨성의 포위망을 뚫고 저우포
           하이를 비행기에 태운다. 이후 각계 여론의 압력하에 난징정부는 저우포
           하이를 최종 무기형에 판결하고 저우포하이는 감옥에서 병사한다.

_ 단평   : 이 영화는 실제 인물을 바탕으로 만들어졌다. 중국 사회는 1980
           년 이후 개혁개방으로 서구의 민주적이고 자유로운 세계관이 유입되었
           지만 혁명에 관한 소재는 여전히 영화의 소재로 사용되고 있다. 역사적
           인물을 통해 혁명과 역사에 대한 재평가라는 점에서 진지함이 엿보이지
           만 영화의 미학적 측면에서는 새로운 면이 없어 아쉽다.

_ 특기사항   : 저우포하이(1897~1948)는 중국 근현대 역사에 있어서 변화무

쌍한 인물이다. 그는 일생 동안 세 번씩이나 변신한다. 그는 초기 공산당 창시자의 한 사람이었으며 일대 대표를 지냈다. 그 후에는 공산당을 배신하고 장제스의 심복이 되어 국민당 중앙집행위원회의 일인자가 되기도 했고 왕징웨이(汪精衛) 정권의 충실한 신하가 되기도 하였다. 또한 매국노의 길을 걷기도 했고 항전승리 후에는 다시 국민당의 고관을 지냈다.

_ **핵심어**　: 매국노 밀서 기동대 靑幫 사회
_ **작성자**　: 조병환

규방의 정한 閨閣情怨 또는 花轎泪(原名)(TEARS OF THE BRIDAL SEDAN)

_ **출품년도**　: 1990년
_ **장르**　: 생활 극영화
_ **감독**　: 야커 · 다오프만(雅克 · 道夫曼) 장난신(張暖忻)
_ **제작사**　: 上海電影制片廠 法國埃菲爾電影公司 貝爾斯特電影公司 第二電視臺 加拿大國際電影公司
_ **주요스탭**　: 시나리오(雅克 · 道夫曼 張暖忻 馬克斯 · 費歇爾 達維德 · 米洛) 촬영(J. C. 拉里厄 張元民) 미술(瞿然馨)
_ **주요출연진** : 朱勤麗(秦怡) 청년 朱勤麗(屠怀靑) 소년 朱勤麗(陳洁) 惠義(姜文) 陳有煌(周野芒)
_ **시놉시스**　: 어린 시절 샤오친리(小勤麗)는 행복하고 즐거웠다. 아버지 후이이(惠義)는 생계를 위해 자신이 사랑하는 교육 사업을 포기하고 장사를 한다. 음악회에서 샤오친리는 아름다운 피아노 연주를 듣고 피아노에 빠진다. 세월이 흘러 샤오친리는 어여쁜 소녀가 되고, 피아노 대회에서도 좋은 성적을 거둔다. 그녀는 음악 대학을 졸업하면 바로 파리에 가기로 아버지와 약속했다. 그러나 다른 식구들은 그녀를 자본가 천수이(陳叔宜)의 아들 천유황(陳有煌)에게 시집보내려고 한다. 처음에 아버지는 반대했지만 식구들의 성화와 불경기로 말미암아 결국 타협하고 만다. 이때부터 샤오친리와 아버지 사이에는 틈이 생기게 되고, 결국 샤오친리는 천씨 집으로 시집을 간다. 남편은 그녀를 사랑했지만 시부모는 낡은 봉건 예교로 그녀를 속박하고 심지어 피아노까지 못 치게 한다. 시간이 흐

르면서 그녀와 남편 사이에 애정이 싹트고 아들 바오얼(保兒)도 생긴다. 유황 부모는 홍콩으로 이사를 가고, 유황도 병을 치료하기 위해 홍콩으로 간다. 샤오친리는 여전히 피아노 연습을 게을리 하지 않고 연주회에도 참가한다. 몇 년 후 친리는 파리에 살면서 오랜 자신의 꿈을 실현하여 여성 피아니스트가 된다. 아버지와의 관계 회복을 바라는 그녀의 바람은 파리의 대극장에서 연주를 하던 중에 이루어진다.

_ **특기사항**   : 천연색
_ **핵심어**   : 봉건예교 파리 연주회 홍콩
_ **작성자**   : 김정욱

불상과 협객 佛光俠影(THE CASE OF THE BUDDHA)

_ **출품년도**   : 1990년
_ **장르**   : 액션 추리 스릴러
_ **감독**   : 바오치청(包起成)
_ **제작사**   : 上海電影制片廠
_ **주요스탭**   : 시나리오(彭克柔) 촬영(單聯國) 미술(吳天慈) 음악(楊予) 조명(金漢江) 편집(周夏娟, 丁建新)
_ **주요출연진** : 江一劍(黃壽康) 毆陽雄(乃社) 崔潔(高躍倫) 余貴卿(李緯) 韓錫元(嚴翔) 沈劍中(王志華)
_ **시놉시스**   : 항전 초기, 북위(北魏)시대에 만들어졌다는 불상이 출현하여 세상이 떠들썩하다. 상하이 경찰국장 위구이칭(余貴卿)은 부하 선젠중(沈劍中)을 파견해서 불상을 탈취해오게 한다. 중국의 국보급 골동품을 수집하여 일본인에게 넘기는 골동품상 한시위안(韓錫元)도 계략을 써서 불상을 차지하려고 한다. 이에 강호의 협객 장이젠(江一劍), 어우양슝(毆陽雄), 추이제(崔潔) 등이 그들로부터 불상을 보호하기 위해 나선다.
        결국 불상은 어우양슝 등에 의해 무사히 보호되고, 한시위안은 위국장의 손에 비참한 최후를 맞이한다. 위국장은 장이첸 등에게 속은 줄도 모르고 가짜 불상을 중국은행의 금고에 안치한다.
_ **핵심어**   : 항전 협객 경찰 보물 일본

_ 작성자   : 유경철

와이탄의 용과 뱀 (도끼파 두목)外灘龍蛇(일명 〈斧頭幇舵主〉)

(INSIDE STORY OF SHANGHAI)

_ 출품년도   : 1990년
_ 장르   : 액션
_ 상영시간   : 92분
_ 감독   : 쉐옌둥(薛彦東)
_ 제작사   : 長春電影制片廠
_ 주요스탭   : 시나리오(趙俊梅 李漁村) 촬영(于濱) 미술(鞠綠田 劉紅) 음악(陳
             受謙) 조명(孫書文) 편집(肖明)
_ 주요출연진   : 游天雲(田純) 游天虹(張珂) 游天良(劉衛華) 畢世孝(曹培昌)
_ 원작   : 소설 『斧頭堂舵主』
_ 시놉시스   : 1920년대 상하이 유샹(游祥) 일가는 그들의 방직공장을 빼앗으
             려는 암흑가 도끼파의 두목 비스샤오(畢世孝)의 공격을 받는다. 다행히
             첫째 아들 톈훙(天虹)과 둘째 톈량(天良)은 목숨을 건지지만 서로 헤어진
             다. 유샹의 수양아들 톈윈(天雲)도 죽음을 면하고 비스샤오가 톈윈을 데
             려간다. 톈윈은 비스샤오가 잃어버린 아들이었기 때문이다.
                 몇 년 후 톈훙과 톈량은 각각 비스샤오에게 복수를 하려 하고, 톈윈 역
             시 비스샤오의 신망을 얻으면서 복수를 할 기회를 노린다. 톈훙과 톈량은
             여러 번 복수할 기회를 잡지만 번번이 실패하고, 톈량은 그 와중에 목숨
             을 잃는다. 둘째 형의 죽음을 목격한 톈윈은 분노를 참지 못하고, 비스샤
             오를 살해하는데, 그의 유품을 정리하다가 그가 자신의 친부임을 알게 된
             다. 그 후 톈윈은 본격적으로 친부의 가업을 이어받아 '4·12사건'에 참
             여하는 등 온갖 악행과 반혁명적 행위를 저지른다. 하지만 톈윈은 손을
             잡았던 암흑가의 또 다른 일파에게 배신을 당하고 결국 목숨을 잃는다.
_ 단평   : 여러 가지 장르영화의 특성을 혼합하여 만든 영화다. 이 영화 안
             에는 무협영화, 권격영화, 느와르, 멜로에 서부극의 징표들까지 들어 있
             다. 즉 가족과 아버지의 복수라는 테마, 자주 등장하는 액션씬 등이 무협

영화와 권격영화의 흔적이라고 한다면, 암흑가 조직간의 암투와 배신, 주인공의 죽음 등은 느와르에서 빌어 왔고, 주인공의 사랑, 이루지 못한 사랑 등은 멜로의 차용이다. 주인공 중의 한 명인 톈량의 카우보이 모자와 복장, 마상 추격씬 등은 서부영화에서 가져온 것이다. 하지만 다양한 장르의 혼합과 착종을 통해 새로운 미학적 가능성이 탐색되거나 발견되었다고 말하기는 힘들다.

_ 핵심어   : 1920년대 암흑가 카우보이의 복장 아버지의 복수 4 · 12사건
_ 작성자   : 유경철

달은 사람을 따라 돌아오고 月隨人歸(RETURN WITH THE MOON)

_ 출품년도   : 1990년
_ 장르   : 멜로
_ 감독   : 우이궁(吳貽弓)
_ 제작사   : 上海電影制片廠
_ 주요스탭   : 시나리오(吳貽弓) 촬영(夏力行) 미술(薛健納) 음악(楊矛) 조명
           (張川俠) 편집(沈傳悌)
_ 주요출연진 : 張漢元(夏宗祐) 林夢芸(張文蓉) 區玉芬(向梅) 張漢元의 부친(高
           博) 巧巧(沈敏) 念慈(張曉林)
_ 원작   : 자오장위(趙章予)의 동명소설과 저우산(周山) 류징칭(劉景淸)
           의 영화 시나리오『아내를 빌려드립니다(租妻)』
_ 시놉시스   : 중추절, 36살이 되어서도 결혼을 하지 않고 집을 떠나 타이완에
           살고 있는 장한위안(張漢元)은 취위펀(區玉芬)을 데리고 상하이에 계신
           부모님을 만나러 온다. 그런데 사실 장한위안은 결혼을 하지 않았지만 부
           모를 안심시키기 위해 남을 도와주는 것을 좋아하는 과부 취위펀(區玉芬)
           에게 부탁하여 거짓으로 부부행세를 하기로 했던 것이다. 하지만 뜻밖에
           도 장한위안의 옛 연인 린멍윈(林夢芸)과 그의 딸 차오차오(巧巧)가 그들
           을 마중 나온다. 두 사람은 서로 말을 하지 못한다. 장한위안의 귀국은 가
           족들에게 크나큰 기쁨을 안겨준다. 부친은 아들과 며느리를 보고 기쁘면
           서도 마음에 담고 있던 미안함과 자책하는 마음을 드러낸다. 옛날에 그는

장한위안과 린멍원의 결혼을 반대했던 것이다. 모친은 36년 동안 간직해 오던 반지를 위편에게 끼워주고 장한위안은 담뱃대와 옥팔찌를 부모님께 드리는 한편 린멍원에게도 악세서리를 준다. 그것은 린멍원의 마음을 아프게 했지만 그녀는 분위기를 망치지 않으려고 차오차오를 데리고 달빛을 밟으며 집으로 돌아간다. 저녁에 장한위안은 가짜 아내와 함께 방에 있어야 하는 난감한 상황을 모면하기 위해 부친과 오래도록 이야기를 나누다가 린멍원이 지금은 수간호사이고 상도 받았다는 사실, 그녀는 그가 타이완으로 떠난 후 십 수년이 지나서야 결혼을 했으며 20년 전에 남편이 죽고 지금은 차오차오와 둘이서 살고 있다는 사실, 그리고 자주 와서 장한위안의 부모를 보살펴준다는 사실을 알게 된다. 부친의 수양손자 녠츠 (念慈)는 항공공업에 종사하고 있으며 차오차오와 연애를 하고 있는데 이것이 두 가정의 관계를 더욱 깊게 해주었던 것이다. 녠츠는 장한위안과 함께 옛날에 장한위안이 다녔던 곳을 다닌다. 그 와중에 장한위안은 옛일을 떠올리지만 녠츠가 린멍원에 관한 이야기를 꺼낼 때마다 일부러 화제를 돌리는 바람에 녠츠로 하여금 그들 간에 지우기 힘든 애정이 남아 있다는 사실을 눈치 채게 한다. 장한위안은 자주 지난 일을 회상하여 여러 차례 취위편을 난감하게 만든다. 취위편은 그에게 자신의 고충을 이야기하자 장한위안은 취위편의 진심어린 눈빛을 피하지 못하고 사실을 말해준다. 취위편은 장한위안과 린멍원을 단독으로 만나게 해주기 위해 아픈 척해서 두 사람만 음악회에 가게 한다. 음악회가 끝나고 돌아오는 길에 두 사람은 기분이 좋아져 젊은 시절 즐겨 부르던 '달은 사람을 따라 돌아오고'를 부르고 한참동안 이야기를 나누지만 린멍원은 장한위안이 결혼하지 않았다는 사실을 몰라 애정이 듬뿍 담긴 그의 말을 냉정하게 끊고 그의 손을 뿌리치며 집으로 뛰어가 버린다. 장한위안은 무안하기도 하고 한스러운 마음에 취위편의 만류에도 불구하고 타이완으로 돌아가려고 한다. 하지만 뜻밖에도 부친이 그가 타이완으로 떠나기 전에 상하이에서 결혼피로연을 다시 한 번 하라고 고집을 부린다. 취위편은 장한위안에게 린멍원에게 사실을 밝히라고 충고하고 장한위안은 어쩔 수 없이 녠츠에게 말한다. 린멍원은 차오차오에게서 진실을 듣고 장한위안이 어른들을 속였다고 더욱 질책하여 그를 억울하게 한다. 취위펀은 서둘러 혼자 타이완으로 돌아간다. 그녀는 타이완으로 떠나기 전 장한위안의 모친이 자신에게 주었던 반지를 린멍원에게 준다. 린멍원은 공항에서 돌아와 장한위안을 만나고 두 사람은 서로의 마음을 확인한다.

_ 핵심어   : 타이완 결혼 사랑
_ 작성자   : 곽수경

피 묻은 다이아몬드 滴血鑽石(BLOOD-RED DIAMOND)

_ 출품년도   : 1990년
_ 장르   : 사회/수사
_ 감독   : 선야오팅(沈耀庭)
_ 제작사   : 上海電影制片廠彩色
_ 주요스탭   : 시나리오(李曉) 촬영(彭恩礼) 미술(王興昌) 음악(周恒良 蔡璐) 조명(鄒白偉) 편집(侯佩珍 朱曉佩)
_ 주요출연진 : 老林(郭凱敏) 阿福(盧青) 小三(王衛) 경찰국장(董霖) 비서(任偉) 吳사장(黃達亮) 黃부인(陶醉娟) 孫老三(孟俊) 陳莎(陳虹) 李學華(洪融) 何民 曾珍 曹坤其 談鵬飛 王薇
_ 시놉시스   : 여름이 끝나가고 가을이 시작되는 무렵, 상하이에서 성황리에 제1회 미인선발대회가 열린다. 미인대회에 참가한 천사(陳莎)는 외할아버지인 다퉁(大通)은행 우(吳)사장이 적십자사 구제기금을 빼돌려 생일선물로 사준 다이아몬드를 목에 걸고 있다. 이때 쑤베이(蘇北) 출신인 린(林)씨를 비롯한 세 사람은 그것을 훔쳐 쑤베이 난민을 돕기로 한다. 그날밤 린씨 일행이 천사의 아파트에 침입해서 다이아몬드를 훔치려고 하는데 천사와 한 남자가 들어온다. 급한 나머지 린씨는 침대 밑에 숨는다. 잠시 후 나와 보니 천사는 이미 침대 위에 죽어 있다. 린씨 일행은 당황하여 급히 나온다. 세 사람이 핸드백을 열어 보니 다이아몬드와 의사 리만화(李曼華)의 쪽지가 들어 있다. 다음 날 경찰이 현장에 도착한다. 린씨 일행은 자신들은 단순히 다이아몬드를 훔쳤을 뿐이지만 살인사건과 연루되어 있어 걱정이 된다. 그래서 다이아몬드를 팔 수가 없다. 자칫 장물로

걸리면 헤어날 방법이 없다고 생각한 그들은 직접 진범을 찾아 나서기로 한다. 린씨 일행은 먼저 리만화의 진료소를 찾아가서 단서를 포착하지만 불행히도 다음날 리만화가 다시 살해된다. 린씨는 가짜 다이아몬드와 가방을 만들어 범인을 잡을 방법을 생각해내고 경찰과 함께 매복을 한다. 결국 범인이 나타나고 총을 쏘며 체포에 불응하다가 죽임을 당한다. 그리고 린씨 일행은 다이아몬드를 팔아서 난민들의 손으로 돌려보낸다.

_ 핵심어   : 다이아몬드 미인선발대회 살인
_ 작성자   : 조병환

천지개벽 開天辟地(THE CREATION OF THE WORLD)

_ 출품년도   : 1991년
_ 장르   : 역사 극영화
_ 감독   : 리셰푸(李歇浦)
_ 제작사   : 上海電影制片廠
_ 주요스탭   : 시나리오(黃亞洲 汪天云) 촬영(沈妙榮 朱永德) 미술(瞿然馨 孫爲德) 음악(楊矛) 조명(李明德 楊義孝) 편집(祝鴻生)
_ 주요출연진 : 陳獨秀(邵宏來) 李大釗(孫継堂) 毛澤東(王霙) 許德珩(佟瑞欣)
_ 시놉시스   : 1919년 5월 4일, 3천여 명의 학생이 톈안먼 광장에 모여 "밖으로는 국권 쟁취, 안으로는 국적(國賊) 징벌" "21조 철회" 등의 구호를 소리 높여 외친다. 32명의 애국 학생이 체포되고 베이징대학교 총장 차이위안페이(蔡元培)는 13개 대학교 총장과 함께 총통 쉬스창(徐世昌)에게 즉시 학생들의 석방을 요구한다. 상하이에서도 3대 파업 활동으로 베이징의 애국 학생들을 지지한다. 천두슈(陳獨秀)는 리다자오(李大釗)의 『나의 마르크스주의관』에 매우 탄복하여 마르크스 연구회를 결성하기로 한다. 마오쩌둥(毛澤東)은 리다자오와 무릎을 맞대고 긴 이야기를 나누고, 경제 기초 문제의 해결―마르크스주의 유물 사관―이야말로 중국 문제를 해결하는 전제(前提)라고 생각한다. 일련의 애국 행동들은 다시 군벌 정부의 공포심을 유발시킨다. 리다자오는 밤을 틈타 천두슈를 베이징으로 보내고, 두 사람이 서로 호응하여 서둘러 당을 건설하기로 약

속한다. 1920년 마오쩌둥은 상하이에서 천두슈를 만나 『공산당선언』을 읽고 중국 혁명의 미래를 동경하고, 농민이 장차 혁명의 주력군이 될 것이라 굳게 믿는다. 1921년 7월 23일 상하이에서 중국 공산당 제1차 전국대표회의가 무사히 열린다. 붉은 배가 파도를 헤치며 먼 곳을 향해 나아간다.

_ **단평**　　: 이 영화는 상하이영화제작소에서 공산당 창당(創黨) 70주년을 기념하여 제작했다. 1921년 7월 상하이에서 중국 공산당이 성립되고 마오쩌둥(毛澤東)은 "중국에서 공산당이 창당된 것이야말로 천지개벽할 큰 사건이다"라고 말했다. 지공산당을 배경으로 만든 영화로 〈暴風〉, 〈白色起義〉, 〈開國大典〉 등이 있었지만 공산당 창당 과정을 전면적으로 다룬 역사 대작 영화로는 이 영화가 처음이다. 이 영화는 역사 사건의 무게에 걸맞게 서사시(史詩)적 분위기와 풀 쇼트(full shot)의 영상 이미지, 풍부한 기실(紀實) 장면 등이 어우러져 새로운 역사 영화의 미학 풍격을 개척하고 있다. 영화에는 160여 개의 시퀀스와 거의 60여 명의 실명(實名)의 역사 인물이 등장하고 있다. 영화의 특징 중 하나는 역사 사건을 중심으로 인물을 등장시켜 영화의 스토리 라인의 동선(動線)을 배치하고 있다는 점이다. 아쉬운 점은 상편에 비해 하편의 영상 서사적 집중력이 떨어진다는 것이다. 그리고 거대 역사 사건과 많은 역사 인물이 등장하여 자막으로 소개된 만큼 역사인물과 역사사건에 대한 충분한 이해가 부족하다. 또한 역사 인물의 묘사가 다소 경직되게 표현되어 있다는 점을 지적할 수 있다.(李歇浦, 1991)

_ **특기사항**　: 천연색(와이드스크린)

　　　　　　: 방송영화텔레비전부(廣播電影電視部) 우수 극영화상(1991)

　　　　　　: 공산당중앙선전부 "오일공정(五一工程)" 우수 극영화상(1991)

　　　　　　: 제12회 금계장(金鷄獎) 특별상, 최우수 극본상(1992)

　　　　　　: 제1회 보강고아(寶鋼高雅)예술장 최우수 극영화상(1993)

_ **핵심어**　　: 5 · 4운동 마르크스 공산당 선언 마오쩌둥

_ **작성자**　　: 김정욱

쓸데없는 참견 多管閑事(AHMAN 'S STORIES)

_ 출품년도 : 1991년

_ 장르 : 사회/멜로

_ 감독 : 장강(張剛)

_ 제작사 : 上海電影制片廠彩色

_ 주요스탭 : 시나리오(張剛) 촬영(張堅) 미술(孫偉德 王仁岑) 음악(王酩 劉廣
階) 편집(游芳)

_ 주요출연진 : 魏阿滿(李家耀) 田紅(涂岭慧) 鍾有德(程之) 童安安(倪媛媛) 鍾
과장(董怀義) 劉芳(陳珂) 鍾二堅(劉金山) 董桂蘭(宋轉轉) 張海燕 錢如鶴
陳祖榮 趙玉華 哈國珍 魯林 史麗華 陳勇 袁曼芳 楊和平 張維國 揚非寒

_ 시놉시스 : 퇴직한 중유더(鍾有德)는 자식들이 불효하여 의지할 곳이 없다.
그래서 그는 건물에서 뛰어내려 자살하기로 결심한다. 어느 날 민정국
사회과 간부 웨이아만(魏阿滿)은 중유더를 식사에 초대해 이야기를 하다
가 식탁 아래에 지저분한 모습의 여자아이가 있는 것을 발견한다. 그들
은 그 아이에게 먹을 것을 주고 이름을 물으려는데 아이가 도망가버린
다. 아만이 사무실로 돌아왔을 때 새 여성동료 톈홍(田紅)이 와 있다. 톈
홍은 자신의 일을 몹시 싫어한다. 아만과 톈홍이 고아원을 방문했을 때
고아원 원장은 지난 달 일곱 살짜리 고아 안안이 도망갔다고 이야기한
다. 안안의 부모가 아이를 버리고 외국으로 떠나버린 것이다. 그 후 아만
은 길에서 안안을 만나 집으로 데려온다. 그리고 아만은 중유더가 자살
을 하려고 한다고 민정국에 알리지만 외면당한다. 얼마 후 아만이 독극
물을 마시고 쓰러져 있던 중유더를 발견해서 병원으로 옮기지만 중유더
의 자식들은 싸우기만 한다. 그리고 외국으로 떠났던 안안의 할아버지가
돌아와 안안을 찾고 안안은 가족의 품으로 돌아간다. 톈홍은 그동안 보
여준 아만의 행동에 감동을 받고 자신의 일에 열정을 갖게 된다. 그리고
자기 어머니를 아만에게 소개시켜준다.

_ 핵심어 : 불효 민정국 고아원 자살 가족 도시

_ 작성자 : 조병환

못생겼지만 마음은 곱답니다 我很醜, 可是我很溫柔

(I'M UGLY BUT I'M GENTLE)

_ **출품년도** : 1991년
_ **장르** : 멜로
_ **감독** : 좡홍성(莊紅勝)
_ **제작사** : 上海電影制片廠
_ **주요스탭** : 시나리오(莊紅勝 張獻) 촬영(沈妙榮) 미술(薛健納) 음악(劉雁西) 조명(吳建章) 편집(陳惠蕓)
_ **주요출연진** : 李來福(魏宗萬) 劉婷婷(寧靜) 臭臭(應喆倫) 肉嫂(方青卓)
_ **시놉시스** : 우산 수선공 리라이푸(李來福)는 고기 파는 여인 러우싸오(肉嫂)와 결혼을 앞두고 있다. 결혼식 날 아침 누가 자신의 집에 처우처우(臭臭)라는 어린아이를 버리는 바람에 결혼이 엉망이 된다. 처우처우는 류팅팅(劉婷婷)의 아들이다. 류팅팅의 남편도 이름이 리라이푸였는데, 그는 결혼 후 혼자 유학을 떠나 소식이 끊겼다. 류팅팅은 우연히 러우싸오가 라이푸의 이름을 부르는 소리를 듣고, 그를 자기 남편으로 오해하여 처우처우를 그의 집에 보내 결혼식을 망쳤던 것이다.

　　이 사실을 안 라이푸는 팅팅에게 일자리를 마련해주려고 애를 쓴다. 팅팅은 자신의 오해로 리라이푸의 결혼을 망친 데다가 라이푸가 자신들 모자를 위해 애쓰는 모습을 보고, 더 이상 누를 끼칠 수 없다고 생각하여 외국으로 시집을 가기로 결심한다. 그녀의 출국을 앞두고 라이푸는 자신이 만든 예쁜 우산을 팅팅에게 선물한다. 라이푸가 공항에서 팅팅을 배웅한 후 처우처우를 안고 무거운 마음으로 발걸음을 옮기는데, 팅팅이 출국을 포기하고 그들의 품으로 돌아온다.

_ **핵심어** : 결혼 오해
_ **작성자** : 유경철

연인들 有情人(FOR LOVE)

_ **출품년도** : 1991년

_ 장르   : 애정

_ 감독   : 바오치청(包起成)

_ 제작사   : 上海電影制片廠

_ 주요스탭   : 시나리오(陳丹路) 촬영(彭恩禮) 미술(王興昌) 음악(劉雁西) 조
명(王德祥) 편집(錢麗麗)

_ 주요출연진 : 高一波(李鐵) 阿琪師傅(仲星火) 董의사(趙靜) 郭魯夫(王志華)
方美音(張芝華) 大陸(曹秋根) 小卜(劉昌偉) 阿萍(童欣) 肖薇薇(張濤)

_ 시놉시스   : 신차오의류 공장에는 결혼과 관련된 문제 때문에 어려움을 겪
는 쌍이 여럿 있다. 디자이너 궈루푸(郭魯夫)는 혼자된 공장 소속 둥(董)
의사를 연모하지만 쉽게 말을 붙이지 못하고, 다루(大陸)와 팡메이인(方
美音) 부부는 의견 충돌 때문에 이혼을 고려하고 있으며, 샤오부(小卜)는
집을 마련하지 못해 아핑(阿萍)의 마음을 사로잡지 못한다.

이에 공장의 노동자회 간사 가오이보(高一波)와 노동자회 주석 아치
(阿琪) 사부는 그들의 문제를 해결하기 위해 적극 나선다. 그들은 궈루푸
와 둥의사의 만남을 주선하고, 다루에게는 공장 일뿐만 아니라 가정 일에
도 신경 쓰도록 충고하며, 샤오부에게 집을 마련해주기 위해 분투한다.
이들의 노력에 의해 궈루푸와 둥의사, 샤오부와 아핑의 결혼은 성사 단계
에 이르고, 다루 부부의 결혼 생활은 안정을 찾는다. 하지만 가오이보는
다른 사람 일에 신경을 쓰느라 정작 자신의 애인 차오메이메이에게 소홀
하여 절교를 통보받는다. 이에 아치 사부는 이제 가오이보의 애정 문제가
제일 중요한 일이라고 선언하고 가오이보는 겸연쩍게 웃음을 띤다.

_ 핵심어   : 결혼 연인 재혼

_ 작성자   : 유경철

깊은 정 義重情深(DEEP EMOTIONS)

_ 출품년도   : 1991년

_ 장르   : 멜로

_ 감독   : 쑨톈샹(孫天相) 바오 나인타이(包·那音太)

_ 제작사   : 內蒙古電影制片廠

_ 주요스탭 ： 시나리오(王正平 哈斯朝魯 孫天相) 촬영(那日蘇) 미술(莫那音太阿里木斯) 음악(布仁巴雅爾 永儒布) 편집(寶日瑪)

_ 주요출연진 ： 其木格(哈斯高娃) 呼德(程相銀) 동년의 呼德(孫偉華) 肖文(杜鵑) 貢布(烏日根) 巴 서기(關其格) 肖 선생님(李瑛) 張意如(曹麗華) 薩茹拉(楊麗華) 郝晨星 高峰 蘇雅勒圖 劉耀中 辛野

_ 시놉시스 ： 1960년대 초, 중국은 큰 자연재해를 입는다. 10년 동안의 경제적 어려움 속에서 남부 일부 지역에서는 고아에 관한 문제가 급히 해결되어야 하는 사회문제로 대두된다. 궁부(貢布)와 치무거(其木格)는 목축업을 하는 부부로, 그들은 이런 사회문제에 호응하여 상하이에 있던 고아 네명을 입양한다. 4년 후, 싸루나(薩茹拉)의 생모가 상하이에서 내몽골까지 딸을 찾아온다. 치무거는 비통함을 참으면서 싸루나를 생모에게 돌려보낸다. 얼마 후 치무거의 남편은 군 종마를 보호하려다가 죽는다. 치무거 혼자 일가족의 생계를 책임지게 되어 생활이 어렵지만 그녀는 또 '우파'라고 불리는 아이를 데려다 키운다. 생활고는 치무거의 허리를 점점 더 조여오고 병마가 그녀를 괴롭혔지만, 그녀는 흔들림 없이 네 아이를 길러내기로 결심한다.

_ 핵심어 ： 자연재해 고아 사회문제 입양

_ 작성자 ： 조병환

하루가 백 년 一夕是百年(A YEAR AFTER GETTING MARRIED)

_ 출품년도 ： 1991년

_ 장르 ： 멜로

_ 감독 ： 천잉(陳鷹) 사오쉐하이(邵學海)

_ 제작사 ： 珠江電影制片公司

_ 주요스탭 ： 시나리오(楊集富) 촬영(吳玉昆) 미술(谷家棟) 음악(于林青) 조명(陳志標) 편집(嚴秀英)

_ 주요출연진 ： 李濤(胡亞捷) 秀枝(劇雪) 麗英(湯璐) 玉蘭(侯繼林) 表叔(宋德望) 모친(符雲仙) 薩繼祖(劉同偉)

_ 원작 ： 江靜波의 소설 『師姐』

_ **시놉시스**　　：항일전쟁 시기, 상하이 모 대학이 남방의 모 현성(縣城)으로 옮겨간다. 물리과 학생 리타오(李濤)와 슈즈(秀枝)는 사랑하는 사이다. 그러나 슈즈의 룸메이트 리잉(麗英)도 리타오를 사랑하여 그녀를 난처하게 한다. 슈즈는 3세 때 아버지를, 14세에 어머니를 여의고 먼 친척 백부의 손에 자라지만 백부의 장사가 손해를 입자 빚을 갚기 위해 그녀를 싸(薩)씨 집안에 팔아버린다. 음흉한 싸지주(薩繼祖)가 슈즈에게 임신을 시키고 슈즈는 괴로워한다. 더욱이 싸지주는 그녀에게 학교를 그만두고 집으로 돌아오라고 강요하여 그녀를 더욱 고통스럽게 만든다. 슈즈는 리잉에게 리타오를 부탁한 후 학교를 떠나고, 리잉은 리타오에게 더욱 애정을 퍼붓는다. 졸업식 전날 밤, 리잉은 부친에게 학교에 와서 자신과 리타오의 결혼을 해결해달라고 떼를 쓴다. 다음 날 이에 깜짝 놀란 리타오는 친척아저씨인 천(陳)주임의 도움을 받아 숨는다. 일본이 투항한 후 리타오는 학교에 남아 교사가 된다. 리타오의 집안에서 어머니가 위중하니 돌아와 결혼을 하라는 편지를 보낸다. 집으로 가는 도중에 리타오는 우연히 리잉을 만나는데 그녀는 이미 다른 사람과 결혼해 있다. 리잉은 리타오에게 슈즈가 이곳에서 학생을 가르치고 있는데, 싸지주는 자동차사고로 죽었고 아이도 유산이 되어 혼자 살고 있다는 사실을 알려준다. 리타오는 밤낮으로 그리워하던 슈즈를 만난다. 두 사람은 희비가 엇갈리는 속에 꼭 껴안고 영원한 사랑을 맹세한다. 하지만 리타오는 집으로 돌아간 후 전통적 관념과 효 사상에 강요를 당해 부모가 정해준 위란(玉蘭)과 결혼한다. 위란은 현숙한 여인이었기 때문에 리타오는 결혼생활에 아주 만족한다. 리타오가 학교로 돌아갈 때 슈즈의 집을 지나게 되지만, 슈즈는 그를 만나지 않고 대신 이모를 통해 리타오의 변심을 원망하는 시를 전한다. 리타오는 그것을 읽고 쓸쓸함을 느끼며 떠난다. 몰래 숨어 있던 슈즈는 리타오의 뒷모습을 바라보고 소리 없이 눈물을 흘린다.

_ **핵심어**　　：전통 봉건혼인 여성 항일
_ **작성자**　　：곽수경

난푸대교 情灑浦江(THE NANPU BRIDGE)

_ 출품년도　　 : 1991년
_ 장르　　　　 : 사회기록
_ 감독　　　　 : 스샤오화(石曉華)
_ 제작사　　　 : 上海電影制片廠彩色
_ 주요스탭　　 : 시나리오(賀國甫 楊時文) 촬영(應富康) 미술(黃洽貴 朱建昌) 음
　　　　　　　　악(倪正 楊矛) 조명(鄒白偉) 편집(孟森輝 陸壽鈞)
_ 주요출연진　 : 羅大衛(祝延平) 陳輝(張曉林) 朱忠發(趙爾康) 土根(王國京) 왕
　　　　　　　　부대장(馬冠英) 宋麗(于慧) 周立敏(沈敏) 李총기사(江俊) 林洁(郭元) 黃
　　　　　　　　達亮 倪豪 翁津津 史淑貴 李道君
_ 시놉시스　　 : 아직 완성되지 않은 세기의 건축물 난푸대교는 마치 거대한 용이
　　　　　　　　하늘을 날아가는 형상을 하고 있다. 사고로 인해 공사가 미뤄져 정상적인
　　　　　　　　시공이 불가능해 보인다. 공사 팀장 뤄다웨이(羅大衛)는 여러 가지 일들이
　　　　　　　　아직 해결되지 않았는데 아내 린제(林潔)는 남편이 일에만 전념하고 집안
　　　　　　　　일을 돌보지 않는다는 이유로 이혼을 요구한다. 상부에서 시찰 나온 천
　　　　　　　　(陳)총지휘관과 국장은 뤄다웨이의 고충을 듣고서 한 달간 여유를 준다.
　　　　　　　　노동자들은 자신과 가정을 모두 잊고 밤낮없이 일과 싸운다. 노동자들의
　　　　　　　　피와 땀으로 완성된 난푸대교는 세계와 미래를 향해 나아가고 있다.
_ 핵심어　　　 : 난푸대교 공사완공
_ 작성자　　　 : 조병환

꿈을 찾아 나선 천 리 길 千里尋夢(THE QUEST FOR A DREAM)

_ 출품년도　　 : 1991년
_ 장르　　　　 : 멜로
_ 감독　　　　 : 양옌진(楊延晉)
_ 제작사　　　 : 上海電影制片廠
_ 주요스탭　　 : 시나리오(艾明之 徐銀華) 촬영(孫國梁) 미술(仲永淸 陳春林) 음
　　　　　　　　악(徐景新) 조명(王德祥) 편집(劉嘉麟 潘學國)

_ **주요출연진** : 劉振華(奇夢石) 田洁青(秦怡) 陳百川(舒適) 汪玉荃(向梅) 敏敏
(于慧) 何海洋(武雲虎) 錢阿法(葉志康)

_ **시놉시스** : 국가 여자 농구 코치였던 류전화(劉振華)는 일생 동안 모든 정
력을 국가의 체육사업에 바치고 만년에 뇌종양으로 자리에서 물러난다.
아시안게임을 영접하기 위해, 그리고 자신의 생명의 빛을 다시 한 번 발
하기 위해 그는 상하이에서 베이징까지 천 리 길을 달려 아시안게임을
위한 모금을 하려 한다. 홍콩TV에서 류전화에 관한 뉴스를 보고 홍양(鴻
樣)공사의 이사장 톈지칭(潔青)은 가슴이 뛴다. 41년 전, 그녀는 부친의
위협과 거짓말 때문에 류전화의 아이를 임신한 채로 홍콩 상인 천바이촨
(陳百川)과 결혼했던 것이다. 톈지칭이 TV화면을 뚫어져라 보고 있는 것
을 보고 천바이촨은 화가 나서 리모콘을 던지고 부부는 각자 고통의 늪
으로 빠져든다. 톈지칭은 류전화를 찾아가기로 결심하고 비행장으로 가
던 도중 납치된다. 한편 류전화는 도중에 신발 판촉을 하려는 리자커(李
加克)와 장애인운동회 수영부문의 우승자 허하이양(何海洋)을 만난다.
허하이양은 냉담한 아내 때문에 자살하고 싶은 마음이 생기지만, 류전화
의 격려로 다시 삶의 용기를 낸다. 리자커는 원래 돈을 벌기 위해 마라톤
에 참가했지만 그 속에서 인생의 가치를 깨닫는다. 톈지칭은 이유도 모
른 채 납치를 당했다가 풀려나지만 뜻을 굽히지 않고 대륙으로 간다. 오
래도록 헤어져 있던 연인들이 만나자 할 말은 태산 같지만 어디서부터
말을 해야 할지를 몰라 톈지칭은 통곡하다가 기절한다. 류전화는 겨우
마음을 억누르고 마라톤을 계속하고 톈지칭의 자가용이 그 뒤를 따른다.
헤어질 때 톈지칭은 수표 한 장을 류전화에게 주며 베이징 아시안게임에
기부해달라고 부탁한다. 홍콩에서 천바이촨은 왕위취안(汪玉荃)에게 톈
지칭과 류전화가 만나는 광경을 몰래 찍은 사진을 내놓으며 이유를 힐문
하자 왕위취안은 자신은 톈지칭의 이복동생으로, 사생아였기 때문에 이
름을 숨기고 살 수밖에 없었는데 이제는 자신이 받지 못했던 혜택을 돌
려받고자 했을 뿐 아니라 사랑하는 천바이촨을 대신해 보복을 하기 위해
서였다고 그 이유를 말한다. 지난번 톈지칭을 납치했던 사람도 그녀였던
것이다. 그녀는 이번에는 천바이촨을 납치해서 톈지칭을 홍콩으로 유인

하지만 뜻밖에도 악당의 총을 맞아 죽는다. 천바이촨과 톈지칭은 그녀의 장례를 치러준다. 아시안게임이 개막되고 평화의 비둘기가 푸른 하늘로 날아간다. 톈지칭, 천바이촨, 민민은 운동장 스탠드에 앉아 있고 커다란 스크린에 나타난 류전화는 마치 미래를 향해 날아가는 듯하다.

_ 핵심어 　 : 체육 아시안게임 사상교육
_ 작성자 　 : 곽수경

촛불 속의 미소 燭光裏的微笑(HER SMILE THROUGH THE CANDLE)

_ 출품년도 　 : 1991년
_ 장르 　 : 생활 극영화
_ 감독 　 : 우톈런(吳天忍)
_ 제작사 　 : 上海電影制片廠
_ 주요스탭 　 : 시나리오(陸壽鈞 郭兵藝 吳天忍) 촬영(俞士善) 미술(鄭長符 葉 景明) 음악(徐景新)
_ 주요출연진 　 : 王雙鈴(宋曉英) 大劉(丁嘉元) 周麗萍(楊津) 李小朋(張宏偉) 路 明(唐黎) 周小剛(王藝斌) 四眼(徐聖翌) 여자아이(楊奇珺)
_ 시놉시스 　 : 상하이시 변두리 판자촌의 판자눙(潘家弄)초등학교에서 병약(病 弱)한 교사 왕솽링(王雙鈴)은 문제반을 맡는다. 그녀가 교실에 들어가면 떠들기 좋아하고 제멋대로인 아이들은 교실에서 한바탕 소란을 피운다. 왕선생은 풍부한 교육 경험으로 금세 아이들의 호감을 얻고 질서를 회복한다. 루밍(路明)은 남자아이들 중 우두머리로 아버지의 지도 아래 힘든 축구 훈련을 하고 있다. 부유하지만 교양 수준이 낮은 집 아이인 리샤오펑(李小朋)은 이미 나쁜 분위기에 젖어 있다. 저우리핑(周麗萍)은 정신질환을 앓는 어머니를 돌보고 집안 살림을 도맡아하느라 늘 지각을 하여 아이들의 웃음거리가 된다. 왕선생의 남편 다류(大劉)는 왕선생의 생일날 촛불을 켜놓고 그녀가 가정 방문에서 돌아오기를 기다린다. 리샤오펑의 부모는 불법 활동으로 체포되고 리샤오펑은 나쁜 사람들에게 이용당한다. 왕선생은 남편의 동의를 얻어 리샤오펑을 자기 집에서 돌본다. 학교를 오가는 트럭에 루밍이 다리를 다치자 부모는 왕선생을 찾아와 한바탕 화를 낸

다. 저우리펑이 힘든 집안일을 참지 못하고 가출하자 왕선생은 비 내리는 어두운 밤거리를 헤매며 저우리펑을 찾아온다. 아이들은 왕선생에게 감동을 받고 반 전체에 큰 변화가 찾아온다. 왕선생은 아이들과 함께 바다에도 가고 다리를 다친 루밍을 부축해서 산에 오른다. 피곤에 지친 왕선생은 심장병이 재발하여 쓰러진다. 숨진 그녀를 위해 아이들은 자발적으로 추도회를 열고 왕선생이 좋아하는 촛불 속에서 그녀의 미소를 본다.

_**단평**   : 공익이 될 만한 주제 의식을 영상으로 제작하여 잔잔한 감동과 사회 교육적 의의를 노래한 영화를 문화영화라고 한다면 바로 이 영화가 그런 부류에 속한다. 아이들과 교육 현장의 문제를 다룬 유형의 영화는 중국에서 꾸준히 제작되고 있다. 영상의 질감과 서사의 방식은 다르지만 천카이거의 〈아이들의 왕(孩子王)〉, 장이머우의 〈책상 서랍 속의 동화(一個都不能少)〉, 양야저우(楊亞洲)의 〈아름다운 큰 발(美麗的大脚)〉 등이 그러하다. 1990년대 초반에는 정치적 간섭에서 영화 창작의 자유 영역이 한결 넓어진다. 그래서인지 공산주의 중국에서 왕솽링의 남편은 아내를 위해 기도를 하고, 아이들과 소풍을 간 불교 사원의 상징물을 시점 쇼트로 만들어내고 있다. 또 철도 건널목을 사이에두고 여러 각도의 슈팅스케일로 만들어내는 쇼트를 이용해서 아직 소통되지 않은 주리펑과 왕선생의 관계를 표현하고 있다. 교사와 문제아들 사이에 가로놓인 단절을 철도 차단기의 개폐를 통해서 영상적 서사를 한 것이다. 한편 촛불을 영화 전편의 총체적 상징으로 설정하여 서사의 선명한 중심 방향을 잡아주고 있다. 과로로 생명을 희생하면서까지 아이들에게 헌신하는 교사의 심성은 촛불 속에서 정경교융(情景交融)되어 영화의 시점 쇼트로 작용하고 있다. 왕선생의 대사 중에도 자신의 죽음을 암시하는 복선이 깔리는 등 문학적 서사 기법을 적절한 시퀀스에서 잘 표현하여 문화 영화 제작 텍스트 같은 스토리 전개와 플롯 구조를 보이고 있다.

_**핵심어**   : 교사 촛불 헌신 소통
_**작성자**   : 김정욱

당신에게 시집가겠어 就要嫁給你(IT'S YOU I WANT TO MARRY)

_ 출품년도 : 1991년

_ 장르 : 코믹/멜로

_ 감독 : 쉬샤오싱(徐曉星) 휘쫭(霍莊)

_ 제작사 : 瀟湘電影制片廠 遼寧電影制片廠

_ 주요스탭 : 시나리오(徐翔 壽山) 촬영(邱以紅 張錦寧) 미술(王桂枝 趙振學)
음악(許鏡淸) 조명(冷會春 曲勝利) 편집(何文章)

_ 주요출연진 : 汪石川(謝園) 苗鳳霞(野萍) 苗萬臣(文卜東) 蕭天贊(吳慈華) 梁
春麗(董雲玲)

_ 시놉시스 : 1930년대 상하이 암흑가의 두목 먀오완천(苗萬臣)의 딸 먀오펑
샤(苗鳳霞)는 결혼은 자기가 좋아하는 사람과 할 생각이다. 그녀는 우연
히 변호사 지망생 왕스촨(汪石川)을 보고 첫눈에 반해 그와 결혼하려 한
다. 그녀는 아버지의 세력을 이용할 뿐만 아니라 왕스촨의 애인에게 접
근, 회유해서 그의 곁을 떠나게 한다. 하지만 왕스촨은 그런 그녀의 노력
과 위협에 꿈쩍하지 않는다. 또 자신이 일하는 사무소의 변호사 샤오톈쨘
(蕭天贊)이 먀오 집안을 위해 일하는 것을 알고 그 자리를 박차고 나온다.
어느 날 왕스촨은 샤오톈쨘을 상대로 변론을 맡게 된다. 그는 승부욕
에 불타 송사에 온 힘을 다 쏟아 붓고 승소한다. 이때 먀오펑샤가 그를 찾
아와 머리기사의 제목이 "왕스촨 크게 승소하다"라고 씌어 있는 신문을
보여준다. 그것은 바로 모든 일이 먀오펑샤의 각본에 의한 것임을 의미
했다. 화가 난 왕스촨은 그녀를 안고 황푸강으로 투신한다. 그럼에도 불
구하고 왕스촨은 그녀의 손아귀에서 벗어나지 못하고 결국 그녀와 결혼
하여 먀오 집안의 사위가 된다.

_ 핵심어 : 1930년대 암흑가 재판 변호사

_ 작성자 : 유경철

교회당으로의 피신 教堂脫險(ESCAPE FROM CHURCH)

_ 출품년도 : 1992년

_ 장르   : 전기 극영화

_ 감독   : 바오즈팡(鮑芝芳)

_ 제작사   : 海電影制片廠

_ 주요스탭 : 시나리오(張來昀) 촬영(劉利華) 미술(薛建納,葉景明) 음악(劉雁
            西) 조명(張月光) 편집(祝鴻生)

_ 주요출연진 : 王목사(丁小秋) 毛岸英(王侃) 毛岸靑(阮一葉) 毛岸龍(李輝) 胡
            某(阮志强) 大年(謝遠超) 南南(葛鳴玥) 爾東(楊寶東)

_ 시놉시스 : 1930년 11월 양카이후이(楊開慧)가 후난 창사(湖南長沙)에서
            장렬하게 희생된다. 국민당 후난성 주석(主席) 허젠밍(何健命)은 화근을
            철저하게 제거하기 위해 후아무개(胡某)에게 상하이로 도망간 마오(毛)
            씨 삼형제를 잡아오라고 명령한다. 상하이 성피터 성당의 왕(王)목사는
            얼둥(爾東)이 전한 저우언라이(周恩來)의 지시를 받고 부두로 삼형제를
            맞이하러 간다. 이 배에서 후아무개(胡某)도 같이 내린다. 깊은 밤, 성당
            의 수위는 꽁꽁 언 몸으로 조화를 팔고 있는 소녀를 발견한다. 사랑이 깊
            은 왕목사는 난난(南南)이라는 이 고아를 거둔다. 보육원의 세심한 보살
            핌으로 마오씨 삼형제는 다녠(大年), 난난을 비롯한 꼬마들과 안정된 생
            활을 하게 된다. 1931년 3월 마오안룽(毛岸龍)은 급성 이질에 걸려 응급
            처치에도 아랑곳없이 요절하고 만다. 후아무개는 마오씨 삼형제가 성피
            터 성당에 있음을 확신하고 경찰에게 체포하도록 한다. 사방에서 보육
            원을 감시하고 있어 안잉(岸英) 형제는 공개적으로 떠날 수도 없다. 부
            활절 예배가 시작되자 성당 안은 떠들썩하게 분위기가 고조되고, 얼둥
            은 후아무개의 주위를 맴돈다. 성당 밖에는 양장으로 차려입은 안잉, 안
            칭(岸靑)이 몰래 쑹칭링(宋慶齡)의 차에 올라탄다. 마오안잉, 안칭은 리
            두(李杜) 장군의 호송하에 유럽으로 향하고, 프랑스를 경유해서 소련으
            로 간다.

_ 특기사항 : 천연색

_ 핵심어   : 저우언라이 마오씨 삼형제 양카이후이

_ 작성자   : 김정욱

마굴 속의 사랑 魔窟生死戀(LOVE IN DEN)

_ **출품년도** : 1992년

_ **장르** : 액션/애정

_ **감독** : 쑹충(宋崇)

_ **제작사** : 北京電影制片廠

_ **주요스탭** : 시나리오(張卓姸) 촬영(孫永田) 미술(王興昌) 음악(徐景新)

_ **주요출연진** : 楊正人(何政軍) 柳麗蓉(辛穎) 朱曼靑(奇夢石) 朱曼琳(趙靜) 柳文思(任申)

_ **시놉시스** : 1947년 국민당 통치하의 상하이탄이 배경이다. 세관의 마약 처리반 담당자 류원쓰(柳文思)는 암흑가 두목으로부터 뇌물과 협박을 동시에 받지만 그들의 요구를 수락하지 않는다. 그녀의 딸 류리룽(柳麗蓉)은 불법 도박장의 취재를 위해 신분을 감추고 술집에서 일한다. 군인 출신 양정런(楊正人)은 경찰국 마약반의 부탁을 받고, 류리룽이 일하는 술집에 조사를 나갔다가 곤경에 처한 그녀를 돕게 되고 두 사람은 사랑에 빠진다.

양정런은 푸유약방(福佑大葯房)이 마약 제조와 판매 소굴임을 알게 되고, 그들 집단에 잠입하는데, 그에게 류원쓰를 제거하라는 명령이 떨어진다. 이 명령을 내린 주만칭(朱曼靑)은 악당 두목이자 상하이 시참의원이며, 대동아은행 대표다. 또한 류원쓰의 아랫동서이기도 하다. 양정런은 명령을 거역하고 류원쓰를 구해내지만, 류원쓰는 양정런이 위험에 처할까 스스로 목숨을 끊는다. 하지만 류리룽은 그가 자기 아버지를 죽인 것으로 오해하고, 양정런이 마약범들을 소탕하려는 틈에 총을 쏘아 그를 죽인다. 류리룽은 자신이 오해했다는 것을 알고 자살을 선택한다.

주만칭이 조문을 왔을 때, 주만린(朱曼琳)은 분노를 이기지 못하고 오빠 주만칭을 살해한다.

_ **핵심어** : 암흑가 마약 자살 주인공의 죽음

_ **작성자** : 유경철

꿈의 술집의 저녁 풍경 夢酒家之夜(EVENING AT THE DREAM BAR)

- **_ 출품년도** : 1992년
- **_ 장르** : 멜로
- **_ 감독** : 다스뱌오(達式彪)
- **_ 제작사** : 上海電影制片廠
- **_ 주요스탭** : 시나리오(賀國甫) 촬영(程世余) 미술(章崇翔) 음악(劉雁西) 조명(葉連根) 편집(葛海娣)
- **_ 주요출연진** : 羅憫(李麗娜) 李志剛(張燕) 宋思遠(丁嘉元) 林麗(張芝華) 王輝(薛國華) 陳佳(徐韋) 周茜(孫海虹)
- **_ 시놉시스** : 꿈의 술집 문밖에 네온이 켜지고, 제각기 복잡한 심정의 연인들이 계속 꿈의 술집으로 모여든다. 술집 밖에서는 왕후이(王輝)와 천자(陳佳)의 설전이 계속되고 있다. 천자는 울컥하는 마음에 사람들 앞에서 '사랑해선 안 될 사람을 사랑했네' 라는 노래를 불러 원망과 실망스러운 마음을 쏟아낸다. 왕후이는 담담한 척하지만 사실은 극도의 고통을 느끼고 벗 샤오자오(小趙)에게 도움을 청한다. 술집 안에서 '마작에 빠진 남편' 은 아내에게 컬러텔레비전을 팔아 빚을 갚게 해달라고 애원하지만 '안 된다' 는 대답을 들을 뿐이다. 노부부 역시 금전출납부에 애매한 부분이 있어 싸우고 있다. 꿈의 술집 여사장 뤄민(羅憫)의 남편 리즈강(李志剛)이 아내와 함께 죽으려고 찾고 있는 것을 종업원 샤오홍(小紅)이 구해준다. 쑹쓰위안(宋思遠)과 린리(林麗)가 헤어지려고 하는 것을 '제3자' 인 주첸(周茜)이 끼어들지만 린리는 뿌리치고 떠난다. 애인으로 가장한 좀도둑 한 쌍이 리즈강의 가방을 훔쳐 술집을 빠져나가다가 왕후이에게 발각되어 돌려준다.

  왕후이는 가방 속에서 칼과 유서를 발견하고 리즈강이 뤄민과 동반자살 하려고 했다는 사실을 알게 된다. 천자는 왕후이의 친구에게서 왕후이가 여전히 자신을 사랑하고 있다는 말을 듣는다. 노부부는 담판이 끝나자 남은 음식을 싸가지고 집으로 돌아간다. '마작에 빠진 남편' 은 아내가 자신의 빚을 갚기 위해 헌혈을 하고 받아온 2천 원을 받고 난감해한다. 리즈강과 뤄민의 대립은 극에 다다른다. 뤄민은 딸의 참사를 알고 극도로 비통해

하지만, 리즈강은 그녀가 딸에게 관심이 없다고 원망한다. 리즈강은 뤄민과 홍콩상인의 관계를 추궁하고 뤄민은 사실을 말한다. 밤 12시, 가게 문을 닫으려고 할 때 뤄민은 손님들을 위해 진심어린 축원을 보낸다. 술자리가 끝나고 사람들은 모두 각자 다른 심정을 안고 술집을 떠나고 리즈강도 나간다. 리즈강은 뤄민에게 편지 한 통을 남기고 이혼협의서에 서명을 한다. 왕후이와 천자는 급속히 가까워지고 젊은이들이 그들을 축하해준다. 그날이 뤄민의 생일임을 알고 젊은이들은 그녀에게 춤을 청한다. 열정적이고 자유스러운 젊은이들을 마주하고 뤄민은 하염없이 뜨거운 눈물을 흘린다.

_ **핵심어**   : 가정 애정 이혼 꿈
_ **작성자**   : 곽수경

두 번째 밀월 蜜月再來(SECOND HONEYMOON)

_ **출품년도**   : 1992년
_ **장르**   : 멜로
_ **감독**   : 바오치청(包起成)
_ **제작사**   : 上海電影制片廠
_ **주요스탭**   : 시나리오(李云良) 촬영(彭恩礼) 미술(王興昌) 음악(蘇雋杰 屠明) 조명(王德祥) 편집(周夏娟)
_ **주요출연진**   : 林木(宁理) 夏雨(茹萍) 雷天雄(劉昌偉) 方小琪(陸英姿) 方洪波(仲星火) 陸易(曹可凡) 施美(沈敏) 高素芳(嚴永宣) 馮笑莉(周笑莉)
_ **시놉시스**   : 신세기 광고 회사 촬영실에서 여성감독 스메이(施美)는 광고 촬영을 지휘하고 있다. 그때 촬영사 레이톈슝(雷天雄)의 아내 팡샤오치(方小琪)는 그에게 휴양하고 돌아오는 아버지를 마중가기를 요구한다. 새로 지은 고층 건물에 살고 있는 컴퓨터기사 린무(林木)는 아내 샤오위(夏雨)가 출장 간 사이 친구와 모델회사 사장 루이(陸易)를 식사에 초대한다. 그런데 갑자기 벨 소리가 들리자 린무는 아내가 가장 싫어하는 요리를 옷장에 감춘다. 하지만 이웃집의 팡샤오치가 비행기장으로 마중 나오라는 샤오위의 전보를 가지고 온 것이었다. 집에 돌아온 샤오위는 옷장 속에 숨겨져 있던 음식을 발견하고 린무는 다시는 그 음식을 먹지 않겠다고 다짐한다. 한

편 옆집에 사는 팡샤오치는 남편 레이톈슝의 호주머니에서 의심스러운 영수증을 찾아낸다. 남편의 여러 차례 설명에도 불구하고 아내 팡샤오치는 믿지 않는다. 스메이는 광고일로 레이톈슝을 찾아와 이야기를 나누던 중 그의 아내가 돌아오자 레이톈슝은 스메이를 베란다에 숨긴다. 한편 아내의 생일 준비를 하던 린무는 베란다에서 다리를 다쳐 움직이지 못하는 스메이를 발견하고 방으로 데리고 들어오다가 아내 샤오위에게 발각된다. 순간의 오해로 샤오위는 집을 나간다. 다음 날 모델을 집으로 데리고 온 란무는 레이톈슝에게 그녀를 숨겨달라고 부탁을 한다. 그는 모델을 침대 밑으로 숨겼다가 아내에게 들킨다. 진상을 모르는 아내는 친정으로 가버린다. 아내를 잃은 두 남자는 함께 술로 시름을 달랜다. 친정으로 온 팡샤오치는 아버지에게 꾸지람을 듣고 공원에서 남편을 만나 오해를 푼다. 린무는 결혼상담원에게 고민을 털어놓고 자신이 얼마나 아내를 사랑하는지 말한다. 그런데 그 결혼 상담원이 바로 자신의 아내 샤오위였다. 그리하여 레이톈슝과 팡샤오치, 린무와 샤우는 다시 두 번째 신혼여행을 떠난다.

_ **핵심어** : 여성감독 컴퓨터기사 출장 오해 도시
_ **작성자** : 조병환

싼마오의 종군기 三毛從軍紀(AN ORPHAN JOINS THE ARMY)

_ **출품년도** : 1992년
_ **장르** : 전쟁코미디/현대동화코미디
_ **감독** : 장젠야(張建亞)
_ **제작사** : 上海電影制片廠
_ **주요스탭** : 시나리오(張建亞) 촬영(黃保華) 미술(周欣人) 음악(潘國醒) 조명(楊義孝) 편집(孫惠民)
_ **주요출연진** : 三毛(賈林) 늙다리(魏宗萬) 위원장(孫飛虎) 師長(朱藝) 단장(張名煜) 부인(李穎) 소녀(蔣雯)
_ **원작** : 장러핑(張樂平)의 동명 만화
_ **시놉시스** : 1937년 중화민족의 생사존망이 위태로워지자 사람들의 분노가 극에 달하게 되고 떠돌이 싼마오의 세 가닥 머리카락도 꼿꼿이 선다. 그

는 웨무무(岳武穆)가 외국인만 골라서 때렸다는 사실을 알고 스스로 웨무무라는 이름을 붙이고 참군한다. 군복이 지급되자 싼마오는 기뻐하며 낡은 옷을 벗어던지고 군복으로 갈아입는다. 하지만 윗도리는 긴 마고자 같고 군모는 자루를 머리 위에 씌워놓은 것 같다. 자신의 몸에 맞게 군복을 고치다 보니 군복은 전혀 군복 같지 않게 되어버렸지만 엄숙한 모습으로 대열 속에 선다. 싼마오는 짚으로 만든 과녁을 찌르고 총을 들고 그 사이를 가로질러 가는 등 열심히 훈련을 한다. 싼마오는 부대를 따라 전선으로 나간다. 참호 속에서 일본군이 엄청난 포탄 세례를 퍼붓는 바람에 사병들은 심한 부상을 입거나 죽고 소대장도 죽는다. '늙다리(老鬼)'라는 별명을 가진 노병의 통솔하에 사병들은 맹렬히 반격하고 마침내 적들이 투항한다. 단장이 친히 전방으로 와서 사병들에게 제비뽑기를 하여 결사대를 결성하도록 한다. 일본군은 산에서 사용하는 대포(山砲)를 설치하고 공격태세를 갖춘다. 결사대원들은 움푹 파인 곳에 엎드려 몸에 폭약주머니를 묶는다. 싼마오가 좋은 아이디어를 생각해내어 폭약을 소의 배에 묶고 쇠꼬리에 폭죽을 묶어 불을 붙이자 소가 놀라 곧바로 일본군 진지를 향해 돌진한다. 일본군 진지에서 폭탄소리가 들려와 결사대원들은 뛸 듯이 기뻐하지만 일본군이 둘러 앉아 죽은 소를 배불리 먹고 마시는 것을 보고 잠시 멍해진다. 하지만 일본군이 코가 삐뚤어지도록 술을 마시는 바람에 싼마오와 동료들이 우르르 몰려가 그들을 일망타진한다. 장제스가 친히 전방으로 시찰을 와서 상을 내린다. 싼마오는 공을 세웠기 때문에 사단본부로 옮기지만 사단장 시중 노릇을 시키는 바람에 세 가닥 머리카락이 삐쭉 설 정도로 화가 난다. 하지만 오래지 않아 사단장은 일본인과 강화담판이 이루어지지 않아 자살하고 싼마오는 병영으로 돌아온다. 싼마오와 동료들은 적후로 낙하하는 임무를 받는다. 싼마오는 낙하산이 나무에 걸려 내려오지 못한다. 사나운 이리와 일본군이 그를 향해 돌진하는데 '늙다리'가 싼마오를 구해준다. 그들은 부대와 연락이 끊어져 야인생활을 한다. 세월이 흐르고 싼마오의 세 가닥 머리카락도 점점 희어진다. 어느 날 비행기에서 살포하는 전단을 보고 전쟁이 이미 끝났다는 것을 알게 된다. 싼마오는 부대로 복귀한다. 그가 모자를 벗으니 오래도록 보지 못했던 세 가닥 머리카락이 드러난다.

_ 단평   : 신시기 당 중앙은 아동영화의 촬영을 대단히 중요시하여 아동영화제작소(兒童電影制片廠)를 설립하고, 각 제작소에서도 아동영화 제작을 중시하여 아동영화가 발전하였다. 그중 하나가 이 작품으로 아동의 정서와 정취가 풍부하여 아동관객들의 환영을 받았다. 영화가 가지고 있는 많은 우언식의 코미디적 함의는 아동들에게 이해되기는 힘들었겠지만 새로운 코미디형식은 아동영화에 또 다른 의미를 가져다주었다고 한다.

이 영화는 본질적으로 세계의 코미디영화, 특히 미국 코미디영화의 풍격에 가깝다. 즉 중국에서 대부분 코미디의 효과는 대사에 의지하고 있어 일종의 언어의 승리라고 할 수 있다. 이것은 중국의 유구한 문화를 바탕으로 한 것으로, 연기에 의해 만들어지는 코미디적 효과에 의지하는 것이 아니다. 그리하여 중국어를 모국어로 하는 사람들은 그 속의 정화를 느낄 수 있지만 외국인에게 번역된 자막은 그 코미디적 효과를 잃어버려 공감을 얻을 수 없다. 이것이 바로 중국 코미디영화가 세계적으로 유통될 수 없는 이유이다. 그래서 〈싼마오의 종군기〉는 부분적으로 언어에 있어서의 강점을 포기하고 서양코미디영화의 기교를 모방하여 줄거리로부터 영화에 대한 코미디적 조형을 완성하고 연기자의 연기를 더하였다. 영화의 성공은 코미디의 상업적 요소에 머무르는 것이 아니라 깊은 인문적 관심과 뛰어난 풍자적 역량에 있다.(자세한 내용은 http://www.douban.com/review/1109942/ 참고할 것)

_ 핵심어   : 아동 만화 항일 군대 결사대
_ 작성자   : 곽수경

상하이의 휴가기간 上海假期(MY AMERICAN GRANDSON)

_ 출품년도   : 1992년
_ 장르   : 멜로
_ 감독   : 쉬안화(許鞍華)
_ 제작사   : 上海電影制片廠 台湾金鼎影片有限公司
_ 주요스탭 : 시나리오(吳念眞) 촬영(李屛賓) 미술(秦柏松 張万鴻) 음악(陳揚

劉廣階) 조명(郭金海)

- **주요출연진** : 顧老伯(午馬) 顧明(黃坤玄) 姚麗(劉嘉玲)
- **시놉시스** : 구(顧) 할아버지는 전직 음악교사이다. 구 할아버지의 아들 내외
  가 두 달 동안 독일연수 때문에 손자 구밍(顧明)을 부탁한다. 비행장에서
  돌아온 구밍은 집이 불편하다며 버릇없이 굴고 말썽을 부린다. 할아버지
  는 하는 수 없이 손자를 호텔에 묵게 한다. 구 할아버지는 손자를 자신이
  재직했던 학교에 보내려고 데려가지만 구밍은 거기에서도 말썽을 부린
  다. 같은 반 아이가 구밍을 밀치자 구밍은 남학생들과 싸움을 일으켜 결
  국 사람들에게 원망을 사고 질책을 당한다. 구 할아버지가 화가 나서 구
  밍의 따귀를 때리자 구밍은 교외에 있는 다리 근처로 도망을 간다. 구밍
  은 다리 아래의 강에 빠진다. 구밍이 깨어나 보니 이미 깨끗한 옷을 입고
  침대에 누워 있다. 구밍은 눈물이 그렁그렁한 얼굴로 할아버지와 할머니
  를 바라다본다. 다음 날 구밍은 많은 사실을 깨닫고, 구 할아버지는 구밍
  에게 어디에서든 자신이 중국인이라는 것을 잊지 말라고 가르쳐준다.
- **핵심어** : 손자 말썽 깨달음 중국인 도시
- **작성자** : 조병환

경찰과 소매치기 神警奇偸(THE POLICEMAN AND THE THIEF)

- **출품년도** : 1992년
- **장르** : 액션/추리
- **감독** : 스샤오화(石曉華)
- **제작사** : 上海電影制片廠 上海影視文學硏究所
- **주요스탭** : 시나리오(陸壽鈞 郭藝兵) 촬영(盧俊福) 미술(葉景明) 음악(藩國
  醒) 조명(宋國楨) 편집(周振英)
- **주요출연진** : 呂芳(王雁) 천의 얼굴의 여도둑('千面神偸' 金莉莉) 趙剛(佟瑞
  欣) 蘭蘭(王幸)
- **시놉시스** : 10년 전 검거되었다가 5년 감형을 받고 출옥한 '천의 얼굴을 가진
  도둑(千面神偸)'이 다시 나타난다. 뤼팡(呂芳)과 자오강(趙剛)은 '소매치
  기 검거왕'으로 유명하다. 돌아가신 뤼팡의 아버지가 10년 전에 그 도둑을

잡은 바 있다. '천의 얼굴을 가진 도둑' 의 전화를 받고, 그녀를 검거하기 위해 노력한다. 그녀가 다시 나타난 것은 잃어버린 딸을 찾고, 자신을 검거했던 뤼팡의 아버지와 다시 한 번 실력을 겨루기 위해서였지만, 뤼팡의 아버지가 이미 세상을 떠난 것을 알고 그의 아들을 새로운 상대로 지목한다.

한편 '천의 얼굴을 가진 도둑' 이 딸 란란(蘭蘭)을 만나고 보니 딸도 소매치기가 되어 있다. 하지만 란란은 '천의 얼굴을 가진 도둑' 이 자기 어머니인 줄을 모르고 그녀를 숭배한다. 그들이 함께 소매치기를 하다가 란란이 뤼팡에게 검거된다. '천의 얼굴을 가진 도둑' 은 딸을 구하기 위해 뤼팡의 아들을 납치하지만, 란란은 그녀의 행동이 지나치다고 생각하고 뤼팡에게 협조한다. 결국 '천의 얼굴을 가진 도둑' 은 검거되고 뤼팡은 그녀의 마지막 부탁을 들어준다. 그녀는 지난날 검거된 후 딸을 보살펴 주었던 광부인의 묘 앞에서 무릎을 꿇고 지난날을 반성한다.

_ **핵심어**   : 경찰 소매치기 암흑세계 모녀의 사랑
_ **작성자**   : 유경철

영웅의 눈물 英雄地英雄泪(THE GREAT LAND, THE HEROIC POETRY)

_ **출품년도**   : 1992년
_ **장르**   : 사회/액션
_ **감독**   : 리젠성(李建生)
_ **제작사**   : 上海電影制片廠 香港金力電影制片有限公司
_ **주요스탭**   : 시나리오(南燕 韓坤 秋婷) 촬영(沈妙榮) 미술(沈立德 馮元熾) 음악(謝國杰) 조명(吳建章)
_ **주요출연진** : 駱子興(尹揚明) 黃玉瑜(陳松齡) 藍藍(于莉) 小南京(霍瑞華) 魏사장(劉松仁) 小佩(彭家麗) 劉尹澤(劉家榮) 黃大剛(張耀揚) 林泉 韓坤 上海特技替身隊
_ **시놉시스**   : 1916년 군벌이 할거하고 서양인들이 멋대로 횡포를 일삼으며 민간 비밀조직이 분쟁을 하던 시기, 상하이 노동조직의 지도자 황다강(黃大剛)은 세력 확장을 위해 형제들을 광린(廣林)시장에 집결시키고 시

장을 점거한다. 그리고 소도회의 우두머리 뤄쯔싱(駱子興)은 일본의 주구가 되어 일본인의 병기를 운송하는 웨이(魏) 사장을 죽이려고 한다. 다강을 이용할 속셈으로 웨이 사장은 다강의 죽마고우인 난첸(南茜)을 다강에게 보낸다. 쯔싱은 우연히 다강을 만나 일본의 앞잡이 노릇을 하지 말라고 경고하지만 다강은 듣지 않는다. 하지만 다강은 웨이 사장의 생일잔치에서 난첸이 일본인 야마모토(山本)에게 폭행을 당하자 참지 못한다. 난첸도 다강에게 나라와 민족을 위해 일하라고 말한다. 피의 교훈이 다강을 깨우친다. 다음 날 다강은 형제들을 이끌고 가서 웨이 사장의 아편을 모두 태운다. 웨이 사장이 부하들을 이끌고 기차에 무기를 싣고 북으로 가자 쯔싱은 소도회의 형제들을 이끌고 일당의 뒤를 쫓는다. 그와 뜻을 함께한 다강도 형제들을 데리고 복수를 하고자 쫓아간다. 그들은 기차에서 적들과 혈전을 벌인다.

_ 핵심어 　: 비밀조직 소도회 일본인 앞잡이 혈전 사회
_ 작성자 　: 조병환

잠입 臥底(INTERLLIGENCER)

_ 출품년도 　: 1992년
_ 장르 　: 전기 극영화
_ 감독 　: 선야오팅(沈耀庭)
_ 제작사 　: 上海電影制片廠
_ 주요스탭 　: 시나리오(谷白) 촬영(施俊平) 미술(張萬鴻) 음악(楊紹榒) 조명(劉國華 王德昌) 편집(侯佩珍)
_ 주요출연진 : 曾樹凡(王詩槐) 仇克弱(王衛平) 賈雪芳(周笑莉) 劉香林(張小親) 茶房(關方詳) 丁三(薛國平)
_ 시놉시스 　: 2차 혁명 실패 후, 쑨중산(孫中山)은 일본으로 건너가 중화혁명당(中華革命黨)을 창당하고 총리를 맡아 위안스카이(袁世凱) 토벌 활동을 지도한다. 그로 인해 상하이는 혁명당과 위안스카이의 북양군벌(北洋軍閥)이 목숨을 걸고 싸우는 최전방이 된다. 정수판(曾樹凡)은 극장에서 유명배우 처우커뤄(仇克弱)를 알게 되어 사장 딩싼(丁三)에게 소개한다.

처우커뤄는 사실 위안스카이측의 스파이 두목으로서 상하이로 돌아오는 쑨중산과 혁명당의 탕(唐) 총간사를 잡기 위해 혁명당에 잠입했던 것이다. 혁명당 사람들은 이미 내부에 스파이가 있다는 것을 알아차리고 그를 찾아내기 위해 쑨중산의 도착을 내세워 '칭다오(淸道)' 행동을 준비한다. 당이 꾸민 '칭다오' 행동은 거짓으로 적에게 투항해 스파이를 정탐하는 것이다. 이때 정수판은 두 가지 어려운 상황에 직면한다. 그것은 바로 동지들이 자신을 죽이러 오지 않으면 처우커뤄가 의심할 것이고, 동지들이 오면 살기 어렵기 때문이다. 류샹린(劉香林)은 그에게 동지들의 추격을 피해 처우커뤄의 신임을 얻으라고 말한다. 정수판은 부상을 입고 처우커뤄의 거처에서 구출된다. 그는 적의 사무실에서 '탕(唐)' 자가 새겨진 종이를 찾아내지만 문밖을 지키던 스파이들에게 가로막힌다. 리우샹린도 당에 잠입한 스파이였던 것이 발각되어 정수판과 죽임을 당한다. 처우커뤄 역시 정수판의 총에 숨진다.

_ **특기사항** : 컬러 9본
_ **핵심어** : 위안스카이 북양 군벌 손문 혁명당
_ **작성자** : 김정욱

자링강의 유혈 喋血嘉陵江(THE EAGLE'S NEST)

_ **출품년도** : 1992년
_ **장르** : 정탐/액션
_ **상영시간** : 84분
_ **감독** : 쉐찬둥(薛産東) 황리자(黃力加)
_ **제작사** : 峨眉電影制片廠
_ **주요스탭** : 시나리오(趙學彬) 촬영(劉健魁) 미술(路奇) 음악(楊一倫) 조명(呂志新 張淸友) 편집(王茹 呂文玉)
_ **주요출연진** : 吳琳(徐琳) 安進(張新) 吳蓓(劉蓓) 小村(姜一守) 무뤼드(鮑貝. 宋) 劉眞(黃曉鶯) 老林(王躍進)
_ **시놉시스** : 상하이가 일본에 점령당한 후, 항일활동을 하던 우베이(吳蓓), 우린(吳琳) 자매는 일본군에게 체포당한다. 동생 우베이는 항일을 위해

생명을 바치지만 언니 우린은 일본의 첩자가 된다. 1943년 봄, 3년 동안 남편과 헤어져 있던 우린은 명령에 따라 충칭(重慶)으로 가서 남편 안진(安進)을 만나고 미군 항공기지로 잠입한다. 우린이 오기 전, 영국군 소령 찰스는 미군항공기지 중령 무뤼드에게 일본군이 미군기지인 '독수리 둥지'를 훼멸시키려고 이미 홍콩에서 첩자를 파견했다고 보고한다. 우린의 사촌여동생 류전은 충칭에 와서 무도장을 연다. 미군항공대 특근처에서 근무하는 국민당 군사통계국 요인인 안진의 신변에 갑자기 두 여인이 나타나자 무뤼드은 안진에게 각별히 조심할 것을 지시한다.

하루는 무도장에 검정안경을 쓴 사람이 나타나자 안진은 그를 쫓아 비밀동굴로 가다가 기습을 당하지만 류전(劉眞)이 쫓아와 포위를 풀어준다. 우린도 이 동굴에 나타나 검은 안경을 쓴 일본 특무 두목 고무라(小村)에게서 미군03기밀 유류창고 방위도를 손에 넣으라는 임무를 받는다. 원래 이 동굴은 일본 특무의 접선장소였던 것이다.

충칭시 미군 상위는 실종되고 중령은 피살당하며 문서가 사라지는 사건이 연이어 발생함에 따라 무뤼드는 첩자가 있다는 것을 확신하고 다시 안진에게 주의를 준다. 고무라를 동굴 밖으로 유인하기 위해 무뤼드는 특근처에서 기자회견을 열고 안진에게 반드시 류전과 우린을 초대하라고 한다. 기자회견이 예정대로 진행되고 류전이 출석하지만 우린은 핑계를 대고 거절한다. 회견석상에서 류전은 무뤼드가 자신을 시험하고 있다는 사실을 알고 조용히 자리를 떠난다. 무뤼드는 그녀는 첩자가 아니라는 사실을 알고 여비서에게 쫓아가게 한다. 우린은 류전으로 변장을 하고 화장실에 폭탄을 설치해 혼란한 틈을 이용해 무뤼드의 사무실에 잠입하여 군용지도 사진을 찍어 도망친다. 하지만 지도는 가짜여서 우린은 다시 지도를 훔치려고 모험을 하지만 미리 대기하고 있던 무뤼드와 류전을 대표로 하는 중공유격대에 의해 잡힌다. 우린은 실성한 듯 자령강으로 걸어 들어가고 류전은 그녀를 향해 총을 쏜다.

_단평   : 무도장을 영화의 주요배경의 하나로 삼고 있어 시각적 자극을 유도하며 이와 더불어 총격, 폭파, 격투장면 등도 빈번하게 사용되고 있는데 지나치게 총을 난사하는 장면은 홍콩 영화의 영향을 받은 듯한 인

상을 준다. 한편 남성이 아닌 여성, 그것도 여성의 액션에 초점을 맞춤으로써 여성의 강인함과 여성의 활동영역의 확대를 표방하는 것처럼 보일 수도 있지만 여전히 타자화, 객체화되고 있는 이들 여성의 모습은 기존의 여성에 대한 인식을 벗어나지 못하고 있다.

_ **핵심어**   : 항일활동 첩자 군사통계국 일본특무 군용지도 중공유격대
_ **작성자**   : 곽수경

미션 없는 행동 無使命行動(ACTION WITHOUT MISSION)

_ **출품년도**   : 1992년
_ **장르**   : 혁명
_ **감독**   : 喬克吉 顧昌
_ **제작사**   : 長春電影制片廠
_ **주요스탭**   : 시나리오(王大爲) 촬영(陳長安 王儉) 미술(高廷倫) 음악(劉可欣)
_ **주요출연진** : 陳劍飛 舒耀宣 李琳 陳肯依
_ **시놉시스**   : 상하이 해방 전야, 기자로 신분을 위장한 공산당 지하당원 천더룽(陳德榮)은 상급의 지시를 받고 민족자본가를 돕는다. 푸둥의 건달 두목 장톈런(張天仁)은 린제(林婕)의 지시를 받아 민족자본가 구자오훙(顧兆宏)의 집에 잠입하여 그의 유언장을 훔치는데 절반밖에 찾지 못한다. 장톈런은 구자오훙 부자를 살해하고 그의 딸 구야핑(顧雅萍)을 찾아 유언장의 나머지 절반을 빼앗아 구자오훙의 재산을 차지하려고 한다. 천더룽은 당과 연락이 끊어지자 부득이한 상황에서 홀로 작전을 수행하다가 건달들에게 납치된다. 그는 건달들과 싸우는 과정에서 여러 차례 생명의 위험을 무릅쓰고 구야핑을 구한다. 지하당원 리더샹(李福祥)의 도움으로 장톈런은 사살되고 린제는 목숨을 잃는다. 천더룽은 민족자본가의 합법적인 자산을 보호하여 민족자본가와 공산당의 연계를 끊으려고 하는 국민당의 음모를 분쇄하고 당의 지시를 받아 구야핑이 상하이를 떠날 수 있도록 돕는다.(http://www.mtime.com/movie/37793/plots.html)

_ **핵심어**   : 지하당원 민족자본가 공산당 국민당
_ **작성자**   : 곽수경

증권거래소의 로맨스 股市婚戀(ROMANCE IN THE STOCK MARKET)

_ **출품년도** : 1993년

_ **장르** : 생활 극영화

_ **감독** : 쑹충(宋崇)

_ **제작사** : 天山電影制片廠, 南昌影視創作硏究所

_ **주요스탭** : 시나리오(趙化南) 촬영(邱以仁) 미술(李永强) 음악(鄭千) 조명
(金漢江) 편집(曹寧寧)

_ **주요출연진** : 阿奈(馬曉偉) 陳純(龔雪) 王發(崔杰) 丁芝英(劉婉玲) 王伯(李天
濟) 大寶(戴兆安) 李眞(張名煜)

_ **시놉시스** : 1992년 주식의 물결이 상하이에 넘쳐난다. 818호 뜰 안의 다섯
가정이 부지불식간에 모두 그 소용돌이 속으로 빨려 들어간다. 아나이
(阿奈)는 회사에서 해고당했다는 사실을 아내 딩즈잉(丁芝英)에게 알리
지 않고 있다가, 천춘(陳純)의 권유로 주식에 뛰어든다. 왕보(王伯)의 아
들 왕파(王發)는 이웃 다바오(大寶)에게 2만 위안(元)을 내서 주식에 투
자하자고 설득한다. 아나이는 증권거래소에서 바쁘게 움직이고 점점 상
황에 정통하게 되어 이윤을 얻기 시작한다. 딩즈잉은 그 사실을 알고 남
편과 싸우고 천춘 집으로 달려가 거기서도 한바탕 싸운 후 이혼하려 한
다. 주식 시장의 변화에 따라 왕파는 점점 본전을 잃기 시작하고, 투자한
동료들이 결산을 하려고 하자 막다른 길에 이른 왕파는 건물에서 뛰어내
려 중상을 입는다. 아나이는 풍부한 경험에 근거해 실력이 나날이 늘어
간다. 818호 건물에 경사가 이어진다. 왕파는 상처가 나아 퇴원하고, 왕
보는 주식이 크게 올라 왕파의 빚을 대신 갚아준다. 교수 리전(李眞)은 비
록 5천 위안을 손해 보기는 했지만 연구프로젝트로 상금 2만 위안을 받
는다. 다바오의 부인 아이화(愛華)의 병도 낫는다. 이혼한다며 떠났던 딩
즈잉이 갑자기 돌아온다. 천춘은 이사를 가면서 아나이와 악수를 나누고
택시를 탄다.

_ **핵심어** : 주식 투자 이혼

_ **작성자** : 김정욱

증권 열풍 股瘋(SHANGHAI FEVER)

_ 출품년도 : 1993년

_ 장르 : 멜로

_ 감독 : 리궈리(李國立)

_ 제작사 : 瀟湘電影制片廠 香港藝能電影有限公司

_ 주요스탭 : 시나리오(賈鴻源 吳靜雯) 촬영(沈妙榮) 미술(秦柏松) 음악(胡偉立) 조명(楊國良) 편집(鄭澤文)

_ 주요출연진 : 阿莉(潘虹) 阿倫(劉靑雲) 三寶(王汝剛) 許昂(王華英)

_ 시놉시스 : 상하이에 증권 투자 열풍이 분다. 버스 안내원인 아리(阿莉)도 증권 투자에 관심을 갖게 되어 친구 싼바오(三寶)로부터 홍콩에서 온 증권 투자전문가 아룬(阿倫)을 소개받아 증권 투자에 나선다. 아룬은 여자 친구를 찾아 상하이에 온 김에 증권 투자에 나선 것이다.

　　　　아리는 타고난 명석함으로 연속으로 투자에 성공하여 단기간에 엄청난 돈을 벌어들여 주변 사람들이 투자를 부탁할 정도가 된다. 하지만 가정에는 소홀하여 남편 쉬앙(許昂)과 딸은 서운함을 토로한다. 상대적으로 열등을 느낀 쉬앙도 주식 투자에 나서지만 친구의 돈까지 날리고 자살 소동을 벌인다. 다행히 아리와 아룬의 설득과 주변 사람들의 도움으로 쉬앙은 새 출발을 다짐하고, 아리와의 관계도 회복한다. 아룬도 상하이에서 여자 친구를 찾는다.

_ 핵심어 : 주식투자 부부의 갈등 자살

_ 작성자 : 유경철

상하이탄의 실전 奪命惊魂上海灘(ENCOUNTER IN SHANGHAI)

_ 출품년도 : 1993년

_ 장르 : 스릴러

_ 감독 : 왕하이양(汪海洋)

_ 제작사 : 上海電影制片廠

_ 주요스탭 : 시나리오(吳天戈 云鏑) 촬영(黃葆華) 미술(沈立德) 음악(潘國醒

錢萍) 조명(楊義笑) 편집(孫慧民)

_ **주요출연진** : 袁阿發(袁苑) 池田浩二(韋國春) 查英(敖文紅) 小紅(程希) 刁德
一(何麟) 陳五(朱雷) 查良友(江俊) 査부인(馬鄰) 查二(謝京) 張文蓉 馬冠
英 成家驥 松崗伸 任小平

_ **시놉시스** : 1936년 어느 날, 일본 비밀정보기관 대장과 군통대 대장 댜오더
이(刁德一)는 다음날 일본 공산당원 한 명이 '둥즈완(東之丸)'을 타고 상
하이에 와서 중국 공산당의 지하 세력과 접선할 것이라는 소식을 입수한
다. 그들은 스파이를 보내 부두에 잠복시킨다. 비밀 결사대 대장인 천우
(陳五)도 이 소식을 알게 된다. 그는 위안아파(袁阿發)를 보내 일본 청년
이케다 코지(池田浩二)을 납치하기로 한다. 그는 이번 일과 관계가 없지
만 일본에서 표를 잘못 받는 바람에 오해를 받아 곤경에 처하게 된 것이
다. 배가 부두에 도착하자 그를 기다리던 사람들 간에 암투가 벌어지고
이케다 코지는 어지러운 틈을 타서 빠져나간다. 아파의 여자친구인 샤오
홍(小紅)이 예의 바른 일본청년을 만났다는 이야기를 한다. 한 차례 격렬
한 싸움을 벌인 후 아파는 특무의 수중에서 정신을 잃고 있는 이케다 코
지를 빼내온다. 이케다 코지가 깨어난 후 아파는 그가 자신의 부친과 생
사고락을 같이했던 일본 친구의 아들이라는 사실을 알게 된다. 추격대가
그들을 쫓아오자 아파는 이케다 코지에게 샤오홍을 부탁하고 그들과 싸
우러 나간다. 그 와중에 차잉(査英)은 부상당한 이케다 코지를 구하고 아
파는 일본 특무대의 눈을 속이기 위해 기름통을 폭파시켜 그들이 죽은
것처럼 위장한다. 둥즈완 사건이 오해였다는 것을 알고 천우 등은 공산
당과 내통한다는 혐의를 벗기 위해 이케다 코지를 잡으려다가 비밀 결사
대와 군통대가 싸움을 하게 된다. 그들이 싸우고 있는 틈을 이용해서 아
파는 무사히 츠톈을 구출한다.

_ **핵심어** : 비밀정보기관 군통대 비밀결사대 공산당 일본인 친구
_ **작성자** : 조병환

섹스스캔들 桃色新聞(NEWS OF AN ILLICIT LOVE AFFAIR)

_ **출품년도** : 1993년

_ 장르   : 수사/정탐

_ 감독   : 타스뱌오(滩式彪)

_ 제작사   : 上海電影制片廠

_ 주요스탭 : 시나리오(李建國 滩式彪) 촬영(程世余) 미술(章崇翔) 음악(劉雁西) 조명(葉連根) 편집(劉嘉麟 徐棟)

_ 주요출연진 : 陸世峰(王正軍) 盧靑靑(張愛萍) 劉佳(周笑莉) 羅東(席與榮) 趙兵(黃達亮) 封月娥(張濤)

_ 시놉시스 : 패션모델 펑위어(封玉娥)가 공안국 처장 쑨샤오밍(孫曉明)과 함께 벌거벗은 채로 죽어 있다. 형사 루스펑(陸世峰)은 이 '황색뉴스'를 보고 황당하기만 하다. 쑨처장의 인품으로 봐서 이는 도저히 있을 수 없는 일이었던 것이다. 루스펑이 사진 몇 장을 가지고 가서 모델 루칭칭(盧靑靑)에게 보이니, 그녀는 쑨샤오밍의 사진을 지목한다. 루스펑은 신문사의 류자(劉佳)를 통해 다른 지방에 있는 쑨샤오밍의 아내 류옌(柳燕)을 찾아내고 그녀의 이야기를 통해 상황을 일부 이해한다. 그녀에게 다시 잘 기억을 해보라고 하고, 다음 날 다시 만나기로 하지만 그녀는 살해당한다. 루스펑은 펑위어의 친구 첸핑(錢萍)에게서 실마리를 얻으려 하지만 루칭칭이 첸핑을 홍콩으로 교육을 받으러 가도록 안배한다. 루스펑은 교묘하게 첸핑을 만나, 루칭칭이 그녀를 외무국장 뤄둥(羅東)에게 추천했으며 루칭칭과 뤄둥의 관계가 묘하다는 이야기를 듣고 뤄둥을 감시하기로 한다. 뤄둥이 개발구에 준공 테이프를 끊으러 가는데 오토바이를 탄 남자가 나타나 총 두 발을 쏜다. 총에 맞은 뤄둥은 루칭칭이 자신이 여성을 밝히는 점을 이용해서 함정을 파는 바람에 중요한 경제적 정보를 넘겨주었다는 말을 하고 죽는다. 루칭칭은 뤄둥이 죽었다는 소식을 듣고 다급하게 전화를 걸어 상사 자오빙(趙兵)에게 사정을 묻는다. 자오빙은 그녀에게 이틀 후 외국에 있는 20만 달러의 증거물을 가지고 화물하치장에서 만나자고 한다. 루칭칭이 가방을 건넬 때 자오빙이 갑자기 총을 쏴 루칭칭은 쓰러지고 도망치려던 자오빙도 오토바이 남자에게 맞아 쓰러지는데, 몰래 감시하던 루스펑은 그를 놓치고 만다. 겨우 살아난 루칭칭은 자오빙과 '보스'의 지시를 받고 자신이 일을 꾸몄다고 자백한다. 사실

은 사건 당일 날 저녁, 쑨샤오밍은 펑위어의 집에 가서 조사를 하다가 누군가 사전에 강력 마취제를 넣어둔 물을 마셨고, 자오빙 등은 정신을 잃은 쑨샤오밍과 펑위어의 옷을 벗겨 현장을 연출하고 가스를 켠 뒤 도망을 쳤던 것이다. 루칭칭이 사건 일체를 자백할 때, 류자는 자칭 '보스' 라는 사람에게 납치되고 상대는 20만 달러의 증거물이 든 가방을 요구한다. 루스펑은 약속 장소로 가서 '보스' 라는 자와 사투를 벌인다.

_ **핵심어**   : 황색뉴스 모델 경찰 달러 범죄
_ **작성자**   : 곽수경

도시의 로망스 都市情話(ROMANCE IN METROPOLITAN SHANGHAI)

_ **출품년도**   : 1993년
_ **장르**   : 멜로
_ **감독**   : 쉬지홍(徐紀宏)
_ **제작사**   : 上海電影制片廠
_ **주요스탭**   : 시나리오(賀國甫) 촬영(趙俊宏) 미술(梅坤平)
_ **주요출연진** : 羅乃倩(柏寒) 李逸明(尙榮生) 宋毅(丁嘉元) 趙培紅(吳競) 張金祥(張鴻) 林之(王董) 周茜(王琳) 阿寬(向永成)
_ **시놉시스**   : 상하이 동방실크공장의 공장장 뤄나이첸(羅乃倩)은 업무능력이 뛰어나 사장 쑹이(宋毅)에게 칭찬을 듣는다. 쑹이는 자주권을 달라는 그녀의 요구를 흔쾌히 수락한다. 쑹이의 아내이자 주임인 자오페이홍(趙培紅)과 해고된 직공 아콴(阿寬)이 등외품을 1등품으로 둔갑시켜 선적한 것을 뤄나이첸이 제지한다. 자오페이홍은 여러 차례 공장의 기율을 어겨 퇴직명단에 오른다. 뤄나이첸의 남편 리이밍(李逸明)이 3년 만에 일본에서 귀국한다. 리이밍이 이번에 귀국한 의도 중 하나는 상사인 일본 린즈(林之)공사의 여총재 린즈(林之)의 구애를 피하는 것이고 또 하나는 아내를 사직시켜 일본으로 데리고 가는 것이다. 뤄나이첸은 일에 열중하느라 남편의 제안을 소홀히 하고 바쁜 업무로 인해 남편과 딸과의 약속을 어긴다. 리이밍은 흥이 깨져 딸을 안고 집으로 돌아오지만 아내가 늦게까지 돌아오지 않자 아내에게 정부가 있다고 오해를 하고 아내와 다툰 후

여관으로 옮긴다. 뤄나이쳰은 다음 날 남편을 찾으러 갔다가 마침 일본에서 쫓아온 린즈와 마주친다. 린즈는 리이밍에 대한 사랑을 솔직하게 말하고 뤄나이쳰은 깜짝 놀란다. 리이밍은 일본으로 돌아가고 뤄나이쳰은 슬픔을 억누르며 딸을 유아원에 데려다준 후 계속 개혁조치를 밀고 나가 주식제를 실행할 준비를 하고 실크회사를 설립한다. 쑹이는 자신의 권력과 지위가 위협을 받는다고 판단하고 뤄나이쳰을 지지하지 않는다. 동방실크주식유한공사는 뤄나이쳰의 노력하에 마침내 설립되고 린즈공사의 설비를 들여오기로 결정한다. 일본측의 미온적인 태도에 뤄나이쳰은 회사의 수석대표인 리이밍을 찾아가 최선을 다해 협상을 성공시킨다. 쑹이가 그 사실을 알고 불같이 화를 내고 자오페이훙에게 경쟁에 참여한 라니(拉尼)공사에게서 받은 별장을 돌려주게 한다. 리이밍이 떠나려 하는데 무심한 뤄나이쳰은 또 한 번 그를 소홀히 한다. 뤄나이쳰이 자신의 잘못을 깨닫고 비행장으로 쫓아가지만 비행기는 이미 떠나버린 후이다. 화려한 조명이 번쩍이는 와이탄(外灘)에서 뤄나이쳰은 행복한 연인들과 부부들의 모습을 보고 가슴아파하며 집으로 돌아오지만, 리이밍이 집 앞에서 그녀를 향해 손을 흔드는 것을 발견하고 달려가 꼭 껴안는다.

_ **핵심어**   : 민족공업 주식제 개혁 여성의 사회활동
_ **작성자**   : 곽수경

동방 제일 자객 東方第一刺客(FIRST KILLER IN SHANGHAI)

_ **출품년도**   : 1993년
_ **장르**   : 스릴러
_ **상영시간**   : 84분
_ **감독**   : 자오원신(趙文炘)
_ **제작사**   : 廣西電影制片廠
_ **주요스탭**   : 시나리오(趙學彬) 촬영(蔡小鵬) 미술(黎啓寧) 음악(林臨 洗華 洗振中) 조명(李湛生) 편집(李燕陽 劉忠慰)
_ **주요출연진** : 王亞樵(申軍誼) 翠巧(夏菁) 吳懷遠(王志飛) 龔春蒲(李樹生) 于立奎(郭峰) 張嘯林(李澤泉) 戴笠(潘敎文) 趙鐵橋(艾峻邁)

_ 원작   : 呂鐵人 소설 『上海灘第一刺客』

_ 시놉시스   : 1930년대 상하이 도끼파(斧頭幫)의 우두머리 왕야차오(王亞樵)
는 청방(靑幫) 두목 장샤오린(張嘯林)에게 붙잡혀 처벌을 기다리고 있는
위리쿠이(于立奎)를 놀라운 무예실력으로 구해낸다. 4·12 사건으로 인
하여 수많은 혁명지사가 죽어가자 왕야차오는 장제스(蔣介石)를 암살하
기 위해 자오톄차오(趙鐵橋)를 파견하지만, 자오톄차오는 오히려 배신을
하고 형제들까지 죽인다. 이에 왕야차오는 직접 자오톄차오의 사무실에
잠입하여 그를 처단한다. 다이리(戴笠)는 국민당 요원들이 연이어 죽자
중령 특무 우화이위안(吳懷遠)을 파견하여 왕야차오를 암살하려고 한다.
우화이위안은 왕야차오의 첩을 통해 왕야차오가 있는 곳을 알아내고 암
살을 기도하지만 실패한다. 초상국(招商局)의 이사장 리궈제(李國杰)는
왕야차오가 자오톄차오를 암살함으로써 잃었던 권력을 회복하고 고마움
의 표시로 장샤오린이 차지하고 있는 장안(江安) 화물선을 왕야차오가
실력으로 가져가는 것에 동의한다. 이에 장샤오린은 일본의 특무조직 흑
룡회를 이용해서 왕야차오를 암살하려고 한다. 왕야차오도 매국노 처단
단체를 조직하고 개인의 원한을 뒤로 한 채 민족 공동의 적인 흑룡회를
없애기 위해 은밀히 우화이위안과 협력해서 흑룡회를 타도한다. 하지만
다이리는 우화이위안에게 왕야차오 암살을 지시한다. 우화이위안은 위
리쿠이의 부인을 위협해서 옌안(延安)으로 떠나려던 왕야차오를 우저우
(梧州) 중산기념관으로 유인, 암살한다.

_ 단평   : 무협적 스릴러 영화에 무명영웅을 등장시켜 애국사상을 강조하
고 있다. 1990년대 초기 영화에서 흔히 볼 수 있는 이런 류의 영웅인물은
상업적 오락영화에서 자주 등장한다. 톈안먼사태 이후 정치권력을 정당
화하고 사회주의적 도덕성을 회복하기 위해 1989년 공산당 중앙위원회
는 예술계에 '인간의 도덕과 감정의 배양'이라는 예술지침을 하달하는
데, 이 지침의 일환으로 혁명과 애국에 대한 향수를 불러일으키는 영화
가 창작된 것으로 보인다. 부분적으로는 홍콩영화에서 흔히 볼 수 있는
액션 장면이 흥미를 끌지만 영화사적 측면이나 영화의 미학적 측면에서
는 특별히 언급할 만한 가치가 없다.

_ 핵심어   : 자객 암살 흑룡회 매국노 민족 도시
_ 작성자   : 조병환

꿈 아닌 꿈 夢非夢(THE DREAM IS NOT A DREAM)

_ 출품년도   : 1993년
_ 장르   : 멜로
_ 감독   : 천판(岑范)
_ 제작사   : 上海電影制片廠
_ 주요스탭   : 시나리오(王澤群) 촬영(羅從周 盧俊福) 미술(姚銘忠) 음악(陳
鋼) 조명(蔡關胜) 편집(成文)
_ 주요출연진 : 顔蔚(秦怡) 沙원장(劉琼) 顔母(狄梵) 沙원장부인(鄭毓芝) 王의
사(安振吉) 夏櫻(劉赫南) 護士長(孟謙) 劉선생님(洪融) 趙선생님(金永林)
吳처장(嚴永瑄) 가극감독(陳鋼) 曹鵬 陶青松 張奇閔惠琴 中屠麗生 陳海
燕 李長秋 方勇 楊琪君 李玉華 王維玲 費明
_ 시놉시스   : 1990년대 상하이, 「춘희」의 여주인공 옌웨이(顔蔚)가 훌륭하게
공연을 마치고 무대에서 내려오는데, 무대 감독이 그녀에게 딸 샤잉(夏
櫻)이 아파서 병원에 갔다고 전해준다. 진단 결과 샤잉은 정신분열증으
로 밝혀진다. 옌웨이는 급히 정신과 전문의인 사(沙)원장을 찾아가 딸을
치료해달라고 부탁한다. 사원장은 자기 아내를 10년간 치료한 경험을 이
야기하면서 옌웨이를 위로한다. '세상에서 엄마만이 좋아(世上只有媽媽
好)'라는 곡은 환자들의 초조함을 가라앉히고 모여들게 하는 등 환자들
에게 강한 반향을 일으킨다. 사원장의 정성어린 치료로 샤잉은 안정을
찾아간다. 일 년이 지난 청명절, 옌웨이과 사원장은 각자 배우자의 묘를
찾았다가 우연히 마주치고 두 사람은 동질감을 느낀다. 샤잉은 병이 도
져 갑자기 집을 나간다. 옌웨이와 사원장은 옌웨이의 집 28층 건물 꼭대
기의 테라스로 올라간다.
_ 핵심어   : 정신분열증 정신과 청명절 희망 사회
_ 작성자   : 조병환

화가 류하이쑤 전기 叛逆大師劉海粟的故事

(THE STORY OF PAINTING MASTER LIU)

_ **출품년도** : 1993년

_ **장르** : 멜로/사회

_ **감독** : 야오서우캉(姚壽康) 장신(張欣)

_ **제작사** : 珠江電影制片公司

_ **주요스탭** : 시나리오(許金華 張欣) 촬영(邱以仁) 미술(鄭長符 沈惠中) 음악
(蘇雋傑) 조명(戚冠圩) 편집(許文喜)

_ **주요출연진** : 劉海粟(馬曉偉) 丁曉(張民權) 葵花(盧燕) 柳玉(劉菁)

_ **시놉시스** : 1921년 상하이, 상하이 미술 전문학교 교장 류하이쑤(劉海粟)와
젊은 교사 딩샤오(丁曉)는 어렵사리 누드모델을 구한다. 리샤오어(李曉
娥)라는 여성이 그들의 예술적 열정에 감복하여 자청한 것이다. 하지만
그들의 전시회는 사회 각층으로부터 비난을 사고, 정부로부터 누드화 작
업을 금지당한다. 류하이쑤는 이에 이의를 제기하다 송사에 휘말리기도
하지만 자신의 주장과 신념을 꺾지 않는다.

50여 년이 지나고 문혁이 종결된 후, 팔순의 노인 류하이쑤는 미술원
의 회의에서 누드화 작업이 허용되어야 함을 주장하고, 미술원의 책임자
가 된 딩샤오도 동조한다. 딩샤오의 딸 류위(柳玉)는 시골 처녀 쿠이화
(葵花)를 알게 되는데, 그녀는 쿠이화에게서 미술적 재능뿐만 아니라 누
드모델의 자질을 발견한다. 류위의 소개로 류하이쑤와 딩샤오를 만나게
된 구이화는 누드화 작업에 참여하게 된다. 하지만 그녀는 식구들의 반
대에 부딪히고, 그녀의 할머니만이 그녀의 마음을 알아준다.

류위는 쿠이화와 그녀의 할머니에게 류하이쑤의 작업을 구경할 기회
를 준다. 그 자리에서 류하이쑤와 딩샤오는 쿠이화의 할머니가 바로 옛
날의 리샤오어라는 사실을 알게 된다. 류하이쑤는 역사의 오류가 다시
되풀이되지 않아야 한다고 다짐한다.

_ **핵심어** : 예술 미술 신구관념의 충돌

_ **작성자** : 유경철

410

복수 報讐(REVENGE)

_ 출품년도 : 1993년
_ 장르 : 액션
_ 감독 : 좡인젠(莊胤建)
_ 제작사 : 峨眉電影制片廠 臺灣寶雄電影傳播有限公司
_ 주요스탭 : 시나리오(鄭文華) 촬영(莊胤建) 미술(鄔定富) 음악(唐靑石) 조
명(祝國榮) 편집(徐迅雷)
_ 주요출연진 : 讐楓(張豊毅) 狄奇(劉錫明) 羅銳
_ 시놉시스 : 1930년대 초 상하이 암흑가의 한 조직인 청방(靑幇)의 산하 조
직 용당(龍堂)과 호당(虎堂)은 항상 대립한다. 녜페이(聶飛)는 용당 당주
의 명령으로 호당에 첩자로 들어간다. 호당 당주 쉬쓰(徐四)의 부하 디치
(狄奇)는 항상 극단적으로 일을 처리한다. 녜페이는 무고한 살인을 일삼
는 디치와 대립하다가 첩자라는 신분이 밝혀져 디치에게 살해당한다. 용
당 당주는 녜페이의 복수를 위해 그의 옛 친구인 펑거(楓哥)를 호출한다.
펑거는 쉬쓰와 일본인 사이의 비밀 거래 증거를 입수하지만 그것을 디치
에게 빼앗겨버린다. 디치는 이를 이용하여 쉬쓰를 협박하고, 그녀의 딸
둥화(冬花)를 요구한다. 디치와 둥화의 결혼식 날, '죽음의 사신' 임을 표
시하는 반지를 낀 사나이가 나타나 디치와 결전을 벌인다.
_ 핵심어 : 암흑가 암투 첩자
_ 작성자 : 유경철

사기꾼 詐騙犯(THE SWINDLER)

_ 출품년도 : 1993년
_ 장르 : 탐정 극영화
_ 감독 : 선야오팅(沈耀庭)
_ 제작사 : 上海電影制片廠
_ 주요스탭 : 시나리오(沈耀庭 沈耀華) 촬영(張珥) 미술(張萬鴻) 음악(楊紹
榲) 조명(王士明) 편집(侯佩珍)

_ 주요출연진 : 錢根發(王詩槐) 顧松崗(仲星火) 文香(周笑莉) 黃捷生(黃達亮)

_ 원작 : 일본 작가 西村京太郎의 소설

_ 시놉시스 : 상하이에서 선하고 후덕한 첸건파(錢根發)의 이발소는 유명하
다. 수입도 좋아 가족들은 즐거운 나날을 보낸다. 어느 날, 구쑹강(顧松
崗)이라는 사람이 가게 안으로 들어오더니 첸건파에게 계산을 확실히 하
자고 한다. 몇 달 전 비 내리는 밤에, 건파의 차에 여자아이를 치었는데,
그것을 구쑹강이 목격한 것이다. 구쑹강은 경찰에게 고발한다고 위협하
며 조건을 제시한다. 사설탐정을 고용해서 구쑹강의 뒷조사를 해보니,
그는 사기범을 주로 연기하는 배우로, 가난하지만 이웃들로부터 좋은 사
람으로 평판이 자자하다. 이때부터 건파의 얼굴에는 수심이 가득하고,
황(黃)선생이 가게를 옮길 만한 적당한 곳을 알아봐 주겠다고 한다. 건파
는 계약을 마치고 돌아와 급히 이사를 한다. 건파 부부가 계약한 곳을 가
보니 그 곳은 이미 백화점이 되어 있다. 황선생은 사라져버렸고, 파산한
건파는 가슴 가득한 울분을 억누르고 있는데 구쑹강이 오자 치미는 울분
을 참지 못하고 면도칼로 구쑹강의 목을 찌른다. 구쑹강은 사실은 선한
사람으로, 구쑹강의 부인은 건파에게 유서를 보여준다. 구쑹강은 1억 원
짜리 생명보험을 들었고, 보험금을 타기 위해 사고를 당하거나 피살되는
방법을 택했다는 사실을 알게 된다.

_ 특기사항 : 천연색

_ 핵심어 : 탐정 생명보험 살인

_ 작성자 : 김정욱

상하이의 옛일 上海往事(惡夢情斷上海灘)(REVERIE IN OLD SHANGHAI)

_ 출품년도 : 1993년

_ 장르 : 생활 극영화

_ 감독 : 량푸즈(梁普智)

_ 제작사 : 上海電影制片廠 香港富藝電影制片有限公司

_ 주요스탭 : 시나리오(提摩太 · 龍麥克 · 蘇格林 王勝榮) 촬영(奧爾特 · 格雷
陳廣鴻 黃保華) 미술(黃洽貴 莫均杰 외 2명) 음악(喜多郎) 조명(韋爾 · 威

廉姆森 외 2명) 편집(威廉姆・帕克)

_ **주요출연진** : 方林(尊龍) Dawson(Adrian Pasdar)
_ **시놉시스** : 1910년의 상하이, 미국의 부잣집 자제 도슨(Dawson)은 거리에서 우연히 건달 팡린(方林)을 만나 친한 친구가 된다. 두 사람은 실수로 밀매업자 비밀창고를 들어가는 바람에 암흑가의 추격을 받다가 도슨의 아버지가 밀매업자의 손에 죽는다. 싸우는 과정에서 팡린은 총을 발사하여 밀매업자를 죽인다. 팡린은 경찰에 체포되고, 도슨은 다행히 미국으로 몰래 돌아간다. 25년 후, 도슨은 상하이로 돌아와서 아버지의 사업을 이어받아 항운 회사를 연다. 우여곡절 끝에 상하이 방회(幫會) 거물이 된 팡린을 찾아낸다. 두 사람은 손을 잡고 아주 빠르게 상하이 암흑가에서 명성을 날리게 된다. 팡린도 야심이 날로 커져 두 사람 사이에 여러 차례 다툼이 일어난다. 그들 사이의 틈은 날이 갈수록 벌어져 결국 합작을 접고 헤어지게 된다. 얼마 후, 일본이 중국을 침략하여 전쟁이 일어나고 상하이도 위험해진다. 팡린은 하와이로 가는 배를 타고 있었지만 고립무원(孤立無援)의 도슨 곁으로 돌아온다. 예전의 좋은 친구로서 두 사람은 서로의 마음을 이야기하고 가장 어려울 때 다시 함께하게 된다. 그들은 오랫동안 각자의 마음을 짓누르고 있던 그림자를 버리고 함께 망망한 미래를 헤쳐 나가자고 결심한다.
_ **특기사항** : 천연색
_ **핵심어** : 밀매업자 미국 하와이 일본침략
_ **작성자** : 김정욱

왕선생의 불타는 욕망 王先生之欲火焚身(MR. WANG'S BURNING DESIRES)

_ **출품년도** : 1993년
_ **장르** : 멜로
_ **감독** : 장젠야(張建亞)
_ **제작사** : 上海電影制片廠
_ **주요스탭** : 시나리오(徐小凡 張建亞) 촬영(黃寶華) 미술(周欣人) 조명(楊義孝) 편집(孫慧民)
_ **주요출연진** : 王선생(林棟甫) 伊雯(張瑜) 沈회장(奇夢石) 陸사장(周立波) 佐

佐木(何政軍) 阿囡(盧焱) 뚱보(高維明) 斯文人(周明) 陸少鳴 戴維青 宋曉軍 王文麗 特技替身隊

_ **시놉시스** : 상하이탄에 사는 왕(王)선생은 늘 아내에게 욕을 먹는 천덕꾸러기지만 성실한 사람이다. 어느 날 무료함을 달래기 위해 왕선생은 샤오천(小陳)과 무도장에 간다. 이원(伊雯)이라는 가수가 나와서 '밤의 상하이(夜上海)'를 부르자 그들은 매우 좋아한다. 이원은 유명가수로 많은 돈을 주어야만 노래를 신청할 수 있다. 이때 암흑 조직의 두목 루톈바오(陸天寶)도 박수갈채를 보낸다. 그러나 갑자기 이원을 두고 서로 질투를 하는 바람에 싸움이 벌어진다. 서로 뒤엉켜 싸우는 틈에 왕선생과 샤오천은 이원을 구출해서 왕선생의 집으로 데려온다. 왕선생과 샤오천은 아름다운 이원에게 미련이 있지만 루톈바오가 찾아와 자신들을 해칠까 걱정이 된다. 그런데 갑자기 이원의 옛 애인 위안다성(袁達生)이 나타난다. 원래 그는 깡패를 죽이고 멀리 도망을 갔었는데 지금은 일본 정보기관의 우두머리가 되어 있다. 하지만 이원은 예전의 열혈남아가 매국노가 된 것을 알고 죽고 싶은 생각뿐이다. 이원은 그의 곁을 떠난다. 왕선생과 샤오천은 또 다시 무도장에 가서 새로운 여가수에게 갈채를 보낸다.

_ **핵심어** : 무도장 가수 암흑 조직 도시
_ **작성자** : 조병환

암살 絶殺(ASSASSINATION)

_ **출품년도** : 1993년
_ **장르** : 정탐
_ **상영시간** : 87분
_ **감독** : 장중웨이(張中偉)
_ **제작사** : 長春電影制片廠
_ **주요스탭** : 시나리오(趙巖森 張炯强) 촬영(楊凱) 미술(王地) 음악(陳春光) 조명(高巖 紀明) 편집(李仲琳)
_ **주요출연진** : 丁芒(陳寶國) 燕七(徐小健) 夏伯(王大明) 韻蘭(鄭天瑋) 葉竹青(呂毅) 川琦(王剛) 松本(李雨霖) 侯叔(鄭天庸)

_시놉시스   : 1932년 1·28사변 직후, 상하이탄에서 가장 명망이 높은 민족자
본가 샤보(夏伯)는 일본군의 상하이 공격을 저지하기 위해 상하이에 주둔
하고 있는 일본 군정 요인을 목표로 하는 암살(絶殺)계획을 세운다. 그는
젊은 암살범 딩망(丁芒)을 보내 일본군과 밀접한 연계가 있는 일본상인 두
사람을 살해하여 상하이에 주둔하고 있는 일본 영사관을 불안에 떨게 한
다. 부영사 마스모토(松本)는 흑룡회(黑龍會)의 두목 촨치(川琦)에게 신속
하게 주모자를 찾아내게 한다. 딩망은 생사를 함께하기로 한 옌치(燕七)와
함께 매국노 쉬스량(許士良)을 암살하려고 잠복하다가 내부에 첩자가 있
다는 사실을 알게 된다. 마스모토는 암살계획을 밝히기 위해 촨치에게 샤
보의 아들 샤웨이(夏威)를 부두로 유인하여 감금시키게 한다. 여러 해 동
안 샤보를 따라 다녔던 허우아저씨(侯叔)가 사람들을 데리고 구하러 가지
만 계략에 빠져 허우아저씨만 살아 돌아온다. 샤보의 딸 윈란(韻蘭)은 6년
전 겁탈을 당해 딸을 낳고서도 상대를 밝히지 않아 지금까지 부친의 용서
를 얻지 못했다. 촨치는 딩망의 꿍꿍이를 추측하는 동시에 윈란 모녀를 납
치하여 샤보를 협박하려 한다. 딩망은 가짜 암살계획을 가지고 흑룡회 요
인에게 가서 쌍방이 격전을 벌이는데 옌치와 허우아저씨가 적시에 나타
나 윈란 모녀를 구하는 과정에서 허우아저씨가 죽는다. 예주칭(葉竹靑)이
촨치와 그 부하를 죽이자 샤보는 그를 신임하여 암살계획에 관한 것을 모
두 이야기한다. 그러자 예주칭은 갑자기 본색을 드러내는데, 원래 그는 마
스모토의 수하였을 뿐 아니라 윈란의 딸 아인(阿蔭)의 부친이기도 했던 것
이다. 샤보는 침착하게 모든 기밀문서를 없앤다. 예주칭은 암살계획을 손
에 넣지 못하고 마스모토는 그가 촨치를 죽인 것에 대해 보복을 하기 위해
억지로 윈란과 결혼하려 한다. 샤보는 탈옥하여 킬러들을 모두 소집해서
암살계획을 대대적으로 실행하려고 한다. 그들이 샤보의 집 대문을 나서
는 순간, 국민당 군경이 사격을 퍼부어 샤보와 수십 명이 쓰러진다. 딩망
이 예주칭을 찾아가 격투를 벌일 때 예주칭이 아인을 발로 차서 무참하게
죽인다. 윈란은 이 모습을 보고 가슴이 찢어질 듯 아파하다가 직접 예주칭
을 죽인다. 5월 5일, 국민당 정부는 중국인민의 강렬한 반대에도 불구하고
일본과 「쑹후정전협정」에 서명한다. 이 기간에 상하이 공격과 관련이 있

는 7명의 일본군정요인과 마스모토가 잇달아 피살된다.

_ **단평**　　: 영화는 정신없는 총격전으로 시작되어 시종 쉴 새 없는 총질과
칼부림과 구타가 동원되고 화약이 터지고 심심찮게 폭발이 일어난다. 집
단 구타나 몸싸움에 트렌치코트를 펄럭이는 인물의 모습 등은 홍콩느와
르영화를 연상시키고 거기에 어설픈 베드신이나 일본 기방의 기생들, 마
지막 출정에 앞서 피를 나누어 마시는 장면들은 관객의 말초신경을 자극
하기 위한 장치로 보인다. 이런 시각적 장치에다가 음모와 배신이라는
서사적 장치와 여성과 어린아이 인질이라는 요소까지 더하여 자극적이
고 선정적이라는 평가를 피해가기 힘들어 보인다.

_ **핵심어**　　: 민족자본 암살 흑룡회 일본군정
_ **작성자**　　: 곽수경

함정 속의 결혼 陷阱里的婚姻(MARRIGE IN A TRAP)

_ **출품년도**　: 1993
_ **장르**　　　: 액션/멜로
_ **감독**　　　: 쑹총(宋崇)
_ **제작사**　　: 上海電影制片廠 北京吉地電影技術開發公司
_ **주요스탭**　: 시나리오(宋崇) 촬영(劉利華) 미술(薛健納 朱建昌) 음악(徐景
新) 조명(鄔柏榮) 편집(曹寧寧)
_ **주요출연진** : 季家齊(何政軍) 梅秀珊(陳煒) 李金奎(崔杰) 陶正德(夏軍) 季國
俊(嚴翔) 앨슨(于飛)
_ **시놉시스**　: 1932년 상하이, 외국 유학에서 돌아온 지자치(季家齊)는 아름
다운 메이슈산(梅秀珊)에게 반한다. 지자치의 아버지 지궈쥔(季國俊)은
보험회사를 설립하여 민족 자본의 발전을 도모하려 하지만, 외국계 보
험회사의 회장 앨슨은 이를 저지하려고 지궈쥔의 보험회사 영업소를
습격한다. 다행히 지자치는 탐정 리진쿠이(李金奎)의 도움으로 화를 면
한다.
　　앨슨은 리진쿠이를 협박, 회유하여 메이슈산과 리진쿠이의 약혼자
타오정더(陶正德)를 납치한 후 타오정더가 지자치와 결혼하게 한다. 지

416

자치는 신혼 첫날 사실을 알고, 타오정더를 구출하려다 어려움에 빠져
다시 리진쿠이의 도움을 받는다. 지자치는 리진쿠이에게 감사의 표시로
회사 지분을 나눠준다. 하지만 리진쿠이는 이것을 앨슨에게 넘겨 회사
가 위험에 처한다. 지궈쿤은 회사의 위기가 아들 때문임을 알고 기자회
견을 열어 아들과 의절을 선언하는 한편, 앞으로도 민족 자본의 발전을
위해 노력하겠다는 포부를 밝혀 사람들의 호응과 투자를 이끌어낸다.

한편 앨슨은 다시 리진쿠이에게 지시하여 타오정더로 하여금 지궈준
의 유람선을 폭발시키도록 하는데, 이 사실을 알게 된 메이슈산이 배에
탄 지자치를 구하고 타오정더를 살해한다. 지궈쿤은 유람선 사고 유족
들의 배상 요구를 이기지 못하고 자살한다. 분노한 지자치는 메이슈산
과 함께 앨슨을 납치해서 차에 감금하고 아버지의 묘를 향해 떠난다. 리
진쿠이의 무리가 앨슨을 구하려 와 차 문을 열자 차가 포화에 휩싸인다.

_ **핵심어**　　: 민족 자본과 외국 자본의 경쟁 자살 복수
_ **작성자**　　: 유경철

이사의 기쁨 喬遷之喜(THE MOVING)

_ **출품년도**　: 1994년
_ **장르**　　　: 생활 극영화
_ **감독**　　　: 야오서우캉(姚壽康)
_ **제작사**　　: 上海電影制片廠
_ **주요스탭**　: 시나리오(趙化南 賀國甫) 촬영(夏力行) 미술(秦柏松) 음악(潘國
　　　　　　　 醒) 조명(鄔伯榮 鄒自偉) 편집(周夏娟)
_ **주요출연진** : 王阿毛(漢林) 孔亮(牛犇) 孔부인(方青卓) 劉根龍(劉昌偉) 丁文
　　　　　　　 亞(榮蓉) 嚴주임(仲星火) 石林(曹秋根) 孔英(宋雨虹)
_ **시놉시스**　: 1990년대 상하이의 혼잡한 교통 교통상황은 경제 발전에 큰 영
　　　　　　　 향을 끼친다. 시 정부는 이주를 통해 상황을 개선하기로 결정한다. 왕아
　　　　　　　 마오(王阿毛)는 시 정부 직원으로 자신이 살던 717호를 철거하고 이사하
　　　　　　　 는 일을 책임지게 된다. 이 건물에는 다섯 가구가 함께 살고 있다. 이사를
　　　　　　　 위한 회의가 열리고 방안이 공포되자 다들 주판알을 튕기기 시작한다.

류건룽(劉根龍)은 아마오의 동창이자 좋은 친구이다. 딩원야(丁文亞) 부부는 이사 갈 집을 구하지 못해 수심에 잠기고, 쿵량(孔亮) 부부는 아예 이사할 생각이 없어 다른 사람을 선동해 아마오와 맞선다. 아마오는 자기 집을 건룽 부부에게 양보하고, 스린(石林)과 쿵잉(孔英)을 맺어줌으로써 '문제를 근본적으로 해결할' 계책을 만들어 쿵량 부부를 고립시킨다. 아마오는 임시로 누추한 집으로 이사하고, 고통을 참으며 아들을 아내에게 가서 지내도록 한다. 이 모습을 보고 쿵량 부부는 감동을 받는다. 정부 대표 옌주임(嚴主任)은 이사 간 사람들에게 감사한다. 쿵잉은 스린을 부모님께 인사시키고 이웃들도 모두 모여 주거 환경의 개선과 상하이의 발전을 기뻐한다. 쿵량 부부도 즐거운 마음으로 새집으로 이사한다. 아마오도 칭찬을 받고 더욱 성숙해진다.

_ **특기사항** : 천연색
_ **핵심어**   : 이사 정부 대표
_ **작성자**   : 김정욱

여인의 분노 怒海紅顔(A WOMAN TO ANOTHER WOMAN)

_ **출품년도** : 1994년
_ **장르**   : 액션
_ **감독**   : 쉬칭둥(徐慶東)
_ **제작사**   : 北京電影制片廠
_ **주요스탭** : 시나리오(馬軍驤) 촬영(花淸 徐紅兵) 미술(宋軍) 음악(高尒棣) 조명(李明德) 편집(劉芳)
_ **주요출연진** : 林若蘭(趙雪芹) 龍二(胡軍) 松本川子(王茜) 沙昆(陳國典)
_ **시놉시스** : 1930년대 상하이, 린뤄란(林若蘭)은 깡패 사쿤(沙昆)에게 죽은 아버지의 복수를 해달라고 상하이 암흑가의 세력자 돤샤오룽(段笑容)에게 부탁한다. 왜냐하면 돤샤오룽의 아내 역시 린뤄란의 아버지와 함께 살해당했기 때문이다. 돤샤오룽은 사쿤을 사로잡지만 일본 여간첩 마스모토 카와코(松本川子)와 그가 이끄는 흑룡회에 사쿤을 빼앗겨버린다. 돤샤오룽은 린뤄란을 사랑하게 되어 결혼을 하는데, 결혼식장에 흑룡회

일파들이 습격하여 돤샤오룽은 목숨을 잃는다. 그리고 린뤄란이 돤샤오룽의 자리를 계승하여 상하이 암흑가의 세력자로 부상한다.

뤼란의 옛 친구 룽얼(龍二)은 경찰이 되어 어린이 집단유괴사건을 맡는다. 이것은 일본인들과 흑룡회가 자행한 사건이다. 마스모토 카와코는 룽얼을 사랑하게 되어 뤼란에게 사쿤과 룽얼을 교환하자고 제안하고, 뤼란은 이를 받아들인다. 뤼란이 사쿤을 넘겨받아 처단하려 하자 사쿤은 모든 일이 일본인들의 사주 때문이라고 밝히고, 이 때문에 마스모토 카와코에게 목숨을 잃는다. 그리고 마스모토 카와코는 사쿤과 교환한 사람이 룽얼이 아니라는 것을 알게 된다. 이로써 두 조직 간에 사투가 벌어진다. 이때 룽얼은 흑룡회를 습격하여 유괴된 아이들을 구출하는데, 마스모토 카와코와 뤼란의 대결이 룽얼에게까지 미친다. 어린아이들이 구출되고 일본의 계략은 실패로 돌아가지만, 룽얼과 뤼란은 총탄을 맞고 쓰러진다.

_ **핵심어** : 암흑가 주인공의 죽음 일본의 만행
_ **작성자** : 유경철

끝나지 않은 서커스 사랑 馬戲情未了(CIRCUS KID)

_ **출품년도** : 1994년
_ **장르** : 멜로
_ **감독** : 우마(午馬)
_ **제작사** : 珠江電影制片公司 香港東隆影業有限公司
_ **주요스탭** : 시나리오(午馬) 촬영(楊浩昌 朱鈞恒 陳列) 미술(林忠才) 음악(盧冠庭)
_ **주요출연진** : 沈義亭(午馬) 義東(元彪) 唐發(甄子丹) 丁蘭(溫碧霞) 義天(林威) 丁梅(李莉莉) 瑪莉(鄭爽) 丁菊(胡櫻汶)
_ **시놉시스** : 유명한 '창푸잡기단(常福雜技團)'이 상하이에서 공연을 하고 있는데 일본 비행기가 날아와 일순간에 포탄 파편이 날아다닌다. 딩란(丁蘭)이 공중묘기를 하다가 깜짝 놀라 떨어지는 것을 사형 이둥(義東)이 몸을 날려 구해준다. 극단 총책임자는 우왕좌왕하던 군중들에게 밟혀 죽는다. 사부 선이팅(沈義亭)은 하는 수 없이 가족과 단원들을 데리고 광둥

(廣東)으로 가서 활로를 찾지만 몸을 의탁할 곳도 없어 흙집을 짓고 산다. 생계를 위해 선이팅은 담배공장에 가서 일을 하고 이톈(義天)과 이둥은 거리에서 공연을 한다. 딩란과 딩쥐(丁菊)도 세 명의 어린 단원과 함께 거리에서 노점을 벌인다. 하루는 건달들이 딩란의 노점을 뒤엎고 돈을 빼앗자 딩란 등은 죽을힘을 다해 반항하고 이둥이 소식을 듣고 달려온다. 그러나 경관 탕파(唐發)가 사정을 듣지도 않고 사회치안을 교란시켰다는 명목으로 이둥을 잡아가려 하자 딩란이 애원한다. 탕파는 딩란에게 호감을 느끼고 이둥을 놓아준다. 하루는 어린 단원 셋이 바닷가에서 놀다가 유람선에 올라가 먹을 것을 훔쳐 먹다가 탕파에게 잡히는데 딩란이 찾아와 또 애원한다. 선이팅이 사실을 알고서는 아이들을 데리고 유람선으로 용서를 빌러 가는데, 주인 루추이위(陸翠玉)는 선이팅의 옛 애인이다. 이둥은 리룽후(李龍虎) 일행에게 속아 마약판매범에 연루되어 수감된다. 선이팅이 딩란을 데리고 가서 사정하자, 탕파는 이둥이 초범이라는 점을 고려하여 풀어준다. 하지만 이둥은 탕파가 딩란에게 반한 것을 알고 탕파를 미워하는 한편 딩란에 대해서도 오해를 한다. 루추이위는 그들의 처지를 동정하여 최대한 도와준다. 선이팅이 일하던 담배공장이 서양인에게 넘어가자 모두들 실업을 하게 되고 서양인들은 그곳에서 비밀리에 마약을 제조한다. 공장에서 다시 그들을 불러들이고 이톈은 마약 제조를 감독한다. 이둥은 공장의 비밀을 알아내고 곧바로 딩란과 탕파를 찾아간다. 탕파는 그들이 위태롭다는 것을 알고 유람선으로 피신시킨다. 악당이 유람선으로 쫓아오지만 탕파가 구해준다. 선이팅은 무리를 이끌고 공장으로 쳐들어가 그들의 범죄를 폭로한다. 동시에 탕파는 공직을 거절하고 선이팅 측에 합세한다. 루추이위는 담배공장을 불태운다.

_ **핵심어**   : 잡기단 담배공장 마약 실업 노점 형사 범죄
_ **작성자**   : 곽수경

낯선 사랑 陌生的愛(LOVE FROM STRANGERS)

_ **출품년도** : 1994년
_ **장르**   : 멜로

_ **감독**　　: 쉬웨이제(徐偉杰)

_ **제작사**　　: 上海電影制片廠

_ **주요스탭**　: 시나리오(徐偉杰) 촬영(瞿家振) 미술(王興昌) 음악(劉雁西 吳
國) 조명(宋國楨) 편집(周鼎文)

_ **주요출연진** : 劉莹(鄭爽) 天韻(佟瑞欣) 丁崗(吳冕) 蔡鴻根(穆怀虎) 李青青(榮
蓉) 林林(曹自牧) 毛頭(徐俊) 初曉(倪童) 阿金(韋國春) 丁嘉元 吳云芳

_ **시놉시스**　: 상하이 청년 신문사는 고아들을 위해 자선활동을 준비한다. 하
지만 여기자 류잉(劉莹)은 자선활동에 조금도 관심이 없다. 그녀에게는
남편과 이혼을 하고 딸이 강에 빠졌을 때 누구의 도움도 받지 못하고 자
식을 보내야 했던 과거가 있었기 때문이다. 청년 피아노 수리공 톈윈(天
韻)은 류잉의 태도를 이해하지 못한다. 자선활동은 성공적으로 끝나고
류잉도 깊은 감동을 받는다. 딩강(丁崗)은 외로운 아들 마오터우(毛頭)를
위해 백혈병에 걸린 린린(林林)을 집으로 데려오고 마오터우는 정성껏
린린을 보살핀다. 톈윈은 피아노 수리를 통해 류잉을 이해하게 되고 그
녀를 위해 고아 추샤오(初曉)를 데리고 와서 두 사람이 책임지고 보살피
기로 한다. 톈윈은 류잉에게 가정을 다시 만들자고 이야기하고 류잉도
진심으로 고려하지만 갑자기 생각을 바꾸고 말도 없이 떠나버린다. 딩강
은 린린이 자신의 사생아라는 사실을 알아낸다. 린린이 딩강의 딸이라는
사실을 알고 차이홍건(蔡鴻根)은 크게 화를 내고, 린린은 집을 나가버린
다. 린린의 병은 이미 치료 할 수 없는 상태다. 복지원에서 다시 집으로
데려오던 중 린린은 '세상에서 엄마만 좋아(世上只有媽媽好)'를 부르면
서 딩강의 품에서 죽는다. 류잉은 톈윈이 불을 끄다가 부상을 당했다는
소식을 듣고 그를 보러 가는데 뜻밖에도 그녀의 딸이 물에 빠져 죽을 때
현장에서 고기를 잡고 있었다는 이야기를 해준다. 그리고 수영을 못하기
때문에 구해줄 수 없었다고 이야기한다. 류잉은 추샤오를 입양하려고 하
지만, 추샤오는 이미 다른 사람에게 입양되어버린 상태다. 류잉이 딩강
을 취재하러 가보니 차이홍건은 만취해 있고 딩강과 마오터우는 나가고
없다. 류잉은 사회에는 진실이 필요하고 특히 낯선 사람에게는 진실한
사랑이 필요하다고 생각한다.

비정한 사수 悲情槍手(GRIEVED GUNFIGHTER)

_ 출품년도   : 1994년

_ 장르   : 스릴러

_ 감독   : 위번정(于本正) 우톈츠(吳天慈)

_ 제작사   : 上海電影制片廠

_ 주요스탭   : 시나리오(張卓妍 吳天慈 蘭之光) 촬영(沈妙榮) 미술(陳春林) 음
             악(龔德君) 조명(李林發) 편집(劉嘉麟)

_ 주요출연진 : 冷亦嘯(周里京) 董浩然(何麟) 肖崗(高穎) 陳麗娜(潘婕) 徐達態
             (黃達亮) 肖洁榮(談鵬飛) 阿四(譚增衛) 阿陳(阿衛國) 周志清 徐才根 宋妙
             榮 成家驥

_ 시놉시스   : 태평양전쟁이 발발하기 전의 고도 상하이, 일본 육군총본부는
             상하이의 비밀결사대를 없애고 상하이의 상업계를 통제하기 위해 일명
             '사마귀' 라는 음모를 꾸민다. 일본 고급 특무는 천룡회(天龍會) 두목 샤
             오제룽(肖洁榮)을 친일동맹회 회장에 임명하지만 샤오제룽은 매국노 노
             릇을 하고 싶지도 않고 또 감히 일본인의 눈 밖에 나고 싶지도 않다. 그러
             나 천룡회의 최고 사수 렁이샤오(冷亦嘯)는 일본인에 맞선다. 샤오제룽
             은 렁이샤오의 이런 행동에 불만을 갖고 둥하오란(董浩然)을 시켜 그를
             저지한다. 둥하오란은 샤오제룽의 딸 샤오강(肖崗)을 좋아하고 있을 뿐
             만 아니라 천룡회의 회장자리를 계승하기 위해 렁이샤오를 모함해서 축
             출한다. 그러나 일본인의 잦은 협박과 회유를 버티기가 어려워지자 샤오
             제룽은 렁이샤오를 축출한 것을 후회한다. 그래서 샤오강에게 그의 행방
             을 찾으라고 명령한다. 샤오제룽은 야외 별장으로 피신하던 중 복면을
             한 사람들에게 살해당하고 렁이샤오와 둥하오란은 서로를 의심한다. 렁
             이샤오를 의심한 천룡회가 매복을 하고 있는데 천리나(陳麗娜)가 차를
             몰고 와서 렁이샤오를 구출한다. 렁이샤오와 둥하오란이 최후의 결전을
             하려는 순간 또 다시 복면을 한 사람들이 나타나 둥하오란과 아청(阿成)

을 죽인다. 렁이샤오는 복면한 사람이 아쓰(阿四)라는 사실을 알아낸다. 모든 일이 일본군 헌병사령부의 '사마귀 계획'에 따라 일본인 특무 천리나가 꾸민 것이었다. 렁이샤오는 일본군 사령부가 축하행사를 열고 있을 때 공격해서 천리나를 총살한다.

_ 핵심어 　　: 비밀결사대 사마귀계획 매국노 음모
_ 작성자 　　: 조병환

오피스걸 奧菲斯小姐(OFFICE GIRLS)

_ 출품년도 　　: 1994년
_ 장르 　　: 사회/멜로
_ 상영시간 　　: 107분
_ 감독 　　: 바오즈팡(鮑芝芳)
_ 제작사 　　: 上海電影制片廠
_ 주요스탭 　　: 시나리오(楊鑫基 沈寧悅 鮑芝芳) 촬영(趙俊宏 臧鴻鈞) 미술(周 頎人) 음악(劉雁西) 조명(李林發) 편집(徐世華)
_ 주요출연진 : 伊蒙(寧靜) 味味(周笑莉) 燕燕(李紅) 蔣翔(肯榮生) 林根(佟瑞欣) 汪敏(高曙光) 裘方貴(吳文倫) 조지(張康爾)
_ 시놉시스 　　: 이멍(伊蒙), 웨이웨이(味味), 옌옌(燕燕) 세 친구는 졸업 후 각자 취업을 한다. 이멍은 캉러(康樂)그룹의 광고부 주임이고, 웨이웨이는 진 펑(金鳳)호텔에서 일하며, 옌옌은 무얼(莫爾)패션회사에 근무한다. 세 사 람은 종종 일과 생활에 관해 이야기를 나눈다. 이멍은 원칙을 지키고 회 사의 이익을 보호하기 위해 부사장이 동의한 허위광고를 반대한다. 그녀 는 남자친구 장샹(蔣翔)의 제안에 따라 직접 이사장에게 보고하지만 이 사장은 그녀가 위계질서를 지키지 않았다고 야단을 친다. 장샹은 부교수 로, 다른 사업도 겸하고 있다. 그는 이멍의 사회활동을 이해하고 지지를 보낸다. 이멍은 장샹을 사랑하지만 사랑과 결혼은 별개라고 생각한다. 웨이웨이는 열정적이고 진술하며 열심히 일한다. 그녀는 일본에 있는 남 편 린건(林根)을 조신하게 기다리며 남편이 돈을 많이 벌어 돌아오기를 바란다. 웨이웨이는 열심히 일하여 사장 추팡구이(裘方貴)의 비서로 승

진한다. 린건은 많은 돈을 벌어 돌아오지만 사람이 완전히 변해 있다. 옌옌은 두 친구가 자신보다 앞서나가는 것을 보고 은근히 자신을 그들과 비교한다. 옌옌은 남자친구 왕민(汪敏)이 자신을 데리고 출국해주기를 원해서 그에게 토플시험을 치라고 독촉한다. 하지만 왕민은 출국하지 않아도 국내에서 발전할 수 있다고 생각하여 옌옌과 대립한다. 이밍은 지금 회사에서는 제약이 많아 큰일을 할 수가 없다고 생각하고 회사를 옮기고 싶어 하는데, 때마침 중국에 시찰하러 온 원썬(文森)을 알게 되어 투자방향을 고찰하는 데 도움을 준다. 원썬은 중국에서 투자하기로 결정하고 이밍을 자신의 투자대리인으로 선정한다. 그녀는 캉리그룹에서 얻을 수 있는 승진 기회와 장상의 오해에도 아랑곳하지 않고 원썬의 제의를 받아들여 회사를 옮긴다. 웨이웨이는 린건의 비밀을 알게 되고 두 사람의 관계는 점차 악화된다. 웨이웨이는 사장과 지방 출장을 갔다가 강간을 당한다. 린건은 웨이웨이의 부정을 용서하지 못하고 주식에서도 참패를 당해 결국 자살한다. 옌옌은 오매불망 출국하고 싶은 마음에 왕민과 결별하고 사장 조지의 품으로 뛰어들지만 조지는 여권을 암거래하는 범죄자로, 범죄가 밝혀지는 바람에 옌옌의 꿈은 깨어진다. 그러나 이때 왕민은 토플시험에 통과하여 출국 여권을 얻게 된다. 웨이웨이는 추펑구이를 협박하여 출국여권을 얻어내고 고통스러운 마음으로 외국으로 간다. 이밍은 우연히 장상과 마주치는데, 두 사람은 잠시 바라보다가 마침내 격정적으로 상대를 향해 뛰어간다.

_ 단평   : 중국의 여성 화이트칼라계층이 개혁개방의 물결 속에서 어떻게 자신의 운명을 헤쳐 나가고 인생항로를 보다 순조롭게 나아가게 할 수 있을 것인가는 중요한 사회문제이다. 여성도 자신의 정확한 인생관과 가치관을 가지고 있어야 하며 이런 문제들을 정확하게 인식하고 있어야만 스스로 명확한 결정을 내릴 수 있다. 영화에서 세 여주인공의 처지는 많은 우연성이 있는 것처럼 보이지만, 사실은 그들 각자의 생활 논리가 가져온 필연적 진전의 결과이다. (http://www.mtime.com/movie/42512/)

_ 핵심어   : 여성의 사회활동 사랑과 결혼 출국
_ 작성자   : 곽수경

구사일생 絶境逢生(NARROW ESCAPE)

_출품년도   : 1994년

_장르   : 전쟁 극영화

_감독   : 장젠야(張建亞)

_제작사   : 上海電影制片廠

_주요스탭   : 시나리오(張建亞) 촬영(黃保華) 미술(項海鳴) 음악(潘國醒) 조
              명(楊義孝) 편집(孫惠民)

_주요출연진   : 철공(潘長江) 老萬(魏宗萬) 中尉(湯姆) 蓮妹子(葉芳) 春子(孫海
              虹) 西原(李天濟) 李선생(石靈)

_시놉시스   : 2차 세계대전 기간 중 중국의 어느 해역, 일본 군함 한 척이 어
              두운 바다 위에 떠 있고, 초음파 탐지 병사들은 긴장 속에 미잠수함의 행
              적을 조사한다. 미군은 암초 속에서 숨을 죽이고 있는데, 일본 여자 하루
              코(春子)도 그 안에 있다. 교활한 함장 산료우메(三目)는 철수를 명령한
              후 전투를 준비한다. 이에 미 잠수함은 함정에 빠져 행적이 탄로 나게 되
              고 일본군은 심해 폭탄을 발사한다. 어부의 딸 렌메이쯔(蓮妹子)와 철공
              천(陳)은 바다에서 고기를 잡고 있다가 미군 조난자들을 발견한다. 서로
              말이 통하지 않아 미 함장 토드의 노력 끝에 철공은 겨우 그들이 일본을
              치려 한다는 것을 이해하게 된다. 렌메이쯔와 철공은 그들을 마을로 데
              려간다. 어촌에서는 라오완(老萬)이 어민 항일 결사대를 이끌고 일본 거
              점을 공격한다. 거점 안의 일본군 연대장 시위안(西原)은 하루코를 찾는
              다. 그녀는 암호 해독 전문가로 많은 기밀을 알고 있었던 데다가 잠수함
              의 이번 임무도 그녀를 태평양 미군기지로 데려가는 것이었다. 미국 병
              사들은 포로가 되고 하루코는 빠져나가지만 혼자 밖으로 나갔다가 일본
              군 포로가 된다. 리(李)선생의 도움으로 어민들은 미군의 중요한 임무를
              알게 되고, 라오완의 유격대가 그들을 돕기로 한다. 비행장으로 도망간
              하루코는 직접 비행기를 몰아 일본군을 공격한다. 이때 미군 기지의 구
              조 요원들이 도착한다.

_핵심어   : 2차 세계대전 미국 일본 항일결사대

_작성자   : 김정욱

이연걸의 정무문 精武英雄(FIST OF LEGEND)

_출품년도   : 1994년

_감독   : 천자상(陳嘉上)

_제작사   : 北京電影制片廠 正東影業有限公司

_주요스탭   : 시나리오(陳嘉上) 무술감독(袁和平) 촬영(溫文杰) 미술(馬光榮)
       음악(顧喜輝)

_주요출연진 : 陳眞(李連杰) 山田光子(中山忍) 霍廷恩(錢小豪) 藤田(周比利)

_원작   : 李小龍의 〈精武門〉

_시놉시스   : 20년대 말, 일본 유학 중이던 천전(陳眞)은 사부 휘위안자(霍元
       甲)의 사망 소식을 듣고 귀국한다. 천전은 사부를 죽음에 몰아넣은 공수
       도 고수 아쿠타카와(芥川)를 찾아가 겨루어보고, 그가 사부의 상대가 되
       지 않는다는 사실을 알고, 사부의 죽음에 모종의 음모가 있음을 감지한
       다. 천전은 사부의 입관식에 뛰어들어 시신을 부검하고, 사부가 결투 전
       에 이미 독극물에 중독되어 있었음을 밝힌다. 휘위안자와의 대결이 정당
       하지 않았음을 눈치 챈 제찬은 자신을 배후에서 조종했던 일본군관 후지
       타(藤田)에게 항의하다가 살해된다. 후지타가 아쿠타카와의 죽음을 천전
       에게 뒤집어씌우는 바람에 천전은 재판장에 서게 된다. 마침 일본인 여
       자친구 야마다(山田)의 변론으로 누명을 벗지만, 이 때문에 천전은 정무
       관 사람들에게 비난을 사게 되고, 결국 정무관을 떠난다.
       　후지타는 정무관을 꺾어 일본 공수도의 위세를 떨치기 위해 정무관의
       후계자인 휘위안자의 아들 휘팅언(霍廷恩)에게 결투를 신청한다. 휘팅언
       은 자신의 실력으로는 후지타를 막아낼 수 없음을 인정하고, 천전에게
       집안의 비전인 곽가권을 전수한다. 천전은 곽가권과 신식 권술을 접합하
       여 후지타를 쓰러뜨리고, 일본군관을 살해한 혐의로 체포된다. 하지만
       중국인 형사의 도움으로 배신자의 시신을 이용하여 죽음을 가장하고, 천
       전은 중국인을 핍박하는 또 다른 적들을 찾아 떠난다.

_단평   : 리샤오룽의 걸작 〈정무문〉을 리롄제를 주연으로 다시 만들었

다. 현란하고 과장된 무술 연기는 눈을 사로잡지만 원작 〈정무문〉의 아우라는 담아내지 못했다. 하지만 리샤오룽의 천전이 민족적 정서와 분노의 대변자이자 폭발자라고 한다면, 리렌제의 천전은 전통적인 것과 근대적인 것(전통적 곽가권법과 권투에 가까운 새로운 권술 및 줄넘기, 조깅 등의 근대적 체력 단련 방식), 중국인과 일본인 사이의 소통과 결합의 가능성을 보여주는 인물이다. 그리고 원작 〈정무문〉의 상하이가 민족적 치욕과 그에 대한 저항의 공간이라고 한다면, 이연걸의 〈정무문〉의 상하이는 그와 동시에 새로운 문명이 서서히 자리 잡아가는 공간이라는 의미가 더해진다.

_핵심어   : 일제 무술의 대결 정무문 조계
_국내상영   : 1994년 12월 24일, 〈이연걸의 정무문〉이라는 제목으로 개봉
_작성자   : 유경철

지옥은 도대체 몇 층인가 地獄究竟有幾層(HOW ON EARTH IS IN THE HELL)

_ 출품년도   : 1994년
_ 장르   : 전쟁/액션/멜로
_ 감독   : 뤼샤오룽(呂小龍) 장닝(張寧) 장양(江揚)
_ 제작사   : 廣西電影制片廠 香港呂小龍制片公司
_ 주요스탭   : 시나리오(蕭馬 李志朴) 촬영(蔡小鵬) 미술(黎啓寧)
_ 주요출연진 : 秋山和美(李莉莉) 中村謙一(呂小龍)
_ 시놉시스   : 일본인 아버지와 중국인 어머니를 둔 추산(秋山)은 1938년 봄, 종군기자로 중국에 와서 전황을 알린다. 하지만 그녀의 기사에 대해 어머니는 물론이고 아버지도 실망한다. 추산은 일본의 종군위안부 학대를 목격하고, 이를 기사화한다. 일본 정보관 소속 나카무라(中村)는 추산의 감시와 보호 임무를 맡은 인물이지만, 추산에 대한 애정 때문에 일을 그르쳤다는 이유로 감금된다.

한편, 항일 지하 조직은 추산의 어머니와 사촌 언니의 도움을 받아 위안부에 관한 기사를 입수한다. 이 과정에서 추산의 어머니가 일본군에게 잡혀 살해당하고, 추산의 아버지 역시 자살한다. 나카무라는 추산이 위

험에 처한 것을 알고 탈옥해서 그녀를 도우려 하지만 추산은 일본군에게 잡혀 강간당한 후 위안소로 끌려간다. 추산은 그곳에서 갖은 고초를 당하지만 위안부에 관한 행위를 고발하는 기사 "지옥은 도대체 몇 층인가"를 완성한다. 이때 지하 조직의 반격이 시작되고, 나카무라 역시 그녀를 구하기 위해 위안소로 뛰어들지만, 그녀는 매독에 걸려 이미 731부대에 보내진 후이다. 나카무라는 위안소를 불태우고 일본군 장교와 대결하다가 함께 목숨을 끊는다.

731부대에서 추산은 매독 실험 대상이 되어 육체와 정신 모두 만신창이가 되지만 끝까지 일본제국주의를 고발하는 기사를 완성한다. 천황이 항복 선언을 하는 날, 추산은 세상을 떠난다.

_ **핵심어**   : 일제의 만행 731부대 종군위안부 반일 항일
_ **작성자**   : 유경철

천여지 天與地(HEAVEN AND EARTH)

_ **출품년도**   : 1994년
_ **장르**   : 액션 느와르
_ **상영시간**   : 100분
_ **감독**   : 리다웨이(黎大煒)
_ **제작사**   : 福建電影制片廠 香港天幕有限公司 香港永盛娛樂有限公司
_ **주요스탭**   : 시나리오(也住) 촬영(李屏賓) 미술(雷楚雄) 음악(林敏怡)
_ **주요출연진** : 張一鵬(劉德華) 陳少霞 劉松仁
_ **시놉시스**   : 1930년대 장이펑(張一鵬)은 난징(南京) 정부로부터 아편 밀매를 단속하고 조사하라는 명령을 받고 상하이로 파견된다. 하지만 상하이의 유명인사 다이지민(戴濟民)과 경찰서장 니쿤(倪坤)이 암흑가의 아편 조직과 손을 잡고 있고, 경찰 역시 그들과 연계되어 있어 장이펑의 수사는 난관에 부딪힌다. 경찰 중에서 '산둥 고양이(山東猫)'라는 별명의 경찰만이 그를 도울 뿐이다. 다이지민과 니쿤은 장이펑 때문에 활동에 제약을 받자 그를 제거하려 한다. 하지만 장이펑은 죽이지 못하고 그의 아내만을 살해하게 된다. 분노한 장이펑은 끝까지 이들과 맞설 것을 다짐하

고, 정보를 입수하여 '산둥고양이', 우쮠(邬君)과 함께 윈난(雲南)의 아편 생산 기지에 침투해서 다량의 아편과 다이지민, 니쿤을 체포할 증거를 압수한다. 이 와중에 '산둥고양이'와 우쮠은 목숨을 잃는다.

난징으로 돌아온 장이펑은 적을 소탕할 증거물을 상사에게 건네지만, 도리어 상사에게 죽임을 당하고 만다.

_ **단평**   : 1980년대 말부터 1990년대 초중반까지 일명 '홍콩 느와르'라고 불리는 작품들이 엄청나게 제작되었다. 이 영화 역시 그런 맥락에서 제작되었고, 또 그러한 기대와 요구 속에서 한국에도 상영되었다. 전체적으로는 액션과 오락에 치중한 영화이다. 당시 한국 등지에서 인기가 높았던 류더화(劉德華)의 출연작으로 소개되었지만 그다지 큰 인기는 끌지는 못했다.

홍콩 액션 영화들이 그렇듯이, 약간은 과장되고 또 허무적 영웅주의를 표방하고 있으며, 작품 초반에 임무를 띠고 광저우(廣州)에서 상하이로 파견되어 온 류더화 부부가 보고 느끼는 상하이의 현란함, 그에 따르는 퇴폐성에 대한 지적이 눈에 띈다. '산둥고양이'의 토로를 통해 상하이 이주자의 소외감 등을 표현하고 있다.

_ **핵심어**   : 암흑가 아편 마약 경찰의 비리 주인공의 죽음
_ **국내상영** : 1994년 개봉, 1996년 8월 24일 〈천여지〉란 이름으로 TV 방영
_ **작성자**   : 유경철

레드로즈, 화이트로즈 紅玫瑰與白玫瑰(RED ROSE, WHITE ROSE)

_ **출품년도** : 1994년
_ **장르**   : 멜로
_ **상영시간** : 111분
_ **감독**   : 관진평(關錦鵬)
_ **제작사**   : 天山電影制片廠 臺灣第一影業公司
_ **주요스탭** : 시나리오(劉恒) 촬영(杜可風) 미술(朴若木) 음악(小蟲) 조명(陳志雲 門學義) 편집(Brian Schwagmann)
_ **주요출연진** : 嬌蕊(陳衝) 孟烟鸝(葉玉卿) 振保(趙文瑄)
_ **원작**   : 장아이링(張愛玲)의 동명소설

_시놉시스   : 전바오(振保)의 삶 속에는 두 명의 여인이 있다. 아내 멍옌리(孟烟鸝)는 흰 장미를 닮았고, 정부 자오루이(嬌蕊)는 붉은 장미를 닮았다. 전바오는 집안이 가난했지만 어려서부터 고군분투하여 영국유학을 했고 우수한 성적으로 졸업하기 전 영국회사인 훙이(弘益)염색공장의 요청을 받고 상하이로 돌아오자마자 바로 취직을 한다. 전바오는 직장 근처에 아파트를 얻어 동생 두바오(篤保)와 함께 산다. 아파트 주인 왕스훙(王士洪)은 전바오의 영국시절 동창으로, 왕스훙의 아내 자오루이는 싱가포르 화교다. 그녀는 유명한 사교계 여인으로 미모가 빼어나다. 전바오는 그녀기 아름답기는 하지만 친구의 아내와 못된 짓을 해서는 안 된다고 스스로에게 타이른다. 스훙이 싱가포르로 출장을 떠난 후, 자오루이가 만든 기회를 통해 전바오는 그녀가 총명하고 솔직하며 매우 매력적인 여성임을 느낀다. 전바오는 욕망을 억누르기 위해 의식적으로 자오루이를 피한다. 어느 날 저녁, 전바오는 자오루이의 유혹을 뿌리치지 못하고 두 사람은 부적절한 관계가 되어 매일 어울린다. 자오루이는 자신들의 관계를 남편에게 알리고 이혼한 후 전바오와 결혼하겠다고 한다. 전바오의 만류에도 아랑곳없이 자오루이는 남편에게 편지를 보낸다. 전바오는 자신과 스훙의 관계를 생각하고 그들 부부가 이혼하지 않기를 바라지만 오래지 않아 그들은 이혼을 한다. 어머니의 주도하에 전바오는 멍옌리와 결혼한다. 멍옌리는 대학을 졸업했고 부드럽고 수려한 여성이지만 전바오는 그녀에게 금방 무미건조함을 느끼고 그녀의 모든 것을 못마땅하게 여긴다. 긴장된 고부관계는 전바오를 더욱 실망시킨다. 어느 날 전바오는 길에서 자오루이와 마주친다. 그녀는 이미 재가했고 아들이 하나 있다. 자오루이는 자신의 선택을 후회하지 않는다고 말한다. 어느 날 점심 때 전바오가 예고 없이 집으로 돌아온다. 아내가 곱사등이 재봉사와 함께 있다가 허둥대는 것을 발견하고는 옌리가 왜 그런 보잘 것 없는 사람을 선택했는지 아무리 생각해봐도 이해할 수가 없다. 전바오는 술에 취해 주정을 한다. 집안형편은 갈수록 나빠지고 옌리는 견디기 힘들어 사람들에게 눈물로 호소하여 동정을 받는다. 전바오는 옌리에게 폭력을 가하고 옌리가 도망을 치자 전바오는 자신이 이겼다고 생각하고 소리 없이 웃는다.

430

_단평   : 장아이링의 많은 소설들이 영화로 각색되었지만 대부분 원작에
구속되어 영화적으로 그다지 성공을 거두지 못했는데, 이 영화 역시 그다
지 새로운 것을 보여주고 있지 못하다. 관진펑 감독은 냉정하고 방관자적
인 태도로 어찌할 수 없는 정감을 묘사하고 있는데, 여성의 심리묘사가 섬
세하고 풍부하다.(http://www.cnmdb.com/newsent/20070824/1148916)

영화는 전체적으로 핑크빛 톤과 빛바랜 색감의 화면, 전바오의 심정을
설명하는 짧은 단락의 글 등을 보여줌으로써 동화적이고 아련하며 몽롱
한 분위기를 자아낸다. 처음에 짙은 핑크빛 톤은 조금씩 변색되면서 전
바오가 결혼을 하면서 흰색으로 바뀌어 전바오의 사랑에 대한 생각의 변
화를 표현하고 있다. 하지만 흰색 배경이 지나치게 밝은 햇살에 반사되
어 결혼 역시 정상적인 행복을 주지 않는다는 것을 알 수 있다.

또한 영화는 거울이나 벽에 비친 그림자, 조명, 창문 격자, 음악, 내레이
션 등과 같은 장치를 통해 몽롱한 현실과 심정 등을 표현하고 있다. 즉 영
화가 시작되었을 때 모텔에서 전바오의 실제 모습과 거울에 비친 모습을
동시에 화면에 보여줌으로써 그의 분열된 의식세계를 표현한다든지 거울
이나 열차의 창에 비친 사람들의 모습을 통해 전바오가 자신을 바라보는
시선을 느끼고 부담스러워하는 심정을 반영하고 있다. 그늘이 드리워진
조명, 창살이나 나뭇가지, 창문의 격자 등을 통해 비치는 조명, 관객이 숨
을 죽여야 할 것만 같은 영화의 잔잔한 전개와 장엄한 음악 등이 명쾌하지
못하고 답답한 느낌을 주는데 이를 통해 두 사람의 처지와 심정을 반영하
고 있다. 또한 전바오인 듯하면서도 제3인칭으로 전개되는 내레이션이 전
바오의 처지를 그에게만 국한시키는 것이 아니라 객관화시키고 있다.

_특기사항   : 타이완 금마상(金馬獎) 최우수여우상, 최우수극본상, 최우수미
술상, 최우수조형설계, 최우수음악상을 획득

_핵심어   : 아내와 정부 사랑 결혼 여성 우정

_작성자   : 곽수경

붉은 모자의 로맨스 紅帽子浪漫曲(THE ROMANCE OF PORTERS)

_출품년도   : 1994년

_ 장르   : 멜로

_ 감독   : 위제(于杰)

_ 제작사   : 上海電影制片廠

_ 주요스탭   : 시나리오(吳宏理 沈正道) 촬영(兪士善) 미술(王興昌) 음악(楊弟
          謝國杰) 조명(秋在耀) 편집(王漢昌)

_ 주요출연진 : 大龍(倪瑞欣) 小青(耿歌) 米老鼠(宁理) 牛대장(毛永明) 楊大隆
          (韋國春) 雪珍(高穎) 斑馬(戴兆安) 莎莉(范小波) 玲娣(曾丹) 程雷 楊德根
          舒适 仲星火 李天濟 梁明 王靜安 張文蓉 柳杰

_ 시놉시스   : 상하이 열차 승강장에는 승무원들이 특이한 복장을 하고 있는
          데 그들을 '빨간 모자'라고 부른다. 그들은 마치 가족을 대하듯 항상 친
          절하게 승객을 대한다. 다룽(大龍)은 샤오칭(小青)을 좋아하지만 샤오칭
          은 다룽에게 관심이 없다. 미라오수(米老鼠)는 적극적으로 다룽이 결혼
          상대를 찾는 일에 관심을 가지고 밤을 새워 다룽 대신 구혼광고를 쓴다.
          상대를 만나러 가야 할 시간이 되어도 미라오수는 다룽을 찾지 못하자
          자신이 대신 나간다. 상대가 나오지 않아 미라오수가 자리를 떠나려고
          하는데 샤오칭이 온다. 구혼상대가 바로 샤오칭이었던 것이다. 이때 다
          룽은 병원에서 출산하는 산모를 돕고 있었다. 미라오수는 다시 다룽을
          위해 약속을 정한다. 많은 실수와 오해를 거쳐 다룽과 샤오칭은 가족이
          된다. 또한 '빨간 모자'들의 도움으로 세 자매는 상하이를 마음껏 유람하
          고 가족들도 찾는다.

_ 핵심어   : 승강장 빨간 모자

_ 작성자   : 조병환

상하이 트라이어드 搖啊搖, 搖到外婆橋(SHANGHAI TRIANGLED)

_ 출품년도   : 1995년

_ 장르   : 극영화

_ 감독   : 장이머우(張藝謀)

_ 제작사   : 상하이영화제작소(上海電影制片廠)

_ 주요스탭   : 시나리오(畢飛字) 촬영(呂樂) 미술(曹久平) 음악(張廣天) 편집(杜媛)

_ **주요출연진** : 小金寶(鞏俐) 탕어르신(李保田) 宋二爺(孫淳) 水生(王嘯曉)

_ **원작** : 李曉 소설 『門規』

_ **시놉시스** : 1930년대, 부슬부슬 비 내리는 어느 날 14살의 시골 소년 수이성 (水生)은 상하이로 온다. 류아저씨(劉叔)를 따라 탕어르신 집으로 가는 길에 아무에게나 쓸데없이 묻지 말라는 당부를 듣는다. 수이성이 맡을 일은 탕어르신의 여자이자 상하이 가무(歌舞)의 황후인 샤오진바오(小金 寶)를 시중드는 것이다. 탕어르신 집에서 수이성은 유리 병풍을 사이에 두고 시중을 든다. 그러다 탕어르신이 쓰예(師爺), 쑹얼예(宋二爺), 싼예 (三爺)와 요담(要談)하는 장면을 목격한다. 수이성은 저녁 간식을 갖다 주러 갔다가 샤오진바오와 쑹얼예의 밀회를 보게 된다. 쑹얼예가 샤오진 바오를 기녀처럼 대하자 참지 못한다. 문틈으로 고통스러워하는 그녀를 보고 수이성은 동정심을 느낀다. 3일째 되는 날 밤, 저택에서 총성이 들 리고 번잡한 소리가 들리더니 류아저씨가 탕어르신을 보호하려다 목숨 을 잃고 만다. 그날 저녁으로 탕어르신은 쓰예, 샤오진바오, 수이성을 데 리고 외딴 섬으로 피신한다. 섬에는 추이화(翠花)라는 과부와 그녀의 딸 이 살고 있다. 샤오진바오는 이리저리 누비고 다니다 추이화가 남자와 밀회하는 장면을 목격한다. 여섯째 날, 샤오진바오는 농촌에서나 입는 옷을 걸치고 물가에서 "노 저어라 노 저어라 외할머니 다리까지 노 저어 라"라는 동요를 부르며 놀다 갈대 사이에서 추이화와 밀애를 나눴던 남 자의 시체를 본다. 7일째 되는 날, 탕어르신은 샤오진바오, 쑹얼예, 추이 화 등을 모두 생매장하고 상하이로 떠난다.

_ **단평** : 이 영화는 장이머우 감독의 다른 영화와는 사뭇 다른 느낌을 주 는 영화다. 5세대는 기본적으로 연극 미학의 스토리 전개에서 벗어난 영 상 서사의 새로운 경지를 개척했다. 그들 중에서도 장이머우 감독은 〈붉 은 수수밭〉을 시작으로 5세대와 구별되는 자신만의 영상 공간을 구축해 왔다. 그 특징은 영화의 중심 문제를 보는 주변의 시각, 억압받는 여성, 허 구화된 시공간, 민속, 인생의 관조, 시각 조형, 색감 등을 꼽을 수 있다. 이 영화는 장이머우의 최초의 상업 영화일 것이다. 비록 그의 기존 영화와는 차이가 있지만 감독의 영상 서사적 특징은 심층 속에 잠복되어 있다. 시

골 아이 수이성(주변)의 시각으로 여성의 문제를 보고 있는 것이다. 여성 억압의 주체는 이 영화에서 추상적 심리 갈등이 여성 내면의 모순을 만들어내고 이런 '원형적' 갈등 속에서 인물 형상 서사를 완성하고 있다. 영화의 시공간이 확실히 허구화되어 있다. 상하이는 그저 감독의 영상 서사를 풀어가는 알맞은 미장센일 뿐 시공간적 실재성은 문제의 바깥에 있다. 영화의 배경 화면으로 보이는 고층 빌딩, 호화로운 서양식 내실, 시끌벅적한 무도회장 내부 속에 상하이를 상징하는 구조물들을 찾아보기 쉽지 않다. 감독은 인물의 생활 방식과 사상을 더 중시하고 있다. 같은 암흑가의 문제를 다룬 홍콩 느와르와 다른 장이머우식의 영상에 주목할 만하다.

_ **핵심어**   : 암흑가 복수 배신 5세대감독 상업영화
_ **작성자**   : 김정욱

위험한 소녀 危情少女(A GIRL IN DANGER)

_ **출품년도**   : 1995년
_ **장르**   : 스릴러
_ **감독**   : 러우예(娄烨)
_ **제작사**   : 龍威制片公司
_ **주요스탭**   : 시나리오(張建立) 촬영(張錫貴 李繼賢) 음악(潘國醒) 편집(陶玲芬 武珍年 宋繼高)
_ **주요출연진** : 汪崗(瞿疑) 路芒(龍勇) 劉大新(張先衡) 汪敬(吳文倫) 林護士(耐克)
_ **시놉시스**   : 악몽에서 놀라 깬 왕강(王崗)이 꿈속에서 보았던 『한여름 밤의 꿈』이라는 책을 꺼내 보니 그 책 안에는 정말로 집문서 한 장과 건물 평면도가 있다. 왕강은 이 사실을 남자친구인 루망(路芒)에게 말하지만 루망은 왕강이 갑작스런 어머니의 죽음으로 정신이 혼란스러워 착각한 것이라며 위로한다. 하지만 왕강은 자신이 찾은 것이 진짜라 생각하고 주장을 굽히지 않는다. 루망은 하는 수 없이 왕강과 함께 집문서의 주소를 찾던 중 우연히 그 집을 찾게 된다. 한편 루망의 치과에서 일하는 린(林) 간호사는 이상한 녹음테이프를 받고 그 남자가 지시하는 폐철강소로 나간다. 그곳에 도착하자 남자는 그녀의 약점을 이용하여 그녀에게 자신의

일에 동참할 것을 강요한다. 또다시 꿈속에서 3층에 매달려 있는 어머니의 시체를 보았다고 하는 왕강의 말을 듣고 화가 난 루망은 그녀를 데리고 3층으로 올라가서 확인을 하지만 거기에는 망가진 테이프 케이스만이 있을 뿐이다. 루망은 지방으로 자격검증시험을 보러 가면서 왕강에게 어려운 일이 있으면 린간호사와 의논을 하라고 하고 방 하나를 류자신(劉家新)이라는 남자에게 세를 주도록 한다. 왕강은 린간호사에게 이상한 꿈 이야기와 루망이 돌아오면 결혼한다는 이야기를 해준다. 하지만 린간호사는 그 이야기를 듣고 왕강을 죽일 약을 준비한다. 어느 날 왕강이 꿈에 놀라 깨어나 보니 손에 테이프 케이스가 쥐어져 있었다. 왕강은 린간호사를 찾아가 자신의 꿈 이야기를 한다. 이때 루망은 린간호사에게 전화를 걸어서 왕강에게 아버지의 행적을 찾으러 싼펑전(三峰鎭)에 왔다고 전해달라고 한다. 린간호사는 몰래 이 사실을 남자에게도 알려준다. 그리고 남자는 그녀에게 침통을 주며 왕강을 없애라고 한다. 천둥이 내리치는 밤 화려한 치파오를 입은 여자가 왕강을 죽이려고 방으로 들어가다 리제(李捷)에게 발각된다. 여자는 리제에게 상처를 입히고 도망을 치지만 리제 또한 그녀의 등에 상처를 입힌다. 류자신과 왕강의 부축을 받고 들어온 리제는 왕강을 죽이려는 사람이 린간호사라고 말한다. 상처를 입은 린간호사는 남자를 찾아가지만 남자는 간호사를 죽이고 자신이 직접 나선다. 남자가 류자신이 멀리 떠난 것을 확인하고 왕강을 없애려고 할 때 류자신이 갑자기 뒤에서 나타난다. 범인은 왕강 어머니의 전남편 왕징(汪敬)이었다. 그리고 류자신은 왕강의 친아버지로, 암암리에 딸을 보호하고 있었던 것이다. 왕징은 왕강의 어머니가 류자신과 서로 사랑하여 왕강을 낳자 왕강 외할아버지의 재산을 뺏고 왕강의 어머니에게 복수를 하려고 했던 것이다.

_ **핵심어**   : 꿈 진료소 간호사 친아버지 복수
_ **작성자**   : 조병환

인약황혼 人約黃昏(EVENING LIASON)

_ **출품년도**   : 1995년

_ 장르   : 멜로
_ 상영시간   : 97분
_ 감독   : 천이페이(陳逸飛)
_ 제작사   : 香港思遠影業公司 上海電影制片廠
_ 주요스탭   : 시나리오(王仲儒) 촬영(蕭風) 미술(陳紹勉) 음악(葉小鋼) 편집
              (張鐵剛 方文襄)
_ 주요출연진 : 나(梁家輝) 귀신(張錦秋)
_ 원작   : 徐訏 소설『鬼戀』, 1937년 잡지『宇宙風』제32기에 발표
_ 시놉시스   : 1932년 어느 날 저녁, 담뱃가게에서 이집트 담배 Era를 사던 신
              문기자는 검은 드레스를 입고 묘한 분위기를 풍기는 여인을 만난다. 여
              인은 자신을 귀신이라 부르고 신문기자를 사람이라고 부른다. 여인의 묘
              한 분위기에 매료된 신문기자는 순간 그녀에게 사랑을 느끼며 어렵사리
              다시 만날 약속을 정한다. 다음날 신문사에 출근한 그는 아무 이유 없이
              7층에서 떨어져 죽은 남자의 사건을 취재하게 되는데 이웃들은 그가 귀
              신을 만나서 죽게 되었다는 이상한 이야기를 한다. 귀신과의 두 번째 만
              남 이후 그들은 사흘에 한 번씩 늦은 밤 데이트를 하며 애정을 키워나간
              다. 어느 날 밤, 소나기를 피해 그는 귀신이라는 여자의 집에서 밤을 새는
              데 그녀의 묘한 분위기에 더욱 매료된다. 다음날 그녀가 귀신이 아니라
              는 것을 밝히려고 다시 그 여자의 집을 찾아가지만 그곳에는 노부부만이
              살고 있고 그 여자는 2년 전에 죽었다고 이야기한다. 그날 이후 그는 그
              녀의 행방을 찾지 못하고 매일 술로 보내다가 결국 입원을 하는데 그녀
              가 매일 병원에 다녀갔다는 사실을 알게 된다. 그리고 2년 전에 발생한
              살인사건에 그녀가 연관되어 있다는 사실도 알게 된다. 어느 날, 성당에
              서 그녀를 발견하고 그녀의 뒤를 쫓아 다시 만남을 가진다. 그녀가 이렇
              게 자신을 귀신이라고 하게 된 데는 남다른 이유가 있었다. 그녀는 부모
              가 선택해준 남자와 결혼을 했지만 끝내 집을 나와 한 남자를 사랑하게
              되고 그와 함께 무정부주의자들의 지하활동에 참여를 한다. 그러나 사랑
              하던 남자는 동료의 배신으로 2년 전 살해를 당했고 그 후 그녀는 스스로
              귀신으로 변장하여 살인자를 찾고 있었던 것이다. 다시 만난 그들은 한

동안 즐거운 시간을 보내지만 그녀는 다시 사라져버린다. 기자는 그녀의 행방을 쫓던 중 우연히 예전의 담뱃가게에서 그녀가 살인자를 살려둔 채 떠나는 것을 발견한다. 하지만 그녀는 또 다시 사라져버리고 그 후 신문기자는 그녀와의 만남을 기다리며 담뱃가게를 배회한다.

_ 단평　　　: 영화는 신문기자인 '나'를 1인칭 서술자로 하여 1930년대 상하이에서 일어날 기묘한 사랑을 이야기하고 있다. 천이페이 감독이 이전에 만들었던 〈海上舊夢〉과 일맥상통하는 영화로 상하이의 번영과 변화무쌍한 모습을 화면에 담고 있다. 영화는 독특한 이야기에 비교적 높은 예술적 경지를 부여하고 있다. 마치 유화를 그려놓은 것과 같은 배경을 하고 있으며 구도나 색채 그리고 조명의 배합이 조화를 이루고 있다. 또한 당시의 거리, 시장, 영국 조계지, 프랑스 조계지, 화려한 나이트클럽, 쉬자후이(徐家匯)의 교회당 등의 모습이나 인물의 성격과 감정이 섬세하게 그려지고 있다.

_ 핵심어　　: 귀신 신문기자 살인사건 무정부주의자 여성
_ 국내상영　: 1996년 비디오 출시
_ 작성자　　: 조병환

취권2 大醉拳(DRUNKEN MASTER 2)

_ 출품년도　: 1994년
_ 장르　　　: 액션/코미디
_ 상영시간　: 103분 추정
_ 감독　　　: 류자량(劉家良)
_ 제작사　　: 골든하베스트
_ 주요스탭　: 시나리오(카이치 윤, 에드워드 탕, 만밍 통) 촬영(통룽 충 외) 음악(웨랍 우 외)
_ 주요출연진: 成龍 狄龍 劉德華 梅艶芳
_ 시놉시스　: 민국 첫 해에 황페이훙(黃飛鴻)은 부친을 따라 둥베이에 가서 약재를 구매한 후 고향으로 돌아간다. 지나치게 비싼 세금을 내지 않으려고 페이훙은 주변이 번잡스러운 틈을 타서 귀중한 인삼 한 상자를 영국영사의 짐 속에 숨긴다. 기차가 떠나면 인삼을 찾아올 생각이었지만

어떤 사람이 영국영사의 짐에서 자신의 인삼 상자와 똑같은 물건을 꺼내는 것을 보고 오해를 하고 싸운다.

영국영사는 몰래 실은 중국물건 중에 귀중한 옥쇄가 보이지 않자 불같이 화를 내며 기차를 샅샅이 수색하라는 명령을 내린다. 페이훙은 그제야 자신이 찾아온 것이 인삼이 아니라 옥쇄라는 사실을 알게 된다. 페이훙은 불안해 어쩔 줄을 몰라 하며 부친을 따라 바오즈린(寶芝林)의 약방으로 가서는 나뭇가지를 인삼이라고 대충 속이고 부친에게 인삼을 잃어버린 사실을 감춘다.

영국영사는 대영박물관에 전시하려던 중국황제의 옥쇄를 잃어버려 부하 탄창(譚昌)에게 어떤 대가를 치러도 좋으니 반드시 찾아오라고 한다. 탄창은 기차에서 있었던 기억을 되살려 바오즈린으로 찾아가지만 황페이훙의 취권에 당해 머리를 싸매고 도망친다.

바로 이때 기차에서 페이훙과 겨루었던 무림의 고수 푸원치(福文祺)가 옥쇄를 찾으러 바오즈린에 와서 상황을 설명하자 페이훙의 가족들은 깜짝 놀라며 옥쇄를 돌려준다. 그러나 줄곧 바오즈린을 감시하던 탄창의 무리로 인해 피비린내 나는 싸움이 벌어지고 푸원치는 해를 당하고 옥쇄를 빼앗긴다. 국보를 되찾기 위해 페이훙과 친구 아찬(阿燦)은 밤중에 영국영사관으로 잠입하지만 불행히도 함정에 빠진다.

페이훙의 부친은 영국영사에게 바오즈린을 헐값에 넘기고 페이훙과 아찬을 보석으로 풀려나게 한다. 출옥한 후 황페이훙은 영국영사가 수출용 강철재료 속에 옥쇄와 대량의 중국문물을 숨겨 국외로 빼내가려는 것을 알고 친구들과 함께 영국병사와 격전을 벌인다. 펄펄 끓는 쇳물 화로 곁에서 황페이훙은 술 대신 알코올을 마시고 취권의 신비로운 위력을 발휘하여 적을 물리치고 옥쇄와 귀중한 문물들이 서양인의 손에 넘어가는 것을 막는다.

_ **특기사항** : 미국 시사주간지 『타임』에 의해 1994년 세계 10대 영화로 선정되었다.

_ **핵심어** : 황페이훙(黃飛鴻) 바오즈린(寶芝林) 영국영사 옥쇄 취권

_ **국내상영** : 1994년 국내 개봉

_ 작성자   : 곽수경

물푸레나무 金秋桂花遲

_ 출품년도   : 1996년
_ 장르   : 멜로
_ 감독   : 두민(杜民)
_ 제작사   : 北京電影制片廠
_ 주요스탭   : 시나리오(謝鐵驪) 촬영(黃心一) 미술(曉濱) 음악(王酩)
_ 주요출연진 : 于文朴(馮遠征) 陳二妹(馬翎雁) 翁蓮(于慧) 許蘭芝(吳丹)
_ 시놉시스   : 1920년대 상하이 빈민가의 장(張)노인은 다락방 한 채를 나무판
자로 막아 한쪽은 학자 위원푸(于文朴)에게 세를 주고 다른 한쪽은 17세
여공 천얼메이(陳二妹)에게 세를 내준다. 천얼메이는 처음에는 위원푸를
경계하지만 그가 공부만 하는 사람이라는 것을 알고 점차 호기심을 갖게
된다. 8년 전 위원푸는 강제결혼에 반항하여 집을 뛰쳐나와 일본 유학을
다녀온 후 번역을 하면서 생계를 유지하고 있다. 천얼메이는 담배공장에
서 일을 하고 있다. 어느 날 위원푸는 받은 원고료로 음식을 사서 천얼메
이가 돌아오기를 기다리는데 천얼메이는 돈의 출처에 의심을 갖는다. 하
지만 위원포의 설명을 듣고 천얼메이는 자신이 오해했음을 알고 사과한
다. 위원푸는 모친이 위급하다는 전보를 받고 원고료 5원을 물푸레나무
아래에 두고 고향으로 돌아간다. 고향으로 돌아간 위원푸는 자신을 불러
들인 것이 거짓 전보였음을 알고 화가 나 아내와 같은 침대를 쓰지 않는
다. 원래 그의 결혼은 부모가 결정한 것으로 마을의 규율상 하는 수 없이
결혼을 했던 것이다. 하지만 어머니에게 꾸지람을 듣고 침대머리에서 울
고 있는 아내를 보자, 결혼식 날 초라한 혼례를 마치고 그날 밤 혼자 말없
이 눈물만 흘리고 있던 아내의 모습이 떠올라 그는 아내에게 미안한 마
음을 느낀다. 집을 떠나려고 하던 차에 친구 웡저성(翁則生)이 결혼한다
는 편지를 받고 웡저성의 집으로 간다. 웡저성의 집에 도착하자 그의 여
동생 롄(蓮)이 제일 먼저 그를 맞이한다. 롄은 부잣집 아들과 결혼했지만
남편이 방탕한 생활로 죽자 시어머니가 그녀를 집으로 돌려 보내버렸던

것이다. 웡저성은 위원푸에게 자신이 결혼할 때 렌이 마음에 걸린다고 하며 그에게 렌을 데리고 잠시 나가 있을 것을 부탁한다. 다음날 위원푸와 렌은 같이 우윈산(五雲山)으로 유람을 떠나고 위원포는 렌이 항상 자신을 친오빠처럼 여겨줄 것을 바란다. 그리고 물푸레나무꽃은 늦게 피지만 꽃향기가 깊고 멀리 퍼지는 것처럼 그들의 행복한 결혼생활도 그윽하기를 축원한다. 위원푸가 떠나는 날 렌은 그에게 오빠라고 쓴 종이 한 장을 준다. 위원푸는 상하이로 돌아오고 천얼메이는 직업을 잃지만 위원푸의 소개로 학교에서 일을 하게 된다. 렌은 위원푸를 찾으러 상하이에 오지만 여관에서 여성혁명가 장잉메이(張迎梅)를 만나 혁명의 전선에 뛰어든다. 그리고 위원푸의 글은 너무 투쟁적이라는 이유로 편집부에서 거절을 당한다. 위원푸는 분노에 싸여 원고를 하늘 높이 던져버리고 북벌군의 노래 소리와 함께 시대의 큰 흐름에 몸을 던진다.

_ **핵심어**   : 다락방 학자 원고료 담배공장 물푸레나무 결혼 여성
_ **작성자**   : 조병환

주인 이야기 老板的故事

_ **출품년도**   : 1996년
_ **장르**   : 액션
_ **상영시간**   : 89분
_ **감독**   : 웨이자후이(韋家輝)
_ **제작사**   : 上海電影制片廠 등
_ **주요스탭**   : 시나리오(周潤發 韋家輝) 촬영(黃永恒) 미술(奚仲文) 음악(黃嘉倩)
_ **주요출연진** : 王阿平(周潤發) 阿曼(葉童)
_ **시놉시스**   : 1921년 상하이, 전설적 살인왕 왕아핑(王阿平)은 단번에 200여 명의 악당들을 해치우고, 그 자리에 허핑반점을 세운다. 왕아핑은 허핑반점에 오는 사람은 누구라도 받아주고 숙식을 제공하지만 폭력은 절대 사용할 수 없다는 규칙을 만들었다. 이 불문율은 10년 동안 잘 지켜진다.
　　어느 날 아만(阿曼)이라는 여가수가 악당들의 위협을 피해 허핑반점으로 찾아온다. 아만은 자신의 이익을 위해서는 거짓말도 불사하는 교활

한 여자로, 그녀는 왕아핑을 유혹하여 자신을 보호하게 할 생각이었다. 갱단 패거리는 허핑반점에 나타나 아만이 자신의 동료를 살해하고 금괴를 빼내갔다고 주장하면서 왕아핑에게 아만을 내놓으라고 요구한다. 결국 왕아핑을 유혹하는 데 실패한 아만은 갱단에 투항했다가 반죽음이 되어 가까스로 허핑반점으로 돌아온다. 생사를 오가는 아만에게서 죽은 아내의 모습을 본 왕아핑은 그녀를 사랑하게 되고, 그녀를 보호하기 위해 수년 동안 손에 놓았던 무기를 다시 들게 된다. 그러나 이는 모두 갱단 두목이 왕아핑에게 복수하기 위하여 꾸민 계획이었다. 한편 아만은 진정한 사랑을 깨닫고 왕아핑에게 돌아오지만 허핑반점은 피로 물들고 왕아핑은 어둠 속으로 사라진다.

_ 단평　　　: 1990년대 영화의 상업화와 더불어 도시를 주제로 한 영화는 중국의 특정 도시를 배경으로 하는 경우가 많다. 이 중에서 상하이는 중요한 의미를 가지고 있는 도시이다. 20세기 상하이는 서구 열강의 조계지와 중국 권력투쟁의 중심지로 신구가 교차하는 혼란 속에서 균열된 모습을 보였다. 이 영화는 1920년대의 상하이를 무대로 전설적인 킬러 왕이핑이라는 영웅을 묘사하고 있다. 당시 암흑사회의 어지러운 현실을 통해 도시인의 비이성적인 모습과 고통을 보여주고 있으며 평화에 대한 간절한 염원을 담고 있다.

_ 특기사항　: 저우룬파(周潤發)가 홍콩 영화계를 떠난다고 공식 선언한 마지막 작품
　　　　　　 : 서양의 서부극 양식을 이용하여 중국적 서부극으로 만들었다. 저우룬파의 인기를 등에 업고 국내에 개봉했지만 그다지 많은 관객을 끌지는 못했다.

_ 핵심어　　 : 허핑반점 갱단 복수
_ 국내상영: 1996년 국내 개봉
_ 작성자: 조병환

스지교 아래 世紀橋下

_ 출품년도　 : 1996년
_ 장르　　　 : 사회극

_ 감독   : 뤄샤오링(羅小玲)

_ 제작사   : 中國兒童電影制片廠

_ 주요스탭   : 시나리오(葉孝愼) 촬영(侖士善)

_ 주요출연진 : 楊鶴立(黃晨) 董교장(鄭乾龍) 喬林(方超)

_ 시놉시스   : 이야기는 개혁개방 전, 상하이 푸둥(浦東)신구에서 시작된다.
중학생 축구경기에서 우환(五環)팀이 승리하자 축구부원들은 응원부 멍
사사(猛莎莎) 집에서 파티를 연다. 양허리(楊鶴立)의 어머니는 아들을 위
해 음식을 잔뜩 준비해서 축구부원들과 함께 축하를 하려고 하지만 아들
은 어머니를 냉대하며 어머니의 옆에 있으려 하지 않는다. 위안(袁) 선생
님은 그들이 제멋대로 축구부를 만들었다며 혼을 내주려고 하지만 갑자
기 둥(董)교장이 승리 축하 전화를 걸어오자 학생들은 기뻐한다. 교장은
산간벽지에서 벽돌을 굽는 차오린(喬林)을 부른다. 차오린은 선생님들과
급우들의 관심과 도움으로 공부를 할 수 있게 되고 반에서 뒤처진 급우
의 공부를 돕기도 한다. 하지만 수업시간에 차오린이 선생님에게 칭찬을
받자 양허리는 기분이 나빠진다. 양허리는 매년 각종 시합에서 상을 받
으면서 점점 오만해져서 어머니조차도 멀리한다. 양허리의 어머니는 이
런 자식의 모습에 걱정과 실망을 하게 된다. 양허리는 교만을 부리다가
경기에서 실수를 하여 차오린에게 패한다. 그래서 양허리는 멍사사의 생
일날 몰래 사진을 찍어 익명으로 교장에게 보내고 차오린은 멍사사에게
피해를 주지 않기 위해 교장에게 모든 책임을 지겠다며 학교를 떠난다.
둥교장이 학생들을 대상으로 한 '심리 자문'이라는 강연을 통해 양허리
는 자신의 잘못을 깨닫게 되고 차오린도 학교로 돌아온다.

_ 핵심어   : 축구경기 응원부 우환중등학교 교장

_ 작성자   : 조병환

상하이탄 新上海灘(SHANGHAI GRAND)

_ 출품년도   : 1996년

_ 장르   : 범죄/액션/멜로

_ 상영시간   : 115분

_ 감독   : 판원제(潘文杰)

_ 제작사   : (홍콩)永盛娛樂製作公司

_ 주요스탭 : 촬영(潘恒生) 음악(胡偉立) 편집(麥子善)

_ 주요출연진 : 張國榮(許文强) 劉德華(丁力) 寧靜(程程) 鄭宇成 黃佩霞

_ 원작   : 홍콩 텔레비전 드라마〈上海灘〉

_ 시놉시스 : 일본 통치시절 타이완, 야심찬 일본군에 의해 수많은 타이완 사
람들이 징집되어 중국 침략에 동참하게 된다. 젊은 군관 쉬원창(許文强)
도 그중의 하나로, 중국의 산하가 일본인의 손에 유린당하는 것을 참지
못해 둥베이를 공격하라는 명령을 받자 반란을 일으킨다. 그러고는 상하
이로 도망가서 수로로 타이완에 돌아가기로 한다. 배에서 쉬원창 등이
일본 특무에게 극심한 문초를 당하자 쉬원창의 동료들은 그를 구하기 위
해 비참하게 희생을 당한다. 쉬원창은 바다로 뛰어들지만 정신을 잃고
상하이탄으로 흘러간다. 딩리(丁力)가 지나가다가 그를 발견한다. 쉬원
창이 돌연히 정신이 들어 무의식 상태에서 딩리에게 주먹을 휘두르다가
다시 기절해버린다. 딩리는 측은한 마음에 쉬원창을 자기 집으로 데리고
가서 지켜본다. 쉬원창이 깨어났을 때 부둣가에서 맞았던 것이 괘씸해
때리다가 싸움이 붙지만 두 사람은 결국 친구가 된다. 상하이의 거두 펑
징야오(馮敬堯)는 쉬원창과 딩리를 이용하여 반대세력을 제거하려 한다.
딩리는 펑징야오의 딸 펑청청(馮程程)을 좋아하는데 우연한 기회에 그녀
를 구해주고 두 사람은 가까워진다. 하지만 쉬원창도 청청을 좋아한다.
예전에 쉬원창이 일본군의 추격을 피해 청청의 기차간에 숨게 되었고,
청청이 그를 일본군의 손아귀에서 벗어나게 도와주면서 두 사람 사이에
좋은 감정이 싹트게 되었던 것이다. 어느 날 쉬원창과 청청은 다시 만나
게 된다. 그때 쉬원창은 타이완에서 파견된 동료로부터 추격을 당하고
있었는데 청청이 다시 한 번 그를 구해준 것이다. 딩리와 쉬원창, 청청은
서로의 관계를 알지 못했으나 어느 날 딩리가 쉬원창과 청청이 함께 있
는 것을 목격한 후로 서로의 관계를 알게 된다. 청청은 쉬원창을 데리고
아버지에게 결혼 허락을 받으러 간다. 펑징야오가 시가에 불을 붙이는데
쉬원창은 펑징야오의 행동에서 그가 바로 일본군과 결탁해서 동료를 죽

이고 자신을 죽이려고 했던 자라는 사실을 알아차린다. 펑징야오 역시 쉬원창이라는 이름에서 그가 탈출한 타이완군관이라는 사실을 기억해내고 두 사람 간에 충돌이 발생하면서 쉬원창이 펑징야오를 칼로 찌른다. 눈앞에서 연인이 아버지를 살해하는 광경을 목격한 청청은 충격을 이기지 못하고 미쳐버린다. 딩리는 이 사실을 알고 난 후 괴로워하며 쉬원창을 찾아가 사생결단을 하기로 결심한다. 쉬원창은 상하이를 떠나기로 하고 딩리를 찾아간다. 딩리는 쉬원창을 피신시키기 위해 그가 죽은 것처럼 꾸미지만 쉬원창의 동료는 그런 사실을 알지 못하고 딩리를 죽인다. 그 와중에 쉬원창 역시 죽게 된다.

_ **단평** : 주요한 주인공의 입장에서 이야기를 서술하여 마치 수수께끼를 풀어가는 듯한 재미를 준다. 세 사람의 엇갈린 운명이 안타까우며 홍콩 제작사가 제작한 만큼 홍콩느와르의 풍격을 그대로 재현하고 있고 폭력이나 살인 등 다소 잔인한 모습이 보인다. 상하이영화제작소 세트장에서 촬영된 영화는 1930년대 상하이의 모습을 잘 재현하고 있다.

_ **특기사항** : 〈상하이탄〉은 1980년대 초 홍콩에서 드라마로 출발한 이후로 영화와 드라마로 여러 차례 리메이크된 바 있다. 최초의 텔레비전 드라마에서 주인공을 맡았던 저우룬파(周潤發)는 이로 인해 일약 스타가 되었다. 이 영화는 전편이 상하이 현지 올로케로 이루어졌으며 1930년대 상하이의 화려한 모습을 재현하였다. 고난도의 액션을 대부분 배우들이 대역 없이 직접 연기했으며 청청 역을 맡았던 닝징(宁靜)은 골절이 되어 입원을 하기도 했다고 한다.(http://www.mov99.com/movie/1998111308051_review.html)

　　　　　　 : 정우성이 특별출연했다.

_ **핵심어** : 상하이탄 타이완 일본특무 상하이 마피아

_ **국내상영** : 1996년 〈상하이탄〉이라는 제목으로 개봉되었다. 비디오로도 출시되었고 TV에서도 방영되었다.

_ **작성자** : 곽수경

쿵푸 신동들 神勇小拳童(KONG FU KIDS)

_ **출품년도** : 1996년

_ **장르** : 액션

_ **상영시간** : 90분 추정

_ **감독** : 청자지(成家驥) 리젠(李劍)

_ **제작사** : 上海電影制片廠

_ **주요스탭** : 시나리오(壬壽康 陸壽鈞 李劍) 촬영(何明) 편집(李劍)

_ **주요출연진** : 林國斌 孫淸 阮明吉 林威

_ **시놉시스** : 강남의 유명한 사찰 용산사(龍山寺)는 중국무술을 널리 알린 사찰이다. 허즈(賀智), 비이융(白勇)과 팡런(方仁)은 어리지만 훌륭한 무술 실력을 가지고 있다. 하루는 그들이 대사형 후이줴(慧覺)와 연마를 하고 있는데 '화메이(華美)관광단'의 관광객들이 그들을 둘러싸고 구경을 한다. 갑자기 관광객 중에 미국 화교 홍단니(洪丹尼)가 무공으로 돌비석을 맨손에 동강내어 사람들을 놀라게 한다. 홍단니는 후이줴에게 실력을 겨루자며 도전장을 던진다. 후이줴가 계율을 어기고 주먹다짐을 할 수가 없어 난처해하자 어린 세 친구가 용감하게 나서 대신 도전을 받아들인다. 가이드 아가씨 바이퉁(白彤)의 할아버지 바이랑(白浪)은 원래 용산사 일대의 유명한 무림고수였다. 그는 이미 연로하고 중풍이 들어 은퇴했지만 나서서 홍단니를 제압한다. 홍단니는 홍콩상인 야오진산(姚金山)을 데리고 용산사로 와서 팡장(方丈)과 바이랑에게 "아동무술 공연단을 조직해서 외국 순회공연을 다니며 중화무술을 널리 알리자"고 제안한다. 그리하여 바이퉁과 세 아이는 잠시 홍콩의 야오진산의 집에 머문다. 홍단니는 우연히 야오진산이 마약밀매자라는 사실을 알게 된다. 그는 즉시 바이퉁에게 아이들을 데리고 야오진산의 집을 떠나라고 통지하고 순회 공연계획을 취소한다. 하지만 바이퉁과 홍단니는 도망치다가 발각되어 밀실에 갇히고 세 아이는 놀러 나갔다가 길을 잃고 헤매는 와중에 사복 경찰 허런(何仁)을 만나게 된다. 허런은 아이들을 도와 집을 찾아주지만 야오진산은 자신의 일이 발각되었다고 오해하고 하수인을 시켜 허런과

아이들을 죽이라고 한다. 허런은 깡패와 싸우다가 부상을 입고 입원한다. 야오진산은 훙단니를 매수해서 순회공연을 이용해 마약 판매활동을 하려 한다. 훙단니가 단호히 거절하여 죽임을 당하려는 순간 바이퉁이 소매 속에 숨긴 침으로 살인자의 치명적인 혈자리를 찌르고 두 사람은 도망친다. 허런 역시 어린 친구의 도움으로 야오진산의 집으로 쳐들어가 그를 체포한다.

_ **특기사항** : 어린이용 영화
_ **핵심어** : 아동무술 마약밀매 사복경찰 홍콩
_ **작성자** : 곽수경

상하이 신부 上海新娘

_ **출품년도** : 1997년
_ **장르** : 사회/멜로
_ **상영시간** : 96분
_ **감독** : 스펑화(史風和)
_ **제작사** : 上海電影制片廠 新民晚報社
_ **주요스탭** : 시나리오(楊展業) 촬영(孫國梁) 미술(蔣伯林) 음악(王原平 徐鴻) 조명(鄒自偉) 편집(丁建新 周決 喩雁)
_ **주요출연진** : 單小荊(陳瑾) 王滬民(尹鑄勝) 安玉(李穎) 蘭蘭(陳璐) 胡向虹(薛國平) 阿福(毛永明)
_ **원작** : 新民晚報에 보도된 실화극
_ **시놉시스** : 윈난(雲南) 여성 단샤오징(單小荊)은 구혼광고를 통해 만난 왕후민(王滬民)과 결혼하려고 상하이에 온다. 왕후민은 단샤오징이 딸 란란(蘭蘭)을 데리고 온 것에 불만을 표하지만 이웃 아푸(阿福)의 설득하에 결혼식을 무사히 마친다. 공장 일을 그만 둔 왕후민은 일가족을 부양하기 위해 좋은 회사에 취업을 하려고 하지만 학력 때문에 일을 찾지 못하고 아푸와 옷장사를 시작한다. 단샤오징은 주민위원회에서 마련해준 자전거 주차관리 일을 시작한다. 아내가 하루 속히 아들을 낳기를 기대하고 있던 왕후민은 그녀가 임신을 하자 기뻐서 어쩔 줄 모른다. 하지만 왕후민은

사업 실패로 큰 손실을 입고 비관의 나날을 보낸다. 어느 날 단샤오징은 란란의 친엄마이자 동창생인 안위(安玉)을 만나고 돌아온 후 무리하게 비를 맞고 일을 하다가 유산을 한다. 단샤오징은 더 이상 임신을 할 수 없게 되고 왕후민에게 란란의 출생비밀을 알려준다. 아내에게 감동한 왕후민은 예전처럼 열심히 생활한다. 그런데 어느 날 친엄마 안위가 아무 말도 없이 란란을 데려가는 일련의 사태를 겪은 후 안위는 결국 란란을 돌려달라는 소송을 제기한다. 법정 공방은 한 치의 양보도 없이 진행된다. 마지막에 심금을 울리는 장(張)변호사의 변호는 사람들의 감동을 이끌어내고 안위는 고개를 떨어뜨린다. 하지만 최종판결을 기다리던 중 단샤오징은 갑자기 법관에게 란란을 친엄마에게 돌려보내겠다는 의사를 밝힌다.

_ **단평**   : 이 영화는 상하이 『新民晚報』에 보도되었던 기사를 영화화한 것이다. 도시의 급격한 경제변화로 인한 결혼과 가족의 문제가 중국 영화의 새로운 소재가 되고 있다는 것을 보여주고 있다. 영화는 단샤오징과 안위의 양육권을 둘러싼 법정싸움을 사회적으로 쟁론화하면서 개인의 가치관과 가정의 의미를 되새기게 한다.

_ **핵심어**   : 구혼광고 친엄마 법정 여성
_ **작성자**   : 조병환

나의 피 나의 사랑 我血我情(GUN WITH LOVE)

_ **출품년도**   : 1997년
_ **장르**   : 액션/멜로
_ **상영시간**   : 102분
_ **감독**   : 리신(李欣)
_ **제작사**   : 上海電影電視公司
_ **주요스탭**   : 시나리오(鄭向紅) 촬영(黃保華) 미술(孫爲德) 음악(蘇携傑)
_ **주요출연진** : 伊能靜 王亞楠 佟瑞欣
_ **시놉시스**   : 민국 초기의 상하이탄, 아버지를 일찍 여읜 다이(戴)집안 삼형제 칭윈(晴雲), 칭밍(晴明), 칭광(晴光)은 우애가 깊지만 성격은 판이하게 다르다. 첫째 칭윈은 가업을 이어 받아 대출업에 열중이고, 둘째 칭밍은

혁명당에 가입했으며, 막내 칭광은 아무 근심걱정 없이 천진난만하게 세월을 보낸다. 어느 날 잉잉(盈盈)이라는 벙어리 아가씨가 이들 삼형제 사이에 끼어들면서 그들 간에 조금씩 감정의 파란이 일어난다.

그러던 중 칭밍은 비밀공작을 수행하다가 피살당하고, 형의 죽음을 목격한 칭광은 의혹을 안고 집을 떠나 북으로 가서 암살단에 가입, 냉철한 킬러가 된다. 3년 후 상하이로 돌아온 칭광은 형의 복수를 시작한다. 이때 잉잉은 이미 큰 형의 아내가 되어 있다. 결국 칭광은 둘째 형을 팔아넘긴 것이 큰 형이라는 사실을 알고, 한 바탕 혈전을 벌여 큰 형을 살해한다.

_ **핵심어**　　: 복수 형제의 갈등 상하이탄
_ **작성자**　　: 유경철

무희 舞女(TIDE OF DANCING WOMEN)

_ **출품년도**　: 1997년
_ **장르**　　　: 전쟁/멜로
_ **감독**　　　: 선웨(沈悅)
_ **제작사**　　: 北京電影制片廠
_ **주요스탭**　: 시나리오(沈悅) 촬영(格日圖 黎濤)
_ **주요출연진** : 王艷平 陳道明
_ **시놉시스**　: 린뤄칭(林若青)은 베이징성 안나(聖安娜)무도장의 간판급 댄스스타이다. 그녀는 동생 후이전(慧貞)이 죽자 조카 린샤오첸(林小茜)을 데려다 키운다. 당시 베이징은 일본인의 점령 아래에 있었다. 지하 항일조직의 구성원이었던 리공자(李公子)는 일본인의 행적을 캐기 위해 종종 성안나 무도장을 드나들다가 어느새 린뤄칭과 사랑이 싹튼다. 루거우교(盧溝橋)사변이 발생하자 리공자는 항일 전선으로 달려간다. 린뤄칭은 조카를 데리고 피난행렬에 섞여 베이징을 떠난다. 상하이에서 린뤄칭은 비엔나 무도장으로 들어가 다시 댄서 일을 한다. 린뤄칭은 다시 리공자를 만나게 되어 미래에 대한 꿈을 꾸지만 상하이는 함락되고 리공자는 그녀의 눈앞에서 사라진다. 린뤄칭은 모금을 위한 댄스파티에서 딩무춘(丁默村)을 알게 된다. 딩무춘은 매국노로, 항일 상하이행동소조가 몇 차례 그를

암살하려고 하지만 실패한다. 행동소조의 푸(付)선생이 린뤄칭을 찾아와 그녀를 통해 딩무춘에게 접근하겠다고 하고 린뤄칭은 그를 돕겠다고 약속한다. 린뤄칭은 딩무춘이 사준 집에서 그를 기다리고 행동소조인 리공자도 암살 준비를 마치지만 딩무춘의 교활함으로 말미암아 계획은 여러 번 실패하고 리공자는 비참하게 죽는다. 7~8년의 세월이 지난 후 일본이 패망하고 국민당 정부는 무도장 폐쇄 명령을 내린다. 린뤄칭과 린샤오첸은 무희들을 대표하여 사회국에 폐쇄 철회를 청원하러 간다. 분노한 무희들은 정부 건물로 뛰어들고 경찰은 무희들에게 폭력을 행사한다. 혼란 속에 린뤄칭과 무희들이 붙잡혀 수감된다. 린뤄칭이 출옥했을 때는 이미 상하이가 해방이 되어 마침내 린뤄칭은 새로운 생활을 시작한다.

_ **핵심어**   : 무도장 지하항일조직 일본인 매국노 상하이해방
_ **작성자**   : 곽수경

용감히 상하이탄에 뛰어들다 義俠勇闖上海灘

_ **출품년도**   : 1998년
_ **장르**   : 사회극
_ **감독**   : 두웨이다(杜韋達)
_ **제작사**   : 娥眉電影制片廠   三寶娛樂制作有限公司
_ **주요스탭**   : 시나리오(杜梓杰 鄧家慧) 촬영(潘業 胡思光)
_ **주요출연진**   : 唐山(郵子丹) 于老七(于榮光) 于小債(朱菌)   葉玲(蔣虹) 劉國綁 (陳展鵬)
_ **시놉시스**   : 1930년대 상하이탄, 외국 유학에서 돌아온 젊은 의학박사 탕산 (唐山)과 제자 류궈방(劉國綁)은 의술로 사회에 보답하고자 상하이 교외에 진료소를 개업한다. 그때 도끼파 두목 위라오치(于老七)는 부하들을 이끌고 가서 주민들에게 땅을 팔라고 한다. 하지만 주민들이 단결 반항하자 위라오치는 부하들을 시켜 그들에게 폭력을 휘두른다. 그 사실을 안 탕산과 류궈방은 대나무와 봉으로 그들과 맞서며 부상을 당한 주민들을 치료해준다. 위라오치에게는 위샤오자이(于小債)라는 여동생이 있는데 그녀는 십여 년 간 벙어리로 살아왔다. 위라오치가 상하이 경마장에서 레이멍

(雷蒙)을 만나는데 탕산도 레이멍을 만나러 온다. 탕산은 레이멍에게 주민들의 안위를 보장해달라고 부탁한다. 이에 레이멍은 탕산에게 자베이(閘北)병원에 의사가 되는 조건으로 동의한다. 어느 날 위샤오자이가 예링(葉玲)이라는 몸종을 데리고 자베이병원에 간다. 예링은 접수를 하러 가고 탕산은 진찰을 받으러 왔다는 샤오자이의 말에 그녀의 목을 살펴본다. 이를 본 예링은 탕산이 위샤오자이를 모욕하는 것으로 오해하고 경찰을 부른다. 탕산의 해명으로 오해가 풀리지만 위샤오자이는 탕산을 좋아하게 된다. 위샤오자이는 탕산을 믿고 수술을 받기로 결심하는데 서양 의술을 믿지 않던 위라오치는 부하들을 이끌고 병원으로 온다. 예링의 권유로 위라오치는 탕산에게 7일간의 시간을 준다. 7일 후 신기하게도 위샤오자이는 말을 하게 된다. 하지만 위라오치는 그것이 수호신의 보호 덕이라고 우긴다. 며칠 후 많은 아이들이 실종되는 사건이 발생하고 심장, 위, 장 등이 없는 아이들의 시체가 발견된다. 류궈방은 우연히 이 사건이 레이멍의 지시로 위라오치가 아이들을 납치해서 저지른 일이라는 사실을 알게 된다. 이로 인해 류궈방은 위라오치에게 죽임을 당한다. 사건을 조사하던 탕산은 병원병리보고서에서 증거를 찾아낸다. 레이멍은 위라오치를 책임 추궁하다가 되려 위라오치에게 죽임을 당한다. 그로 인해 탕산과 위라오치는 혈전을 벌이고 탕산은 위라오치를 죽인다. 탕산은 자수를 하려고 하지만 사람들의 만류로 다시 성대하게 진료소를 개업한다.

_ 핵심어   : 진료소 도끼파 벙어리 수술 실종 증거 도시
_ 작성자   : 조병환

상하이 기사 上海紀事(ONCE UPON A TIME IN SHANGHAI)

_ 출품년도   : 1998년
_ 장르   : 멜로
_ 상영시간   : 90분
_ 감독   : 펑샤오롄(彭小蓮)
_ 제작사   : 上海電影電視公司
_ 주요스탭   : 시나리오(邊震瑕 蔣曉勤 張建亞 彭小蓮) 촬영(林良忠) 미술(周

欣人) 음악(潘國醒)

- **주요출연진** : 궈사오바이(王亞楠) 리후이룽(袁泉) (戴兆安) (韋力)
- **시놉시스** : 1990년대로 보이는 시간, 미국화교인 궈사오바이는 모처럼 상하이로 돌아온다. 현재 상하이가 자신의 기억 속의 상하이와 너무나 다른 것을 보면서 해방 직전의 상하이를 회상한다.

1948년 9월 중순, 장징궈(蔣經國)가 상하이에서 금융시장을 정돈하는데 '호랑이 사냥' 운동이라고 부른다. 궈사오바이(郭紹白)는 약혼녀 리후이룽(李蕙蓉)을 데리고 미국으로 가려고 홍콩에서 상하이로 온다. 리후이룽은 실크공장을 운영하고 있지만 사실은 공산당을 돕고 상하이의 민족공업을 보호하고 있었기 때문에 떠나려 하지 않는다. 리후이룽은 궈사오바이에게 사실을 털어놓지 않아 의심을 산다. 1948년 시국이 어지러워지자 대량의 국민당 정부 발행 지폐가 시장에 투입되고 통화팽창도 이미 크나큰 재난이 된다. 금융위기가 인민의 생활에 직접적으로 영향을 미치고 상인들은 사재기를 해서 쌀값이 미친 듯이 뛰어올라 '호랑이 사냥'은 실패한다. 궈사오바이는 미국기자의 신분으로 상하이에서 친히 목도한 금융시장 상황을 기사로 써서 미국에 보내려고 하지만 오랜 친구 천지칸(陳濟侃)의 반대에 부딪힌다. 천지칸은 미국유학파 경제학자로, 장징궈가 화폐개혁을 실행하는 데 오른팔이 되었던 인물이다. 그는 궈사오바이에게는 상하이를 떠나라고 하면서 자신은 다른 목적을 가지고 남는다. 1949년 5월, 해방군이 상하이로 진군하자 인민정부는 상하이를 접수하고 인민폐 사용을 권장하며 국민당 정부 발행 화폐 사용을 금지한다. 공산당의 지도 아래 금융은 안정되고 인민생활도 보장된다. 천지칸 일당은 공산당이 금융시장을 안정시킬 수 있다는 것을 믿지 못하고 공개적으로 금융투기를 하다가 리후이룽에게 발각되고 궈사오바이도 그가 상하이에 남은 목적을 알게 된다. 1950년 '2·6' 폭격으로 천지칸 일당은 특무를 잠복시켰다가 공장 파괴를 지시하는데, 리후이룽의 실크공장도 파괴된다. 화재 진압에 참가한 리후이룽이 천지칸의 퇴로를 막자 천지칸은 그녀에게 총알을 발사한다. 피투성이가 된 리후이룽이 궈사오바이의 가슴에 안겨 미소를 지으며 신중국의 도래를 희망한다.

_ 단평   : '상하이 해방 50주년을 기념하며' 라는 헌사를 달고 있는 〈상하이 기사〉는 동창으로 보이는 세 남녀의 삶을 통해 해방 직전 상하이와 상하이인이 처한 상황을 보여준다. 쑨원(孫文)의 사진을 걸어두고 행하는 국민정부의 부패, 이를 전복하려는 공산당과 지하운동원, 그리고 그 양자를 공정하게 보도하려는 자유주의자의 모습이 그것이다. 아울러 상하이의 해방과 해방군의 대의가 '숭고한 것' 이었음을 상기시키고 있다. 쑨원의 지순했던 대의명분과 1940년대 말의 부패, 1949년 해방의 숭고함과 1990년대 중국 사회의 상황, 두 개의 근현대 국민국가의 초기 구상과 이후 진행 상황을 보여주는 이 두 쌍이 유비관계를 이루는 것인지는 별도의 논의가 필요하지만, 펑샤오롄이 1949년 해방 전후의 숭고했던 기억을 되살리고 있는 것은 분명하다.

_ 특기사항 : 헌사 '상하이 해방 50주년을 기념하며'

_ 작성자   : 임춘성

홍색연인 紅色戀人(A TIME TO REMEMBER)

_ 출품년도 : 1998년

_ 장르   : 멜로

_ 상영시간 : 101분

_ 감독   : 예잉(葉纓)

_ 제작사   : 北京紫禁城影業公司

_ 주요스탭 : 각본(江奇濤) 촬영(張黎)

_ 주요출연진 : 靳(張國榮) 닥터 Payne(Todd Babcock) 秋秋(梅婷) 皓明(陶澤如) Clarke(Robert Machray)

_ 시놉시스 : 1936년 상하이, 재즈선율이 영국 조계의 화려한 술집 안을 휘감고 있고, 몇몇 손님이 그 안에서 심취해 있다. 페인은 우연한 기회에 추추와 친을 알게 되고 추추에 대해 애정을 느낀다. 친은 공산당 상하이 지하조직의 고위지도자로, 전쟁 때의 사고로 머리에 총알이 박혀 있어 심각한 간헐성 발작 증세를 보이고 쉽게 환각을 보곤 한다. 추추는 친과 함께 지내면서 친의 용맹, 지혜, 풍채에 강렬하게 끌려 그를 깊이 사랑하게 된

다. 추추는 친의 진실한 사랑을 얻기 위해 모든 대가를 다 치른다. 페인은 이 연인들을 돕기로 마음먹는다.

추추는 어렸을 때 아버지가 형장에서 자신의 동지를 죽이는 것을 직접 목도하고 마음에 큰 상처를 입는다. 추추가 정상적으로 생활할 수 있도록 하기 위해 어머니는 몰래 그녀를 교회학교에 보낸 후 자살한다. 추추는 아버지의 계략에 의해 체포당한다. 추추는 친을 보호하기 위해, 그리고 공산당 지하조직을 와해시키려는 아버지의 음모를 분쇄하기 위해 자기 손으로 아버지를 죽인다. 이때 그녀는 자신이 이미 임신했다는 것을 알게 된다. 친은 자신에 대한 추추의 사랑을 느끼는 한편 자신의 생명이 다해감을 알고 자신과 수감되어 있는 추추를 맞바꾸고자 한다. 며칠 후, 친은 총살되고 추추도 당국에 의해 구금당했다가 난산으로 페인의 가슴에서 죽는다. 페인은 그들의 딸 밍주(明珠)를 입양한다. 1949년 인민해방군이 상하이를 해방시키자 페인은 밍주가 사람들의 무리 속에서 기쁘게 춤추는 것을 보고 친과 추추가 추구하던 이상이 실현되었음을 보는 듯하다. 1950년 페인은 미국으로 돌아가고 밍주는 중국에서 성장한다. 1990년 밍주는 미국으로 가서 양아버지 페인이 『홍색연인』이라는 회고록을 집필하는 것을 돕는다.

_ 단평   : 영화가 시작되면 내레이터 닥터 페인의 회고적 독백이 흘러나오고 이어서 1936년 상하이, 푸둥(浦東) 방향에서 와이탄(外灘)의 조계지를 원경(遠景)으로 잡으면서 어느 술집(酒吧)의 장면이 줌업(zoom-up)된다. 테이블 위에서 춤추는 중국 무희, 그녀를 받아 함께 어울리는 닥터 페인, 주위에 자유롭게 자리 잡은 동서의 남녀들, 공공조계의 영국인 경찰 클라크, 그리고 중국 국민당 특무요원 하오밍 등이 등장한다. 주인공 '홍색 연인' 진과 추추가 아직 등장하지 않은 시점이지만 우리는 페인의 독백과 이어지는 장면에서 1930년대 상하이를 해석(interpretation)하는 실마리를 찾을 수 있다.

우선 흥미를 끄는 것은, 중국계 감독이 중국에 관한 영화를 상하이에서 제작했음에도 불구하고 서양인 내레이터를 선택했다는 점이다. 전지구적 맥락에서 근현대화를 선도하면서 기타 지역을 타자화(othernization)시켰던 서양, 바로 그 서양인의 시점에서 사건을 기술하고 이야기를 전개시키고 있는 것이다. 그뿐만이 아니다. 이 영화는 대사의 80% 이상이 영어로 진행되고 있다. 요컨대 이 영화에서 상하이를 지배하고 있는 것은 서양인이고 서양언어다. 일반 서양인에 비해 양심적 지식인의 풍모를 가진 페인이 '아주 대단한 특권들'이라고 표현한 부분과 맥락이 닿아 있다. 그리고 페인은 '중국인으로 살기에는 끔찍한 시절'이었다는 말을 덧붙임으로써 관객의 신뢰를 확보하고 있다. 이처럼 조계지 상하이는 서양의 지배력이 강력하게 관철되고 있는 곳이었다.

'특권을 가진 서양인'과 '끔찍한 삶을 사는 중국인'이 공존하고 있는 도시 상하이. 그 내면에는 영국인 경찰 클라크와 국민당 특무 하오밍의 갈등과 연계가 있고, 공산혁명가 친 및 추추와 페인의 유대가 있다. 또 변절자와 혁명가의 관계가 있으며 아버지와 딸의 관계가 그 위에 중첩되기도 한다. 그리고 상대방을 위해 자신의 목숨을 버리는 숭고한 사랑 이야기도 있고 사랑하는 여인의 아이를 수양딸로 키우는 순애보도 있다. 이렇듯 1930년대 상하이는 이미 단일한 정체성을 거부하고 '중층적 네트워크' 속에서 작동하고 있었다.

_ **핵심어**　　: 혁명 사랑 조계 국민당 특무 서양인
_ **작성자**　　: 임춘성

네 가지 기쁨 四喜臨門

_ **출품년도**　: 1998년
_ **장르**　　　: 사회/코미디
_ **감독**　　　: 왕펑쿠이(王鳳奎)
_ **제작사**　　: 上海電影電視公司
_ **주요스탭**　: 시나리오(蘭之光 方義華) 촬영(程世余)
_ **주요출연진** : 李曉明 張晗 高强
_ **시놉시스**　: 장톄성(張鐵生)과 훙메이(紅妹)는 농촌 출신 젊은이들이다. 그들은 함께 상하이로 일을 하러 갔다가 서로 사랑하게 되어 부부가 된다. 결혼한 후 두 사람은 고향으로 돌아가 향 정부의 지원하에 과일가공공장을 세울 준비를 한다. 그러나 계획을 발표하자마자 두 사람은 어려움에

직면하게 되는데, 훙메이의 작은 아버지가 두 사람이 고향 풍습에 따라 다시 혼사를 치러야 한다며 반대를 한 것이다. 혼례를 치르려면 많은 돈이 필요하고 공장을 세우는 데에도 자금이 필요하여 톄성과 훙메이는 기지를 발휘한다. 그들은 노인들의 혼인을 맺어주고 자신들의 혼사를 새로 치르며 과일가공공장도 예정대로 문을 연다.

톄성의 형수도 쌍둥이를 낳고 집안에 네 가지 기쁜 일이 한꺼번에 생긴다(四喜臨門). 톄성 일가와 전체 마을 사람들은 모두 기쁨을 만끽한다.(http://www.lh168.net/ylcx/dsdb/2005/11/0610431921.html)

_ **핵심어** : 농촌 과일가공공장 혼례
_ **작성자** : 곽수경

사랑하는 사람 滄海有情人(SNOW OVER THE BOUND)

_ **출품년도** : 1998년
_ **장르** : 액션/멜로
_ **감독** : 리쥔(李駿)
_ **제작사** : 珠江電影制片廠
_ **주요스탭** : 시나리오(李駿 邱東華) 촬영(花淸)
_ **주요출연진** : 王建成 劉蕾 侯長榮 馬睿
_ **시놉시스** : 베이징의 유명한 명단(名旦) 팡즈추(方芝秋)는 거두 창팅산(常廷山)의 40세 생일축하연 공연 때문에 상하이 조계로 왔다가 상하이의 영화스타 야오위칭(姚玉卿)을 보게 된다. 야오위칭의 오빠가 창팅산을 구하다가 죽었기 때문에 창팅산이 여러 해 동안 줄곧 그녀를 보살펴주고 있었던 것이다. 팡즈추와 야오위칭은 첫눈에 반해 사랑의 늪에 빠져 헤어나지 못한다.

하지만 팡즈추는 베이징으로 돌아와 약혼녀 한쑤잉(韓素英)과 결혼을 한다. 야오위칭은 상심해서 죽으려고 하다가 자포자기의 마음으로 바람둥이인 왕하이산(王海山)에게 시집을 간다. 왕하이산은 먹고 마시고 기녀를 찾아다니고 도박을 일삼으며 야오위칭에게 걸핏하면 폭력을 일삼는다. 절망 속에서 야오위칭은 자살을 하려고 강에 뛰어들지만 실패한다. 창팅산은 소식을 듣고 분노해서 왕하이산을 죽이고 그녀를 구출한다. 창팅산의 부인은 바람을 피우다가 깡패들의 싸움 과정에서 오해로 인해 죽임을 당하고, 창팅산은 무기 판매에 연루되어 체포되고 재산을 몰수당한다. 야오위칭은 팔방으로 쫓아다니며 창팅산을 구출하고 두 사람은 함께 상하이를 떠난다.

_ 핵심어 　: 상하이조계 마피아
_ 작성자 　: 곽수경

아름다운 신세계 美麗新世界(A BEAUTIFUL NEW WORLD)

_ 출품년도 　: 1999년
_ 장르 　: 멜로
_ 상영시간 　: 98분
_ 감독 　: 스룬주(施潤玖)
_ 제작사 　: 西安電影制片廠
_ 주요스탭 　: 제작(張조民) 각본(劉奮鬪 王要) 촬영(呂樂)
_ 주요출연진 : 張寶根(姜武) 金芳(陶虹) 小白(任賢齊) 阿亮(伍佰) 阿彗(陳寧)
_ 시놉시스 　: 시골청년이 상하이에 와서 적응하는 과정을 보여줌으로써 상하이 드림을 형상화한다. 당첨된 아파트를 받기 위해 장바오건(張寶根)은 처음으로 상하이에 온다. 잠시 머물 숙소가 필요한 바오건은 이모할머니(毛阿菊) 집을 찾아오지만, 이모할머니는 죽고 그 딸인 진팡(金芳)을 만나 그 집에 임시로 거처하게 된다. 바오건은 근면하고 착실해서, 빌린 돈으로 생활하는 진팡과 사사건건 부딪친다. 그러나 바오건은 아무 말 없이 진팡에 맞추어 생활한다. 어느 날 밤, 바오건이 자신을 훔쳐본다고 오해한 진팡은 바오건을 욕하고, 다음 날 바오건은 거처를 옮긴다. 알고 보니 바오건이 당첨된 아파트는 현재 건설 중으로 준공까지 1년 반이나 남았다. 친지들의 등쌀에 고향으로 돌아갈 수도 없는 바오건은 상하이에서 이런저런 일을 하게 된다. 그러나 대도시 생활에 쉽게 적응하지 못하고 실직한다. 다시 진팡의 집에 기거하게 된 바오건은 진팡의 허황된 꿈에 말려 가지고 있던 얼마 안 되는 돈을 증권에 털리지만, 증권거래소에서 본 도시락 판매에 흥미를 느끼고 손을 댄다. 진팡의 무시와 반대에도 불

구하고 도시락 판매업은 날로 번창하고, 진팡과도 회해를 하고 상하이에
서 자신의 아름다운 세계를 만들어간다.

_ 단평　　　: 이 영화에서 신상하이인 바오건은 상하이인 진팡과 여러 면에서
대조적인 모습을 보인다. 처음 오는 상하이지만, 바오건은 나름대로 자신
의 목적을 진팡에게도 알리지 않는 신중함을 가지고 있다. 그리고 여간해
서는 지갑을 열지 않는다. 그리고 시가 70만 위안짜리 아파트를 10만 위
안을 줘서 돌려보내려는 부동산회사 사장의 화려한 언사에도 속아 넘어
가지 않는다. 일확천금을 노리는 진팡의 허황된 꿈에 휘말리지 않고 5위
안짜리 도시락 장사를 시작해서 상하이에서 자리 잡는 과정을 보노라면,
바오건이 상하이인다움을 더 많이 가지고 있는 것으로 보인다.

　　'농촌에서 올라온 남자주인공에게 북방 기질인 의리 있고, 속 깊으며
약간 촌스러운 특징과 동시에 남방인의 특징인 장사꾼 기질을 부여해 도
시의 이기적이고 영악한 여자 주인공을 설복하는 〈아름다운 신세계〉는
90년대 이래 농민문제를 다루는 중국 관방 이데올로기에 완전히 영합하
는 구조를 보인다.' 이 영화는 '1990년대 중국 내적 콘텍스트'와 연결시
켜야 하고, '관방 이데올로기에 영합' 했다는 분석도 가능하다.

_ 특기사항　　: 評彈唱詞-蘇州
_ 핵심어　　　: 신이민 신상하이인 주식 연애와 결혼
_ 작성자　　　: 임춘성

공화국의 깃발 共和國之旗(FLAG OF THE REPUBLIC)

_ 출품년도　　: 1999년
_ 장르　　　　: 생활/혁명
_ 감독　　　　: 왕지싱(王冀邢)
_ 제작사　　　: 北京紫禁城影業公司
_ 주요스탭　　: 시나리오(王興東)
_ 주요출연진　: 王學圻 謝鋼 朱琳
_ 시놉시스　　: 50년 전, 상하이 한 회사의 말단 직원 쩡롄쑹(曾聯松)은 신문에
　　　　　　　서 새 국기를 공모한다는 기사를 보고 국기도안을 설계하여 베이징에 보

낸다. 뜻밖에도 3천 건의 공모작 중에 쩡롄쑹이 설계한 오성홍기가 당선되고 이로 인해 그의 운명은 국기와 긴밀하게 연결된다. 문화대혁명, 개혁개방, 1990년대에 이르기까지 쩡롄쑹은 시종일관 묵묵히 "국가가 강대해야 국기가 비로소 존엄해질 수 있고 인민이 행복한 생활을 누릴 수 있다"는 신념을 지킨다.

_ **특기사항**   : 건국 50주년 헌정 첫 번째 영화이며 이러한 취지에 맞게 영화 상영 직전 마지막 1분간의 장면을 세 차례나 대대적으로 수정하였다. 베이징에서 상영 열흘 만에 100만 위안의 흥행 실적을 올려 1999년 1월에서 7월 사이 흥행기록을 갱신했고 방학이 시작되면서 더욱 흥행가도를 달렸다 고   한 다 .(http://eladies.sina.com.cn/movie/movie/1999-7-14/4860.shtml)

_ **핵심어**   : 오성홍기 문화대혁명 개혁개방 건국
_ **작성자**   : 곽수경

녹색의 사랑 綠色柔情(THE CRITICAL MOMENT)

_ **출품년도**   : 1999년
_ **장르**   : 멜로
_ **감독**   : 스샤오화(石曉華)
_ **제작사**   : 上海永樂影視公司 鴻中文化發展有限公司
_ **주요스탭**   : 시나리오(王麗萍 魯書潮) 촬영(王久文)
_ **주요출연진** : 李冰冰 任泉 佟瑞欣 呂曉禾 薛淑杰
_ **시놉시스**   : 세기가 교차하는 상하이. 진예(金野)농장의 영농기술자인 톈예(田野)와 광고모델 린차오차오(林翹翹)는 각자 네덜란드에서 비행기를 타고 귀국하던 중 두 사람의 녹색가방이 서로 뒤바뀐다. 이로 인해 서로가 업무상에서 손실을 입게 되어 말다툼을 하면서 두 사람 간에 미묘한 감정이 싹튼다. 린차오차오의 직속상관인 하이옌(海燕)광고회사 사장 토니(托尼)는 그녀를 열심히 쫓아다니던 참이었다. 토니의 누나인 다청(大成)슈퍼의 사장 우샹윈(吳湘云)은 동생이 사랑으로 인해 초췌해지는 것을 더 이상 보지 못하고 톈예의 농장으로 찾아가 톈예의 부친 톈성차이(田生財)에

게 아들에게 물러나게 해달라고 한다. 이 일로 두 사람이 충돌하지만 이 과정에서 두 사람 간에도 사랑이 싹터 뒤늦은 사랑의 꽃을 피운다.

린차오차오는 토니와 톈예 사이에서 갈등한다. 린차오차오는 오해로 인해 토니와 결혼하기로 하지만 톈예의 조수 장창(張强)의 도움으로 자신이 진심으로 사랑하는 사람이 톈예라는 것을 깨닫는다. 그녀는 마침내 멀리 톈예가 타고 있는 기차를 쫓아가며 큰소리로 '사랑한다'고 외친다.

_ **특기사항**   : 런취안(任泉)이 남우주연상을 수상했고, 영화는 1999년 문화부 로부터 "華表"상과 우수영화상을 받았다.

_ **핵심어**   : 농장 광고모델 사랑

_ **작성자**   : 곽수경

커커의 마술 우산 可可的魔傘

_ **출품년도**   : 2000년
_ **장르**   : 실사/애니메이션
_ **감독**   : 펑샤오롄(彭小蓮)
_ **제작사**   : 上海美術電影制片廠
_ **주요스탭**   : 시나리오(彭小蓮 向華强)
_ **주요출연진** : 尹禺然 聳茹惠 唐任 周笑莉 魏宗万　戴兆安 高亮
_ **시놉시스**   : 일곱 살짜리 여아 커커(可可)는 부유한 집에서 태어났지만 항상 외롭게 시간을 보내야만 한다. 우연한 기회에 마술 우산을 발견한 커커 는 우산을 타고 날아올라 다른 사람들의 삶의 현장으로 들어간다.

_ **특기사항**   : 실사와 애니메이션을 합성하여 만든 이 영화는 上海美術電影制 片廠이 〈寶蓮燈〉 발표 이후 또 다시 선보인 거작이다. 건국 51주년 우수 국산영화 상영회에 출품되었다.

_ **작성자**   : 유경철

2000년에 만나요 相約2000年(ARE YOU LONESOME TONIGHT?)

_ **출품년도**   : 2000년
_ **장르**   : 코미디

_ 감독   : 진거(金戈)

_ 제작사   : 上海永樂影視公司

_ 주요스탭   : 시나리오(盛志民 何靜)

_ 주요출연진 : 陳大寶(陳小春) 陳惠惠(胡忻) 樂蓓(柯藍) 阿土(梁智强) 小康(周杰)

_ 시놉시스   : 싱가포르 부호의 딸 천후이후이는 아버지가 정한 결혼 상대를
          버리고 할아버지와 할머니의 전설 같은 연애사를 직접 경험해보러 상하
          이로 온다. 그녀는 공항에서 홍콩 청년 천다바오를 만난다. 천다바오는
          자신이 발명한 핸드폰 관련 기기의 판로를 알아보기 위해 상하이에 왔다.
          천다바오는 천후이후이의 사정을 듣고 그녀를 위해 가이드를 자처한다.
          상하이에 도착한 후 천후이후이는 지갑을 소매치기 당하고, 천다바오도
          사기를 당해 돈 한 푼 건지지 못하고 발명품을 잃게 된다. 하는 수 없이 천
          다바오는 상하이에 사는 친구 샤오캉(小康)을 찾아간다. 샤오캉은 일확천
          금을 바라는 젊은이이고, 여자친구 웨베이(樂蓓)는 샤오캉의 성격이 천다
          바오의 영향 때문이라고 생각한다. 그래서 웨베이와 천다바오는 말다툼
          을 하게 되지만 천후이후이의 중재로 화해하게 되고, 관계가 호전된다.
          　천후이후이와 천다바오는 돈을 버는 한편 후이후이의 조부모가 사랑
          을 나누던 곳을 돌아본다. 그러면서 둘 사이에는 사랑이 싹트는데, 이때
          싱가포르에서 후이후이의 약혼자가 상하이로 날아온다.

_ 특기사항   : 2000년 새로운 밀레니엄을 앞두고 만들어진 연말연시용 영화
          (賀歲片)이다. 홍콩(陳小春), 대륙(胡忻, 周杰), 타이완(柯藍), 싱가포르
          (梁智强) 등 중국어권 지역의 젊은 배우들을 동원하였다.

_ 핵심어   : 싱가포르 부호 사기 발명품 일확천금

_ 작성자   : 유경철

수쥬 蘇州河(SUZHOU RIVER)

_ 출품년도   : 2000년 1월

_ 장르   : 애정

_ 상영시간   : 83분

_ 감독   : 러우예(婁燁)

460

_ **제작사**　　：婁燁 필름

_ **주요스탭**　：제작(耐安 Phille Bober) 극본(婁燁) 촬영(王昱) 편집(Karl Rindl)

_ **주요출연진**：美美/牧丹(周迅) 馬達(賈宏聲)

_ **시놉시스**　：촬영기사인 '나(李)'는 지난 세기 쑤저우강(蘇州河)의 전설, 이
　　　　　　야기, 기억, 쓰레기 등을 카메라에 담아왔다. 어느 날 촬영 의뢰를 받고
　　　　　　나간 술집에서 인어 연기를 하는 메이메이(美美)를 만나 사귄다. 그녀를
　　　　　　통해 마다(馬達)와 무단(牧丹)의 사랑 이야기를 듣는다.

　　　상하이를 가로지르는 쑤저우강 부근에서 사는 '나'는 어느 날 해피바
의 사장으로부터 인어쇼를 하는 소녀 메이메이의 영상물을 제작해달라
는 부탁을 받는다. 그 후 '나'는 메이메이와 사랑에 빠지게 되고 동거를
한다. 그런데 메이메이는 항상 사랑을 갈구하는 듯하지만 자신이 내키는
대로 사라졌다 다시 돌아오는 일을 반복한다. 그러던 어느 날 '나'와 메
이메이 앞에 불현듯 마다(馬達)가 나타난다. 마다는 메이메이가 이전 자
신과 사귀었던 여자친구 무단(牧丹)이라고 하면서 끊임없이 자신의 옛날
이야기를 들려준다. 마다는 오토바이 배달원을 할 때 부잣집 딸 무단을
사랑하게 되고 자신의 의지와 상관없는 강요로 그녀를 납치하는데 무단
은 그가 계획적으로 자신을 유혹했다고 생각하고 인어가 되어 돌아오겠
다는 말을 남기고 쑤저우강에 몸을 던진다. 그 후 감옥에서 출소한 마다
는 행방불명된 무단을 찾아다니다가 무단과 닮은 메이메이를 만난다.
'나'는 이러한 마다의 존재가 화가 나고 귀찮지만 오히려 메이메이는 알
수 없는 미소를 띠며 그의 이야기를 들어준다.

　　　어느 날 불현듯 나타난 마다는 술 한 병과 무단을 편의점에서 만났다
는 소포꾸러미를 남긴 채 사라진다. 하지만 며칠 후 경찰이 쑤저우강에
떠오른 젊은 남녀의 시체를 확인해달라고 찾아온다. 바로 그들은 마다와
메이메이를 닮은 무단이었다. 불안해진 '나'는 메이메이를 찾아가는데
오히려 그녀는 자신이 무단이 아니었다는 것을 알고 슬픈 표정을 지으며
마다의 말이 거짓이 아니었다고 중얼거린다. 그리고 그녀는 '나'에게 마
다처럼 자신을 찾아다닐 수 있겠느냐고 묻는다. 그렇게 하겠다는 그의
말을 믿지도 않으면서……. 그 후 메이메이는 자신을 사랑한다면 찾아보

라는 메모 한 장을 남기고 사라진다.

_ **단평**　　 : 6세대 감독 러우예의 대표적인 독립영화라고 할 수 있는 이 영화는 모든 이야기들이 얼굴조차 보여지지 않는 '나'라는 1인칭 서술형식으로 이루어지고 있다. 비록 두 쌍의 사랑이야기를 하지만 서로 다른 공간의 사랑이야기를 하며 과거의 사랑은 현재의 사랑에 영향을 준다. 그리고 각기 다른 두 여자의 모습들은 서로의 관계에 대해 절망도 희망도 없는 마치 꿈 없는 쑤저우 강변 빈민들의 모습처럼 아주 무기력한 일상을 계속한다. 그렇지만 메이메이가 미치광이처럼 일상을 흔들어버리는 마다의 모습에서 서서히 자신의 숨겨진 욕망, 꿈의 원형을 발견하는 과정은 아주 자연스럽게 다가온다.

　　불안전하게 흔들리는 카메라는 영화 속의 주인공인 3류 촬영기사를 연상하게 한다. 하지만 카메라가 잡아내는 다양한 쑤저우 강변의 삶의 모습들은 현실의 세계를 진솔하게 보여주는 한편의 다큐멘터리를 연상하게 한다. 그리고 카메라 시선의 훔쳐보는 듯한 모습은 순간 우리의 상상을 공유하게 만든다.

_ **특기사항**　 : 중국 국내에서 정치적인 이유로 상영되지 못함
　　　　　　 : 제15회 파리 국제영화제 우수영화상, 여배우상
　　　　　　 : 제25회 로테르담 영화제 최우수 작품상
　　　　　　 : 깐느와 베를린 영화 마켓에서도 가장 인기 있는 작품 중 하나였으며 30개국에 수출되었다.
　　　　　　 : 감독 러우예는 이 영화의 성공으로 중국 6세대의 기수라는 칭호를 얻었다.

_ **핵심어**　　 : 거짓과 사실 쑤저우강 인어 보드카 진실과 거짓 신이민
_ **국내상영**　 : 제5회 부산 국제영화제(2000년) 부산1관, 10월 8일
_ **작성자**　　 : 임춘성

유리는 투명한 것 玻璃是透明的(AS LIGHT AS GLASS)

_ **출품년도**　 : 2000년
_ **장르**　　　 : 멜로

_ 상영시간 ： 120분(추정)

_ 감독 ： 夏剛

_ 제작사 ： 北京電影制片廠

_ 주요스탭 ： 시나리오(孟朱) 촬영(王敏)

_ 주요출연진 ： 黃凱 馬伊俐 許曉丹 馬倫

_ 원작 ： 리춘핑(李春平)의 동명소설

_ 시놉시스 ： 상하이에 대해 아는 것이라고는 고등학교 지리시간에 지도에서
본 것밖에 없던 샤오쓰촨(小四川)은 고등학교 졸업 후 돈을 벌러 상하이
로 온다. 1990년대 상하이는 거대한 밥벌이시장이 되어 수많은 외지인들
이 몰려드는데 샤오쓰촨 역시 그중 하나였던 것이다. 그는 인력시장에서
미스왕의 눈에 들어 파란색 유리문으로 된 '펑만러우(風滿樓)'에서 차
심부름꾼이 된다. 그는 이 일에 무척 만족한다. 사람들은 둥베이(東北) 출
신으로 펑만러우를 관리하는 미스왕을 부러워한다. 그녀는 화가 나면 다
른 사람을 욕하고 때리는 사나움을 가지고 있지만, 샤오쓰촨은 그녀가
좋은 사람이라는 것을 안다.

찻집의 진짜 사장은 닝보(寧波) 출신 공사 청부업자 쑤(蘇)이다. 그의
일꾼들은 푸시(浦西)에서 공사를 하고 있다. 그는 샤오쓰촨이 일꾼들의
숙소에서 살게 해준다. 쑤사장은 늘 차갑디 차갑게 룸에서 술을 마시고,
술을 마시면 노래를 부르며 울부짖는다. 계산대 뒤에는 머리를 노랗게
물들인 젊은 아가씨 샤오야쯔(小丫子)가 있는데, 그녀는 산시(陝西) 출신
이다. 그녀는 곧잘 웃고, 웃는 모습이 아주 사랑스럽다. 미스왕은 쑤사장
을 좋아하지만 쑤사장은 샤오야쯔를 좋아한다. 둘 다 심부름꾼이라는 동
일한 신분 때문에 샤오쓰촨은 샤오야쯔에게 친근감을 느낀다. 샤오야쯔
는 샤오쓰촨에게 상하이를 구경시켜주고 일도 많이 도와준다. 또한 그에
게 풍만러우의 중요한 일들을 알려주고 시시때때로 정직한 샤오쓰촨을
거짓에 혹하게 한다. 샤오야쯔는 샤오쓰촨에게 돈을 벌어 상하이에서 정
착하겠다는 꿈을 말한다. 샤오쓰촨은 열심히 일하지만 종종 좁은 가게
안의 유리문을 의식하지 못하고 기다란 차 주전자를 부딪쳐 미스왕에게
호되게 따귀를 맞곤 한다. 한 번은 샤오쓰촨이 문에 부딪혀 코피를 흘리

고 샤오야쯔까지 미스왕에게 따귀를 맞게 한다. 이후로 샤오쓰촨은 투명한 유리에 대해 경각심을 가지게 된다. 하지만 샤오쓰촨은 사람과 사람 사이에 놓여 있는 유리는 더욱 피할 수 없는 일이어서 보고 싶지 않은 것은 기필코 보게 되고 얻고 싶은 것은 또 손에 넣을 수 없으며 조심하지 않으면 머리를 부딪쳐 피를 흘리게 된다는 사실을 깨닫는다. 샤오쓰촨이 존경하고 숭배하던 펑만러우의 인물들이 그의 눈앞에서 쓰러진다. 미스왕은 펑만러우를 떠나고 쑤사장은 이혼을 한 후 펑만러우의 주식을 모두 샤오야쯔에게 준다. 샤오야쯔는 펑만러우의 여사장이 된다. 펑만러우를 나간 샤오쓰촨은 다시 상하이의 태양 아래를 생존을 위한 일자리를 찾아 헤매며 유리는 투명한 것이라는 미스왕의 말을 떠올린다.(http://www.cnmdb.com/title/271/plotsummary)

_**단평**   : 수많은 사람들이 돈벌이를 위해 마치 파도가 밀려들 듯이 도시로 흘러들어 도시의 유랑자가 되는 것은 현대 도시 모습의 하나이다. 영화의 등장인물들은 모두 타지 사람들이다. 영화는 상하이에서 일하는 타지 사람 '샤오쓰촨'의 눈을 빌어 상하이라는 변화하는 대도시 생활의 단면을 묘사하였다.

감독은 이 영화에 대해 다음과 같이 밝혔다. "최근 십 수년간 개혁개방의 심화와 사회경제의 발전을 따라 상하이, 광저우, 베이징 같은 대도시는 점차 현대적 의미의 대도시가 되어 중국인이 외래문화로 통하는 창구가 되었다. 특히 상하이는 그 변화의 속도가 날로 새로워 사람들의 눈과 귀를 일신시킬 뿐만 아니라 정말 어안이 벙벙하게 만든다. 그 방대한 도시 규모, 웅장한 건물, 심후한 문화적 침전물과 훌륭한 시민의 소양들은 모두 오늘날 중국민족의 자랑거리이다. 수천수백 인구의 물결이 일자리를 찾아 도시로 흘러들어 도시의 유랑자가 되는데 이것이 바로 현대도시의 거대한 풍경을 이룬다. 원작 소설의 독특한 점은 작가가 한 외지인의 눈으로 상하이를 보는 시각이 참신하다는 점에 있다." (http://cn.ent.yahoo.com/031105/160/1vfmw.html)

_**핵심어**   : 인력시장 대도시 찻집 외지출신
_**작성자**   : 곽수경

상하이 여인들 假裝沒感覺(SHANGHAI WOMEN)

_ **출품년도** : 2001년
_ **장르** : 멜로
_ **상영시간** : 94분
_ **감독** : 펑샤오롄(彭小蓮)
_ **주요스탭** : 각본(彭小蓮 徐敏霞) 촬영(임량충 주동이)
_ **주요출연진** : 엄마(呂麗萍) 아샤(阿霞 周文倩) 외할머니(鄭振瑤)
_ **원작** : 徐敏霞, 站在十幾歲的尾巴上(중등학생 작문)
_ **시놉시스** : 아샤(阿霞) 엄마는 아빠의 외도를 더 이상 참지 못한다. 엄마는 결국 이혼을 하고, 모녀는 집을 나오게 된다. 아샤와 엄마가 갈 곳은 외갓집밖에 없다. 아샤는 비좁은 팅즈젠(亭子間) 생활에도 즐거워한다. 자신의 공간과 자신이 좋아하는 남학생 칸칸(侃侃)을 만날 수 있기 때문이다. 모녀의 이사는 외삼촌의 결혼 때문에 생각지 못한 불편함을 야기한다. 외할머니의 제안으로 엄마는 아들이 딸린 라오리(老李)와 재혼하지만, 생활비 등의 문제로 다시 짐을 싸서 나온다. 다시 찾아간 외갓집은 상황이 더 좋지 않다. 엄마는 아샤를 위해 아샤의 아빠와 재결합까지 고려하지만, 아샤의 반대로 그 생각을 접고, 대신 아샤 아빠와 협상해서 집값을 받아내 모녀의 새로운 안식처를 마련한다.
_ **단평** : 이 영화는 삼대에 걸친 모녀의 이야기다. 상 받은 고등학생의 글짓기 작품에 근거해 각색한 이 영화는 여고생의 정감과 생활 상태에 초점을 맞추고 있다. 그리고 계속 집을 찾는 과정에 감정적으로 돌아갈 곳이 없고 안전감이 없는 엄마와 딸의 모습에서 현대인이 생활 속에 직면하고 있는 곤혹과 거북함을 발견하고 있다. 아빠의 외도가 발단이 된 이야기는 아샤의 조숙한 성장을 요구하게 되고 엄마는 아샤에게 안정된 집을 주기 위해 계속 자신(의 욕망)을 억압한다. '마치 감각이 없는 사람처럼' 자신과 맞지 않는 남자와 결혼하여 형식적인 가정을 유지하려 하고, 심지어 아샤의 아빠와 재결합을 시도한다. 그러나 딸은 마지막에 용기 있게 '집'에 대한 세속적인 인식을 전복하고 엄마와 둘만의 '집'을 마련

해 새로운 생활을 도모한다. '행복한 생활'은 운명에 도전하는 사람의 것이다. 개성이 운명을 결정하지 운명이 개성을 결정하는 것은 아니다.

감독은 아샤의 엄마를 '인내력이 있지만 자신의 개성과 선택을 가진 상하이여성'으로 설정했다. 그녀는 매우 여성화된 인물로 사소한 생활 속에서 잘 따져 꾸릴 줄 알고 때로는 비루하기까지 하다. 그러나 한 여인으로서 그녀는 독립적인 여인이 되기 위해 자신의 의지를 끝까지 관철한다. 신상하이의 마천루와 네온사인, 전통적 식민지문화가 상하이에 남겨준 복잡한 감각을 미장센에 반영했다. 외할머니는 바로 이 문화의 전형적 표현이고 그녀의 딸이자 아샤의 엄마는 이런 문화의 재연속이다.

감독의 의도를 존중하는 차원에서 보면, 이 영화는 딸의 눈에 비친 엄마의 이야기라 할 수 있다. 그러면 중국어 제목은 두 가지 해석이 가능하다. 전형적인 상하이여성인 엄마가 아빠와 헤어진 후 친정으로 돌아가지만, 외할머니의 의도적인 냉대에 직면하고는 아샤를 위해 안정적인 '집'을 마련해주기 위해 짐짓 '감각이 없는 척' 라오리와 결혼도 해보고 아샤 아빠와 재결합도 생각해본다. 또 하나는 주어를 아샤로 보는 것이다. 엄마가 아빠와 헤어지고 새 남자를 만나 결혼하는 모습을 짐짓 '감각이 없는 척' 바라보는 것이다. 다만 두 사람의 '감각이 없는 척'은 소통되지 않는다. 마지막에 '일기사건'으로 불거진 모녀의 갈등은 외할머니에 의해 소통이 되고 아샤는 엄마의 '감각이 없는 척'의 '쉽지 않음'을 이해하고, 엄마에게 더 이상 '감각이 없는 척' 하지 말 것을 요구하게 된다.

또 다른 가능성도 있다. 주어를 외할머니로 가정해보는 것이다. 상하이 신구문화 융합의 산물인 외할머니는 딸과 외손녀의 두 번의 '돌아옴'에 대해 냉정하고 쌀쌀맞은 '못된' 노친네의 모습을 '오불관언'의 담배연기 속에 내뿜고 있다. 세밀하게 보면 두 차례에 걸친 엄마의 '돌아옴'에 대한 외할머니의 대응은 약간 차이가 있다. 첫 번째 돌아옴에 대해서는 책망이 주다. 아무런 사후 대책 없이 무작정 집을 나와 친정으로 돌아온 딸, 고등학생 딸이 있으면서도 그보다 더 철들어 보이지 않는 딸에 대해 느끼는 우려로 외할머니는 담배를 피워댈 수밖에 없다. 자신이 죽으면 이 집은 아들에게 돌아갈 것이기에 마음을 독하게 먹고 딸을 몰아친다. 그 결과는 라오리(老李)와 성사시킨 재혼이다. 두 번째 돌아옴에 대한 반응은 조금 미묘하다. 반복되는 딸의 돌아옴에 대한 확실한 대책 마련과 며느리에 대한 대처 방안이 함께 강구되어야 했던 것이다. 그리하여 딸에게 아샤 아빠와 재결합을 권하면서 다른 한편으로는 아샤에게 엄마의 '쉽지 않음'을 이해시킨다. 상하이여성의 또 다른 특색인 정명함과 강인함은 엄마보다는 외할머니에게서 찾을 수 있다. 한 개인의 불행을 함께 공감(共感)하고 동일시(認同)하는 것은 정서적 위로가 되겠지만, 오히려 위기의식을 조장하는 측면도 있다. 딸의 불행을 '감각이 없는 척' 바라보며 그녀를 대신해 출로를 모색하는 것은 간단치 않은 일이다.

결국 엄마의 조우를 '태연한 척' 바라보며 그녀를 위해 새로운 출로를 마련해주는 외할머니와, 자신의 현실을 고려해 마지못해 재혼하고 또 아샤의 아빠와 재결합하려는 엄마에게 힘을 북돋아주는 아샤로 인해 엄마는 모녀만의 새로운 보금자리를 마련해 새로운 삶을 도모하게 된다.

_ 핵심어　　 : 모녀 이혼 집
_ 작성자　　 : 임춘성

상하이 패닉 我們害怕(SHANGHAI PANIC)

_ 출품년도　 : 2002년
_ 감독　　　 : 청위쑤(程裕蘇)
_ 주요스탭　 : 제작(程裕蘇 棉棉) 시나리오(棉棉) 촬영 · 녹음 · 편집(程裕蘇)
_ 주요출연진 : 李智楠 楊羽婷 棉棉 何維彦
_ 시놉시스　 : 상하이를 배경으로 삼아 젊은이 몇 명의 생활과 그들이 직면한 성장과정의 환경, 정신적 위기를 그렸다. 2001년 상하이, 가정이 붕괴된 20세 남짓의 몇몇 젊은이들과 이혼한 엄마가 중심인물이다. 그들에게는 일도, 가정도, 지위도, 이상도 없다. 괴상한 사랑, 게임 중독, 야동 중독, 약물 중독, 돈, 미래, 심리장애, 이혼 등의 문제가 그들의 생활을 뒤덮고 있다. 문제가 하나씩 해결되자 또 한 명씩 온다. 그들은 서로 의지하고 위로한다. 그들에게는 현실에 맞설 만한 어떤 무기도 없이, 다만 우정과 이 불안정한 도시만이 있을 뿐이다.

아름다운 상하이 美麗上海(SHANGHAI STORY)

_ **출품년도** : 2003년

_ **장르** : 멜로

_ **상영시간** : 114분

_ **감독** : 펑샤오롄(彭小蓮)

_ **제작사** : 上海電影制片廠

_ **주요스탭** : 시나리오(彭小蓮 林良忠)

_ **주요출연진** : 어머니(鄭振瑤) 큰아들(良浩; 趙有亮) 징원(靜雯; 顧美華) 아룽
(阿榮; 馮遠征) 막내(小妹; 王祖賢)

_ **시놉시스** : 화원양방을 배경으로 상하이의 몰락한 부르주아 가정의 생활을
묘사하고 있다. 어머니가 위독하자 흩어져 살던 자식들이 옛집에 모인다.
오랜만에 만난 반가움도 잠시, 현실적인 문제는 과거의 기억과 중첩되며
첨예한 모순을 형성한다. 특히 셋째와 넷째의 충돌. 세 살 차인 아룽과 샤
오메이는 초등학교 시절 문혁을 겪는다. 그들에게 문혁은 아버지에 대한
평가로 다가온다. 대부르주아 출신으로 사회주의 중국에서 갖은 고초를
겪었을 아버지는 결국 문혁 때 피살되고 만다. 그 경과는 확실치 않지만,
어머니의 기억에 의하면, 어느 날 끌려 나가 '젓가락에 꽂힌 사과'처럼
타살체로 버려져 있다. 그 직전, 문혁은 아룽과 샤오메이에게 시험문제를
던진다. '아버지에 대한 비판'을 강요한 것이다. 얼굴에 침 뱉는 것을 견
디지 못한 샤오메이는 '정답'(?)을 쓰고 집에 돌아갈 수 있었지만, 아룽은
굳건하게 매를 견뎌냈다. 샤오메이의 작문을 아는 것은 어머니뿐이다. 삶
의 지주인 남편을 닮아서이기도 하지만 어머니가 아룽을 편애한 근거이
기도 하다. 아룽의 '마작 탐닉'과 샤오메이의 유학은 문혁 원체험과 관련
되어 있을 가능성이 크다. 아룽의 직업은 변호사이지만, 그의 놀기 좋아
함(耽玩)은 왕쉬(王朔)의 주인공들과 닮아 있다. '여자애다움'과 나이어

림으로 인해 시련을 견뎌내지 못한 샤오메이는 결국 그 현장을 떠나는 선택을 했고, 그 원체험과 도피는 아룽에 대한 질시로 표현되며, 둘은 오랜만에 만난 첫 장면부터 충돌하면서 사사건건 반대편에 선다.

_ **단평**　　: 망각하고 싶은 아룽과 샤오메이의 원체험에 대한 기억은 어머니에 의해 재현되고 있다. 문혁이 더욱 고통스럽게 느껴지는 것은 남편을 빼앗아 간 조반파가 문혁이 끝날 무렵 남편의 유품을 보내면서 샤오메이의 편지도 함께 보냈다는 점이다. 그리고 어머니는 그 편지를 막내딸의 손인형, 아버지가 따준 단풍잎과 함께 보관했다가 죽기 직전 막내딸에게 건네주면서 "역사는 잊힐 수 없지만 원한은 용서받을 수 있다"는 말을 남긴다. 역사가 후대에 온전하게 계승되기를 바라는 어머니의 마음은 중요하지만, 자신의 편지가 아버지를 죽음에 몰아넣었다는 자책감을 가지고 있을 수도 있는 샤오메이의 트라우마는 전범재판의 피고처럼 냉정하게 다뤄지고 있다.

　　사실 샤오메이에게 이 기억은 망각하고 싶은 것이다. 영원히 불 밝히지 않고 어둠의 구석에 묻어놓고 싶은 것이다. 그러나 어머니가 한 번 언급하자 그녀의 기억은 바로 그 사건을 환기하게 된다. "1969년 막 초등학교 2학년에 올라가고 8살 생일을 갓 쇠었을 때였어요." 8살 때의 일을 이렇게 분명하게 기억하는 사람은 많지 않다. 그만큼 충격이 컸다는 말이다. 어머니의 기억은 그 내용을 보충한다. "네 편지를 받은 다음 날, 조반파는 아침에 아버지를 끌고 갔고 밤 11시쯤 나를 오라 해서 갔더니 아버지가 비온 땅에 누워 있었다."

　　펑샤오롄은 이렇게 아픈 기억을 어렵게 재현하고 있다. 그의 미덕은 아픈 기억을 들춰내면서도 어머니의 노스탤지어를 억압하지 않는다는 점이다. 베이베이(貝貝)의 할아버지의 할아버지가 외국에서 사온 물건들을 바라보면서 과거를 회상하는 모습은 단순한 노스탤지어로 그치지 않아 보인다. 그 가운데 회중시계를 첫째에게 주고 모형 유성기를 증손녀에게 건네는 모습에 이르러서는 마치 후대에 역사를 전달하는 모습을 연상케 한다.

_ **특기사항**　　: 鄭振瑤-제13회 금계장 여우주연상
　　　　　　: 顧美華-제7회 상하이영화제 여우주연상

_ 핵심어   : 기억과 망각 문화대혁명 가족 상하이
_ 작성자   : 임춘성

자줏빛 나비 紫蝴蝶(PURPLE BUTTERFLY)

_ 출품년도   : 2003년
_ 장르   : 전쟁/멜로
_ 상영시간   : 127분
_ 감독   : 러우예(婁燁)
_ 제작사   : 上海電影制片廠 夢工作
_ 주요스탭   : 제작(王薇) 극본(婁燁) 촬영(王昱) 미술(劉維新) 편집(陳曉紅 婁燁)
_ 주요출연진 : 신샤/딩후이(章子怡) 이타미(Toru Nakamura) 謝明(馮遠征) 司
　　　　　　徒(劉燁) 依玲(李冰冰)
_ 시놉시스   : 이야기는 만주사변(1931. 9. 18)이 일어나기 3년 전인 1928년 둥
　　　　　베이(東北) 신징(新京, 長春)에서 시작된다. 신샤(딩후이)는 일본 청년 이
　　　　　타미와 사랑에 빠진다. 그러나 이타미는 곧 도쿄로 돌아가게 되고, 신샤
　　　　　는 이별의 슬픔이 채 가시기도 전에 항일운동을 하던 오빠가 일본인의
　　　　　테러로 희생된다.

　　　　　그리고 이야기는 1931년 상하이로 옮겨 진행된다. 쓰투와 이링은 연인
　　　　　사이다. 멀리서 애인을 만나러 온 쓰투는 비를 피해 애인을 바래다주다
　　　　　막차를 놓치고 애인 집에 머문다. 밖에는 여전히 비가 내리는 가운데 상
　　　　　하이 재즈('得不到你的愛情')의 감미로운 선율에 맞춰 춤추는 두 사람의
　　　　　모습은 로맨틱 상하이의 면모를 보여준다. 그러나 거리에서는 연일 일본
　　　　　의 만주침략에 항의하는 데모가 벌어지고 있다.

　　　　　이링과 헤어진 쓰투는 다시 이링을 만나러 상하이로 온다. 쓰투의 전보
　　　　　를 받은 이링은 역으로 마중 나간다. 이링을 보고 싶은 급한 마음에 옆 사람
　　　　　의 옷을 바꿔 입은 쓰투. 여기에서 운명의 장난이 시작된다. 역에서 총격전
　　　　　이 벌어지고 쓰투의 안위를 걱정하며 달려온 이링은 총에 맞아 쓰러진다.

　　　　　자호접은 쓰투의 애인이 기르는 애완물이다.
_ 특기사항   : 깐느영화제 공식 출품작

470

: 둥베이에서 일본 청년의 자폭테러와 자줏빛 나비 조직의 보유 무기 등은 그다지 설득력이 없다.

_ **핵심어**   : 항일 상하이 레지스탕스 국경을 초월한 사랑 동지애
_ **작성자**   : 임춘성

자스민 여인들 茉莉花開(JASMINE WOMEN)

_ **출품년도** : 2006년
_ **장르**   : 멜로
_ **상영시간** : 130분
_ **감독**   : 허우융(侯咏)
_ **제작사**   : 中國電影集團公司
_ **주요스탭** : 시나리오(蘇童)
_ **주요출연진** : 章子怡 陳沖 姜文 陸毅 劉燁
_ **원작**   : 쑤퉁(蘇童)의 「여자의 삶(婦女生活)」
_ **시놉시스** : 근현대 중국의 질곡 어린 여인의 삶을 5대(모의 어머니-茉-莉-花-화의 딸)에 걸쳐 조명한 작품으로 조안천(陳沖)과 장쯔이(章子怡)의 1인 3역 연기가 뛰어나다. 모-리-화 3대 여인의 이야기는 각각 1930, 1950~1960, 1980년대를 배경으로 한 중국 근현대 상하이와 맞물려 전개된다. 1930년대 사진관을 운영하는 편모슬하에서 자란 모는 멍(孟)사장의 눈에 띄어 꿈에 그리던 영화배우가 되지만 그의 아이를 임신한다. 이때 항일전쟁이 발발하여 멍사장은 홍콩으로 달아나고 모는 집에 돌아와 '리'를 낳는다. 1950년대 중국공산당 집권 시절, 항상 집을 떠나고 싶어 했던 리는 사랑하는 남자 저우제(周杰)와 서둘러 결혼한다. 하지만 아기를 가질 수 없었던 부부는 아이를 입양하여 '화'라고 이름 짓는다. 리는 후에 남편과 화 사이의 관계를 의심하게 되고 결국 저우제는 이를 견디다 못해 자살하고 만다. 리 역시 정신분열로 집을 나가버린다. 중국이 개혁개방으로 치닫던 1980년대, 할머니의 손에서 자란 화는 샤오두(小杜)와 결혼하여 임신한 지 얼마 안 돼 샤오두에게 다른 여자가 생긴 걸 알게 된다. 화는 단호하게 이혼을 통보하고 할머니인 모가 죽자 혼자서 아이

를 낳을 준비를 한다.

_ 단평   : 여성으로 가계를 잇는《안토니우스 라인》을 연상, 문화적으로 5
            대의 모녀는 상하이 여성의 정명(精明)을 상징한다. 시대별로 할머니-딸-
            손녀를 배치함으로써 시대에 따른 세대의 변모와 상하이의 변화를 함께
            보여주고 있다.

_ 특기사항   : 상하이국제영화제 심사위원 대상, 중국 금계장 여우주연상(章
            子怡) 수상

_ 핵심어   : 상하이여성 모녀5대

_ 작성자   : 임춘성

상하이 룸바 上海倫巴(SHANGHAI LUMBA)

_ 출품년도   : 2006년

_ 장르   : 역사/멜로

_ 상영시간   : 115분

_ 감독   : 펑샤오렌(彭小蓮)

_ 제작사   : 上海電影制片廠

_ 주요스탭   : 극본(彭小蓮) 제작(崔建華) 촬영(林良忠) 미술(周欣人) 편집(楊
            心楡)

_ 주요출연진 : 阿川(夏雨) 婉玉(袁泉)

_ 시놉시스   : 1940년대, 상하이 영화인의 애정을 이야기하고 있다. 당시 국민
            당 반동정권의 통치 아래 국면은 나날이 혼란스러웠다. 1947년 상하이
            성탄전야, 와이바이두 다리(外白渡橋). 차가운 공기가 도시의 분위기를
            약간 처량하게 만들었지만 이어졌다 끊어졌다 하는 성탄의 노래가 약간
            의 온기를 가져다준다. 실의에 빠진 아촨(阿川)은 집안의 낡은 물건을 가
            지고 전당포에 간다. 완위(婉玉)와 남편 천한팅(陳翰庭)은 인력거를 타고
            서둘러 다리를 통과한다. 인력거가 전차를 피하다가 아촨을 칠 뻔하지만
            아촨이 제때 피한다. 하지만 들고 있던 물건이 바닥에 흐트러진다. 완위
            가 인력거에서 내려 도와주려고 하지만 그녀가 감기에 걸릴까봐 천한팅
            이 말리고, 자신이 내려서 돕는다. 완위는 인력거의 가리개를 걷어 두 남

자가 물건을 줍는 것을 본다.

_단평   : 〈상하이 룸바〉는 제재면에서 독특한 영화다. 1949년 쿤룬영화
사(昆侖影業公司)가 제작한 정쥔리(鄭君里) 감독의 〈까마귀와 참새(烏
鴉與麻雀)〉 등의 영화제작과정을 재현하고 있다는 점이 그러하다. 아울
러 여성의 사회노동 문제가 중첩되어 있다. 영화는 국민당 정권의 어지
러운 통치 시대였던 1947년 성탄절에 시작된다. 〈상하이 룸바〉는 일견
'상하이 노스탤지어'에 호응하는 것처럼 보인다. 몇 차례 등장하는 '댄
스 홀'의 풍경이 그러하고 신여성의 '모던 치파오'가 그러하다. 그리고
라오(老)상하이영화와 영화인에 대한 노스탤지어로도 읽을 수 있다.(老
廬) 〈까마귀와 참새〉의 주인공 자오단은 펑샤오롄이 가장 좋아하는 배
우라고 한다. 그리고 자오단의 영화에 대한 진지함과 몰입은 향수의 대
상이 되기에 충분하다. 그러나 감독은 단순한 노스탤지어에 그치지 않는
다. 영화제작 과정에서 일어나는 가지가지 난관과 에피소드를 놓치지 않
는다. 아촨의 가정생활, 완위의 결혼, 감독과 스태프들의 애환, 국민당의
검열, 아르바이트 대학생의 고발 등이 무리 없이 펼쳐지고 있다는 점에
서 이는 1940년대 후반의 영화인이 생존했던 현실을 우리 앞에 소환하고
있다.

_핵심어   : 상하이영화 1940년대 영화제작 영화인
_작성자   : 임춘성

김정구(2004), 「1930년대 상하이 영화의 근대성 연구-여성의 재현 양상을 중심
　　으로」, 한국예술종합학교 예술전문사과정, 영상원 영상이론과 한국및동
　　아시아영화연구 전공, 서울
임대근(2002), 「초기 중국영화의 문예전통 계승 연구(1896~1931)」, 한국외국
　　어대학교 대학원 박사학위논문
임대근(2007), 「사회주의 중국의 국가권력과 영화의 상관성: '모범극영화(樣
　　板戲電影)'를 중심으로」, 『중국연구』 제39권, 한국외국어대학교 중국연
　　구소
임대근·노정은(2006), 「상하이영화 연구 입론」, 『중국현대문학』 제48호, 한
　　국중국현대문학학회
민병록(2001), 『세계 영화 영상 기술 발달사』, 문지사, 서울

郭華(2004), 〈老影片1905~1949〉, 安徽敎育出版社, 合肥
酈蘇元·胡菊彬(1996), 『中國無聲電影史』, 中國電影出版社, 北京
陸弘石(2005), 『中國電影史1905~1949: 早期中國電影的敍述與記憶』, 文化藝術
　　出版社
李道新(2005), 『中國電影文化史(1905~2004)』, 北京大學出版社, 北京
舒曉鳴(2000), 〈中國電影藝術史敎程1949~1999〉, 中國電影出版社, 北京
楊金福(2006), 『上海電影百年圖史』, 文匯出版社, 上海
王光祖·黃會林·李亦中(1992), 『影視藝術敎程』, 高等敎育出版社, 北京
汪朝光(2003), 「早期上海電影業與上海的現代化進程」, 『檔案與史學』第3期, 上海市
　　檔案館
張駿祥·程季華(1995), 『中國電影大辭典』, 上海辭書出版社, 上海
程季華(1963), 『中國電影發展史』第1~2卷, 中國電影出版社, 北京

鐘大豊・舒曉鳴(1995),『中國電影史』, 中國廣播電視出版社, 北京

佐藤忠男(2005),『中國電影百年』, 上海書店出版社

中國電影藝術研究中心・中國電影資料館(1996),『中國影片大典(故事片・戲曲片)』, 中國電影出版社

中國電影資料館(1996),『中國無聲電影劇本』, 中國電影出版社

黃獻文(2002),『昨夜星光: 20世紀中國電影史』, 湖南人民出版社

■ **임대근**(林大根, Lim Dae-geun)

한국외국어대학교 중국어과를 졸업하고 동 대학원에서 「초기 중국영화의 문예
전통 계승 연구(1896~1931)」로 박사학위를 받았다. 현재 한국외국어대학교 대학
원 글로벌문화콘텐츠학과 및 중국어통번역과 조교수. 부산대학교 영화연구소 및
한국예술종합학교 트랜스아시아영상문화연구소 객원연구원. 중국 영화연구자 집
단인 중국영화포럼을 중심으로 대중문화 연구와 강의, 번역 등의 일을 하고 있다.
지은 책으로 『중국영화의 이해』(공저), 『영화로 읽는 중국』(공저) 등이 있으며, 최
근 논문으로 「상하이 베이비: 텍스트의 확장과 맥락의 재구성」, 「중국 영화의 국적
성 혹은 지역성과 역사·문화정치학」, 「김염: 1930년대 상하이 디아스포라와 국족
정체성의 (재)구성」 등 다수가 있다. rooot@hufs.ac.kr

■ **곽수경**(郭樹競, Kwak Su-kyoung)

동아대학교 중어중문학과를 졸업하고 성균관대학교와 베이징사범대학교에서
각각 문학석사학위와 문학박사학위를 받았다. 동시에 베이징영화아카데미(北京電
影學院)와 중국영화예술연구센터(中國電影藝術硏究中心) 석사과정에서 영화를 공
부했다. 지금은 동아대학교 중국학과에서 강의를 하고 있다. 지은 책으로 『현대중
국의 이해』(공저), 『중국영화의 이해』(공저) 등이 있고, 옮긴 책으로 『이중텐 미학
강의』, 『21세기 중국의 문화지도』(공역)가 있다. 「魯迅소설의 각색과 중국영화사」,
「코미디영화로서의 『有話好好說』분석하기-원작 『晚報新聞』과의 비교를 통해」,
「중국의 한국드라마와 한류스타 현상」, 「중국에서의 『대장금』 현상의 배경과 시사
점」 등 중국영화와 문화 분야에 관한 다수의 논문이 있다. 525ksk@hanmail.net

■ 김정욱(金炡旭, Kim Jung-wook)

전남대학교 중어중문학과 조교수. 중국 현대 소설 및 현당대 드라마로 전남대학교에서 석사 박사 학위를 취득하였다. 다시 베이징영화대학(BEIJING FILM ACADEMY) 석사과정에서 중국영화각색론을 중심으로 연구하여 과정을 이수하였다. 상하이사범대학에서 1년 반 동안(2008. 2~2009. 8) 교환교수로 파견 근무하였다. 지은 책으로는『중국의 이해』(공저),『영화로 읽는 중국』(공저)이 있으며, 번역서로는 중국영화사를 번역한『차이나시네마』가 있다. 근간의 연구 논문으로는「「神女」를 보는 어떤 한 장의 지도」,「阿詩瑪」의 詩的 原型과 영상 서사 연구(上)(下)」등 중국 현당대 연극, 영화이론에 대한 논문이 있다. cineek@hanmail.net

■ 노정은(魯貞銀, Roh Jung-eun)

이화여대 중어중문학과를 졸업하고 푸단대학 중문학부에서 문학석사학위와 문학박사학위를 받았다. 현재 건국대학교 중어중문학과 부교수로 재직 중이다. 지은 책으로『중국 현대문학과의 만남』(공저) 등이 있고, 옮긴 책으로『중국당대문학사』(陳思和 지음, 공역)가 있다. 최근 논문으로「『상하이 베이비』와 '신인류'의 문화적 징후」등이 있다. rjecilvia@hanmail.net

■ 유경철(劉京哲, Yu Kyung-chul)

강릉원주대학교 중어중문학과 조교수. 2005년『金庸 武俠小說의 '中國 想像' 硏究』로 서울대학교 문학박사학위에서 취득하였다.「"中華主義", 韓國의 中國 想像」,「武俠 장르와 紅色經典-양자에 관련된 '시간'과 '시간성'을 중심으로」,「지아장커(賈樟柯)의『샤오우(小武)』읽기-현실과 욕망의 '격차'에 관하여」,「중국 영화의 상하이 재현과 해석」,「장이머우의 무협영화, 무협장르에 대한 통찰과 위험한 시도」등의 논문이 있다. mapping@dreamwiz.com

■ **임춘성**(林春城, Yim Choon-sung)

　중문학/문화연구. 목포대학교 중어중문학과 교수. 한국외국어대학교 중국어과를 졸업하고 같은 대학 대학원에서 문학석사학위와 문학박사학위를 받았다. 〈한국중국현대문학학회〉 회장(2006~2007)을 역임했고 현재 동 학회 고문직을 맡고 있다. 지은 책으로『소설로 보는 현대중국』,『21세기 중국의 문화지도-포스트사회주의 중국의 문화연구』(공편저),『동아시아의 문화와 문화적 정체성』(공저),『홍콩과 홍콩인의 정체성』(공저),『중문학 어떻게 공부할까』(공저),『중국 현대문학과의 아름다운 만남』(공저),『영화로 읽는 중국』(공저),『위대한 아시아』(공저) 등이 있고, 옮긴 책으로『중국 근대사상사론』(李澤厚著),『중국통사강요』(白壽彝主編, 공역),『중국 근현대문학운동사』(편역) 등이 있으며, 중국 근현대문학이론과 소설, 중국 무협소설과 중국 영화, 상하이와 홍콩 등 중국 도시문화, 이주와 디아스포라, 정체성과 타자화 등에 관한 논문 70여 편이 있다. csyim2938@hanmail.net

■ **조병환**(趙炳煥, Jo, Byung-hwan)

　목포대학교 중어중문학과를 졸업하고 푸단대학교에서 문학석사학위와 문학박사학위를 받았다. 목포대학교 아시아문화연구소 전임연구원을 거쳐 현재는 대불대학교 한중교류대학에서 강의교수로 재직하고 있다. 주요 연구 논문으로는 「30년대 상하이 도시문화와 잡지의 현대성 역할」,「30, 40년대 상하이 영화를 통해 본 상하이인의 문화적 정체성」 등이 있다. 이메일: spencerjo@hanmail.net

20세기 상하이영화 : 역사와 해제

초판 1쇄 펴낸날 2010년 12월 6일

지은이 임대근 곽수경 김정욱 노정은 유경철 임춘성 조병환
펴낸이 강수걸
펴낸곳 산지니
등록 2005년 2월 7일 제14-49호
주소 부산광역시 연제구 거제1동 1493-2 효정빌딩 601호
전화 051-504-7070 | **팩스** 051-507-7543
sanzini@sanzinibook.com
www.sanzinibook.com

ISBN 978-89-6545-128-0 94680
ISBN 978-89-92235-87-7(세트)

* 책값은 뒤표지에 있습니다.
* 이 도서의 국립중앙도서관 출판시도서목록(CIP)은 e-CIP 홈페이지
  (http://www.nl.go.kr/cip.php)에서 이용하실 수 있습니다.
  (CIP 제어번호 : CIP 2010004255)